2027 특수교사임용시험 대비

Vol. 2

지적장애

통합교육

학습장애

전환교육

김은진 편저

김은진 스페듀 기출분석집

Special Education

박문각 임용
동영상강의 www.pmg.co.kr

박문각

많은 수험생이 기출의 중요성에 대해 잘 알고 있지만 구체적으로 어떻게 기출문제를 공부해야 하는지, 또 어느 부분까지 확장하며 보아야 하는지 막막함을 느낍니다. 그래서 단순한 기출 문제집이 아니라 해당 기출문제의 출제 포인트, 오답 분석, 확장 가능한 제시문의 내용까지 친절하게 안내하는 기출 '분석집'이 있었으면 좋겠다고 생각했습니다.

예비 선생님들이 어떻게 하면 기출 '분석'을 효율적으로 할 수 있을지, 많은 고민 끝에 탄생한 본 교재의 특징은 다음과 같습니다.

첫째, 2009~2026학년도 유아·초등·중등 특수교육학 기출문제를 빠짐없이 담으려 노력했습니다. 기출문제는 키워드별로 분류해, 이전에 출제되었던 개념이 다음 기출문제에서 심화·확장되는 것을 순차적으로 볼 수 있도록 했습니다.

둘째, 각 문제에 '코넬노트' 양식을 적용해 분석 포인트를 한눈에 파악할 수 있도록 구성했습니다. 이러한 시각화 작업을 통해 수험생들이 자기주도적으로 본 교재를 학습할 수 있도록 정리했습니다.

셋째, 학습의 효율성·효과성 증진을 위해 기본이론서와 동일한 영역·순서의 4권으로 구성했습니다. 또, 기본이론서와 본 교재를 함께 응용할 수 있도록 기본이론서의 해당 내용 페이지를 문제마다 제시했습니다.

넷째, 다음 카페 '김은진 특수교육 연구소'에 기출문제 편집본을 게시해, 문제를 풀 때 다양하게 활용할 수 있도록 했습니다. 본 교재는 기출 '분석'에 초점을 둔 교재로, 기출 분석을 처음 하거나, 새로운 관점으로 기출문제를 분석하려는 모든 수험생에게 도움이 될 수 있도록 심화·확장 내용을 표시했습니다.

다섯째, 기출문제에서 출제자의 의도 파악이 필요한 부분을 색 밑줄로 표시해 문제를 더 정확하게 분석하고, 요구에 맞는 답안을 작성할 수 있도록 안내했습니다.

수험생 시절, 여러 시행착오를 거치면서 찾은 효율적인 '기출 분석 방법'이 최대한 반영된 이번 교재가 여러분의 임용시험 준비에 조금이나마 도움이 되었으면 합니다. 본 교재의 출간에 많은 도움을 주신 문정 선생님, 김준규 선생님, 이하린 선생님, 파키라 선생님, 최유민 편집자님, 윤옥란 부장님께 감사의 말씀을 전합니다.

저자 김은진

구성 및 특징

참고자료

해당 기출문제의 관련 이론을 다룬 기본 이론서(2027 김은진 스페듀 기본이론서 Vol. 1~4) 페이지를 안내했습니다.

핵심 키워드

해당 기출문제의 핵심 키워드를 제시해 관련 문제를 연속적으로 볼 수 있도록 했습니다.

구조화 틀

해당 기출문제 속 키워드의 구조화 틀을 제시해 문제가 출제된 맥락을 살펴볼 수 있도록 했습니다.

핵심개념

해당 기출문제와 관련된 이론을 요약·정리해 제시했습니다. 출제 근거가 되는 내용뿐만 아니라 심화·확장 이론도 추가했습니다.

모범답안

해당 기출문제에 대한 모범답안을 예시로 수록했습니다.

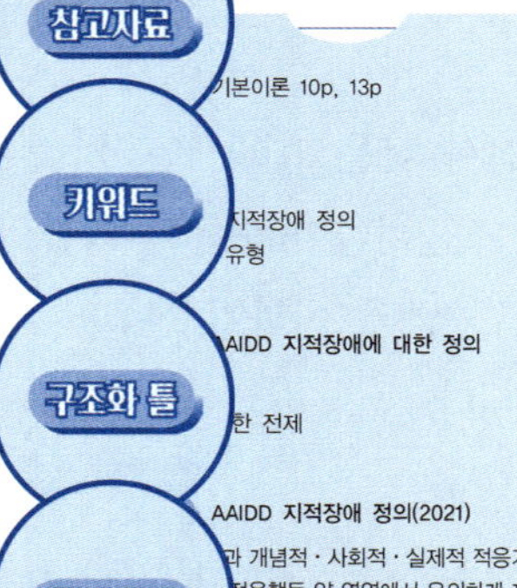

기본이론 10p, 13p

지적장애 정의
유형

AIDD 지적장애에 대한 정의

한 전제

AAIDD 지적장애 정의(2021)

과 개념적·사회적·실제적 적응기술 적응행동 양 영역에서 유의하게 제한 것. 이 장애는 발달기 동안 발생하며, 개인이 22세가 되기 전이라고 조작 정의됨. 이러한 정의를 적용하기 위해서는 다음과 같은 가정이 반드시 전제되어야 함

- 현재 기능성에서의 제한성은 한 개인의 동년배 또래들과 문화에 전형적인 지역사회 환경의 맥락 안에서 고려되어야 함
- 타당한 평가는 문화적 및 언어적 요소들뿐 아니라 의사소통, 감각적, 운동성 및 행동적 요소들에서의 차이들을 고려함
- 한 개인 안에서 제한성은 강점과 자주 공존함
- 제한성을 묘사하는 중요한 목적은 필요한 지원의 프로파일을 개발하는 것임
- 장기간에 걸쳐 적합한 개인화된 지원이 주어지면 지적장애인의 생활 기능성은 일반적으로 향상될 것임

능성에서의 제한성은 한 개인의 동래들과 문화에 전형적인 지역사회 의 맥락 안에서 고려되어야만 한다. 타당한 평가는 문화적 및 언어적 요소들뿐 아니라 의사소통, 감각적, 운동성 및 행동적 요소들에서의 차이들을 고려한다.

2013학년도 추가중등 A5

01 (가)는 준호의 정보이고, (나)는 김 교사가 준호를 관찰한 자료와 이에 대한 분석을 토대로 구성한 교수적 지원방안이다. 물음에 답하시오. [5점]

(가) 준호의 정보

- 경도 정신지체를 가진 중학교 3학년 학생임
- 대부분이 1학년 학생으로 구성된 특수학급에 배치되어 있으며, 일부 교과는 통합학급에서 공부함
- 다문화 가정에서 성장하여 한국어 어휘가 부족함

(나) 준호에 대한 김 교사의 관찰, 분석 및 지원방안

관찰내용		분석의견		지원방안
간단한 단어를 읽고 쓸 수 있으며 화폐 개념이 있음. 책임감이 낮고 학급 및 도서실에서의 규칙 따르기가 어려움	→	개념적 적응행동에 비해 (㉠) 적응행동에 어려움이 있다.	→	도서실 이용 규칙에 대해 지도하고, 도서 대출과 반납을 위해 도서실 이용 시 필요할 때마다 도움을 주는 (㉡) 지원을 제공한다.
관련 있는 중요한 자극에 집중하기 어려움. 단기간 내 사용할 수 있는 정보를 기억하는 데 어려움이 있음	→	(㉢)와(과) 단기 기억에 어려움이 있다.	→	집중해야 할 중요한 단서를 강조하고, 정보를 조직화해주거나 시연전략을 지도한다.
㉣ 특수학급에서는 수업 참여나 다른 학생들과의 의사소통에 무리가 없는 편임. 국내 표준화된 지능검사 결과 지능 지수가 2표준편차 이하로 나타남	→	정신지체 정의의 적용에 필수적으로 전제되어야 할 가정들 중 2가지가 제대로 반영되지 못한 점을 고려할 때, 관찰 및 검사 결과 해석에 주의가 요구된다.	→	학생의 지원요구 파악 및 지원방안을 구체화하기 위하여 필요하다면 추후 관찰 및 검사를 실시한다.

1) 2010년 11차 미국 지적장애 및 발달장애협회(AAIDD)의 지적장애 정의 및 지원체계에 근거하여 ㉠에 들어갈 말을 쓰시오. [1점]

3) 2010년 11차 미국 지적장애 및 발달장애협회(AAIDD)에서는 지적장애 정의와 그 정의를 적용할 때 전제되어야 하는 필수적인 가정들을 제시하였다. 이 중에서 (가)의 정보를 바탕으로 ㉣을 해석하는 데 고려되어야 할 가정을 2가지 쓰시오. [2점]

준호의 생활연령은 중학교 3학년인데 대부분 1학년 학생으로 구성된 특수학급에 배치되어 있음. 이러한 특수학급에서 준호의 수업 참여나 의사소통에 무리가 없다고 해석하는 것은 적절하지 않음

준호는 다문화 가정에서 성장하여 한국어 어휘가 부족함. 이러한 학생의 문화와 언어는 국내 표준화된 지능검사 결과가 낮게 나타난 데 영향을 미쳤을 것

- "간단한 단어를 읽고 쓸 수 있으며 화폐 개념이 있음" → 개념적 적응행동
- "책임감이 낮고 학급 및 도서실에서의 규칙 따르기가 어려움" → 사회적 적응행동

지적장애 정의의 적용에 필수적으로 전제되어야 할 가정

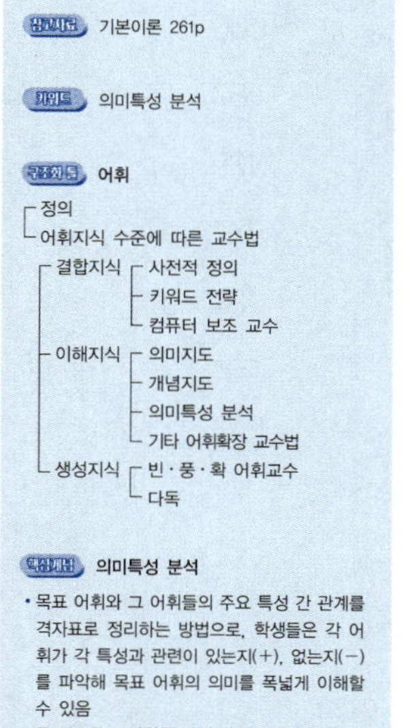

참고자료 기본이론 261p

키워드 의미특성 분석

구조화 틀 어휘

- 정의
- 어휘지식 수준에 따른 교수법
  - 결합지식 ─ 사전적 정의 / 키워드 전략 / 컴퓨터 보조 교수
  - 이해지식 ─ 의미지도 / 개념지도 / 의미특성 분석 / 기타 어휘확장 교수법
  - 생성지식 ─ 빈·풍·확 어휘교수 / 다독

핵심개념 의미특성 분석

- 목표 어휘와 그 어휘들의 주요 특성 간 관계를 격자표로 정리하는 방법으로, 학생들은 각 어휘가 각 특성과 관련이 있는지(+), 없는지(−)를 파악해 목표 어휘의 의미를 폭넓게 이해할 수 있음
- 목표는 목표 어휘를 관련 어휘 및 학습자의 선행지식과 연결함으로써 학습자의 어휘에 관한 이해 정도를 확장시키는 것

모범답안 의미특성 분석

2014학년도 중등 A5

29 다음은 특수교육대상학생 A가 통합된 중학교 1학년 사회 수업시간에 일반교사가 특수교사의 자문을 받아 계획한 수업을 실시하고 있는 장면이다. 이 장면에서 사용되고 있는 그래픽 조직자의 명칭을 쓰시오. [2점]

교수·학습 활동 장면	
교사	학생
경도와 위도의 개념 알아보기	
• 경도와 위도가 '지구 표면의 주소'라는 특성을 지니고 있는지 묻고, 그래픽 조직자에 '+' 또는 '−'를 표시하도록 한다.	• 경도에 '+', 위도에 '+'를 표시한다.
• 경도와 위도가 '세로로 그어진 줄'이라는 특성을 지니고 있는지 묻고, 그래픽 조직자에 '+' 또는 '−'를 표시하도록 한다.	• 경도에 '+', 위도에 '−'를 표시한다.
• 경도와 위도가 '가로로 그어진 줄'이라는 특성을 지니고 있는지 묻고, 그래픽 조직자에 '+' 또는 '−'를 표시하도록 한다.	• 경도에 '−', 위도에 '+'를 표시한다.

이해지식
목표 어휘를 관련 어휘들과 연결지어 범주화, 목표 어휘의 다양한 의미 이해

06

분석 포인트

문항·제시문·보기·조건·오답 분석 등 기출문제의 분석 포인트를 제시했습니다. 기출분석을 처음 하거나, 새로운 관점으로 기출문제를 분석하려는 수험생에게 중요한 길잡이 역할을 할 수 있도록 했습니다.

확장하기

어휘의 의미특성 분석의 예시

주요 특성 \ 목표 어휘	정사각형	직사각형	평행사변형	마름모	사다리꼴
네 변	+	+	+	+	+
두 쌍의 변이 평행	+	+	+	+	−
모든 각이 직각	+	+	−	−	−
모든 변이 합동	+	−	−	−	−

07

확장하기

해당 기출문제와 관련된 새로운 각론 내용을 추가로 수록해 폭넓은 학습이 가능하도록 구성했습니다.

차 례

PART 01 지적장애

PART 02 통합교육

PART 03

학습장애

PART 04

전환교육

김은진
스페듀
기출문제집

Vol. 2

PART

01

지적장애

Chapter

01 지적장애의 이해

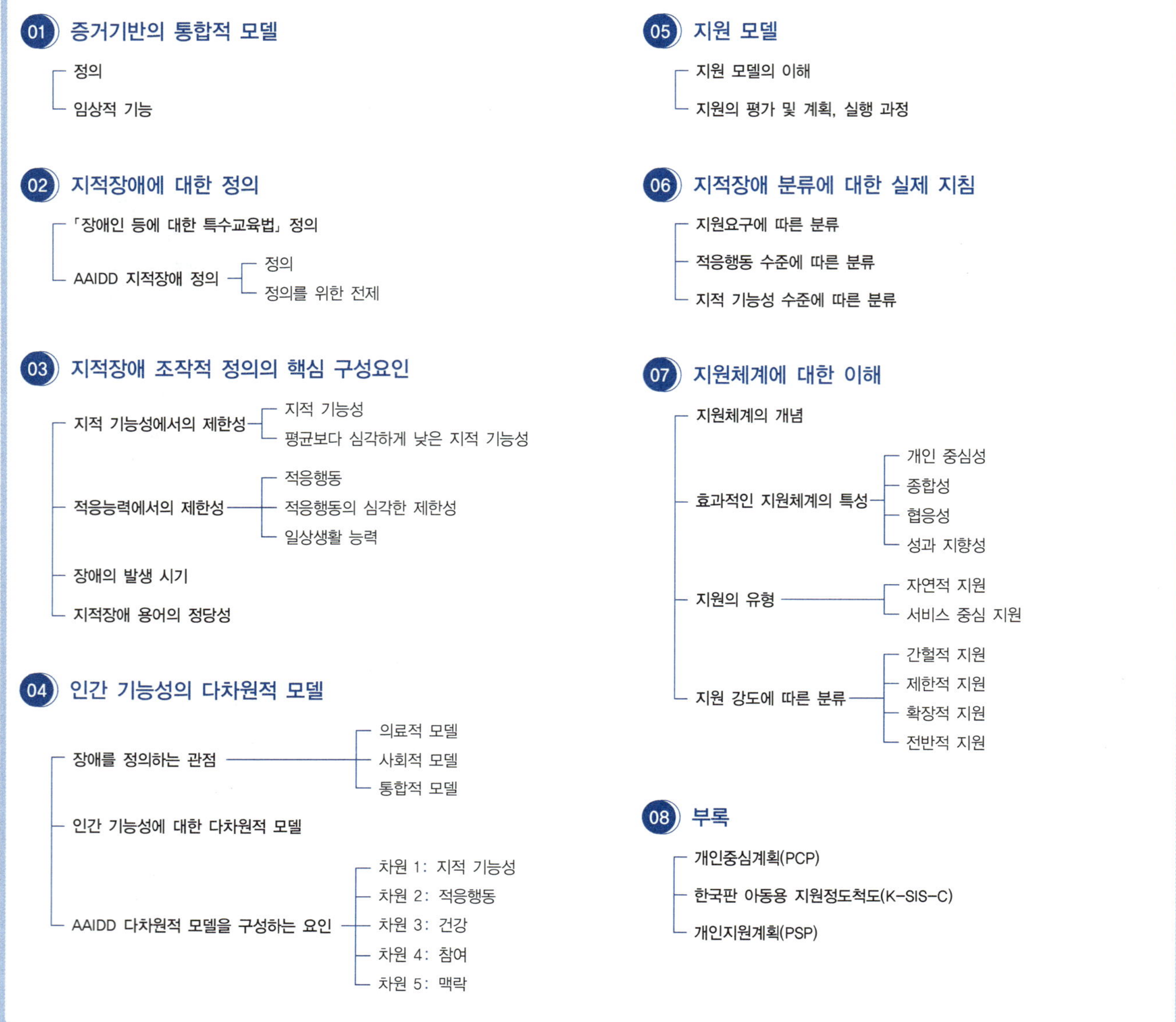

참고자료 기본이론 10p, 13p

키워드

- AAIDD의 지적장애 정의
- 적응행동 유형

구조화 틀 AAIDD 지적장애에 대한 정의

- 정의
- 정의를 위한 전제

핵심개념 AAIDD 지적장애 정의(2021)

지적 기능성과 개념적·사회적·실제적 적응기술로 표현되는 적응행동 양 영역에서 유의하게 제한성을 보이는 것. 이 장애는 발달기 동안 발생하며, 발달기는 한 개인이 22세가 되기 전이라고 조작적으로 정의됨. 이러한 정의를 적용하기 위해서는 다음과 같은 가정이 반드시 전제되어야 함

- 현재 기능성에서의 제한성은 한 개인의 동년배 또래들과 문화에 전형적인 지역사회 환경의 맥락 안에서 고려되어야 함
- 타당한 평가는 문화적 및 언어적 요소들뿐 아니라 의사소통, 감각적, 운동성 및 행동적 요소들에서의 차이들을 고려함
- 한 개인 안에서 제한성은 강점과 자주 공존함
- 제한성을 묘사하는 중요한 목적은 필요한 지원의 프로파일을 개발하는 것임
- 장기간에 걸쳐 적합한 개인화된 지원이 주어지면 지적장애인의 생활 기능성은 일반적으로 향상될 것임

모범답안

1) ㉠ 사회적

3) • 현재 기능성에서의 제한성은 한 개인의 동년배 또래들과 문화에 전형적인 지역사회 환경의 맥락 안에서 고려되어야만 한다.
• 타당한 평가는 문화적 및 언어적 요소들뿐 아니라 의사소통, 감각적, 운동성 및 행동적 요소들에서의 차이들을 고려한다.

2013학년도 추가중등 A5

01 (가)는 준호의 정보이고, (나)는 김 교사가 준호를 관찰한 자료와 이에 대한 분석을 토대로 구성한 교수적 지원방안이다. 물음에 답하시오. [5점]

(가) 준호의 정보

- 경도 정신지체를 가진 중학교 3학년 학생임
- 대부분이 1학년 학생으로 구성된 특수학급에 배치되어 있으며, 일부 교과는 통합학급에서 공부함
- 다문화 가정에서 성장하여 한국어 어휘가 부족함

준호의 생활연령은 중학교 3학년인데 대부분 1학년 학생으로 구성된 특수학급에 배치되어 있음. 이러한 특수학급에서 준호의 수업 참여나 의사소통에 무리가 없다고 해석하는 것은 적절하지 않음

준호는 다문화 가정에서 성장하여 한국어 어휘가 부족함. 이러한 학생의 문화와 언어는 국내 표준화된 지능검사 결과가 낮게 나타난 데 영향을 미쳤을 것

(나) 준호에 대한 김 교사의 관찰, 분석 및 지원방안

관찰내용		분석의견		지원방안
간단한 단어를 읽고 쓸 수 있으며 화폐 개념이 있음. 책임감이 낮고 학급 및 도서실에서의 규칙 따르기가 어려움	➔	개념적 적응행동에 비해 (㉠) 적응행동에 어려움이 있다.	➔	도서실 이용 규칙에 대해 지도하고, 도서 대출과 반납을 위해 도서실 이용 시 필요할 때마다 도움을 주는 (㉡) 지원을 제공한다.
관련 있는 중요한 자극에 집중하기 어려움. 단기간 내 사용할 수 있는 정보를 기억하는 데 어려움이 있음	➔	(㉢)와(과) 단기 기억에 어려움이 있다.	➔	집중해야 할 중요한 단서를 강조하고, 정보를 조직화해주거나 시연전략을 지도한다.
㉣ 특수학급에서는 수업 참여나 다른 학생들과의 의사소통에 무리가 없는 편임. 국내 표준화된 지능검사 결과 지능 지수가 2표준편차 이하로 나타남	➔	정신지체 정의의 적용에 필수적으로 전제되어야 할 가정들 중 2가지가 제대로 반영되지 못한 점을 고려할 때, 관찰 및 검사 결과 해석에 주의가 요구된다.	➔	학생의 지원요구 파악 및 지원방안을 구체화하기 위하여 필요하다면 추후 관찰 및 검사를 실시한다.

- "간단한 단어를 읽고 쓸 수 있으며 화폐 개념이 있음" → 개념적 적응행동
- "책임감이 낮고 학급 및 도서실에서의 규칙 따르기가 어려움" → 사회적 적응행동

지적장애 정의의 적용에 필수적으로 전제되어야 할 가정

1) 2010년 11차 미국 지적장애 및 발달장애협회(AAIDD)의 지적장애 정의 및 지원체계에 근거하여 ㉠에 들어갈 말을 쓰시오. [1점]

3) 2010년 11차 미국 지적장애 및 발달장애협회(AAIDD)에서는 지적장애 정의와 그 정의를 적용할 때 전제되어야 하는 필수적인 가정들을 제시하였다. 이 중에서 (가)의 정보를 바탕으로 ㉣을 해석하는 데 고려되어야 할 가정을 2가지 쓰시오. [2점]

확장하기

1. 지적 기능성의 구인 및 진단

① 지적 기능성은 '지능'이나 '지적 능력'보다 더 광범위한 용어이지만, '인간 기능성'보다는 협의의 용어임

② 지적 기능성에서의 제한성은 일반적으로 사고하기와 학습하기, 추론하기와 계획하기, 경험으로부터 학습하기에 어려움을 초래함

기능성 영역	심각한 제한성의 예
사고하기와 학습하기	문제 해결하기, 추상적으로 사고하기, 복잡한 아이디어 이해하기, 빠르게 학습하기 및 경험으로부터 학습하기에 어려움
추론하기와 계획하기	• 계획하기 및 실행하기에 어려움 • 대인관계능력 및 의사결정능력의 저하 • 사회적 문제 해결하기 및 유연한 사고하기에 어려움
경험으로부터 학습하기	• 이전 경험과 상황에서 학습한 것을 일반화하는 데 어려움 • 취약성 및 희생화(victimization) 위험 증가 • 장애를 부정하거나 최소화하려는 경향 • 권위 있는 인물을 기쁘게 하려는 바람 • 잠재적인 순진성, 피괴성(잘 속음) 및 피암시성(타인의 암시에 빠지는 성질)

③ AAIDD 매뉴얼에서 사용된 지적 기능성 평가에 대한 접근은 Cattell-Horn-Carroll(CHC) 지능 이론을 포함함

㉠ CHC 이론: Cattell과 Horn의 유동지능 및 결정지능 이론과 Carroll의 인간 지능의 3계층 모델을 통합한 이론

㉡ 결정지능은 저장된 지식과 정보를 의미하는 반면, 유동지능은 추론하기 및 문제 해결하기 능력을 의미함

㉢ Carroll의 지능 3계층 위계적 모델은 일반 지능(g)을 광범위한 2차 계층 능력을 포함하는 피라미드 구조의 정점에 배치함

㉣ CHC 이론은 웩슬러 지능검사를 포함한 대부분의 지능검사에 이론적 토대가 되었으며, 지능검사의 구조와 해석에도 큰 영향을 미침

관계	결정지능	유동지능
지능의 정의적 특성	지식의 근원과 습득한 지식·정보를 인출하고 사용하는 능력	추론하기와 추상적인 문제를 해결하는 능력
현재 사용되는 지능검사에서 평가되는 부분점수들	• WISC-Ⅴ: 언어이해 지표 • K-ABC-Ⅱ: 결정성	• WISC-Ⅴ: 유동추론 지표 • K-ABC-Ⅱ: 유동성

④ 지적 기능성의 심각한 제한성을 결정하는 데에는 지능지수 전체점수가 사용되어야 함

→ 지적장애를 진단하기 위한 '지적 기능성의 심각한 제한성'의 기준은, 개인적으로 실시된 특정 도구의 측정의 표준오차를 고려하면서 평균 미만의 대략 2 혹은 그 이상의 표준편차가 낮은 지능지수의 전체점수임

2. 적응행동의 구인 및 진단

① 적응행동은 사람들이 일상생활에서 배우고 수행하는 개념적 · 사회적 및 실제적 기술의 집합체로 정의됨

AAIDD 적응행동에서 심각한 제한성의 예

영역	심각한 제한성의 예
개념적 기술	• 독립적으로 계획하기, 문제 해결하기, 추상적으로 사고하기에서 손상 • 문제나 상황에 직면했을 때 좋은 해결책을 선택하는 데 어려움 • 시간과 수학 함수와 같은 아이디어나 기호를 효과적으로 사용하는 데 어려움 • 사고나 아이디어를 효과적으로 의사소통하는 데 어려움 • 자기 지시 또는 미래 생활활동을 조정하거나 계획하는 데 어려움 • 자신의 행동의 결과를 예상하는 데 어려움 • 학업에서 어려움 예 읽기, 쓰기, 수학 • 돈/재정적 개념에서 어려움
사회적 기술	• 사회적/대인관계 기술과 경험으로부터 학습하기에 손상 • 집단 문제해결을 위해 다른 사람들과 효과적으로 일하는 데 어려움 • 복잡한 사회적 상황에 대해 융통성이 없고 구체적인 사고와 행동에 어려움 • 자신의 손상에 대한 장애를 부정하거나 최소화하려는 경향 • 상황에 대한 제한된 이해를 기초로 권위 있는 인물을 기쁘게 하고 싶은 강한 바람 • 다른 사람들과의 상호작용에서의 피괴성, 순진성 및 피암시성
실제적 기술	• 자기돌봄과 가정생활 기술에서 제한성 • 지출을 감당하는 안정된 직업을 획득하기, 업무 능력 충족하기, 동료 근로자 및 매니저와 잘 지내기, 직무 갈등을 적절하게 처리하기, 부담 속에서 양질의 업무 유지하기와 같은 직무 기술에서 제한성 • 돈의 사용에서 제한성(예 거스름돈 처리, 화폐가치 알기, 청구서 지불)과 재산 사용에서의 제한성(예 자신의 예산에 맞지 않는 구매 등) • 자신과 자신의 자녀와 관련된 안전한 환경을 유지하는 데 제한성 예 가정 청소용품 · 음식 보관, 의약품 · 전기 · 자동차 및 기계로부터 다른 사람을 보호하거나 주의를 기울이는 데 제한성

② 적응행동의 심각한 제한성은 적응행동에 대한 타당하고 신뢰로운 표준화된 도구를 사용하여, 3가지 적응행동에 대한 표준화된 점수를 통해 결정함

→ 지적장애를 진단하기 위한 '적응행동에서의 심각한 제한성'의 기준은 개인적으로 실시된 특정 도구의 측정의 표준오차를 고려하면서, 개념적 · 사회적 또는 실제적 적응행동의 3가지 영역 중 최소한 1개에서 평균 미만의 대략 2 혹은 그 이상의 표준편차가 낮은 적응행동 점수임

3. 지적 기능성 및 적응행동 점수의 해석

① 개인의 지적 기능성 또는 적응행동의 수준을 평가하는 표준화된 도구에서 얻은 점수를 해석하는 것은, 지적 기능성 또는 적응행동에서 심각한 제한성을 측정하는 획득된 점수와 개인의 진점수가 속한 범위를 나타내는 신뢰구간의 사용을 포함함

② 신뢰구간은 개인의 진점수가 속한 통계적 범위로, AAIDD 매뉴얼에서는 95% 신뢰구간을 사용하면서 획득된 모든 표준점수를 해석할 것을 권장함(즉, 획득한 점수에 SEM의 2배를 더하거나 빼기)

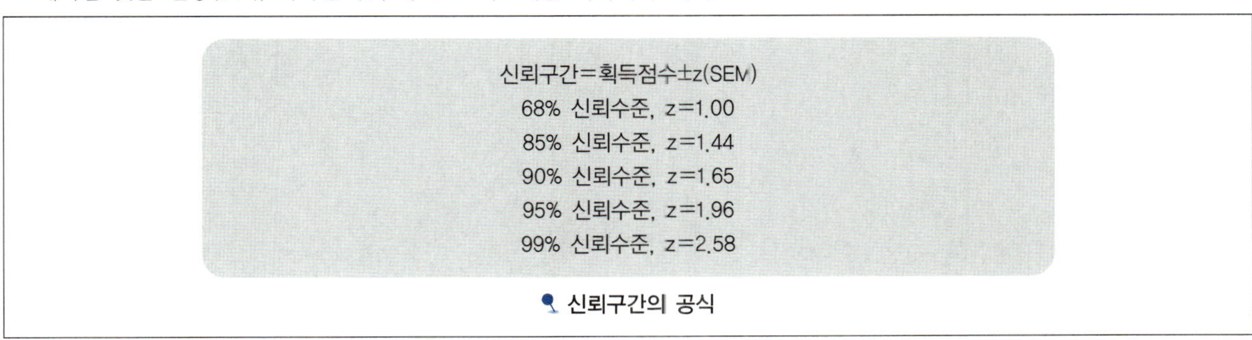

신뢰구간의 공식

참고자료 기본이론 11p

키워드 한국판 웩슬러 아동용 지능검사 5판 (K-WISC-Ⅴ)

구조화 틀 **지적장애 조작적 정의의 핵심 구성요인**

- 지적 기능성에서의 제한성
- 적응능력에서의 제한성
- 장애의 발생 시기
- 지적장애 용어의 정당성

핵심개념 CHC 이론

- **결정지능**: 지식의 근원과 습득한 지식·정보를 인출하고 사용하는 능력 → K-WISC-Ⅴ의 언어이해지표
- **유동지능**: 추론하기와 추상적인 문제를 해결하는 능력 → K-WISC-Ⅴ의 유동추론지표

모범답안 ㉢ 추론하기 또는 추상적인 문제를 해결하는 능력을 측정하고자 한다.

2023학년도 중등 A12

02 **다음은 특수교육대상 학생 진단을 위해 두 교사가 나눈 대화의 일부이다. 〈작성 방법〉에 따라 서술하시오. [4점]**

교사 B: 지적 능력을 측정하는 검사도구로 최근 개정된 한국 웩슬러지능검사 5판(K-WISC-V)을 사용하려고 합니다. 기존의 한국웩슬러지능검사 4판(K-WISC-IV)과는 어떤 차이가 있나요?

교사 A: K-WISC-V는 전체척도, 기본지표척도, 추가지표척도로 구성되어 있습니다. 특히 K-WISC-IV의 지각추론지표가 (㉡)지표와 ㉢ 유동추론지표로 나뉘어져 K-WISC-V의 기본지표척도를 구성하고 있습니다. K-WISC-V에 새롭게 추가된 소검사는 (㉣), 퍼즐, 그림기억 3가지가 있습니다.

…(하략)…

K-WISC-Ⅴ 검사 구성요소
언어이해, 시공간, 유동추론, 작업기억, 처리속도

작성방법

밑줄 친 ㉢이 측정하고자 하는 지적 능력의 내용을 서술할 것.

참고자료 기본이론 13p

키워드 적응행동 유형

구조화 틀 **지적장애 조작적 정의의 핵심 구성요인**

- 지적 기능성에서의 제한성
- 적응능력에서의 제한성
- 장애의 발생 시기
- 지적장애 용어의 정당성

핵심개념

AAIDD 적응행동의 유형(2021)

개념적 기술	• 인지적인 문제해결이나 의사소통·학업에 사용될 수 있는 기술 • **하위 유형**: 언어와 문해 기술, 금전·시간·수 개념, 자기지시
사회적 기술	• 사회적 기대와 다른 사람의 행동을 이해하고 사회적 상황에서 적절하게 행동하는 데 필요한 기술 • **하위 유형**: 대인관계 기술, 책임감, 자기존중, 속기 쉬움, 규칙 준수, 법률 준수, 희생되는 것 피하기 등
실제적 기술	• 평범한 일상생활에서 독립된 인간으로서 자신을 유지하고 보호하며 도구를 활용하는 기술 • **하위 유형**: 일상생활 활동, 작업 기술, 금전 사용, 건강과 안전, 여행, 대중교통 이용, 일과 계획, 전화 사용 등

자기지시(self-direction)

목표를 세우고 그 목표에 도달할 수 있는 방법을 찾고, 진전사항을 점검하고 그에 따라 계획을 세우는 것과 관련됨

모범답안 ③

2010학년도 중등 13

03 **다음은 정신지체 학생 A의 적응행동검사 결과를 요약한 것이다. 이에 기초하여 지도해야 할 내용으로 적절한 것을 〈보기〉에서 모두 고른 것은?**

> 적응행동검사 결과 요약
>
> A는 적응행동검사에서 전체점수가 평균으로부터 −2 표준편차 이하에 속하는 것으로 나타났다. 특히, 개념적 기술 점수는 사회적 및 실제적 기술 점수보다 매우 낮았다. 따라서 AAMR(2002)이 제시한 적응행동 기술 영역 중 개념적 기술에 관한 내용을 A의 교수·학습계획에 포함시키는 것이 필요하다고 본다.

절사 점수
지적장애 진단을 위한 '심각한 제한성 기준'의 경계를 결정하는 대략적인 점수를 나타내는 데 사용되는 용어. 내재하는 측정의 오차로 인해, 절사 점수는 절대값으로 해석되어서는 안 됨

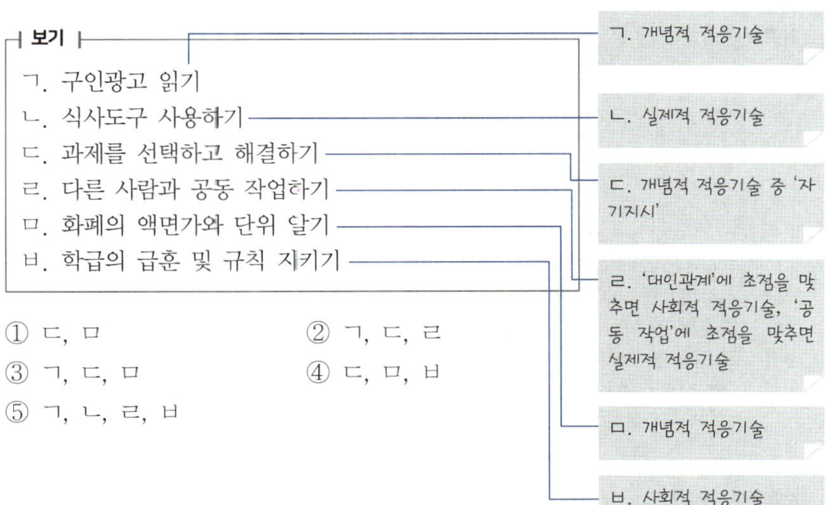

보기

ㄱ. 구인광고 읽기
ㄴ. 식사도구 사용하기
ㄷ. 과제를 선택하고 해결하기
ㄹ. 다른 사람과 공동 작업하기
ㅁ. 화폐의 액면가와 단위 알기
ㅂ. 학급의 급훈 및 규칙 지키기

ㄱ. 개념적 적응기술
ㄴ. 실제적 적응기술
ㄷ. 개념적 적응기술 중 '자기지시'
ㄹ. '대인관계'에 초점을 맞추면 사회적 적응기술, '공동 작업'에 초점을 맞추면 실제적 적응기술
ㅁ. 개념적 적응기술
ㅂ. 사회적 적응기술

① ㄷ, ㅁ　　② ㄱ, ㄷ, ㄹ
③ ㄱ, ㄷ, ㅁ　　④ ㄷ, ㅁ, ㅂ
⑤ ㄱ, ㄴ, ㄹ, ㅂ

참고자료 기본이론 12-16p

키워드

- AAIDD의 지적장애 정의
- 적응행동 유형

구조화틀

지적장애 조작적 정의의 핵심 구성요인

- 지적 기능성에서의 제한성
- 적응능력에서의 제한성
- 장애의 발생 시기
- 지적장애 용어의 정당성

적응행동 유형

- 개념적 적응행동
- 사회적 적응행동
- 실제적 적응행동

핵심개념 적응행동

적응행동에 대한 종합적인 평가는 표준화된 검사 도구로 측정해 나온 검사 결과뿐만 아니라, 당사자나 그 개인을 잘 아는 사람들과의 면담이나 관련된 기록 등을 통해 파악되는 개인의 가족사·의료사·학교기록·고용기록 등에 대한 체계적인 검토 후에 이루어져야 함

모범답안 ①

2011학년도 중등 16

04 **다음은 중학교 1학년 특수학급에 입급된 정신지체학생 A에 대한 정보이다. 학생 A에게 적합한 교수적 지원을 제공하고자 특수교사가 취한 행동 중 적절한 것만을 〈보기〉에서 모두 고른 것은?**

- 한국인 아버지와 베트남인 어머니 사이에서 태어남
- 베트남에서 초등학교를 다니다가 중학교 입학을 앞두고 한국으로 옴
- IQ는 65이며, 적응행동기술 영역에서 개념적 기술 점수가 사회적·실제적 기술 점수에 비해 매우 낮음

보기

ㄱ. 학생 A의 가정생활에 대한 정보를 수집하기 위해 부모와 면담을 하였다.
ㄴ. 지능검사의 언어성 점수와 동작성 점수를 비교하여 지능검사 결과를 해석하는 데 참고하였다.
ㄷ. 중학교 1학년 통합학급에서 학생 A의 학교생활을 일정 기간 동안 직접 관찰하고 분석하였다.
ㄹ. 학생 A의 개념적 기술 향상을 위하여 책임감 및 자존감을 증진시킬 수 있는 교육 계획을 수립하였다.
ㅁ. 필기의 양이 많은 수업시간에 학생 A의 필요에 따라 일시적·단기적으로 제공되는 제한적 지원 계획을 구상하였다.

① ㄱ, ㄴ, ㄷ
② ㄱ, ㄷ, ㄹ
③ ㄴ, ㄹ, ㅁ
④ ㄱ, ㄴ, ㄷ, ㅁ
⑤ ㄴ, ㄷ, ㄹ, ㅁ

지적장애 정의를 적용하기 위해 고려해야 할 가정 중 '타당한 평가는 의사소통, 감각과 운동 및 행동 요인에서의 차이뿐만 아니라 문화와 언어의 요인도 함께 고려해야 함'

- **지적 능력에서의 제한성**: IQ 65는 평균으로부터 -2 표준편차 이하에 해당함
- **적응 능력에서의 제한성**: 개념적·사회적·실제적 적응기술 중 한 개 이상의 영역에서 -2 표준편차 이하에 해당함

ㄱ. 학생 A의 문화적 다양성을 고려해야 하므로 적절한 문장임

ㄴ. 학생 A의 언어적 다양성을 고려해야 하므로 적절한 문장임

ㄷ. 학생 A의 동년배와 문화에 전형적인 지역사회 환경의 맥락(통합학급 환경)에서 고려하고 있으므로 적절한 문장임

ㄹ. '책임감 및 자존감'은 사회적 기술에 해당하므로 적절하지 않은 문장임

참고자료 기본이론 13p

키워드 적응행동 유형

구조화틀 적응행동 유형

- 개념적 적응행동
- 사회적 적응행동
- 실제적 적응행동

핵심개념 AAIDD 적응행동의 유형(2021)

개념적 기술	• 인지적인 문제해결이나 의사소통·학업에 사용될 수 있는 기술 • **하위 유형**: 언어와 문해 기술, 금전·시간·수 개념, 자기지시
사회적 기술	• 사회적 기대와 다른 사람의 행동을 이해하고 사회적 상황에서 적절하게 행동하는 데 필요한 기술 • **하위 유형**: 대인관계 기술, 책임감, 자기존중, 속기 쉬움, 규칙 준수, 법률 준수, 희생되는 것 피하기 등
실제적 기술	• 평범한 일상생활에서 독립된 인간으로서 자신을 유지하고 보호하며 도구를 활용하는 기술 • **하위 유형**: 일상생활 활동, 작업 기술, 금전 사용, 건강과 안전, 여행, 대중교통 이용, 일과 계획, 전화 사용 등

모범답안 ④

2012학년도 중등 16

05 다음은 특수교사와 일반교사가 나눈 대화이다. ㉠~㉤ 중에서 옳은 내용만을 있는 대로 고른 것은?

> 일반교사: 정신지체는 지적 능력과 적응기술에서의 어려움을 동시에 가지고 있다고 하던데, 적응기술이 뭔가요?
> 특수교사: '미국 지적장애 및 발달장애학회(AAIDD)'에 따르면, ㉠'실제적 적응기술'은 '손해 보지 않기'와 같은 일상생활 활동에 필요한 기술을 의미하요. 그리고 ㉡'사회적 적응기술'에는 '자존감'과 '대인관계'와 같은 기술이 포함되어 있어요.
> 일반교사: 그렇군요. 그런 제한점이 있을 수 있겠네요.
> 특수교사: 하지만, 정신지체 학생이 제한점만 가지고 있는 것은 아니어요. '미국 지적장애 및 발달장애 학회'에서는 여러 증후군을 지닌 사람들에게서 자주 나타나는 행동적 징후 중에서 강점을 찾아 제시했어요.
> 일반교사: 그래요? 증후군에 따라 강점이 다른가요?
> 특수교사: 네. ㉢약체 엑스 증후군(Fragile X syndrome)을 지닌 사람은 일반적으로 음성언어 기술보다는 시·공간적 기술에 강점이 있구요. 또, ㉣프래더-윌리 증후군(Prader-Willi syndrome)이 있는 사람은 대체로 시각적 처리와 퍼즐해결에 강점에 있어요.
> 일반교사: 그럼, 다운 증후군(Down syndrome)은요?
> 특수교사: ㉤다운 증후군을 지닌 사람은 일반적으로 언어 또는 청각적 과제보다 시·공간적 과제를 더 잘 수행하는 강점이 있다고 해요.
> 일반교사: 그렇군요. 그런 강점을 잘 활용해서 지도하면 좋겠네요. 좋은 말씀 감사합니다.

'이중기준 접근'이란, 지적장애를 정의하기 위해 지적 기능성과 적응행동 두 가지를 기준으로 하는 것을 의미함

㉠ '손해 보지 않기'는 사회적 적응기술에 해당함. 실제적 적응기술은 평범한 일상생활에서 독립된 인간으로 자신을 유지하고 보호하며 도구를 활용할 수 있는 기술임

AAIDD 가정 중 '한 개인은 제한성만 가진 것이 아니라 동시에 강점도 가지고 있음'

① ㄱ, ㄷ
② ㄱ, ㄹ
③ ㄴ, ㄷ, ㅁ
④ ㄴ, ㄹ, ㅁ
⑤ ㄴ, ㄷ, ㄹ, ㅁ

참고자료 기본이론 13p

키워드 적응행동 유형

구조화 틀 **적응행동 유형**

- 개념적 적응행동
- 사회적 적응행동
- 실제적 적응행동

핵심개념

적응행동

- 한 개인이 자신의 환경에 적응하기 위해 필요한 적응행동은 고정된 것이라기보다는 삶의 다양한 상황에서의 사회적 요구나 환경적 요구에 의해 쉽게 영향을 받을 수 있으며, 삶의 시기별로도 달라질 수 있음
- 한 개인이 모든 적응행동 능력에서 제한성을 보이는 것이 아니라 특정 영역의 적응능력에서 제한성을 보인다 할지라도, 또 다른 영역에서는 강점을 보일 수 있음

AAIDD 적응행동의 유형(2021)

개념적 기술	• 인지적인 문제해결이나 의사소통 · 학업에 사용될 수 있는 기술 • **하위 유형**: 언어와 문해 기술, 금전 · 시간 · 수 개념, 자기지시
사회적 기술	• 사회적 기대와 다른 사람의 행동을 이해하고 사회적 상황에서 적절하게 행동하는 데 필요한 기술 • **하위 유형**: 대인관계 기술, 책임감, 자기존중, 속기 쉬움, 규칙 준수, 법률 준수, 희생되는 것 피하기 등
실제적 기술	• 평범한 일상생활에서 독립된 인간으로서 자신을 유지하고 보호하며 도구를 활용하는 기술 • **하위 유형**: 일상생활 활동, 작업 기술, 금전 사용, 건강과 안전, 여행, 대중교통 이용, 일과 계획, 전화 사용 등

모범답안 ⑤

2012학년도 초등 24

06 **다음은 정신지체 학생들에게 기본교육과정 사회과 '화장실 사용하기'를 지도하기 위한 학습활동의 예이다. 이에 대한 지도방법 중 옳은 것을 모두 고르면?**

(가) 화장실 예절 지키기

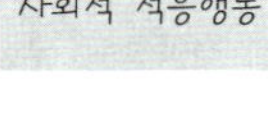

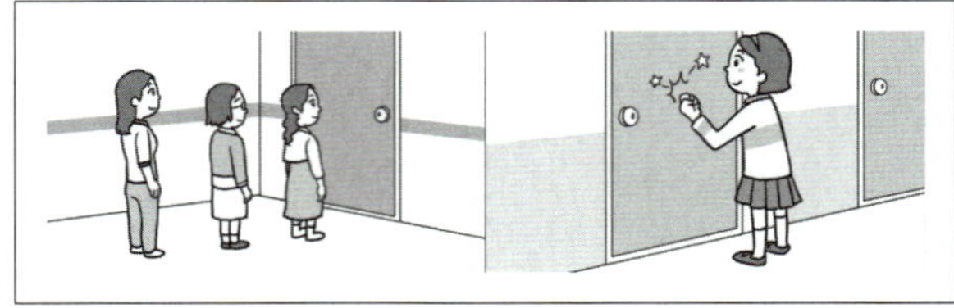

(나) 용변 처리 바르게 하기 — 실제적 적응행동

ㄱ. 학생이 바지에 오줌을 쌌을 경우에는 지체 없이 학생을 청결하게 해주고, 사회적 강화를 해준다. — ㄱ. 사회적 강화를 제공해서는 안 됨

ㄴ. 중도 정신지체 학생의 경우 남녀 화장실을 구별하기는 어렵다고 하더라도, 스스로 화장실을 이용할 수 있도록 자조 능력을 길러주어야 한다. — ㄴ. 부분참여의 원리

ㄷ. (가)에서 중도 정신지체 학생의 경우 언어적 지시만으로는 부족하므로, 교사가 직접 시범을 보여주고 그 동작을 따라하도록 지도한다. — ㄷ. 촉구의 강도가 높음

ㄹ. (나)에서 필요한 기술은 정신지체 학생들에게 반드시 지도해야 하는 사회적 적응행동 기술이다. — ㄹ. (나) 용변 처리 바르게 하기 기술은 실제적 적응기술 중 '일상생활 활동'에 해당함

ㅁ. (나)를 행동연쇄법을 적용하여 ①~④의 순서로 지도할 경우, 순서의 수행마다 조건적(인위적) 강화인을 준다. — ㅁ. 전진형 행동연쇄에 대한 설명에 해당함

① ㄱ, ㄴ ② ㄴ, ㄹ
③ ㄷ, ㄹ ④ ㄱ, ㄹ, ㅁ
⑤ ㄴ, ㄷ, ㅁ

참고자료 기본이론 13p

키워드 적응행동 유형

구조화 틀 적응행동 유형

- 개념적 적응행동
- 사회적 적응행동
- 실제적 적응행동

핵심개념

모범답안

- 메뉴판을 읽거나 음식 주문 번호와 일치하는 번호의 테이블에 음식을 가져가는 것, 화폐의 종류를 구분하는 것으로 보아 개념적 적응행동을 보이고 있다.
- 출근 시간을 잘 지키고 맡은 일은 끝까지 마무리하고, 인사를 잘하며 친절한 것으로 보아 사회적 적응행동을 보이고 있다.
- 도움 없이는 화장실 청소를 하지 못하는 것, 음식값을 계산하는 데 어려움이 있는 것으로 보아 실제적 적응행동에 어려움을 보이고 있다.

학생 A가 갖추어야 하는 기술은 대중교통 이용하기 기술이다. ○○카페가 학생 A의 집에서 지하철로 20분 거리에 있지만 아직 지하철을 혼자 이용하지 못하고, 어머니가 A의 출퇴근을 지원할 여건이 되지 않기 때문이다.

2014학년도 중등 B1

07 **다음은 (가)는 고등학교 3학년 정신지체 학생 A의 현재 실습지에서의 실습활동 평가 결과를 요약한 것이고, (나)는 학생 A가 실습하게 될 다음 실습지에 대한 사전 조사 내용을 요약한 것이다. (가)의 상황평가 결과에 나타난 학생 A의 행동 특성을 '2010년 11차 미국 지적장애 및 발달장애협회(AAIDD)의 지적장애 정의'에 있는 적응행동 유형과 관련지어 설명하시오. 그리고 학생 A가 ○○카페에서 실습을 하기 전에 갖추어야 할 기술 1가지와 그 기술을 선정한 이유를 쓰시오. [10점]**

전환평가 유형
- 작업표본평가
- 상황평가
- 현장평가

(가) 학생 A의 현재 실습지에서의 실습활동 평가 결과 요약

• 실습 장소 : 집 근처 분식집(도보로 이동 가능한 거리) 〈상황평가 결과〉 • 출근 시간을 잘 지킨다. • 맡은 일은 끝까지 마무리한다. • 메뉴판의 음식명을 읽을 수 있다. • 손님과 다른 직원들에게 인사를 잘하고 친절하다. • 다른 사람의 도움 없이는 화장실 청소를 하지 못한다. • 음식 주문 번호와 일치하는 번호의 테이블에 음식을 가져간다. • 화폐의 종류는 구분하나, 음식 값을 계산하는 데는 어려움이 있다. 〈학생과의 면담 내용〉 • 카페나 레스토랑에서 유니폼을 입고 일하는 친구들이 부럽다. • 친하게 지낼 만한 또래가 있었으면 좋겠는데, 같이 일하는 분들이 모두 나이가 많다. 〈어머니와의 면담 내용〉 • 학생 A의 출퇴근을 지원할 여건이 안 된다. • 학생 A가 대중교통을 혼자 이용하는 것이 걱정되어 아직까지 기회를 주지 않고 있다. • 학생 A가 방과 후에 바리스타 수업을 받기는 했지만, 다른 사람의 도움 없이는 커피를 내리지 못한다.

사회적 기술 : 규칙 준수

사회적 기술 : 책임감

개념적 기술 : 문해 기술

사회적 기술 : 대인관계 기술

실제적 기술 : 작업 기술

- 개념적 기술 : 수 개념
- 실제적 기술 : 작업 기술

- 개념적 기술 : 금전 개념
- 실제적 기술 : 금전 사용

(나) 학생 A의 다음 실습지에 대한 사전 조사 내용 요약

• 실습 장소 : 인근 지역에 있는 ○○카페(학생 A의 집에서 지하철로 20분 거리) • 실습 시간 : 오전 9시~오후 3시 • 직무별 직원 구성 및 직원 특성 – 사장, 바리스타(2명), 카운터(1명), 서빙(4명 : 고등학생과 대학생 아르바이트) – 장애인과 함께 근무한 경험이 있어 장애인에 대한 이해가 전반적으로 높음 • 복무 규정 – 정시 출근 – 단정한 유니폼 착용

참고자료 기본이론 13p

키워드 적응행동 유형

구조화 틀 적응행동 유형
- 개념적 적응행동
- 사회적 적응행동
- 실제적 적응행동

핵심개념 AAIDD 적응행동의 유형(2021)

개념적 기술	• 인지적인 문제해결이나 의사소통·학업에 사용될 수 있는 기술 • **하위 유형**: 언어와 문해 기술, 금전·시간·수 개념, 자기지시
사회적 기술	• 사회적 기대와 다른 사람의 행동을 이해하고 사회적 상황에서 적절하게 행동하는 데 필요한 기술 • **하위 유형**: 대인관계 기술, 책임감, 자기존중, 속기 쉬움, 규칙 준수, 법률 준수, 희생되는 것 피하기 등
실제적 기술	• 평범한 일상생활에서 독립된 인간으로서 자신을 유지하고 보호하며 도구를 활용하는 기술 • **하위 유형**: 일상생활 활동, 작업 기술, 금전 사용, 건강과 안전, 여행, 대중교통 이용, 일과 계획, 전화 사용 등

모범답안 실제적 기술

2021학년도 중등 B4

08 **(가)는 지적장애 학생 F에 대한 지도 중점 사항이고, (나)는 교육실습생이 기록한 학생 F의 수행 점검표이다. (다)는 학생 F의 문제행동 중재 결과이다. 〈작성방법〉에 따라 서술하시오. [4점]**

(가) 지도 중점 사항

- 독립적인 자립생활을 위해 적응행동 기술 교수
- 수업 중 소리지르기 행동에 대한 지원

적응행동 기술
- 개념적 기술
- 사회적 기술
- 실제적 기술

(나) 수행 점검표

상위 기술	하위 기술	수행 점검
컵라면 구입하기	컵라면 가격 알기	×
	종업원에게 인사하기	○
	종업원에게 질문하기	○
	계산하고 구입하기	×
컵라면 조리하기	컵라면 뚜껑 열기	○
	컵 안쪽에 보이는 선까지 물 붓기	○
	면이 익을 때까지 기다리기	○
정리하기	빈 용기 정리하기	○

작성방법

(나)에서 학생 F가 어려움을 보이는 적응행동 하위 유형의 명칭을 쓸 것. (단, 적응행동 하위 유형의 명칭을 AAIDD의 11차 정의에 제시된 용어로 쓸 것.)

참고자료 기본이론 13p

키워드 적응행동 유형

구조화틀 **적응행동 유형**

- 개념적 적응행동
- 사회적 적응행동
- 실제적 적응행동

핵심개념

AAIDD 적응행동의 유형(2021)

개념적 기술	• 인지적인 문제해결이나 의사소통·학업에 사용될 수 있는 기술 • **하위 유형**: 언어와 문해 기술, 금전·시간·수 개념, 자기지시
사회적 기술	• 사회적 기대와 다른 사람의 행동을 이해하고 사회적 상황에서 적절하게 행동하는 데 필요한 기술 • **하위 유형**: 대인관계 기술, 책임감, 자기존중, 속기 쉬움, 규칙 준수, 법률 준수, 희생되는 것 피하기 등
실제적 기술	• 평범한 일상생활에서 독립된 인간으로서 자신을 유지하고 보호하며 도구를 활용하는 기술 • **하위 유형**: 일상생활 활동, 작업 기술, 금전 사용, 건강과 안전, 여행, 대중교통 이용, 일과 계획, 전화 사용 등

자기지시(self-direction)

목표를 세우고 그 목표에 도달할 수 있는 방법을 찾고, 진전사항을 점검하고 그에 따라 계획을 세우는 것과 관련됨

모범답안 개념적 기술

2025학년도 중등 A10

09 **(가)는 고등학교에 재학 중인 지적장애 학생 K의 교육 및 지원 요구이고, (나)는 학생 K의 교육 지원을 위한 특수 교사의 교육 계획 노트이다. 〈작성 방법〉에 따라 서술하시오.** **[4점]**

(가) 학생 K의 교육 및 지원 요구

- 성인기 자립 생활을 위한 적응행동 기술을 배울 필요가 있음
- 직장 생활 적응을 위해 다양한 자연적 지원이 필요함
- 직장 생활을 위해 지시 따르기 기술을 배울 필요가 있음

적응행동 기술
- 개념적 기술
- 사회적 기술
- 실제적 기술

(나) 학생 K의 교육 지원을 위한 특수 교사의 교육 계획 노트

1. 학생 K의 향후 직장 생활에 필요한 적응행동 목록 확인
   - 상급자의 지시 따르기, 대중교통을 이용한 출퇴근하기, 직장 규칙 지키기, ㉠ 단순화된 작업 지시서 읽기, 업무 순서에 대해 자기 지시하기

- "상급자의 지시 따르기" → 실제적 기술
- "대중교통을 이용한 출퇴근하기" → 실제적 기술
- "직장 규칙 지키기" → 사회적 기술

작성방법

(나)의 밑줄 친 ㉠에 제시된 적응행동의 하위 영역 명칭을 쓸 것. [단, 적응행동 하위 영역의 명칭은 AAIDD의 12차 정의(2021)에 제시된 용어로 쓸 것.]

참고자료 기본이론 13p

키워드 적응행동 유형

구조화틀 적응행동 유형

- 개념적 적응행동
- 사회적 적응행동
- 실제적 적응행동

핵심개념 AAIDD 적응행동의 유형(2021)

개념적 기술	• 인지적인 문제해결이나 의사소통 · 학업에 사용될 수 있는 기술 • **하위 유형**: 언어와 문해 기술, 금전 · 시간 · 수 개념, 자기지시
사회적 기술	• 사회적 기대와 다른 사람의 행동을 이해하고 사회적 상황에서 적절하게 행동하는 데 필요한 기술 • **하위 유형**: 대인관계 기술, 책임감, 자기존중, 속기 쉬움, 규칙 준수, 법률 준수, 희생되는 것 피하기 등
실제적 기술	• 평범한 일상생활에서 독립된 인간으로서 자신을 유지하고 보호하며 도구를 활용하는 기술 • **하위 유형**: 일상생활 활동, 작업 기술, 금전 사용, 건강과 안전, 여행, 대중교통 이용, 일과 계획, 전화 사용 등

모범답안 ㉣과 ㉤을 통해 향상시키고자 하는 적응기술은 사회적 기술이다.

2018학년도 초등 A5

10 **(가)는 지적장애 학생 세호와 민지의 특성이고, (나)는 교사가 작성한 2015 개정 특수학교 교육과정 중 기본 교육과정 미술과 3~4학년 수업을 위한 아이디어 노트이다. 물음에 답하시오. [6점]**

(나)

> ㅇ제재 : 재미있는 찍기 놀이
> ㅇ수업 활동
>
> 〈활동 1〉 체험 영역(지각)
> • 자신이 좋아하는 나뭇잎을 선택하고 학교 주변에서 찾기
> – 나뭇잎 목록표 사용하기
> – ㉡ <u>민지에게는 미리 준비한 나뭇잎을 제공하기</u>
>
> 〈활동 2〉 표현 영역(활용)
> • 여러 가지 나뭇잎을 찍어 작품 만들기
> – 다양한 찍기 활동을 할 수 있도록 기회 제공하기
> – ㉢ <u>찍기 재료별로 점차 활동 시간을 늘려 나가고 각 활동을 마칠 때마다 칭찬 스티커로 강화하기</u>
> – ㉣ <u>자존감을 높이기 위해 학생들이 이미 알고 있는 나뭇잎 이름을 말할 수 있는 기회 주기</u>
> – ㉤ <u>책임감을 향상시키기 위해 도화지를 친구들에게 나누어주는 역할 부여하기</u>
>
> 〈활동 3〉 감상 영역(㉥)
> • 완성된 작품 소개하기

4) (나)의 밑줄 친 ㉣과 밑줄 친 ㉤을 통해 향상시키고자 하는 적응 기술 유형을 2010년에 미국 지적장애 및 발달장애협회(AAIDD)에서 제시한 11차 정의에 근거하여 쓰시오. [1점]

참고자료 기본이론 13p

키워드 적응행동 유형

구조화 틀 적응행동 유형

- 개념적 적응행동
- 사회적 적응행동
- 실제적 적응행동

핵심개념 AAIDD 적응행동의 유형(2021)

개념적 기술	• 인지적인 문제해결이나 의사소통·학업에 사용될 수 있는 기술 • **하위 유형**: 언어와 문해 기술, 금전·시간·수 개념, 자기지시
사회적 기술	• 사회적 기대와 다른 사람의 행동을 이해하고 사회적 상황에서 적절하게 행동하는 데 필요한 기술 • **하위 유형**: 대인관계 기술, 책임감, 자기존중, 속기 쉬움, 규칙 준수, 법률 준수, 희생되는 것 피하기 등
실제적 기술	• 평범한 일상생활에서 독립된 인간으로서 자신을 유지하고 보호하며 도구를 활용하는 기술 • **하위 유형**: 일상생활 활동, 작업 기술, 금전 사용, 건강과 안전, 여행, 대중교통 이용, 일과 계획, 전화 사용 등

모범답안

㉡ 사회적 기술
㉢ 실제적 기술

2024학년도 초등 A5

11 **다음은 2015 개정 특수교육 기본 교육과정 사회과 3~4학년군 '학교 가는 길' 단원의 지도를 위해 특수교사 최 교사와 박 교사가 나눈 대화의 일부이다. 물음에 답하시오. [5점]**

> 최 교사: '대중교통 이용 시 필요한 것'에서는 어떤 내용들을 지도하면 좋을까요?
> 박 교사: ㉡ 교통질서 지키기, 규칙 지키기, ㉢ 버스 이용하기, 교통 카드 구입하기 등에 대해 지도하시면 어때요?

1) '미국 지적 및 발달장애협회(AAIDD)(2021)'에서 제시한 적응행동의 3가지 요인 중 ㉡과 ㉢에 해당하는 명칭을 순서대로 쓰시오. [1점]

참고자료 기본이론 13p

키워드 적응행동 유형

구조화 틀 적응행동 유형

- 개념적 적응행동
- 사회적 적응행동
- 실제적 적응행동

핵심개념 AAIDD 적응행동의 유형(2021)

개념적 기술	• 인지적인 문제해결이나 의사소통 · 학업에 사용될 수 있는 기술 • **하위 유형**: 언어와 문해 기술, 금전 · 시간 · 수 개념, 자기지시
사회적 기술	• 사회적 기대와 다른 사람의 행동을 이해하고 사회적 상황에서 적절하게 행동하는 데 필요한 기술 • **하위 유형**: 대인관계 기술, 책임감, 자기존중, 속기 쉬움, 규칙 준수, 법률 준수, 희생되는 것 피하기 등
실제적 기술	• 평범한 일상생활에서 독립된 인간으로서 자신을 유지하고 보호하며 도구를 활용하는 기술 • **하위 유형**: 일상생활 활동, 작업 기술, 금전 사용, 건강과 안전, 여행, 대중교통 이용, 일과 계획, 전화 사용 등

모범답안 실제적 기술

2022학년도 초등 B5

12 **다음은 2015 개정 특수교육 교육과정 중 기본 교육과정 실과 5~6학년군 '건강한 식생활' 단원 지도 계획의 일부이다. 물음에 답하시오. [5점]**

단원	2. 건강한 식생활
단원 목표	• 건강과 성장을 위해 올바른 식생활 습관을 실천할 수 있다. [A] – 건강에 이롭고 안전한 식품을 선택한다. – 골고루 먹는 식습관을 실천한다.
학습 목표	건강에 이로운 음식으로 균형 잡힌 밥상을 차릴 수 있다.
활동 지도 계획	• 활동 2: 골고루 먹는 균형 잡힌 밥상 차리기 – 건강에 이로운 음식으로 식단 짜기 – 균형 잡힌 밥상 차리기 ◦ 접시에 반찬을 골고루 담기 [C] ◦ 반찬을 담은 접시를 밥상 위에 놓기 ◦ 숟가락과 젓가락을 밥상 위에 놓기 ◦ 밥과 국을 밥상 위에 놓기 ※ 유의점 – ㉠ 학생의 건강상 특이사항을 고려하여 식단 구성에 유의하도록 지도함 – 밥상 차리기 활동 중 학생이 오류를 보이면 피드백을 제공하여 교정함 • 정리: 학생들의 결과물 중에서 가장 균형 잡힌 식단을 선정하여 칭찬하기

• 적응기술 유형: 실제적 적응행동
• 하위 유형: 수단적 일상생활 활동

3) [C]는 '미국 지적 및 발달장애협회(AAIDD)(2010)'에서 제시한 적응행동의 3가지 기술(skills) 중 어떤 기술에 해당하는지 쓰시오. [1점]

참고자료 기본이론 13p, 48p

키워드 적응행동 유형

구조화 틀 적응행동 유형

- 개념적 적응행동
- 사회적 적응행동
- 실제적 적응행동

핵심개념 AAIDD 적응행동의 유형(2021)

개념적 기술	• 인지적인 문제해결이나 의사소통·학업에 사용될 수 있는 기술 • **하위 유형**: 언어와 문해 기술, 금전·시간·수 개념, 자기지시
사회적 기술	• 사회적 기대와 다른 사람의 행동을 이해하고 사회적 상황에서 적절하게 행동하는 데 필요한 기술 • **하위 유형**: 대인관계 기술, 책임감, 자기존중, 속기 쉬움, 규칙 준수, 법률 준수, 희생되는 것 피하기 등
실제적 기술	• 평범한 일상생활에서 독립된 인간으로서 자신을 유지하고 보호하며 도구를 활용하는 기술 • **하위 유형**: 일상생활 활동, 작업 기술, 금전 사용, 건강과 안전, 여행, 대중교통 이용, 일과 계획, 전화 사용 등

모범답안 자기지시를 통해 스스로 갈락토스가 함유된 음식을 먹지 않도록 조절한다. (또는 문해 기술을 통해 식단표를 읽고 갈락토스 함유 제품을 확인한다.)

2026학년도 초등 B1

13 **(가)는 초등학교 6학년 지적장애 학생 동호에 대한 보호자의 교육 요구이고, (나)는 동호를 위한 특수교사와 통합학급 교사의 개별화교육계획 협의 내용의 일부이다. 물음에 답하시오. [5점]**

(가)

동호가 갈락토스혈증(galactosemia)을 가지고 있어 급식시간에 엄격한 식단 조절이 이루어지기 바람

갈락토스혈증
- 갈락토스(모유와 일반 우유에 포함된 당분)를 포도당으로 전환하는 능력이 손상되어 체내에 갈락토스가 축적되는 질환
- 갈락토스혈증으로 진단되면 즉시 갈락토스가 함유되지 않은 분유와 우유 대체식품을 섭취해야 하며, 이후 우유·치즈·버터·유청분말과 카제인 함유 식품은 엄격하게 제한해야 함

(나)

1. 동호의 통합학급 수업 지원
   - 동호가 중학교에 가서 ㉠ <u>스스로 식단을 조절하는 데 필요한 개념적 적응행동 기술 지도</u>

1) (가)를 고려하여 (나)의 밑줄 친 ㉠의 예를 1가지 쓰시오. [1점]

참고자료 기본이론 17p

키워드 일상생활 활동

구조화틀 적응행동 유형

- 개념적 적응행동
- 사회적 적응행동
- 실제적 적응행동

핵심개념 일상생활 활동

기본적 일상생활 활동
• 목욕, 샤워하기 • 옷 입고 벗기 • 식사하기 • 개인용품 관리 • 성 생활 • 대소변 관리 • 먹기 • 기능적 이동 • 개인위생과 몸단장 • 화장실 위생

수단적 일상생활 활동
• 다른 사람 돌보기 • 아이 돌보기 • 지역사회 이동 • 건강관리와 유지 • 식사 준비, 설거지 • 안전, 응급상황 관리 • 애완동물 돌보기 • 의사소통 관리 • 재정 관리 • 가정 관리 • 종교행사 • 쇼핑하기

모범답안 ㉡ 수단적 일상생활 활동

2017학년도 초등 A2

14 **(가)는 초등학교 5학년 지적장애 학생 희수에 대해 특수교사와 일반교사가 나눈 대화의 일부이고, (나)는 초등학교 6학년 지적장애 학생 민기에 대해 특수교사와 어머니가 나눈 대화의 일부이다. 물음에 답하시오. [6점]**

(가)

특수교사: 희수는 스스로 화장실 이용하기, 옷 입기 등의 일상생활 활동은 잘하는데, ㉡ 휴대전화 사용하기, 물건 사기 등과 같이 조금 더 복잡한 환경적 상호작용을 요구하는 일상생활 활동을 하는 데에는 어려움이 있어요.

일반교사: 선생님, 희수에게 물건 사기와 같은 일상생활 활동은 어떻게 지도하면 좋을까요?

특수교사: 직접 가게에 가서 물건을 사는 활동을 하는 것이 좋아요.

일반교사: 한 번도 해보지 않은 일이라 희수가 잘할 수 있을까요?

특수교사: 그래서 저는 ㉢ 교실을 가게처럼 꾸며놓고 실제와 유사한 물건과 화폐를 이용하여 물건 사기 활동을 지도하고 있어요.

"화장실 이용하기, 옷 입기 등의 일상생활 활동"
→ 기본적 일상생활 활동

1) ㉡에 해당하는 일상생활 활동의 유형을 쓰시오. [1점]

PART 01

확장하기 +

일상생활 능력(박희찬 외, 『장애학생을 위한 전환교육의 이해와 적용』, 2023)

1. 일상생활 능력의 개념

① '일상생활 능력'이란 개인이 독립적으로 살아가는 데 필수적으로 요구되는 활동을 할 수 있는 능력으로, 신체적 기능과 생활수단을 독립적으로 이용할 수 있는가에 대한 활용능력이다.

② '일상생활 기술'은 모든 인간의 일상생활에서 요구되는 기본적이고 공통된 기술이다. 이러한 기술을 독립적으로 수행하면 자기관리 능력이 유지되면서 자존감이 향상되고 동기가 부여되며 신체적·심리적 요인에 긍정적 영향을 받는다. 반면, 일상생활 활동에서 독립성을 상실하게 되면 개인은 타인의 도움을 통해서라도 이러한 활동에 참여해야 하고, 그 결과로 주변인들에게도 영향을 미치게 된다. 따라서 성공적인 가정생활 및 사회생활의 유지와 높은 삶의 질을 위해 일상생활 활동에서 최대한의 독립성을 유지하는 것이 중요하다.

2. 일상생활 수행능력의 유형

① 일상생활 능력을 측정할 수 있는 일상생활 수행능력은 기본적 일상생활 수행능력(Activities of Daily Living ; ADL)과 도구적 일상생활 수행능력(Instrumental Activities of Daily Living ; IADL)의 두 가지 영역을 평가한다.

② '기본적 일상생활 수행능력(ADL)'은 인간이 다른 사람의 도움을 받지 않고 독립적으로 살아가기 위해 필요한 신체적인 활동으로서, 착·탈의나 식사생활 등과 같은 기초적인 생존 능력 및 정신적 기초 기능의 수행을 포함하는 일상생활에서 반복되는 동작을 말한다.

③ '도구적 일상생활 수행능력(IADL)'은 신체적 자립 정도에 해당되는 ADL보다 상위 수준의 활동능력으로 전화 사용, 물건 구입, 금전 관리, 교통수단 이용, 식사 준비, 집 청소, 빨래 및 옷 관리, 가정용품 사용과 같은 일상의 기구나 장비의 사용 능력 등에 해당한다.

기본적 일상생활 수행능력과 수단적 일상생활 수행능력 각 항목의 내용

기본적 일상생활 수행능력(ADL)	도구적 일상생활 수행능력(IADL)
기초적인 생존 능력, 신체적·정신적 기초 기능 수행 예 식사생활, 의생활, 개인위생, 개인건강 관리	일상의 기구나 장비의 사용 예 전화 사용, 물건 구입, 금전 관리, 교통수단 이용, 식사 준비, 집 청소, 빨래 및 옷 관리, 가정용품 사용

일상생활 기술(송준만 외, 『지적장애 학생 교육』 제3판, 2022)

① 비장애인은 대부분 일상생활을 하는 중에 자연스럽게 옷과 식료품 구입하기, 세탁기 사용하기, 전화하기 등 일상생활 수행능력을 배우게 된다. 그러나 지적장애인은 비장애인과 같은 비공식적인 방법으로 나이에 맞는 일상생활 기능을 배우지 못한다.

② 일상생활 수행능력은 기본적 기술을 요구하는 '기본적 일상생활 활동(ADL)'과 더 진보된 문제해결 능력과 사회적 기술, 그리고 더 복잡한 환경적 상호작용을 요구하는 '수단적 일상생활 활동(IADL)'으로 나눌 수 있다.
  ㉠ 기본적 일상생활 활동에는 자기관리, 기능적 이동성, 성적 표현, 수면과 휴식 등이 포함된다.
  ㉡ 수단적 일상생활 활동에는 의사소통 도구 사용, 건강 관리 및 유지, 재정 관리, 음식 준비와 청소, 지역사회로의 이동성 등이 포함된다.

③ 지적장애인의 기본적 일상생활 기능과 수단적 일상생활 기능은 이동성과 인지 수준의 영향을 받기 때문에 일상적인 신체활동과 운동 기능을 강화함으로써 이동성을 증진하고 유지해야 한다.

참고자료 기본이론 17p

키워드 일상생활 활동

구조화 틀 **적응행동 유형**

- 개념적 적응행동
- 사회적 적응행동
- 실제적 적응행동

핵심개념 **일상생활 활동**

기본적 일상생활 활동
• 목욕, 샤워하기 • 옷 입고 벗기 • 식사하기 • 개인용품 관리 • 성 생활 • 대소변 관리 • 먹기 • 기능적 이동 • 개인위생과 몸단장 • 화장실 위생
수단적 일상생활 활동
• 다른 사람 돌보기 • 아이 돌보기 • 지역사회 이동 • 건강관리와 유지 • 식사 준비, 설거지 • 안전, 응급상황 관리 • 애완동물 돌보기 • 의사소통 관리 • 재정 관리 • 가정 관리 • 종교행사 • 쇼핑하기

모범답안 수단적 일상생활 활동

2023학년도 초등 B2

15 **(가)는 지적장애 학생 민호 부모의 요구이고, (나)는 특수교사가 작성한 요구 분석 및 지원 계획이다. 물음에 답하시오. [6점]**

(가) 부모의 요구

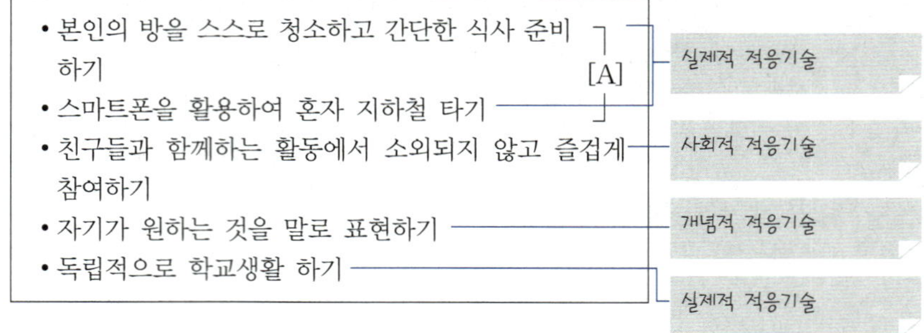

- 본인의 방을 스스로 청소하고 간단한 식사 준비하기 ┐ [A]
- 스마트폰을 활용하여 혼자 지하철 타기 ┘
- 친구들과 함께하는 활동에서 소외되지 않고 즐겁게 참여하기
- 자기가 원하는 것을 말로 표현하기
- 독립적으로 학교생활 하기

1) (가)의 [A]에 해당하는 일상생활 활동의 유형을 쓰시오. [1점]

참고자료 기본이론 19-20p

키워드 통합적 모델

구조화 틀 장애를 정의하는 관점

- 의료적 모델
- 사회적 모델
- 통합적 모델

핵심개념 장애를 정의하는 관점

- **의료적 모델**: 장애의 원인을 개인의 신체 내 손상으로 봄. 따라서 장애를 치료 또는 교정의 대상으로 간주함
- **사회적 모델**: 장애의 원인을 사회적 제약 또는 개인에 대한 지원의 부족으로 봄. 따라서 결함에 초점을 두기보다는 장애에 대한 사회적 장벽을 해결하는 것에 초점을 둠
- **통합적 모델**: 손상을 가진 개인과 환경의 부적응 상태를 장애로 봄. 따라서 개인과 환경의 변화를 위한 지원에 초점을 둠

모범답안

- 의료적 모델은 장애의 원인을 개인의 신체 내 손상으로 본다. 위 대화에서 김 교사는 학생이 휠체어를 사용해 이동하기 힘든 상황과 약을 먹어야 하는 상황을 학생의 '개인적인 문제' 때문이라고 주장한다.
반면에 사회적 관점은 장애의 원인을 사회적 제약이나 지원의 부족으로 본다. 위 대화에서 이 교사는 학생이 휠체어를 사용해 이동하기 힘든 상황이 장애를 지원하는 '사회적 환경'의 문제라고 주장한다.

- ICF 모델은 장애를 개인을 구성하는 여러 요인과 개인을 둘러싼 환경의 상호작용으로 본다. 따라서 개인을 둘러싼 생태학적 맥락을 이해하고 지원 요구를 파악해 지원함으로써 장애를 최소화해야 한다.

2017학년도 중등 B8

16 다음은 3명의 교사들이 학생 A의 수학여행 참여 여부에 대해 대화한 내용의 일부이다. 대화 내용을 참고하여 장애 개념에 대한 의료적 모델, 사회적 모델, '국제 기능 · 장애 · 건강 분류(ICF)' 체계의 모델을 비교 · 설명하고, 본인의 생각을 〈작성방법〉에 따라 논하시오. [10점]

> 김 교사: 학생 A는 중도장애로 인해 적응행동에 어려움도 있고, 휠체어를 타고 가기에 힘든 곳이 많아 수학여행에 참여하는 것은 무리라고 생각됩니다. 때에 맞춰 약을 먹어야 하는 개인적인 문제도 있고요.
>
> 이 교사: 글쎄요, 인식의 차이라고 생각합니다. 학생이 아무리 행동에 어려움이 있고 휠체어를 타고 있더라도 어디나 갈 수 있어야죠. 그런 사회적 환경을 만들어야 한다고 생각해요.
>
> 김 교사: 그래도 외부로 나가면 일이 생겼을 때 혼자 해결하기도 어렵고, 스스로 할 수 없으면 자칫 다른 사람에게 피해를 주게 되어서요. 게다가 장애가 있으니 매사 어려움이 많고, 아무래도 친구들과 어울리기도 힘들더라고요.
>
> 최 교사: 그렇게 생각하실 수도 있지만, 국제적으로 장애에 대한 인식이 변해 가는 것 같아요. 얼마 전 교사 연수에서 WHO의 ICF 모델에 대해 알게 되었는데, 환경적 요인이 장애인의 신체 기능과 구조, 활동, 참여와 상호작용한다고 하네요.
>
> …(하략)…

(메모) 장애를 개인의 신체 내 손상으로 보는 의학적 모형에 해당함

(메모) 장애의 발생 원인을 부정적인 사회적 태도에 의한 것으로 보는 사회적 모형에 해당함

(메모) ICF 모델에서는 인간의 기능성을 인간이 갖고 있는 다면적인 요소들과 환경 사이의 상호작용으로 봄 → 장애란 개인적 요소와 환경 사이의 상호작용에 의한 것이므로, 지원을 통해 기능성을 향상시키는 것에 초점을 둠

작성방법

- 서론, 본론, 결론의 형식으로 작성할 것.
- 장애를 바라보는 관점으로서 의료적 모델과 사회적 모델을 장애의 원인론 측면에서 비교하여 설명할 것.
- 의료적 모델과 사회적 모델을 설명할 때 위 대화의 내용을 예로 인용할 것.
- ICF 체계의 모델을 설명할 때 장애를 바라보는 관점과 장애의 제한을 최소화하는 방법을 제시할 것.

확장하기 +

인간 기능성의 다차원적 모델과 관련된 '장애를 정의하는 관점'

1. 장애의 사회 · 생태학적 모델

① 장애의 사회 · 생태학적 모델은 사람에게 영향을 미치는 생태학적 요인에 대한 인식으로 나아가는 틀을 제공하는 지적장애에 대한 기능성 접근법을 촉진함

② 개인-맥락적 상호작용과 그것이 인간 기능성에 미치는 영향에 대해 초점을 두는 모델임

③ 인간 기능성은 개인적 능력과 맥락적 요구 사이의 적합성과 지원체계의 제공에 의해 촉진됨

2. ICF(국제기능장애 건강분류) 모델

① 이전의 건강 관련 분류 체계(ICD)가 주로 질병과 장애에 중점을 두었다면, ICF 모델은 건강을 질병과 장애 외에도 기능, 참여, 환경과의 상호작용과 같은 다양한 측면에서 종합적으로 이해하고자 함

② ICF 모델은 장애 그 자체가 문제인 것이 아닌, 장애로 인한 인간의 기능적 제약이 근본적인 문제라는 시각을 전제로 하여 장애의 개념을 달리 함

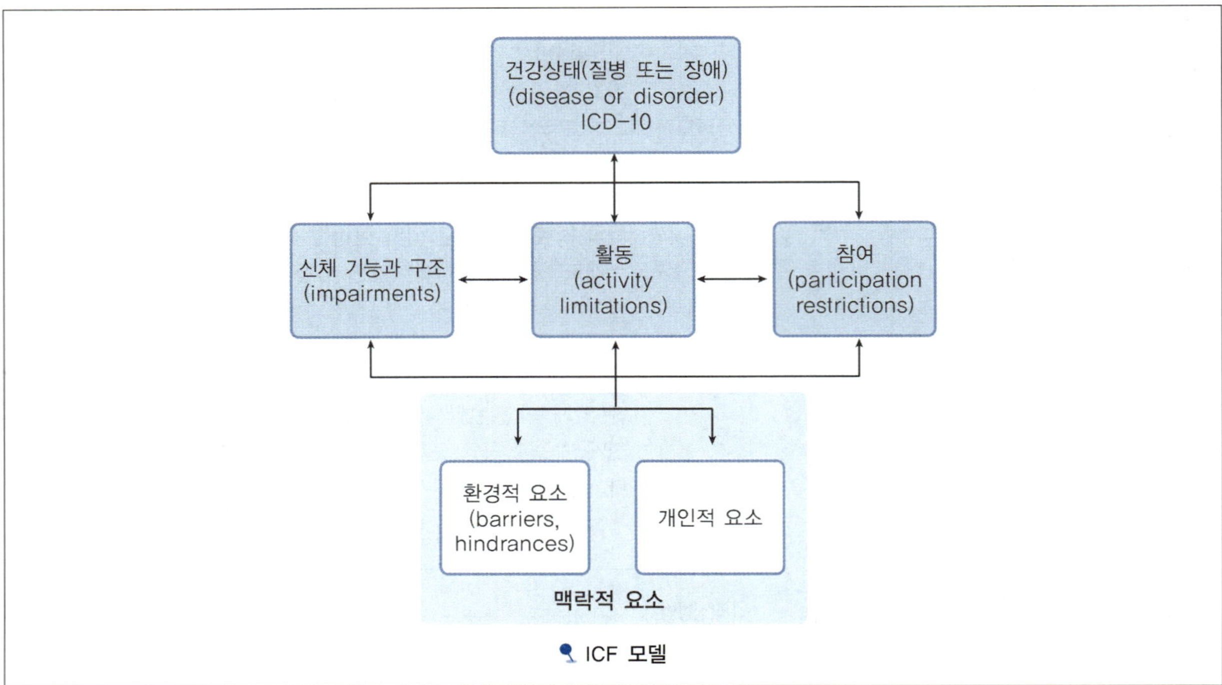

ICF 모델

참고자료 기본이론 19-20p

키워드 장애를 정의하는 관점

구조화 틀 인간 기능성의 다차원적 모델

- 장애를 정의하는 관점
- 인간 기능성에 대한 다차원적 모델
- AAIDD 다차원적 모델을 구성하는 요인

핵심개념 장애의 사회·생태학적 모델

- 장애의 사회·생태학적 모델은 사람에게 영향을 미치는 생태학적 요인에 대한 인식의 틀을 제공하는, 지적장애에 대한 기능성 접근법을 촉진함
- 개인–맥락적 상호작용과 그것이 인간 기능성에 미치는 영향에 초점을 둠
- 인간 기능성은 개인적 능력과 맥락적 요구 사이의 적합성과 지원체계의 제공에 의해 촉진됨

모범답안 ㉠ 사회·생태학적

2023학년도 중등 B11

17 **(가)는 지적장애와 관련된 연수 자료의 일부이고, (나)는 교육실습생이 연수를 들으면서 정리한 내용이다. 〈작성방법〉에 따라 서술하시오. [4점]**

(가) 지적장애 관련 연수 자료

> ○ 장애의 (㉠) 모델에 대한 이해
> – 장애를 개인으로부터 발생하는 결함이 아니라, 개인과 그 개인이 기능하는 맥락 사이의 상호작용으로 이해함
> – 지적장애인의 인간 기능성을 높이기 위한 지원을 강조함

개인–맥락적 상호작용

인간 기능성은 개인적 능력과 맥락적 요구 사이의 적합성과 지원체계의 제공에 의해 촉진됨

작성방법

> (가)의 괄호 안의 ㉠에 해당하는 내용을 쓸 것.

참고자료 기본이론 20-23p

키워드 인간 기능성의 다차원적 모델

구조화 틀 **인간 기능성의 다차원적 모델**

- 장애를 정의하는 관점
- 인간 기능성에 대한 다차원적 모델
- AAIDD 다차원적 모델을 구성하는 요인

핵심개념 **인간 기능성에 대한 다차원 모델**

AAIDD(2021)는 인간 기능성의 제한성, 즉 지적장애 상태를 이해하기 위해 생태학적인 접근을 하고 있으며, 인간 기능성 성과에 대한 다섯 가지 차원(지적 능력 · 적응행동 · 건강 · 참여 · 맥락)의 요인들의 관계와 중개적 역할을 하는 지원체계로 구성되어 있음

모범답안

- 지적장애 상태를 이해하기 위해 생태학적 · 다차원적으로 접근한다(지적 능력, 적응행동, 건강, 참여, 맥락).
- 인간 기능성을 향상시키기 위해 중개적 역할을 하는 지원을 강조한다.

2016학년도 중등 A3

18 **다음은 미국 지적장애 및 발달장애협회(AAIDD, American Association on Intellectual and Developmental Disabilities)의 11차 정의(2010)에서 제시한 '인간 기능성의 개념적 틀'이다. 이 개념적 틀을 통해 지적장애를 이해할 때 강조되는 점 2가지를 쓰시오. [2점]**

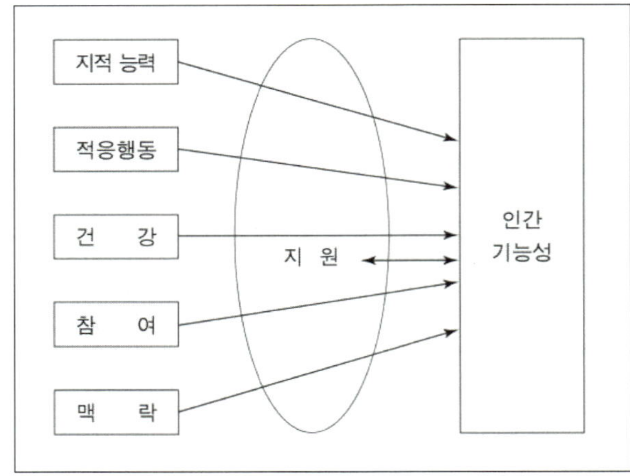

인간 기능성의 개념적 틀

AAIDD(2021)에서 변화된 용어 확인하기
- 지원 → '지원체계'
- 인간 기능성 → '인간 기능성의 성과'

확장하기 +

AAIDD 정의의 주요 변화 내용

회차 (연도)	주요 내용			
	지능지수 절사점	적응행동	발생 시기	의의
9차 (1992)	대략 70~75, 그 이하의 지능지수 점수	• 상황의 요구에 따라 행동을 변화시키고, 환경에 적절하게 맞추어 가는 능력 • 10가지 적응기술 영역 제시 • 지적 기능성의 제한성과 동시에 존재	임신~18세 이전	• 지능지수 수준에 따른 분류체계 삭제 • 지원 수준에 따른 분류체계 제시 • 정의 적용을 위한 4가지 가정 제시 • 정신지체의 일반적 구조 제시
10차 (2002)	평균에서 2표준편차 이하	일상생활에서 기능하기 위해 배워야 하는 개념적·사회적·실제적 적응기술의 집합체	임신~18세 이전	• 정의 적용을 위한 5가지 차원 제시 • 정신지체에 대한 이론적 모델 제시 • 측정의 표준오차와 평가도구의 강점과 제한점 고려
11차 (2010)	평균에서 2표준편차 이하	10차와 동일	임신~18세 이전	• '정신지체'에서 '지적장애'로 용어 변경 • 이론적 모델 정교화
12차 (2021)	평균에서 2표준편차 이하	11차와 동일	발달기 (임신~22세 이전)	• 장애 발생 시기 변경 • 발달기를 조작적으로 정의 • 적응행동을 지적 능력과 동일한 비중으로 고려할 것을 강조

인간 기능성에 대한 다차원적 모델

① 인간 기능성에 대한 다차원적 모델은 인간 기능성의 차원, 지원체계 및 인간 기능성의 성과를 통합하기 위해 AAIDD 매뉴얼 12판(2021)에서 사용된다.

② 인간 기능성의 다차원성과 지적장애에 대한 기능적 접근에 대한 강조는 AAIDD 매뉴얼 9판(1992)에서 처음 제안되어 후속 매뉴얼들에서 진전되었다.

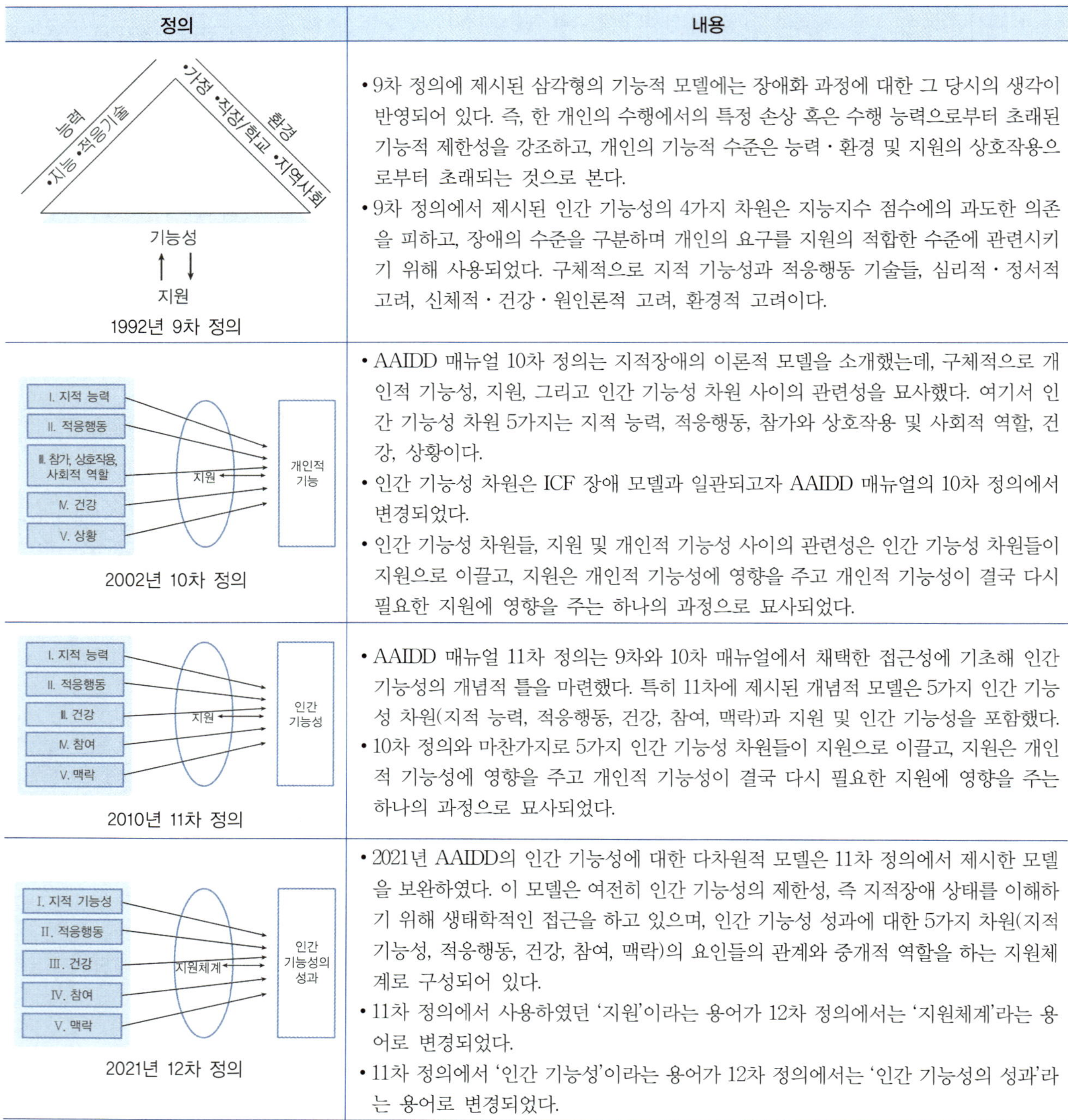

정의	내용
1992년 9차 정의	• 9차 정의에 제시된 삼각형의 기능적 모델에는 장애화 과정에 대한 그 당시의 생각이 반영되어 있다. 즉, 한 개인의 수행에서의 특정 손상 혹은 수행 능력으로부터 초래된 기능적 제한성을 강조하고, 개인의 기능적 수준은 능력·환경 및 지원의 상호작용으로부터 초래되는 것으로 본다. • 9차 정의에서 제시된 인간 기능성의 4가지 차원은 지능지수 점수에의 과도한 의존을 피하고, 장애의 수준을 구분하며 개인의 요구를 지원의 적합한 수준에 관련시키기 위해 사용되었다. 구체적으로 지적 기능성과 적응행동 기술들, 심리적·정서적 고려, 신체적·건강·원인론적 고려, 환경적 고려이다.
2002년 10차 정의	• AAIDD 매뉴얼 10차 정의는 지적장애의 이론적 모델을 소개했는데, 구체적으로 개인적 기능성, 지원, 그리고 인간 기능성 차원 사이의 관련성을 묘사했다. 여기서 인간 기능성 차원 5가지는 지적 능력, 적응행동, 참가와 상호작용 및 사회적 역할, 건강, 상황이다. • 인간 기능성 차원은 ICF 장애 모델과 일관되고자 AAIDD 매뉴얼의 10차 정의에서 변경되었다. • 인간 기능성 차원들, 지원 및 개인적 기능성 사이의 관련성은 인간 기능성 차원들이 지원으로 이끌고, 지원은 개인적 기능성에 영향을 주고 개인적 기능성이 결국 다시 필요한 지원에 영향을 주는 하나의 과정으로 묘사되었다.
2010년 11차 정의	• AAIDD 매뉴얼 11차 정의는 9차와 10차 매뉴얼에서 채택한 접근성에 기초해 인간 기능성의 개념적 틀을 마련했다. 특히 11차에 제시된 개념적 모델은 5가지 인간 기능성 차원(지적 능력, 적응행동, 건강, 참여, 맥락)과 지원 및 인간 기능성을 포함했다. • 10차 정의와 마찬가지로 5가지 인간 기능성 차원들이 지원으로 이끌고, 지원은 개인적 기능성에 영향을 주고 개인적 기능성이 결국 다시 필요한 지원에 영향을 주는 하나의 과정으로 묘사되었다.
2021년 12차 정의	• 2021년 AAIDD의 인간 기능성에 대한 다차원적 모델은 11차 정의에서 제시한 모델을 보완하였다. 이 모델은 여전히 인간 기능성의 제한성, 즉 지적장애 상태를 이해하기 위해 생태학적인 접근을 하고 있으며, 인간 기능성 성과에 대한 5가지 차원(지적 기능성, 적응행동, 건강, 참여, 맥락)의 요인들의 관계와 중개적 역할을 하는 지원체계로 구성되어 있다. • 11차 정의에서 사용하였던 '지원'이라는 용어가 12차 정의에서는 '지원체계'라는 용어로 변경되었다. • 11차 정의에서 '인간 기능성'이라는 용어가 12차 정의에서는 '인간 기능성의 성과'라는 용어로 변경되었다.

참고자료 기본이론 20-23p

키워드 인간 기능성의 다차원적 모델

구조화 틀 인간 기능성의 다차원적 모델

- 개념 · 시사점
- 다차원적 모델 구성 요인
- ICF 모델과의 일관성

핵심개념 다차원적 모델 구성요인

지적 기능성	단순히 학업기술을 배우거나 시험을 치르는 데 필요한 능력이 아니라, 우리 주변을 이해하는 데 필요한 더 광범위한 능력
적응 행동	적응행동에 대한 평가는 개인이 갖고 있는 최대 수행능력이 아닌, 개인이 일상적인 일과와 변화하는 상황에서 보일 수 있는 전형적인 수행능력을 알아보기 위한 것임
건강	신체적 건강뿐만 아니라 정신장애로 인해 활동과 참여에 제한을 받거나 다른 차원에 제한성을 초래함
참여	• 가정생활, 직업, 교육, 여가, 종교, 문화적 활동 영역에서의 역할과 상호작용을 말함 • 참여는 사회생활에서 실제 활동을 수행하는 것을 직접 관찰함으로써 평가함
맥락	한 개인의 삶의 전반적인 배경으로서, 환경적 요소와 개인적 요소를 포함함

모범답안

㉠ 맥락

㉢ 적응행동 평가는 어떤 사람이 자신의 환경에서 여러 과제를 수행할 때 보이는 전형적인 기술 수준에 초점을 둔다.

2022학년도 중등 A2

19 **다음은 미국 지적장애 및 발달장애 협회(American Association on Intellectual and Developmental Disabilities, 2010)에서 제시한 '인간 기능성의 개념적 틀'과 그에 대한 설명이다. 괄호 안의 ㉠에 공통으로 들어갈 용어를 쓰고, 밑줄 친 ㉡~㉤ 중 틀린 것 1가지를 찾아 기호와 함께 바르게 고쳐 쓰시오. [2점]**

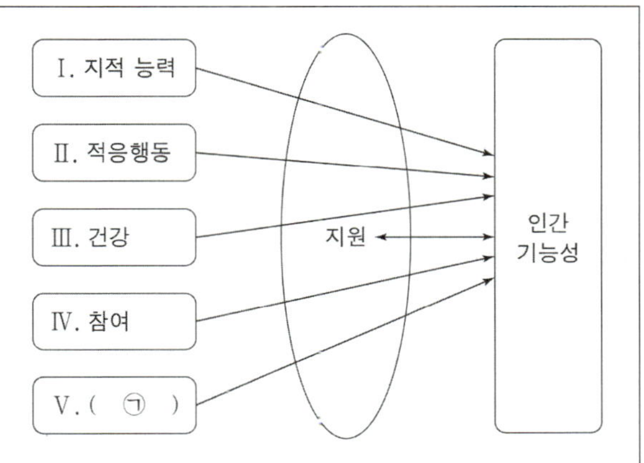

- 지적 능력은 추론하기, 계획하기, 문제 해결하기, 추상적 사고하기, 복잡한 아이디어 이해하기, 빨리 학습하기, 경험을 통한 학습하기를 포함하는 ㉡ <u>일반적인 정신 능력</u>이다.
- 적응행동의 평가는 매일의 일과에 따라 변화하는 상황에서 한 개인의 ㉢ <u>최대한의 수행에 기초</u>한다.
- 건강은 ㉣ <u>신체적, 정신적, 사회적 안녕의 완전한 상태</u>로 정의한다.
- 개인의 참여 수준에 대해서는 ㉤ <u>직접 관찰을 통해 평가</u>한다.
- (㉠)은/는 사람들의 일상적 삶과 상호 관련된 조건을 의미하는데, 환경적 요소와 개인적 요소를 포함한다.

전형적인 수행
- 개인이 무엇을 할 수 없거나 할 수 있는 것이 아닌, 개인이 도움이나 촉진 없이 일상적으로 하는 것
- 전형적인 수행은 적응행동 척도로 평가되며, 지능 측정에서 평가되는 능력 및 최대한의 수행과는 구별됨

확장하기 +

맥락

① AAIDD 매뉴얼 10판과 11판에서는 맥락을 사람들이 일상생활을 하는 상호 관련된 조건들로 구성되는 것으로 보았다. 이후 지적장애에 대한 통합적 접근에서 맥락이 수행하는 역할에 대한 이해를 확장하였다.

② 맥락은 환경을 넘어서 인간의 삶과 인간 기능성의 환경을 구성하는 상황의 전체성을 통합하는 개념이다.

독립변인	맥락은 연령, 언어, 문화와 인종, 가족과 같이 보통 조정되지 않는 개인적 및 환경적 특성들을 포함한다.	
매개변인	맥락은 인간 기능성과 개인적 성과를 향상시키기 위해 조정될 수 있는 조직, 체계, 사회 차원적 정책과 실제를 포함한다.	
통합적 틀	다수준적	다중의 생태계가 인간 기능성에 미치는 영향을 인정한다. • 미시체계(개인 수준): 개인, 가족, 친구, 옹호자를 포함하는 아주 가까운 사회적 환경 • 중간체계(조직 수준): 이웃, 지역사회, 지원을 제공하는 조직 • 거시체계(체계 수준): 문화, 사회, 국가, 더 큰 서비스/지원 전달체계, 사회정치적 영향력
	다요소적	인간 기능성과 개인적 안녕을 향상하기 위해 조정될 수 있는 맥락적 요소들에 초점을 둔다. 주로 개인, 조직, 체계 수준에서 작용하는지에 따라 여러 가지 중요한 요소들을 목록화한다.
	상호작용적	다른 수준에서의 요소들이 인간 기능성과 개인적 안녕에 영향을 주기 위해 다른 방식들로 상호작용한다. 다시 말해 생태적 시스템과 다요소의 맥락적 요소 사이에서 발생하는 상호작용 혹은 영향이다. 예 개인적 특성(지적 기능성 및 적응행동)과 고용의 상호작용, 표현언어가 제한된 사람에게 AAC를 사용하는 것의 효과, 인간 기능성을 향상시키기 위해 평가된 지원요구와 지원체계의 요소들을 제휴하는 것 등

참고자료 기본이론 23p

키워드 지원 모델

구조화 틀 지원 모델

- 지원 모델의 이해
- 지원의 평가 및 계획, 실행 과정

핵심개념 지원 모델

- 지적장애인들이 경험하는 자신의 능력과 환경적 요구 간 불일치로 인해 지원에 대한 요구가 생김
- 이러한 지원요구를 바탕으로 개별화된 지원계획을 개발하고 적용함
- 그 개인이 좀 더 독립적이고, 더 나은 관계를 갖고 사회에 기여하며, 학교나 지역사회에서의 활동 참여가 증대되고, 더 높은 삶의 만족도를 느끼는 성과를 얻게 됨

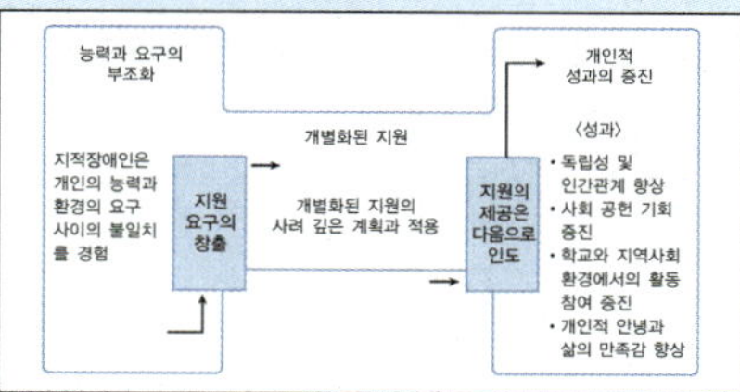

모범답안

㉠ 부조화(불일치)
㉡ 자기관리 역량

2020학년도 중등 A4

20 **(가)는 일반교사가 특수교육 연수를 받으며 기록한 내용의 일부이고, (나)는 일반교사와 특수교사가 나눈 대화의 일부이다. 괄호 안의 ㉠, ㉡에 해당하는 용어를 순서대로 쓰시오. [2점]**

(가) 기록 내용

- 지원 모델(미국 지적장애 및 발달장애협회, AAIDD, 2010)

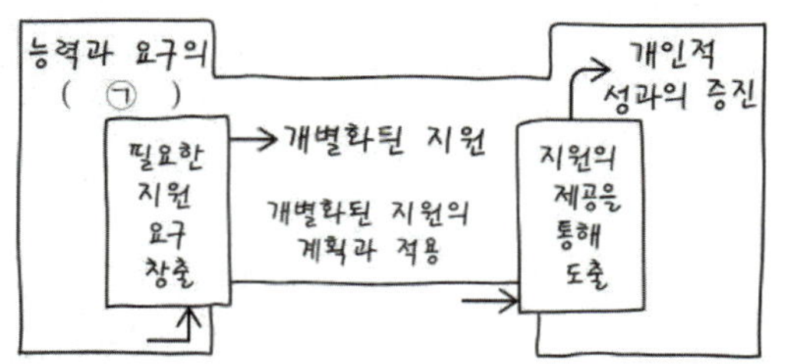

- 중도장애인(미국 중도장애인협회, TASH, 2000)
  - 통합된 사회에 참여하여 다른 사람과 비슷한 삶의 질을 향유할 수 있도록 삶의 영역에서 지속적 지원이 필요함
  - 이동, 의사소통, (㉡)와/과 같은 생활 영역에서 지원이 필요함
  - 지역사회에서의 주거, 고용, 자족에 필요한 학습을 위해 지원이 필요함

(나) 대화

일반교사: 선생님, 어제 특수교육 연수를 받고 왔는데, 우리 반 장애학생 C를 이해하는 데 도움이 되었어요. 지원 모델에 대해 조금 더 자세히 설명해 주세요.

특수교사: 네, 장애를 이해하는 데 예전에는 장애학생의 결함에 초점을 맞추었지만, 요즘에는 지원을 강조하고 있어요. 그래서 개인의 능력과 환경적 요구의 (㉠)(으)로 인해 지원 요구가 생긴다고 보고 있고요.

> 장애를 바라보는 관점이 의학적 관점에서 통합적 관점으로 변화되었고, 이로 인해 장애인에 대한 '지원'의 중요성이 부각됨

…(중략)…

특수교사: 미국 중도장애인협회에서도 개인의 결함보다는 통합환경에서 성공할 수 있도록 도와주는 생활 영역에서의 지원을 강조해요. 생활 영역 중에서 (㉡)은/는 2015 개정 특수교육 교육과정에서 중점적으로 기르고자 하는 핵심 역량의 하나인 (㉡) 역량과도 일맥상통하는 것 같아요. 자아정체성과 자신감을 가지고 자신의 삶과 진로에 필요한 기초능력과 자질을 갖추어갈 수 있는 것이지요.

> 핵심 역량(2015) : 자기관리 역량, 지식정보처리 역량, 창의적 사고 역량, 심미적 감성 역량, 의사소통 역량(→ 협력적 소통 역량, 2022), 공동체 역량

참고자료 기본이론 23p

키워드 지원 모델

구조화 틀 **지원 모델**

- 지원 모델의 이해
- 지원의 평가 및 계획, 실행 과정

핵심개념 **지원 모델**

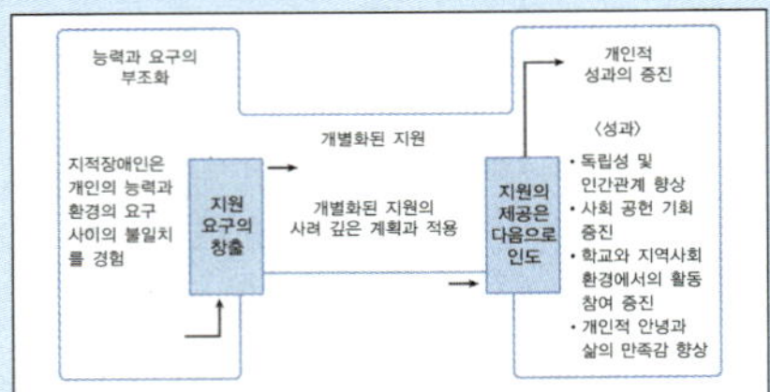

모범답안

- 독립성 및 인간관계 향상
- 사회 공헌 기회 증진
- 개인적 안녕과 삶의 만족감 향상

2020학년도 초등 B4

21 2010년에 '미국 지적장애 및 발달장애협회(AAIDD)'에서 제시한 '지원 모델'에 근거하여 ㉤에 해당하는 내용을 1가지 쓰시오. [1점]

> 최 교사: 선생님, 지난 수행평가 방법이 지호에게 좋았던 것 같아요. 지호가 음악 수업에 부쩍 흥미를 보이네요.
>
> 강 교사: 다음에는 ㉡ <u>음악을 직접 듣고, 자신의 느낌을 이모티콘에 표시하게 하는 평가 방법도 활용해 봅시다.</u>
>
> 최 교사: 네. 이번 기회에 저는 지호를 친구들과 ㉢ <u>교내 '등굣길 음악회' 행사에 참여</u>시키고 싶은데 가능할까요?
>
> 강 교사: 그럴 경우에는 제가 지호에게 ㉣ <u>읽기 쉬운 악보로 연습을 시키도록 할게요.</u>
>
> 최 교사: 음악회에 참여한 지호 팀이 우리 마을 주민센터에서 열리는 행사에도 나갈 수 있도록 기회를 마련할 수 있어요.
>
> 강 교사: 그러면 지호가 친구들과 음악활동을 정말 좋아하는지, 또 이 활동이 지호에게 필요한지 다시 한번 확인한 후 개별화된 지원계획을 세워야겠어요.
>
> 최 교사: 네. 그렇게 된다면 지호에게 학교뿐 아니라 지역사회 환경에서의 활동 기회 증진이라는 개인적 성과를 가져올 수 있겠어요.
>
> 강 교사: 그렇죠. 개별화된 지원을 신중하게 계획하고 적용한다면 ㉤ <u>다른 개인적 성과</u>도 기대할 수 있을 거예요.

지원계획은 개별화되어야 함

개인적 성과 요인 중 '학교와 지역사회 환경에서의 활동 참여 증진'이 언급됨

참고자료 기본이론 18p, 19–23p, 34p

키워드
- AAIDD의 지적장애 정의
- 인간 기능성의 다차원적 모델
- 지적장애 용어의 정당성
- 지원의 유형

구조화 틀

지원의 유형
- 자연적 지원
- 서비스 중심 지원

지원 강도에 따른 분류
- 간헐적 지원
- 제한적 지원
- 확장적 지원
- 전반적 지원

핵심개념 **지원의 유형**
- **자연적 지원**: 주어진 환경 내에서 자연스럽게 제공될 수 있는 인적・물적 자원을 통한 지원
  - 예 자연스러운 일과 내에서 가족이나 직장동료, 친구, 이웃들로부터 제공되는 지원
- **서비스 중심 지원**: 한 개인의 자연스러운 환경의 일부가 아닌, 사람들이나 장비 등에 의해 제공되는 지원
  - 예 교사, 치료와 상담, 법률 등의 서비스 전문가들로부터의 지원

모범답안 ⑤

2013학년도 중등 23

22 2010년 11차 미국 지적장애 발달장애 학회(AAIDD)가 발표한 지적장애의 정의 및 지원체계에 대한 설명으로 옳은 것은?

① 정신지체에서 지적장애로 용어가 변경되었다. 정신지체라는 용어는 장애를 한 개인이 지닌 '결함'의 의미로 본다면, 지적장애라는 용어는 장애를 한 개인이 지닌 개인내차에 초점을 둔 '능력의 불일치'라는 의미로 본다.

② 10차 정의와 동일하게 지능지수의 절사점은 평균으로부터 2표준편차 이하이고, 75 이상도 포함하도록 하여 지원 대상의 범의를 넓혔다.

③ 인간 기능성에 대한 개념적 틀은 '기능성 장애 및 건강의 국제 분류(ICF)' 모델과는 차원을 달리하는데, 개인에 대한 적절한 지원은 유동적인 것으로 삶의 상황이나 단계에 다라 변화 가능한 것으로 본다.

④ 지원 모델은 개인의 지원요구에 대해 일상적이고 보편적인 지원을 하게 함으로써, 개인의 안녕과 삶의 만족감이 상당히 향상될 것이라 본다.

⑤ 지원유형에는 주어진 환경 내에서 자연스럽게 제공되는 인적・물적 자원과 가인의 필요와 요구에 따라 제공되는 서비스 중심의 지원이 있다.

① '정신지체'라는 용어는 개인의 내적 조건에 의해 기능이 제한된 상태가 장애라는 관점이 내포되어 있지만, '지적장애'라는 용어는 그 개인이 갖고 있는 잠재력과 맥락이 잘 맞지 않아 생기는 제한된 기능 상태가 장애라는 관점이 내포되어 있음

② 지적장애로 진단되기 위해 충족해야 하는 '평균보다 심각하게 낮은 지능 수준(절사점)'이란 평균으로부터 2 표준편차 이하(70)를 의미함

③ 인간 기능성에 대한 개념적 틀은 ICF 모델과 일관성을 가짐

④ 지원모델은 개인의 지원요구에 대해 개별화되어야 함

⑤ **지원유형**: 자연적 지원, 서비스 중심 지원

2017학년도 초등 A2

23 **(가)는 초등학교 5학년 지적장애 학생 희수에 대해 특수교사와 일반교사가 나눈 대화의 일부이고, (나)는 초등학교 6학년 지적장애 학생 민기에 대해 특수교사와 어머니가 나눈 대화의 일부이다. 물음에 답하시오. [6점]**

(나)

> 특수교사 : 학교에서는 ㉣ 민기의 읽기능력 향상을 위해 책 읽기 지도를 꾸준히 하고 있어요.
> 어 머 니 : 저도 집에서 ㉤ 민기에게 유아용 동화책을 읽게 하고 있어요. 그런데 제가 잘하고 있는지 모르겠어요.
>
> …(중략)…

3) (나)의 ㉣을 위해 교사가 학급에서 활용할 수 있는 '자연적 지원'의 예 1가지를 쓰시오. [1점]

참고자료 기본이론 34p

키워드 지원의 유형

구조화틀 **지원의 유형**

- 자연적 지원
- 서비스 중심 지원

핵심개념 **지원의 유형**

- **자연적 지원**: 주어진 환경 내에서 자연스럽게 제공될 수 있는 인적·물적 자원을 통한 지원
  - 예 자연스러운 일과 내에서 가족이나 직장동료, 친구, 이웃들로부터 제공되는 지원
- **서비스 중심 지원**: 한 개인의 자연스러운 환경의 일부가 아닌, 사람들이나 장비 등에 의해 제공되는 지원
  - 예 교사, 치료와 상담, 법률 등의 서비스 전문가들로부터의 지원

모범답안 짝과 함께 책 읽기를 하도록 지도한다.

2023학년도 초등 B2

24 **(가)는 지적장애 학생 민호 부모의 요구이고, (나)는 특수교사가 작성한 요구 분석 및 지원 계획이다. 물음에 답하시오. [6점]**

(가) 부모의 요구

- 본인의 방을 스스로 청소하고 간단한 식사 준비하기
- 스마트폰을 활용하여 혼자 지하철 타기

  ┘[A]

- 친구들과 함께하는 활동에서 소외되지 않고 즐겁게 참여하기
- 자기가 원하는 것을 말로 표현하기
- 독립적으로 학교생활 하기

(나) 요구 분석 및 지원 계획

1. ㉠ 기능적 생활 중심 교육과정을 계획할 때, 민호의 발달연령보다 생활연령을 고려할 것
2. ㉡ 일상생활 속에서 민호에게 도움을 줄 수 있는 사물이나 사람(예 같은 반 친구 등)을 파악하여 수업과 생활환경에서 활용할 것

2) (나)의 ㉡에 해당하는 지원의 유형을 쓰시오. [1점]

참고자료 기본이론 34p

키워드 지원의 유형

구조화 틀 **지원의 유형**

- 자연적 지원
- 서비스 중심 지원

핵심개념 **지원의 유형**

- **자연적 지원**: 주어진 환경 내에서 자연스럽게 제공될 수 있는 인적·물적 자원을 통한 지원
  - 예 자연스러운 일과 내에서 가족이나 직장동료, 친구, 이웃들로부터 제공되는 지원
- **서비스 중심 지원**: 한 개인의 자연스러운 환경의 일부가 아닌, 사람들이나 장비 등에 의해 제공되는 지원
  - 예 교사, 치료와 상담, 법률 등의 서비스 전문가들로부터의 지원

모범답안 ㉡ 자연적 지원

참고자료 기본이론 29-33p

키워드 지원체계에 대한 이해

구조화 틀 **효과적인 지원체계의 특성**

- 개인 중심성
- 종합성
- 협응성
- 성과 지향성

핵심개념 **지원체계의 개념 및 특징**

- **개념**: 한 개인의 발달과 권익을 증진시키고, 그 개인의 기능성과 삶의 질을 향상시키는 상호 연결된 자원 및 전략 네트워크(AAIDD, 2021.)
- **특징**: 지원체계는 개인 중심적·포괄적·종합적·협응적 및 성과 지향적임

모범답안

㉠ 삶의 질(개인적 안녕)
㉡ 일반적인 지원

2023학년도 중등 B1

25 **다음은 전문적 학습공동체 모임 후 두 교사가 나눈 대화의 일부이다. 괄호 안의 ㉠과 ㉡에 해당하는 내용을 순서대로 쓰시오. [2점]**

교사 A: 선생님, 이번에 연수를 들어보니 지난 30년간 지적장애의 정의 및 모델에서 많은 변화가 있었다는 것을 알 수 있었습니다. 무엇보다 1992년 모델에 소개되었던 '지원'의 개념이 지속적으로 이어져 오다가 2021년에는 '지원체계'로 변경되었다는 점이 인상 깊었어요.

교사 B: 네. 지원체계는 개인의 발달과 유익을 촉진하고 개인의 기능성과 (㉠)을/를 향상시키는 상호 연결된 자원 및 전략 네트워크입니다. 보다 체계적으로 지원체계를 구축하고자 한 점을 저도 주의 깊게 살펴보았어요.

교사 A: 그렇다면 효과적인 지원체계의 요소는 무엇이 있을까요?

교사 B: 미국 지적장애 및 발달장애 협회(AAIDD)에서는 2021년에 효과적인 지원체계의 특징으로 개인 중심성, 포괄성(종합성), 협응성, 성과 지향성을 설명하였어요. 그 중 포괄성(종합성)은 효과적인 지원체계의 요소로 선택 및 개인 자율성, 통합적인 환경, (㉡), 전문화된 지원을 제시하였습니다.

지원체계의 정의

지원체계의 특징

확장하기 +

AAIDD 12판 지적장애 – 정의, 진단, 분류 및 지원체계(박승희 외 공역, 2021)

1. 개인 중심성: 개인적 지원요구의 평가

① 지원요구는 '한 개인이 전형적인 인간 기능성과 연관된 활동에 참여하기 위해 요구하는 지원의 패턴과 강도'이다.

② 한 개인의 지원요구는 개인의 능력과, 개인이 생활하고 일하고 배우고 상호작용하고 삶을 즐기는 맥락적 요구 사이의 현재의 부조화를 반영한다. 지원체계의 목적은 개인의 기능적인 제한성과 맥락적 요구 사이의 차이를 줄이고, 그에 따라 인간 기능성과 개인적 안녕을 향상시키는 것이다.

③ 개인의 지원요구 평가는 지원강도척도(SIS)를 사용해 지원요구 백분위점수를 산출하는 표준화된 지원요구 척도를 기반으로 한다.

④ 지원요구에 대한 표준화된 평가는 지원 계획, 지원 제공, 자원 할당, 진단 후 선택적 하위집단 분류 및 성과 평가를 포함해 다양한 목적을 위해 사용될 수 있는 정보를 제공한다.

2. 종합성: 지원체계의 요소

(1) 선택 및 개인적 자율성

① 선택하기와 자기결정을 발휘할 기회

② 법 앞에 한 개인으로 인정받고, 비장애인과 함께 동등한 기초에서 법적 능력을 누림

③ 의사결정 지원을 통해 촉진됨

(2) 통합환경

① 자연적 환경에 있는 모든 사람을 포함하는 곳

② 지역사회 중심의 자원, 정보 및 관계에 대한 접근성을 제공하는 곳

③ 성장과 발달을 장려하고 사람들을 지원하는 곳

④ 자율성, 능력 및 관계성과 연관된 심리적 요구를 충족하는 곳

예 지원고용, 지원주거, 통합교육, 준비된 상황에서 나이 들기(aging in place) 등

(3) 일반적인 지원

일반적인 지원은 장애가 있거나 없는 그 어떤 사람에게도 유용한 일반적인 지원 전략을 포함하며, 다양한 공공 및 민간단체에 의해 제공될 수 있음

구성요소	정의 및 예시
자연적 지원	지원 네트워크(**예** 가족·친구·또래·동료)를 구축하고 유지하기, 자기 옹호·우정·지역사회 관여 및 사회적 참여를 육성하기
테크놀로지	개인의 의사소통 능력을 향상시키고, 건강과 안녕을 유지하고, 자신의 환경 내에서 성공적으로 기능하기 위한 보조 및 정보 장치를 사용하기 **예** 의사소통 보조기, 스마트폰, 전자 태블릿/장치, 약물투여 장치, 의료 경보 모니터, 그리고 음성인식 장치를 포함
보철	신체가 할 수 없는 기능을 수행하도록 지원하는 감각 보조 및 운동 관련 보조 장치를 제공하기 **예** 휠체어, 로봇 팔과 다리, 특수 안경/시각 보조, 보청기, 교정 장치 포함
전 생애에 걸친 교육	행동 기법들, 개인화된 교육과 훈련 전략, 평생학습 기회를 통한 새로운 기술과 행동 개발하기
정당한 편의	건물·교통 및 작업 공간에 대한 물리적인 접근성 보장하기, 안전하고 예측 가능한 환경 창출하기, 개인이 자신의 환경과 협상하게 하기, 보편적 설계환경 특성을 통해 일상의 과제를 수행하게 하는 물리적 및 다른 조정 제공하기
존엄성과 존중	지역사회 관여, 동등한 기회, 인정, 감사, 재정적인 안정, 명예, 개인적 목표 설정, 권한 부여, 자신의 개인적 지원계획 통제, 그리고 의사결정 지원을 통한 사회적 역할 지위 향상하기
개인적 강점/자산	개인의 선호, 개인적 목표 및 흥미, 선택과 의사결정, 동기, 기술 및 지식, 긍정적 태도 및 기대, 자기관리 전략, 자기 옹호 기술 촉진하기

(4) 전문화된 지원

① 전문화된 지원은 전문적 기반을 둔 중재 및 치료로, 다른 전문 분야의 구성원이 지적장애인에게 전문화된 지원을 제공하는 것을 포함함

② 전문화된 지원에 대한 통합된 접근은 지적장애에 대한 4가지 다른 이론적 관점을 포함함

㉠ **생의학적 관점**: 지적장애를 초래하는 유전적 및 생리적 요인을 강조함

㉡ **심리교육적 관점**: 지적장애와 관련된 지적·심리적·행동적 학습 제한성을 강조함

㉢ **사회문화적 관점**: 지적장애인을 둘러싼 사회의 공통적인 믿음, 행동, 언어 및 사건으로부터 지적장애의 사회적 의미가 개발된 것을 통해 사람들과 그들의 맥락 사이의 상호작용, 그리고 그 상호작용에 대한 개인들의 반응을 강조함

㉣ **사법적 관점**: 지적장애 진단을 받은 사람들을 포함한 모든 개인들이 동일한 인권과 법적 권리를 가지고 있음을 강조함

전문화된 지원을 위한 다중 관점 틀

장애에 대한 관점	추정된 장애의 위치	주요 위험 요인	전문화된 지원의 예
생의학적	• 유전자-환경 상호작용 • 건강 • 두뇌발달	• 유전적/염색체 이상 • 머리 부상 • 기형 발생 물질	• 특이한 식이요법 • 유전자 변형 • 외과적 처치 • 정신 약리학 • 의료적 처치 • 정신건강 중재
심리교육적	지적능력, 적응행동 및 참여 사이의 역동적·상보적 참여	• 교육기회 부족 • 육아 부족 • 조기중재 부족 • 개인적 성장과 발달을 위한 기회 부족	• 양육 기술 • 개인적 발달 전략 • 상담 • 특수교육 • 정보 및 보조공학
사회문화적	• 기능적 제한성들 • 개인적 역량과 맥락적 요구 사이의 차이	• 사회차원적 태도 • 빈곤한 환경 • 분리된 환경	• 공공교육 • 환경적 강화 및 조정
사법적	• 사회차원적 조치 • 정부 체제들	• 사회적 불평등 • 불의 및 차별 • 권리의 거부	• 권리 확인 • 법률상담 • 자기옹호 • 정보에 입각한 사법적 결정

3. **협응성**: 개인적 지원 계획

① 개인적 지원 계획(Personal Supports Plan; PSP)은 개인의 발달과 유익을 촉진하고 개인의 기능성과 개인적 안녕을 향상시키는 자원 및 전략의 제공에 대한 체계적이고 통합된 접근을 제공함

② 개인과 그들의 권리에 대한 초점, 시스템 사고와 논리 모델, 지원 계획 및 전달에 대한 강점 중심 접근, 정보공학, 보조공학, 증거 기반의 실제, 성과 평가를 포함함

③ 4가지 개인적 지원 계획 원칙

㉠ 개인은 자신의 계획을 소유하는데, 이는 한 개인의 지원 계획이지 제공 기관 혹은 개인을 유료로 지원하는 사람들을 위한 이행 계획은 아님

㉡ 개인적 지원 계획은 개인적 목표와 지원요구에 기반을 두고, 개인에게 중요한 것과 개인을 위해 중요한 것을 통합하고, 무엇이 그대로 동일하게 남아 있어야만 하는지와 무엇이 변화될 필요가 있는 것인지를 다룸

㉢ 한 개인적 지원 계획은 지원체계를 실행하는 것을 통한 포괄적 지원을 제공함

㉣ 사용자에게 친절한 개인적 계획은 장애인을 의미 있게 포함하는, 수평적으로 구조화된 교육·지원팀에 의해 개발·실행·검토·평가됨

4. 성과 지향성: 인간 기능성 성과 틀

개인적 지원 계획(PSP) 개발과 성과 평가는 인간 기능성의 구체적이고 측정 가능한 지표들을 판별하는 성과 틀을 요구함

인간 기능성 차원	주요 성과 평가의 초점	성과 지표의 예
지적 기능성	실행 기능	• 행동을 시작하고 유지함 • 문제행동이나 자극을 억제함 • 적절한 과제 목표를 선택함 • 문제해결 전략을 제시함 • 필요할 때 주의력과 문제해결 전략을 바꿈 • 자신의 행동을 점검하고 평가함
적응행동	적응행동 기술	• **개념적**: 언어 사용, 읽기, 쓰기, 돈 사용, 시간 알기 • **사회적**: 대인관계 기술 보이기, 사회적 책임감 보이기, 자존감 표현하기, 최소한의 파괴성과 순진성 나타내기, 사회적 문제 해결하기 • **실제적**: 일상생활 활동 수행하기, 직업 기술 보이기, 잠재적으로 안전하지 않거나 위험한 상황에서 주의 기울이기, 여행하기와 교통 이용하기, 일정 및 일과 따르기
건강	신체적·정서적 상태	• **신체적 상태**: 의료적 또는 병리적 증상의 정도 및 심각도, 영양 상태 • **정서적 상태**: 정신적·행동적 증상의 정도 및 심각도, 학대 및 유기로부터의 자유, 안전감 및 안정감 느끼기
참여	포함 및 관여	• **포함**: 가정생활, 지역사회생활, 평생학습, 고용, 사회적 활동과 같은 생활활동 영역에 포함 • **관여**: 가족 구성원, 친구, 동료, 지역사회 구성원들과 함께 관여
맥락	기회	• 선택하기와 자기결정을 실행하기 • 법 앞에서 인권과 시민권을 가진 사람으로 인정받기 • 인권과 법적 권리를 경험하기 • 최소제한환경 내에서 살기 • 일반적인 지원과 연결하기 • 평생학습에 대한 접근성 가지기 • 통합학교에서 교육받기

지원체계에 관한 실행 지침

① 개인의 지원요구의 패턴 및 강도에 대한 평가는 개인적으로 실시되는, 표준화된 지원요구 척도의 사용을 포함해 전문적인 평가에 기초해야 한다.
② 지원체계는 가치, 촉진 조건들 및 지원 관계들에 기초해야 한다.
③ 지원체계는 선택과 개인적 자율성, 통합 환경, 일반적인 지원 그리고 전문화된 지원을 포함해야 한다.
④ 지원체계는 개인적 목표들, 지원요구 그리고 가치 있는 성과를 통합하고 제휴해야 한다.
⑤ 지원체계는 개인 중심적·종합적·협응적 및 성과 지향적이어야 한다.
⑥ 지원 제공은 지적장애인이 속한 지원팀에 의해 개발·실행·검토·평가되는 개인지원계획(PSP)을 통해 협응되어야 한다.
⑦ 개인지원계획(PSP)은 개인적 목표와 지원요구를 특정한 지원 전략 및 원하는 가치 있는 성과와 제휴해야 한다.

지원체계에서 임상적 판단의 역할

임상가들은 지원요구의 평가, 개인적 목표와 지원요구를 전문자의 권고와 통합, 구체적인 지원 전략의 선정, 그리고 개인지원계획(PSP)의 개발을 포함하는 다중의 결정과 권고를 하는 데 관여한다.
① 지원요구 평가는 표준화된 지원요구 평가 척도를 사용하는 것을 확실히 한다.
② 상당한 지원 평가 정보를 교육 혹은 지원팀에서 사용할 수 있도록, 협응된 사용자에게 친절한 방식으로 종합한다.
③ 인간 기능성 차원과 개인적 안녕 영역을 판별하는 성과 틀을 사용해 평가된 지원요구와 전문적인 권고사항을 통합한다.
④ 교육 및 지원팀이 지적장애인의 개인적 목표, 지원요구 및 바라는 성과를 우선순위화하는 것을 도와준다.
⑤ 개인지원계획(PSP) 목표를 우선순위화하고 특정 지원 전략을 선택하고, 그 계획의 실행에 있어 맥락적 요소들의 영향을 분석한 정보를 사용한다.
⑥ 개인지원계획(PSP)의 개발・실행 과정에서 시스템 사고(즉, 미시・중간・거시체계)에 관여한다.
⑦ 개인지원계획(PSP)이 개발된 대로 실행되고 있는지(실행 충실도), 지원 제공에 연속성과 일관성이 있는지(지속 가능성)를 확실히 한다.
⑧ 개인의 지원요구에서 시간에 따른 변화를 모니터한다. 현재 문헌은 지원요구가 1~3년에 걸쳐서 안정적이라고 보지만, 생애 사건이나 개인 조건의 변화는 개인의 지원요구에 대한 더 빈번한 검토를 요구할 수 있다.

가치 있는 성과에 대한 공유된 비전

① 지적장애에 대한 통합적 접근은 진단 및 분류를 넘어 개인적 목표, 지원요구, 지원체계 요소를 가치 있는 성과 측정에 제휴하는 것을 강조함으로써 가치 있는 성과의 향상을 촉진한다.
② 가치 있는 성과에 대한 공유된 비전은 인간 기능성의 차원을 사용하고 지적장애에 대한 4가지 이론적 관점을 고려하면서, 지적장애를 가진 개인과 함께 개발된다.
③ 목록화된 성과는 긍정적인 삶의 경험의 산물을 전망하고 개인적 안녕의 지표를 제공한다.

지적장애에 대한 4가지 이론적 관점과 연관된 가치 있는 성과

관점	가치 있는 성과	
생의학적	• 증상의 감소 • 신체적 상태 • 활동 수준	• 보행 및 자조 기술 • 긴 수명
심리교육적	• 개인적 발달 • 교육적 성취 • 중등 이후 교육, 고용 및 독립성으로의 전환 • 성인기 성취	• 정서적 안녕 • 자기결정 • 통합교육 환경 • 성공적인 나이 들기/준비된 상황에서 나이 들기
사회문화적	• 역할 위상 • 사회적 통합 • 대인관계	• 사회경제적 지위 • 물질적 안녕
사법적	• 인권과 법적 권리의 경험 • 동등한 기회	• 이용 가능하고 적합한 지원체계 • 서비스 및 지원에 대한 접근성

참고자료 기본이론 36-40p

키워드 지원정도척도(SIS)

구조화 틀 **지원정도척도(SIS)**

- 개념
- 특징
- 강점
- 구성
- 실행
- 평가
- 결과 활용
- 비교

핵심개념 **지원강도척도(지원정도척도, SIS)**

- 표준화된 검사로, 지원요구에 대한 객관적인 평가를 통해 어느 지원 영역에 어떤 유형의 지원이 얼마나 빈번하게 제공되어야 하는지 등을 분석한 후, 개별화된 지원계획을 수립할 수 있도록 함
- 지원이 각 활동에 얼마나 자주 요구되는지(지원 빈도), 지원할 때마다 얼마나 많은 시간이 소요될 것인지(일일 지원 시간), 어떤 유형의 지원이 필요한지(지원 유형)를 구체적으로 평가함
- **구성**: 가정생활, 지역사회생활, 평생교육, 고용, 건강과 안전, 사회활동 등

모범답안

㉠ 지원 빈도
㉡ 지원 유형

2018학년도 중등 A3

26 **다음은 지적장애 고등학생 A를 위한 전환교육계획을 수립하기 위해 특수교사와 어머니가 나눈 대화의 일부이다. ㉠과 ㉡에 들어갈 내용을 쓰시오. [2점]**

> 특수교사: 어머니, 학생 A에게 적절한 전환교육계획을 수립하기 위해 몇 가지 평가를 하려고 합니다.
> 어 머 니: 어떤 평가를 하나요?
> 특수교사: 먼저, 지원정도척도(Supports Intensity Scale; SIS)를 활용하여 학생 A에게 필요한 지원 요구를 파악하고자 합니다.
> 어 머 니: 그런데 지원정도척도는 처음 듣는 거라서 잘 모르겠어요. 그게 무엇인가요?
> 특수교사: 예, 지원정도척도는 개인이 사회에서 성공적으로 살아가기 위해 필요한 지원 요구를 (㉠), 일일 지원 시간, (㉡)의 3가지 차원에서 파악하는 것입니다.

SIS의 정의

확장하기 +

한국판 아동용 지원정도척도(Supports Intensity Scale ; K-SIS-C)

<table>
<tr><th>개념</th><td>지적장애로 진단된 개인의 지원요구에 대한 평가 시 사용할 수 있는 표준화된 도구이다.</td></tr>
<tr><th>특징</th><td>지원요구에 대한 객관적인 평가를 통해 어느 지원 영역에서 어떤 유형의 지원이 얼마나 빈번하게 제공되어야 하는지 등을 분석한 후 개별화된 지원계획을 수립할 수 있도록 한다.</td></tr>
<tr><th>강점</th><td>• 전통적인 평가와 다르게 부족한 것을 보지 않고, 사회에서 성공적으로 살아가기 위해 개인이 필요로 하는 일상의 지원이 무엇인지를 본다.
• 직접적이고 타당한 결과를 제공해준다.
• 직접 의사소통을 하면서 각 장면마다 개인의 참여를 요구해 지원의 유형, 빈도, 강도를 측정한다.
• 가족, 장애인 친구, 사례관리자와의 면담을 통해 개인이 어떻게 성장하고 있는지를 고려한다.
• SIS 점수는 장애인의 개별화지원계획을 수립하는 데 도움을 줄 뿐만 아니라, 개인의 요구 순위 및 필요한 지원 영역을 시각적으로 제공해 줌으로써 서비스 결정을 하는 데 실질적인 정보를 제공한다.</td></tr>
<tr><th>구성</th><td>• 연령: 만 5~16세
• 영역: 지원요구(지표) 척도(7영역)와 예외적인 의료/행동 지원요구 영역
<table>
<tr><th>영역</th><th>성인용 버전(SIS-A)</th><th>아동용 버전(SIS-C)</th><th>점수 측정</th></tr>
<tr><td>영역 1</td><td>특별한 의료적·행동적 지원요구</td><td>특별한 의료적·행동적 지원요구</td><td>- 0점: 지원이 필요하지 않음
- 1점: 약간의 지원이 필요함
- 2점 : 폭넓은 지원이 필요함</td></tr>
<tr><td>영역 2</td><td>지원요구척도
- 가정생활 활동
- 지역사회생활 활동
- 평생학습 활동
- 직업 활동
- 건강과 안전 활동
- 사회 활동</td><td>지원요구척도
- 가정생활 활동
- 지역사회와 이웃 활동
- 학교 참여 활동
- 학교 학습 활동
- 건강과 안전 활동
- 사회 활동
- 옹호 활동</td><td>아래의 3가지 측면에서 각 문항을 5점 척도(0점~4점)로 측정
- 지원의 종류
- 지원의 빈도
- 일일 지원 시간</td></tr>
<tr><td>영역 3</td><td>보충용 보호·옹호 척도</td><td>없음</td><td></td></tr>
</table>
영역 2 점수만 표준점수 변환에 활용된다.</td></tr>
<tr><th>실행</th><td>K-SIS-C는 구조화 면접도구로 개발된 표준화된 면접도구로서, 검사 설명서에 면접자와 응답자에 대한 지침이 제시되어 있다.
• 면접자: 면접자의 자격은 최소한 학사 학위를 취득하고 지적장애 아동을 위한 분야에서 서비스를 제공한 경력이 있는 사람(예 특수교사, 심리학자, 사회복지사 등)이다. 면접자는 최소한 두 명 이상의 피면접자로부터 정보를 수집해야 하는데, 피면접자들을 개별적으로 면접하거나 동시에 면접할 수도 있다. 피면접자들 간에 정보가 일치하지 않을 경우에는 면접자가 피면접자들에게서 얻은 정보를 통합적으로 판단해 기록한다.
• 응답자: 응답자(피면접자)의 자격은 최소 3개월 동안 해당 아동을 잘 알고 지냈고, 한 가지 이상의 환경에서 적어도 몇 시간 동안 아동을 관찰할 기회가 있었던 사람(예 부모, 교사, 친척, 특수교육 실무원, 작업 감독자 등)이다. 또한 연령을 포함한 여러 가지 요인을 고려해 해당 아동을 피면접자로 선정할 수도 있다.</td></tr>
</table>

평가

지원 유형, 지원 빈도, 일일 지원 시간에 대해 0~4점 척도로 평정한다. 이때 점수가 높을수록 지원요구가 큰 것이다.

- **지원 빈도**: 대다수의 비장애인에게 일반적으로 필요한 빈도 이상의 지원이 표적활동 각각에 대해 얼마나 '자주' 필요한지와 연계된다.
- **일일 지원 시간**: 지원이 필요한 보통 날에 얼마나 '많은 시간' 동안 지원해야 하는지와 연계된다.
- **지원 유형**: 참여해야 하는 활동을 할 때 필요할 수 있는 지원의 '성격'이다.

평정기호		
지원 빈도 이 활동을 위한 지원이 얼마나 자주 필요한가?	일일 지원 시간 이 영역의 지원이 필요한 보통 날에 얼마나 많은 시간 동안 지원해야 하는가?	지원 유형 어떤 유형의 지원을 제공해야 하는가?
– 0: 필요 없거나 1개월에 1회 미만 – 1: 1개월에 1회 이상(1주에 1회는 아님) – 2: 1주에 1회 이상(1일 1회는 아님) – 3: 1일 1회 이상(1시간에 1회는 아님) – 4: 1시간에 1회 이상	– 0: 없음 – 1: 30분 미만 – 2: 30분~2시간 미만 – 3: 2~4시간 미만 – 4: 4시간 이상	– 0: 없음 – 1: 점검 – 2: 언어/몸짓 촉구 – 3: 부분 신체지원 – 4: 전체 신체지원

결과 활용

- **영역 1(특별한 의료적·행동적 지원요구)**: 2개의 하위영역별로 원점수만 제공하는데, 2개의 하위영역에서 2점으로 채점된 문항이 있거나 총점이 5점 이상인 경우 해당 아동은 영역 2에서 산출된 'SIS-C 지원요구지표'에서 비슷한 점수를 받은 아동보다 더 강한 지원요구를 가지고 있을 가능성이 높은 것으로 해석한다.
- **영역 2(지원요구지표 척도)**: 7개의 하위영역별 표준점수(평균 10, 표준편차 3)와 백분위점수를 제공하고 하위영역들 평균의 합에 대한 'SIS-C 지원요구지표'(평균 100, 표준편차 15)와 백분위점수를 제공한다. 표준점수와 백분위점수는 상대적 위치점수이므로 동일 연령대의 지적장애 그리고 자폐성장애 아동들과 비교하여 해당 아동의 상대적인 지원요구의 수준과 정도에 대한 해석이 가능하다.

① 가정생활 하위 척도에 대한 원점수 계산

제A부: 가정생활 활동	지원 빈도					일일 지원 시간					지원 유형					원점수
1. 화장실 사용하기	⓪	1	2	3	4	⓪	1	2	3	4	⓪	1	2	3	4	0
2. 의복 관리하기(세탁하기 포함)	0	1	②	3	4	0	1	②	3	4	0	1	2	③	4	7
3. 음식 준비하기	0	1	②	3	X	0	1	②	3	4	0	1	2	③	4	7
4. 식사하기	⓪	1	2	3	4	⓪	1	2	3	4	⓪	1	2	3	4	0
5. 집 안 관리하고 청소하기	0	1	②	3	4	0	1	②	X	X	0	1	2	③	4	7
6. 옷 입고 벗기	⓪	1	2	3	4	⓪	1	2	3	4	⓪	1	2	3	4	0
7. 목욕하기와 개인 위생·몸단장 관리하기	⓪	1	2	3	X	⓪	1	2	3	4	⓪	1	2	3	4	0
8. 가전제품 조작하기	0	1	②	3	4	0	①	2	3	4	0	1	②	3	4	5
원점수 총점(가정생활 활동) 원점수(최고점 = 92)를 8쪽(SIS 프로파일)의 제1A부(A. 가정생활)에 기입한다.																26

결과 활용

② SIS 지원요구지수 계산

제1A부 : 지원요구 평정치 1. 2~5쪽에 있는 제A~F부의 원점수를 기입한다. 2. 부록 6.2를 사용해 표준점수와 백분위를 기입한다. 3. 부록 6.3을 사용해 SIS 지원요구지수를 기입한다.			
활동 하위 척도	원점수 총점 (2~5쪽에서 기입)	표준점수 (부록 6.2 참조)	하위 척도별 백분위점수 (부록 6.2 참조)
A. 가정생활	26	7	16
B. 지역사회생활	23	5	5
C. 평생학습	28	7	16
D. 고용	15	6	9
E. 보건 · 안전	6	3	1
F. 사회	27	7	16
	표준점수 총점(합계)	35	
	SIS 지원요구지수(복합 표준점수) (부록 6.3 참조)	71	
		지원요구지수의 백분위(부록 6.3 참조)	3

③ 지원요구 프로파일

제1B부 : 지원요구 프로파일 각 활동 하위 척도별 표준점수와 SIS 지원요구지수에 ○표 한다. 그다음에 하위 척도의 ○를 연결해 그래프를 그린다.								
백분위	A. 가정생활	B. 지역사회 생활	C. 평생학습	D. 고용	E. 보건 · 안전	F. 사회	SIS 지원요구 지수	백분위
99	17~20	17~20	17~20	17~20	17~20	17~20	> 131	99
	15~16	15~16	15~16	15~16	15~16	15~16	124~131	
90	14	14	14	14	14	14	120~123	90
	13	13	13	13	13	13	116~119	
80							113~115	80
	12	12	12	12	12	12	110~112	
70							108~109	70
							106~107	
60	11	11	11	11	11	11	105	60
							102~104	
50	10	10	10	10	10	10	100~101	50
							98~99	
40	9	9	9	9	9	9	97	40
							94~96	
30							92~93	30
	8	8	8	8	8	8	90~91	
20							88~89	20
	7	7	7	7	7	7	85~87	
10	6	6	6	6	6	6	82~84	10
	5	5	5	5	5	5	75~81	
1	1~4	1~4	1~4	1~4	1~4	1~4	< 74	1

[출처] Supports Intensity Scale User'S Manual

• 생활활동 영역과 삶의 질 평가의 영역으로 구분하고, 선택된 성과체계와 범주 내 개인 목표의 우선순위를 결정한다.

성과체계	성과범주	
	아동	성인
생활활동 영역	– 의료 – 행동 – 가정생활 – 지역사회 및 이웃 – 학교 참여 – 학교 학습 – 건강과 안전 – 사회성 – 자기옹호	– 의료 – 행동 – 가정생활 – 지역사회생활 – 평생학습 – 고용 – 건강과 안전 – 사회성 – 옹호
삶의 질 영역	– 개인의 성장 – 자기결정 – 대인관계 – 사회적 통합	

비교

• 지능검사는 개인이 개념지능과 관련된 과제에서 나타내는 최대의 수행에 초점을 두고 있고, 적응행동검사는 어떤 사람이 자신의 환경에서 여러 과제를 수행할 때 보이는 전형적인 기술 수준에 초점을 두고 있다. 반면에 지원정도척도(SIS)는 개인이 가치 있다고 평가되는 상황과 활동에 참여하는 데 필요한 지원의 유형과 정도에 초점을 두고 있다.

• 지능검사와 적응행동검사가 다방면의 개인의 능력을 직접적으로 측정하는 반면, 지원정도척도는 지원요구를 직접 측정한다. 따라서 지원정도척도와 적응행동검사는 상호 관련성이 있지만 측정하는 구성개념이 다르기 때문에 이들 검사를 사용하는 목적도 달라야 한다.

적응행동검사와의 비교

특징	지원정도척도(SIS)	적응행동검사
측정하는 구성 개념	어떤 사람이 일상생활 활동에 참여하는 데 필요한 특별 지원	어떤 사람이 학습한 적응기술(이는 성취 또는 수행의 측정치임)
초점	가정생활과 지역사회생활 참여를 증진시키는 데 필요한 지원의 패턴과 정도	개인의 적응행동 패턴
사용 목적	생활의 다른 영역에서 개인이 지닌 요구, 발달 장애인과의 비교에서 나타나는 상대적인 지원요구의 결정 및 개별화지원계획의 개발	지적장애의 진단과 개별화교육/훈련계획에 나열할 수 있는 적합한 교육 목적과 훈련 목적의 확인
문항 계통	사회에 참여할 때 관계되는 일련의 생활활동	성공적인 사회적 기능에 필요한 일련의 적응행동 또는 적응기술
문항 반응	특정 생활활동에 참여하는 데 필요한 특별한 지원의 정도와 패턴	개인의 적응기술 관련 숙달도 또는 능숙함의 수준
추가 문항	• 특별 지원요구에 영향을 미치는 문제행동과 특별한 의료조건 • 지원이 필요한 보호/권리주장 활동	일부 척도에 문제행동 지표가 포함되어 있음

참고자료 기본이론 36-40p

키워드 지원정도척도(SIS)

구조화 틀 **지원정도척도(SIS)**

- 개념
- 특징
- 강점
- 구성
- 실행
- 평가
- 결과 활용
- 비교

핵심개념 **지원요구(Supports Needs)**

- 개인이 규범적인(normative) 인간 기능성과 연결된 활동에 참여하기 위해 필요한 지원의 패턴과 강도
- 표준화된 지원요구 점수를 포함해, 지원요구의 패턴과 강도에 관한 정보를 제공하는 표준화된 지원요구 척도를 통해 평가됨
- 한 개인의 지원요구에 대한 표준화된 평가는 지원 계획, 지원 제공, 지원 할당, 진단 후 선택적 하위집단 분류 및 성과 평가를 비롯해 여러 목적을 위해 사용될 수 있는 정보를 제공함

모범답안

- ㉡ 표준화된 지원요구 척도
  ㉢ 우선순위
- 틀린 내용: ⓓ
  이유: 지적장애 하위 집단은 목적에 따라 선택적으로 분류되고, 분류가 되어야 한다면 지원요구 강도에 따른 분류가 가장 적절하다.

2023학년도 중등 B11

27 **(가)는 지적장애와 관련된 연수 자료의 일부이고, (나)는 교육실습생이 연수를 들으면서 정리한 내용이다. 〈작성방법〉에 따라 서술하시오. [4점]**

(가) 지적장애 관련 연수 자료

> ○ 지원강도척도(Supports Intensity Scale)에 대한 이해
>
> …(중략)…
>
> ─ 평가 방법 : (㉡)을/를 통해 지원요구를 평가함
> ─ 결과 활용 : 개별화된 지원의 계획 수립 및 운영에 활용
> • 삶의 경험과 목표를 확인하고 지원요구를 평가한 결과는 개인에게 지원할 영역의 (㉢)을/를 결정하는 데 도움이 됨
> • 모든 생활 활동 영역을 한 번에 효과적으로 지도하는 것은 어려움이 있으므로, 학생에게 중요한 지원 영역의 (㉢)을/를 판별함

SIS의 강점
SIS 점수는 개별화지원계획을 수립하는 데 도움을 줄 뿐 아니라, 개인의 요구 순위 및 필요한 지원 영역을 시각적으로 제공함으로써 서비스 결정을 하는 데 실질적인 정보를 제공해줌

(나) 교육실습생이 정리한 내용

확장하기(AAIDD 12차 매뉴얼) 참고

> ○ ⓐ 획득한 점수와 진점수가 속한 통계적 범위인 신뢰구간을 바탕으로 지능검사와 적응행동검사 결과를 해석함
> ○ ⓑ 지적장애를 진단할 때 적응행동을 지적 기능성과 동일한 비중으로 고려할 것을 강조함
> ○ ⓒ 적응행동 측정 시 또래가 활동하는 전형적인 지역사회 환경을 참조함
> ○ ⓓ 지적장애 하위 집단은 목적에 따라 선택적으로 분류되고, 분류가 되어야 한다면 지적 기능성의 수준에 따른 분류가 가장 적절함

하위 집단 분류
- 지원요구 강도
- 적응행동 제한성 정도
- 지적 기능성 제한성 정도

작성방법

- (가)의 괄호 안의 ㉡에 해당하는 내용을 쓰고, 괄호 안의 ㉢에 공통으로 해당하는 내용을 쓸 것.
- (나)의 ⓐ~ⓓ 중 틀린 내용을 1가지 찾아 기호를 쓰고, 그 이유를 서술할 것. [단, 미국 지적장애 및 발달장애 협회(AAIDD, 2021) 매뉴얼에 근거할 것.]

확장하기 +

지적 기능성과 적응행동의 평가 및 지적장애 진단에 대한 실제 지침(AAIDD 12차 매뉴얼)

1. 지적 기능성 평가에 대한 실제 지침

① 일반 인구에 대해 규준화되고, 개인에 대한 지능지수 전체 점수를 산출하는 현재의 신뢰롭고, 타당하고, 개인별로 실시되고, 종합적이며 표준화된 검사를 사용한다.
② 개인의 의사소통, 감각 및 운동의 제한성뿐만 아니라 문화적·언어적으로도 적합한 특정 표준화된 검사를 선택한다.
③ 지적 기능성을 측정하기 위해 선택된 평가도구(들)의 가장 최신의 규준을 사용한다.
④ 개인별로 실시된, 종합적이고 표준화된 특정 검사에 대한 측정의 표준오차에 근거해 95% 신뢰구간을 고려하면서 개인의 지능지수 점수를 해석한다.
⑤ 개인적·환경적 요소 및 연습 효과를 비롯해 검사 결과에 잠재적 영향을 미치는 요소를 고려한다.

2. 적응행동 평가에 대한 실제 지침

① 장애가 있는 개인과 없는 개인을 포함한 일반 인구에 대해 규준화된, 개인별로 실시되는 적응행동 척도를 사용하고, 3가지 영역인 개념적·사회적 및 실제적 적응행동의 각 영역에서 표준화된 측정을 산출한다.
② 적응행동에 초점을 두고, 적응행동 평가 척도와 인터뷰를 완수하는 응답자는 다음 항목을 따르도록 한다.
　㉠ 적응행동이 최대 행동이 아닌 전형적인 행동임을 이해한다.
　㉡ 평가받는 개인을 잘 알고 있다.
　㉢ 지역사회의 여러 맥락에 걸쳐서 매일 또는 매주 그 개인을 관찰할 기회를 가진다. 인터뷰를 실시할 때는 훈련된 면접원이 활용되어야 한다.
③ 각 응답자는 자신이 직접 관찰한 평가 대상자의 행동에 대해 개인적인 평정을 한다.
④ 개인별로 실시된 특정 검사의 측정의 표준오차에 근거한 95% 신뢰구간을 고려하며 개인의 적응행동 점수를 해석한다.
⑤ 개인적·환경적 요소를 비롯해 검사 결과에 대한 잠재적인 영향을 고려한다.

3. 지적장애 진단에 대한 실제 지침

① 지적장애 진단은 지적 기능성과 적응행동에서의 심각한 제한성을 확인하고, 개인이 22세에 도달하기 전으로 조작적 정의되는 발달기 동안에 시작할 것을 요구한다.
② 지적장애 진단을 공식화하기 위해 지능지수의 전체점수(지적 기능성 기준을 위해), 개념적·사회적·실제적 적응행동의 3가지 영역을 평가하는 표준화된 적응행동 측정을 산출하는 신뢰롭고, 타당하고, 개인별로 실시되고, 종합적이며 표준화된 검사이다.
③ 지적장애 진단을 내리기 위해 지적 기능성과 적응행동에 대한 동등한 중요성과 공동의 고려가 주어져야 한다.
④ 적응행동과 지적 기능성에서의 심각한 제한성의 경계를 결정하는 점수는 각 도구의 평균 아래로 대략 2 표준편차 낮은 점수이다.
⑤ 95% 신뢰구간(획득한 점수에 측정 표준오차의 두 배를 더하거나 뺀 값)은 개인의 진점수가 속하는 확실성을 확립하는 데 사용되어야 한다.
⑥ 지적장애 진단에서 임상적 판단의 지침은 다음과 같다.
　㉠ 지적장애의 진단은 지적 기능성과 적응행동에 대해 신뢰롭고, 타당하고, 개인별로 실시되는 종합적이고, 표준화된 검사의 가장 최신판으로부터 얻어진 지적 기능성과 적응행동 점수에 기초한다는 것을 확실히 한다.
　㉡ 개인의 진점수가 있는 점수 구간을 설정하기 위해 95% 신뢰구간을 사용한다.
　㉢ 장애의 시작 연령이 발달기 동안에 발생했음을 확인한다.
　㉣ 지적장애 진단에서 지적 기능성과 적응행동에 동등한 중요성을 둔다.

지적장애 분류에 대한 실제 지침(AAIDD 12차 매뉴얼)

① 지적장애 분야에서 분류는 지적장애인 집단을 더 작은 집단으로 나누기 위한 명시적 틀과 체계적인 과정을 사용하는 진단 후 선택적인 조직화 방식이다.

② 선호되는 하위집단 분류체계는 지원요구 강도에 기초한다. 하위집단 분류의 잠재적 목적 중 하나는 개념적・사회적・실제적 적응행동 제한성의 정도나 지적 기능성 제한성의 정도를 묘사하는 것이다.

③ 하위집단 분류는 중요한 목적이 있어야 하고, 개인에게 혜택이 되어야 하고, 적절한 정보에 기초해야 하며, 개인의 요구에 대한 더 나은 이해를 제공해야 한다.

④ 하위집단 분류의 체계적인 과정은 다음과 같다.
　㉠ 하위집단화의 중요한 목적 수립
　㉡ 적절한 데이터 세트를 하위집단화의 목적에 제휴
　㉢ 하위집단 분류 범주를 수립하는 데 사용되는 데이터 중심의 절차 묘사
　㉣ 하위집단 분류 범주를 수립하는 데 실증적으로 기초한 하위집단 분류 밴드 사용

⑤ 지원요구 강도에 기초한 하위집단 분류는 지원요구 백분위점수를 사용한다. 개념적・사회적・실제적 적응기술에서 제한성 정도에 근거한 하위집단 분류는 적응행동 표준점수를 사용한다. 또한, 지적 기능성 제한성 정도에 근거한 하위집단 분류는 전체 지능지수 표준점수를 사용한다.

⑥ 하위집단 분류 범주는 실증적 기반 하위집단 분류 밴드를 기반으로 해야 한다. 지원 강도에 대한 실증적 기반 분류 밴드는 백분위점수에 근거한다. 다만, 지적 기능성 및 적응행동에 대한 점수는 표준점수를 기초로 한다.

⑦ 하위집단 분류에서 임상적 판단은 다음을 포함한다.
　㉠ 하위집단화의 목적을 다루는 적절한 데이터 세트
　㉡ 하위집단 분류 범주를 수립하기 위한 데이터 중심 절차
　㉢ 하위집단 분류 범주를 수립하기 위한 실증적 기반 하위집단 분류 밴드

⑧ 하위집단 분류에서 최선의 실제는 낙인을 찍는 하위집단 분류 용어를 거부한다. 선택된 용어는 개인에 대한 존중을 보여주고, 정확성을 촉진하고, 이해를 향상시켜야 한다.

1. 지원요구 하위집단 분류에 적용된 명시적 틀과 체계적 과정

하위집단 분류 목적	목적 달성을 위한 적절한 데이터 세트	하위집단 분류 범주 수립에 사용된 데이터 기반 절차	하위집단 분류 범주와 하위집단 분류 밴드
지원요구 강도 묘사	• 평가된 지원요구 강도	• 표준화된 지원요구 평가도구	• 지원요구 강도 수준 – 간헐적(지원요구 백분위 점수 대략 0~25) – 제한적(대략 26~50) – 확장적(대략 51~75) – 전반적(대략 76 이상)
	• 지원요구 군집	• 신뢰롭고 타당한 지원요구 평가도구로부터 얻어진 데이터를 포함하는 군집 분석(cluster analysis)	• 지원요구 군집 – 하위집단 분류 밴드의 수와 묘사는 사용된 통계 기법에 기초한다. – 일반적으로 4~7개 군집이 판별된다.

2. 적응행동 수준의 하위집단 분류에 적용된 명시적 틀과 체계적 과정

하위집단 분류 목적	목적 달성을 위한 적절한 데이터 세트	하위집단 분류 범주 수립에 사용된 데이터 기반 절차	하위집단 분류 범주와 하위집단 분류 밴드
개념적·사회적·실제적 기술에서 적응행동 제한성의 정도 묘사	적응행동 점수	다음의 각 3가지 적응행동 영역(개념적·실제적·사회적 기술)에서 표준화된 적응행동 점수를 산출하는 신뢰롭고, 타당하고, 개인적으로 실시되고, 종합적인, 표준화된 검사에 기반을 둔 적응행동 점수	개념적·사회적·실제적 기술에서 제한성의 정도 • 경도(적응행동 점수 대략 50~55에서 70~75) • 중등도(대략 40~45에서 50~55) • 중도*(대략 25~30에서 40~45) • 최중도*(대략 20~25 이하)

* 표준화된 검사는 산출할 수 있는 표준점수에 하한이 있다. 낮은 점수들은 종종 외삽되고(extrapolated) 제한된 신뢰도를 가질 수 있다.

3. 지적 기능성 수준의 하위집단 분류에 적용된 명시적 틀과 체계적 과정

하위집단 분류 목적	목적 달성을 위한 적절한 데이터 세트	하위집단 분류 범주 수립에 사용된 데이터 기반 절차	하위집단 분류 범주와 하위집단 분류 밴드
지적 기능성에서 제한성 정도 묘사	전체 지능지수 표준점수	전체 지능지수 점수를 산출하는 신뢰롭고, 타당하며, 개인적으로 실시되고, 종합적인, 표준화된 검사에 기초한 지능지수 표준점수	지적 기능성에서 제한성의 정도 • 경도(전체 IQ 표준점수 대략 50~55에서 70~75) • 중등도(대략 40~45에서 50~55) • 중도*(대략 25~30에서 40~45) • 최중도*(대략 20~25 이하)

* 표준화된 검사는 산출할 수 있는 표준점수에 하한이 있다. 낮은 점수들은 종종 외삽되고(extrapolated) 제한된 신뢰도를 가질 수 있다.

참고자료 기본이론 34p

키워드 지원 강도에 따른 분류

구조화 틀 지원 강도에 따른 분류

- 간헐적 지원
- 제한적 지원
- 확장적 지원
- 전반적 지원

핵심개념 지원 강도에 따른 분류

구분	내용
간헐적 지원	필요할 때나 위기 상황에서 일시적으로 제공되는 지원
제한적 지원	제한된 일정 시간 동안 일관성 있게 제공되는 지원
확장적 지원	몇몇 환경에서 정기적으로 제공되는 지원
전반적 지원	항구성을 갖는 고강도의 지원을 거의 모든 환경에 지속적으로 제공하는 지원

모범답안 ③

2010학년도 초등(유아) 7

28 **다음은 일반학교 병설유치원 통합학급에 있는 경도 정신지체 학생 영호의 상황과 그에 따른 지원 요구이다. 영호에게 필요한 지원은 미국정신지체협회가 1992년에 제시한 지원 유형 중 어디에 속하는가?**

> 2009년 3월 16일 기록
>
> 〈영호의 상황〉
> - 건강 : 영호는 만성적 질환인 소아당뇨병이 있는 아동이다.
> - 문제행동 : 최근 영호는 집안 사정으로 할머니 댁에 맡겨진 이후로 갑자기 유치원에서 주의산만한 행동을 보이기 시작했다.
> - 전환(transition) : 2010년에 영호는 현재 다니고 있는 유치원이 소속된 초등학교의 특수학급으로 진학할 예정이다.
>
> 〈영호의 지원에 대한 요구〉
> - 건강 : 만성적인 소아당뇨로 인하여 인슐린 주사를 정기적으로 매일 맞아야 한다.
> - 문제행동 : 갑자기 생긴 주의산만한 행동에 대한 단기적인 행동중재를 받을 필요가 있다.
> - 전환 : 초등학교로의 전환을 위해 필요한 기술들(예 학습준비 기술, 사회성 기술 등)을 올 한 해 동안 배울 필요가 있다.

	건강	문제행동	전환
①	전반적 지원	간헐적 지원	제한적 지원
②	전반적 지원	제한적 지원	간헐적 지원
③	확장적 지원	간헐적 지원	제한적 지원
④	확장적 지원	제한적 지원	간헐적 지원
⑤	제한적 지원	간헐적 지원	확장적 지원

확장하기 +

차별적 지원 수준의 정의(박승희 외, 2011)

지원 수준	설명	예
간헐적	• 필요에 따라 일시적 또는 단기적 지원이 필요한 경우 • 높은 혹은 낮은 강도로 제공될 수 있음	• 실직 • 의료적 위험 등 일생의 전환기에 단기적 지원
제한적	• 한동안 지속적으로 시간적 제한을 두는 지원 • 시간에 걸쳐 일관성과 시간 제한성을 보이나, 간헐적이지 않은 것으로 특징화되는 지원 • 더 강한 강도의 지원보다는 더 적은 인력과 저렴한 비용이 요구됨	• 시간이 제한된 고용 훈련 • 전환지원
확장적	적어도 일부 환경에서 정기적으로 요구되는 지원으로, 시간 제한적이지 않은 것으로 특징화되는 지원	• 장기적 지원 • 가정생활 지원
전반적	• 영구적이고 고강도의 지원 • 전반적 환경에서 제공되며, 일생 동안 지속되어야 하는 지원 • 확장적 또는 시간 제한적 지원보다 더 많은 인력과 개입을 필요로 함	만성적 의료 상황

2011학년도 중등 16

29 **다음은 중학교 1학년 특수학급에 입급된 정신지체학생 A에 대한 정보이다. 학생 A에게 적합한 교수적 지원을 제공하고자 특수교사가 취한 행동 중 적절한 것만을 〈보기〉에서 모두 고른 것은?**

- 한국인 아버지와 베트남인 어머니 사이에서 태어남
- 베트남에서 초등학교를 다니다가 중학교 입학을 앞두고 한국으로 옴
- IQ는 65이며, 적응행동기술 영역에서 개념적 기술 점수가 사회적, 실제적 기술 점수에 비해 매우 낮음

보기

ㄱ. 학생 A의 가정생활에 대한 정보를 수집하기 위해 부모와 면담을 하였다.
ㄴ. 지능검사의 언어성 점수와 동작성 점수를 비교하여 지능검사 결과를 해석하는 데 참고하였다.
ㄷ. 중학교 1학년 통합학급에서 학생 A의 학교생활을 일정 기간 동안 직접 관찰하고 분석하였다.
ㄹ. 학생 A의 개념적 기술 향상을 위하여 책임감 및 자존감을 증진시킬 수 있는 교육 계획을 수립하였다.
ㅁ. 필기의 양이 많은 수업시간에 학생 A의 필요에 따라 일시적·단기적으로 제공되는 제한적 지원 계획을 구상하였다.

ㅁ. 학생 A의 필요에 따라 일시적·단기적으로 제공되는 지원은 '간헐적 지원'에 해당함

① ㄱ, ㄴ, ㄷ　② ㄱ, ㄷ, ㄹ
③ ㄴ, ㄹ, ㅁ　④ ㄱ, ㄴ, ㄷ, ㅁ
⑤ ㄴ, ㄷ, ㄹ, ㅁ

참고자료 기본이론 34p

키워드 지원 강도에 따른 분류

구조화 틀 **지원 강도에 따른 분류**

- 간헐적 지원
- 제한적 지원
- 확장적 지원
- 전반적 지원

핵심개념 **지원 강도에 따른 분류**

구분	내용
간헐적 지원	필요할 때나 위기 상황에서 일시적으로 제공되는 지원
제한적 지원	제한된 일정 시간 동안 일관성 있게 제공되는 지원
확장적 지원	몇몇 환경에서 정기적으로 제공되는 지원
전반적 지원	항구성을 갖는 고강도의 지원을 거의 모든 환경에 지속적으로 제공하는 지원

모범답안 ①

참고자료 기본이론 34p

키워드 지원 강도에 따른 분류

구조화 틀 **지원 강도에 따른 분류**

- 간헐적 지원
- 제한적 지원
- 확장적 지원
- 전반적 지원

핵심개념 **지원 강도에 따른 분류**

간헐적 지원	필요할 때나 위기 상황에서 일시적으로 제공되는 지원
제한적 지원	제한된 일정 시간 동안 일관성 있게 제공되는 지원
확장적 지원	몇몇 환경에서 정기적으로 제공되는 지원
전반적 지원	항구성을 갖는 고강도의 지원을 거의 모든 환경에 지속적으로 제공하는 지원

모범답안 ㉡ 간헐적 지원

2013학년도 추가중등 A5

30 **(가)는 준호의 정보이고, (나)는 김 교사가 준호를 관찰한 자료와 이에 대한 분석을 토대로 구성한 교수적 지원방안이다. 물음에 답하시오. [5점]**

(가) 준호의 정보

- 경도 정신지체를 가진 중학교 3학년 학생임
- 대부분이 1학년 학생으로 구성된 특수학급에 배치되어 있으며, 일부 교과는 통합학급에서 공부함
- 다문화 가정에서 성장하여 한국어 어휘가 부족함

(나) 준호에 대한 김 교사의 관찰, 분석 및 지원방안

관찰내용		분석의견		지원방안
간단한 단어를 읽고 쓸 수 있으며 화폐 개념이 있음. 책임감이 낮고 학급 및 도서실에서의 규칙 따르기가 어려움	➔	개념적 적응행동에 비해 (㉠) 적응행동에 어려움이 있다.	➔	도서실 이용 규칙에 대해 지도하고, 도서 대출과 반납을 위해 도서실 이용 시 필요할 때마다 도움을 주는 (㉡) 지원을 제공한다.

AAIDD 11차 정의에서는 지원 강도에 따른 분류보다는 지원 유형에 따른 분류를 사용함

1) 2010년 11차 미국 지적장애 및 발달장애협회(AAIDD)의 지적장애 정의 및 지원체계에 근거하여 ㉡에 들어갈 말을 쓰시오. [1점]

참고자료 기본이론 34-35p

키워드 개인중심계획

구조화 틀 **개인중심계획(PCP)**

- 개념
- 특징
- 단계와 핵심 요소
- PCP 모델

핵심개념 **개인중심계획(PCP)**

- 개인중심계획의 핵심은 장애인 당사자가 자신에게 중요하다고 생각하는 것이 무엇인지를 파악하고, 그 과정에서 현재 제공되는 서비스나 재정 상태 혹은 그 개인의 능력 등에 국한하지 않고 논의하는 것
- 이러한 계획 과정에 장애 당사자뿐만 아니라 주요 주변인들도 함께 참여해야 하며, 현재의 삶뿐만 아니라 미래의 삶에 대해서도 다뤄야 함

모범답안

- 당사자뿐만 아니라 주요 주변인들이 함께 참여한다.
- 현재의 삶뿐만 아니라 미래의 삶에 대해서도 다룬다.
- 개인의 요구가 먼저이고, 그 과정에서 현재 제공되는 서비스나 재정상태 혹은 개인의 능력 등에 국한하지 않고 논의한다.

2016학년도 중등 B7

31 다음은 일반 고등학교에 다니는 정신지체 학생인 준하와 개별화교육계획(IEP) 관련 상담 내용이다. 밑줄 친 ㉠의 특징 2가지를 쓰시오. [5점]

특수교사: 오늘은 준하의 IEP에 대해 의견을 듣고자 합니다.
어 머 니: 저는 우리 아이가 졸업 후에 비장애인들과 함께 일할 수 있도록 교육을 받았으면 해요.
특수교사: 네, 그렇군요. 장애 학생의 진로를 결정하는 데 효과적인 방법의 하나로 ㉠ 개인중심계획(PCP, person-centered planning)을 적용하여 전환 계획을 수립하는 것이 강조되고 있어요. 이제 준하의 진로를 위해서 우리도 전환 계획을 구체화할 필요가 있겠네요.
담임교사: 네, 준하는 친구들과 지내는 데 별 문제가 없으니까 친구들과 함께 일할 수 있겠네요.
준　　하: 저는 우리 반 친구들이랑 같이 일하고 싶어요.
특수교사: 그렇구나. 여러분의 의견을 들어보니 준하는 졸업 후 ㉡ 지원고용이나 ㉢ 경쟁고용을 고려해보는 것이 더 좋겠네요. 이제 준하의 진로 준비를 위해서 직무 능력 평가와 ㉣ 생태학적 목록(ecological inventory)을 조사해봐야할 것 같아요.

확장하기 +

개인중심계획과 학생주도계획

① 개인중심계획(PCP)은 지적장애 영역에서 1980년대 중반에 부각된 개념으로, 장애인 당사자와 주변인의 공유된 신념을 토대로 장애인을 위한 시스템이 아닌 개인의 요구와 삶에 대한 목표(예 어디서 살고, 일하고, 배우고, 활동하는지)에 초점을 두는 접근이다. 또한 이러한 목표를 실현할 수 있도록 현재 허용 가능한 서비스를 넘어 미래에 무엇이 가능한지, 무엇이 의미 있는 목표인지를 기술하고, 이를 토대로 지원체계를 계획하는 것이다. 한편, 장애학생의 교육적 요구에 근거한 IEP 작성에 있어 학생의 강점·흥미·선호가 반영될 수 있도록 학생의 참여를 강조할 필요가 있다.

② 학생주도계획(student-directed planning)은 장애학생이 자신의 IEP 목표 및 목표달성을 위한 계획을 수립하는 과정에 참여함으로써, 스스로 선택한 목표 또는 목표에 대한 중요성을 인지하고 진행 상황을 점검하고자 하는 동기를 유발할 수 있다. 학생주도적 IEP에서 중요한 것은 학생이 얼마나 독립적으로 참여할 수 있느냐가 아니라, 학생이 자신의 계획을 통제할 수 있는 동등하고 가장 중요한 파트너라는 것을 강조하는 것이다.

③ 개인중심계획과 학생주도계획은 개인의 요구에 민감하게 반응하고 지원한다는 점에서 그 목표는 유사하나, 개인중심계획은 계획 수립에 함께하는 타인의 역할을 더 강조하는 반면, 학생주도계획은 목표를 설정하고 의사결정하는 학생의 역량을 더 강조한다는 점에서 차이가 있다(Shogren et al., 2017). 즉, 이 두 가지 접근의 전략과 가치를 결합함으로써 지적장애인을 포함한 광범위한 지원 요구를 가진 장애인들이 상호의존적인 지원체계하에서 자기주도적인 방식으로 행동할 수 있다.

IEP와 전환계획(송준만 외, 2022)

① 지적장애 학생의 미래를 계획하기 위해서는 그의 삶에 관여하는 다양한 관점이 필요하기 때문에 학생 본인과 가족, 특수교사, 직업교사, 일반교사, 관련 서비스 제공자, 학교 관리자 등을 포함해 팀을 구성해야 함
② 전환계획 팀은 학생의 선호도와 관심, 교육과 고용 활동에서의 경험, 지역사회로의 참여를 위해 지원 가능한 자원 등을 파악해야 함
③ 중등 이후 목표 설정은 지적장애 학생의 미래 삶과 밀접한 관련이 있으므로, 이들이 IEP 회의의 중심이 되는 '학생중심 전환계획' 수립에 참여할 수 있도록 해야 함 → 개인중심계획의 활용이 추천됨
④ PCP는 그간의 '시스템 중심' 서비스를 '개인의 독특한 요구에 대한 반응'으로 대체한, 일종의 패러다임 변화라 할 수 있음. 그리고 학생의 주변인들이 모여 그의 강점·선호도·요구에 대한 정보를 토대로 미래 계획을 수립하고, 필요한 지원체제를 구성하며 의사소통을 통해 문제를 해결해 나가는 상호작용적 과정이므로, 특히 대안적 방법이 필요한 중증장애 학생에게 도움이 되는 방법임

개인중심계획(Person-Centered Planning; PCP)

개념	전환계획 과정을 촉진하는 한 방법으로, 한 개인이 희망하는 삶에 대해 팀 중심으로 탐색하고 그 삶을 살기 위해 필요한 지원을 찾아가는 일련의 과정
특징	• 개인중심계획은 학생이 희망하는 삶에 대해서 알아보는 과정과, 학생을 위한 계획을 수립하기 위해 자원하는 주변인들의 팀으로 이루어짐 **예** 본인, 가족, 친구, 지역사회 구성원, 관련 기관 사람들 등 • 개인중심계획은 장애학생이 희망하는 삶에 필요한 지원들을 탐색하고 판별하기 위해 학생에 대해 같이 생각해 보고, 학생과 함께 의사소통하고, 학생의 가치를 검토하고, 학생을 위한 계획을 수립해 지원하는 가치중심 접근임
단계와 핵심 요소	① 1단계: 문제 판별 • 학생의 미래에 대한 계획에 초점을 두고 시작함 • 학생의 선호, 흥미, 욕구에 기초를 두어 판별된 학생의 사회, 여가, 교육, 직업 및 독립생활 목표들을 포괄해 하나의 큰 그림으로 산출함 • 학생과 가족의 요구를 중심으로 미래에 대한 비전을 공유하는 것을 목표로 함 → 요소 1: 학생과 가족 중심 → 요소 2: 미래를 위한 공유된 비전 창출 ② 2단계: 문제 분석 팀 구성원들의 브레인스토밍을 통해 학생과 관련한 정보들을 명료화하고, 예측되거나 잠재적인 문제점을 다루고 필요한 전략과 자원을 개발함 → 요소 3: 대상 학생의 강점과 지원 욕구 판별 → 요소 4: 관계와 지역사회 인맥 수립 ③ 3단계: 협력적 문제해결 중재계획을 실행하는 단계로, 개인중심계획의 핵심 요소로서 중재 충실도와 직결됨 → 요소 5: 행동계획 개발 ④ 4단계: 행동계획 설계와 후속조치 개발 중재과정의 충실도를 유지하기 위한 것으로, 중재 전략을 평가하고 그 결과에 근거해 이를 지속할 것인지, 재설계 혹은 중단할 것인지를 결정함 → 요소 6: 책임자와 후속조치 수립

PCP 모델	개인미래계획, MAPS, COACH, PATH 등의 개인중심계획 모델들이 갖는 공통적인 특성은 다음과 같음 • 모든 계획 과정은 학생을 중심으로 논의됨. 학생의 강점·흥미와 꿈에 대한 고려가 계획 과정에서 중심이 되고, 학생에 대한 이해가 그의 교육적 요구를 결정하는 토대가 됨 • 계획 과정에서 학생과 가족의 적극적인 참여를 전제로 함 • 모든 구성원은 학생이 가진 장애보다는 강점과 능력에 초점을 두고 학생에 대해 긍정적이고 적극적인 견해를 가짐. 이러한 특성으로 인해 PCP는 학교를 졸업하고 성인기로의 전환을 앞둔 장애학생에게 자기결정과 삶의 질의 성과를 촉진하는 전환의 최선의 실제로서 광범위하게 지지받고 있으며, 장애 정도가 심한 학생과 가족에게도 도움이 됨

1. MAPS

① 중도장애 학생들을 일반학급에 완전통합하기 위해 개발된 도구로, 학생의 현재와 미래의 꿈·강점·흥미·요구를 평가하는 과정으로 사용됨

② MAPS에서는 학생과 관련된 이해 당사자들(예 부모, 형제, 서비스 제공자, 또래, 교사 등)이 모여 협력적 브레인스토밍을 통해 학생의 흥미·선호·기술 수준에 대한 다음과 같은 내용을 파악하고자 함

- 학생의 사례력(case history)은 어떠한가?
- 학생에 대한 당신의 꿈(기대)은 무엇인가?
- 학생에 대한 당신의 걱정거리는 무엇인가?
- 학생은 누구인가?
- 학생의 강점, 타고난 재능, 능력은 무엇인가?
- 학생의 요구는 무엇인가?
- 학교에서 바람직한 학생의 모습은? 그렇게 되기 위해 어떤 조치가 필요한가?

③ 이 과정은 상당한 개입을 필요로 하며 운영 과정에서 광범위한 인사들을 포함해야 하기 때문에, 경도장애 학생보다는 중도장애 학생을 위한 학생중심 미래계획 수립 시에 보다 적절한 방법으로 추천됨

2. PATH

① PATH는 직업과 관련된 학생의 꿈과 목표를 확인하는 데 사용되는 방법으로, MAPS로부터 발달해 대상 학생을 위한 직업계획을 실행하기 위해 고안된 것임

② 이 과정은 문자 그대로 학생이 추구하고자 하는 직업 진로를 확인할 수 있게 함

③ PATH에서는 집단의 촉진자가 이끄는 회의에서 다음 여덟 가지 일련의 사항에 대해 각자 의견을 나누며 결론을 도출해야 함

- 장래희망에 대해 말하기
- 장래희망을 긍정적이고 실현 가능한 것으로 이해하기
- 현재에 기초 두기
- 대상 학생에 대해 알기
- 강점을 증진할 방법 파악하기
- 향후 3개월간 수행할 활동 정하기
- 다음 달에 수행할 작업 계획하기
- 다음 단계의 활동 결정하기

참고자료 기본이론 25-26p, 34-35p

키워드

- 지원의 평가 및 계획, 실행 과정
- 개인중심계획

구조화 틀 지원 모델

┌ 지원 모델의 이해
└ 지원의 평가 및 계획, 실행 과정

핵심개념

1단계: 원하는 삶의 경험과 목표 확인하기

- 개인의 꿈과 선호도와 관심에 초점을 둔 '개인중심계획(Person Centered Planning; PCP)'을 사용함
- 개인중심계획의 핵심은 당사자가 자신에게 중요하다고 생각하는 것이 무엇인지를 파악하고, 그 과정에서 현재 제공되는 서비스나 재정 상태 혹은 그 개인의 능력 등에 국한하지 않고 논의하는 데 있음. 이러한 계획과정에 장애 당사자뿐만 아니라 주요 주변인들도 함께 참여해야 하며, 현재의 삶뿐만 아니라 미래의 삶에 대해서도 다루어야 함

2단계: 지원요구 평가하기

- 표준화된 평가도구인 지원정도척도(SIS)를 통한 평가나 관찰 혹은 심층 면담 등을 통해 다양한 삶의 영역에서 필요한 지원요구를 평가함
- 이러한 평가를 통해 앞서 '개인중심계획' 단계에서 밝혀진 그 개인이 원하는 활동에 성공적으로 참여하기 위해 어떠한 지원이 필요한지에 대한 주요 정보가 수집됨

모범답안

㉠ 개인중심계획을 활용하여 주변인들의 참여를 통해 개인의 꿈과 선호도를 확인한다.
㉡ 지원강도척도(SIS)

2021학년도 중등 A1

32 다음은 미국 지적장애 및 발달장애 협회[American Association on Intellectual and Developmental Disabilities(AAIDD), 2010]에서 제시한 개별화된 지원 평가, 계획 및 감독을 위한 과정이다. ㉠을 위한 방법을 쓰고, ㉡에 해당하는 개인의 지원 요구 및 의료적·행동적 지원 요구를 판별하기 위한 표준화 검사도구의 명칭을 쓰시오. [2점]

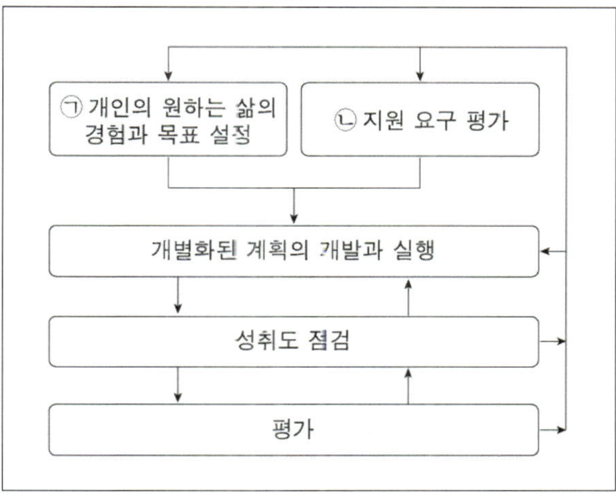

확장하기 +

증거기반의 통합적 모델(AAIDD 12차 매뉴얼)

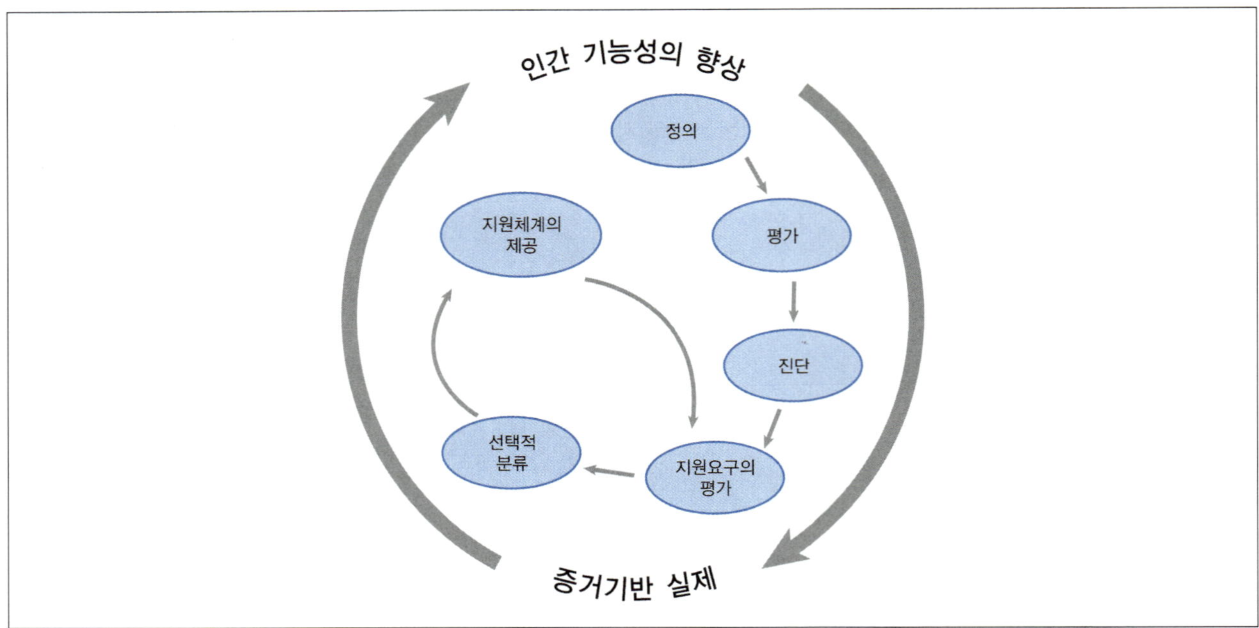

① 정의	지적장애를 결정하는 데 사용되는 3가지 기준을 충족하는지 확인한다.
② 평가	지적 기능성 평가, 적응행동 평가를 실시한다.
③ 진단	지적 기능성과 적응행동 양쪽에서, 지적장애 진단을 위한 심각한 제한성 기준의 경계들을 결정하는 점수는 사용된 각 검사도구의 평균보다 대략 2표준편차 아래이다. 개인의 진점수가 속하는 신뢰구간은 해당 진단도구의 측정의 표준오차에 기초해 95%의 신뢰구간을 사용한다.
④ 지원요구의 평가	지원요구는 표준화된 지원요구 점수를 포함해 지원요구의 패턴과 강도에 관한 정보를 제공하는 표준화된 지원요구 척도를 통해 평가한다. 대표적인 표준화된 지원요구 평가도구로는 지원강도척도(SIS-A, SIS-C)가 있다.
⑤ 선택적 분류	진단 후 선택적인 조직화 방식으로 지적장애인 집단을 중요한 목적에 기반해 더 작은 집단으로 하위분류한다.
⑥ 지원체계의 제공	지원체계는 개별화된 지원계획(PSP)으로 통합된다. 지원체계의 요소는 조작적으로 정의되고 측정될 수 있으며 선택, 개인적 자율성, 통합환경, 일반적인 지원, 전문화된 지원을 포함한다.

개인중심계획(PSP)에 대한 체계적 접근의 구성요소 및 실행단계

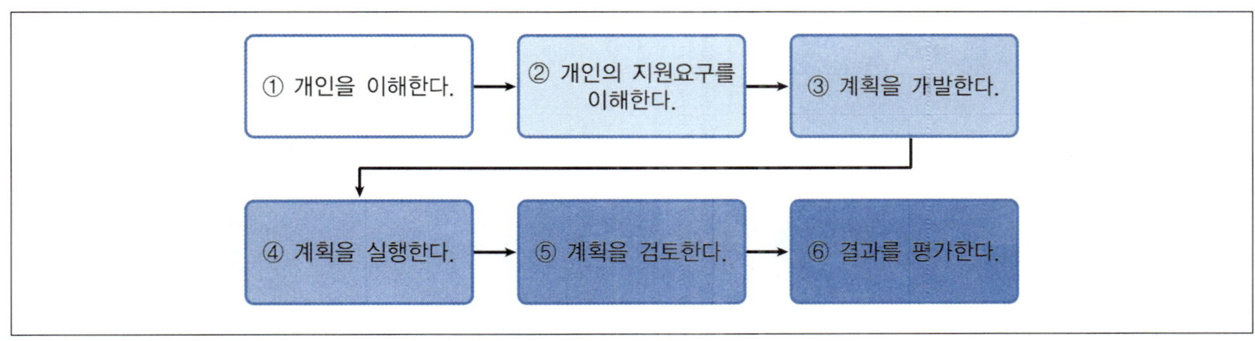

구성요소	실행단계
① 개인을 이해한다.	• 개인지원계획의 대상자와 대화한다. • 개인의 목표를 확인한다. • 개인의 장점과 자산을 확인한다. • 개인중심계획(PCP) 절차를 활용한다.
② 개인의 지원요구를 이해한다.	• 표준화된 지원요구 평가를 완료한다. • 사용자 친화적인 형식으로 평가 데이터를 요약한다. • 전문가의 권고사항과 지원요구 평가 정보를 통합한다.
③ 개인지원계획을 개발한다.	• 성과체계와 성과범주를 선택한다. • 선택된 성과체계·범주 내에서 개인 목표들의 우선순위를 정한다. • 개인의 목표와 관련하여 필요한 지원들을 확인하기 위해 지원정도척도(SIS) 평가결과를 사용한다. • 지원체계의 요소들을 목표 관련 지원요구에 맞춘다. • 계획된 각 지원을 통해 지원 목표를 명시한다.
④ 개인지원계획을 실행한다.	개인지원계획에 대한 실행이 세 가지의 실행 충실도 조건을 만족하는지 확인한다. – 준수(adherence): 계획이 개발된 대로 실행되는 정도를 의미한다. 계획이 사용자 친화적이고, 협력적으로 개발되고, 널리 배포될수록 준수를 보장하기 쉽다. – 능숙함(competence): 지원 전달의 질적 수준을 의미한다. 지원 코디네이터(사례 관리자)는 계획을 실행하는 사람들이 그들이 제공하기로 한 지원의 실행방법을 이해하고 있는지 확인할 필요가 있다. – 차별성(differentiation): 제공된 지원이 분명하기 기술된 정도와 지원체계의 특별한 요소를 의미한다. 이러한 차별성과 특수성은 성과를 평가하고, 증거 기반 실제들을 구축하며, 실행된 특정 지원 전략과 획득한 성과들과의 경험적 관계를 증명하기 위해 필수적이다.
⑤ 개인지원계획을 검토한다.	• 실행 충실도를 평가한다. • 지원 목표의 상태를 평가한다. • 개인 목표와 지원 목표, 제공된 지원에 대한 지속적인 관련성에 대해 논의한다.
⑥ 결과를 평가한다.	• 개인 목표 달성을 평가한다. • 목표 달성과 지원 제공 간의 관계를 결정한다.

Chapter

02 지적장애의 원인 및 예방

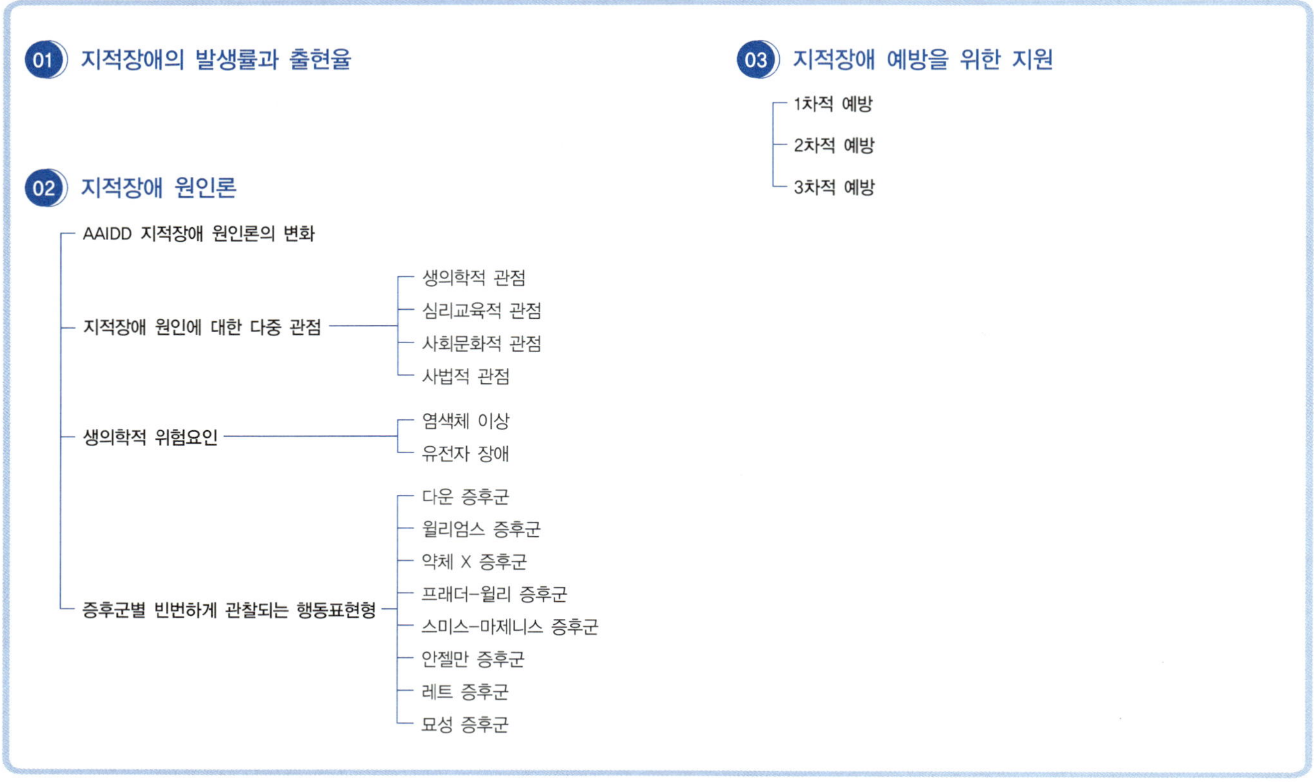

2009학년도 중등 1

01 장애인 출현율에 대하여 적절히 설명한 것을 〈보기〉에서 고른 것은?

보기

ㄱ. 출현율과 동일한 의미로서 발생률이라는 용어가 있다.
ㄴ. 전체 인구 중 장애라는 특정 조건을 가진 장애인 수를 말한다.
ㄷ. 특정 기간 동안에 전체 인구 중 새롭게 판별된 장애인 수를 말한다.
ㄹ. 장애의 원인을 연구하고 예방 프로그램을 개발하는 데 의의가 있다.
ㅁ. 교육이나 재활 서비스 등에 대한 요구를 파악하는 데 활용하기 용이하다.

ㄱ. 출현율과 발생률은 동의어가 아님

ㄷ. 특정 기간 동안에 전체 인구 중 새롭게 판별된 장애인 수는 발생률임

ㄹ. 장애의 원인을 연구하고 예방 프로그램을 개발하는 데 유용한 것은 발생률임

① ㄱ, ㄷ　② ㄱ, ㄹ
③ ㄴ, ㄹ　④ ㄴ, ㅁ
⑤ ㄷ, ㅁ

참고자료 기본이론 42p

키워드 지적장애의 발생률과 출현율

구조화 틀 **지적장애의 발생률과 출현율**

- 발생률
- 출현율

핵심개념

발생률

- 특정 기간 동안 모집단에서 발생한 새로운 사례 수
- 발생률 통계는 새로 태어난 아동, 학교에서 진단된 아동 등 이 기간 동안 장애를 가진 것으로 새롭게 판별된 모든 대상자를 포함함
- 장애의 원인을 조사하고 예방 프로그램을 개발하는 데 사용됨

출현율

- 특정 지역 혹은 특정 시기에 한 모집단 내에 존재하는 어떤 상태의 총 사례 수
- 서비스에 대한 요구를 파악하는 데 유용함

모범답안 ④

참고자료 기본이론 45-50p, 51p

키워드

- 약체 X 증후군
- 프레더-윌리 증후군
- 다운 증후군

구조화틀 **증후군별 빈번하게 관찰되는 행동표현형**

- 다운 증후군
- 윌리엄스 증후군
- 약체 X 증후군
- 프래더-윌리 증후군
- 스미스-마제니스 증후군
- 안젤만 증후군
- 레트 증후군
- 묘성 증후군

핵심개념

약체 X 증후군 행동표현형

- 수용 및 표현언어능력이 단기기억능력이나 시공간적 기술보다 우수함
- 순차적인 처리보다는 동시적인 처리가 요구되는 과제에서 강점을 보임
- 일상생활기술과 자조기술에서 상대적 강점을 보임
- 부주의, 과잉행동, 자폐증과 유사한 행동 등을 보임

프래더-윌리 증후군 행동표현형

- 이상식욕과 비만 증상을 보임
- 순차적인 처리보다는 동시적인 처리가 요구되는 과제에서 강점을 보임
- 단기기억능력보다 장기기억능력이 우수함
- 시공간적 처리능력이 요구되는 과제와 직소 퍼즐에서 강점을 보임
- 모든 연령에서 강박장애와 충동조절장애가 나타남

다운 증후군 행동표현형

- 언어나 청각적 과제보다 시공간적 과제 수행이 더 우수함
- 수용언어능력이 표현언어능력보다 상대적으로 우수함
- 지능에 비해 상대적으로 적응행동에서 강점을 보임
- 명랑하고 사회적인 성격을 보임
- 성인기에 우울증과 치매 성향이 나타남

모범답안 ④

2012학년도 중등 16

02 **다음은 특수교사와 일반교사가 나눈 대화이다. ㉠~㉤ 중에서 옳은 내용만을 있는 대로 고른 것은?**

> 일반교사: 정신지체는 지적 능력과 적응기술에서의 어려움을 동시에 가지고 있다고 하던데, 적응기술이 뭔가요?
> 특수교사: '미국 지적장애 및 발달장애학회(AAIDD)'에 따르면, ㉠'실제적 적응기술'은 '손해 보지 않기'와 같은 일상생활 활동에 필요한 기술을 의미해요. 그리고 ㉡'사회적 적응기술'에는 '자존감'과 '대인관계'와 같은 기술이 포함되어 있어요.
> 일반교사: 그렇군요. 그런 제한점이 있을 수 있겠네요.
> 특수교사: 하지만, 정신지체 학생이 제한점만 가지고 있는 것은 아니에요. '미국 지적장애 및 발달장애 학회'에서는 여러 증후군을 지닌 사람들에게서 자주 나타나는 행동적 징후 중에서 강점을 찾아 제시했어요.
> 일반교사: 그래요? 증후군에 따라 강점이 다른가요?
> 특수교사: 네. ㉢약체 엑스 증후군(fragile X syndrome)을 지닌 사람은 일반적으로 음성언어 기술보다는 시·공간적 기술에 강점이 있구요. 또, ㉣프래더-윌리 증후군(prader-willi syndrome)이 있는 사람은 대체로 시각적 처리와 퍼즐해결에 강점에 있어요.
> 일반교사: 그럼, 다운 증후군(down syndrome)은요?
> 특수교사: ㉤다운 증후군을 지닌 사람은 일반적으로 언어 또는 청각적 과제보다 시·공간적 과제를 더 잘 수행하는 강점이 있다고 해요.
> 일반교사: 그렇군요. 그런 강점을 잘 활용해서 지도하면 좋겠네요. 좋은 말씀 감사합니다.

이중기준 접근

행동표현형
- 유전자에 따라 겉으로 나타나는 행동 유형
- 유전적 장애의 행동표현형은 유전자에 의한 직접적인 결과라기보다는 아동의 성장 환경이나 발달 여건 등 다양한 요인의 영향을 받아 변화할 수 있기 때문에 과잉일반화해서는 안 됨

행동표현형의 의의
실제적·잠재적 혹은 미래를 위해 필요한 기능적 지원 요구를 예측할 수 있음

① ㄱ, ㄷ ② ㄱ, ㄹ
③ ㄴ, ㄷ, ㅁ ④ ㄴ, ㄹ, ㅁ
⑤ ㄴ, ㄷ, ㄹ, ㅁ

참고자료 기본이론 45-50p

키워드

- 약체 X 증후군
- 다운 증후군

구조화 틀 증후군별 빈번하게 관찰되는 행동표현형

- 다운 증후군
- 윌리엄스 증후군
- 약체 X 증후군
- 프래더-윌리 증후군
- 스미스-마제니스 증후군
- 안젤만 증후군
- 레트 증후군
- 묘성 증후군

핵심개념

약체 X 증후군 행동표현형

- 수용 및 표현언어능력이 단기기억능력이나 시공간적 기술보다 우수함
- 순차적인 처리보다는 동시적인 처리가 요구되는 과제에서 강점을 보임
- 일상생활기술과 자조기술에서 상대적 강점을 보임
- 부주의, 과잉행동, 자폐증과 유사한 행동 등을 보임

프래더-윌리 증후군 행동표현형

- 이상식욕과 비만 증상을 보임
- 순차적인 처리보다는 동시적인 처리가 요구되는 과제에서 강점을 보임
- 단기기억능력보다 장기기억능력이 우수함
- 시공간적 처리능력이 요구되는 과제와 직소 퍼즐에서 강점을 보임
- 모든 연령에서 강박장애와 충동조절장애가 나타남

다운 증후군 행동표현형

- 언어나 청각적 과제보다 시공간적 과제 수행이 더 우수함
- 수용언어능력이 표현언어능력보다 상대적으로 우수함
- 지능에 비해 상대적으로 적응행동에서 강점을 보임
- 명랑하고 사회적인 성격을 보임
- 성인기에 우울증과 치매 성향이 나타남

모범답안

㉠ 약체 X 증후군
㉡ 다운 증후군

2017학년도 중등 A3

03 **다음은 일반교사가 특수교육 관련 연수를 받으며 필기한 내용이다. ㉠, ㉡에 들어갈 증후군의 명칭을 순서대로 쓰시오. [2점]**

- 지적장애 : 지적 기능과 적응행동상의 어려움이 함께 존재하는 장애
- 지적장애 학생은 제한점도 있지만 강점도 동시에 갖고 있으므로 이를 잘 파악하여 지원하여야 함
- 미국 지적장애 및 발달장애협회(AAIDD, 2010)에서 제시한, 지적장애를 초래하는 증후군 및 행동 표현형

증후군	행동 표현형
㉠	• 시공간적 기술에 비해 더 나은 음성언어 기술을 가지고 있음 • 일상생활기술과 자조기술에서 상대적으로 강점을 보임 • 무관심, 과잉행동, 자폐성 행동과 빈번히 연관됨
프래더-윌리 증후군	• 시각적 처리와 퍼즐을 해결하는 데 강점을 가짐 • 손상된 포만감, 탐식행동, 비만 등이 있음 • 모든 연령대에 걸쳐 강박장애와 충동조절 장애가 흔히 있음
㉡	• 언어나 청각적 과제보다 시공간적 과제 수행이 더 우수함 • 지능에 비해 적응기술이 뛰어남 • 명랑하고 사회적인 성격임 • 성인기에 우울증이 흔히 나타남

이중기준 접근
지적장애를 정의하기 위해서는 지적 기능성뿐만 아니라 적응행동을 기준으로 할 필요성이 제기됨

AAIDD 지적장애 정의를 위한 5가지 가정
- 현재 기능성에서의 제한성은 그 개인의 동년배와 문화에 전형적인 지역사회 환경의 맥락 안에서 고려되어야 함
- 타당한 평가는 의사소통, 감각, 운동 및 행동 요인에서의 차이뿐만 아니라 문화와 언어의 요인도 함께 고려해 실시되어야 함
- 한 개인은 제한성만 가진 것이 아니라 동시에 강점도 갖고 있음
- 제한성을 기술하는 중요한 목적은 그 개인에게 필요한 지원이 무엇인지 파악하기 위함임
- 개별화된 적절한 지원이 장기간 제공되면 지적장애인의 생활기능은 일반적으로 향상될 것임

참고자료 기본이론 45-50p

키워드

- 윌리엄스 증후군
- 프래더-윌리 증후군

구조화 틀 증후군별 빈번하게 관찰되는 행동표현형

- 다운 증후군
- 윌리엄스 증후군
- 약체 X 증후군
- 프래더-윌리 증후군
- 스미스-마제니스 증후군
- 안젤만 증후군
- 레트 증후군
- 묘성 증후군

핵심개념

윌리엄스 증후군 행동표현형

- 언어 및 청각적 기억, 얼굴 인지에서 강점을 보임
- 시공간적 기능, 지각-운동 계획과 소근육 기술에서 제한을 보임
- 마음이론 측면에서 강점을 보임
- 사회적 지능은 낮으나 사람들에게 친밀하게 대함

프래더-윌리 증후군 행동표현형

- 이상식욕과 비만 증상을 보임
- 순차적인 처리보다는 동시적인 처리가 요구되는 과제에서 강점을 보임
- 단기기억능력보다 장기기억능력이 우수함
- 시공간적 처리능력이 요구되는 과제와 직소 퍼즐에서 강점을 보임
- 모든 연령에서 강박장애와 충동조절장애가 나타남

모범답안

㉠ 언어 및 청각적
㉡ 시공간적

2014학년도 중등 A8

04 다음은 특수교육지원센터 홈페이지 게시판에 올라온 ○○ 청소년 수련원의 담당자가 질문한 내용에 대해 특수교사가 답변한 것이다. 괄호 안의 ㉠과 ㉡에 해당하는 말을 각각 쓰시오. [2점]

Q: 안녕하세요? 장애학생과 비장애학생이 함께하는 2박 3일 청소년 캠프를 준비하고 있는 ○○청소년 수련원의 담당자입니다. 이번 캠프에 참여하는 학생들 중에는 윌리엄스 증후군을 지닌 학생과 프래더-윌리 증후군을 지닌 학생도 포함되어 있습니다. 캠프에서 진행할 게임이나 활동을 계획하는 데 참고할 만한 사항이 있을까요?

A: 윌리엄스 증후군(Williams Syndrome)을 지닌 학생들의 과제 수행 특성을 보면 다른 과제에 비해 (㉠) 과제를 잘하는 편이므로 말 이어 전달하기, 지시 듣고 미션 수행하기 등의 활동을 준비하면 좋을 것 같습니다. 그리고 프래더-윌리 증후군(Prader-Willi Syndrome)을 지닌 학생들의 경우는 다른 과제에 비해 (㉡) 과제를 잘하는 편이므로 퍼즐 조각 맞추기, 그림 모자이크 완성하기 등과 같은 활동을 준비하면 좋을 것 같습니다.

언어·청각 강점: 약체 X 증후군, 윌리엄스 증후군

시공간 강점: 다운 증후군, 프래더-윌리 증후군

참고자료 기본이론 46p, 50p

키워드 프레더-윌리 증후군

구조화 틀 증후군별 빈번하게 관찰되는 행동표현형

- 다운 증후군
- 윌리엄스 증후군
- 약체 X 증후군
- 프래더-윌리 증후군
- 스미스-마제니스 증후군
- 안젤만 증후군
- 레트 증후군
- 묘성 증후군

핵심개념 프래더-윌리 증후군

- 부계로부터 유전된 15번째 염색체 긴 가지의 부분적 결손으로 발생
- **특징**: 특이한 얼굴 모양, 저색소증, 저신장, 작은 손발, 이상식욕, 이식증, 비만, 성기발달 부진, 과도한 짜증 등
- **중재방안**: 탐식행동으로 인한 비만이 가장 심각하므로 식이조절과 적절한 운동을 통한 비만 예방과 건강관리 필요

모범답안 프래더-윌리 증후군

2020학년도 중등 B6

05 (가)는 지적장애 학생 G의 학부모가 특수교사와 상담한 내용의 일부이고, (나)는 기본 교육과정 중학교 사회과 '마트에서 물건 구입하기'를 주제로 지역사회중심교수에 기반하여 작성한 수업 지도 계획의 일부이다. 〈작성방법〉에 따라 서술하시오. [4점]

(가) 상담

학 부 모 :	안녕하세요. 학생 G의 엄마입니다. 우리 아이와 같은 증후군의 아이들은 15번 염색체 이상이 원인인데, 가장 큰 특징은 과도한 식욕으로 인한 비만이라고 해요. 그래서 저는 늘 우리 아이의 비만과 합병증이 염려됩니다. ㉠
특수교사 :	가정에서도 식단 관리와 꾸준한 운동으로 체중 조절을 해주시면 좋겠어요. 학교에서도 학생 G를 위해 급식지도와 체육 활동에 신경 쓰겠습니다.

프래더-윌리 증후군
'이상식욕으로 인한 비만'
→ 중재방안으로 식이조절과 적절한 운동을 실시해야 함

작성방법

(가)의 ㉠을 참고하여 학생 G의 증후군 명칭을 쓸 것.

참고자료 기본이론 46p, 50p

키워드 프래더-윌리 증후군

구조화 틀 증후군별 빈번하게 관찰되는 행동표현형

- 다운 증후군
- 윌리엄스 증후군
- 약체 X 증후군
- 프래더-윌리 증후군
- 스미스-마제니스 증후군
- 안젤만 증후군
- 레트 증후군
- 묘성 증후군

핵심개념 **프래더-윌리 증후군**

- 부계로부터 유전된 15번째 염색체 긴 가지의 부분적 결손으로 발생
- **특징**: 특이한 얼굴 모양, 저색소증, 저신장, 작은 손발, 이상식욕, 이식증, 비만, 성기발달 부진, 과도한 짜증 등
- **중재방안**: 탐식행동으로 인한 비만이 가장 심각하므로 식이조절과 적절한 운동을 통한 비만 예방과 건강관리 필요

모범답안 ㉢ 비커에 담긴 물을 마시지 않도록 유의한다.

2025학년도 초등 B3

06 **(가)는 예비 교사가 작성한 학생 관찰 일지의 일부이고, (나)는 예비 교사가 작성한 2015 개정 특수교육 기본 교육과정 과학과 5~6학년군 '5. 용액 만들기' 단원 교수 · 학습 과정안의 일부이며, (다)는 예비 교사가 수업 전에 작성한 메모의 일부이다. 물음에 답하시오. [5점]**

(가)

> 6학년 1반 이름 : ○선우
>
> • 장애 : 지적장애(프래더-윌리 증후군)
>
> …(중략)…
>
> • 관찰 결과 4
>
> – 현장체험학습에서 선우가 자신의 간식을 다 먹은 후 친구들의 간식까지 뺏어 먹음
> → 과도한 식욕을 가지고 있으므로 특별한 주의와 지도가 필요하다고 했는데 그 부분을 놓친 것 같음 [B]

프래더-윌리 증후군
'이상식욕으로 인한 비만'
→ 중재방안으로 식이조절과 적절한 운동을 실시해야 함

(나)

단원명	5. 용액 만들기	
〰〰〰		
교수 · 학습 자료	비커(250mL), 접시, 막대, 물, 소금, 모래	
단계	교수 · 학습 활동	유의점
탐색 및 문제 파악	• 실험 안전 교육하기 • 물에 녹는 물질과 녹지 않는 물질 예측하기	…(생략)…
가설 설정	가설 설정하기 가설 (㉡)	교사의 안내에 따라 가설을 설정한다.
〰〰〰		
실험	물이 담긴 비커 2개에 각각 소금과 모래를 넣고 섞어보기	(㉢)
가설 검증	실험 결과에 따라 가설 검증하기	…(생략)…

2) ② (가)의 [B]를 고려하여 (나)의 ㉢에 들어갈 내용을 1가지 쓰시오.

참고자료 기본이론 45-50p

키워드

- 윌리엄스 증후군
- 다운 증후군
- 프래더-윌리 증후군

구조화 틀 **증후군별 빈번하게 관찰되는 행동표현형**

- 다운 증후군
- 윌리엄스 증후군
- 약체 X 증후군
- 프래더-윌리 증후군
- 스미스-마제니스 증후군
- 안젤만 증후군
- 레트 증후군
- 묘성 증후군

핵심개념

윌리엄스 증후군 행동표현형

- 언어 및 청각적 기억, 얼굴 인지에서 강점을 보임
- 시공간적 기능, 지각-운동 계획과 소근육 기술에서 제한을 보임
- 마음이론 측면에서 강점을 보임
- 사회적 지능은 낮으나 사람들에게 친밀하게 대함

프래더-윌리 증후군

- 부계로부터 유전된 15번째 염색체 긴 가지의 부분적 결손으로 발생
- **특징**: 특이한 얼굴 모양, 저색소증, 저신장, 작은 손발, 이상식욕, 이식증, 비만, 성기발달 부진, 과도한 짜증 등
- **중재방안**: 탐식행동으로 인한 비만이 가장 심각하므로 식이조절과 적절한 운동을 통한 비만 예방과 건강관리 필요

모범답안 ㉢은 프래더-윌리 증후군에 대한 설명이다.

2026학년도 중등 B9

07 **(가)는 예비 교사가 작성한 지적장애 특성에 대한 메모의 일부이고, (나)는 학생 K의 행동에 대한 특수교사와 예비 교사의 대화이다. 〈작성 방법〉에 따라 서술하시오. [4점]**

(가) 예비교사의 메모

> ㅇ윌리엄스 증후군
> – ㉠ 언어 표현 및 대인관계에 상대적 장점을 지님
> – ㉡ 시공간 과제 및 사고의 어려움을 가지고 있음
>
> ㅇ다운 증후군
> – ㉢ 지나친 식욕과 극단적인 비만이 대표적인 특징임
> – ㉣ 3가지 유형의 원인(21번 삼염색체, 전위, 모자이크형)
>
> ㅇ프레더-윌리 증후군
> – 충동성과 공격성의 문제행동이 나타나기도 함

다운 증후군은 주로 정상적으로는 2개가 존재해야 하는 21번째 상염색체가 3개가 되는 삼염색체 현상으로 인해 나타남. 그 형태에 따라 전형적인 삼염색체성 다운 증후군(감수분열성 비분리), 전위형 다운 증후군, 섞임증 다운 증후군 세 가지로 분류할 수 있음

작성방법

> (가)의 밑줄 친 ㉠~㉣ 중 틀린 내용을 1가지 찾아 기호를 쓰고, 그 이유를 서술할 것.

참고자료 기본이론 46p, 50p

키워드 프래더-윌리 증후군

구조화 틀 **증후군별 빈번하게 관찰되는 행동표현형**

- 다운 증후군
- 윌리엄스 증후군
- 약체 X 증후군
- 프래더-윌리 증후군
- 스미스-마제니스 증후군
- 안젤만 증후군
- 레트 증후군
- 묘성 증후군

핵심개념 **프래더-윌리 증후군**

- 부계로부터 유전된 15번째 염색체 긴 가지의 부분적 결손으로 발생
- **특징**: 특이한 얼굴 모양, 저색소증, 저신장, 작은 손발, 이상식욕, 이식증, 비만, 성기발달 부진, 과도한 짜증 등
- **중재방안**: 탐식행동으로 인한 비만이 가장 심각하므로 식이조절과 적절한 운동을 통한 비만 예방과 건강관리 필요

모범답안 ②

2012학년도 유아 22

08 **다음은 각 유아의 음식 섭취 특성과 그에 따른 박 교사의 지도방법을 제시한 것이다. 각 유아의 장애 유형을 옳게 짝지은 것은?**

유아	음식 섭취 특성	지도방법
인호	• 과도한 식욕을 보이므로 음식을 조절해주지 않으면 생명을 위협하는 비만이 발생할 수 있음 • 일반적으로 계속 음식을 요구하고, 충동적으로 고집이 센 편임	과도한 섭식으로 인한 행동 장애가 문제이므로 의사와 영양사의 자문을 받게 함
수진	• 입이 자극을 받으면 강직성 씹기 반사(tonic bite reflex)가 나타남 • 식사시간이 길어지므로 좌절, 피로 누적, 영양 섭취의 문제를 초래할 수 있음 • 유아의 비정상적인 근육 긴장도와 제한된 신체적 활동으로 인해 변비가 생기기 쉬움	• 금속보다는 실리콘 재질의 숟가락을 사용하게 함 • 바른 자세로 앉아 씹기와 삼키기를 잘하도록 격려함 • 적절한 운동과 식이섬유 음식물을 섭취하게 함
진우	• 비전형적인 촉각, 미각, 후각을 갖기 때문에 음식물의 색, 생김새, 맛, 냄새 등에 따라 특정 음식에 대해 극단적인 반응을 보일 수 있음 • 특정 음식의 질감에 대한 구강 과민성을 가짐	유치원과 가정이 협력하여 유아가 좋아하는 음식만을 먹는 일이 없게 함

	인호	수진	진우
①	프래더-윌리 증후군	자폐성 장애	뇌성마비
②	프래더-윌리 증후군	뇌성마비	자폐성 장애
③	뇌성마비	프래더-윌리 증후군	자폐성 장애
④	뇌성마비	자폐성 장애	프래더-윌리 증후군
⑤	자폐성 장애	뇌성마비	프래더-윌리 증후군

2019학년도 중등 A11

09 (가)는 중도 지적장애 학생 M의 특성이고, (나)는 학생 M을 위한 스크립트 중재 적용 계획의 일부이다. 〈작성방법〉에 따라 서술하시오. [4점]

(가) 학생 M의 특성

- 15번 염색체 쌍 가운데 어머니로부터 물려받은 염색체가 결손이 있음
- 발달지연이 있으며, 경미한 운동장애를 보임
- 부적절한 웃음, 행복해하는 행동, 손을 흔드는 것 같은 독특한 행동을 종종 보임
- 수용언어 능력이 표현언어 능력보다 비교적 좋음
- 표현언어는 두 단어 연결의 초기 단계임

작성방법

(가) 학생 M의 특성에서 설명하고 있는 증후군의 명칭을 쓸 것.

참고자료 기본이론 46p, 50p

키워드 안젤만 증후군

구조화 틀 증후군별 빈번하게 관찰되는 행동표현형

- 다운 증후군
- 윌리엄스 증후군
- 약체 X 증후군
- 프래더-윌리 증후군
- 스미스-마제니스 증후군
- 안젤만 증후군
- 레트 증후군
- 묘성 증후군

핵심개념

안젤만 증후군 특징 및 중재방안

- 모계로부터 유전된 15번째 염색체 긴 가지의 부분적 결손으로 발생함
- 발달지연과 언어장애로 인해 말을 잘하지 못하지만, 수용언어 기술과 비언어적인 의사소통 기술은 표현언어 기술보다 상대적으로 좋은 편임
- 움직임과 균형감각에 이상이 생겨 걸음에 장애가 있고, 자주 웃고, 쉽게 흥분하는 경향을 보이며 집중시간이 짧음

안젤만 증후군 행동표현형

- 아동기와 청소년기에 종종 부적절한 웃음발작을 보임
- 모든 연령에서 일반적으로 행복해하는 기질을 보임
- 젊은 층에서 과잉행동 및 수면장애를 보임

모범답안 안젤만 증후군

참고자료 기본이론 45p

키워드 클라인펠터 증후군

구조화 틀 **생의학적 위험요인**

- 염색체 이상
- 유전자 장애

핵심개념 **클라인펠터 증후군**

- 가장 흔한 성염색체 이상 증후군으로, 정상적인 남성 성염색체 XY에 여분의 X염색체가 추가되어 발생하며, 남성에게만 영향을 미침
- **주요 증상**: 운동발달 지연, 언어 지연, 읽기장애 등
- 2차 성징의 발현은 남성 호르몬이 결여되어 빈약한 체모와 고음, 여성형 지방 분포, 고환장애 발생, 정세관 위축, 무정자증과 불임 등을 보임

모범답안 ㉡ 클라인펠터 증후군

2019학년도 중등 A6

10 **다음은 지적장애 학생을 지도하는 신규 교사와 멘토 교사의 대화이다. ㉡에 나타난 학생 E의 증후군 명칭을 쓰시오.**

> 신규 교사: 학생 E는 XXY형 염색체를 가진 성염색체 이상 증후군이라고 해요. 남성호르몬 감소로 인해 여성형 체형으로 변해 가고 있어 부모님께서 고민하더군요. 이 학생은 의사소통에 어려움이 있고, 사회성도 부족한 것 같아요. 활동량이 부족해서 운동 발달에도 영향을 주는 듯 합니다. ㉡
>
> 멘토 교사: 학생 E에게는 사회성 향상 프로그램뿐만 아니라, 운동발달을 위한 중재 프로그램도 개발해 적용하는 것이 좋겠네요.

확장하기 +

생의학적 위험요인

원인			사례
염색체 이상	상염색체	염색체 수 이상	다운증후군
		염색체 구조 이상	프래더-윌리 증후군, 안젤만 증후군, 묘성 증후군, 윌리엄스 증후군, 스미스-마제니스 증후군
	성염색체	염색체 수 이상	클라인펠터 증후군, 터너 증후군
유전 및 유전자 돌연변이	상염색체	우성유전	신경섬유종증, 아퍼트 증후군
		열성유전	페닐케톤뇨증, 선천성 갑상선기능저하증, 갈락토스혈증, 호모시스틴뇨증, 단풍당뇨증
	성염색체	유전(표현촉진)	약체 X 증후군
		유전자 돌연변이	레트 증후군
		열성유전, 유전자 돌연변이	레쉬-니한 증후군

참고자료 기본이론 43-44p

키워드 장애위험요인

구조화 틀

핵심개념 **발달장애의 원인**

- Tjossem(1976)은 발달장애를 일으킬 수 있는 위험 요인을 세 가지로 분류함
  - 선천적 장애 위험(예 다운 증후군)
  - 생물학적 장애 위험(예 풍진·난산·조산)
  - 환경적 장애 위험(예 양육의 질)
- 세 가지 위험 요인은 상호 배타적으로 영향을 미치는 것이 아니라, 복합적으로 또는 상호 영향을 미치면서 장애를 일으키게 되는데, 구체적으로는 출생 전/출생 시/출생 후 원인으로 구분됨

모범답안

㉠ 환경적 장애 위험
㉥ 생물학적 장애 위험

2016학년도 유아 B7

11 **다음은 통합학급 유아교사인 박 교사와 유아특수교사인 최 교사의 대화이다. 물음에 답하시오. [5점]**

> 박 교사: 선생님, 의논드리고 싶은 일이 있어요. 승철이가 또래에 비해 발달이 늦은 것 같아요. 알고 보니 어렸을 때 ㉠ 집안이 경제적으로 어려워서 2년간 부모님과 함께 생활하지 못했대요. 어떻게 도와줄 수 있을까요?
> 최 교사: 승철이가 검사는 받아 보았대요?
> 박 교사: 사실 어머님은 승철이가 장애로 진단받을까 봐 두려워하시는 것 같아요.
>
> …(중략)…
>
> 박 교사: 그렇군요. 부모님께 일단 검사를 의뢰해보도록 말씀드릴게요.
> 최 교사: 그런데 승철이 동생 민화는 ㉥ 출생 시 1.8kg의 저체중으로 태어났다고 알고 있어요. 나중에 발생할 수 있는 문제를 사전에 방지한다는 차원에서 승철이와 함께 검사해보도록 부모님께 안내해드리는 것은 어떨까요?
> 박 교사: 좋은 생각인 것 같습니다.

출생 후 요인

출생 중 요인

2차적 예방

1) ㉠과 ㉥에 해당하는 장애 위험 조건을 각각 쓰시오. [2점]

확장하기 +

출생 시기를 기점으로 한 발달장애의 원인 분류

시기	위험요인
출생 전	• 선천성 위험요인 • 임신상 위험요인 • 임신 중 감염 • 출생 전 환경적 위험요인
출생 시	• 조산 및 저체중 • 질식 • 분만 중 손상
출생 후	• 질병 및 감염 • 독극물 오·남용 • 사고로 인한 손상 • 영양 결핍 • 환경 박탈

1. 출생 전 원인

(1) 선천성 위험요인

① '선천성 위험요인'이란 의학적 진단을 통해 장애 발생 요인이 확인된 경우로, 잠재적인 장애 증상을 예측할 수 있는 경우를 말한다. 주로 유전자에 의한 선천성 위험요인으로 가장 잘 알려진 요인으로는 염색체 이상을 들 수 있다.

② 선천성 위험요인에 의한 장애는 임신 전 유전자 검사나 상담을 통해서 예방할 수 있다. 그러나 이러한 예방 노력은 사회 전반을 대상으로 이루어지는 지속적인 교육에 의해서만 가능하다.

① 선천성 위험요인에 의한 장애는 일단 발생하고 난 후에는 기존의 장애 자체를 변화시킬 수는 없지만, 의학이나 교육 등의 접근으로 아동의 장애 상태에 미치는 영향을 어느 정도는 조절할 수 있는 것으로 알려져 있다.

④ 현재는 현대 의학 및 과학의 다양한 방법을 통해 임신 중 위험요인을 발견할 가능성이 높아지고 있으므로, 조기 발견을 통해 의학적 및 교육적으로 적절하게 대응해야 한다.

(2) 임신상의 위험요인

① 임부와 관련된 여러 가지 요인이 임신상의 위험요인으로 작용할 수 있는데, 특히 임신 초기에는 특정 요인이 태아의 건강과 장애 여부에 결정적인 영향을 미칠 수 있다.

② 임신상의 위험요인으로 잘 알려진 요소는 다음과 같다.

㉠ 빈곤 상태에서 생활하는, 사회·경제적 수준이 낮은 부모

㉡ 15세 이하 또는 40세 이상의 임부

㉢ 유산, 조산, 사산, 장애아동 출산 등의 경험이 있는 임부

㉣ 만성적인 질병이나 임신을 방해하는 신체적인 조건(예 당뇨병, 매독 등의 성병, 알코올 중독 등)을 지닌 임부

㉤ 가계에 선천성 장애력이 있는 부모(예 선천성 청각장애, PKU 등의 대사이상, 근위축증 등)

(3) 임신 중 감염

'임신 중 감염'이란 임신 중 임부가 특정 바이러스 등에 감염되는 경우를 말한다. 일반적으로 임부가 임신 중에 감염되면 그러한 감염이 태아에게까지 영향을 미치지 못하도록 태반이 역할을 하게 된다. 그러나 태반을 통과해서 미치는 특정 감염의 경우, 태아의 신경 구조에 영향을 미쳐 두뇌 발달을 손상시킨다.

예 주혈원충병, 선천성 면역 결핍증(HIV 감염·매독 등), 풍진 등

(4) 출생 전 환경적 위험요인

'출생 전 환경적 위험요인'이란 자궁 내 환경에 작용하여 태아의 물리적인 안전과 영양에 부정적인 영향을 미치는 위험요인을 말한다. 여기에는 일반적으로 임부의 기능 저하, 면역 반응, 독극물 노출, 영양결핍 등이 포함된다.

2. 출생 시 원인

(1) 조산 및 저체중

① '조산'이란 임신 전 마지막 생리의 첫째 날부터 37주가 되기 전에 출산하는 경우를 의미한다. 조산은 신생아 사망률의 가장 높은 비율을 차지할 정도로 집중적인 관심이 요구되는 위험요인으로 알려져 있다.

② '저체중'이란 태아 시기의 부적절한 성장발달로 인해 분만 시 체중이 2500g 미만인 경우를 말하며, 1500g 미만은 극소체중, 1000g 미만은 초극소체중으로 분류된다.

③ 조산아나 저체중아가 전형적인 성장을 보이는 경우도 있지만, 대부분의 경우 발달시기 전반에 걸쳐 지속되는 다양한 위험에 처하게 된다. 따라서 성장할 때까지 기다리기보다는 조기에 적극적으로 개입하는 것이 바람직하다.

④ 현재 조산아나 저체중아의 경우, 부모에게 적절한 지원을 제공함으로써 이들의 발달을 촉진하는 양육 환경을 구성하고 양육 전략을 적용하게 하는 조기 개입 서비스가 이들을 위한 필수적인 프로그램으로 인식된다.

(2) 질식

'질식'이라는 용어에서 암시하는 바와 같이 산소 부족을 의미하며, '무산소증'으로도 불린다. 산소 결핍에 의한 질식은 분만 전/분만 중/분만 직후에 발생하며, 장애가 수반되거나 심하면 사망에까지 이르는 치명적인 뇌손상을 일으킬 수 있다.

(3) 분만 중 손상

① 출생 시 아동에게 주어지는 직접적인 신체적 손상은 여러 가지 유형의 장애를 일으키는 위험요인으로 작용한다.

② 출산 과정에서 나타날 수 있는 신체적 손상은 다음의 네 가지 유형으로 분류된다.

㉠ 뇌 조직에 직접적인 손상을 입히는 두개골 손상

㉡ 뇌출혈 또는 뇌세포에 산소를 전달하는 기능을 저해하고 혈액 순환을 중단시켜 나타나는 두뇌 손상

㉢ 척추 골절 또는 박리로 인한 척수 손상

㉣ 내장기관의 손상

3. 출생 후 원인

(1) 질병 및 감염

① 아동기에 오랜 시간 고열이 계속되는 질병을 앓는 경우 여러 가지 유형의 손상을 가져올 수 있는데, 적절한 치료를 통해 영구적 손상을 줄이도록 노력해야 한다.

② 출생 후 장애 발생의 원인이 될 수 있는 대표적인 전염병으로는 홍역, 수두, 볼거리, 뇌막염, 뇌염 등이 있다.

(2) 독극물

① 임부가 임신 중 독극물에 노출됨으로써 태아에게 해로운 영향을 미치는 것과 마찬가지로, 출생 후에도 독극물이 체내에 축적되면 아동의 성장발달에 치명적인 영향을 미친다.

② 특히 납이나 수은 등의 물질이 물이나 공기 등의 오염 또는 음식물 섭취 등을 통해서 체내에 축적되거나, 각종 약물・세제・비누・표백제・왁스・살충제・농약 등의 독극물을 우발적으로 섭취하게 되는 경우 성장발달에 치명적인 영향을 미친다.

(3) 사고로 인한 손상

① 교통사고, 아동 학대, 물에 빠지거나 기타 이유로 인한 질식 등 여러 가지 유형의 사고를 모두 포함한다.

② 특히 어린 아동에게 뇌손상을 일으키는 가장 보편적인 사고에는 자동차 사고와 아동 학대가 포함된다.

(4) 영양 결핍

출생 후 아동의 영양 결핍은 성장발달에 부정적인 영향을 미쳐 다양한 발달상의 문제를 일으키킨다.

(5) 환경 박탈

'환경 박탈'이란 빈곤한 환경, 문화 실조, 생명이나 건강을 위협하는 위험 요소를 의미한다.

지적장애 원인에 대한 다중 관점(AAIDD 12차)

1. AAIDD 지적장애 원인론의 변화

9차 이전	생물학적 및 문화－가족적 접근
9~11차	원인론에 대한 다요소 접근(위험요인의 유형과 위험요인의 시기) • 위험요인의 유형: 생의학적 요인, 사회적 요인, 행동적 요인, 교육적 요인 • 위험요인의 시기: 출생 전, 주산기(출생 전후), 출생 후
12차	지적장애에 대한 생의학적 · 심리교육적 · 사회문화적 · 사법적 관점과 연관된 다중 관점

2. 지적장애 원인에 대한 다중 관점(AAIDD 12차)

장애에 대한 관점	사용된 주요 개념	추정된 장애의 위치	판별된 위험요인	관련된 중재 및 지원
생의학적	• 원인론 • 유전학 • 병리생리학	• 유전자-환경 상호작용 • 건강 • 두뇌 발달	• 유전자 이상 • 염색체 이상 • 대사 이상 • 생물학적 이상 • 뇌손상 • 기형 유발 물질	• 특이한 식이요법 • 유전자 변형 • 수술 절차 • 약리학 중재 • 정신건강 중재
심리교육적	• 학습 • 적응행동 • 지적 기능성	지적 기능성, 적응행동, 참여 간의 역동적이고 상호적인 관여	• 양육 • 조기 개입 결여 • 개인적 성장과 발달을 위한 기회 부족 • 외상 및 불안정한 아동기	• 양육 기술 • 개인적 발달 전략 • 상담 • 특수교육 • 의사결정 지원 • 정보 및 보조공학
사회문화적	• 인간 - 환경 상호작용 • 사회적 맥락 • 사회차원적 태도 • 사회적 상호작용	• 기능적 제한성 • 개인적 능력과 환경적 요구 사이의 차이	• 사회차원적 태도 • 빈곤한 환경 • 분리된 환경	• 자연적 지원 • 일반 대중의 태도 · 인식의 변화 • 환경적 강화 • 환경적 조정
사법적	• 차별 • 법적 권리 • 인권	• 사회차원적 조치 • 정부 체제들	• 사회적 불평등 • 불의(injustice) • 차별 • 권리의 거부	• 권리 확인 • 개인중심계획 • 법령, 규정 및 사법적 결정

참고자료 기본이론 43-44p

키워드 장애위험요인

구조화 틀

핵심개념 **발달장애의 원인**

- Tjossem(1976)은 발달장애를 일으킬 수 있는 위험 요인을 세 가지로 분류함
  - 선천적 장애 위험(예 다운 증후군)
  - 생물학적 장애 위험(예 풍진·난산·조산)
  - 환경적 장애 위험(예 양육의 질)
- 세 가지 위험 요인은 상호 배타적으로 영향을 미치는 것이 아니라, 복합적으로 또는 상호 영향을 미치면서 장애를 일으키게 되는데, 구체적으로는 출생 전/출생 시/출생 후 원인으로 구분됨

모범답안 ㉠ 선천적 장애 위험 요인

2025학년도 유아 A2

12 **(가)는 4세 지적장애 유아 윤서의 개별화교육계획수립을 위한 유아 특수교사와 윤서 어머니의 대화이고, (나)는 그로부터 3개월 후 나눈 대화이다. 물음에 답하시오. [5점]**

(가)

교 사:	어머님, 어머님께서 윤서에게 가장 필요하다고 생각하시는 교육 내용은 무엇인가요?
어머니:	무엇보다 용변 지도요. ㉠ 윤서가 염색체 이상으로 태어났어요. 잔병치레가 잦아서 배변 훈련 같은 기초적인 양육도 신경 쓰지 못했어요. 그래서인지 윤서가 4세인데 아직도 기저귀를 하고 있어요.

1) (가)의 밑줄 친 ㉠은 장애 위험 요인 3가지 중 무엇에 해당하는지 쓰시오. [1점]

참고자료 기본이론 45p, 50p, 54–55p

키워드
- 다운 증후군
- 지적장애 예방을 위한 지원

구조화 틀

증후군별 빈번하게 관찰되는 행동표현형
- 다운 증후군
- 윌리엄스 증후군
- 약체 X 증후군
- 프래더-윌리 증후군
- 스미스-마제니스 증후군
- 안젤만 증후군
- 레트 증후군
- 묘성 증후군

지적장애 예방을 위한 지원
- 1차적 예방
- 2차적 예방
- 3차적 예방

핵심개념 **지적장애 예방을 위한 지원**
- 다중위험요인 접근법에서는 생의학적 요인뿐만 아니라 사회적·행동적·교육적 요인들이 복잡하게 상호작용하고, 한 개인이 가진 위험요인뿐만 아니라 그 개인의 부모세대가 가진 위험요인도 지적장애를 초래하는 원인으로 작용할 수 있다고 봄
- 다중위험요인 접근법은 아동의 지적장애를 초래하는 개인과 가족의 삶의 여러 위험요인을 어떻게 예방할 것인지와 직접 연관됨

1차적 예방	질병이나 장애 자체의 출현을 예방하기 위한 전략
2차적 예방	이미 어떤 상태나 질병의 영향을 받는 개인에게서 장애나 증상이 나타나는 것을 예방하는 전략
3차적 예방	장애로 인해 나타날 수 있는 기능상의 어려움을 최소화하기 위한 지원으로, 개인의 전반적인 기능을 향상시키는 전략

모범답안
- 다운 증후군
- 장애로 인해 나타날 수 있는 기능상의 어려움을 최소화하여 전반적인 기능성의 향상을 목적으로 한다.

2022학년도 중등 A7

13 **(가)는 지적장애 학생 C의 특성이고, (나)는 학생 C의 학부모와 특수교사가 나눈 대화의 일부이다. 〈작성방법〉에 따라 서술하시오. [4점]**

(가) 특성

- ㉠ 장애의 원인은 21번째 상염색체가 3개인 염색체 이상으로 생의학적·출생 전 원인에 해당함
- 성격이 밝고, 사회성이 좋음
- 간헐적 지원 요구가 있음
- ㉡ 장애 특성상 갑상선 질병에 걸리기 쉽기 때문에 정기적인 검진을 받고 있음

다운 증후군은 주로 정상적으로는 2개가 존재해야 하는 21번째 상염색체가 3개가 되는 삼염색체 현상으로 인해 나타남. 그 형태에 따라 전형적인 삼염색체성 다운 증후군(감수분열성 비분리), 전위형 다운 증후군, 섞임증 다운 증후군 세 가지로 분류할 수 있음

작성방법
- (가)의 밑줄 친 ㉠을 참조하여 학생 C의 증후군 명칭을 쓸 것.
- (가)의 밑줄 친 ㉡을 고려하여 미국 지적장애 및 발달장애 협회(AAIDD, 2010)의 매뉴얼에서 제시한 3차 예방의 목적을 1가지 서술할 것.

참고자료 기본이론 45-50p

키워드

- 다중위험요인 접근법
- 윌리엄스 증후군
- 프레더-윌리 증후군

구조화 틀

다중위험요인 접근법의 개념

- 네 가지 범주
- 발생 시기

증후군별 빈번하게 관찰되는 행동표현형

- 다운 증후군
- 윌리엄스 증후군
- 약체 X 증후군
- 프래더-윌리 증후군
- 스미스-마제니스 증후군
- 안젤만 증후군
- 레트 증후군
- 묘성 증후군

핵심개념

모범답안 ①

2011학년도 중등 15

14 다음은 정신지체학생을 지도하고 있는 중학교 통합학급 교사를 위해 특수학급 교사가 실시한 교내 연수 내용의 일부이다. 연수 내용 중 옳은 것만을 〈보기〉에서 모두 고른 것은?

보기

ㄱ. 중도 정신지체학생들이 관심을 끌기 위해 수업을 방해하는 행동을 보이면 주의를 주시기 바랍니다.

ㄴ. 프래더-윌리 증후군(prader-willi syndrome)을 지닌 학생은 과도한 식욕으로 비만이 될 수 있으므로 운동과 식사 조절에 관심을 가져주시기 바랍니다.

ㄷ. 학습된 무기력으로 과제를 쉽게 포기하는 경도 정신지체 학생을 위해 가능한 한 성공 경험을 많이 할 수 있도록 과제 난이도를 조절하고 학생을 격려해주시기 바랍니다.

ㄹ. 윌리엄스 증후군(williams syndrome)을 지닌 학생은 시공간적 기술에 비해 언어에 심각한 문제가 있으므로 자연스러운 상황에서 바람직한 의사소통 모델을 모방할 수 있는 기회를 제공해주시기 바랍니다.

ㅁ. 정신지체는 염색체 이상, 외상성 뇌손상, 조산과 같이 출생 전에 나타나는 생의학적 원인 외에도 출생 후에 사회적, 행동적 요인의 영향을 받을 수 있으므로 아동 학대 및 가정 폭력, 가정 형편에 문제가 없는지 확인해주시기 바랍니다.

ㄱ. 학생 문제행동 기능이 '관심 끌기'일 경우 교사가 주의를 주면 학생 행동이 더욱 강화받을 수 있으므로 적절하지 않음

ㄹ. 윌리엄스 증후군은 언어 및 청각적 기억, 얼굴 인지에서 강점을 보임

ㅁ. '염색체 이상'은 생의학적 요인 중 출생 전 요인에 해당함. '외상성 뇌손상'은 생의학적 요인 중 출생 후 요인에 해당함. '조산'은 생의학적 요인 중 주산기에 해당함

① ㄴ, ㄷ　② ㄷ, ㄹ
③ ㄱ, ㄴ, ㄷ　④ ㄱ, ㄹ, ㅁ
⑤ ㄴ, ㄷ, ㅁ

참고자료 기본이론 43-44p, 48p

키워드

- 다중위험요인 접근법
- 생의학적 위험요인
- 페닐케톤뇨증

구조화 틀

다중위험요인 접근법의 개념

- 네 가지 범주
- 발생 시기

생의학적 위험요인

- 염색체 이상
- 유전자 장애

핵심개념 페닐케톤뇨증(PKU)

- 페닐알라닌을 아미노산으로 전환시키는 효소의 활성이 선천적으로 저하되어 페닐알라닌이 축적됨으로써 생기는 단백질 대사장애
- 일상적인 혈액 검사를 통해 생후 일주일 이내에 선별 가능
- 페닐알라닌을 엄격히 제한하는 식이요법을 실시해야 함

모범답안 ③

2010학년도 중등 15

15 정신지체에 대한 설명으로 옳은 것을 〈보기〉에서 고른 것은?

보기

ㄱ. 페닐케톤뇨증(PKU)은 출생 후 조기 선별이 어려우나 진단을 받은 후에는 식이요법을 통해 치료가 가능하다.

ㄴ. 다운 증후군을 유발하는 염색체 이상 중에서 가장 일반적인 삼염색체성(trisomy)은 21번 염색체가 3개인 유형이다.

ㄷ. 저체중 출산, 조산 등의 생의학적 요인이 지적 기능과 적응행동상의 결함을 야기할 때 정신지체의 원인이 된다.

ㄹ. 정신지체 학생은 일반학생과 동일한 인지발달 단계를 거치나, 발달 속도가 느려 최상위 발달 단계에 이르는 데 어려움이 있을 수 있다.

ㅁ. 정신지체 학생은 자신에 대한 기대수준이 낮음으로 인하여 타인에게 의존하고, 과제수행 결과 여부를 자신의 행동에 따른 결과로 받아들이는 경향이 있다.

① ㄱ, ㄴ, ㄷ ② ㄱ, ㄷ, ㅁ
③ ㄴ, ㄷ, ㄹ ④ ㄴ, ㄹ, ㅁ
⑤ ㄷ, ㄹ, ㅁ

ㄱ. 대사장애는 효소 결핍으로 인해 대사되어야 할 물질이 그대로 신체에 축적될 뿐만 아니라 최종 산물의 생성에도 문제가 생겨 여러 가지 장애를 초래함. 따라서 대사장애 아동들은 특정 물질의 섭취를 피하는 식이요법이 필요함. 대부분의 신생아 시기에 간단한 혈액검사를 통해 선별할 수 있으므로, 식이요법 등을 통한 치료를 통해 지적장애를 최소화하거나 예방할 수 있음

ㄴ. 다운 증후군의 유형에는 삼염색체성 다운 증후군, 전위형 다운 증후군, 모자이키즘 다운 증후군이 있음. 삼염색체성 다운 증후군은 세포분열 과정에서 21번째 염색체가 분리되지 않아 21번째 염색체가 3개가 되는 유형임

ㄷ. '저체중 출산, 조산' 등은 생의학적 요인 중 주산기에 해당하는 위험요인임. 지적장애는 지적 기능과 적응행동상의 결함을 함께 야기할 때 정의할 수 있음

참고자료 기본이론 48p

키워드 페닐케톤뇨증

구조화틀 생의학적 위험요인

- 염색체 이상
- 유전자 장애

핵심개념 페닐케톤뇨증(PKU)

- 페닐알라닌을 아미노산으로 전환시키는 효소의 활성이 선천적으로 저하되어 페닐알라닌이 축적됨으로써 생기는 단백질 대사장애
- 일상적인 혈액 검사를 통해 생후 일주일 이내에 선별 가능
- 페닐알라닌을 엄격히 제한하는 식이요법을 실시해야 함

모범답안 페닐알라닌(단백질)이 포함되지 않은 음식으로 식단을 구성하도록 한다.

2022학년도 초등 B5

16 다음은 2015 개정 특수교육 교육과정 중 기본 교육과정 실과 5~6학년군 '건강한 식생활' 단원 지도 계획의 일부이다. 물음에 답하시오. [5점]

단원	2. 건강한 식생활
단원 목표	• 건강과 성장을 위해 올바른 식생활 습관을 실천할 수 있다. – 건강에 이롭고 안전한 식품을 선택한다. – 골고루 먹는 식습관을 실천한다. [A]
학습 목표	건강에 이로운 음식으로 균형 잡힌 밥상을 차릴 수 있다.
활동 지도 계획	• 도입(주의집중) – 교사가 모델이 된 동영상 보여주기 ∘ 균형 잡힌 밥상을 차리는 모습 ∘ 건강에 이로운 음식을 먹는 모습 • 활동 1: 건강에 이로운 음식 알기 – 교사가 도입 동영상에 나온 이로운 음식 설명하기 – 도입의 동영상을 보고 학생이 어제 먹은 음식과 교사가 먹은 음식에서 이로운 음식 찾기 – 제시된 그림에서 학생이 이로운 음식 찾아 붙임딱지 붙이며 범주화하기 – 학생이 새롭게 배운 이로운 음식을 기억할 수 있도록 시연하고 노랫말 만들어 부르기 [B]  • 활동 2: 골고루 먹는 균형 잡힌 밥상 차리기 – 건강에 이로운 음식으로 식단 짜기 – 균형 잡힌 밥상 차리기 ∘ 접시에 반찬을 골고루 담기 ∘ 반찬을 담은 접시를 밥상 위에 놓기 ∘ 숟가락과 젓가락을 밥상 위에 놓기 ∘ 밥과 국을 밥상 위에 놓기 [C] ※ 유의점 – ㉠ 학생의 건강상 특이사항을 고려하여 식단 구성에 유의하도록 지도함 – 밥상 차리기 활동 중 학생이 오류를 보이면 피드백을 제공하여 교정함 • 정리: 학생들의 결과물 중에서 가장 균형 잡힌 식단을 선정하여 칭찬하기

3) ㉠과 관련하여 페닐케톤뇨증(phenylketonuria; PKU)을 가진 학생이 자신의 식단을 점검할 때 유의해야 할 사항을 쓰시오. [1점]

참고자료 기본이론 43-45p, 54-55p

키워드

- 다중위험요인 접근법
- 지적장애 예방을 위한 지원

구조화 틀

다중위험요인 접근법의 개념

- 네 가지 범주
- 발생 시기

지적장애 예방을 위한 지원

- 1차적 예방
- 2차적 예방
- 3차적 예방

핵심개념 **사회적 위험요인**

- 아동 발달에 영향을 줄 수 있는 자극과 상호작용의 질을 좌우하는 여건에서 초래되는 요인
- **유형**
  - 빈곤한 가정환경
  - 모체의 영양 부족
  - 납 중독

모범답안

1) 2차적 예방의 예는 페닐케톤뇨증과 같은 대사장애를 가진 신생아를 위해 선별검사를 실시하는 것이다. 이를 통해 영아에게 식이요법을 실시함으로써 질환의 영향을 최소화하여 정상적으로 건강한 상태를 유지할 수 있게 한다.

2) 산모의 음주, 약물 복용, 흡연, 미성숙 등이다.

3) ㉣ 뇌손상을 예방하기 위해 안전모를 쓰는 것은 1차적 예방이다. 3차적 예방은 이미 현존하는 장애로 인해 나타날 수 있는 기능상의 어려움을 최소화하기 위한 지원이다.

2016학년도 초등 A4

17 **다음은 ○○ 특수학교의 오 교사와 강 교사가 '정신지체의 원인과 예방을 위한 지원'에 대한 교사연수에 참여한 후 나눈 대화의 일부이다. 물음에 답하시오. [5점]**

> 오 교사: 저는 이번 연수에서 정신지체를 유발하는 위험 요인에 따라 ㉠ 1차, 2차, 3차적 예방을 다르게 할 수 있다는 것을 알게 되었어요.
>
> 강 교사: 저는 생의학적 위험요인뿐만 아니라 ㉡ 행동적 위험요인 등과 같은 다양한 위험요인들이 정신지체의 원인이 될 수 있다는 점에 대해 다시 한 번 생각하게 되었어요.
>
> 오 교사: 그러고 보니 ㉢ 주거 환경 속에서 납 성분에 지속적으로 노출되는 것은 정신지체의 원인이 될 수도 있으니, 주거 환경을 정비·규제하는 것은 1차적 예방이 될 수 있겠네요.
>
> 강 교사: 그러네요. 그렇다면 ㉣ 아이들이 자전거를 탈 때 사고로 인해 뇌손상을 입지 않도록 안전모를 쓰게 하는 것은 3차적 예방이 되겠네요. 그리고 ㉤ 장애학생의 건강상의 문제를 최소화하기 위해 의학적 접근을 하는 것도 3차적 예방이 되겠지요.
>
> 오 교사: 맞아요. 저는 이번 기회를 통해 무엇보다도 ㉥ 정신지체 학생들의 특성을 고려하여 교육을 잘하는 것이 우리 교사들이 할 수 있는 중요한 예방이라고 생각하게 되었어요.
>
> …(하략)…

다중위험요인 접근법의 네 가지 범주
- 생의학적 위험요인
- 사회적 위험요인
- 행동적 위험요인
- 교육적 위험요인

납 중독
- 납은 아동의 건강과 지적 기능에 심각한 영향을 줌
- 일반적으로 납에 노출될 수 있는 환경인 공장지대나 오래된 주거시설, 먼지·오염 물질에의 노출 등은 빈곤과도 연관된 요소임

1차적 예방

3차적 예방

1) ㉠ 중에서 2차적 예방의 예를 1가지 쓰시오. [1점]

2) ㉡의 예를 1가지 쓰시오. [1점]

3) ㉢~㉥에서 잘못된 것을 1가지 골라 기호를 쓰고, 그것이 잘못된 것이라고 판단한 이유를 쓰시오. [1점]

Chapter

03 지적장애의 특성

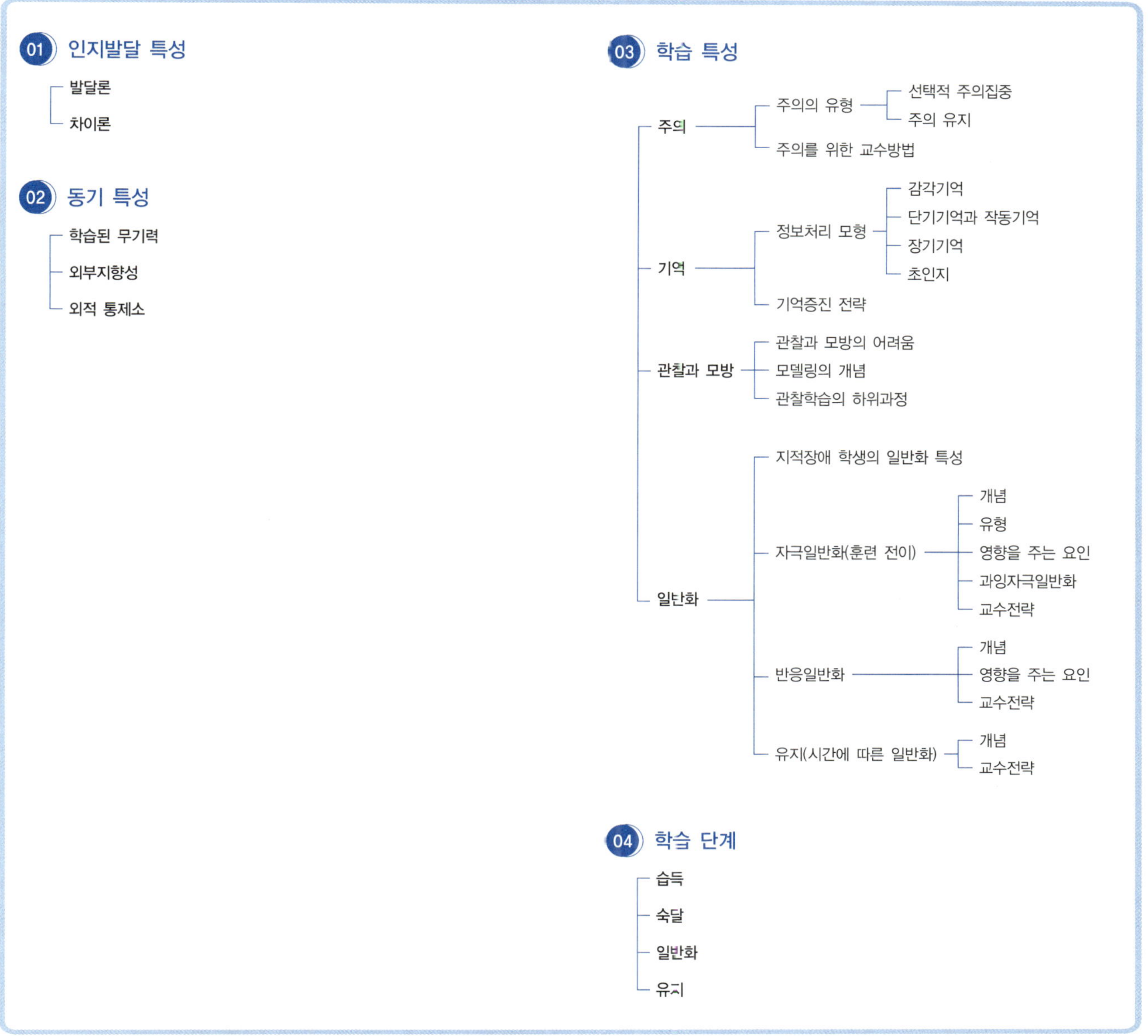

2010학년도 중등 15

01 **정신지체에 대한 설명으로 옳은 것을 〈보기〉에서 고른 것은?**

보기

ㄱ. 페닐케톤뇨증(PKU)은 출생 후 조기 선별이 어려우나 진단을 받은 후에는 식이요법을 통해 치료가 가능하다.
ㄴ. 다운 증후군을 유발하는 염색체 이상 중에서 가장 일반적인 삼염색체성(trisomy)은 21번 염색체가 3개인 유형이다.
ㄷ. 저체중 출산, 조산 등의 생의학적 요인이 지적 기능과 적응행동상의 결함을 야기할 때 정신지체의 원인이 된다.
ㄹ. 정신지체 학생은 일반학생과 동일한 인지발달 단계를 거치나, 발달 속도가 느려 최상위 발달 단계에 이르는 데 어려움이 있을 수 있다.
ㅁ. 정신지체 학생은 자신에 대한 기대수준이 낮음으로 인하여 타인에게 의존하고, 과제수행 결과 여부를 자신의 행동에 따른 결과로 받아들이는 경향이 있다.

ㄹ. 발달론적 관점에 해당함

ㅁ. 지적장애 학생은 외부지향성과 외적 통제소를 보임

① ㄱ, ㄴ, ㄷ　　② ㄱ, ㄷ, ㅁ
③ ㄴ, ㄷ, ㄹ　　④ ㄴ, ㄹ, ㅁ
⑤ ㄷ, ㄹ, ㅁ

참고자료 기본이론 57-59p

키워드

- 인지발달이론
- 동기 특성

구조화 틀

인지발달 특성
- 발달론
- 차이론

동기 특성
- 학습된 무기력
- 외부지향성
- 통제소
  - 내적 통제소
  - 외적 통제소

핵심개념

인지발달 특성

- **발달론**
  - 지적장애 학생은 발달속도는 느리지만 정상과 같은 순서와 단계를 거쳐서 발달한다는 관점
  - 개인의 정신연령에 맞는 과제를 제시할 것을 권장함
- **차이론**
  - 지적장애의 인지발달이 일반아동과는 인지과정과 정보처리 방식 등에서 질적으로 차이가 있다는 관점
  - 교육적으로 지적장애인이 가지고 있는 결함을 없애거나 감소시키는 데 중점을 둠

동기 특성

- **학습된 무기력**: 잦은 실패로 인해 아무리 노력해도 성공할 수 없다고 믿는 것
- **외부지향성**: 외부지향적 아동은 독립적으로 문제를 해결하는 대신, 외적촉진이나 상황적 단서를 안내자로 삼아 의존함 → 외적 단서에 지나치게 의존하는 것은 자기결정을 어렵게 함
- **외적 통제소**: 행동의 결과를 운명, 요행, 다른 사람의 힘과 같은 외적 요인에 의한 것으로 돌림
  → 자신의 성공과 실패에 대한 책임을 받아들이지 못하고 자립심을 갖기 어려우며, 자기결정 및 자기지시 등의 자기조정적 행동을 발달시키기 어려움

모범답안 ③

참고자료 기본이론 59p

키워드 외적 통제소

구조화틀 동기 특성

- 학습된 무기력
- 외부지향성
- 통제소
  - 내적 통제소
  - 외적 통제소

핵심개념 통제소

- 개인이 성과의 원인관계를 어디에 두느냐의 문제로, 자신의 긍정적 혹은 부정적 행동결과를 어떻게 지각하는가를 뜻함
- **내적 통제소**: 행동의 결과를 자신의 것으로 간주
- **외적 통제소**: 행동의 결과를 운명, 요행, 다른 사람의 힘과 같은 외적 요인에 의한 것으로 돌림
- 외적 통제소를 지닐 경우 자신의 성공과 실패에 대한 책임을 받아들이지 못하고 자립심을 갖기 어려우며, 자기결정·자기지시 등의 자기 조정적 행동을 발달시키기 어려움

모범답안

① 외적 통제소

② 영우는 행동 결과의 원인을 외부로 돌리는 외적 통제소를 가지고 있다. 외적 통제소 성향을 지닌 아동의 경우 자신의 성공과 실패에 대한 책임을 받아들이지 못하고, 자기조정적 행동(자기점검 기술)을 발달시키는 데 어려움을 보인다.

2017학년도 유아 A4

02 **다음은 정서·행동문제를 가진 5세 유아 영우에 대해 방과후 과정 교사인 민 교사, 통합학급 교사인 박 교사, 그리고 유아특수교사인 강 교사가 나눈 대화이다. 물음에 답하시오. [4점]**

민 교사: 자유놀이 시간에 영우가 색칠하기를 하고 있었어요. 그런데 색칠하던 크레파스가 부러지자 옆에 있던 민영이에게 "야, 네가 방해해서 크레파스가 부러졌잖아."하고 화를 내면서 들어 있던 크레파스를 교실 바닥에 내동댕이 쳤어요. 영우는 자신의 실수로 크레파스가 부러진 것을 민영이 탓으로 돌리며 화를 낸 거죠.

박 교사: 우리 반에서도 자신이 실수할 때면 항상 다른 친구들이 방해했기 때문이라며 화를 내고 물건을 던졌어요. 영우의 이런 행동을 지도하기 위해 ㉠ 영우가 물건을 던질 때마다 달력에 스스로 표시하도록 가르치려고 하는데, 이 방법이 영우에게 도움이 될까요?

강 교사: 박 선생님께서 선택하신 중재방법은 영우의 귀인 성향으로 보아 ㉡ 영우에게 바로 적용하기는 어려울 것으로 보여요. 영우의 행동은 누적된 실패 경험에서 비롯된 것일 수 있어요. 그러므로 성공경험을 통해 ㉢ 영우의 귀인 성향을 바꿀 수 있도록 지도하는 것이 우선되어야 해요.

> 자신의 행동 결과를 친구의 탓으로 돌리는 외적 통제소를 보임

> 자신의 행동을 스스로 표시하도록 하여 행동을 관리하는 방법 → 자기점검

> 학습된 무기력을 보이므로 성공경험을 제공해야 함

2) 위 대화에서 나타난 ① 영우의 귀인 성향을 쓰고, 이에 근거하여 ② 강 교사가 ㉡과 같이 판단한 이유를 쓰시오. [2점]

참고자료 기본이론 59p

키워드 외적 통제소

구조화 틀 **동기 특성**

- 학습된 무기력
- 외부지향성
- 통제소
  - 내적 통제소
  - 외적 통제소

핵심개념 **통제소**

- 개인이 성과의 원인관계를 어디에 두느냐의 문제로, 자신의 긍정적 혹은 부정적 행동결과를 어떻게 지각하는가를 뜻함
- **내적 통제소**: 행동의 결과를 자신의 것으로 간주
- **외적 통제소**: 행동의 결과를 운명, 요행, 다른 사람의 힘과 같은 외적 요인에 의한 것으로 돌림
- 외적 통제소를 지닐 경우 자신의 성공과 실패에 대한 책임을 받아들이지 못하고 자립심을 갖기 어려우며, 자기결정·자기지시 등의 자기조정적 행동을 발달시키기 어려움

모범답안 ㉠ 외적 통제소를 가진 학생들은 행동의 결과를 운명, 요행, 다른 사람의 힘과 같은 외적 요인으로 돌린다.

2023학년도 초등 A5

03 **(가)는 특수학교 6학년 지적장애 학생 경아의 특성이고, (나)는 사회과 '도서관 이용하기' 단원 지도 계획의 일부이다. 물음에 답하시오. [6점]**

(가) 학생 특성

- 경도 지적장애를 가지고 있음
- 그림책 보기를 좋아함
- 4어절 수준의 문장으로 대화가 가능함
- ㉠ 외적 통제소 특성을 지님

1) (가)의 ㉠의 특성을 쓰시오.

참고자료 기본이론 57p

키워드 학습된 무기력

구조화 틀 동기 특성

- 학습된 무기력
- 외부지향성
- 통제소
  - 내적 통제소
  - 외적 통제소

핵심개념 학습된 무기력

- 아무리 노력해도 성공할 수 없다고 믿는 것
- **중재방안**
  - 감당할 수 있는 과제나 상황을 제시해 성취감과 만족감을 얻을 수 있도록 함
  - 실패를 감당할 수 있는 마음을 갖도록 지도

모범답안 ①

2011학년도 중등 15

04 **다음은 정신지체학생을 지도하고 있는 중학교 통합학급 교사를 위해 특수학급 교사가 실시한 교내 연수 내용의 일부이다. 연수 내용 중 옳은 것만을 〈보기〉에서 모두 고른 것은?**

보기

ㄱ. 중도 정신지체학생들이 관심을 끌기 위해 수업을 방해하는 행동을 보이면 주의를 주시기 바랍니다.

ㄴ. 프래더-윌리 증후군(prader-willi syndrome)을 지닌 학생은 과도한 식욕으로 비만이 될 수 있으므로 운동과 식사 조절에 관심을 가져주시기 바랍니다.

ㄷ. 학습된 무기력으로 과제를 쉽게 포기하는 경도 정신지체 학생을 위해 가능한 한 성공 경험을 많이 할 수 있도록 과제 난이도를 조절하고 학생을 격려해주시기 바랍니다.

ㄹ. 윌리엄스 증후군(williams syndrome)을 지닌 학생은 시공간적 기술에 비해 언어에 심각한 문제가 있으므로 자연스러운 상황에서 바람직한 의사소통 모델을 모방할 수 있는 기회를 제공해주시기 바랍니다.

ㅁ. 정신지체는 염색체 이상, 외상성 뇌손상, 조산과 같이 출생 전에 나타나는 생의학적 원인 외에도 출생 후에 사회적, 행동적 요인의 영향을 받을 수 있으므로 아동 학생 및 가정 폭력, 가정 형편에 문제가 없는지 확인해주시기 바랍니다.

ㄷ. 학습된 무기력감을 가진 학생은 잦은 실패로 인해 매우 낮은 기대를 하고, 과제를 열심히 하지 않으며, 과제를 빨리 포기하는 등의 학습된 무기력을 보여 결과적으로 자신의 능력보다 낮은 과제 수행을 보이므로 기대된 실패가 현실로 나타남

① ㄴ, ㄷ ② ㄷ, ㄹ
③ ㄱ, ㄴ, ㄷ ④ ㄱ, ㄹ, ㅁ
⑤ ㄴ, ㄷ, ㅁ

참고자료 기본이론 57p

키워드 학습된 무기력

구조화 틀 **동기 특성**

- 학습된 무기력
- 외부지향성
- 통제소
  - 내적 통제소
  - 외적 통제소

핵심개념 **학습된 무기력**

- 아무리 노력해도 성공할 수 없다고 믿는 것
- **중재방안**
  - 감당할 수 있는 과제나 상황을 제시해 성취감과 만족감을 얻을 수 있도록 함
  - 실패를 감당할 수 있는 마음을 갖도록 지도

모범답안 학습된 무기력을 보이므로 유아 자신의 능력을 발휘해 할 수 있는 과제를 제시하고, 그 행동을 성공했을 때 즉시 강화를 제공한다.

2013학년도 유아 B3

05 다음은 특수학교 유치원 과정 5세 반 유아의 수업 관찰 내용이다. 물음에 답하시오.

유아	수업 관찰 내용
철희	철희는 손 힘이 약해서 그리기 활동에 많은 어려움을 겪었다. 그 결과 자신은 그리기 활동을 잘할 수 없다고 생각하여 색칠하기를 거부하였다. 교사는 여러 가지 방법으로 지원하면서 "철희야, 너도 잘할 수 있을 거야."라고 하였다. 그러나 철희는 여전히 "난 잘할 수 없어요."라고 말하며 그리기를 주저하였다.

3) 학습 동기 이론에 근거하여 철희와 같이 실패 경험을 반복적으로 한 유아가 나타낼 수 있는 특성 1가지를 쓰고, 이러한 철희를 위해 교사가 해야 할 동기 유발 전략 1가지를 쓰시오.

참고자료 기본이론 57p

키워드 학습된 무기력

구조화 틀 동기 특성

- 학습된 무기력
- 외부지향성
- 통제소
  - 내적 통제소
  - 외적 통제소

핵심개념 학습된 무기력

- 아무리 노력해도 성공할 수 없다고 믿는 것
- **중재방안**
  - 감당할 수 있는 과제나 상황을 제시해 성취감과 만족감을 얻을 수 있도록 함
  - 실패를 감당할 수 있는 마음을 갖도록 지도

모범답안 학생은 학습된 무기력을 보이고 있으므로, 과제를 세분화하고 난도를 낮추어 제시해 성공에 대한 경험을 주며, 즉각적인 강화를 통해 성취에 대한 동기를 형성한다.

2013학년도 추가초등 B7

06 **(가)는 학생의 특성이고, (나)는 2011 특수교육 교육과정 중 기본 교육과정 미술 초등 1~2학년 '다양한 재료 나라' 단원과 관련된 지도 계획의 일부이다. 물음에 답하시오. [5점]**

(가) 학생 특성

> 수업 중에 "하기 싫어요.", "어려워요.", "해도 잘 안 돼요.", "잘할 수 없어요.", "그만 할래요."라는 말을 자주 한다.

학습된 무기력을 보임

(나) 지도 계획

단원명	9. 다양한 재료 나라
제재	종이접기
학습 목표	㉠ 종이접기를 하며 놀이를 할 수 있다.

단계	교수·학습 활동	유의점
도입	학습 문제 파악하기	부록 CD를 활용한다.
전개	종이접기 작품 제작 과정의 설명과 시범 보이기	종이를 순서대로 접을 수 있도록 단계를 분석하여 순차적으로 지도한다.
	종이접기에 대한 이해 확인하기	관찰하면서 질문을 주고받거나 피드백을 준다.
	단계적인 종이접기 연습 지원하기	㉡ • 접는 선을 긋거나 미리 접은 자국을 내준다. • 학생이 종이접기의 각 단계를 완성하면 칭찬한다. • 학생의 수행 정도에 따라 과제를 수정하거나 재지도한다.
	도움 없이 종이접기 작품을 제작하도록 하기	도움을 최소화하고 필요시 재지도한다.
정리	• 작품 감상하기 • 재료와 용구 정리하기	• ㉢ 서로의 작품을 감상하게 한다. • 감상문이 들어간 작품집을 만들도록 한다.

2) (가)를 고려하여 ㉡과 같이 지도해야 하는 이유를 쓰시오. [1점]

참고자료 기본이론 57p

키워드 학습된 무기력

구조화 틀 동기 특성

- 학습된 무기력
- 외부지향성
- 통제소
  - 내적 통제소
  - 외적 통제소

핵심개념 학습된 무기력

- 아무리 노력해도 성공할 수 없다고 믿는 것
- **중재방안**
  - 감당할 수 있는 과제나 상황을 제시해 성취감과 만족감을 얻을 수 있도록 함
  - 실패를 감당할 수 있는 마음을 갖도록 지도

모범답안 학생 S는 현재 학습된 무기력을 보이므로 개인의 능력 범위 안의 실제 과제 수행을 통해 성공 경험을 제공함으로써 성취감과 만족감을 느끼도록 한다.

2018학년도 중등 B8

07 **(가)는 지적장애 고등학생 S의 특성이고, (나)는 특수교사가 교육실습생에게 자문한 내용이다. 학생 S의 과제 습득, 일반화, 유지 능력을 향상시키기 위하여 특수교사가 교육실습생에게 자문한 전략과 방법을 〈작성방법〉에 따라 논하시오. [10점]**

(가) 학생 S의 특성

- ㉠ 새로운 과제를 제시하면 "이거 하기 싫어요.", "다음에 할래요.", "전에도 해봤는데 어차피 못해요.", "너무 어려워요.", "저는 잘 못해요."라고 함 — 학습된 무기력
- 주어진 문제를 스스로 해결하기보다는 선생님의 눈치를 살핌 — 외부 지향성
- 새로운 과제를 학습하는 데 어려움이 있음
- 학습할 때 자신이 스스로 얼마나 잘할 수 있는지를 알지 못함 — 초인지 전략 부족

(나) 자문 내용

교육실습생: 학생 S의 특성을 관찰해보니 ㉡ 이전에 과제 수행에 대한 실패 경험이 많아서 주어진 과제를 하려고 하지 않아요. 이 문제를 해결해야 할 것 같은데 어떻게 하면 좋을까요?

특수교사: 교사는 칭찬이나 격려를 해줄 수도 있지만, 그런 경우에는 ㉢ 과제를 해보는 실제 경험을 통해 학생 S의 문제를 지도해야 해요.

…(중략)…

작성방법

밑줄 친 ㉠과 ㉡에 근거하여 학생 S의 정의적 측면에서의 문제를 1가지 제시하고, 이 문제를 해결하기 위한 교수방법을 ㉢에 근거하여 1가지 서술할 것.

참고자료 기본이론 57p

키워드 학습된 무기력

구조화 틀 동기 특성

- 학습된 무기력
- 외부지향성
- 통제소
  - 내적 통제소
  - 외적 통제소

핵심개념 학습된 무기력

- 아무리 노력해도 성공할 수 없다고 믿는 것
- **중재방안**
  - 감당할 수 있는 과제나 상황을 제시해 성취감과 만족감을 얻을 수 있도록 함
  - 실패를 감당할 수 있는 마음을 갖도록 지도

모범답안 ㉡ 학습된 무기력

2020학년도 유아 B3

08 **(가)는 통합학급 5세 반 특수교육대상 유아들의 특성이고, (나)는 활동계획안이며, (다)는 교사들의 평가회 장면이다. 물음에 답하시오. [5점]**

(다)

송 교사: 꽃빛 1반 교실 배치가 좀 달라졌나요?
박 교사: ㉠ <u>민지를 고려해서 미리 충분한 공간을 확보하려고 교실 교구장 배치를 좀 바꿨어요.</u>
최 교사: 저는 민지가 동물의 움직임을 표현하는 것을 보고 감동 받았어요. 작년에는 남에게 많이 의존하고 수동적인 태도를 보였어요.
박 교사: 민지가 전에는 ㉡ <u>실패의 경험들이 누적되어 활동에 참여하는 것을 두려워하고, 끈기 있게 노력하거나 도전하려고 하지 않았어요. "나는 잘 걸을 수 없으니까 못해요. 못할 거예요."라고 자주 말했어요.</u> 그런데 지금은 민지가 시간이 걸리고 힘들어도 스스로 하려고 노력하고, 성공하는 기쁨을 가끔 맛보기도 해요.
최 교사: 박 선생님이 아이들에게 자유롭고 허용적인 분위기를 조성해주셔서 유아들이 모두 참여할 수 있었던 것 같아요.

…(하략)…

3) (다)의 ㉡에 해당하는 심리상태를 쓰시오. [1점]

참고자료 기본이론 57p

키워드 학습된 무기력

구조화 틀 **동기 특성**

- 학습된 무기력
- 외부지향성
- 통제소
  - 내적 통제소
  - 외적 통제소

핵심개념 **학습된 무기력**

- 아무리 노력해도 성공할 수 없다고 믿는 것
- **중재방안**
  - 감당할 수 있는 과제나 상황을 제시해 성취감과 만족감을 얻을 수 있도록 함
  - 실패를 감당할 수 있는 마음을 갖도록 지도

모범답안 "난 또 못 넘어뜨릴 거야."

2023학년도 유아 A7

09 **(가)는 통합학급 놀이 상황이고, (나)는 유아특수교사 강 교사와 통합학급 최 교사가 나눈 대화의 일부이다. 물음에 답하시오. [5점]**

(가)

강 교사: 지금부터 재미있는 공놀이 시작!
홍　수: 볼링놀이 할 사람 모여라. 내가 블록 다섯 개 세울게.
세　윤: 나는 아까 볼링놀이 많이 해서 재미없어.
윤　경: 나는 잘 못하지만 한번 해볼게. (공을 굴린다.)
세　윤: 이번에는 지은이가 해봐.
지　은: 난 또 못 넘어뜨릴 거야.
홍　수: 나는 아까 많이 했어. 이거 엄청 쉬워.
윤　경: 나는 아까 하나 넘어뜨렸어.
홍　수: 그럼 예서가 해볼래?
예　서: 응. 그런데 블록이 다 안 넘어지면 공이 작아서 그런 거야. (공을 굴린다.)
윤　경: 얘들아, 내가 큰 공 가지고 왔어.
유아들: 와! 엄청 크다. 블록 다 넘어지겠다.

([B]: 홍수 ~ 예서 발화)

2) (가)의 [B]에서 '학습된 무기력'에 해당하는 문장을 찾아 쓰시오.

참고자료 기본이론 57p

키워드 학습된 무기력

구조화 틀 **동기 특성**

- 학습된 무기력
- 외부지향성
- 통제소
  - 내적 통제소
  - 외적 통제소

핵심개념 **학습된 무기력**

• 아무리 노력해도 성공할 수 없다고 믿는 것
• **중재방안**
  – 감당할 수 있는 과제나 상황을 제시해 성취감과 만족감을 얻을 수 있도록 함
  – 실패를 감당할 수 있는 마음을 갖도록 지도

모범답안 ㉠ 학습된 무기력

2023학년도 중등 A7

10 **(가)는 학생의 특성이고, (나)는 수업 지도 계획을 위한 특수교사의 메모이다. (다)는 자기결정교수학습모델(SDLMI) 3단계를 학생 A에게 적용한 교사목표의 일부이다. 〈작성방법〉에 따라 서술하시오. [4점]**

(가) 학생의 특성

학생 B	• 지적장애 학생임 • 역량이 충분히 있음에도 불구하고 ㉠ 반복된 실패의 경험이 누적되어 학습 동기가 낮음 • 자신의 상황에 맞지 않는 진로 목표를 설정함

(나) 수업 지도 계획을 위한 특수교사의 메모

ㅇ학생 B의 지도
  – 학생이 성공하는 경험을 할 수 있도록 지도함

작성방법

(가)의 밑줄 친 ㉠과 관련된 특성을 쓸 것.

참고자료 기본이론 59p

키워드 외부지향성

구조화 틀 **동기 특성**

- 학습된 무기력
- 외부지향성
- 통제소
  - 내적 통제소
  - 외적 통제소

핵심개념 **외부지향성**

- 문제를 해결할 때 자신의 내적 인지능력을 활용하기 전에 외부에서 단서를 찾으려 하는 것. 즉, 외부지향적 아동은 독립적으로 문제를 해결하는 대신, 외적 촉진이나 상황적 단서를 안내자로 삼아 의존함
- 지적장애 아동은 보통 자신의 능력을 신뢰하지 않거나 과거에 실패를 자주 경험했기 때문에 외부지향성이 흔히 나타남
- 외적 단서에 지나치게 의존하는 것은 자기결정에 어려움을 갖게 함

모범답안 외부지향성

2025학년도 유아 B2

11 **다음은 유아 특수교사 김 교사의 반성적 저널이다. 물음에 답하시오. [5점]**

> 도우미를 누가 할 것인지를 물었는데 동호 옆에 있던 친구가 주원이를 손으로 가리키자 동호도 "주원이요."라고 말했다. 학습된 무기력을 가지고 있는 동호는 자신이 도우미를 할 수 있음에도 불구하고 자신의 능력을 믿지 못해 교사나 친구에게 의존을 하는 모습을 보인다. [C]
> 동호가 자신이 해결할 수 있는 과제도 스스로 할 수 없다고 생각하여 주원이에게 의존하려는 특성을 어떻게 변화시켜야 할지 고민이 된다.

외부지향성의 원인
자신의 능력을 믿지 못함
※의존: 외부지향성의 key

3) ② [C]에 나타난 동호의 심리적 특성을 쓰시오. [2점]

참고자료 기본이론 60-62p

키워드
- 기억
- 주의

구조화 틀

주의
- 주의 유형
- 주의를 위한 교수방법

기억
- 정보처리이론(감각 → 단기 → 장기) (초인지)
- 기억증진 전략
  - 심상화
  - 정교화
  - 언어적 정교화
  - 범주화
  - 시연
  - 약호화
  - 리듬기억술
  - 핵심어법
  - 말뚝어법
  - 매개단어법

핵심개념

단기기억
- 단기간의 사용을 위해 정보를 보유하는 것으로, 몇 초나 몇 분에 걸쳐 내용을 회상할 수 있도록 투입된 정보를 조작
  cf. 작동기억: 동일한 다른 정보를 처리하면서 동시에 그 정보를 보존하는 한정된 용량의 처리 자원
- 지적장애 아동은 단기기억이나 작동기억 속에 정보를 유지하는 시연활동과 정보 범주화에 문제가 있고 정보조작 속도가 느림. 또한 기억의 용량에도 제한이 있음

기억증진 전략
- **범주화**: 주어진 정보를 공통된 속성에 따라 분류해 기억하는 전략
- **시연**: 나중에 회상해낼 것을 생각하고 미리 기억해야 할 대상, 정보를 눈으로 여러 번 보거나 말로 되풀이하는 전략

모범답안 ㉢ 선택적 주의집중

2013학년도 추가중등 A5

12 **(가)는 준호의 정보이고, (나)는 김 교사가 준호를 관찰한 자료와 이에 대한 분석을 토대로 구성한 교수적 지원방안이다. 물음에 답하시오. [5점]**

(가) 준호의 정보

- 경도 정신지체를 가진 중학교 3학년 학생임
- 대부분이 1학년 학생으로 구성된 특수학급에 배치되어 있으며, 일부 교과는 통합학급에서 공부함
- 다문화 가정에서 성장하여 한국어 어휘가 부족함

(나) 준호에 대한 김 교사의 관찰, 분석 및 지원방안

관찰내용		분석의견		지원방안
관련 있는 중요한 자극에 집중하기 어려움. 단기간 내 사용할 수 있는 정보를 기억하는 데 어려움이 있음	➔	(㉢)와(과) 단기기억에 어려움이 있다.	➔	집중해야 할 중요한 단서를 강조하고, 정보를 조직화해주거나 시연전략을 지도한다.

- "관련 있는 중요한 자극에 집중하기 어려움" → 선택적 주의집중 어려움
- **중재방안**: 집중해야 할 중요한 단서를 강조하기

- "단기간 내 사용할 수 있는 정보를 기억하는 데 어려움" → 단기기억 어려움
- **중재방안**: 조직화, 시연 전략 등

2) ㉢에 들어갈 말을 쓰시오. [1점]

참고자료 기본이론 60p

키워드 주의

구조화 틀 주의

- 주의 유형
- 주의를 위한 교수방법

핵심개념

주의 유지를 위한 교수방법

- 타이머 사용
- 과제 수행 시간의 점진적 증대
- 주의집중 시간의 점진적 증대
- 활동 중단 빈도 조절

선택적 주의를 위한 교수방법

- 관련 자극 규명하기
  - 예 목소리 억양이나 강약으로 관련 정보 강조하기, 밑줄이나 색연필 등으로 강조하기, 중요 정보를 쓰거나 강의 노트를 제공하기 등
- 주의집중 전략
  - 예 개인용 열람석 활용하기, 학업과 관련 없는 정보 제거하기 등
- 관련 자극을 규명하기 위해 학생 지도하기
  - 예 학업과 관련 없는 요소를 알아내도록 가르치기, 교재 내 주어진 전략을 사용하도록 가르치기 등

모범답안 © 주의의 유지능력을 향상시키는 데 효과적이다.

2018학년도 초등 A5

13 (가)는 지적장애 학생 세호와 민지의 특성이고, (나)는 교사가 작성한 2015 개정 특수학교 교육과정 중 기본 교육과정 미술과 3~4학년 수업을 위한 아이디어 노트이다. 물음에 답하시오. [6점]

(가)

세호	• ㉠ <u>과잉 행동과 공격성이 강함</u> • 주의집중이 어려움
민지	• 중도·중복장애를 지님 • 구어 사용이 어려움

(나)

○ 제재 : 재미있는 찍기 놀이
○ 수업 활동

〈활동 1〉 체험 영역(지각)
- 자신이 좋아하는 나뭇잎을 선택하고 학교 주변에서 찾기
  - 나뭇잎 목록표 사용하기
  - ㉡ <u>민지에게는 미리 준비한 나뭇잎을 제공하기</u>

〈활동 2〉 표현 영역(활용)
- 여러 가지 나뭇잎을 찍어 작품 만들기
  - 다양한 찍기 활동을 할 수 있도록 기회 제공하기
  - ㉢ <u>찍기 재료별로 점차 활동 시간을 늘려 나가고 각 활동을 마칠 때마다 칭찬 스티커로 강화하기</u>
  - ㉣ <u>자존감을 높이기 위해 학생들이 이미 알고 있는 나뭇잎 이름을 말할 수 있는 기회 주기</u>
  - ㉤ <u>책임감을 향상시키기 위해 도화지를 친구들에게 나누어 주는 역할 부여하기</u>

〈활동 3〉 감상 영역(㉥)
- 완성된 작품 소개하기

3) 세호의 주의집중 특성과 관련하여 (나)의 밑줄 친 ㉢의 효과를 쓰시오. [1점]

참고자료 기본이론 60-62p

키워드

- 주의
- 초인지

구조화 틀

주의
- 주의 유형
- 주의를 위한 교수방법

기억
- 정보처리이론(감각 → 단기 → 장기) (초인지)
- 기억증진 전략
  - 심상화
  - 정교화
  - 언어적 정교화
  - 범주화
  - 시연
  - 약호화
  - 리듬기억술
  - 핵심어법
  - 말뚝어법
  - 매개단어법

핵심개념

주의의 유형

- **선택적 주의집중**: 과제에 필요한 자극에는 주의를 기울이고, 관련 없는 자극은 무시하는 것
- **주의 유지**: 시간의 흐름에 따라 일정 시간 동안 환경에서 방해하는 자극을 억제하면서 주의를 지속하는 것

초인지

- 주어진 일이나 문제를 해결하고 수행하기 위해 어떠한 전략을 사용해야 할지, 그리고 어떤 전략이 가장 효율적인지를 평가하고 노력의 결과를 점검하는 능력
- 지적장애 학생은 낮은 초인지 능력으로 인해 새로운 상황에서 어떤 전략이 필요한지 잘 모르고 좋은 기억전략을 자발적으로 사용하지 못함. 또한 자신이 하는 일에 대해 지속적으로 검토하며 결과의 효과성에 대해 점검하는 데 어려움이 있음
- 초인지 결함은 자기조절 능력의 어려움을 초래함
- **자기조절**: 정서를 건설적으로 관리하고 초점을 잃지 않는 주의 유지를 통해 자신의 행동을 조절하는 것

모범답안

㉠ 선택적 주의집중
㉡ 초인지

2015학년도 초등 A4

14 **(가)는 학습장애학생 은수의 인지적 특성이고, (나)는 '2009 개정 교육과정' 과학과 3~4학년군 '식물의 생활' 단원의 교수·학습 과정안 일부이다. 물음에 답하시오. [5점]**

(가) 은수의 인지적 특성

- (㉠) 능력이 부족하여, 관련 없는 정보나 자극을 무시하고 중요한 정보에 주의를 기울이는 데 어려움이 있음
- (㉡) 능력이 부족하여, 과제 해결을 위해 어떤 전략이 필요한지 잘 모르고, 하는 일에 대해 지속적으로 검토하지 못함

1) (가)의 ㉠과 ㉡에 들어갈 용어를 각각 쓰시오. [2점]

참고자료 기본이론 60p

키워드 주의

구조화 틀 **주의**

- 주의 유형
- 주의를 위한 교수방법

핵심개념

모범답안 '선택적 주의력'이란 관련 자극에는 주의를 기울이고 관련 없는 자극은 무시할 수 있는 능력이다.

2019학년도 유아 B2

15 **다음은 5세 주의력결핍과잉행동장애 유아 상희에 대해 통합학급 김 교사와 특수학급 박 교사가 나눈 대화의 일부이다. 물음에 답하시오. [5점]**

김 교사:	선생님, 다음 달에 공개 수업을 하려고 하는데 좀 걱정이 됩니다. 상희가 교실에서 자기 자리에 앉지 않고 계속 돌아다니고, 또 ㉠ <u>선택적 주의력</u>도 많이 부족합니다.
박 교사:	그래서 제 생각에는 먼저 상희에게 수업시간에 지켜야 할 약속이나 규칙을 이해할 수 있도록 지도하는 것이 필요합니다.

1) ㉠의 의미를 쓰시오. [1점]

참고자료 기본이론 60-70p

키워드
- 기억
- 주의

구조화 틀

주의
- 주의 유형
- 주의를 위한 교수방법

기억
- 정보처리이론(감각 → 단기 → 장기) (초인지)
- 기억증진 전략
  - 심상화
  - 정교화
  - 언어적 정교화
  - 범주화
  - 시연
  - 약호화
  - 리듬기억술
  - 핵심어법
  - 말뚝어법
  - 매개단어법

관찰과 모방
- 관찰과 모방의 어려움
- 모델링
- 관찰학습

일반화
- 자극일반화(훈련 전이)
- 반응일반화(행동의 부수적 변화)
- 유지(시간에 따른 일반화)

핵심개념

모범답안 ④

2011학년도 중등 17

16 다음은 정신지체 학생 A에 대한 관찰 내용이다. 학생 A를 위한 특수교사의 교수적 고려로 적절하지 않은 것은?

- 학습한 내용을 일반화하는 데 어려움이 있음
- 과제 수행 시 집중하는 시간이 짧고, 선택적 주의집중 어려움
- 학습 의지가 부족하고 수동적이며, 학습한 내용을 잘 기억하지 못함
- 정해진 일정은 잘 따르지만 갑작스러운 환경 변화에는 민감하게 반응함

① 기억에 어려움이 있는 것을 고려하여 시연전략을 사용한다.

② 과제와 관련된 적절한 자극과 부적절한 자극을 구별할 수 있도록 지도한다.

③ 과제 수행에 대한 자기점검과 자기강화를 통해 과제 참여도와 학습동기를 높인다.

④ 여러 가지 색깔 단서를 사용하여 과제 수행에 대한 일반화를 높이고 흥미를 유도한다.

⑤ 과제를 단계별로 나누어 쉬운 내용을 먼저 지도하고, 과제의 난이도를 서서히 높인다.

① '시연전략'은 기억증진 전략이므로 기억 어려움이 있는 학생 A에게 적절함

② 학생 A는 선택적 주의집중에 어려움이 있으므로 관련 자극을 규명하기 위한 학생 지도하기 전략은 적절함

③ 학습동기가 부족하므로 자기관리 전략(자기점검, 자기강화)을 적용하는 것은 적절함

④ 학생 A는 선택적 주의집중에 어려움이 있으므로 여러 가지 색깔 단서를 사용하는 것은 주의를 산만하게 할 수 있어 부적절함

⑤ 학생 A는 주의 유지에 어려움이 있으므로 단계적으로 과제를 제시하는 전략은 적절함

참고자료 기본이론 61–62p

키워드 기억

구조화 틀 기억

- 정보처리이론(감각 → 단기 → 장기) — 초인지
- 기억증진 전략
  - 심상화
  - 정교화
  - 언어적 정교화
  - 범주화
  - 시연
  - 약호화
  - 리듬기억술
  - 핵심어법
  - 말뚝어법
  - 매개단어법

핵심개념 **쌍연합학습전략(매개전략)**

- 자극과 반응을 연결시키는 과정으로, 자극제시에 사용되는 언어적 매개 또는 관계에 초점을 둠
- 두 개의 자극을 함께 제시하고 그다음에는 자극을 하나만 제시한 후, 마지막으로 두 자극 사이의 관계를 말하며 회상을 돕는 전략
- 과제가 학습자에게 의미 있고 친숙할수록 학습 효과 증가
- 정보의 조직화에 도움을 줌

모범답안

① ⓐ 꽃에 나비가 앉아 있어요.
ⓑ 나비가 어디에 앉아 있나요?

② 지적장애 아동은 단기기억에 결함이 있으므로 쌍연합학습전략을 통해 단기기억의 결함을 보완할 수 있다.

2016학년도 초등 A4

17 **다음은 ○○특수학교의 오 교사와 강 교사가 '정신지체의 원인과 예방을 위한 지원'에 대한 교사연수에 참여한 후 나눈 대화의 일부이다. 물음에 답하시오. [5점]**

> 오 교사: 저는 이번 기회를 통해 무엇보다도 ㉥ <u>정신지체 학생들의 특성을 고려하여 교육을 잘하는</u> 것이 우리 교사들이 할 수 있는 중요한 예방이라고 생각하게 되었어요.
>
> …(하략)…

4) 다음은 ㉥을 실천하기 위해 오 교사가 정신지체 학생에게 [A]와 같은 쌍연합학습전략(매개전략)을 사용하여 '꽃'이라는 낱말 읽기를 지도하는 장면이다. ① ⓐ와 ⓑ에 들어갈 오 교사의 말을 각각 쓰고, ② 오 교사가 이 전략을 사용하는 이유를 정신지체 학생의 일반적인 인지적 특성과 관련지어 쓰시오. [2점]

> 〈준비물〉
> - '나비' 그림과 낱말이 같이 제시된 카드 1장
> - '꽃' 낱말만 적힌 카드 1장
>
> 오 교사: (두 개의 카드를 동시에 보여주며)
> "(ⓐ)"
> (두 개의 카드를 뒤집어 놓았다가 다시 그중 '꽃' 낱말카드만을 보여주며)
> "(ⓑ)"
> 학　생: (아직 낱말을 읽을 수는 없지만 ⓑ를 듣고) "꽃이요." [A]
>
> 오 교사는 ⓑ의 말을 몇 번 더 반복하여 학생의 대답을 이끌어 낸 후, 학생이 '꽃'이라는 낱말을 읽을 수 있는지 확인하는 질문을 한다.

참고자료 기본이론 63-70p

키워드 일반화

구조화 틀 일반화

- 자극일반화(훈련 전이)
- 반응일반화(행동의 부수적 변화)
- 유지(시간에 따른 일반화)

핵심개념

자극일반화(훈련 전이)

- 특정 자극에 대한 반응이 일관성 있게 강화되면, 그 자극뿐만 아니라 유사한 다른 자극에서도 같은 반응이 나타나는 것
  - 예 빨간불이 제시될 때 지렛대를 누르는 행동이 강화를 받아 습득되면, 노란불이나 파란불이 제시될 때에도 지렛대를 누르는 행동을 할 수 있음
- **자극일반화의 유형**
  - 장소에 대한 일반화
  - 사람에 대한 일반화
  - 자료에 대한 일반화

과잉자극일반화

- 자극의 일부분만 보고 바람직한 행동을 부적절한 상황에서 하게 되는 경우
- 잘못된 과잉자극일반화가 발생한 경우, 학습한 행동을 실행해도 되는 적절한 상황과 실행하면 안 되는 적절하지 않은 상황을 변별하는 것을 가르쳐야 함
  - 예 안경을 쓴 아빠를 둔 유아가 아빠를 보고 아빠라고 부르는 것이 학습된 후, 다른 안경 쓴 남자들을 보고도 아빠라고 부르는 경우

※ 의사소통장애에서 '어휘발달 특성'이라는 단서가 주어지면 해당 예시는 과잉확대에 해당함

※ 지적장애에서 '일반화 특성'이라는 단서가 주어지면 해당 예시는 과잉자극일반화에 해당함

모범답안 ①

2009학년도 초등 19

18 **다음은 최 교사가 정신지체 학생 연수에게 제7차 특수학교 국민 공통기본교육과정 3학년 도덕과의 '깨끗한 생활' 단원을 지도하려고 학습 목표, 과제분석, 지원방안을 표로 작성한 것이다. 최 교사가 선택한 적응행동 영역과 일반화의 유형을 바르게 짝지은 것은?**

'깨끗한 생활' 단원에서 사물함 사용하기 기술은 실제적 적응기술에 해당함

학생이 처음 배운 환경이나 상황이 아닌 다른 상황(학교, 수영장, 목욕탕)에서 그 기술을 수행할 수 있도록 하는 것 → 장소에 따른 자극일반화

과제분석 \ 장소	학교	수영장	목욕탕	지원방안
자기사물함 찾기	+	△	△	열쇠번호에 해당하는 사물함 찾도록 하기
사물함을 열쇠로 열기	+	−	△	열쇠형태에 따라 바르게 열도록 하기
물건 넣기	△	△	−	옷이나 책을 넣도록 하기
사물함을 열쇠로 잠그기	+	−	△	열쇠형태에 따라 바르게 잠그도록 하기

* +: 독립수행 가능, △: 촉진(촉구)을 제공하면 가능, −: 수행 불가능

	적응행동	일반화 유형
①	실제적 적응행동	자극일반화
②	사회적 적응행동	반응일반화
③	개념적 적응행동	자극일반화
④	사회적 적응행동	자극일반화
⑤	실제적 적응행동	반응일반화

참고자료 기본이론 63-70p

키워드 일반화

구조화 틀 **일반화**

- 자극일반화(훈련 전이)
- 반응일반화(행동의 부수적 변화)
- 유지(시간에 따른 일반화)

핵심개념

자극일반화(훈련 전이)

특정 자극에 대한 반응이 일관성 있게 강화되면, 그 자극뿐만 아니라 유사한 다른 자극에서도 같은 반응이 나타나는 것

예 빨간불이 제시될 때 지렛대를 누르는 행동이 강화를 받아 습득되면, 노란불이나 파란불이 제시될 때에도 지렛대를 누르는 행동을 할 수 있음

반응일반화(행동의 부수적 변화)

특정 상황이나 자극에서 어떤 반응이 강화된 결과, 동일한 자극이나 상황에서 이와는 다른 반응이 일어날 가능성이 증가하는 것. 즉, 목표를 정하고 가르친 것은 아니지만 행동에 부수적인 변화가 나타난 것

예 학교에서 라면 끓이기를 배운 학생이 국수나 칼국수, 메밀국수를 끓일 줄 알게 되는 것

모범답안 ②

2013학년도 중등 2

19 **발달장애 학생들은 학습한 내용을 일반화(generalization)하는 데 어려움이 있을 수 있다. 일반화에 대한 내용으로 옳지 <u>않은</u> 것은?**

① 자기통제 기술은 지도하면 실생활에서의 독립기능이 촉진될 수 있으므로 일반화에 도움이 된다.

② 교실에서의 수업은 다양한 예시를 활용하되, 제시되는 자극이나 과제 매체는 단순화하는 것이 일반화에 효과적이다.

③ 수업시간에 일과표 작성하기를 배운 후, 집에 와서 가족일과표를 작성할 수 있는 것은 '자극일반화'에 해당한다.

④ 수업시간에 숟가락으로 밥 떠먹기를 배운 후, 숟가락으로 국을 떠먹을 수 있는 것은 '반응일반화'에 해당한다.

⑤ 수업시간에 흰 강아지 그림카드를 보고 '개'를 배운 후, 개가 흰색일 경우에만 '개'라고 말한 것은 '과소일반화'에 해당한다.

① 자기관리 기술은 유지(시간에 따른 일반화)에 효과적임

② 일반화를 위해서는 광범위한 관련 자극을 통합해서 다양한 자극과 매체를 사용하는 것이 효과적임

※ 학생이 선택적 주의집중에 어려움이 있다면 다양한 자극은 오히려 주의집중에 방해가 될 수 있음

③ 장소에 따른 자극일반화에 해당함

④ 반응일반화의 예에 해당함

⑤ 언어발달과정에서 아동이 보일 수 있는 어휘발달특성으로는 '과소일반화'와 '과대일반화'가 있음. 자신이 아는 어휘를 제한된 상황에서 사용하는 것은 '과소일반화'에 해당함

참고자료 기본이론 63-70p

키워드 일반화

구조화 틀 일반화

- 자극일반화(훈련 전이)
- 반응일반화(행동의 부수적 변화)
- 유지(시간에 따른 일반화)

핵심개념 자극일반화 유형

- **장소에 대한 일반화**: 학생이 처음 배운 환경이나 상황이 아닌 조건에서 그 기술을 수행할 수 있음
- **사람에 대한 일반화**: 학생에게 새로운 기술을 지도해준 사람 이외에 다른 사람에게도 그 기술을 사용할 수 있게 됨
- **자료에 대한 일반화**: 학생이 처음 배울 때 사용했던 자료가 아닌 다른 자료를 가지고도 배운 기술을 수행할 수 있음

모범답안 (사람에 대한) 자극일반화

2016학년도 초등 A3

20 **다음은 ○○특수학교의 담임교사와 교육실습생이 나눈 대화 내용이다. 물음에 답하시오. [5점]**

실 습 생: 선생님, 그동안 은수의 의사소통 지도를 어떻게 해 오셨는지 궁금해요.
담임교사: 은수처럼 비상징적 언어 단계에 있는 아이들의 경우에는 먼저 부모와 ㉠ <u>면담</u>을 하거나 ㉡ <u>의사소통 샘플을 수집</u>하여 아이가 어떻게 의사소통을 하는지 분석하는 것이 중요하답니다.
실 습 생: 그렇군요.
담임교사: 저는 은수의 의사소통 샘플을 수집하던 중, 은수의 이름을 부르면 은수가 어쩌다 눈맞춤이 된다는 것을 알게 되었어요. 그래서 눈맞춤 빈도를 증가시키기 위한 중재를 실시했지요. 비록 기능적인 관계를 입증할 수는 없지만 ㉢ <u>이 그래프에 나타난 결과를 보면 중재가 효과적이었다</u>는 것을 알 수 있어요.

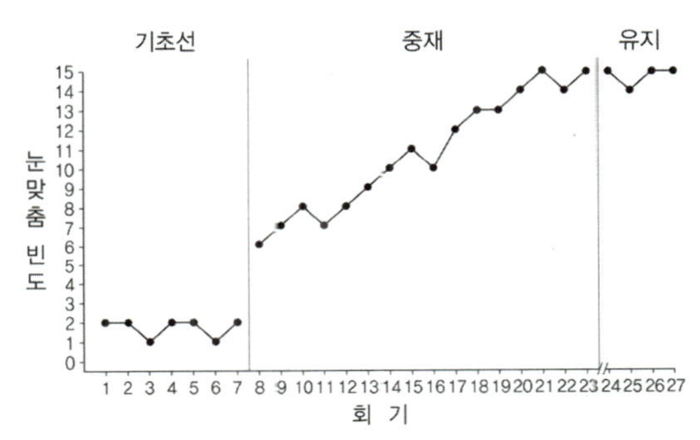

※ 눈맞춤 기회를 매 회기 15번 제공하였음

실 습 생: 정말 효과가 있었네요.
담임교사: 네, 이제는 ㉣ <u>은수가 학급 친구들과도 눈맞춤을 한답니다.</u>

4) 중재를 통하여 ㉣과 같은 효과가 나타나는 것을 무엇이라고 하는지 쓰시오. [1점]

참고자료 기본이론 63-70p

키워드 일반화

구조화 틀 일반화

- 자극일반화(훈련 전이)
- 반응일반화(행동의 부수적 변화)
- 유지(시간에 따른 일반화)

핵심개념 자극일반화 유형

- 장소에 대한 일반화
- 사람에 대한 일반화
- 자료에 대한 일반화

모범답안 자극일반화

2020학년도 유아 B1

21 다음은 5세 발달지체 유아 민수의 통합학급 김 교사와 유아특수교사 박 교사의 대화이다. 물음에 답하시오. [5점]

…(중략)…

김 교사: 아까 말한 것처럼 민수는 난타 놀이를 더 잘 하고 싶어 해요. 민수가 연습할 시간이 더 많았으면 좋겠는데, 현실적으로 힘든 점이 있네요. 이럴 때는 어떻게 하면 좋을까요?

박 교사: 시간이나 비용 면에서 경제적이고 반복해서 연습할 수 있는 비디오 모델링을 추천해드려요. 민수는 컴퓨터로 학습하는 것을 좋아하니 더 주의집중해서 잘할 거예요. 일화기록을 보니 ㉡ 가영이를 모델로 하면 좋겠네요.

비디오 모델링의 장점

3) 다음의 ⓐ에 해당하는 개념을 쓰시오. [1점]

이후 민수는 비디오 모델링으로 난타 놀이를 연습하였으며, 점점 더 잘하게 되었다. ⓐ 민수는 통합학급에서 친구들과 함께 다양한 도구로 재미있게 난타 놀이를 할 수 있게 되었다. 뿐만 아니라 집이나 놀이터에서도 동네 친구들과 난타 놀이를 하였다.

다양한 도구로 '난타 놀이'를 하게 됨 → 자료에 대한 자극일반화

통합학급뿐만 아니라 집이나 놀이터에서도 '난타 놀이'를 하게 됨 → 장소에 대한 자극일반화

참고자료 기본이론 63-70p

키워드 자극일반화 유형

구조화 틀 일반화

- 자극일반화(훈련 전이)
- 반응일반화(행동의 부수적 변화)
- 유지(시간에 따른 일반화)

핵심개념

자극일반화 유형

- **장소에 대한 일반화**: 학생이 처음 배운 환경이나 상황이 아닌 조건에서 그 기술을 수행할 수 있음
- **사람에 대한 일반화**: 학생에게 새로운 기술을 지도해준 사람 이외에 다른 사람에게도 그 기술을 사용할 수 있게 됨
- **자료에 대한 일반화**: 학생이 처음 배울 때 사용했던 자료가 아닌 다른 자료를 가지고도 배운 기술을 수행할 수 있음

자극일반화를 위한 전략

- 자연스러운 상황에서 가르치기
- 하루 일과 속에서 가르치기
- 훈련 상황을 일반화가 일어나야 할 상황과 비슷하게 조성하기
- 다양한 상황을 이용하기
- 훈련 시 광범위한 관련 자극을 통합하기

모범답안

- 장소에 대한 일반화에서 어려움이 있기 때문이다. 따라서 다양한 상황을 이용하여 지도한다.
- 자료에 대한 일반화에서 어려움이 있기 때문이다. 따라서 훈련 시 광범위한 자극을 통합해 지도한다.

2024학년도 중등 B5

22 **(가)는 ○○특수학교 고등학교 과정에 재학 중인 자폐성 장애 학생 A의 특성이고, (나)는 교감과 담임 교사의 대화이다. 〈작성방법〉에 따라 서술하시오. [4점]**

(가) 학생 A의 특성

- 모방이 가능함
- 시각적 자료 처리에 강점을 보임
- 동영상 보는 것을 좋아하고, 영상에 자신이 나오면 흥미를 보임

(나) 교감과 담임 교사의 대화

담임 교사: 교감 선생님, 제가 요즘 학생 A에게 비디오 모델링 중재법으로 '진공청소기로 청소하기'를 가르치고 있습니다. ㉠ <u>우선 제가 모델이 되어 우리 교실에서 교실에 있는 진공청소기로 청소하는 과정을 동영상으로 제작했습니다. 그리고 학생에게 그것을 시청하게 한 후 우리 교실에서 그 진공청소기로 청소를 하도록 연습시켰습니다.</u> 학생이 청소를 완료하면 매번 좋아하는 활동을 하게 했고요. 중재 단계를 사전에 계획한 대로 실시한 정도도 확인했습니다.

교　　감: 학생의 행동에 변화가 있나요?

담임 교사: 교실에서는 진공청소기로 청소합니다. 얼마 전 학생 A의 학부모와 상담을 해 보니 ㉢ <u>집에서는 진공청소기를 사용하여 청소하지 못한다고 하시더라고요. 왜 일반화가 일어나지 않는 걸까요?</u>

교　　감: 학생 A의 '진공청소기로 청소하기' 행동의 일반화를 촉진하기 위해서는 여러 요소를 고려해 봐야 합니다.

작성방법

(나)의 밑줄 친 ㉢의 이유를 밑줄 친 ㉠에서 2가지 찾고, 그에 대한 일반화 촉진 방안을 각각 서술할 것. (단, '이유-방안' 형식으로 쓸 것.)

참고자료 기본이론 63-70p

키워드 자극일반화 유형

구조화 틀 **자극일반화(훈련 전이)**

- 개념
- 유형
- 영향을 주는 요인
- 과잉자극일반화
- 교수전략

핵심개념

자극일반화에 영향을 주는 요인

물리적 유사성	훈련 상황에서 주어진 자극과 물리적으로 더 유사한 자극이 주어질수록 자극일반화가 잘 일어남
동일한 개념이나 범주	주어진 자극이 훈련 상황의 특정 자극과 동일한 개념이나 범주에 속한 것임을 학습하면 자극일반화가 잘 일어남
동일한 결과를 가져오는 기능	주어진 자극이 훈련 상황의 특정 자극과 동일한 결과를 가져오는 기능을 한다는 것을 학습하면 자극일반화가 잘 일어남

과잉자극일반화

자극의 일부분만 보고 바람직한 행동을 부적절한 상황에서 하게 되는 경우

예 안경을 쓴 아빠를 둔 유아가 아빠를 보고 아빠라고 부르는 것이 학습된 후 다른 안경 쓴 남자들을 보고도 아빠라고 부르는 경우, 반가움을 표현하는 것으로 악수하기나 포옹하기를 배운 발달장애 아동이 버스나 지하철 등에서 낯선 사람에게도 가까이 가서 손을 잡거나 포옹하는 경우

모범답안

2) ⓐ 자극의 유사성

3) ㉥ 과잉자극일반화

2024학년도 초등 A5

23 다음은 2015 개정 특수교육 기본 교육과정 사회과 3~4학년군 '학교 가는 길' 단원의 지도를 위해 특수교사 최 교사와 박 교사가 나눈 대화의 일부이다. 물음에 답하시오. [5점]

> 박 교사: 선생님, 교실을 버스로 만드셨네요.
> 최 교사: '규칙을 지켜 교통수단을 안전하게 이용하기' 수업에서 버스를 안전하게 이용하는 연습을 교실에서 하려고 해요.
> 박 교사: ㉣ 사회과의 모의 수업 방법을 활용하시는군요. 그런데 버스에 타고 내리는 문이 없네요. 이렇게 (ⓐ)이/가 부족하면 배우고 난 후 실제 상황에 적용하기 어려워요. 반면에 (ⓐ)이/가 지나치면 학습이 복잡해져서 중요한 것이 무엇인지 파악을 못할 수 있어요.
>
> …(중략)…
>
> 박 교사: 저도 선생님의 교수 학습 자료를 바탕으로 민수에게 안전교육 지도를 해야겠어요.
> 최 교사: 그런데 민수가 요즈음에도 노란색 차만 보면 타려고 하나요?
> 박 교사: 네. ㉥ 학교 버스가 노란색이어서 노란색 차만 보면 학교 버스인 줄 알고 무조건 타려고 해요.

지역사회 모의수업
지역사회의 장면이나 과제를 교실수업으로 끌어와 모의활동을 하는 것

2) ㉣을 적용할 때 ⓐ에 공통으로 들어갈 용어를 쓰시오. [1점]

3) 지적장애 학생의 인지적 특성 중 ㉥에 해당하는 것을 1가지 쓰시오. [1점]

확장하기 +

반응일반화에 영향을 주는 요인

영향 요인	설명 및 예시
반응의 유사성	두 반응이 유사할수록 반응일반화가 잘 일어난다. 예 라면 끓이기를 배운 경우, 라면처럼 국물이 있는 쌀국수 끓이기가 소스를 따로 데워서 끼얹어야 하는 스파게티 보다 일반화가 더 쉽게 나타난다.
동일한 반응의 범주	공통된 특징을 공유하는 반응의 범주 내에서 반응일반화가 잘 일어난다. 예 어른에게 존댓말을 가르치기 위해 아이의 말이 끝날 때마다 "~요."를 힘주어 말하고 따라 하도록 했다. 그랬더니 아이가 "~하자요.", "~먹자요.", "~놀자요." 등으로 말해 문법적으로 틀린 반응일반화가 나타났다.
동일한 결과	동일한 결과를 가져오도록 기능하는 반응의 범주 내에서는 반응일반화가 잘 일어난다. 예 비가 올 때 우산이 없을 경우, 비를 피하기 위해 가지고 있던 신문으로 머리를 가리거나, 겉옷을 벗어 머리 위에 뒤집어 쓰는 것과 같은 반응일반화가 일어난다.

과잉자극일반화

① 자극의 일부분만 보고 바람직한 행동을 부적절한 상황에서 하게 되는 경우를 '과잉자극일반화'라고 한다. 예를 들어, 반가움을 표현하는 것으로 악수하기나 포옹하기를 배운 발달장애 아동은 버스나 지하철 등에서 자신이 알지 못하는 낯선 사람에게도 가까이 다가가서 손을 잡거나 포옹을 할 수 있다.

② 잘못된 과잉자극일반화가 발생한 경우, 학습한 행동을 실행해도 되는 적절한 상황과 적절하지 않은 상황을 변별하는 것을 가르쳐야 한다.

③ 지적 능력이 낮은 학생들을 지도하는 교사의 고민이 바로 최대한 자극통제를 시켜서 변별자극에만 반응하도록 가르치는 동시에 지나친 자극통제를 피해서 비슷한 자극에도 반응하도록 일반화를 지도해야 한다는 점이다.

자극일반화와 변별

① 복잡하고 다양한 개념 형성의 과정은 자극통제로 설명된다. 예를 들어, 기본 색깔의 이름을 가르칠 때 자극변별 훈련의 방법이 사용된다. 빨간색을 가르칠 때 빨간 공은 SD(변별자극)로, 노란 공은 S△(델타자극)로 사용된다. 교사는 빨간 공과 노란 공을 무작위로 섞어 아동에게 제시한 뒤, 빨간 공을 가리키라고 지시한다. 이때 올바른 반응은 강화하고 그렇지 않은 반응은 강화하지 않는다. 몇 회기의 훈련을 반복하면 빨간 공은 선행자극(SD)으로 아동의 반응을 유도하는 통제력을 획득하게 된다. 즉, 아동은 빨간 공을 노란 공과 구별해 가려낼 수 있게 된다. 그러나 이것으로 '빨간색'이라는 개념이 획득된 것은 아니다.

② 개념 형성 또는 개념 획득은 자극일반화와 변별을 통해 학습한 결과이다. 즉, 같은 자극군 내에서 자극일반화와 서로 다른 자극군 간의 변별에 의해 복잡하게 형성된 자극통제를 의미한다. '선행자극군'이란 어떤 공통적 관계를 공유하는 선행자극들의 집합으로, 같은 자극군에 속하는 자극들은 모두 동일한 반응을 유도할 수 있다. 이러한 반응의 유도 기능은 동일 자극군에 속하는 자극들이 갖는 공통 특성이다. 예를 들어, 빨간 물건을 보고 빨갛다고 말하는 것은 차별강화의 과정을 거쳐 학습된 결과이다. 학습된 빨간색은 옅은 빨간색부터 짙은 빨간색에 이르는 다양한 파장에 일반화되어, 옅은 파장에 대해서나 짙은 파장에 대해서도 모두 빨간색이라고 반응할 수 있게 된다. 여러 색조의 빨간색 중에서 빨간색이라는 반응을 유도할 수 없는 자극(예 아주 옅은 빨간색)은 그 자극군에서 제외된다. 그러므로 빨간색이라는 개념은 학습된 자극으로부터 같은 자극군 내에 속하는 학습 경험이 없는 다른 많은 자극에 일반화된다. 즉, 여러 등급의 빨간 색조를 일일이 경험하거나 학습하지 않아도 일반화의 과정을 거쳐 빨간색으로 인지하게 된다.

③ 개념 형성은 자극변별과 자극일반화에 의해 성취된다. 같은 자극군 내에서의 자극일반화와 서로 다른 자극군 간의 자극변별은 개념 형성의 필수적 과정이다. 예컨대, 빨간색이라는 개념이 형성되기 위해서는 빨간색과 다른 색의 차이점을 변별할 수 있어야 한다. 즉, 서로 다른 자극군에 속하는 구성원들을 가려낼 수 있는 변별훈련이 필수적이다. 그러나 자극변별만으로는 개념 형성이 이루어질 수 없으며, 같은 자극군 내에서의 자극일반화가 필수적이다. 자극일반화 과정이 없다면, 모든 자극을 일일이 다 경험하고 학습하지 않고서 개념형성은 이루어질 수 없을 것이다.

자극일반화와 자극변별

① 한 변별자극이 어떤 반응을 일으켰을 때 그 자극과 유사한 물리적 성질을 가진 자극도 그 반응을 일으키는 것을 '자극일반화'라고 한다. 역으로 다른 자극이 그 반응을 일으키지 않을 때를 '자극변별'이 일어난 것으로 본다.

② 자극일반화와 자극변별은 상대적 관계로, 자극일반화는 자극통제가 느슨한 정도를 반영하는 반면, 변별은 자극통제가 상대적으로 엄격한 것을 반영한다. 즉, 변별은 특정 행동을 일으키는 자극의 범위를 제한하는 과정과 관련된 반면, 다양한 환경에서 일반화를 촉진하기 위해서는 특정 행동을 일으키는 자극의 범위를 가능한 한 넓혀야 한다.

③ 자극일반화와 변별이 일어나는 정도를 그래픽으로 표현한 것을 '자극일반화 점층(stimulus generalization gradient)'이라 한다. 점층의 기울기가 가파를수록 확실한 자극통제가 일어난 것을 반영하며, 기울기가 편평할수록 자극통제가 거의 일어나지 않은 것이다.

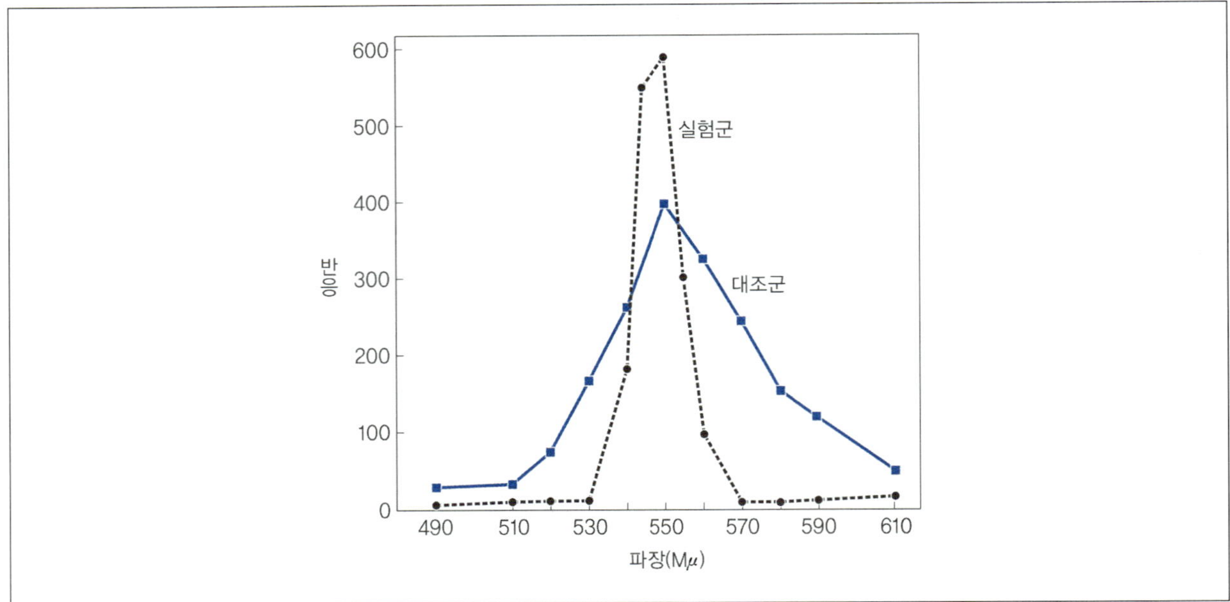

④ 위 실험에서 Hanson(1961)은 실험군과 대조군의 비둘기 두 집단을 먼저 단색파 550Mu로 불이 켜졌을 때 스위치를 부리로 쪼도록 훈련시켰다. 그러고 나서 실험군 비둘기에게는 550Mu를 S+로, 560Mu과 540Mu를 S−로 제시해 변별훈련을 하였고, 그동안 대조군은 이전처럼 550Mu에 반응하도록 해 두 집단 모두 같은 반응기회를 갖도록 했다. 후에 실시된 일반화 실험에서 실험군에게는 545Mu와 555Mu 두 자극이 첨가적으로 제시되었다. 결과에 의하면 변별훈련을 받은 실험군의 점층의 기울기가 대조군보다 가파르게 나타났다.

참고자료 기본이론 63-70p

키워드 자극일반화 유형

구조화 틀 자극일반화(훈련 전이)

- 개념
- 유형
- 영향을 주는 요인
- 과잉자극일반화
- 교수전략

핵심개념 과잉자극일반화

자극의 일부분만 보고 바람직한 행동을 부적절한 상황에서 하게 되는 경우

예 안경을 쓴 아빠를 둔 유아가 아빠를 보고 아빠라고 부르는 것이 학습된 후 다른 안경 쓴 남자들을 보고도 아빠라고 부르는 경우, 반가움을 표현하는 것으로 악수하기나 포옹하기를 배운 발달장애 아동이 버스나 지하철 등에서 낯선 사람에게도 가까이 가서 손을 잡거나 포옹하는 경우

모범답안

① 과잉(자극) 일반화
② 또래나 어린 동생에게 "안녕하세요"가 아닌 "안녕"이라고 말할 때 강화를 제공한다.

2024학년도 유아 A4

24 다음은 유아특수교사 최 교사와 박 교사가 나눈 대화이다. 물음에 답하시오. [5점]

> [12월 □□일]
>
> …(중략)…
>
> 박 교사: 마지막으로 말씀드릴 내용은 진우 이야기예요. 진우가 ㉣ 어른에게 '안녕하세요'라고 인사를 해야 한다고 배웠잖아요. 그런데 또래나 어린 동생에게도 '안녕하세요'라고 인사를 하더라고요.
> 최 교사: 그럼 ㉤ 또래나 어린 동생에게 적절히 인사를 할 수 있도록 변별훈련을 하면 되겠어요.

잘못된 과잉자극일반화가 발생한 경우, 학습한 행동을 실행해도 되는 적절한 상황과 적절하지 않은 상황을 변별하는 것을 가르쳐야 함

3) ① ㉣에 해당하는 언어 발달 과정에서의 특성이 무엇인지 쓰고, ② ㉤의 예를 1가지 쓰시오. [2점]

참고자료 기본이론 70p

키워드 유지

구조화 틀 일반화

- 자극일반화(훈련 전이)
- 반응일반화(행동의 부수적 변화)
- 유지(시간에 따른 일반화)

핵심개념

유지(시간에 따른 일반화)

중재에서 사용한 조건이 주어지지 않아도 변화된 행동이 오랜 시간에 걸쳐 지속되는 것

예 양말 신기를 학습한 학생이 일주일 뒤에도 양말을 신을 수 있고, 한 달 후에도 스스로 양말을 신을 수 있으며, 일 년 후에도 혼자서 양말을 신을 수 있게 되는 것

유지를 위한 전략

- 간헐 강화계획
- 과잉학습
- 분산연습
- 학습한 기술을 기초로 새 기술 교수
- 유지 스케줄 사용
- 자연적 강화 제공
- 자기관리 방법 교수
- 유지과제+습득과제

모범답안 ⓜ 과잉학습

2017학년도 초등 A5

25 **(가)는 2011 개정 특수교육 교육과정 중 기본 교육과정 미술과 5~6학년 '소통하고 이해하기' 단원 교수·학습 과정안이고, (나)는 자폐성장애 학생 지혜의 특성을 고려하여 보완·대체의사소통 체계(AAC)를 활용한 의사소통 지도계획이다. 물음에 답하시오. [5점]**

(나)

지혜의 특성	의사소통 지도 계획
• 시각적 자극을 선호함 • 소근육이 발달되어 있음 • 태블릿 PC의 AAC 애플리케이션을 사용함 • 일상생활과 관련된 어휘를 제한적으로 이해하고 사용할 수 있음 • 질문에 대답은 하지만 자발적으로 의사소통을 시도하지 않음	• 미술시간에 배운 [A]를 ⓒ AAC 어휘목록에 추가하고, [A]로 의사소통할 수 있다는 것을 지도한다. • [A]를 사용하여 ⓓ 대화를 시도하고 대화 주제를 유지할 수 있도록 지도한다. • ⓜ '[A]를 사용한 의사소통하기'를 습득한 후, 습득하기까지 필요했던 회기 수의 50%만큼 연습기회를 추가로 제공하여 [A]의 사용을 유지할 수 있게 한다.

[A]의 사용을 '유지'하기 위한 전략 = 시간에 따른 일반화를 위한 전략

4) (나)의 ⓜ에 해당하는 전략을 쓰시오. [1점]

참고자료 기본이론 63-70p

키워드 일반화

구조화 틀 일반화

- 자극일반화(훈련 전이)
- 반응일반화(행동의 부수적 변화)
- 유지(시간에 따른 일반화)

핵심개념

반응일반화(행동의 부수적 변화)

특정 상황이나 자극에서 어떤 반응이 강화된 결과, 동일한 자극이나 상황에서 이와는 다른 반응이 일어날 가능성이 증가하는 것. 즉, 목표를 정하고 가르친 것은 아니지만 행동에 부수적인 변화가 나타난 것

예 학교에서 라면 끓이기를 배운 학생이 국수나 칼국수, 메밀국수를 끓일 줄 알게 되는 것

자기기록(자기점검)

학생 스스로 매개변수를 만들어 사용할 수 있도록 가르치는 것도 일반화 증진을 위한 방법임

예 과제 완성을 스스로 점검하기 위해 점검표를 사용하는 것이나, 학생이 자기관리기법을 배워 일반화 상황에서 다른 사람의 강화나 도움이 없더라도 스스로 자신의 행동을 관리하며 유지할 수 있는 것

모범답안

- ㉣ '자극일반화'란 특정 기술을 학습할 때와 다른 장소, 사람, 자료에 대해서도 학습한 행동이 나타나는 것이다.
  ㉤ '반응일반화'란 학습한 행동 외에 부수적 행동변화가 나타나는 것이다.
- 자기점검법을 배우면 일반화 상황에서 다른 사람의 강화나 도움 없이도 스스로 자신의 행동을 관리하며 유지할 수 있다.

2018학년도 중등 B8

26 **(가)는 지적장애 고등학생 S의 특성이고, (나)는 특수교사가 교육실습생에게 자문한 내용이다. 학생 S의 과제 습득, 일반화, 유지 능력을 향상시키기 위하여 특수교사가 교육실습생에게 자문한 전략과 방법을 〈작성방법〉에 따라 논하시오.** **[10점]**

(가) 학생 S의 특성

- ㉠ 새로운 과제를 제시하던 "이거 하기 싫어요.", "다음에 할래요.", "전에도 해 봤는데 어차피 못해요.", "너무 어려워요.", "저는 잘 못해요."라고 함
- 주어진 문제를 스스로 해결하기보다는 선생님의 눈치를 살핌
- 새로운 과제를 학습하는 데 어려움이 있음
- 학습할 때 자신이 스스로 얼마나 잘할 수 있는지를 알지 못함

(나) 자문 내용

교육실습생 : 학생 S의 특성을 관찰해보니 ㉡ 이전에 과제 수행에 대한 실패 경험이 많아서 주어진 과제를 하려고 하지 않아요. 이 문제를 해결해야 할 것 같은데 어떻게 하면 좋을까요?

특 수 교 사 : 교사는 칭찬이나 격려를 해줄 수도 있지만, 그런 경우에는 ㉢ 과제를 해보는 실제 경험을 통해 학생 S의 문제를 지도해야 해요.

교육실습생 : 학생 S는 동기적 측면뿐만 아니라 인지적 측면에서도 어려움이 있는 것 같아요. 자신이 배운 내용을 일반화하는 데 어려워하는 것 같은데, 일반화에 대하여 설명해 주시겠어요?

특 수 교 사 : 일반화는 크게 ㉣ 자극일반화와 ㉤ 반응일반화로 구분되기도 합니다.

…(중략)…

교육실습생 : 예, 잘 알겠습니다. 한 가지 더 궁금한 것이 있어요. 학생 S가 학습한 기술을 유지하는 데 도움이 되는 좋은 방법이 있을까요?

특 수 교 사 : 예, 그런 경우에는 ㉥ 자기점검 방법을 적용해볼 수 있을 것 같네요.

작성방법

- 밑줄 친 ㉣과 ㉤의 개념을 순서대로 서술할 것.
- 유지의 중요성과 자기점검 방법을 연계하여 서술할 것.

참고자료 기본이론 63-70p

키워드 일반화

구조화 틀 **일반화**

- 자극일반화(훈련 전이)
- 반응일반화(행동의 부수적 변화)
- 유지(시간에 따른 일반화)

핵심개념

자극일반화(훈련 전이)

- 특정 자극에 대한 반응이 일관성 있게 강화되면, 그 자극뿐만 아니라 유사한 다른 자극에서도 같은 반응이 나타나는 것
  - 예 빨간불이 제시될 때 지렛대를 누르는 행동이 강화를 받아 습득되면, 노란불이나 파란불이 제시될 때에도 지렛대를 누르는 행동을 할 수 있음
- **자극일반화의 유형**
  - 장소에 대한 일반화
  - 사람에 대한 일반화
  - 자료에 대한 일반화

반응일반화(행동의 부수적 변화)

특정 상황이나 자극에서 어떤 반응이 강화된 결과, 동일한 자극이나 상황에서 이와는 다른 반응이 일어날 가능성이 증가하는 것. 즉, 목표를 정하고 가르친 것은 아니지만 행동에 부수적인 변화가 나타난 것

예 학교에서 라면 끓이기를 배운 학생이 국수나 칼국수, 메밀국수를 끓일 줄 알게 되는 것

모범답안

ⓑ '자극일반화'란 특정 기술을 학습할 때와 다른 장소, 사람, 자료에 대해서도 학습한 행동이 나타나는 것이다.

ⓢ '반응일반화'란 학습한 행동 외에 부수적 행동 변화가 나타나는 것이다.

2026학년도 중등 A10

27 **(가)는 ○○ 중학교 지적장애 학생 A에 대해 특수교사와 일반교사가 나눈 대화이고, (나)는 특수교사의 인라인스케이팅 활동 지도 계획이다. 〈작성 방법〉에 따라 서술하시오.** **[4점]**

(나) 특수교사의 인라인스케이팅 활동 지도 계획

목적	학생 A의 인라인스케이팅 기술 습득 및 일반화	
○ 학교 체육관에서 인라인스케이팅 기본 동작 익히기 – 과제분석, 모델링, 연습 기회와 피드백 제공		
관련 기술 익히기		
발달적 기술	(ⓜ) 기술	학업적 기술
– 두 발 모아 뛰기, 똑바른 선 따라 걷기	– 헬멧 및 보호 용품 착용하기, 인라인스케이트 신발 착용하기	– 인라인스케이팅 용어 익히기, 거리 단위(m, km) 알기
일반화 계획		
(ⓑ)	(ⓢ)	
– 인라인스케이트 타기: 운동장 – 인라인스케이트 타기: 경기장	– 아이스 스케이트 타기 – 롤러스케이트 타기	
사회 참여 계획		
– 교내 동아리 활동, 아이스링크 현장학습 – 인라인스케이팅을 즐길 수 있는 지역 생활환경 탐색		

작성방법

(나)의 괄호 안의 ⓑ과 ⓢ에 해당하는 용어와 그 의미를 각각 서술할 것.

참고자료 기본이론 63-70p

키워드 일반화

구조화 틀 일반화

- 자극일반화(훈련 전이)
- 반응일반화(행동의 부수적 변화)
- 유지(시간에 따른 일반화)

핵심개념

연습방법

- **집중시도**: 단일과제를 집중적으로 여러 차례에 걸쳐서 가르치는 것
- **간격시도(집단시행)**: 단일과제를 가르친 후 학생을 쉬게 하고, 학생이 쉬는 동안 다른 학생에게 해당 과제를 하도록 함으로써 해당 학생이 다시 똑같은 것을 배우기 전에 조금 전에 배운 것을 생각해보거나 친구가 하는 것을 볼 수 있는 기회를 제공하는 것
- **분산시도**: 하루 일과 중 자연스러운 상황 속에 삽입해서 목표행동을 가르치는 것

자극일반화를 위한 전략

- 자연스러운 상황에서 가르치기
- 하루 일과 속에서 가르치기
- 훈련 상황을 일반화가 일어나야 할 상황과 비슷하게 조성하기
- 여러 다양한 상황을 이용하기
- 훈련 시 광범위한 관련 자극을 통합하기

모범답안 하루 일과 속에서 가르치기(= 분산시도)

2021학년도 중등 B9

28 (가)는 지적장애를 동반한 건강장애 학생 K의 특성이고, (나)는 학생 K에 대한 건강관리 지도 계획이다. 〈작성방법〉에 따라 서술하시오. [4점]

(가) 학생 K의 특성

- 의사소통에 어려움이 있음
- 지속성 경도 천식 증상이 있음
- 흡입기 사용 시 도움이 필요함

(나) 지도 계획

○ ㉠ 최대호기량측정기 사용 지도
- 매일 일정한 시간에 측정하고 결과를 기록하도록 지도

○ '도움카드' 사용 지도
- '도움카드' 사용 방법을 학습하기 위해 '1 : 1 집중시도' 연습 지도
- 일반화를 위해 다음과 같이 자연스러운 환경에서 '도움카드' 사용하기 연습 지도 ㉡
  - 환기가 필요할 때 '도움카드'를 이용하여 도움 요청하기
  - 체육 활동 시 '도움카드'를 이용하여 휴식 시간 요청하기
  - 수업시간에 갈증을 느낄 때 '도움카드'를 이용하여 물 마시기 요청하기
  - 흡입기 사용 시 '도움카드'를 이용하여 교사에게 도움 요청하기

'1 : 1 집중시도'가 제시문에 언급되어 있고, '연습 지도'라는 키워드가 나와 있음 → '연습방법' 범주로 문제에 접근할 수도 있음

'환기가 필요한 상황', '체육활동 시', '수업시간', '흡입기 사용 시' 등 다양한 상황에서 '도움카드'를 이용해 도움 요청하기 행동을 할 수 있도록 지도하는 것은 '상황에 대한 자극일반화'에 해당함

작성방법

(나)의 ㉡에 해당하는 목표 기술 연습방법을 1가지 쓸 것.

참고자료 기본이론 63–70p

키워드 자극일반화

구조화 틀 반응일반화
- 개념
- 영향을 주는 요인
- 교수전략

핵심개념

연습방법
- **집중시도**: 단일과제를 집중적으로 여러 차례에 걸쳐서 가르치는 것
- **간격시도(집단시행)**: 단일과제를 가르친 후 학생을 쉬게 하고, 학생이 쉬는 동안 다른 학생에게 해당 과제를 하도록 함으로써 해당 학생이 다시 똑같은 것을 배우기 전에 조금 전에 배운 것을 생각해보거나 친구가 하는 것을 볼 수 있는 기회를 제공하는 것
- **분산시도**: 하루 일과 중 자연스러운 상황 속에 삽입해서 목표행동을 가르치는 것

자극일반화를 위한 전략
- 자연스러운 상황에서 가르치기
- 하루 일과 속에서 가르치기
- 훈련 상황을 일반화가 일어나야 할 상황과 비슷하게 조성하기
- 여러 다양한 상황을 이용하기
- 훈련 시 광범위한 관련 자극을 통합하기

모범답안

① 분산연습
② 자극일반화에 효과적이다.

2024학년도 초등 A4

29 **(가)는 지적장애 학생 수아에 대해 담임 교사와 수석 교사가 나눈 대화의 일부이고, (나)는 수아의 읽기 평가 과정 및 결과의 일부이며, (다)는 담임 교사의 수업 성찰지의 일부이다. 물음에 답하시오. [6점]**

(다)

> 오늘 '낱말을 말해요.' 단원을 마무리했다. 처음에는 수아가 낱말 읽기를 많이 어려워했다. 그래서 국어 시간에 일대일 상황에서 낱말 읽기를 집중적으로 연습했더니 낱말을 술술 읽었다. 그런데 ㉢ 다른 교과의 교과서 지문에 나온 동일한 낱말을 읽지 못했다.
>
> 수아의 일과 내에서 낱말을 읽을 기회를 나누어 제시하는 것이 필요할 것 같다. 수아가 국어 시간에만 낱말 읽기를 집중적으로 연습하기보다는 하루 동안 여러 번에 걸쳐 낱말을 읽을 수 있도록 지도해야 겠다. [D]

집중시도

자극일반화 ×

3) ① (다)의 [D]에서 적용하고자 하는 교수 방법의 명칭을 쓰고, ② (다)의 ㉢을 고려하여 [D]에 해당하는 교수 방법이 가지는 장점을 1가지 쓰시오. [2점]

참고자료 기본이론 63-70p

키워드

- 일반화
- 학습 단계

구조화 틀

일반화
- 자극일반화(훈련 전이)
- 반응일반화(행동의 부수적 변화)
- 유지(시간에 따른 일반화)

학습 단계
- 습득
- 숙달
- 일반화
- 유지

핵심개념 자극일반화를 위한 전략

- 자연스러운 상황에서 가르치기
- 하루 일과 속에서 가르치기
- 훈련 상황을 일반화가 일어나야 할 상황과 비슷하게 조성하기
- 여러 다양한 상황을 이용하기
- 훈련 시 광범위한 관련 자극을 통합하기

모범답안 자극일반화

2022학년도 초등 B3

30 **다음은 특수학교에 근무하는 최 교사의 수학 수업에 대한 성찰일지이다. 물음에 답하시오. [5점]**

성찰 일지

성취기준	[4수학04-03] 반복되는 물체 배열을 보고, 다음에 올 것을 추측하여 배열한다.
단원	㉠ 9. 규칙 찾기
학습 목표	ABAB 규칙에 다라 물건을 놓을 수 있다.

오늘은 모양을 ABAB 규칙에 따라 배열하고 규칙성을 찾는 수업을 하였다.
㉡ 규칙성이라는 추상적 개념 지도를 위해 구조적으로 동형이면서 다양한 구체물을 활용하는 수업이었다.

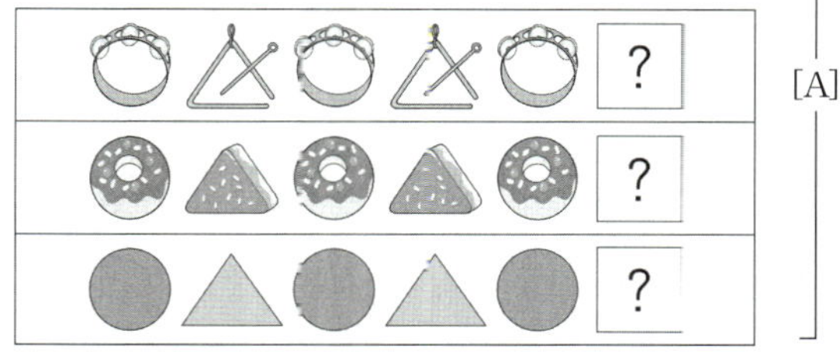

[A]

구체물을 이용한 수업이라서 그런지 학생들이 흥미 있게 참여하였다.
오늘 연습 문제에서 대부분의 학생들은 물건을 잘 배열하는 것으로 보아 이제 ABAB 규칙을 익숙하게 다룰 수 있는 것으로 판단된다. 그런데 나영이는 ㉢ ABAB 규칙을 습득하였으나 가끔 순서가 틀리고, 모양을 찾는 데 시간이 오래 걸렸다. 나영이도 ABAB 규칙에 익숙해지려면 많은 연습이 필요할 것 같다.
하지만 나영이는 주의집중력이 부족하여 오래 연습하기가 어렵다. 그래서 ㉣ 나영이가 좋아하는 스티커를 활용하여 나영이에게 고정비율강화 계획을 적용하면 좀 더 적극적으로 수업에 참여할 수 있을 것 같다.
내일은 다양한 규칙에 대해 배우게 되는데 학생들의 흥미를 높이고 학생들이 다양한 자극에 반응할 수 있도록 여러 가지 자료를 사용해야겠다. 이렇게 하면 우리 학생들이 ㉤ 수업시간에 사용한 상황과 자료가 아닌 다른 상황과 자료에서도 규칙대로 배열할 수 있지 않을까 생각해본다.

ABAB 규칙을 습득했으나 숙달이 부족함

자극일반화를 위한 전략

3) ㉤에 해당하는 일반화의 유형을 쓰시오. [1점]

참고자료 기본이론 71-73p

키워드 학습 단계

구조화틀 학습 단계

- 습득
- 숙달
- 일반화
- 유지

핵심개념

습득 전략

- 오류 없이 정확하게 목표 기술을 수행하는 것
- **교수의 특성**
  - 오류에 대한 즉각적 피드백
  - 빈번한 학생 참여 기회 제공

숙달 전략

- 과제를 빠르고 정확하게 완수하는 것
- **교수의 특성**
  - 기술의 정확성뿐 아니라 속도에 대해서도 피드백
  - 완성된 과제에 대해서도 피드백
  - 아동 주도
  - 점차 자연적 강화 제공

일반화 전략

- 자극의 변화에도 잘 수행하고 필요에 따라 적응하여 수행하도록 하는 것
- **교수의 특성**
  - 환경 · 자료 · 사람 등을 다양하게 제공
  - 개인적 요구와 촉진 소거
  - 점차 자연적 강화 제공

유지 전략

- 시간이 지나도 높은 수준의 수행을 유지하는 것
- **교수의 특성**
  - 보다 기능적 기술이 되도록 추가
  - 과제 수행 스케줄 수립
  - 점차 자연적 강화 제공

모범답안 ⑤

2009학년도 중등 10

31 **정신지체 학생에게 새로운 기술을 가르치기 위해 습득, 숙달 및 일반화 전략을 사용하려고 한다. 〈보기〉에서 습득과 일반화를 촉진하는 방법끼리 바르게 묶인 것은?**

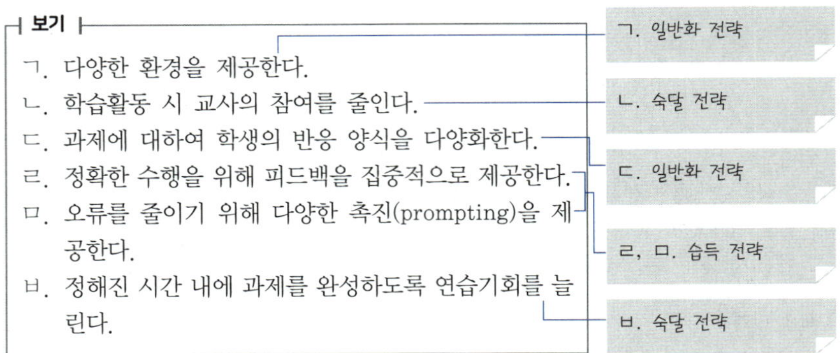

보기

ㄱ. 다양한 환경을 제공한다.
ㄴ. 학습활동 시 교사의 참여를 줄인다.
ㄷ. 과제에 대하여 학생의 반응 양식을 다양화한다.
ㄹ. 정확한 수행을 위해 피드백을 집중적으로 제공한다.
ㅁ. 오류를 줄이기 위해 다양한 촉진(prompting)을 제공한다.
ㅂ. 정해진 시간 내에 과제를 완성하도록 연습기회를 늘린다.

	습득	일반화
①	ㄴ, ㄹ	ㄱ, ㅁ
②	ㄴ, ㅁ	ㄱ, ㅂ
③	ㄷ, ㄹ	ㄱ, ㄴ
④	ㄷ, ㅂ	ㄴ, ㅁ
⑤	ㄹ, ㅁ	ㄱ, ㄷ

참고자료 기본이론 71-73p

키워드 학습 단계

구조화 틀 **학습 단계**

- 습득
- 숙달
- 일반화
- 유지

핵심개념

습득 전략

- 오류 없이 정확하게 목표 기술을 수행하는 것
- 교수의 특성
  - 오류에 대한 즉각적 피드백
  - 빈번한 학생 참여 기회 제공

숙달 전략

- 과제를 빠르고 정확하게 완수하는 것
- 교수의 특성
  - 기술의 정확성뿐 아니라 속도에 대해서도 피드백
  - 완성된 과제에 대해서도 피드백
  - 아동 주도
  - 점차 자연적 강화 제공

일반화 전략

- 자극의 변화에도 잘 수행하고 필요에 따라 적응하여 수행하도록 하는 것
- 교수의 특성
  - 환경 · 자료 · 사람 등을 다양하게 제공
  - 개인적 요구와 촉진 소거
  - 점차 자연적 강화 제공

유지 전략

- 시간이 지나도 높은 수준의 수행을 유지하는 것
- 교수의 특성
  - 보다 기능적 기술이 되도록 추가
  - 과제 수행 스케줄 수립
  - 점차 자연적 강화 제공

모범답안

(가) 숙달 단계
(나) 일반화 단계

2013학년도 추가중등 A2

32 **다음은 A 특수학교(고등학교) 2학년 윤지가 창의적 체험활동 시간에 인터넷에서 직업을 검색하도록 박 교사가 구상 중인 계획안의 일부이다. 물음에 답하시오. [6점]**

학습 단계	교수 활동	지도상의 유의점
습득	윤지에게 인터넷에서 직업 검색 방법을 다음과 같이 지도한다. ① 바탕 화면에 있는 인터넷 아이콘을 클릭하게 한다. ② 즐겨 찾기에서 목록에 있는 원하는 검색 엔진을 클릭하게 한다. ③ 검색 창에 직업명을 입력하게 한다 ④ 직업에서 하는 일을 찾아보게 한다 …(하략)…	• 윤지가 관심 있어 하는 5가지 직업들로 직업 목록을 작성한다. • ㉢ <u>직업 검색 과정을 하위 단계로 나누어</u> 순차적으로 지도한다.
(가)	윤지가 직업 검색하기를 빠르고 정확하게 수행하도록 ㉠ <u>간격시도 교수</u>를 사용하여 지도한다.	• ㉣ <u>간격시도 교수 상황에서 윤지와 친구를 짝지은 후, 관찰기록지를 주고 수행결과에 대해 서로 점검하여 피드백을 제공하도록 한다.</u>
유지	윤지가 정기적으로 직업명을 인터넷에서 검색할 수 있도록 한다.	
(나)	학교에서는 ㉡ <u>분산시도 교수</u>를 사용하여 지도한 후, 윤지에게 복지관에서도 자신이 관심 있어 하는 직업경을 검색하도록 한다.	

1) (가)와 (나)에 해당하는 학습 단계의 명칭을 쓰시오.

참고자료 기본이론 71-73p

키워드 학습 단계

구조화 틀 **학습 단계**

- 습득
- 숙달
- 일반화
- 유지

핵심개념 **일반화 전략**

- 자극의 변화에도 잘 수행하고 필요에 따라 적응하여 수행하도록 하는 것
- **교수의 특성**
  - 환경 · 자료 · 사람 등을 다양하게 제공
  - 개인적 요구와 촉진 소거
  - 점차 자연적 강화 제공

모범답안 ㉣ 일반화

2026학년도 유아 B5

33 **(가)는 발달지체 유아 준수의 통합학급 미술활동 일부이고, (나)는 유아들의 대화이다. (다)는 유아특수교사 박 교사와 유아교사 김 교사가 나눈 대화의 일부이다. 물음에 답하시오. [5점]**

(다)

김 교사 :	준수가 동그란 모양의 자동차 바퀴를 그리고 싶어 하던데, 동그라미 그리기는 성공했나요?
박 교사 :	네, 최근 준수가 자유놀이 시간에 동그라미를 많이 그리더니 ㉣ <u>미술놀이 시간에 동그라미 그리기에 성공했어요. 그리고 놀이터에서도 동그라미를 그렸고, 집에서도 동그라미 그리기에 성공했대요</u>.
김 교사 :	정말 기특하네요. 저도 준수가 동그라미를 그리는 모습을 보면 칭찬해 주어야겠어요.

3) (다)의 밑줄 친 ㉣에 해당하는 학습단계의 명칭을 쓰시오. [1점]

참고자료 기본이론 71-73p

키워드 학습 단계

구조화틀 학습 단계

- 습득
- 숙달
- 일반화
- 유지

핵심개념

습득 전략

- 오류 없이 정확하게 목표 기술을 수행하는 것
- **교수의 특성**
  - 오류에 대한 즉각적 피드백
  - 빈번한 학생 참여 기회 제공

숙달 전략

- 과제를 빠르고 정확하게 완수하는 것
- **교수의 특성**
  - 기술의 정확성뿐 아니라 속도에 대해서도 피드백
  - 완성된 과제에 대해서도 피드백
  - 아동 주도
  - 점차 자연적 강화 제공

모범답안 숙달을 위해 교사 A가 중점을 두어야 할 사항은 정확한 수행뿐 아니라 효율성을 높여 빠르게 수행할 수 있도록 충분한 연습기회를 제공하는 것이다.

2016학년도 중등 B5

34 **다음은 일반 중학교 특수학급을 담당하는 특수교사 A가 작성한 수업 구상 일지이다. 〈작성방법〉에 따라 순서대로 서술하시오. [4점]**

2015년 ○○월 ○○일

- 영역 : 측정
- 제재 : 아날로그 시계의 시각 읽기
- 학생의 현행 수준
  - 시간의 전후 개념을 알고 있다.
  - 디지털 시계의 시각(시, 분)을 읽을 수 있다.
  - 아날로그 시계에 바늘과 눈금이 있음을 알고 있다.
  - 시계 바늘이 움직이는 방향을 알고 있다.
  - 시계 바늘이 다른 속도로 움직인다는 것을 알고 있다.
  - 모형 시계의 돌림 장치를 돌릴 수 있다.
- 선수 학습에서 학생의 수행

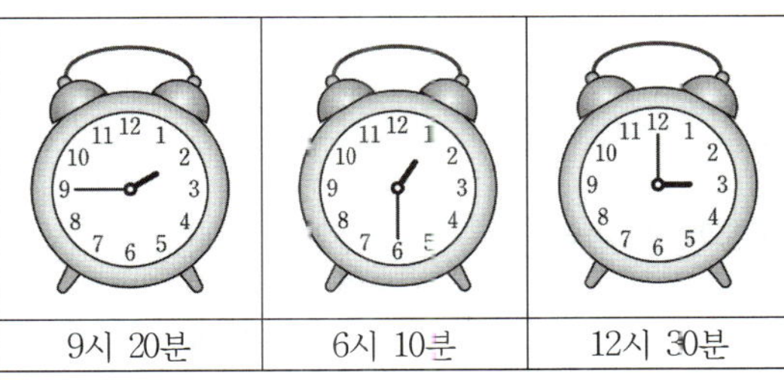

9시 20분	6시 10분	12시 30분

- 수업 계획을 위해 해야 할 것
  - ㉠ <u>학습 내용의 과제분석</u>
  - 학습 활동의 고안
  - 학습 활동에 따른 교재·교구 준비
  - 학생이 학습 내용을 습득하고 난 뒤 ㉡ <u>숙달할 수 있도록</u> 교수·학습 방법을 보다 구체적으로 생각할 것
- ㉢ <u>수업 계획과 운영 시 고려할 점</u>
  - 학생들이 모형 시계를 조작하며 시각 읽기 활동에 능동적으로 참여할 수 있게 한다.
  - 시각 읽기 연습은 실물 시계보다는 모형 시계와 준비된 학습지를 활용한다.
  - 학생들에게 적절한 차별화교수를 할 수 있도록 자료를 다양화하고 교수 속도를 조절한다.
  - 수학에 대한 흥미를 유발할 수 있도록 학성이 좋아하는 '급식시간의 시각 읽기'와 같이 학생의 경험을 활용한다.
  - 후속 학습으로 '하루 일과를 시간의 순서대로 배열하기'를 계획한다.

차별화교수
- 학습자의 준비도·흥미·학습 경력 등을 고려해 교육내용·교육과정·교육산출물을 대상으로 과제의 다양화, 학습집단 구성의 유연화, 지속적인 평가와 조정을 통해 학습자의 다양한 요구에 교사가 반응하는 것 일체를 의미함
- **구성요소** : 교수내용의 차별화, 교수과정의 차별화, 교수성과의 차별화

작성방법

밑줄 친 ㉡에서 교사 A가 중점을 두어야 할 사항을 쓸 것.

참고자료 기본이론 71-73p

키워드 학습 단계

구조화틀 학습 단계

- 습득
- 숙달
- 일반화
- 유지

핵심개념

습득 전략
- 오류 없이 정확하게 목표 기술을 수행하는 것
- **교수의 특성**
  - 오류에 대한 즉각적 피드백
  - 빈번한 학생 참여 기회 제공

숙달 전략
- 과제를 빠르고 정확하게 완수하는 것
- **교수의 특성**
  - 기술의 정확성뿐 아니라 속도에 대해서도 피드백
  - 완성된 과제에 대해서도 피드백
  - 아동 주도
  - 점차 자연적 강화 제공

일반화 전략
- 자극의 변화에도 잘 수행하고 필요에 따라 적응하여 수행하도록 하는 것
- **교수의 특성**
  - 환경·자료·사람 등을 다양하게 제공
  - 개인적 요구와 촉진 소거
  - 점차 자연적 강화 제공

유지 전략
- 시간이 지나도 높은 수준의 수행을 유지하는 것
- **교수의 특성**
  - 보다 기능적 기술이 되도록 추가
  - 과제 수행 스케줄 수립
  - 점차 자연적 강화 제공

모범답안 숙달 단계

2020학년도 초등 A4

35 **(가)는 초등학교 6학년 자폐성장애 학생 민호의 특성이고, (나)는 '지폐 변별하기' 지도 계획의 일부이다. 물음에 답하시오. [4점]**

(가) 민호의 특성

- 물건 사기와 같은 일상생활의 문제를 해결하기 위해 스스로 계획하고 수행하는 데 어려움이 있음
- 점심시간과 같이 일상적으로 반복되던 시간에 작은 변화가 생기면 유연하게 대처하기보다 우는 행동을 보임
- 수업시간 중 과자를 먹고 싶을 때 충동적으로 과자를 요구하거나 자리 이탈행동을 자주 보임

[A]

- 다른 사람의 감정과 사고를 파악하는 데 어려움이 있음
- 시각적 자극으로 이루어진 교수자료에 관심을 보임
- 지폐의 구분과 사용에 어려움이 있음

(나) '지폐 변별하기' 지도 계획

- 표적 학습 기술 : 지폐 변별하기
- 준비물 : 1,000원짜리 지폐, 5,000원짜리 지폐
- 학습 단계 1
  - 교사가 민호에게 "천 원 주세요."라고 말했을 때, 1,000원짜리 지폐를 찾아 교사에게 주도록 지도함
  - 교사가 민호에게 "오천 원 주세요."라고 말했을 때, 5,000원짜리 지폐를 찾아 교사에게 주도록 지도함
  - 민호가 정반응을 보일 때마다 칭찬으로 강화함
  - 민호가 정해진 수행 기준에 따라 '지폐 변별하기'를 습득하면 다음 학습 단계로 넘어감
- 학습 단계 2
  - ㉠ 민호가 '지폐 변별하기' 반응을 5분 내에 15번 정확하게 수행할 수 있도록 지도한 다음, 더 짧은 시간 내에 15번 정확하게 수행할 수 있도록 연습하게 함

…(중략)…

- 유의사항
  - ㉡ 민호가 습득한 '지폐 변별하기' 기술을 시간이 지난 뒤에도 수행할 수 있도록 '학습 단계 1'의 강화 계획(스케줄)을 조정함
  - 민호가 ㉢ 습득한 '지폐 변별하기' 기술을 일상생활에서 사용할 수 있도록 다양한 실제 상황(편의점, 학교 매점, 문구점 등)에서 1,000원짜리 지폐와 5,000원짜리 지폐를 변별하여 민호가 좋아하는 과자를 구입하도록 지도함

> • 교사의 지시에 따라 지폐를 정확하게 찾아 교사에게 주도록 지도함
> • 교사 주도의 직접교수를 실시함
> → 습득 단계

> • 시간이 정해진 연습기회를 제공함
> • 기술의 정확성뿐만 아니라 속도에 대해 피드백을 제공함
> → 숙달 단계

> 학습한 기술을 잊어버리지 않고 더 완전하게 하도록 함
> → 유지 단계

> 학습한 기술을 다양한 상황에서 사용할 수 있도록 자연적 강화를 제공함
> → 일반화 단계

2) (나)의 ㉠은 학습자의 반응 수행 수준에 따른 학습 단계 중 어느 단계에 해당하는지 쓰시오. [1점]

Chapter

04 지적장애 학생을 위한 교육과정의 기본 이해

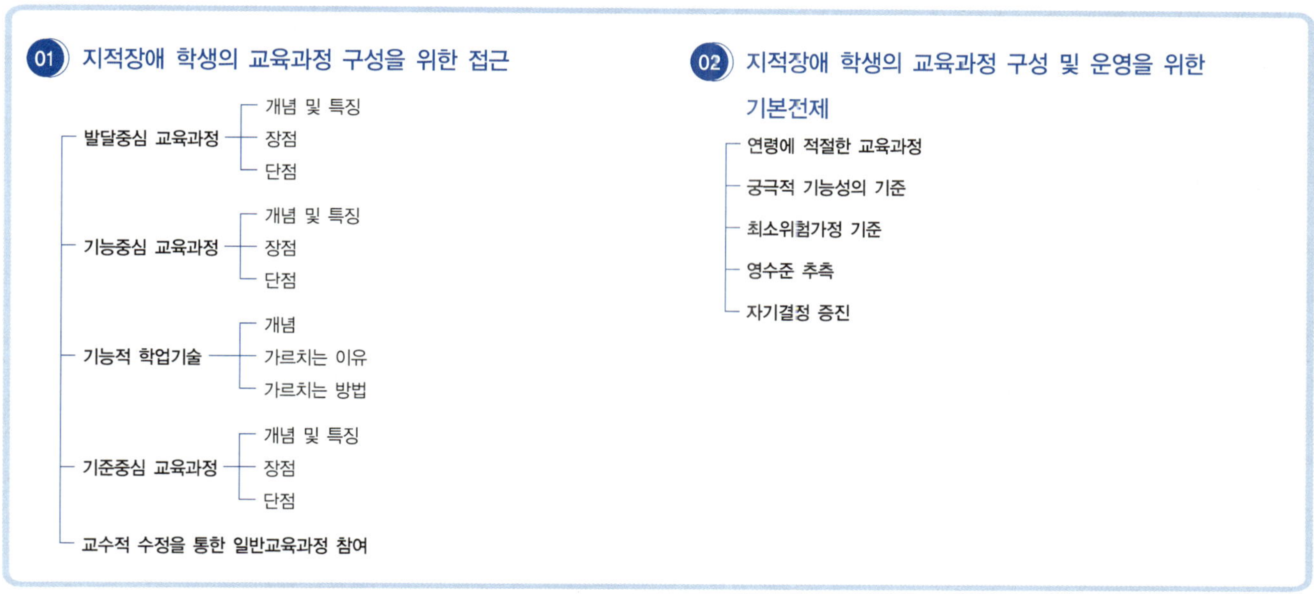

참고자료 기본이론 74-77p

키워드 지적장애 학생의 교육과정 구성을 위한 접근

구조화 틀

발달중심 교육과정
- 개념 및 특징
- 장단점

기능중심 교육과정
- 개념 및 특징
- 장단점

핵심개념

모범답안

발달론적 관점
- 교육내용 선정의 원리 – 학생의 정신 연령에 적합한 발달 단계에 상응하는 과제 선정
- 교육내용 조직의 원리 – 학생의 발달 단계에 적합한 과제를 계열적 순서로 조직

생태학적 관점

① 교육내용 선정의 원리 – 기능적이면서도 학생의 연령에 적합한 기능적 기술을 선정

② 교육내용 조직의 원리 – 학생의 현재 및 미래 환경에 필요한 기술을 우선순위로 정해 조직

2015학년도 중등 B1

01 중도 · 중복장애 학생의 교육과정으로 기능중심 교육과정과 발달중심 교육과정을 검토하려고 한다. 이 두 가지 교육과정의 차이를 교육과정 구성요소인 교육내용 선정과 교육내용 조직의 원리 측면에서 각각 비교하여 설명하시오. [10점]

확장하기 +

발달론적 접근의 장단점

장점	• 체계적 교수 가능 • 기초적인 기능 학습 가능 • 학생에게 과도한 요구를 하지 않음 • 특히 최중도 지적장애아 및 청소년에게 적합
단점	• 준비성 함정(발달 단계를 강조해 실제 생활연령과 차이가 많이 나는 기술의 교수내용을 선정하는 데 근거로 사용함) • 현재 필요한 기술을 배울 수 있는 기회를 잃게 해 사회 통합에 어려움을 초래함 • 부정적 이미지와 낮은 기대감 형성

생태학적 접근의 장단점

장점	• 중도장애 학생의 학습상의 어려움에 부합함 • 기능적이고 생활연령에 적합한 기술을 실제 환경에서 교수하기 때문에 일반화 능력을 가정하지 않아도 됨 • 교수를 위해 선택된 기술들은 사회적 타당화에 의해 기능적이고 적절함 • 일반 학생이 수행하는 활동과 유사하거나 동일한 상황에 참여하는 기술을 교수하기 때문에 중도장애 학생에 대한 다른 사람의 기대감을 증진시킴 • 일반 학생과 상호작용할 기회를 제공함으로써 일반 지역사회 환경에의 접근을 증진함
단점	• 학업적 측면에 소홀함 • 더 오명적일 수 있음 • 이동과 안전상의 문제, 교사 대 높은 학생 비율, 비용과 시간의 문제 등 • 기능중심 교육과정에 참여하는 만큼 일반 교육과정에 참여할 수 없게 됨

참고자료 기본이론 74-77p

키워드 지적장애 학생의 교육과정 구성을 위한 접근

구조화 틀

발달중심 교육과정
- 개념 및 특징
- 장단점

기능중심 교육과정
- 개념 및 특징
- 장단점

기능적 학업기술
- 개념 및 특징
- 장단점

핵심개념

모범답안 ㉢ 기능적

2026학년도 중등 A10

02 **(가)는 ○○중학교 지적장애 학생 A에 대해 특수교사와 일반교사가 나눈 대화이고, (나)는 특수교사의 인라인스케이팅 활동 지도 계획이다. 〈작성 방법〉에 따라 서술하시오.** **[4점]**

(나) 특수교사의 인라인스케이팅 활동 지도 계획

목적	학생 A의 인라인스케이팅 기술 습득 및 일반화	
○ 학교 체육관에서 인라인스케이팅 기본 동작 익히기 – 과제분석, 모델링, 연습 기회와 피드백 제공		
관련 기술 익히기		
발달적 기술	(㉢) 기술	학업적 기술
– 두 발 모아 뛰기, 똑바른 선 따라 걷기	– 헬멧 및 보호 용품 착용하기, 인라인스케이트 신발 착용하기	– 인라인스케이팅 용어 익히기, 거리 단위(m, km) 알기

작성방법

(나)의 괄호 안의 ㉢에 해당하는 용어를 쓸 것.

확장하기 +

발달적 기술과 기능적 기술

기능적 접근이란 큰 목표를 세우고 그를 위해 어떤 하위목표를 세울 것인가를 생각한다는 점에서 큰 목표부터 아래로 점차 내려오는 하향식 접근(top-down approach)이라고 한다. 반대로 발달적 접근이란 일반학생들이 흔히 밟게 되는 발달의 순서를 기준으로 하여 하위 기술에서 상위 기술을 차근차근 가르치며 학습에 있어서 위계나 준비도의 개념을 강조하는 접근으로, 상향식 접근(bottom-top approach)이라고 한다. 예를 들어, 덧셈을 지도할 때 두 수의 합이 10 미만인 덧셈을 배우고 나서 잘 할 수 있어야 두 수의 합이 20 미만의 덧셈을 가르쳐야 한다고 생각하는 것이 일반적이다. 교육내용의 위계상 아래에서 위로, 하위 기술에서 상위 기술로 단계를 밟아 배우는 것이 일반적이지만, 장애학생의 경우 100 이내의 숫자는 몰라도 실제 화폐를 이용한 계산에는 강점을 보일 수도 있으므로 이러한 경우에는 천 원, 만 원 이내의 화폐 계산을 가르치는 것이 더욱 현실적이고 기능적일 수 있다.

발달적 기술	기능적 기술
• 10분 동안 100개의 압정을 보드에 꽂기 • 색깔별로 장난감을 정리하기 • 인형을 이용하여 눈, 코, 입 찾기 • 유아용 프로그램을 보며 율동 따라하기 • 10, 100, 1000, 10000의 단위 알기 • 알파벳의 대문자와 소문자 읽기 • 구슬 꿰기	• 동전을 이용하여 자동판매기에서 물건 사기 • 세탁을 위해 흰 옷과 색깔 옷을 구분하기 • 휴지를 사용하여 코 풀기 • 또래들에게 인기 있는 최신 음악 듣기 • 만 원 이내의 돈 계산하기 • 지역사회 내 표지판(화장실, 멈춤) 읽기 • 신발끈 묶기

참고자료 기본이론 77-81p

키워드 기능적 학업기술

구조화 틀 기능적 학업기술

- 개념 및 특징
- 장단점

핵심개념 기능적 학업기술

- **기능적 학업기술의 개념**
  - 기능적 교육과정은 개인의 현재와 미래의 삶에서 중요하다고 여겨지는 영역을 중심으로 교육과정을 구성하므로, 학생이 장차 독립된 구성원으로서 살아가는 데 필요한 기능을 익힐 수 있음
  - 일반아동은 다른 교과 내용을 잘 습득하기 위해서 읽기를 배우지만, 지적장애 아동은 실생활에서 독립적으로 기능하기 위해서 읽기를 배움. 예를 들어 신문을 본다거나, 전화번호부를 이용한다거나, 지원서를 작성하는 등의 일을 직접 할 수 있기 위함(이소현 외).
- **기능적 학업기술을 가르치는 이유**
  - 지적장애 아동은 학습하는 데 오랜 시간이 걸리므로 주어진 제한시간에 미래 생활에 가장 필요하고, 학습이 가능한 수준의 내용을 가르치고자 함
  - 지적장애 아동은 일반화 능력에 제한이 있는 경우가 많기 때문에 교과서만으로 학습하기보다는 실생활에 적용하는 교수방법을 통해 일반화를 촉진시키고자 함
- **기능적 학업기술을 가르치는 방법**
  - 주제별 학습(주제중심 교육과정)
  - 기능적 연습활동

모범답안 기능적 학업기술

2025학년도 초등 A2

03 **다음은 특수교사가 통합교육 지원을 위한 협의회에서 통합학급 교사들과 나눈 대화의 일부이다. 물음에 답하시오.** **[5점]**

박 교 사 :	저는 6학년 지적장애 학생 민희의 담임교사입니다. 저번에 선생님께서 (㉢) 기술이 중요하다고 하셨는데, 어떻게 지도해야 할지를 잘 모르겠어요.
특수교사 :	그렇군요. 비장애 학생들은 다른 교과 내용을 잘 습득하기 위해 읽기를 학습하지만, 지적장애 학생들은 실생활에서 독립적인 기능을 배우기 위해 읽기를 배웁니다. 예를 들면, 민희는 안전과 관련된 표지판이나 학급의 시간표와 열차 시간표를 읽기 위해 학습합니다. [B]
박 교 사 :	잘 이해가 되었습니다.

2) [B]를 고려하여 ㉢에 들어갈 말을 쓰시오.

참고자료 기본이론 77-81p

키워드 기능적 학업기술

구조화틀 기능적 학업기술

- 개념 및 특징
- 장단점

핵심개념 기능적 학업기술

- 기능적 학업기술의 개념
  - 기능적 교육과정은 개인의 현재와 미래의 삶에서 중요하다고 여겨지는 영역을 중심으로 교육과정을 구성하므로, 학생이 장차 독립된 구성원으로서 살아가는 데 필요한 기능을 익힐 수 있음
  - 일반아동은 다른 교과 내용을 잘 습득하기 위해서 읽기를 배우지만, 지적장애 아동은 실생활에서 독립적으로 기능하기 위해서 읽기를 배움. 예를 들어 신문을 본다거나, 전화번호부를 이용한다거나, 지원서를 작성하는 등의 일을 직접 할 수 있기 위함(이소현 외).
- 기능적 학업기술을 가르치는 이유
  - 지적장애 아동은 학습하는 데 오랜 시간이 걸리므로 주어진 제한시간에 미래 생활에 가장 필요하고, 학습이 가능한 수준의 내용을 가르치고자 함
  - 지적장애 아동은 일반화 능력에 제한이 있는 경우가 많기 때문에 교과서만으로 학습하기보다는 실생활에 적용하는 교수방법을 통해 일반화를 촉진시키고자 함
- 기능적 학업기술을 가르치는 방법
  - 주제별 학습(주제중심 교육과정)
  - 기능적 연습활동

모범답안 주제별 학습(교과 간 재구성)

2022학년도 초등 A2

04 (가)는 특수학교 독서 교육 교사 학습 공동체 협의회에 참여한 교사들의 대화 내용의 일부이고, (나)는 지수의 행동 관찰 기록이다. 물음에 답하시오. [5점]

> 이 교사: 그리고 ㉢ <u>학생들의 생활 속에서 일어나는 다양한 경험을 중심으로 주제를 선정하고 교과를 연결해서 수업을 해 보면 어떨까요?</u>
>
> …(하략)…

2) ① ㉢은 교육과정을 재구성하는 방법 가운데 어떤 유형인지를 쓰시오.

교과 간 교육과정 재구성 방법
주제 중심 교육과정 재구성 방식으로, 특정한 주제를 중심으로 2~3개 이상의 교과별 성취기준을 통합하거나 병합하여 운영하는 방식

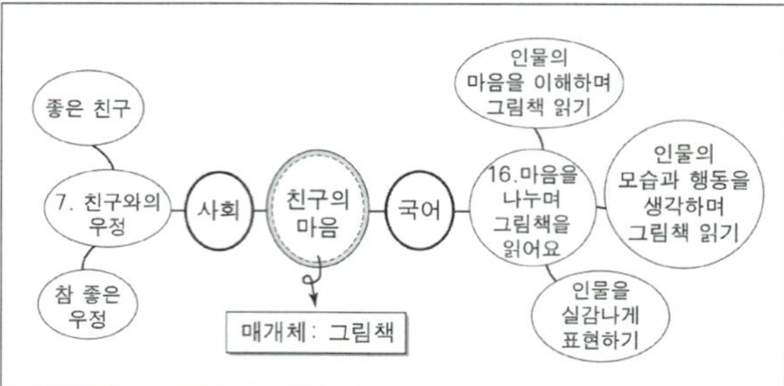

확장하기 +

기능적 학업기술을 가르치는 방법

주제별 학습 (주제중심 교육과정)

- '주제중심 교육과정'이란 학생의 전인발달과 효율적 학습을 위해 주변의 인적·물적 자원을 통합, 교과를 재조직해 가르치는 방법의 하나로, 장애학생의 발달 영역별, 교과 영역별, 흥미 영역별로 통합된 전체 경험 속에서 학습하도록 돕는 교육과정이다.

  예 '시간'이라는 큰 주제하에 계절, 명절, 여가, 시계 보기 등의 하위 주제와 관련된 여러 가지 기초기술을 가르칠 수 있다. 그 외에도 교통(하위 주제로는 버스 타기, 운전하기, 지하철 타기 등), 돈 관리(하위 주제로는 용돈 예산 세우기, 은행 이용하기 등) 등의 주제로 아동의 연령, 기술 수준, 흥미에 맞는 융통성 있는 활동을 계획할 수 있다.
- 주제중심 교육과정의 교육목표는 학생들에게 의미 있는 내용을 경험을 통해 학습시켜 성장하게 하는 것이므로, 개별 학생의 특성과 요구에 적절한 목표를 중심으로 구성된다.
- 주제를 중심으로 교육과정을 구성하는 이유는 주제에서 발생하는 활동들을 단편적으로 다루기보다는 교과별 내용들을 상호관련지어 통합해 접근할 때 장애학생들이 문제를 좀 더 의미 있게 다룰 수 있기 때문이다.
- 주제중심 교육과정에서는 중도·중복장애 학생이 학교교육을 통해 성취해야 하는 기준을 명료화하고, 무엇을 가르쳐야 하는지에 대해 주제를 중심으로 교육과정의 목표와 내용·성취 기준·학습 활동을 재구성하는 절차가 필요하다.

교과	교육과정 내용 요소	성취 기준	학습 활동의 예		주제 도출
국어	소리 듣고 구별하기	여러 가지 소리의 의미를 이해하고 구별한다.	• 수업 시작 종소리를 듣고 의자에 앉기 • 이름을 부르면 "네." 하고 소리 내어 대답하기	➡	새 학년 우리 반
사회	학교생활 규칙 살펴보기	학교에서 지켜야 하는 규칙을 살펴보고 이를 지킨다.	• 교실에서 내 자리를 찾아 앉기 • 학교를 둘러보며 학교시설의 이름 알기		
수학	측정을 일상생활과 연결하기	• 주변을 탐색하여 방금 전에 보았던 사물을 찾는다. • 제시한 구체물과 같거나 다른 구체물을 찾는다.	교실 내에 있는 물체에 관심을 갖고 다감각을 활용해 관찰하기		
과학	소리의 세기와 높낮이	소리가 나는 물체는 떨림이 있음을 알고, 생활 주변의 소리를 듣고 큰 소리와 작은 소리, 높은 소리와 낮은 소리로 구별한다.	여러 가지 소리에 반응하기		

주제중심 교육과정의 재구성 사례

I 주제중심 교육과정 편성·운영 시 유의점(강혜경 외)

- 교육과정에서의 주제는 장애학생들이 생활 주변에서 경험할 수 있는 내용으로 선정한다.
- 교육과정의 내용은 장애학생의 생활 경험과 관련이 깊은 내용으로 생활에 필요한 기능이나 지식을 통합해 제공하며, 가정·학교·지역사회에서의 생활과 관련된 주제나 행사를 주로 다룬다.
- 교육내용은 실제 생활장면에서 활용할 수 있는 일상생활 기술이나 사회성 기술, 의사소통 기술, 직업적 적응 등의 내용을 강조하며, 생활중심 단원으로 통합해 활동중심 프로그램으로 구성한다.
- 주제와 소재를 선정할 때에는 학생의 정서·사회적 기술, 인지능력, 신체운동능력 등이 균형 있게 발달할 수 있도록 구성한다.
- 수업 활동을 통해 학교 교육목표를 효과적으로 이끌어낼 수 있는 주제를 우선순위로 선정하더라도, 기본적으로는 개별 학생의 교육적 요구와 특성에 따른 개별화교육을 강조한다.
- 주제중심 교육과정에서 주제의 학습량을 결정할 때 학교 학습의 총 시수 대비 적절량을 고려하며, 학생의 장애 상황 및 발달 수준, 학습 시기를 고려해 편성한다.

기능적 연습활동

- 읽기, 쓰기, 셈하기 등의 학업기술을 각각 가르친 후 이들을 실생활에 적용시켜 기능적으로 연습할 수 있도록 기회를 제공하는 방법이다.
- 읽기의 경우 어떤 정보를 얻기 위해서 읽어야 하거나 또는 여가활동으로 읽게 할 수도 있다. 또한 실생활에서 기능성이 높은 어휘를 선정해 가르치는 방법도 사용된다.
- 기능적 연습활동은 가능한 한 실생활과 연관이 높은 활동으로 계획해야 하며, 동시에 아동의 기술 수준과 필요한 지도감독의 정도 등을 고려해야 한다. 또한 이러한 활동 중에는 한 가지 기술만이 아니라 여러 가지 기초기술을 필요로 하는 경우가 많으므로 활동을 계획할 때 모든 기초기술의 수행능력을 고려해야 한다.
  예 수학능력을 연습하기 위한 활동을 하는 데 읽기능력의 부족으로 인하여 어려움을 겪는 일이 없도록 해야 한다.

기능적 연습활동의 예

학업기술	연습활동
읽기	– 건물이나 지역사회에서 흔히 볼 수 있는 표시판 예 남, 여, 정지, 진입금지, 위험 등 – 패스트푸드점이나 일반음식점의 메뉴 – 학급 시간표나 TV, 기차, 영화 시간표 – 물건광고나 구인광고 – 완구 조립이나 신청서 작성을 위한 설명문 – 음식, 약, 옷 등의 라벨
쓰기	– 쇼핑 목록, 해야 할 일의 목록 작성하기 – 친구나 가족에게 메모 남기기 – 엽서, 초대장, 친구에게 편지 쓰기
수학	– 물건 구입하기 – 용돈 예산 세우기 – 물건 값 비교하기 – 저금하기(통장 관리하기) – 음식 준비하기 – 측정도구 이용하기 예 온도계, 체중계, 키 재기 – 시계 보기, 달력 보기, 시간 계산하기

2025학년도 초등 A5

05 **(가)는 2022 개정 특수교육 기본 교육과정 사회과 3~4학년 '이웃의 일과 직업' 단원 지도를 위해 같은 학년 교사들이 나눈 대화의 일부이고, (나)는 수업 준비를 위해 김 교사가 작성한 메모의 일부이다. 물음에 답하시오. [5점]**

(가)

이 교사: 선생님, 우리 동네 사람들이 하는 일과 일하는 장소에 대해 알아보는 단원의 지도 계획을 살펴보니 모든 차시를 지도하는 것은 어려움이 있을 것 같습니다.
김 교사: 그러면, 이 단원의 학습 내용을 교과 내 교육과정 재구성 방법으로 재구성하는 것이 좋겠어요.
이 교사: 이 단원에서 지도하는 내용 이외에 다른 내용도 포함하는 '추가'나 지도 내용의 배열 순서를 바꾸어서 재구성하는 '순서 바꾸기'를 하면 어떨까요?
김 교사: 네, 그 외에도 교과 내 교육과정 재구성을 할 때에는 한두 가지 방법만 사용하기보다는 압축이나 (㉠)을/를 혼용하는 방법도 함께 생각해 봅시다.

…(하략)…

1) **다음의 내용을 고려하여 (가)의 괄호 안의 ㉠에 해당하는 내용을 쓰시오. [1점]**

- 학습 목표를 고려하거나 학생 수준에 맞추기 위해 일부 내용을 줄임
- 핵심적인 내용을 중심으로 지도하는 과정에서 일부 교육과정 내용을 줄임

참고자료 기본이론 83-84p

키워드 교육과정 재구성

구조화 틀 **교육과정 재구성**

- 교육과정 중심 재구성 방법
- 교과 중심 재구성 방법
  - 교과 내
  - 교과 간
  - 교과-비교과 간

핵심개념 **교과 내 교육과정 재구성 방법**

교과의 성취기준을 중심으로 재구성하는 방법으로, 압축·생략·추가·순서 바꾸기 형태로 이루어짐

- **압축**: 교육과정의 내용 중에서 보다 중요하고 핵심적인 내용을 중심으로 지도하면서 다른 내용을 포함하여 지도하는 방법
- **생략**: 중요하고 핵심적인 내용을 중심으로 지도하는 과정에서 일부 교육과정의 내용을 생략하는 방법
- **추가**: 교육과정 이외의 내용을 추가하여 지도하는 방법
- **순서 바꾸기**: 교과의 순서대로 가르치는 것이 아니라, 교과서의 내용 및 배열 순서를 바꾸어 교수·학습하는 것으로, 소극적인 교육과정 재구성이라고 할 수 있음

모범답안 ㉠ 생략

확장하기 +

교육과정 재구성

1. 교육과정 중심 재구성 방법(교육과정 간 재구성 방법)

① **공통-기본 교육과정 융합 재구성 방법**: 통합학급 상황에서 주제 중심으로 교육과정을 재구성할 때 사용될 수 있는 방법이다. 공통 교육과정과 기본 교육과정의 성취기준을 분석하여 학습목표를 수립한 후, 적합한 내용을 선정하여 교과서(교재)를 새롭게 재구성하는 방법이다.

② **학년 간 교육과정 융합 재구성 방법**: 복식학급 학생의 수준에 맞는 학년별 성취기준을 재구성하여 공통주제를 중심으로 교재를 새롭게 재구성하는 것이다. 특수학급이나 순회 파견, 중도·중복장애 학생을 위한 교육과정 재구성 시 활용될 수 있으나, 교육과정 재구성 시 많은 노력과 시간이 요구된다.

2. 교과 중심 재구성 방법

① **교과 내 교육과정 재구성 방법**: 교과의 성취기준을 중심으로 재구성하는 방법으로, 압축·생략·추가·순서 바꾸기 형태로 이루어진다.

㉠ **압축**: 교육과정의 내용 중에서 보다 중요하고 핵심적인 내용을 중심으로 지도하면서 다른 내용을 포함하여 지도하는 방법이다.

㉡ **생략**: 중요하고 핵심적인 내용을 중심으로 지도하는 과정에서 일부 교육과정의 내용을 생략하는 방법이다.

㉢ **추가**: 교육과정 이외의 내용을 추가하여 지도하는 방법이다.

㉣ **순서 바꾸기**: 교과서의 순서대로 가르치는 것이 아니라, 교과서의 내용 및 배열 순서를 바꾸어 교수·학습하는 것으로, 소극적인 교육과정 재구성이라고 할 수 있다.

② **교과 간 교육과정 재구성 방법**: 주제 중심 교육과정 재구성 방식으로, 특정한 주제를 중심으로 2~3개 이상의 교과별 성취기준을 통합하거나 병합하여 운영하는 방식이다. 교과 간 재구성 절차는 먼저 학습자 실태 및 수준을 분석하여 교사 간 충분한 협의를 거쳐 주제를 선정한 후, 각 교과별 성취기준을 분석하고 해석하여 주제통합을 위해 수행해야 할 활동을 정리하는 방식으로 이루어질 수 있다.

③ **교과-비교과 간 교육과정 재구성 방법**: 주제 중심 교육과정 재구성 방식으로, 교과내용을 중심으로 창의적 체험활동을 연계하여 운영하는 교과-창체 간 재구성 방법과, 자유학기제 활동과 연관된 주제를 중심으로 교과내용을 연계하여 운영하는 교과-자유학기 활동 간 재구성 방법이 있다.

교육과정 재구성 방법

구분	재구성 영역	재구성 형태	재구성 내용
교육과정 중심 재구성	교육과정 간 재구성	공통-기본 교육과정 융합	통합학급 학생의 학년 수준을 고려한 공통-기본 교육과정 간 주제 중심 통합 재구성
		학년 간 교육과정 융합	복식학급 학생의 교육내용의 학년별 순서 조정, 공통 주제 중심으로 교육과정 재구성
교과 내 교육과정 재구성	단원 재구성	학습수준을 고려한 학습목표 조정	성취기준 조정 및 단원 지도 시수 조정 운영
		창의융합형 인재양성교육 강화	창의융합형 인재양성에 도움이 될 수 있도록 성취기준을 재설정
		미래 핵심역량 강화	학교교육 전 과정을 통해 미래 핵심역량을 강화할 수 있도록 설정
교과 간 교육과정 재구성	교과 간 통합	STEAM 교육	과학, 예술(음악/미술), 수학 등 교과 융합
		주제중심 통합	특정 주제를 중심으로 재구성
		교과군 통합	사회/역사, 도덕, 과학/기술·가정/정보, 진로와 직업 교과군
	교과목 수 축소	자유학기제 운영	자유학기 활동으로 인한 교과시수 조정, 교과목 수 축소
	교과 간 병합	학습내용 연계 운영	둘 이상의 교과를 학습내용 중심으로 수업시간 전후 배치
	교과서 전체 통합	교과서 내용 재구성	전체 활동의 대주제를 선정한 다음 교과서의 내용을 재구성
교과-비교과 교육과정 재구성	교과-비교과 통합	창의적 체험활동과 연계 운영	창의적 체험활동 내용과 관련 교과 연계 운영
		자유학기 활동과 연계 운영	자유학기 활동 주제와 관련된 교과 연계 운영

참고자료 기본이론 86-88p

키워드 최소위험가정 기준

구조화틀 **지적장애 학생의 교육과정 구성 및 운영을 위한 기본전제**

- 연령에 적합한 교육과정
- 궁극적 기능성의 기준
- 최소위험가정 기준
- 영수준 추측
- 자기결정 증진

핵심개념 **최소위험가정 기준**

지적장애 학생이 배우지 못할 것이라는 점이 증명되지 않았기 때문에, 결정적인 증거가 없는 한 아무리 지적장애의 정도가 심해도 최선의 시도를 통해 교육 가능성의 신념을 실현해야 함

모범답안 최소위험가정 기준

2013학년도 추가중등 B3

06 다음은 중학교 통합학급에서 참관실습을 하고 있는 A 대학교 특수교육과 2학년 학생의 참관 후기와 김 교사의 피드백 일부이다. 물음에 답하시오. [5점]

통합학급 국어 시간에 은수의 학습보조를 했다. 은수와 같은 중도 정신지체 학생이 왜 통합학급에서 공부하는지, 그리고 이 시간이 은수에게 무슨 의미가 있는지 의문이 들 때가 많다. 은수가 과연 무엇인가를 배울 수는 있는 것일까?
↳ 중도 정신지체 학생들을 위해 ㉠ <u>확실한 자료나 근거가 없다면 혹시 잘못된 결정을 하더라도 학생의 미래에 가장 덜 위험한 결과를 가져오는 교수적 결정을 해야 해요.</u> 학생의 잠재력을 전제하여 통합상황에서 또래와 함께 공부할 수 있는 기회를 제공하는 것이 중요합니다.

1) ㉠이 의미하는 용어를 쓰시오. [1점]

참고자료 기본이론 86-88p

키워드 최소위험가정 기준

구조화틀 **지적장애 학생의 교육과정 구성 및 운영을 위한 기본전제**

- 연령에 적합한 교육과정
- 궁극적 기능성의 기준
- 최소위험가정 기준
- 영수준 추측
- 자기결정 증진

핵심개념 **최소위험가정 기준**

지적장애 학생이 배우지 못할 것이라는 점이 증명되지 않았기 때문에, 결정적인 증거가 없는 한 아무리 지적장애의 정도가 심해도 최선의 시도를 통해 교육 가능성의 신념을 실현해야 함

모범답안 최소위험가정 기준에 근거해 민지가 나뭇잎을 선택할 수 없을 것이라는 결정적 근거 없이 미리 준비한 나뭇잎을 제공했기 때문에 적절하지 않다.

2018학년도 초등 A5

07 **(가)는 지적장애 학생 세호와 민지의 특성이고, (나)는 교사가 작성한 2015 개정 특수학교 교육과정 중 기본 교육과정 미술과 3~4학년 수업을 위한 아이디어 노트이다. 물음에 답하시오. [6점]**

(가)

세호	• ㉠ <u>과잉 행동과 공격성이 강함</u> • 주의집중이 어려움
민지	• 중도·중복장애를 지님 • 구어 사용이 어려움

(나)

○ 제재 : 재미있는 찍기 놀이
○ 수업 활동

〈활동 1〉 체험 영역(지각)
• 자신이 좋아하는 나뭇잎을 선택하고 학교 주변에서 찾기
  – 나뭇잎 목록표 사용하기
  – ㉡ <u>민지에게는 미리 준비한 나뭇잎을 제공하기</u>

2) **교사의 임의적 판단에 따른 (나)의 밑줄 친 ㉡이 적절하지 <u>않은</u> 이유를 최소위험가정 기준(criterion of the least dangerous assumption) 측면에서 쓰시오. [1점]**

참고자료 기본이론 86-88p

키워드 최소위험가정 기준

구조화틀 **지적장애 학생의 교육과정 구성 및 운영을 위한 기본전제**

- 연령에 적합한 교육과정
- 궁극적 기능성의 기준
- 최소위험가정 기준
- 영수준 추측
- 자기결정 증진

핵심개념 **최소위험가정 기준**

지적장애 학생이 배우지 못할 것이라는 점이 증명되지 않았기 때문에, 결정적인 증거가 없는 한 아무리 지적장애의 정도가 심해도 최선의 시도를 통해 교육 가능성의 신념을 실현해야 함

모범답안 최소위험가정 기준

2021학년도 초등 A5

08 **(가)는 민지의 특성이고, (나)는 교육실습생과 지도 교사의 대화이다. 물음에 답하시오. [5점]**

(가) 민지의 특성

• 간단한 문장을 읽고 이해할 수 있다. • 자신의 의사를 간단하게 표현할 수 있다. • 학교에서 배운 것을 일상생활에 잘 적용하지 못한다.

일반화의 어려움

(나) 교육실습생과 지도 교사의 대화

교육실습생 :	다음 국어시간에는 '바른 말 고운 말 사용하기' 수업을 역할놀이로 진행한다고 들었어요. 선생님, 지적장애 학생을 교육할 때 어떤 점을 유의해야 할까요?
지 도 교 사 :	교사는 ㉠ 결정적인 자료가 없는 한 학생을 수업 활동에 배제하지 않고 교육적 지원을 계속해야 하고, 학교에서 배운 것이 학습 결과로 바로 나타난다고 생각하기보다 ㉡ 학생의 생활, 경험, 흥미 등을 중심으로 현재 필요한 것이면서 미래의 가정과 직업, 지역사회, 여가활동 등에 활용될 수 있는 생활 기술들을 지도해야 합니다.
교육실습생 :	네, 감사합니다.
	…(중략)…

"학교에서 배운 것이 학습 결과로 바로 나타난다고 생각하기보다" → 영수준 추측

1) 발달장애 학생을 위한 교육과정을 결정하고 운영할 때 고려해야 할 교수 원리로 ㉠에 해당하는 가정(가설)을 쓰시오. [1점]

참고자료 기본이론 86-88p

키워드 최소위험가정 기준

구조화 틀 **지적장애 학생의 교육과정 구성 및 운영을 위한 기본전제**
- 연령에 적합한 교육과정
- 궁극적 기능성의 기준
- 최소위험가정 기준
- 영수준 추측
- 자기결정 증진

핵심개념 **최소위험가정 기준**

지적장애 학생이 배우지 못할 것이라는 점이 증명되지 않았기 때문에, 결정적인 증거가 없는 한 아무리 지적장애의 정도가 심해도 최선의 시도를 통해 교육 가능성의 신념을 실현해야 함

모범답안 최소위험가정 기준

2025학년도 초등 B3

09 **(가)는 예비 교사가 작성한 학생 관찰 일지의 일부이고, (나)는 예비 교사가 작성한 2015 개정 특수교육 기본 교육과정 과학과 5~6학년군 '5. 용액 만들기' 단원 교수 · 학습 과정안의 일부이며, (다)는 예비 교사가 수업 전에 작성한 메모의 일부이다. 물음에 답하시오. [5점]**

(가)

6학년 1반 이름 : ○선우

- 장애 : 지적장애(프래더-윌리 증후군)
- 관찰 결과 1
  - 수학 시간에 자로 길이 재는 활동을 스스로 해냄
  - → 나는 선우가 못할 것 같아서 숫자를 짚어 주려고 했는데 스스로 길이를 찾아 숫자를 가리킴
  - 하교 시간에 통학 버스에서 안전벨트를 스스로 맴
  - → 나는 선우가 못할 것 같아서 항상 안전벨트를 매어 주었음
- 오늘의 교훈
  - 학생 수행 수준을 정확하게 파악하기 어려울 때는 학생이 해낼 수 있다고 생각하는 것이 해낼 수 없다고 생각하는 것보다 덜 위험하다. 즉, 교사는 결정적 증거가 없는 한 교육의 가능성을 찾아내어 최선의 시도를 해야 한다! [A]

지적장애 학생이 배우지 못할 것이라는 점이 증명되지 않았기 때문에, 결정적인 증거가 없는 한 아무리 지적장애의 정도가 심해도 최선의 시도를 통해 교육 가능성의 신념을 실현해야 함

1) (가)의 ① [A]에 해당하는 개념을 지적장애 학생의 교육과정 구성 및 운영을 위한 기본 전제 중에서 쓰시오.

확장하기 +

중도 · 중복장애 학생 교육의 기본 교육철학

기본권으로서의 교육권	교사는 학생의 기본적 인권으로서의 교육권에 대해 인식할 필요가 있다. 사람은 능력에 따라 균등하게 교육을 받을 권리가 있으며(헌법 제31조), 자신의 능력과 특성에 맞는 방법으로 자신에게 필요한 교육을 받을 권리가 있다. 따라서 장애가 심한 학생도 자신의 장애 특성을 고려한 방법으로 필요한 내용을 교육받을 권리가 있다. 만약 학생이 몸을 움직일 수 없거나 말을 잘 못하면 그에 맞는 방법으로 교육을 해야 하며, 그러한 장애 특성을 이유로 학급의 교육 활동에서 소외되는 일이 있어서는 안 될 것이다.
교육 가능성에 대한 신념	특수교사는 중도·중복장애 학생의 교육 가능성에 대한 확신을 가지는 것이 중요하다. 많은 학자들은 장애의 정도에 상관없이 모든 학생이 학습할 능력을 가지고 있음을 강조하며, 이들의 교육을 지지하고 있다. 그러므로 학생의 수준에 맞는 교육목표를 수립하고 다양한 교수방법을 고안해 가르칠 수 있는 특수교사의 역량이 요구된다.
교육성과에 대한 인식과 책무성	• 중도·중복장애 학생이 특수교육을 받음으로써 얻게 되는 교육적 성과에 대한 명확한 인식이 필요하다. • '생활연령(CA) 적합성', 즉 '생활연령에 적합한 교육'을 제공해야 한다는 점도 교육성과와 관련된 중요한 개념이다. 교육내용을 구성할 때 먼저 배워야 하는 준비 기술부터 시작해 점차 어려운 상위 기술로 난도를 올리면서 가르치는 것이 일반적인 발달적 접근이지만, 중도·중복장애 학생들은 준비 기술 또는 기초 기술 습득에 너무 오랜 시간이 걸리거나 습득이 불가능한 경우가 있기 때문에 발달적 접근만을 강조하는 것은 바람직하지 않다. 따라서 교육내용뿐 아니라 사용하는 교수자료, 강화방법, 교사의 언어 사용 등에서도 모두 학생의 생활연령에 맞는 접근을 할 필요가 있다. • 중도·중복장애 학생의 교육성과는 궁극적으로 학교 졸업 이후 성인기 사회인으로서 삶의 준비라고 볼 수 있다. 따라서 성인기의 생활과 직업을 위해 현재의 특수교육이 무엇을 기여하고 있는가를 생각해야 한다. 특수교육에서는 일반교육에 비해 진로 및 직업교육의 중요성이 더욱 크며, 단순한 직업 기술만이 아니라 직업 환경에서 필요한 의사소통, 대인관계, 이동능력, 자기관리능력 등과 같은 기능적 기술들을 갖추도록 교육하는 것이 매우 중요하다. 또한 여가생활이나 건강 관리, 지역사회시설 이용, 의식주 관련 기술과 같이 성인으로서 필요한 기술을 졸업 이후에 가능한 한 많이 습득하고 사용할 수 있도록 교육하는 것도 필요하다. 즉, 중도·중복장애 학생을 위한 교육에서는 광범위한 교육내용과 교수방법에 대한 지식을 기초로, 궁극적으로는 학생에게 실제적으로 필요한 지식과 기술을 가르치는 것을 최우선으로 해야 한다. 이때 학생 개개인의 특성과 능력이 다르기 때문에, 개별 학생에게 맞는 차별화된 교육을 제공할 수 있는 특수교사의 능력이 요구된다. • 흔히 교육성과 내지는 전환교육이 중·고등학교 시기에만 해당되는 내용이라고 생각하기 쉽다. 하지만 교육성과에 대한 인식과 책무성은 모든 학교급에 해당되며, 각각의 시기에 맞는 최적의 교육목표를 고려해야 한다. 즉, 학교급과 상관없이 명확한 교육성과에 대한 인식과 책무성을 토대로 교과서를 넘어선 실제적인 교육이 필요하다.
최소위험가설 기준	확정적 또는 결정적인 교육적 자료가 없을 때 학생에게 위험한 영향을 최소화할 수 있는 가정에 기초해 결정을 해야 한다는 교육자의 신념을 말하는 것으로서, 장애학생의 정확한 수행 수준을 파악하기 어려울 때에는 학생이 할 수 있다고 생각하는 것이 할 수 없다고 가정하는 것보다 훨씬 덜 위험하다는 것이다.
최소제한환경	• 중도·중복장애 학생에게도 특수교육의 다양한 배치 형태에서 교육받을 수 있는 교육 여건이 확보되어야 하며, 그 가운데 가장 적절한 배치 형태를 결정할 수 있어야 한다. • 중도 학생의 특성과 가족의 요구, 해당 교육환경의 준비도를 고려해 교육적 효과를 가장 높일 수 있는 곳에 배치할 수 있어야 한다. 중요한 것은 환경적 요인으로 인해 중도·중복장애 학생들이 통합교육에서 배제되는 것을 당연하게 생각하면 안 되며, 이들을 위한 지속적인 통합교육 노력 및 개선이 이루어져야 한다는 점이다.
새로운 교수방법의 개발 및 도전	• 장애가 심하고 복잡할수록 체계적이고 차별화된 교수방법이 필요하다. 또한 각 학생의 장애 특성에 맞도록 개별화된 교수전략이 요구되며, 특히 전체 수업상황에서 중도·중복장애 학생이 소외되지 않도록 노력해야 한다. • 중도·중복장애 학생 교육에서의 어려움 중 한 가지는 학습한 것을 다른 상황이나 대상으로 일반화하는 능력이 부족하다는 것이다. '영추론전략(zero degree of inference)'이란 일반화 가능성이 0일 것으로 추론하라는 것으로, 중도·중복장애 학생들에게 가르친 내용이 일반화될 것이라고 가정하지 말고, 다양한 장소·대상·방법으로 가르쳐서 일반화되도록 하라는 의미의 용어이다.

참고자료 기본이론 86–88p

키워드

- 연령에 적절한 교육과정
- 궁극적 기능성의 기준

구조화 틀 **지적장애 학생의 교육과정 구성 및 운영을 위한 기본전제**

- 연령에 적합한 교육과정
- 궁극적 기능성의 기준
- 최소위험가정 기준
- 영수준 추측
- 자기결정 증진

핵심개념

연령에 적절한 교육과정

지적장애 학생의 교육과정은 생활연령에 적합한 내용으로 구성·적용되어야 함

궁극적 기능성의 기준

통합된 성인기 사회환경에서 최대한 생산적·독립적으로 활동하기 위해 개개인이 반드시 소유하고 있어야 할 요소. 이를 지도하는 것이 궁극적 기능성의 기준에서 지적장애 학생의 교육목표임

모범답안

㉤ 지적장애 학생의 교육과정은 생활연령에 적합한 내용으로 구성해야 한다. 사례의 어머니는 초등학교 6학년 민기의 생활연령을 고려하지 않고 유아용 동화책을 읽게 하였으므로 적절하지 않다.

㉥ 지적장애 학생의 교육과정은 궁극적 기능성의 기준을 고려해야 한다. 사례의 어머니는 민기의 성인기 통합된 환경에서 필요한 기술들에 대한 고려가 부족하다.

2017학년도 초등 A2

10 **(가)는 초등학교 5학년 지적장애 학생 희수에 대해 특수교사와 일반교사가 나눈 대화의 일부이고, (나)는 초등학교 6학년 지적장애 학생 민기에 대해 특수교사와 어머니가 나눈 대화의 일부이다. 물음에 답하시오. [6점]**

(나)

특수교사 :	학교에서는 ㉣ 민기의 읽기능력 향상을 위해 책 읽기 지도를 꾸준히 하고 있어요.
어 머 니 :	저도 집에서 ㉤ 민기에게 유아용 동화책을 읽게 하고 있어요. 그런데 제가 잘하고 있는지 모르겠어요.
	…(중략)…
특수교사 :	민기가 곧 중학교에 입학하니까 버스 이용하기를 가르치고 있어요.
어 머 니 :	그런데 선생님, ㉥ 민기가 지금은 학교 통학버스를 이용하고 있어서 아직은 배울 필요가 없을 것 같아요.

4) (나)의 ㉤과 ㉥이 적절하지 않은 이유를 지적장애 학생을 위한 교육과정 구성 시 고려해야 할 기본원리(전제)에 근거하여 각각 1가지씩 쓰시오. [2점]

참고자료 기본이론 86-88p

키워드 궁극적 기능성의 기준

구조화 틀 **지적장애 학생의 교육과정 구성 및 운영을 위한 기본전제**

- 연령에 적합한 교육과정
- 궁극적 기능성의 기준
- 최소위험가정 기준
- 영수준 추측
- 자기결정 증진

핵심개념 **궁극적 기능성의 기준**

통합된 성인기 사회환경에서 최대한 생산적·독립적으로 활동하기 위해 개개인이 반드시 소유하고 있어야 할 요소. 이를 지도하는 것이 궁극적 기능성의 기준에서 지적장애 학생의 교육목표임

모범답안 궁극적 기능성의 기준

2024학년도 초등 A4

11 **(가)는 초등학교 6학년 지적장애 학생 희수에 대해 특수교사와 일반교사가 나눈 대화의 일부이고, (나)는 초등학교 6학년 지적장애 학생 민기에 대해 특수교사와 어머니가 나눈 대화의 일부이다. 물음에 답하시오. [6점]**

(가)

담임 교사: 이번 국어 수업의 목표는 '탈 것의 이름 읽기'입니다.

[낱말 카드의 예시]

버스	자전거	지하철

수아에게 이러한 ㉠ 낱말을 여러 번 보여주면서 자동적인 낱말 읽기를 지도하려고 해요. 예를 들어, ㉡ '지하철' 낱말을 보았을 때 'ㅈ', 'ㅣ', 'ㅎ', 'ㅏ', 'ㅊ', 'ㅓ', 'ㄹ'로 분절하기보다 눈에 익어서 보자마자 빠르게 읽는 것이지요.

일견단어

수석 교사: 이 낱말이 수아에게 어떤 도움이 될까요?

담임 교사: 수아가 성인이 되었을 때 스스로 대중교통을 이용하려면 이 낱말을 배우는 것이 꼭 필요해요. 수아가 지역사회 내에서 가능한 독립적으로 적응하기 위해 필요한 것을 지도해야 한다고 생각해요. [A]

1) **브라운 등(L. Brown et al.)의 교육과정 구성 및 운영을 위한 전제에서 (가)의 [A]에 해당하는 용어를 쓰시오. [1점]**

참고자료 기본이론 86-88p

키워드 궁극적 기능성의 기준

구조화 틀 **지적장애 학생의 교육과정 구성 및 운영을 위한 기본전제**

- 연령에 적합한 교육과정
- 궁극적 기능성의 기준
- 최소위험가정 기준
- 영수준 추측
- 자기결정 증진

핵심개념 **궁극적 기능성의 기준**

통합된 성인기 사회환경에서 최대한 생산적·독립적으로 활동하기 위해 개개인이 반드시 소유하고 있어야 할 요소. 이를 지도하는 것이 궁극적 기능성의 기준에서 지적장애 학생의 교육목표임

모범답안 궁극적 기능성의 기준에 근거해 학생의 통합된 성인기 사회환경에서 최대한 생산적이고 독립적으로 활동하기 위해서 지하철 이용 방법은 반드시 소유하고 있어야 할 요소이다.

2025학년도 중등 B9

12 **다음은 ○○ 중학교 지적장애 학생 K에 대해 일반 교사와 특수 교사가 나눈 대화이다. 〈작성 방법〉에 따라 서술하시오. [4점]**

특수교사 : 학생 K가 내년에 고등학교에 입학하니까 지역에서의 이동에 필요한 지하철 이용하기 기술도 배울 필요가 있겠어요.

(수단적 일상생활 기술)

일반교사 : 그런데 현재 학생 K는 혼자서 지하철을 이용할 일이 없기 때문에 지하철 이용 방법을 배울 필요가 없을 것 같아요. 지금은 마을버스만 이용하고 있어서요.

특수교사 : ㉡ <u>아닙니다. 학생 K도 지하철 이용 방법을 배워야 합니다.</u>

…(중략)…

작성방법

밑줄 친 ㉡처럼 말한 이유를 브라운 등(L. Brown et al.)이 제시한 지적장애 학생의 교육과정 구성 및 운영을 위한 기본 원리(전제)에 근거하여 서술할 것.

참고자료 기본이론 86-88p

키워드 영수준 추측

구조화 틀 **지적장애 학생의 교육과정 구성 및 운영을 위한 기본전제**

- 연령에 적합한 교육과정
- 궁극적 기능성의 기준
- 최소위험가정 기준
- 영수준 추측
- 자기결정 증진

핵심개념 **영수준 추측**

- 학급에서 배운 기술들을 실제 사회생활에서 일반화하지 못할 수도 있다는 전제에 기반을 두고, 배운 기술들을 여러 환경에서 일반화할 수 있는지를 시험해봐야 한다는 것
- 일반화가 되지 않을 경우 기술이 사용될 실제 환경에서 교수하는 지역사회 중심교수와 기능적 교육과정을 적용할 수 있음

모범답안 ㉡ '영수준 추측'이란 학급에서 배운 기술들을 실제 사회생활에서 일반화하지 못할 수도 있다는 전제에 기반을 두고, 배운 기술들을 여러 환경에서 일반화할 수 있는지를 시험해봐야 한다는 것이다.

2020학년도 중등 B6

13 **(가)는 지적장애 학생 G의 학부모가 특수교사와 상담한 내용의 일부이고, (나)는 기본 교육과정 중학교 사회과 '마트에서 물건 구입하기'를 주제로 지역사회 중심교수에 기반하여 작성한 수업 지도 계획의 일부이다. 〈작성방법〉에 따라 서술하시오. [4점]**

(가) 상담

학 부 모 :	안녕하세요. 학성 G의 엄마입니다. 우리 아이와 같은 증후군의 아이들은 15번 염색체 이상이 원인인데, 가장 큰 특징은 과도한 식욕으로 인한 비만이라고 해요. 그래서 저는 늘 우리 아이의 비만과 합병증이 염려됩니다. ㉠
특수교사 :	가정에서도 식단 관리와 꾸준한 운동으로 체중 조절을 해주시면 좋겠어요. 학교에서도 학생 G를 위해 급식지도와 체육 활동에 신경 쓰겠습니다.
학 부 모 :	네, 그리고 교과 공부도 중요하지만 학생 G가 성인기에 지역사회에서 살아가기 위해 필요한 실제적인 기술을 지도해주시면 좋겠어요.
특수교사 :	알겠습니다. 학급에서 배운 기술을 지역사회 환경에 적용할 수 있도록 ㉡ '영수준 추측'과 '최소위험가정 기준'을 바탕으로 지역사회중심교수를 하려고 합니다.

"학생 G가 성인기에 지역사회에서 살아가기 위해 필요한 실제적 기술을 지도"하는 교육과정 → 기능적 기술을 실제 지역사회 환경에서 지도하는 기능적 생활중심 교육과정을 의미함

지역사회중심교수의 전제 → 영수준 추측, 최소위험가정 기준

작성방법

(가)의 밑줄 친 ㉡의 의미를 서술하시오.

참고자료 기본이론 86-88p

키워드

- 연령에 적절한 교육과정
- 영수준 추측

구조화틀 **지적장애 학생의 교육과정 구성 및 운영을 위한 기본전제**

- 연령에 적합한 교육과정
- 궁극적 기능성의 기준
- 최소위험가정 기준
- 영수준 추측
- 자기결정 증진

핵심개념 **연령에 적절한 교육과정**

- 발달론적 접근은 '준비도 가설'에 근거함
  → 이러한 접근은 장애 학생이 또래들이 이미 가지고 있는 숙련된 기술을 습득하기 위해 계속해서 연습해야 한다는 이유로, 중도장애 학생을 또래 학생이 포함된 환경에 참여하지 못하게 할 수 있음
- 지적장애 학생의 교육과정은 생활연령에 적합한 내용으로 구성·적용되어야 하며, 특히 중도 지적장애 학생은 일반 또래 학생들을 위한 활동에도 참여할 필요가 있음

모범답안

1) 또래와 활동하고 상호작용하기 위해서는 기능과 연령에 적합한 기술이 필요하기 때문이다.

2) 영수준 추측

2023학년도 초등 B2

14 **(가)는 지적장애 학생 민호 부모의 요구이고, (나)는 특수교사가 작성한 요구 분석 및 지원 계획이다. 물음에 답하시오. [6점]**

(가) 부모의 요구

• 본인의 방을 스스로 청소하고 간단한 식사 준비하기 ┐ • 스마트폰을 활용하여 혼자 지하철 타기 ┘ [A] • 친구들과 함께하는 활동에서 소외되지 않고 즐겁게 참여하기 • 자기가 원하는 것을 말로 표현하기 • 독립적으로 학교생활 하기

(나) 요구 분석 및 지원 계획

1. ㉠ <u>기능적 생활 중심 교육과정을 계획할 때, 민호의 발달연령보다 생활연령을 고려할 것</u> 2. ㉡ <u>일상생활 속에서 민호에게 도움을 줄 수 있는 사물이나 사람(예 같은 반 친구 등)</u>을 파악하여 수업과 생활환경에서 활용할 것 3. 민호가 수업에서 배운 기능적 기술들을 여러 환경에서 일반화할 수 있도록 지도할 것 – ㉢ <u>수업에서 배운 기능적 기술을 실생활에 모두 적용할 수 없다는 점을 전제하여, 민호가 배운 내용을 다양한 환경에서 일반화할 수 있는지 확인하고 평가해 볼 필요가 있음</u>

1) (나)의 ㉠의 이유를 1가지 쓰시오. [1점]

2) 교육과정을 구성하고 운영하기 위한 기본 전제 중에서 (나)의 ㉢에 해당하는 개념을 쓰시오. [1점]

PART 01

참고자료 기본이론 86-88p

키워드 영수준 추측

구조화 틀 **지적장애 학생의 교육과정 구성 및 운영을 위한 기본전제**
- 연령에 적합한 교육과정
- 궁극적 기능성의 기준
- 최소위험가정 기준
- 영수준 추측
- 자기결정 증진

핵심개념 **영수준 추측**
- 학급에서 배운 기술들을 실제 사회생활에서 일반화하지 못할 수도 있다는 전제에 기반을 두고, 배운 기술들을 여러 환경에서 일반화할 수 있는지를 시험해봐야 한다는 것
- 일반화가 되지 않을 경우 기술이 사용될 실제 환경에서 교수하는 지역사회 중심교수와 기능적 교육과정을 적용할 수 있음

모범답안 영수준 추측

2024학년도 중등 A11

15 **(가)는 지적장애 학생 A의 특성이고, (나)는 초임 교사와 수석 교사의 대화 중 일부이다. 〈작성방법〉에 따라 서술하시오. [4점]**

(가) 학생 A의 특성

- 잘 웃고 인사성이 좋음
- 혼자 있는 것보다 사람에게 먼저 다가가 말하는 것을 좋아함
- 다른 사람의 감정과 태도를 잘 알아차리며, 상호작용을 잘하는 편임

(나) 초임 교사와 수석 교사의 대화

초임 교사: 바리스타 수업 시간에 카페 관련 직무를 연습하고 나면, 어느 카페에 취업을 하더라도 잘 해낼 수 있겠네요!

수석 교사: 꼭 그렇게만 볼 수는 없습니다. 일반화가 쉽게 이루어지는 것은 아니니까요. 지적장애 학생의 교육과정을 구성하고 운영할 때에는 (㉡)을/를 전제로 가르쳐야 합니다.

작성방법

(나)의 ㉡에 해당하는 용어를 쓸 것.

2024학년도 유아 A3

16 **(가)는 지적장애 유아 희수에 관한 유아특수교사 최 교사와 유아교사 강 교사의 대화 내용이고, (나)는 최 교사가 희수를 위해 작성한 일반사례교수 계획의 일부이다. 물음에 답하시오. [5점]**

(가)

강 교사: 선생님, 희수에게 도서관에서 책을 빌리고 반납하는 기술을 가르쳤었는데, 이를 실제 도서관에서 적용하려면 어떤 점을 유의해야 할까요?

최 교사: 여러 가지가 고려되어야 하지만 우선 전제되어야 할 것이 있어요. 무엇보다 교사는 유아에 대해 미리 판단하거나 추측하지 말아야겠지요. 예를 들어, 희수가 실제 도서관에서 책을 빌리고 반납하는 기술을 자연스럽게 습득할 것이라고 미리 단정하지 않아야 해요. [A]
배운 내용이나 기술들을 실제 생활이나 여러 환경에 적용하는 데 어려움이 있을 수도 있다는 점을 유념해야 해요.

1) (가)의 [A]는 지적장애 유아 교육 시 고려해야 할 기본 전제 중 무엇에 해당하는지 쓰시오. [1점]

참고자료 기본이론 86-88p

키워드 영수준 추측

구조화 틀 **지적장애 학생의 교육과정 구성 및 운영을 위한 기본전제**

- 연령에 적합한 교육과정
- 궁극적 기능성의 기준
- 최소위험가정 기준
- 영수준 추측
- 자기결정 증진

핵심개념 **영수준 추측**

- 학급에서 배운 기술들을 실제 사회생활에서 일반화하지 못할 수도 있다는 전제에 기반을 두고, 배운 기술들을 여러 환경에서 일반화할 수 있는지를 시험해봐야 한다는 것
- 일반화가 되지 않을 경우 기술이 사용될 실제 환경에서 교수하는 지역사회 중심교수와 기능적 교육과정을 적용할 수 있음

모범답안 영수준 추측

Chapter

05 기능적 생활중심 교육과정

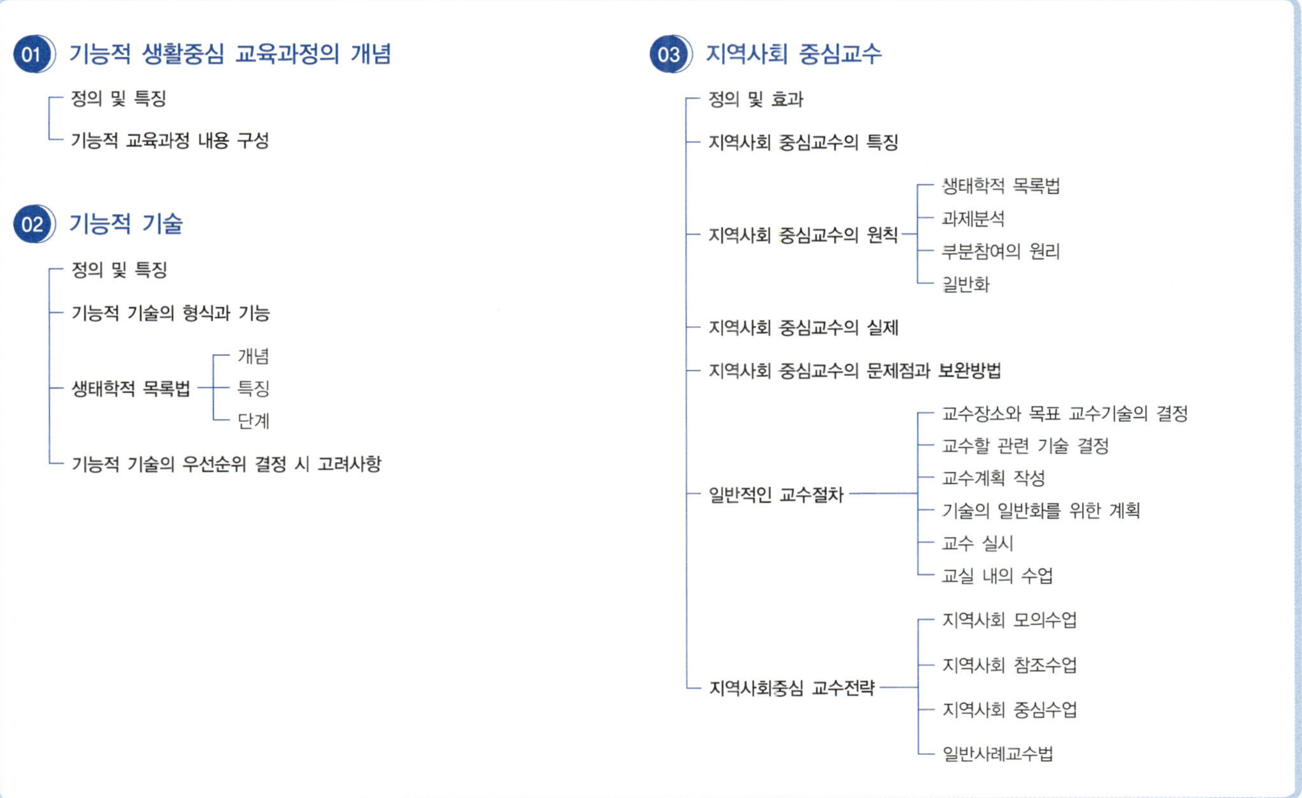

참고자료 기본이론 90p

키워드 기능적 생활중심 교육과정

구조화틀 **기능적 생활중심 교육과정**

- 정의 및 특징
- 기능적 교육과정 내용 구성

핵심개념 **기능적 생활중심 교육과정**

- 학생의 생활·경험·흥미·관심·필요·활동 등을 중요시함
- 학생의 생활연령을 비롯한 생태학적 환경을 고려해 현재 생활에 필요한 기술들을 그 기술이 실제 사용될 장소에서 직접 사용할 수 있도록 가르침
- 아동의 필수 전제기술 습득 여부와 관계없이 아동의 현재와 미래 환경에서 필요한 기술들을 조사하고 직접 사용할 수 있도록 가르치는 하향식 접근법

모범답안 기능적 생활중심 교육과정

2021학년도 초등 A5

01 **(가)는 민지의 특성이고, (나)는 교육실습생과 지도 교사의 대화이다. 물음에 답하시오. [5점]**

(가) 민지의 특성

- 간단한 문장을 읽고 이해할 수 있다.
- 자신의 의사를 간단하게 표현할 수 있다.
- 학교에서 배운 것을 일상생활에 잘 적용하지 못한다.

일반화에 어려움을 보임 → 배운 기술을 실제 지역사회에서 지도하는 '기능적 생활중심 교육과정'이 필요함

(나) 교육실습생과 지도 교사의 대화

교육실습생 : 다음 국어시간에는 '바른 말 고운 말 사용하기' 수업을 역할놀이로 진행한다고 들었어요. 선생님, 지적장애 학생을 교육할 때 어떤 점을 유의해야 할까요?

지 도 교 사 : 교사는 ㉠ 결정적인 자료가 없는 한 학생을 수업 활동에 배제하지 않고 교육적 지원을 계속해야 하고, 학교에서 배운 것이 학습 결과로 바로 나타난다고 생각하기보다 ㉡ 학생의 생활, 경험, 흥미 등을 중심으로 현재 필요한 것이면서 미래의 가정과 직업, 지역사회, 여가활동 등에 활용될 수 있는 생활 기술들을 지도해야 합니다.

교육실습생 : 네, 감사합니다.

…(중략)…

최소위험가정 기준

영수준 추측

1) ㉡에 해당하는 교육과정의 유형을 쓰시오. [2점]

참고자료 기본이론 88-89p, 90-92p

키워드

- 기능적 생활중심 교육과정
- 생태학적 목록법

구조화 틀

기능적 생활중심 교육과정
- 정의 및 특징
- 기능적 교육과정 내용 구성

생태학적 목록법
- 개념
- 특징
- 생태학적 목록법을 통한 교육과정 개발

핵심개념 준비성 함정

- 학생이 독립적으로 기술을 사용할 능력을 갖기 전에는 기술을 가르치지 않음
- 생활연령보다 발달연령에 필수적인 기술들을 선정하는 근거가 됨

모범답안 ①

2013학년도 중등 26

02 **중도 정신지체 학생을 지도하기 위해 교사가 사용한 교육 과정적 접근이다. 이 중에서 기능적 접근에 대한 설명으로 옳은 것을 〈보기〉에서 고른 것은?**

보기

ㄱ. 기능적 교육과정을 결정하기 위해 생태학적인 목록을 활용한다.
ㄴ. 학생의 생활연령을 고려하여 다양한 환경에서 가르칠 기술들을 선택한다.
ㄷ. 학생의 현재와 미래 환경을 바탕으로 기술을 가르치는 상향식 접근방법이다.
ㄹ. 학생이 일정한 능력 수준을 갖추기 전에는 상위의 독립적 기술을 가르치지 않는다.
ㅁ. 기술을 습득하기 위해서는 좀 더 많은 시간을 필요로 하는데, 학습의 단계와 위계에 따라 영역별로 발달 단계에 맞추어 학습해야 한다.

① ㄱ, ㄴ　② ㄱ, ㄹ
③ ㄴ, ㄷ　④ ㄷ, ㅁ
⑤ ㄹ, ㅁ

지적장애 학생을 지도하기 위한 교육과정 = 기능적 생활중심 교육과정

ㄱ. 기능적 교육과정에서 어떤 기능적 기술을 가르칠 것인지 선정하기 위해 생태학적 목록법을 사용함

ㄴ. 기능적 교육과정은 학생의 생활연령에 적합한 내용으로 구성함

ㄷ. 기능적 교육과정은 아동의 필수 전제기술 습득과는 상관없이 아동의 현재와 미래 환경에서 필요한 기술들을 조사하고 가르치는 하향식 접근법을 사용함

ㄹ. 준비성의 함정은 발달론적 관점의 단점에 해당함

ㅁ. 발달 단계에 따른 학습을 강조하는 것은 발달론적 관점에 해당함

참고자료 기본이론 91-92p

키워드 생태학적 목록법

구조화 틀 생태학적 목록법

- 개념
- 특징
- 생태학적 목록법을 통한 교육과정 개발

핵심개념 생태학적 목록법의 단계

① 교육과정 영역 정하기

구체적인 기술들을 가르치고 삽입해야 할 상황, 맥락으로 사용될 교육과정 영역을 정함

예 주거, 지역사회, 여가생활, 교육적 또는 직업적 환경으로 구분

② 각 영역에서 현재 환경과 미래 환경 확인하기

현재의 주거 환경은 일반 아파트나 주택일 수 있지만 미래 환경은 장애 지원을 받는 아파트, 그룹홈 또는 시설일 수 있음

③ 하위 환경으로 나누기

각 학생들에게 필요한 활동을 파악하기 위해 그 활동이 일어날 수 있는 환경을 자세히 구분함

예 학생의 집이라면 거실, 부엌, 침실, 테라스 등으로 구분

④ 하위 환경에서 벌어지는 활동을 결정하고 활동 목록 만들기

무엇이 가장 적절한 활동인지 결정하기 전에 다양한 변인을 고려해야 하며, 학생의 생활방식에 대한 정보를 제공함

예 식탁 혹은 조리대 앞 의자에서 식사, 거실 TV 앞에서 식사 등으로 결정

⑤ 각 활동을 하기 위해 필요한 기술 정하기

활동을 가르칠 수 있는 단위 수준이나 과제분석으로 나누는 일이 필요함

예 의사소통, 근육운동, 문제해결력, 선택하기, 자기관리와 같은 요소의 기술을 익힘

모범답안

① 교육과정 영역 정하기
② 각 영역에서 현재 환경과 미래 환경 확인하기
③ 하위 환경으로 나누기
④ 하위 환경에서 벌어지는 활동을 결정하고 활동 목록 만들기
⑤ 각 활동을 하기 위해 필요한 기술 정하기

2016학년도 중등 B7

03 **다음은 일반 고등학교에 다니는 정신지체 학생인 준하와 개별화교육계획(IEP) 관련 상담 내용이다. 밑줄 친 ㉣의 절차를 순서대로 쓰시오. [5점]**

> 특수교사 : 오늘은 준하의 IEP에 대해 의견을 듣고자 합니다.
> 어 머 니 : 저는 우리 아이가 졸업 후에 비장애인들과 함께 일할 수 있도록 교육을 받았으면 해요.
> 특수교사 : 네, 그렇군요. 장애 학생의 진로를 결정하는 데 효과적인 방법의 하나로 ㉠ 개인중심계획(PCP, person-cetered planning)을 적용하여 전환 계획을 수립하는 것이 강조되고 있어요. 이제 준하의 진로를 위해서 우리도 전환 계획을 구체화할 필요가 있겠네요.
> 담임교사 : 네, 준하는 친구들과 지내는 데 별 문제가 없으니까 친구들과 함께 일할 수 있겠네요.
> 준 하 : 저는 우리 반 친구들이랑 같이 일하고 싶어요.
> 특수교사 : 그렇구나. 여러분의 의견을 들어 보니 준하는 졸업 후 ㉡ 지원고용이나 ㉢ 경쟁고용을 고려해 보는 것이 더 좋겠네요. 이제 준하의 진로 준비를 위해서 직무 능력 평가와 ㉣ 생태학적 목록(ecological inventory)을 조사해봐야할 것 같아요.

확장하기 +

환경조사법(ecological inventory, 한경근 외)

① 중증 장애아동의 평가방법으로 많이 사용되는 환경조사법은 아동의 현재 환경에 대한 자료 조사를 통해 아동의 미래 환경에서의 적응을 위한 교육의 목표를 선정하는 데 사용되는 평가임

② 조사·면담 또는 관찰평가의 방법을 사용하며, 보호자나 부모에게 전화를 하거나 또는 가정방문함으로써 정보를 얻는 데 도움을 얻을 수 있음

영역(domain)	가정·가사, 직업, 지역사회, 여가 중 한 가지 영역 예 가사
환경(environment)	영역 내에서 활동이 일어나는 환경 예 아파트
부수 환경	구체적인 활동이 일어나는 즉각적인 환경 예 부엌 싱크대
활동	부수 환경에서의 구체적인 활동 예 라면 끓이기
과제분석	㉠ 냄비에 적당량의 물을 붓는다. ㉡ 가스 불을 켠다. ㉢ 냄비를 가스 불에 올려놓고 물이 끓어 김이 올라올 때까지 기다린다. ㉣ 라면과 스프를 넣고 3분 후에 불을 끈다. ㉤ 라면을 그릇에 옮겨 담고 식탁으로 가져간다.

생태학적 교육과정 내용 개발 전략(강혜경 외)

① 중도·중복장애 학생의 교육과정 내용 개발을 위한 생태학적 접근은 환경 내에서 무엇을 어떻게 가르칠 것인지에 관한 내용과 과정·절차를 포함한다.

② 생태학적 접근의 궁극적인 목표는 장애학생이 다양한 지역사회 환경에서 가능한 한 독립적이며, 생산적으로 기능할 수 있도록 하는 것이다.

③ 장애학생에 맞게 개별화된 기능적 교육과정을 결정하기 위해서는 미래뿐 아니라 현재의 삶에서 기능을 수행하는 데 필요한 개인적인 기술을 확인해야 한다. 이를 확인하기 위해 사용하는 것이 생태학적 목록이다.

④ 생태학적 목록은 지역사회, 가정, 여가, 오락, 교육 및 직업 영역 등에서 개별화된 기능적 교육과정을 결정하는 데 필요한 핵심적인 내용으로 구성된다. 이러한 접근은 개인의 발달과정을 개인과 환경의 상호작용과 제도적인 측면에서 이해하는 것이다.

⑤ 중도·중복장애 학생의 교육목표를 결정할 때는 그들이 살아가고 있는 현재와 살아갈 미래의 최소 제한적인 환경이 무엇이며, 미래의 지역사회 환경에서 학생이 어떻게 참여할 것인지를 고려해야 한다. 이는 분리된 환경에서 배운 기술을 다른 환경에 일반화하기가 어려운 중도·중복장애 학생에게 특정 기술이 필요한 바로 그 환경에서 교육할 것을 주장한다. 따라서 교육과정이나 학습 활동은 생활연령에 적합한 기능적인 것, 현재와 미래에 자연적 발생이 예측되는 실제를 다루는 것이 유용하다.

참고자료 기본이론 91-92p

키워드 생태학적 목록법

구조화 틀 생태학적 목록법

- 개념
- 특징
- 생태학적 목록법을 통한 교육과정 개발

핵심개념

모범답안 ②

2010학년도 중등 5

04 **다음은 고등학교 2학년 중도 지체장애학생 A의 지도계획 수립을 위해 교사가 사용한 접근법이다. 교사가 사용한 접근법과 밑줄 친 부분에 대한 설명으로 옳은 것을 〈보기〉에서 모두 고른 것은?**

> 교사는 기본 교육과정 사회과의 '소비생활' 단원을 이용하여, A의 전환교육 목표인 '지역사회 이용 및 참여'를 지도하려고 한다. 교사는 A가 사는 동네를 방문하여 상점들을 조사하였다. 다른 지역에도 흔히 있는 대형 할인점 한 곳을 선정한 교사는 할인점 내의 물리적 환경에 따라 구매에 필요한 활동과 각 활동마다 요구되는 기술들을 조사하였다. 이후 교사는 몇 가지 사항을 고려하여, 조사된 기술들에서 A에게 우선적으로 지도할 기술을 선정하였다.

- 기능적 기술을 선정하기 위한 평가는 생태학적 목록법임
- 생태학적 목록법을 통해 선정한 기능적 기술의 우선순위를 결정할 때 고려해야 할 사항이 있음

보기

ㄱ. 상향식 접근으로 A의 현재 수행수준을 기초로 하는 생태학적 목록 접근법이다.

ㄴ. 교육과정을 중심으로 독립생활로의 전환준비 과정을 목표로 한 수행사정 접근법이다.

ㄷ. 구매활동 기술이지만 할인점 외의 다른 환경과 활동에서도 사용할 수 있는지를 고려한다.

ㄹ. A의 정신연령에 비추어 현재는 물론 졸업 후 독립생활을 위해서도 필요한 기술을 선정한다.

ㅁ. 운동성 제한으로 인한 활동 제약을 고려하되, 부분 참여의 원리를 반영하여 활동에 의미 있게 참여할 수 있는 기술을 선정한다.

① ㄱ, ㄹ ② ㄷ, ㅁ
③ ㄱ, ㄷ, ㅁ ④ ㄴ, ㄷ, ㄹ
⑤ ㄴ, ㄷ, ㅁ

ㄱ. 생태학적 목록법은 하향식 접근법임

ㄴ. 생태학적 목록법은 현재 또는 미래 환경에서 학생에게 필요한 기능적 기술을 찾는 평가방법으로, 활동에 대한 학생의 수행을 평가하는 것이 아니라 환경분석을 실시함

ㄷ. 기능적 기술은 아동이 기술을 수행해야 할 실제 환경에서 기능적이고 연령에 맞는 기술 지도를 강조하므로 일반화의 어려움을 극복할 수 있음

ㄹ. 기능적 기술을 찾는 생태학적 목록법은 학생의 생활연령을 고려함

ㅁ. '부분참여의 원리'란 비록 활동의 모든 면에는 참여하지 못할지라도 활동의 일부분에 참여시키는 것을 의미함. 중도장애를 가진 학생의 경우 지역사회에서 완전한 기술 수행이 어렵다고 해서 지역사회의 기술 교수가 필요 없다고 생각해서는 안 되며, 할 수 있는 만큼 부분적으로라도 참여하는 데 의의를 두어야 함

참고자료 기본이론 91-92p

키워드 생태학적 목록법

구조화 틀 생태학적 목록법

- 개념
- 특징
- 생태학적 목록법을 통한 교육과정 개발

핵심개념

생태학적 목록법

- 학생들이 현재와 미래의 생활에서 기능을 발휘하기 위해 필요한 개별 기술들을 찾는 조사표·관찰지·평가도구
- 조사 및 평가를 통해 구체적으로 어떤 기능적 기술을 가르칠 것인지 선정하는 방법

생태학적 목록법의 특징

기능적 기술을 선정할 때 고려해야 하는 타당도로는 사회적 타당도와 경험적 타당도가 있음

사회적 타당도	아동의 주변 사람들이 이 기술을 얼마나 중요하고 필요하다고 생각하는지 고려
경험적 타당도	아동 자신의 건강이나 생존, 독립에 얼마나 필요한 기술인지 고려

2014학년도 초등 B5

05 **(가)는 정신지체 특수학교 교사가 교육실습 중인 예비교사와 나눈 대화이고, (나)는 예비교사가 실과과 '청소하기' 단원을 지도하기 위해 구상한 수업 계획안이다. 물음에 답하시오. [5점]**

(가) 교사와 예비교사의 대화

교 사: 선생님, 연구수업을 위한 교과와 주제를 정하셨나요?

예비교사: 아직 못 정했어요. 하지만 학생들이 생활하는 데 꼭 필요한 기능적 기술을 가르치는 수업을 해보고 싶어요

교 사: 그렇군요. 그렇다면 학생들에게 필요한 기술이 무엇인지부터 파악해보세요.

예비교사: 네, 그래서 저는 (㉠)을(를) 사용해 보려고 해요. ㉡각 학생의 주요 생활 영역에서 현재와 미래의 환경을 파악하고, 그 환경의 하위 환경에서 요구되는 활동을 하는 데 필요한 기술을 확인해보고 싶어서요. 그런데 그렇게 확인한 다양한 기술 중 어떤 기술을 먼저 가르쳐야 할지는 잘 모르겠어요.

교 사: 다양한 기술 중에서 '우선 가르쳐야 하는 기능적 기술'을 선정하는 기준이나 고려 사항이 있어요. 먼저 여러 생활 영역에 걸쳐서 중요하거나 유용한 기술인지 살펴봐야 되죠. 그리고 그 밖에 몇 가지 다른 기준도 있으니 꼭 살펴보세요.

예비교사: 네, 그렇게 하겠습니다. 수업 계획안을 구상한 후 다시 의논을 드리겠습니다. 감사합니다.

기능적 기술을 가르치는 교육과정은 기능적 생활중심 교육과정임

기능적 기술을 찾기 위해서 사용할 수 있는 평가방법 또는 조사지는 생태학적 목록법임

생태학적 목록법을 통해 선정한 다양한 기능적 기술들 중에서 우선순위를 결정할 때 고려해야 할 요소가 있음

※ 생태학적 목록법에서 기능적 기술을 찾을 때 고려해야 할 요소(사회적 타당도와 경험적 타당도)와, 생태학적 목록법을 통해 선정한 기능적 기술들의 우선순위를 결정할 때 고려해야 할 요소를 구별해서 작성할 것

선정된 기능적 기술의 우선순위 결정 시 고려사항

- 여러 자료의 출처와 영역에 걸쳐 중요시되면서 나타나는 특정한 기술이 있는가?
- 이 기술이 가족들에게 가치 있게 받아들여지는가?
- 이 기술이 덜 제한적이고 연령에 적절한 환경에 접근할 수 있는 기회를 바로 제공하는가?
- 이 기술은 다음 환경으로 전환하기 위해 결정적으로 필요한가?
- 이 기술은 아동의 안전을 위해 결정적으로 필요한가?

모범답안

1) 생태학적 목록법

2) 가족들에게 가치 있는 기술로 받아들여지는가를 고려해야 한다.

(나) 예비교사가 구상한 수업 계획안

> - 교과 : 실과
> - 단원명 : 청소하기
> - 제재 : 깨끗하게 청소하기
> - 학습 목표 : 청소기로 바닥을 밀어 청소할 수 있다.
> - 수업모형 : 기능학습모형
> - 수업 절차
>   1. 교사는 학생들에게 청소기의 기능과 사용 방법을 설명한다.
>   2. 교사는 학생들에게 청소기로 청소하는 과정을 시범 보인다.
>   3. ___________ ㉢ ___________
>   4. 교사는 학생들이 배운 기술을 이용하여 깨끗이 청소했는지 평가한다.
>   5. 교사는 학생들에게 '수업시간에 배운 기술을 이용하여 청소하기'를 과제로 낸다.

1) (가)에서 예비교사가 학생들에게 필요한 기술을 확인하기 위해 언급한 ㉠의 명칭을 쓰시오. [1점]

2) (나)의 학습 목표가 '우선 가르쳐야 할 기능적 기술'로서 적절한 이유를 ㉡의 내용을 바탕으로 1가지 쓰시오. [단, (가)에서 교사가 언급한 기준을 제외하고 작성할 것.] [1점]

참고자료 기본이론 91-92p

키워드 생태학적 목록법

구조화 틀 생태학적 목록법

- 개념
- 특징
- 생태학적 목록법을 통한 교육과정 개발

핵심개념 생태학적 목록법

- 학생들이 현재와 미래의 생활에서 기능을 발휘하기 위해 필요한 개별 기술들을 찾는 조사표·관찰지·평가도구
- 조사 및 평가를 통해 구체적으로 어떤 기능적 기술을 가르칠 것인지 선정하는 방법

모범답안 생태학적 목록법

2024학년도 초등 A5

06 **다음은 2015 개정 특수교육 기본 교육과정 사회과 3~4학년군 '학교 가는 길' 단원의 지도를 위해 특수교사 최 교사와 박 교사가 나눈 대화의 일부이다. 물음에 답하시오.** **[5점]**

(가) 교사와 예비교사의 더화

> 박 교사: 선생님, 교실을 버스로 만드셨네요.
> 최 교사: '규칙을 지켜 교통수단을 안전하게 이용하기' 수업에서 버스를 안전하게 이용하는 연습을 교실에서 하려고 해요.
>
> …(중략)…
>
> 박 교사: 교통수단 중 버스를 선택하신 이유가 있을까요?
> 최 교사: 우리 반 동우가 ㉤ 앞으로도 독립적인 생활을 할 수 있도록 가정, 학교, 지역사회 등에서 필요한 기능적 기술이 무엇인가 조사하였더니 버스 타기 기술이더라고요.

3) ㉤에서 설명한 것이 무엇인지 쓰시오. [1점]

참고자료 기본이론 97-100p

키워드 지역사회 중심교수

구조화 틀 지역사회 중심교수

- 정의 및 효과
- 지역사회 중심교수의 특징
- 지역사회 중심교수의 원칙
- 지역사회 중심교수의 실제
- 지역사회 중심교수의 문제점과 보완방법
- 일반적인 교수절차
- 지역사회중심 교수전략
  - 지역사회 모의수업
  - 지역사회 참조수업
  - 지역사회 중심수업
  - 일반사례교수법

핵심개념

지역사회 중심교수

- 지역사회 기능을 증진시키기 위해 사용되는 교수적 접근으로, 기능적 생활중심 교육과정을 실현하기 위한 전략
- 장애학생이 지역사회의 다양한 환경에서 일어나는 활동에 참여하는 데 필요한 기술을 그 환경에서 직접 교수하는 것

지역사회 중심교수 전략

지역사회 모의수업	지역사회의 장면이나 과제를 교실수업으로 끌어와 모의활동을 하는 것
지역사회 참조수업	지역사회에 필요한 기술을 간접적으로 연습할 수 있는 기회를 갖는 것
지역사회 중심수업	교수·학습활동이 실제 지역사회에서 이루어지는 것

모범답안 ①

2010학년도 초등 23

07 **〈보기〉는 2008년 개정 특수학교 기본교육과정 사회과의 공동생활 영역을 지도하기 위해 송 교사가 수립한 교육계획의 일부이다. 송 교사가 계획하고 있는 지역사회 참조수업(community referenced instruction) 활동을 〈보기〉에서 고른 것은?**

보기

ㄱ. 수영장 이용 기술을 지도하기 위해 학생들에게 학교 내 수영장을 이용하게 한다.
ㄴ. 우체국 이용 기술을 지도하기 위해 학생들에게 우체국을 방문하여 각자 편지를 부치게 한다.
ㄷ. 음식점 이용 기술을 지도하기 위해 학생들에게 학교 식당에서 메뉴판을 보고 음식을 주문하게 한다.
ㄹ. 은행 이용 기술을 지도하기 위해 학생들에게 은행을 방문하여 개별 예금통장을 개설해보게 한다.
ㅁ. 지하철 이용 기술을 지도하기 위해 학생들에게 교실수업 중에 지하철 이용 장면을 담은 동영상을 보여준다.

ㄴ, ㄹ. 지역사회 중심수업

ㅁ. 지역사회 모의수업

① ㄱ, ㄷ
② ㄱ, ㄹ
③ ㄴ, ㄹ
④ ㄴ, ㅁ
⑤ ㄷ, ㄹ

참고자료 기본이론 97-103p

키워드

- 지역사회 중심교수
- 일반사례교수법

구조화 틀 **지역사회 중심교수**

- 정의 및 효과
- 지역사회 중심교수의 특징
- 지역사회 중심교수의 원칙
- 지역사회 중심교수의 실제
- 지역사회 중심교수의 문제점과 보완방법
- 일반적인 교수절차
- 지역사회중심 교수전략
  - 지역사회 모의수업
  - 지역사회 참조수업
  - 지역사회 중심수업
  - 일반사례교수법

핵심개념 **지역사회 중심교수의 실제**

- 지역사회 중심교수는 영수준 추측과 최소위험 가정을 토대로 함
- **최선의 실제**
  - 성과중심 교수 실시
  - 일반학급 교육 맥락 안에서 제공
  - 효과적인 교수전략 사용

모범답안 ③

2013학년도 중등 24

08 **교사가 중도 정신지체 학생을 지도하기 위해 지역사회 중심교수를 실시하고자 한다. 옳은 것을 〈보기〉에서 고른 것은?**

보기

ㄱ. 지역사회라는 의미 있는 자연적 맥락에서 기능적 기술을 가르치는 고수적 실제이다.

ㄴ. 장애학생들이 성인이 되었을 때 필요한 기술들을 습득할 수 있도록 현장학습이나 적응훈련 중심으로 비구조적인 교수를 계획한다.

ㄷ. 학교 안에서는 지역사회중심교수를 구현하기 위해 지역사회 참조교수와 지역사회 시뮬레이션을 활용할 수 있다.

ㄹ. 지역사회중심교수의 효과를 극대화하기 위해 장애의 정도와 유형에 상관없이 지역사회에 접근할 수 있어야 하고, 특수학급의 수업 맥락에서 이루어져야 한다.

ㅁ. 지도방법 중에는 학습한 기술이 다양한 상황이나 조건에서도 사용될 수 있도록 하는 일반사례교수법(general case instruction)이 있다.

ㄴ. 지역사회 중심교수는 체계적인 교수계획에 의해 이루어지는 것으로, 단순한 현장학습이나 적응훈련과는 구분됨. 지역사회 중심교수는 현장학습과 다르게 교사가 다양한 역할을 하고, 계획을 세우며, 학습기회를 제공하는 교육과정적 접근임. 또한, 단순한 일회성 행사가 아닌 활동의 분명한 목표와 전개 과정이 전제되어 있음

ㄹ. 지역사회 중심교수의 최선의 실제는 일반학급 교육 맥락 안에서 제공되는 것

① ㄱ, ㄴ, ㄷ ② ㄱ, ㄴ, ㅁ
③ ㄱ, ㄷ, ㅁ ④ ㄴ, ㄷ, ㄹ
⑤ ㄷ, ㄹ, ㅁ

참고자료 기본이론 97-100p

키워드 지역사회 중심교수

구조화 틀 지역사회 중심교수

- 정의 및 효과
- 지역사회 중심교수의 특징
- 지역사회 중심교수의 원칙
- 지역사회 중심교수의 실제
- 지역사회 중심교수의 문제점과 보완방법
- 일반적인 교수절차
- 지역사회중심 교수전략
  - 지역사회 모의수업
  - 지역사회 참조수업
  - 지역사회 중심수업
  - 일반사례교수법

핵심개념 지역사회 중심교수 전략

지역사회 모의수업	지역사회의 장면이나 과제를 교실수업으로 끌어와 모의활동을 하는 것
지역사회 참조수업	지역사회에 필요한 기술을 간접적으로 연습할 수 있는 기회를 갖는 것
지역사회 중심수업	교수·학습활동이 실제 지역사회에서 이루어지는 것

모범답안 지역사회 모의수업

2017학년도 초등 A2

09 (가)는 초등학교 5학년 지적장애 학생 희수에 대해 특수교사와 일반교사가 나눈 대화의 일부이고, (나)는 초등학교 6학년 지적장애 학생 민기에 대해 특수교사와 어머니가 나눈 대화의 일부이다. 물음에 답하시오. [6점]

(가)

특수교사: 희수는 스스로 화장실 이용하기, 옷 입기 등의 일상생활 활동은 잘하는데, ㉡ 휴대전화 사용하기, 물건 사기 등과 같이 조금 더 복잡한 환경적 상호작용을 요구하는 일상생활 활동을 하는 데에는 어려움이 있어요.
일반교사: 선생님, 희수에게 물건 사기와 같은 일상생활 활동은 어떻게 지도하면 좋을까요?
특수교사: 직접 가게에 가서 물건을 사는 활동을 하는 것이 좋아요.
일반교사: 한 번도 해보지 않은 일이라 희수가 잘할 수 있을까요?
특수교사: 그래서 저는 ㉢ 교실을 가게처럼 꾸며놓고 실제와 유사한 물건과 화폐를 이용하여 물건 사기 활동을 지도하고 있어요.

기능적 기술

지역사회 중심수업

지역사회의 실제 환경에서 교수하기 전에, 모의수업 또는 참조수업에서의 교수를 통해 충분히 연습한 후 지역사회로 나가는 것이 필요함

2) (가)의 ㉢에 해당하는 교수방법의 명칭을 쓰시오. [1점]

참고자료 기본이론 97–100p

키워드 지역사회 중심교수

구조화 틀 지역사회 중심교수

- 정의 및 효과
- 지역사회 중심교수의 특징
- 지역사회 중심교수의 원칙
- 지역사회 중심교수의 실제
- 지역사회 중심교수의 문제점과 보완방법
- 일반적인 교수절차
- 지역사회중심 교수전략
  - 지역사회 모의수업
  - 지역사회 참조수업
  - 지역사회 중심수업
  - 일반사례교수법

핵심개념 지역사회 중심교수 전략

지역사회 모의수업	지역사회의 장면이나 과제를 교실수업으로 끌어와 모의활동을 하는 것
지역사회 참조수업	지역사회에 필요한 기술을 간접적으로 연습할 수 있는 기회를 갖는 것
지역사회 중심수업	교수·학습활동이 실제 지역사회에서 이루어지는 것

모범답안

㉢ 지역사회 모의수업

지역사회 모의수업를 사용하는 이유는 처음부터 지역사회 공간을 직접 활용하기 어렵거나 지역사회에 나가기 전에 구조화된 연습의 기회가 필요할 때 적용할 수 있기 때문이다.

2018학년도 중등 A9

10 다음은 특수학교 박 교사와 이 교사가 자유학기 편성·운영과 관련하여 나눈 대화이다. 〈작성방법〉에 따라 서술하시오. [4점]

> 이 교사: 자유학기에 지역사회와 연계한 다양한 체험 중심의 활동을 하려면 학생들에게 시내버스를 이용하는 방법도 지도하면 좋을 것 같아요.
>
> 박 교사: 맞아요. 시내버스 이용과 관련하여 우리 학급의 지적장애 학생 G는 교통카드 사용하기, 빈자리 찾아 앉기, 하차 벨 누르기 등을 잘 못합니다. 적절한 방법이 없을까요?
>
> 이 교사: 그렇다면 다음과 같은 과정에 따라 지도하면 좋을 것 같아요. 먼저, ㉢ <u>교실을 버스 안처럼 꾸미고 교통카드 사용하기, 빈자리 찾아 앉기, 하차 벨 누르기를 반복 훈련</u>하는 거예요. 그 다음으로 정차되어 있는 학교 버스를 이용하여 교통카드 사용하기, 빈자리 찾아 앉기, 하차 벨 누르기를 지도하면 좋을 것 같군요. 그런 다음에 실제 시내버스를 이용하면서 지도하면 돼요.

"정차되어 있는 학교 버스를 이용" → 지역사회 참조수업

"실제 시내버스 이용" → 지역사회 중심수업

작성방법

밑줄 친 ㉢에 해당하는 교수법(교수적 접근)의 명칭을 쓰고, 이와 같은 교수법을 사용하는 이유를 1가지 쓸 것.

참고자료 기본이론 97-100p

키워드 지역사회 중심교수

구조화 틀 지역사회 중심교수

- 정의 및 효과
- 지역사회 중심교수의 특징
- 지역사회 중심교수의 원칙
- 지역사회 중심교수의 실제
- 지역사회 중심교수의 문제점과 보완방법
- 일반적인 교수절차
- 지역사회중심 교수전략
  - 지역사회 모의수업
  - 지역사회 참조수업
  - 지역사회 중심수업
  - 일반사례교수법

핵심개념 지역사회 중심교수 전략

지역사회 모의수업	지역사회의 장면이나 과제를 교실수업으로 끌어와 모의활동을 하는 것
지역사회 참조수업	지역사회에 필요한 기술을 간접적으로 연습할 수 있는 기회를 갖는 것
지역사회 중심수업	교수·학습활동이 실제 지역사회에서 이루어지는 것

모범답안 ㉠ 지역사회 모의수업

2025학년도 중등 B9

11 **다음은 ○○ 중학교 지적장애 학생 K에 대해 일반 교사와 특수 교사가 나눈 대화이다. 〈작성 방법〉에 따라 서술하시오. [4점]**

일반 교사: 선생님, 학생 K가 성인이 되었을 때 은행, 우체국, 영화관 등 지역사회의 다양한 시설을 혼자서 이용할 수 있으려면 어떻게 지도해야 할까요?

특수 교사: 선생님, ㉠ 교실 안을 은행, 우체국, 영화관처럼 꾸며 놓고, 지역사회의 해당 시설을 이용할 때 필요한 기술들을 체계적으로 연습해 보는 활동을 해 보세요. 이후에 실제로 지역사회로 나가는 활동까지 연계되면 좋을 것 같아요.

…(중략)…

→ 궁극적 기능성의 준거 (기능적 기술 선정 기준 참고)

"실제로 지역사회로 나가는 활동" → 지역사회 중심수업

작성방법

밑줄 친 ㉠에 해당하는 교수 방법의 명칭을 쓸 것.

참고자료 기본이론 97-100p

키워드 지역사회 중심교수

구조화 틀 지역사회 중심교수

- 정의 및 효과
- 지역사회 중심교수의 특징
- 지역사회 중심교수의 원칙
- 지역사회 중심교수의 실제
- 지역사회 중심교수의 문제점과 보완방법
- 일반적인 교수절차
- 지역사회중심 교수전략
  - 지역사회 모의수업
  - 지역사회 참조수업
  - 지역사회 중심수업
  - 일반사례교수법

핵심개념 지역사회 중심교수 전략

지역사회 모의수업	지역사회의 장면이나 과제를 교실수업으로 끌어와 모의활동을 하는 것
지역사회 참조수업	지역사회에 필요한 기술을 간접적으로 연습할 수 있는 기회를 갖는 것
지역사회 중심수업	교수・학습활동이 실제 지역사회에서 이루어지는 것

모범답안 ㉣ 지역사회 참조수업

2020학년도 중등 B6

12 **(가)는 지적장애 학생 G의 학부모가 특수교사와 상담한 내용의 일부이고, (나)는 기본 교육과정 중학교 사회과 '마트에서 물건 구입하기'를 주제로 지역사회 중심교수에 기반하여 작성한 수업 지도 계획의 일부이다. 〈작성방법〉에 따라 서술하시오. [4점]**

(가) 상담

학 부 모: 안녕하세요. 학생 G의 엄마입니다. 우리 아이와 같은 증후군의 아이들은 15번 염색체 이상이 원인인데, 가장 큰 특징은 과도한 식욕으로 인한 비만이라고 해요. 그래서 저는 늘 우리 아이의 비만과 합병증이 염려됩니다. ㉠

특수교사: 가정에서도 식단 관리와 꾸준한 운동으로 체중 조절을 해주시면 좋겠어요. 학교에서도 학생 G를 위해 급식지도와 체육 활동에 신경 쓰겠습니다.

학 부 모: 네, 그리고 교과 공부도 중요하지만 학생 G가 성인기에 지역사회에서 살아가기 위해 필요한 실제적인 기술을 지도해주시면 좋겠어요.

특수교사: 알겠습니다. 학교에서 배운 기술을 지역사회 환경에 적용할 수 있도록 ㉡'영수준 추측'과 '최소위험가정 기준'을 바탕으로 지역사회중심교수를 하려고 합니다.

지역사회 중심교수

지역사회 중심교수의 실제
학교에서 배운 기술을 일반화할 것이라고 추측하지 말 것을 요구하는 '영수준 추측'과, 일반화가 저절로 된다는 증거가 없는 한 학생들로 하여금 자연스러운 환경에서 기능적 기술을 배울 수 있도록 하는 것이 학생들에게 덜 위험하다는 '최소위험가정'을 토대로 함

(나) 수업 지도 계획

학습 주제	마트에서 물건 구입하기
지역사회 모의수업	• 과제분석하기 필요한 물건 말하기 → 구입할 물건 정하기 → 메모하기 → … → 거스름 돈 확인하기 → 영수증과 구매 물건 비교하기 → 장바구니에 물건 담기 • 과제분석에 따라 ㉢ 전진형 행동연쇄법으로 지도하기 • 교실에서 모의수업하기
(㉣)	• 학교 매점에서 과제 실행하기 – 학교 매점에서 판매하는 물건 알아보기 – 학교 매점에서 구입할 물건 정하기 – 학교 매점에서 물건 구입하기
지역사회 중심교수	• 마트에서 과제 실행하기

작성방법

(나)의 괄호 안의 ㉣에 해당하는 용어를 쓸 것.

2021학년도 초등 B5

13 **(가)는 중도중복장애 학생 건우의 현재 담임 김 교사와 전년도 담임 이 교사가 나눈 대화이고, (나)는 김 교사가 작성한 수업계획안의 일부이다. 물음에 답하시오. [6점]**

(가) 김 교사와 이 교사의 대화

김 교사:	건우를 위한 실과 수업은 어떤 방향으로 지도하면 좋을까요?
이 교사:	건우에게 어릴 때부터 지역사회 기술을 직접 가르치는 것이 좋습니다. 이번 마트 이용하기 활동부터 계획해보세요.
김 교사:	네, 좋아요. 그런데 요즘 ㉠ 코로나 19 때문에 밖에 나가기 어렵고, 그렇다고 학교에 마트가 있는 것도 아니에요.
이 교사:	지난번 구입한 머리 착용 디스플레이(Head Mounted Display ; HMD)를 활용하는 것이 좋을 것 같아요.
김 교사:	그 방법으로는 부족하지 않을까요?
이 교사:	맞아요. ㉡ 최대한 지역사회 기술 수행 환경과 유사하도록 학습 환경을 구성해야 해요. 그리고 다양한 사례를 가르쳐 배우지 않은 환경에서도 수행할 수 있도록 계획해야 해요.

…(중략)…

• "코로나 19 때문에 밖에 나가기 어렵고" → 지역사회 중심교수 실시가 어려움
• "학교에 마트가 있는 것도 아님" → 지역사회 참조교수 실시가 어려움

1) (가)의 ㉠과 같은 상황에서 ① 김 교사가 학교에서 적용할 수 있는 지역사회 중심교수의 유형을 쓰고, ② 다음의 지역사회 중심교수 절차에서 ㉡이 의미하는 용어 ⓐ를 쓰시오. [2점]

교수장소와 목표기술 설정 → 교수할 기술 설정 → 교수계획 작성 → 기술의 (ⓐ) 계획 → 교수 실시

참고자료 기본이론 95-97p

키워드 지역사회 중심교수

구조화 틀 **지역사회 중심교수**

- 정의 및 효과
- 지역사회 중심교수의 특징
- 지역사회 중심교수의 원칙
- 지역사회 중심교수의 실제
- 지역사회 중심교수의 문제점과 보완방법
- 일반적인 교수절차
- 지역사회중심 교수전략
  - 지역사회 모의수업
  - 지역사회 참조수업
  - 지역사회 중심수업
  - 일반사례교수법

핵심개념 **지역사회 중심의 일반적 교수절차(박은혜)**

① 교수장소와 목표 교수기술 결정
② 교수할 관련 기술 결정
③ 교수계획 작성
④ 기술의 일반화를 위한 계획
⑤ 교수 실시
⑥ 교실 내의 수업: 모의수업을 포함한 다양한 교실 내의 수업을 통해 지역사회 중심교수가 더욱 효과적인 학습이 되도록 도울 수 있음
→ 직접적인 연습 기회가 부족하거나 특별히 어려움을 보이는 기술에 대해서는 모의학습을 통해 집중적인 연습을 하는 것이 도움이 되며, 모의수업과 동시에 지역사회에서의 실제 교수를 진행하는 것이 효과적임

모범답안

① 지역사회 모의수업
② 일반화

확장하기 +

지역사회 중심의 일반적인 교수절차

1. 교수장소와 목표 교수기술의 결정

① 음식점, 가게, 백화점, 은행 등 실제로 기술을 사용할 지역사회의 환경과 그에 필요한 개별적인 목표는 부모를 포함한 교육팀에서 결정해야 한다.

② 지역사회 기술은 각 학생들의 현재 혹은 미래에 필요한 기술이기 때문에 각 학생에게 가장 기능적이고 그들의 생활연령에 맞는 것들로 선정하는 것이 중요하다.

③ Cipani와 Spooner(1994)는 교수활동 선정 시 고려사항으로 궁극적 기능의 기준, 다음 환경의 기준, 현재 환경의 기준, 기능성, 생활연령 적합성 등을 언급하였다. 여기서 궁극적 기능의 기준은 장애학생이 최대한 독립적이고 생산적으로 활동하기 위해 반드시 습득해야 할 요소를 말한다.

2. 교수할 관련 기술 결정

지역사회에서 특정한 과제를 수행하는 데 필요한 기술 이외에 언어 기슬, 사회성 기술, 신체적 기술, 학업 기술 등의 관련된 기술을 교육목표로 정하고 교수활동 속에 접목시켜서 교수한다.

3. 교수계획 작성

① 선정된 활동과 기술을 습득하고 일반화시킬 수 있도록 교수계획을 수립한다.

② 교수계획을 세우는 첫 단계는 목표 과제의 과제분석을 실시하는 것이다. 세부적인 과제분석이 이루어진 후에는 환경 내에 존재하는 자연적인 단서를 파악한다. 즉, 과제의 각 단계를 수행하기 위해 학생이 주의를 기울여야 하는 자극이 무엇인지 판별해 그 자극이 궁극적으로 행동의 통제자극이 되도록 한다. 그러나 대부분의 경우 처음에는 학생이 이러한 자연적인 단서만으로는 목표행동을 하지 않으므로 교사가 촉진을 제공하게 된다. 따라서 어떤 촉진을 어떤 체계로 제공할 것인가도 교수계획에 포함되어야 한다. 어떤 촉진을 사용하든 궁극적으로는 환경 내의 자연적인 단서에 의해 행동해야 하며, 교사의 촉진에 의존하지 않도록 하는 것이 중요하다.

③ 또한, 환경분석에 의해 작성된 과제분석 단계 중 중도장애 학생이 학습하기가 어려운 경우에는 적절한 대안적 반응 방법을 고안할 수 있다. 예를 들어 인지적·신체적 장애로 인해 일반인과 똑같이 과제를 수행할 수 없을 때 과제를 어떻게 수행하는가 하는 것보다는 과제를 수행하는 기능 자체에 초점을 두어 여러 가지 수정방법을 활용하도록 한다. 이러한 경우에 사용하는 수정방법은 개별화되어야 한다.

4. 기술의 일반화를 위한 계획

① 가능한 한 일반화될 수 있는 지역사회 기술을 배우는 것이 학생에게 바람직하다. 즉, 학습한 기술을 다른 지역사회 환경이나 다양한 상황에 적용할 수 있도록 하는 것이다.

② 중도장애 학생들은 구체적으로 일반화를 위한 계획을 세워 교수하지 않으면 학생에 의한 자발적인 일반화는 잘 일어나지 않는다.

③ '일반화'란 학습할 때 있지 않던 자극하에서도 반응을 수행하는 것을 말하며, 자극일반화, 반응일반화, 유지의 세 가지로 나누어 설명되기도 한다. 또한 자극의 종류에 따라 환경일반화, 사람일반화, 과제일반화로 나뉠 수 있다.

④ 일반화를 증진시키는 방법은 자연적인 결과 이용하기, 충분한 사례 지도하기가 있다.

㉠ 자연적인 결과 이용하기는 학생이 자연적인 상황에서도 강화를 받을 수 있는 행동을 가르치는 것이다. 다시 말해 학생의 자연적인 환경을 관찰하여 그곳에서 강화를 받을 수 있는 행동을 선정하고 학생이 스스로 강화를 얻을 수 있도록 가르치는 방법이다.

㉡ 충분한 사례 지도하기 방법은 학습에 사용할 사례 중 긍정적인 예와 부정적인 예 등 가능한 한 여러 상황을 포함하는 다양한 예를 교수해 배우지 않은 새로운 자료, 사람, 환경에서도 수행할 수 있도록 하는 것이다.

5. 교수 실시

지역사회에서의 교수는 교실 내에서의 전통적인 수업과는 다른 주의사항이 요구된다.

① 교사와 학생들 간의 상호작용이 가능한 한 지역사회 환경에서 자연스러운 것에 가까워야 하며, 교사의 교수를 위한 촉진은 가능한 한 빨리 제거해 지역사회 내의 자연적인 단서에 의해 학생이 행동할 수 있어야 한다.

② 한 지역사회 환경에서 한꺼번에 함께 지도받는 학생의 수이다. 교육목표와 관련해 보다 자연스러운 모습으로 보이고, 필요 이상의 주의를 끌지 않기 위해서 한 번에 교수받는 학생은 2~3명 정도의 소수 집단이 효과적이다.

③ 얼마나 자주 교수를 실시하는가 하는 문제이다. 기술을 초기에 배우는 단계에서는 적어도 주당 2~3회씩 실시하는 것이 바람직하며, 기술이 습득된 후에는 점차 빈도를 감소시켜서 일반적으로 그 지역사회 환경을 이용하는 빈도에 가깝도록 하되, 기술을 유지시킬 수 있도록 유의한다.

④ 보조기기의 활용이다. 중도의 지체장애 학생이 수행하기에 너무 어렵거나, 배우는 데 시간이 너무 오래 걸리는 기술이 있다면 적절한 보조기기를 이용해 보다 독립적인 수행을 할 수 있도록 해준다. 쇼핑할 목록을 만들어가는 것은 일반인도 많이 사용하는 보조방법의 한 예이다. 이 외에도 많은 보조기기를 이용할 수 있다.

6. 교실 내의 수업

① 모의수업을 포함해 다양한 교실 내의 수업을 통해 지역사회 중심교수가 더욱 효과적인 학습이 될 수 있도록 도울 수 있다. 직접적인 연습 기회가 부족하거나 특별히 어려움을 보이는 기술에 대해서는 모의학습을 통해 집중적인 연습을 하는 것이 도움이 되며, 모의수업과 동시에 지역사회에서의 실제 교수가 진행되는 것이 효과적이다.

② 모의수업 외에도 지역사회 활동에 대한 역할놀이, 비디오를 이용한 모델링 학습도 효과가 있는 것으로 보고 있다.

마트 일반사례분석 예시

단계(자극)	자극변인	반응	반응변인
① 입구 문	• 자동문 – 회전 • 자동문 – 미닫이 • 자동문 – 여닫이	① 가게로 들어가기	• 걸어 들어가기 • 문을 밀고(당기고) 걸어 들어가기
② 카트	• 카트 보관소 • 가게 내 카트	② 카트 가져오기	• 카트 앞줄에서 빼기 • 카트 뒷줄에서 빼기
③ 쇼핑 통로(그림카드)	• 캔 식품 • 냉동 식품	③ 대상 물건이 있는 통로 둘러보기	• 넓은 통로 • 좁은 통로
④ 그림카드 품목 선택	• 선반 위, 개방형 선반, 냉동 케이스 진열 • 선반 중간, 개방형·폐쇄형 진열품, 폐쇄 냉동식품 • 개방형 선반 바닥, 폐쇄 냉동 케이스, 개방형 냉동 케이스	④ 물건 담기	• 선반 위에서 내리기 • 문을 열고 선반 위에서 내리기 • 중간 선반에서 내리기 • 문을 열고 중간 선반에서 내리기 • 문을 열고 선반 바닥에서 물건 담기
⑤ 계산하기	• 계산대에 줄 서서 대기하기 • 카트를 계산대로 붙이기	⑤ 계산대로 가기	• 카트를 계산대에 대기 • 줄 따라 나가기
⑥ 계산 확인하기	• 물건 스캔 확인하기 • 물건 계산 확인하기	⑥ 물건 스캔	• 위쪽 바코드 확인 • 아래쪽 바코드 확인
⑦ 포장지, 쇼핑 가방	• 스캔 왼쪽 • 스캔 오른쪽 • 종이 쇼핑가방 • 비닐 쇼핑가방	⑦ 포장지에 물건 담기	• 포장지 꺼내기 • 물건을 담을 수 있도록 포장지 벌리기
⑧ 계산하기	• 현금 지급 • 잔돈 받기 • 모니터 확인 • 영수증 받고 사인하기	⑧ 계산하기	• 현금 꺼내고 지불하기 • 잔돈 확인 • 잔돈 받기
⑨ 잔돈 바꾸기	• 교환기 모니터 확인 • 영수증 받기	⑨ 잔돈 바꾸기	• 동전 교환기로 가기 • 동전 내려받기
⑩ 가방 들기	• 가방 오른쪽, 왼쪽 • 종이가방, 비닐가방	⑩ 가방 들기	• 가방 끈 잡기 • 가방 들어 올리기
⑪ 출구 문	• 자동문 – 회전 • 자동문 – 여닫이 • 이중문 열기	⑪ 가게 나가기	• 걸어 나오기 • 가게 문 열고 걸어 나오기

지역사회 중심교수 절차(김형일, 2014.)

McDonnell과 Hardman(2009)은 장애학생이 실생활에서나 졸업 이후에 기대하는 결과를 성취할 수 있도록 다음과 같이 교육 프로그램을 구성하였다.

1. 목표설정 단계

① 목표설정 시 고려사항

㉠ **효과성**: 일정표와 활동내용 선정에서 중요한 점은 오랜 기간에 걸쳐 가정・학교 및 지역사회 장면에서 학생의 참여를 증진시키는 것이어야 한다.

㉡ **포괄성**: 성공적인 지역사회 및 졸업 이후의 적응을 위해서는 장애학생이 지역사회 생활의 모든 측면에서 참여할 수 있어야 한다.

㉢ **자기결정**: 학생의 교육계획 일정과 활동은 학생 자신의 생활에 대한 통제를 증진하는 것으로 선정되어야 한다. 장애학생 스스로 다양한 선택권을 가질 수 있는 기회를 주어야 하고, 효과적으로 자신의 활동과 일정을 선택하는 방법을 배울 수 있어야 한다. 또한 자신의 요구를 주장할 수 있고, 자신의 미래 계획에서 자율성이 증진되도록 해야 한다.

㉣ **통합**: 선정된 일정과 활동은 학교와 지역사회에서 학성들의 참여를 증진하는 것이어야 한다.

㉤ **연령 적합성**: 일정과 활동 선정에서는 동일한 연령에서 전형적으로 기대되는 것들이 학생의 교육계획에 포함되어야 한다.

㉥ **위험과 안전**: 장애학생의 자율성을 높이면 상대적으로 위험 요소와 안전 문제가 발생할 가능성이 높아진다. 그렇다고 학생의 안전을 너무 따지면 학생을 교육활동에서 고립시키는 결과를 가져올 것이다. 따라서 교육계획에서 학생의 위험과 안전을 균형 있게 고려해야 한다.

② **학생의 수행방법 결정하기**: 일정과 활동에서 인지적・언어적・신체적・교육적 요구를 일반적인 방법으로 수행할 수 없는 장애학생도 가정・학교 및 지역사회 활동에 참여하도록 해야 한다. 예를 들면, 글을 읽을 수 없는 학생의 경우 식료품 구입하기에서 식품의 그림을 보고 물건을 구입할 수 있도록, 음성언어가 명확하지 않은 학생의 경우 의사소통 보조장치를 통해 그들이 원하는 것을 구입할 수 있도록 해야 한다.

③ **우선적 지도 일정표와 활동 그리고 졸업 이후 기대되는 결과와의 연관성**: 개별화교육지원팀은 장차 학생 삶의 질에 잠정적으로 영향을 주는 우선적 일정과 활동을 평가해야 한다. 예를 들면 식료품 구입하기, 버스 타기, 현금 인출기 사용하기 등이 지역사회와 학교 졸업 후 학생의 목적을 성취하는 데 도움이 되는가에 대해 점검해볼 필요가 있다.

④ **목표의 선정 시 고려해야 할 순서**

㉠ 학생의 각 영역에 대한 수행을 평가하고, 학생이 능력을 발휘할 바람직한 장래 환경을 밝힌다.

㉡ 계획된 미래 환경에서 기능할 학생의 현재 환경과 관련한 활동 및 기술을 밝힌다.

㉢ 관련된 현재와 미래 활동을 검토하고, 몇 가지 영역을 선정하고 연령에 적절한 활동들을 제시한다.

㉣ 이 활동들을 가장 많이 발생할 활동에서 가장 적게 발생할 활동 순서로 나열한다.

㉤ 우선 이 활동 목록에서 학생의 안전에 중요한 것을 정한다. 다음으로 미래 환경에 독립적으로 살아가는 데 필요한 영역을 정한다.

㉥ 즉시 지도해야 할 교수내용을 선정한다.
- 현재 학생의 안전에 가장 중요한 활동
- 학생이 미래 독립적으로 살아가는 데 중요하고 가장 많이 활용될 활동

㉦ 그 외 ㉣에서 제시한 활동들을 선정한다.

2. 과제 및 일반사례 분석 단계

① 과제분석은 과제일정의 전 과정을 명확하게 하고, 작은 단위의 기술들을 순차적으로 배열하는 것을 의미한다.

② 일반사례 분석은 전통적인 과제분석 절차를 확장해 수행 상황에서의 단계와 자극 변인을 나타낸 개념이다. 예를 들어, 현금 인출기는 장소나 위치에 따라 각양각색이다. 그러나 고사가 지역 내에 있는 모든 현금 인출기에 대한 과제분석과 훈련을 하기보다는 상황에서 가장 일반적인 변인이 될 은행을 골라 훈련하면 훨씬 쉽게 접근할 수 있을 것이다.

③ McDonnell과 Hardman은 여섯 가지 일반사례 분석 과정을 제안했다.

㉠ 학생이 활동을 완수할 가능성이 높은 상황을 선정한다.
- 학생이 수행을 완수할 것이라 기대되는 모든 상황을 분석한다.
- 학생이 지역의 모든 식료품점을 다녀야 하는 것이 아니므로, 학생과 직접적이고 좀 더 기능적인 인근의 가게 몇 곳을 선정해 분석한다.

ⓑ 활동에서 학생이 수행할 범위를 선정한다.
- 학생이 수행을 완수할 것이라 기대되는 것은 이들의 구체적 요구에 따라 상당히 다양하게 나타날 수 있다. 예를 들어 혼자 과자 사 오기, 음료수 사 오기, 집에 혼자 있을 때 점심 챙겨 먹기 등이다.
- 또한 학생이 어느 정도 완성할 것으로 기대하는지 밝히는 것도 중요하다.

ⓒ **일반적인 활동 단계를 정한다.**: 공통적인 수행의 모든 장면을 단계별로 분석한다. 예를 들어, '카트 가져오기' 단계는 모든 마트 상황에서 '카트 가져오기' 단계를 분석하기보다는 카트를 꺼내 가게로 가져오는 가장 일반적인 상황으로 분석한다.

ⓓ **각 단계에서 일반적인 자극 내용을 선정한다.**: 학생이 각 단계를 언제, 어떻게 완성할 것인가를 조정할 수 있는 일반적인 자극을 정한다. 예를 들어, '카트 가져오기' 단계에서 일반적인 자극은 '카트 보관소'와 '카트'가 될 것이다.

ⓔ 기대되는 수행 장면을 선정한다.
- 일반적인 활동 단계와 자극에서 관찰된 다양한 변인을 기록하고, 기대되는 수행 장면들을 선정한다.
- 일반적인 자극에서 교사는 대상이나 사건에서의 차이를 기록한다. 예를 들어, A 마트에서는 카트를 출입구 앞에서 꺼내게 되어 있고, 다른 마트에서는 출입구에서 조금 떨어진 곳에서 꺼내게 되어 있다면, 학생이 반응해야 할 행동을 수정할 필요가 있다.
- 상황에 따라 다른 자극 변인에 반응을 달리하도록 해야 한다.
- 일반적인 자극과 활동 상황에서의 변인은 학생을 가르치는 훈련 장면에서 다룬다.

ⓕ 훈련 상황을 선정한다.
- 교수를 위해 학생을 자극 변인에 노출시킨다. 이 자극 변인은 학생이 지역사회에서 마트를 이용할 수 있는 가장 일반적이고 대표적인 것을 골라 수행하도록 한다.
- 다음은 관계 및 자극 변인 선정 시 고려할 점이다.
  - 훈련이 이루어지는 곳과 가장 가까운 장소를 선정해 시작한다.
  - 단계 및 자극 변인이 학생에게 해당하는 변인인지 확인한다.
  - 교수가 이루어지기 쉽고 시간을 절약할 수 있는 곳으로 선정한다.
  - 처음 선정한 장소와 많이 다른 곳을 선정한다.
  - 단계 및 자극 변인은 학생이 가장 폭넓게 노출될 수 있는 내용으로 선정한다.
  - 단계 및 자극 변인은 가능한 한 꼭 필요한 최소한의 수로 선정한다.

3. 교수적 전략 선정 및 적용 단계

① 기초선 측정은 과제분석이 끝나고 학생의 현재 수행 단계 혹은 수행 수준을 어디에서 시작할 것인가를 결정하기 위한 출발점이라고 할 수 있다.

② 교수 수행을 위해 촉진, 강화 등을 활용할 수 있다.

4. 평가를 위한 자료수집 단계

① **독립성 평가**: 최근 교수한 과제에 대해 평가한다. 주로 학생이 과제의 단계 수행에서 얼마나 독립성을 획득했는가를 알아보기 위한 목적으로 수행된다.

② **일반화 평가**: 학생이 적절하게, 스스로 훈련되지 않은 상황에서 과제를 수행하는가를 결정한다.

③ **유지 평가**: 지원 수준이 가장 낮고, 가장 자연적인 보상이 이루어지며, 수용할 만한 기간 내에서 이루어진다.

참고자료 기본이론 97-100p

키워드 지역사회 중심교수

구조화 틀 지역사회 중심교수

- 정의 및 효과
- 지역사회 중심교수의 특징
- 지역사회 중심교수의 원칙
- 지역사회 중심교수의 실제
- 지역사회 중심교수의 문제점과 보완방법
- 일반적인 교수절차
- 지역사회중심 교수전략
  - 지역사회 모의수업
  - 지역사회 참조수업
  - 지역사회 중심수업
  - 일반사례교수법

핵심개념 지역사회 중심교수 전략

지역사회 모의수업	지역사회의 장면이나 과제를 교실수업으로 끌어와 모의활동을 하는 것
지역사회 참조수업	지역사회에 필요한 기술을 간접적으로 연습할 수 있는 기회를 갖는 것
지역사회 중심수업	교수·학습활동이 실제 지역사회에서 이루어지는 것

모범답안 지역사회 모의수업

2022학년도 유아 B6

14 **(가)는 통합학급의 놀이 기록화 작업 내용이며, (나)는 유아특수교사가 작성한 일지의 일부이다. 물음에 답하시오. [5점]**

(나)

현장체험학습 사전답사를 가보니, '미션! 지도에 도장 찍기' 코너가 인기가 있었다. 도장 찍기에 어려움이 있는 현서를 위해 아래와 같이 도장 찍기 기술을 세분화하고 연쇄법을 적용하여 지도하였다.

[B] 지도 꺼내기 → 지도 펼치기 → 도장 찍을 곳 확인하기 → 도장에 잉크 묻히기 → 도장 찍기 → 지도 접기 → 지도 넣기

[C] 현장체험학습에 필요한 기술을 연습할 수 있도록 교실 환경을 꽃 축제의 코너와 유사하게 꾸몄다. 그리고 '미션! 지도에 도장 찍기' 활동에 필요한 자료를 구비하여 현서가 연습할 수 있게 하였다.

3) (나)에서 [C]에 해당하는 교수방법을 쓰시오. [2점]

참고자료 기본이론 97-100p

키워드 지역사회 중심교수

구조화틀 **지역사회 중심교수**

- 정의 및 효과
- 지역사회 중심교수의 특징
- 지역사회 중심교수의 원칙
- 지역사회 중심교수의 실제
- 지역사회 중심교수의 문제점과 보완방법
- 일반적인 교수절차
- 지역사회중심 교수전략
  - 지역사회 모의수업
  - 지역사회 참조수업
  - 지역사회 중심수업
  - 일반사례교수법

핵심개념 **지역사회 중심교수 전략**

지역사회 모의수업	지역사회의 장면이나 과제를 교실수업으로 끌어와 모의활동을 하는 것
지역사회 참조수업	지역사회에 필요한 기술을 간접적으로 연습할 수 있는 기회를 갖는 것
지역사회 중심수업	교수·학습활동이 실제 지역사회에서 이루어지는 것

모범답안

㉠ 지역사회 모의수업
㉡ 학교 매점에서 화폐를 사용해 물건 사기

지역사회 모의수업은 지역사회의 장면이나 과제를 교실 수업으로 가져와 구조화된 환경에서 지도하는 것이다. 반면에 지역사회 참조교수는 학교의 공간 내에서 지역사회에 필요한 기술을 간접적으로 연습하는 기회를 갖는 것으로, 지역사회 모의수업에 비해 실제적인 맥락이 한층 강화된 것이다.

2013학년도 초등 B2

15 **다음의 (가)는 정신지체 학생인 선진이의 '화폐' 관련 수행 수준이다. (나)는 교육실습생이 선진이를 지도하기 위하여 '2010 개정 특수교육 교육과정' 중 기본 교육과정 수학과에 근거해 수립한 지도 계획의 일부이다. 물음에 답하시오. [6점]**

(가) 선진이의 수행 수준

- 화폐와 화폐가 아닌 것을 구별할 수 있음
- 같은 모양의 화폐를 찾을 수 있음
- 화폐의 단위를 모름
- 화폐의 금액을 모르고 세지 못함

(나) 지도 계획

- 제재: 화폐 계산하기
- 학습 목표: 단위가 다른 화폐를 모았을 때 얼마인지 알 수 있다.
- 학습 활동 1: 모형 화폐를 세어보고 얼마인지 알아보기
- 학습 활동 2: 화폐 그림을 보고 얼마인지 알아보기

천 원 (1,000원)

천오백 원 (1,500원)

천육백 원 (1,600원)

천칠백 원 (1,700원)

3) 교육실습 지도 교사는 화폐 관련 수업 시 다음과 같은 교수전략을 활용해보라고 제안하였다. ㉠의 명칭과 ㉡에 해당하는 활동의 예를 쓰시오. 그리고 ㉠과 '지역사회 참조교수'의 차이점 1가지를 쓰시오. [3점]

교수전략	화폐 계산하기 활동의 예
㉠	시장 놀이나 가게 놀이 하기
지역사회 참조교수	㉡

참고자료 기본이론 97-100p

키워드 지역사회 중심교수

구조화 틀 지역사회 중심교수

- 정의 및 효과
- 지역사회 중심교수의 특징
- 지역사회 중심교수의 원칙
- 지역사회 중심교수의 실제
- 지역사회 중심교수의 문제점과 보완방법
- 일반적인 교수절차
- 지역사회중심 교수전략
  - 지역사회 모의수업
  - 지역사회 참조수업
  - 지역사회 중심수업
  - 일반사례교수법

핵심개념 지역사회 중심수업

- 교수·학습활동이 실제로 지역사회에서 이루어지는 것으로, 학교에서 운영되고 있는 현장체험학습이나 견학 등과 유사한 형태
- 지역사회 중심수업은 단순한 일회성 행사가 아닌 활동의 분명한 목표와 전개 과정이 전제되어야 함

지역사회 중심교수 전략

지역사회 모의수업	지역사회의 장면이나 과제를 교실수업으로 끌어와 모의활동을 하는 것
지역사회 참조수업	지역사회에 필요한 기술을 간접적으로 연습할 수 있는 기회를 갖는 것
지역사회 중심수업	교수·학습활동이 실제 지역사회에서 이루어지는 것

모범답안 ㉣ 지역사회 중심수업

2023학년도 초등 A5

16 (가)는 특수학교 6학년 지적장애 학생 경아의 특성이고, (나)는 사회과 '도서관 이용하기' 단원 지도 계획의 일부이다. 물음에 답하시오. [6점]

(가) 학생 특성

- 경도 지적장애를 가지고 있음
- 그림책 보기를 좋아함
- 4어절 수준의 문장으로 대화가 가능함
- ㉠ 외적통제소 특성을 지님

(나) 단원 지도 계획

〈개요〉
- 단원명 : 도서관 이용하기
- 수업목표 : ㉡ 도서관을 이용하는 방법을 알고 실천할 수 있다.

〈활동 1〉
- 도서관 살펴보기
  - '도서관에 가면~' 노랫말 만들어봄
  - 예 도서관에 가면 책도 있고 ♪~, 도서관에 가면 책상도 있고 ♬~

〈활동 2〉
- 도서관을 이용하는 방법 알아보기
  - ㉢ 교실을 도서관으로 꾸미고 학생들이 서로 돌아가며 사서 교사와 대출하는 학생을 선정하여 시연해보도록 함. 이때 다른 학생들은 그 상황을 지켜보고 평가하도록 함

지역사회 모의수업

〈활동 3〉 학교 도서관 이용해보기

〈차시 예고〉
- ㉣ '도서관 이용하기'를 배운 후 현장체험학습을 통해 학교 근처 도서관으로 가서 직접 그림책을 대출하기
  - 도서관에서 다른 사람에게 의존하지 않고 책을 대출함
  - 그림책을 성공적으로 대출하는 경험을 통해 자기 효능감을 느끼게 함
  - 자기 자리에 앉아 정해진 시간 동안 큰 소리로 이야기하지 않음

  [A]

3) (나)의 ㉣에 해당하는 교수 방법의 명칭을 쓰시오.

참고자료 기본이론 97-100p

키워드 지역사회 중심교수

구조화 틀 지역사회 중심교수

- 정의 및 효과
- 지역사회 중심교수의 특징
- 지역사회 중심교수의 원칙
- 지역사회 중심교수의 실제
- 지역사회 중심교수의 문제점과 보완방법
- 일반적인 교수절차
- 지역사회중심 교수전략
  - 지역사회 모의수업
  - 지역사회 참조수업
  - 지역사회 중심수업
  - 일반사례교수법

핵심개념 지역사회 중심교수 전략

지역사회 모의수업	지역사회의 장면이나 과제를 교실수업으로 끌어와 모의활동을 하는 것
지역사회 참조수업	지역사회에 필요한 기술을 간접적으로 연습할 수 있는 기회를 갖는 것
지역사회 중심수업	교수·학습활동이 실제 지역사회에서 이루어지는 것

모범답안

① ㉠ 지역사회 참조수업
② 지역사회에서 처할 수 있는 위험한 상황 등을 지역사회 참조수업을 통해 먼저 실행해볼 수 있다.

2024학년도 유아 A3

17 (가)는 지적장애 유아 희수에 관한 유아특수교사 최 교사와 유아 교사 강 교사의 대화 내용이고, (나)는 최 교사가 희수를 위해 작성한 일반사례교수 계획의 일부이다. 물음에 답하시오. [5점]

(가)

강 교사: 선생님, 희수가 도서관을 잘 이용할 수 있도록 교실을 도서관으로 꾸민 후 역할극을 통해 책을 빌리고 반납하는 모의활동도 하고, ㉠ 유치원 안에 있는 도서실을 이용해서 책을 빌리고 반납하는 활동도 자주 하려고 해요. 또한 ㉡ 동네 도서관에서 책을 빌리고 반납하는 활동도 계획하고 있어요.
최 교사: 네. 좋을 것 같아요.

…(하략)…

2) (가)의 ① ㉠에 해당하는 기능적 기술 교수방법의 명칭을 쓰고, ② ㉡과 비교하여 ㉠의 장점을 1가지 쓰시오. [1점]

확장하기 +

지역사회 중심교수(박희찬 외, 『장애학생을 위한 전환교육의 이해와 적용』, 2023)

① 장애학생이 성인기에 궁극적으로 효과적이고 독립적인 생활을 하려면 '궁극적 기능성의 기준'에 도달하기 위한 시간이 지난 후에도 지속적으로 영향을 미치는 기술을 가르쳐야 한다. 이러한 기술을 가르치는 방법으로 지역사회 중심교수가 있다.

② '지역사회 중심교수'란 학생이 성인의 삶에 필수적인 선행기술을 배우고 더 나은 삶의 질을 누릴 수 있도록 돕는 기능적 생활중심 교육과정 실현을 위한 전략으로, 지역사회 환경에서 활동할 때 필요한 기술을 실제 환경에서 직접 교수하는 것이다.

③ 지역사회 중심교수는 학생들에게 인위적인 환경이 아닌, 기술이 쓰일 실제적인 환경에서 새로운 기술을 배울 수 있도록 기회를 제공하고 가르친다.

④ 지역사회 중심교수는 영수준 추측을 바탕으로 진행된다. '영수준 추측'이란 장애학생 중 특히 지적장애 학생들을 교수할 때 학급에서 가르친 기술을 학생이 일반화하지 못할 수도 있다는 가정하에, 일반화 여부를 알기 위해서는 여러 자연스러운 지역사회에서 습득한 기술을 직접 경험하며 학습하게 해야 한다는 전략이다.

⑤ 지역사회 중심교수는 단순한 일회적 지역사회 체험활동이나 다수 학생들을 대상으로 하는 행사 위주의 현장학습 등이 아니며, 배후의 연속성, 자연적 단서, 시각적 단서, 체계적 교수, 행동분석 등의 사용을 포함한다.

⑥ 지역사회 중심교수에서 요구되는 원칙으로 다음의 네 가지가 있다.

㉠ 환경진단으로 개인이 살아가는 다양한 자연적 환경을 선정하고 이들 환경에서 또래들의 수행 가능한 활동들을 확인한다. 그 후 활동에서 요구되는 기술들을 선정하고 그 기술을 수행하는 데 있어 목표행동과 학생의 현행 수준 간 차이를 확인한다.

㉡ 지역사회에서 필요한 기술들은 대부분 하나의 단편적인 기술보다는 많은 하위 기술로 구성되어 있다. 교사는 교수할 활동과 그 활동을 어떻게 과제분석해야 할지 결정해야 한다.

㉢ 장애의 정도가 심한 경우에는 활동에 대한 완전한 기술 수행이 어렵기 때문에, 부분참여의 원리를 통해 부분적으로라도 참여하는 데 의미를 둔다.

㉣ 일반화를 위해 지역사회 기술은 다양한 지역사회 환경에서의 수행을 요구하기 때문에 적절한 교수전략이 이루어져야 한다. 특히 장애의 정도가 심한 학생들의 일반화는 자연적인 결과로 일어나는 것이 아니며, 일반화를 위한 체계적인 교수전략이 계획되어야 한다.

1. 지역사회 중심교수의 유형

지역사회 모의수업 (CS)	지역사회의 장면이나 과제를 교실수업의 모의활동 형식으로 진행하는 방법이다. ǀ 장점 • 시간적 · 경제적 · 공간적 제한점을 극복하고 어려운 부분을 따로 분리해 집중해서 반복연습할 수 있다. 이러한 반복연습은 실제 사용 시 실수를 최소화해 아동의 동기와 자신감 상승으로 이어질 수 있다. • 실제 지역사회 현장으로 나가기 이전에 학생에게 사전 교수를 제공하는 방법으로 많이 사용되어 안전 관련 문제를 줄일 수 있다. 예를 들어, 버스 이용하기를 지도한다면 교실 수업 중에 버스 이용 장면을 보여 주면서 교실 안에서 교통카드를 찍는 연습을 반복하는 활동을 할 수 있다.
지역사회 참조수업 (CRI)	학교 내 공간에서 지역사회 기술을 간접적으로 연습하는 것이다. ǀ 장점 학교 내 시설을 이용하므로 안전에 대한 부담이 적고, 간접적 연습기회를 비교적 자연적인 상황에서 가질 수 있다. 예를 들어 편의점 이용하기를 지도하기 위해 학교 내의 편의점을 이용할 수 있고, 음식점 이용하기를 지도하기 위해 학교 식당을 이용해 메뉴를 주문하는 활동을 할 수 있다.
지역사회 중심수업 (CBI)	교수 · 학습활동이 실제 지역사회에서 이루어지는 것을 말한다. 예를 들어, 지하철 이용하기를 지도하기 위해 실제로 지하철을 탈 수 있고, 은행 이용하기를 지도하기 위해 은행에 직접 방문해 입금하거나 출금하는 활동을 할 수 있다. ǀ 장점 일반화가 어려운 장애학생의 특성을 고려했을 때 실제 환경에서의 교수로 일반화를 촉진할 수 있다.

2. 지역사회 모의수업과 지역사회 중심교수의 장점 비교

	지역사회 모의수업(CS)	지역사회 중심교수(CBI)
교수환경	• 지역사회 내의 위험 요소를 감소시킴 • 지역사회 교수로 확장시키기 전에 미리 교수 기회를 제공하게 됨	기술 습득과 수행을 위한 자연적인 환경을 제공함
반응 촉진 및 피드백	오류 수정이 즉시 이루어지며 간편함	자연적으로 발생하는 단서의 제공과 오류의 수정이 가능함
기술 습득의 효과성	짧은 시간 동안 반복적인 연습기회를 제공함	다양한 자극과 반응 특성을 자연적으로 제시해 기술의 일반화를 촉진함
시간/비용의 효율성	• 인공적인 교수자료를 계속 사용하므로 비용 효과적임 • 지역사회 중심교수보다 교수시간이 더 적게 들 수 있음	• 장기간의 훈련인 경우 모의수업보다 더 비용 효과적임 • 체계적으로 계획할 경우 비용을 더 줄일 수 있음

참고자료 기본이론 97-100p

키워드 지역사회 중심교수

구조화 틀 **지역사회 중심교수**

- 정의 및 효과
- 지역사회 중심교수의 특징
- 지역사회 중심교수의 원칙
- 지역사회 중심교수의 실제
- 지역사회 중심교수의 문제점과 보완방법
- 일반적인 교수절차
- 지역사회중심 교수전략
  - 지역사회 모의수업
  - 지역사회 참조수업
  - 지역사회 중심수업
  - 일반사례교수법

핵심개념

모범답안 ④

2009학년도 유아 35

18 **서 교사는 내년에 초등학교에 입학할 정신연령 2세인 발달지체 유아 유빈이를 대상으로 지역사회중심교수를 하고자 한다. 지역사회중심교수에 대한 설명으로 맞는 것을 〈보기〉에서 모두 고른 것은?**

보기

ㄱ. 유아가 습득한 수행을 일반화할 수 있도록 계획한다.
ㄴ. 유아의 정신연령에 적합한 지역사회 적응기술을 지도한다.
ㄷ. 주된 한 가지 기술을 지도하면서 관련 기술도 함께 지도한다.
ㄹ. 지역사회에서의 의미 있는 수행을 위해 실제 지역사회에서 지도한다.
ㅁ. 자연적인 방법으로 지도하여 습득이 잘 되지 않으면 최소 촉진법을 사용하여 지도한다.

① ㄱ, ㄴ ② ㄷ, ㅁ
③ ㄱ, ㄴ, ㄹ ④ ㄱ, ㄷ, ㄹ, ㅁ
⑤ ㄴ, ㄷ, ㄹ, ㅁ

ㄱ. 지역사회 중심교수는 교수·학습활동이 실제 지역사회에서 이루어지므로 기술의 일반화를 촉진함

ㄴ. 지역사회 중심교수는 생활연령에 적합한 기능적 기술을 지도함

ㄷ. 지역사회 중심교수는 관련된 기능적 기술을 교수할 수 있음

ㄹ. 지역사회 중심교수는 교수·학습활동이 실제 지역사회에서 이루어짐

ㅁ. 필요한 만큼의 도움을 제공하는 최소 촉진법을 사용해 지도하는 것은 적절함
예 최소-최대 촉진법(도움증가법)

참고자료 기본이론 97-103p

키워드 지역사회 중심교수

구조화틀 **지역사회 중심교수**

- 정의 및 효과
- 지역사회 중심교수의 특징
- 지역사회 중심교수의 원칙
- 지역사회 중심교수의 실제
- 지역사회 중심교수의 문제점과 보완방법
- 일반적인 교수절차
- 지역사회중심 교수전략
  - 지역사회 모의수업
  - 지역사회 참조수업
  - 지역사회 중심수업
  - 일반사례교수법

핵심개념

생태학적 교육과정의 단점

- 학업적 측면에 소홀할 수 있음
- 기능중심 교육과정은 학생을 실생활 장면에서 지도하기 때문에 그들에게 더 오명적일 수 있음
- 이동과 안전상의 문제, 교사 대비 높은 학생 비율, 비용과 시간의 문제로 인해 실행이 어려울 수 있음
- 기능중심 교육과정에 참여하는 만큼 일반 교육 환경에 참여할 수 없게 됨

일반사례분석

전통적인 과제분석 절차를 확장해 수행 상황에서의 단계와 자극 변인을 나타낸 개념

예 현금 인출기는 장소나 위치에 따라 각양각색임(은행이나 기계 종류에 따라 다를 수 있음). 따라서 교사가 지역 내에 있는 모든 현금 인출기에 대한 과제분석과 훈련을 하기보다는 상황에서 가장 일반적인 변인이 될 은행을 골라 훈련하면 훨씬 쉽게 접근할 수 있음

모범답안 (제시문만 분석)

2017학년도 중등 A12

19 **(가)는 고등학생 N의 특성이고, (나)는 특수교사가 N을 위해 작성한 지도 계획이다. [4점]**

(가) 학생 N의 특성

- 패스트푸드점에 가서 음식을 사 먹고 싶어 함
- 시각적 단서는 구분할 수 있으나 글자는 읽지 못함

> **기능적 생활중심 교육과정**
> 학생의 생활, 경험, 흥미, 관심, 필요, 활동 등을 중시함

(나) 지도 계획

- 국어와 사회 수업시간을 활용하여 N에게 '패스트푸드점 이용하기' 기술을 가르치고자 함

  교과의 내용을 대신하여 (㉠) 및 진로와 직업 교육, 현장실습 등으로 편성·운영할 수 있음

- 주변의 패스트푸드점 여러 곳을 선정하고, 일반사례분석을 통해 다음과 같이 공통적으로 필요한 기술을 지도 내용으로 결정하여 지역사회 모의수업를 실시할 것임

  메뉴판에서 음식명 읽고 선택하기 → 음식 주문하기 → 음식값 계산하기 → 잔돈 받기 → 영수증 확인하기 → 음식 먹기

  ㉡ '메뉴판에서 음식명 읽고 선택하기'를 위해서 메뉴명과 사진을 붙인 메뉴판을 만들어 일견단어 교수법을 활용할 예정임

- 이후 지역사회중심교수를 실시하고 중재의 효과와 만족도에 대하여 N의 또래와 부모에게 간단한 평정척도 형식의 질문지에 답하게 하여 (㉢)을/를 평가할 것임

> **생태학적 접근(기능적 교육과정)의 단점**
> 기능적 교육과정에 참여하는 만큼 일반 교육과정에 참여할 수 없게 되고 통합기회가 제한됨 → 이를 보완하기 위해서는 일반학급 맥락 내에 기능적 교육과정을 통합해 실시하되, 학교 내 지역사회 모의수업 및 지역사회 참조교수와 병행해 실시함

> **일반사례분석**
> 전통적인 과제분석에서 확장된 개념으로, 다양한 자료를 모두 과제분석하는 것이 아니라 공통적·일반적인 자료만을 선정해 자극-반응 관계를 분석함(김형일, 2014.)

> - 사회적 타당도 평가영역
> - 사회적 타당도에 따른 사회적 기술 평가방법 중 Type III에 해당함

참고자료 기본이론 91-92p, 97-103p

키워드

- 생태학적 목록법
- 지역사회 중심교수
- 일반사례교수법

구조화 틀

생태학적 목록법
- 개념
- 특징
- 교수절차
- 생태학적 목록법을 통한 교육과정 개발

지역사회 중심교수
- 정의 및 효과
- 지역사회 중심교수의 특징
- 지역사회 중심교수의 원칙
- 지역사회 중심교수의 실제
- 지역사회 중심교수의 문제점과 보완방법
- 일반적인 교수절차
- 지역사회중심 교수전략
  - 지역사회 모의수업
  - 지역사회 참조수업
  - 지역사회 중심수업
  - 일반사례교수법

핵심개념

모범답안

1) 생태학적 목록법

2) ㉡ 지역사회 모의수업
   ㉢ 지역사회 참조교수

3) ① 일반사례교수법
   ② 교수사례와 검사사례 선택하기

2018학년도 유아 B7

20 **(가)는 통합학급 5세 반 김 교사와 유아특수교사 박 교사가 나눈 대화이고, (나)는 박 교사가 은지를 위해 작성한 교수 계획의 일부이다. 물음에 답하시오. [5점]**

(가)

박 교사: 선생님, 우리가 ㉠ 은지가 생활하는 환경과 그 환경 내에서 이루어지는 활동, 필요한 기술들을 조사해서 교육 계획에 반영했잖아요. 이번에는 그중에서 횡단보도 건너기 기술을 가르치려고 해요. 김 교사: 그럼, ㉡ 횡단보도 건너기 상황극, 신호 따라 건너기 게임과 같은 활동도 하고, ㉢ 유치원 내에 설치된 횡단보도 건너기도 해보면 좋겠네요. 박 교사: 참 좋은 생각이네요. 저는 은지의 경우 추가적으로 개별화된 교수가 더 필요해 보여서 실제 상황에서 직접 지도해보려고 해요. 은지가 실제 상황에서도 신호를 확인하여 횡단보도 건너기를 할 수 있도록 다양한 자극과 반응들을 조사하고 계열화해서 가르치려고요.

일반사례교수법의 정의

(나)

단계 1. 은지의 도보 통학 반경 내에서 교수 범위를 선택한다. 단계 2. '신호등이 있는 횡단보도 건너기' 기술을 과제분석하여 이와 관련된 자극과 반응을 조사한다. 단계 3. (　　　　　　　　　　　　　　　) 단계 4. 교수 순서를 계열화하여 등・하원 시에 교수한다. 단계 5. 비교수 상황에서 평가한다.

1) 밑줄 친 ㉠에서 기능적 기술을 교수하기 위해 사용한 진단 방법이 무엇인지 쓰시오. [1점]

2) 밑줄 친 ㉡과 ㉢에 해당하는 기능적 기술 교수방법을 쓰시오. [2점]

3) ① (나)의 교수방법을 쓰고, ② 그 교수방법의 실시 단계 중 (　)에 해당하는 내용을 쓰시오. [2점]

참고자료 기본이론 97-103p

키워드

- 지역사회 중심교수
- 일반사례교수법

지역사회 중심교수

- 정의 및 효과
- 지역사회 중심교수의 특징
- 지역사회 중심교수의 원칙
- 지역사회 중심교수의 실제
- 지역사회 중심교수의 문제점과 보완방법
- 일반적인 교수절차
- 지역사회중심 교수전략
  - 지역사회 모의수업
  - 지역사회 참조수업
  - 지역사회 중심수업
  - 일반사례교수법

핵심개념 **일반사례교수법**

- 학습한 기술은 어떤 상황이나 조건에서도 그 기술의 수행이 요구될 때 사용될 수 있어야 한다는 목표를 위해 개발된 전략
- **단계**
  ① 교수 영역 정의하기
  ② 관련 자극과 반응 다양성의 모든 범위 조사하기
  ③ 교수와 평가에 사용될 교수의 예 결정하기
  ④ 교수 사례를 계열화하고 교수하기
  ⑤ 비교수 상황에서 평가하기

모범답안

(가) 일반사례교수법
(나) 지역사회 참조수업

2015학년도 중등 A3

21 **다음은 정신지체 학생 A와 B에게 마트 이용하기 기술의 일반화를 촉진하기 위한 지역사회중심교수 전략들이다. (가)와 (나)에 해당하는 지도 전략의 명칭을 순서대로 쓰시오.** **[2점]**

(가) 학생 A가 이용할 것으로 예상되는 집 근처 마트를 조사하여 10곳을 정한다. 선정한 마트 10곳의 이용 방법을 모두 분석한 후, 이용 방법에 따라 범주화한다. 범주화된 유형에 대해 각각 과제분석을 하고, 유형별로 마트를 1곳씩 정하여 지도한다. 교사는 학생 A가 학습한 것을 나머지 마트에서도 수행할 수 있는지 평가한다.

(나) 학생 B에게 학교 안에 있는 매점을 활용하여 지역사회 마트 이용하기 기술을 가르친다. 학교 매점에서 물건 고르기, 물건 가격 확인하기, 계산대 앞에서 줄서기, 돈 지불하기, 거스름돈 확인하기를 지도한다.

확장하기 +

일반사례교수법의 단계(양명희, 『행동수정이론에 기초한 행동지원』, 2016)

<table>
<tr><td>① 교수 영역 정의하기</td><td>• 어떤 것을 가르칠 것인지 교수 영역을 정함
• 교수 영역은 학습자가 배운 행동이 수행될 다양한 자극 상황을 포함하는 환경이어야 함
예 학생이 생활하는 경기도 광주읍에서 유커를 가지고 접근할 수 있는 모든 종류의 횡단보도</td></tr>
<tr><td>② 관련 자극과 반응의 다양성의 모든 범위를 조사하기</td><td>교수 전 영역 자극과 반응의 다양성을 조사하여 교수를 실시하기 위해 공통 특징을 갖는 자극으로 묶고, 일정한 반응으로 나타나는지 분류
예 광주읍의 접근 가능한 모든 횡단보도(총 52개)의 자극 특성에 대해 조사한 결과: 신호등의 유무, 둔덕의 유무, 도로 교통량과 차선의 방향, 차선 수 등</td></tr>
<tr><td>③ 교수와 평가에 사용될 교수의 예 결정하기</td><td>교수 사례 선정 시, 모든 자극 상황과 요구되는 반응이 포함되는 최소한의 대표적 사례 선택

Ⅰ 교수와 평가에 사용될 예 선정 시 지침
– 긍정적 예는 관련된 자극과 유사해야 함
– 긍정적 예는 목표행동이 기대되는 모든 자극 범위에서 수집되어야 함
– 부정적 예는 긍정적 예와 매우 비슷한 예를 포함해야 함
– 긍정적 예에는 중요한 예외가 포함되어야 함
– 자극과 반응의 다양성 범위에서 조사한 최소한의 예를 선정함
– 예에는 동일한 양의 새로운 정보가 포함되도록 함
– 비용, 시간, 상황 특성을 고려해 실행 가능한 예를 선택해야 함
예 교수 지역 횡단보도의 자극 특징과 순서
<table>
<tr><th>번호</th><th>길의 특징</th><th>교통량</th><th>교통 조건</th><th>차선 수</th></tr>
<tr><td>1</td><td>둔덕 유, 신호등 무</td><td>때로 번잡함</td><td>양방</td><td>2차선</td></tr>
<tr><td>2</td><td>둔덕 무, 신호등 무</td><td>때로 번잡함</td><td>양방</td><td>2차선</td></tr>
<tr><td>3</td><td>둔덕 무, 신호등 무</td><td>번잡함</td><td>삼거리</td><td>2차선</td></tr>
<tr><td>4</td><td>둔덕 무, 신호등 유</td><td>번잡함</td><td>사거리</td><td>2차선</td></tr>
<tr><td>5</td><td>둔덕 유, 신호등 유</td><td>번잡함</td><td>사거리</td><td>2차선</td></tr>
<tr><td>6</td><td>둔덕 무, 신호등 무</td><td>한산함</td><td>양방</td><td>2차선</td></tr>
<tr><td>7</td><td>둔덕 유, 신호등 무</td><td>때로 번잡함</td><td>삼거리</td><td>2차선</td></tr>
<tr><td>8</td><td>둔덕 유, 신호등 유</td><td>한산함</td><td>사거리</td><td>5차선</td></tr>
<tr><td>9</td><td>둔덕 무, 신호등 유</td><td>한산함</td><td>사거리</td><td>5차선</td></tr>
<tr><td>10</td><td>둔덕 무, 신호등 무</td><td>때로 번잡함</td><td>양방</td><td>5차선</td></tr>
</table></td></tr>
<tr><td>④ 교수 사례를 계열화하고 교수하기</td><td>교수할 예의 순서를 정해 이에 따라 교수를 실시함
예 교수 예의 제시 순서는 쉽고 어려운 횡단보도가 모두 한 회기에 포함되도록 했으며, 한 회기 내에서 쉬운 것부터 어려운 순서대로 제시하도록 했음. 또한, 비슷한 특성을 가진 횡단보도를 연속해서 건너지 않도록 했음

Ⅰ 교수 사례 계열화를 위한 지침
– 각 훈련회기 내에 행동기술의 모든 요소를 교수함
– 각 훈련회기 내에 가능한 많은 수와 다양한 난이도의 예를 제시함
– 변별력 증진을 위해 최대한 유사한 긍정적 예와 부정적 예를 연이어 제시함
– 모든 예를 한 회기에 교수할 수 없다면 한 번에 한두 가지를 교수하면서 매 회기마다 이전 회기의 예에 새로운 예를 추가함
– 일반적인 예를 먼저 제시하고 예외적인 경우를 가르침</td></tr>
<tr><td>⑤ 비교수 상황에서 평가하기</td><td>자극 및 반응 다양성을 포함하는 새로운 예를 선택해 일반화 여부를 평가함</td></tr>
</table>

일반사례교수법의 단계(박희찬 외, 『장애학생을 위한 전환교육의 이해와 적용』, 2023)

① 장애학생 교육 프로그램의 우선적인 목표는 지역사회 활동의 일반화된 수행에 있으며, 많은 지적장애 학생들은 일반화 전략이 교수 내에 통합되지 않으면 습득된 기술의 일반화에 어려움을 보임. 따라서 일반사례교수는 일반화 가능성을 높이기 위한 교수 방법으로 일련의 기술을 지도함으로써 훈련되지 않은 상황에서도 이미 습득한 기술을 사용할 수 있도록 돕는 것을 의미함

② 일반사례 분석은 단계에서의 변이와 다양한 수행 환경에서 나타나는 자극을 확인하기 위해 전통적인 과제분석 절차를 확장함. 즉, 다수의 구체적인 지역사회 환경 속에서 일반화의 반응을 얻을 수 있는 하나의 상황을 선택해 단일 내용 영역을 가르치기 위해 제시된 모델을 말함. 예를 들어, 물품의 위치는 편의점마다 다를 수 있으며, 편의점의 수에 따라 이러한 변이는 매우 다양할 수 있음. 그러나 모든 편의점에서 변이를 모두 다 배울 수는 없기 때문에, 교사가 지역사회 근처에 있는 두세 곳의 편의점에서 교수한다면 훨씬 지도하기 용이할 수 있음. 정리하면 일반사례 분석은 특정 기술 수행을 요구하는 구체적인 여러 지역사회 환경을 파악하고, 그 환경 중에서 다양한 자극과 반응 변인을 충분히 경험할 수 있는 대표적 환경을 선택해 교수를 실시함으로써 단순히 충분한 사례를 교수하는 방법보다 좀 더 체계적이며, 일반화에도 효과적인 방법으로 평가받고 있음

③ 일반사례 교수를 사용하는 교사는 목표 기술이 수행되어야 할 '교수 전 영역'을 판별하고, 그 전 영역에서의 여러 가지 적절한 자극과 반응을 판별한 후, 학생이 모든 적절한 자극 조건들하에서 적합하게 반응하도록 교수하는데, 그 단계는 다음과 같음

단계	내용
㉠ 학습자가 목표로 할 교수 영역 정하기	자극이 주어지거나 반응이 필요한 모든 자연적인 환경을 식별함 예 물건 사기를 가르치는 것이 목표인 경우, 교수 영역은 지역사회 근거리에 위치한 대형 슈퍼마켓과 편의점 10곳일 수 있음
㉡ 교수 영역에서 일어날 수 있는 관련된 모든 자극과 반응을 조사하기	일반적인 유능한 수행과 관련 있는 반응과 일반적인 반응을 일으키는 자극을 조사함. 그리고 학생이 일반적인 반응을 일으킨 자극에 구체적으로 어떤 반응을 보이는지 조사함. 이때 교사는 선정한 대형 슈퍼마켓과 편의점 10곳의 이용방법을 모두 조사함
㉢ 교수와 평가에 사용될 사례를 선정하기	비용, 시간, 지역 특성 등을 고려해 최소한의 교수 사례를 선택함. 가능한 교수 상황에서 동일한 양의 새로운 정보가 포함될 수 있는 모든 자극과 반응을 교수함. 또한, 학생들이 해야 할 것과 하지 말아야 할 것에도 중요한 예외가 포함되도록 함 예 10곳의 대형 슈퍼마켓과 편의점을 모두 가르칠 수 없기 때문에 유형별로 대형 슈퍼마켓과 편의점을 각각 1곳씩 선정함
㉣ 교수 사례의 계열화를 통해 교수될 실례들의 순서 정하기	계열화할 때 고려할 사항은 모든 기술을 지도하되, 다양한 난이도를 활용하는 것임. 이 단계에서는 다양한 자극과 반응이 학습될 순서를 정하며, 일반화를 평가하기 위해 사용될 실례들도 선정함. 구체적으로는 변별능력을 증진시킬 수 있는 최대한 유사한 긍정적 예와 부정적 예를 제시하고, 새로운 회기에서는 이전 회기에서 학습한 예에 새로운 예가 추가되도록 함. 예외를 가르치기 전에 일반적인 예를 교수함
㉤ 계열화된 순서에 따라 실례들을 학습시키기	이때에는 촉진 · 소거 · 강화 사용 등의 교수 전략이 함께 제시되어야 함. 일반적으로 일반사례 교수를 적용한 대부분의 연구에서는 촉진을 통해 새로운 기술을 습득시킴
㉥ 교수하지 않은 지역에서 훈련하지 않은 실례들을 평가하기	일반사례 교수는 일반화 가능성을 증가시키기 위한 것으로, 일반화가 되었는지를 알아보기 위해 교수하지 않은 검사 사례에서 학습자의 수행을 평가함

참고자료 기본이론 97-103p

키워드

- 지역사회 중심교수
- 일반사례교수법

구조화 틀 **지역사회 중심교수**

- 정의 및 효과
- 지역사회 중심교수의 특징
- 지역사회 중심교수의 원칙
- 지역사회 중심교수의 실제
- 지역사회 중심교수의 문제점과 보완방법
- 일반적인 교수절차
- 지역사회중심 교수전략
  - 지역사회 모의수업
  - 지역사회 참조수업
  - 지역사회 중심수업
  - 일반사례교수법

핵심개념 **지역사회 중심교수**

- 교수·학습 활동이 실제 지역사회에서 이루어지는 것으로, 학교에서 운영되고 있는 현장체험학습·견학 등과 유사한 형태 → 단, 지역사회 중심수업은 단순한 일회성 행사가 아닌 활동의 분명한 목표와 전개 과정이 전제되어야 함
- **장점**
  - 모의로 나타내기 어려운 복잡한 활동을 수행 가능
  - 교수·학습활동이 실제 지역사회에서 이루어지므로 기술의 일반화 촉진 가능
  - 자연적 강화가 제공됨
  - 관련된 기능적 기술 교수 가능
  - 생활연령에 맞는 기능적 활동 가능

모범답안

㉢ 지역사회중심 교수
㉣ 일반사례교수법

2022학년도 중등 A7

22 **(가)는 지적장애 학생 C의 특성이고, (나)는 학생 C의 학부모와 특수교사가 나눈 대화의 일부이다. 〈작성방법〉에 따라 서술하시오. [4점]**

(가) 특성

- ㉠ <u>장애의 원인은 21번째 상염색체가 3개인 염색체 이상으로 생의학적·출생 전 원인에 해당함</u>
- 성격이 밝고, 사회성이 좋음
- 간헐적 지원 요구가 있음
- ㉡ <u>장애 특성상 갑상선 질병에 걸리기 쉽기 때문에 정기적인 검진을 받고 있음</u>

(나) 대화

학 부 모: 선생님, 안녕하세요. 저희 아이가 곧 고등학교를 졸업하는데, 그때가 되면 혼자 시내버스를 타고 다닐 수 있으면 좋겠어요.

특수교사: 예, 마침 사회 시간에 '우리 동네 살펴보기' 학습을 할 예정이어서 시내버스를 이용해보려고 해요. 지역사회에서 사용할 기술을 지역사회 환경에서 직접 가르치는 방법을 (㉢)(이)라고 합니다. 그런데 시간, 비용, 위험성의 문제로 실제 버스를 타러 가기 전에 우선 교실에서 모의 환경을 만들어 미리 연습하는 지역사회 모의교수를 해보려고 합니다.

학 부 모: 그렇군요. 그런데 교실의 모의 환경에서 연습을 하면 실제 환경과 다른 점이 많아서 나중에 제대로 버스를 탈 수 있을까요?

특수교사: 그래서 지역사회 모의수업를 실시한 후에 실제 환경에서 발생할 수 있는 여러 상황이나 조건 중 대표적인 사례를 선택하고 계열화하여 가르치는 (㉣)(으)로 지도하려고 합니다.

학 부 모: 어떤 방법인지 예를 들어 설명해주시면 좋겠어요.

특수교사: 편의점 이용하기를 예로 들자면, 편의점마다 물품이나 계산대의 위치가 다르잖아요. 그래서 먼저 과제분석을 합니다. 그다음에는 기술을 지도할 대표적인 편의점 A와 평가할 다른 편의점 B를 정합니다. 그 후 편의점 A에서 물건 사기 기술을 지도하고, 편의점 B에 가서 이 기술이 일반화되었는지를 평가하는 방식이지요.

- 기능적 기술 지도
- 궁극적 기능성의 기준에 해당함

지역사회 모의수업의 장점

- 처음부터 지역사회의 공간을 직접 활용하기 어려운 상황이거나, 지역사회에 나가기 전에 구조화된 연습 기회가 필요할 때 유용
- 다양한 기술의 유사한 경험 제공 가능
- 집중연습 및 반복연습 등 구조화된 연습기회를 가질 수 있음
- 위험요소를 최소화하고 안전하게 기술 훈련 가능
- 시간적·공간적·경제적 제한 극복 가능

지역사회 모의수업의 단점

일반화 어려움

일반사례교수법의 단계

작성방법

(나)의 괄호 안 ㉢, ㉣에 해당하는 교수전략을 기호와 함께 각각 쓸 것.

참고자료 기본이론 97-103p

키워드

- 지역사회 참조교수
- 일반사례교수법

구조화틀 지역사회 중심교수

- 정의 및 효과
- 지역사회 중심교수의 특징
- 지역사회 중심교수의 원칙
- 지역사회 중심교수의 실제
- 지역사회 중심교수의 문제점과 보완방법
- 일반적인 교수절차
- 지역사회중심 교수전략
  - 지역사회 모의수업
  - 지역사회 참조수업
  - 지역사회 중심수업
  - 일반사례교수법

핵심개념 일반사례교수법

- 학습한 기술은 어떤 상황이나 조건에서도 그 기술의 수행이 요구될 때 사용될 수 있어야 한다는 목표를 위해 개발된 전략
- 단계
  ① 교수 영역 정의하기
  ② 관련 자극과 반응의 다양성의 모든 범위 조사하기
  ③ 교수와 평가에 사용될 교수의 예 결정하기
  ④ 교수 사례를 계열화하고 교수하기
  ⑤ 비교수 상황에서 평가하기

모범답안

① ㉣ 학교버스를 이용해 버스 이용하기 기술을 지도한다.

② ㉤ 학생의 버스 이용 기술이 비교수 사례에서도 일반화가 이루어지는지 확인한다.

2026학년도 초등 B1

23 **(가)는 초등학교 6학년 지적장애 학생 동호에 대한 보호자의 교육 요구이고, (나)는 동호를 위한 특수교사와 통합학급 교사의 개별화교육계획 협의 내용의 일부이다. 물음에 답하시오. [5점]**

(가)

동호가 버스 이용 기술을 습득하여 중학생이 되었을 때 스스로 버스를 이용할 수 있기를 원함

(나)

2. 버스 이용하기 기술 지도 • ㉣ 지역사회참조 교수법 활용 • ㉤ 일반사례교수법 활용 : 학생의 버스 이용 기술 일반화 여부 확인

지역사회 참조수업
지역사회에 필요한 기술을 간접적으로 연습할 수 있는 기회를 갖는 것

2) ① (나)의 밑줄 친 ㉣의 교수 · 학습 활동의 예를 1가지 쓰고, ② (나)의 밑줄 친 ㉤을 위한 방법을 1가지 쓰시오. [2점]

참고자료 기본이론 101-103p

키워드 일반사례교수법

구조화 틀 지역사회 중심교수

- 정의 및 효과
- 지역사회 중심교수의 특징
- 지역사회 중심교수의 원칙
- 지역사회 중심교수의 실제
- 지역사회 중심교수의 문제점과 보완방법
- 일반적인 교수절차
- 지역사회중심 교수전략
  - 지역사회 모의수업
  - 지역사회 참조수업
  - 지역사회 중심수업
  - 일반사례교수법

핵심개념 일반사례교수법

- 학습한 기술은 어떤 상황이나 조건에서도 그 기술의 수행이 요구될 때 사용될 수 있어야 한다는 목표를 위해 개발된 전략
- 단계
  - ① 교수 영역 정의하기
  - ② 관련 자극과 반응의 다양성의 모든 범위 조사하기
  - ③ 교수와 평가에 사용될 교수의 예 결정하기
  - ④ 교수 사례를 계열화하고 교수하기
  - ⑤ 비교수 상황에서 평가하기

모범답안

ⓑ 일반사례교수법

ⓢ A 슈퍼마켓에서 물건 사기에 필요한 기술을 교수한다.

ⓞ B 슈퍼마켓에서 물건 사기에 필요한 기술의 일반화 여부를 평가한다.

2014학년도 초등(유아) A3

24 **(가)는 정신지체 학생 진아에 대해 통합학급 김 교사와 특수학급 박 교사가 나눈 대화 내용이고, (나)는 진아를 위해 박 교사가 제안한 지도 내용이다. 물음에 답하시오. [5점]**

(가) 김 교사와 박 교사의 대화 내용

> 박 교사: 김 선생님, 지난번에 말씀드린 대로 진아는 슈퍼마켓에서 물건을 사는 데 어려움이 있어요. 그래서 진아에게 지역사회중심 교수를 체계적으로 실시할 수 있는 (ⓑ)을(를) 적용하여 지도해보면 좋겠어요.

(나) 박 교사가 제안한 (ⓑ)의 지도 내용

단계	지도 내용
교수목표 범위 정의하기	교사는 '진아가 지역사회에 있는 다양한 슈퍼마켓에서 물건을 살 수 있다.'를 교수목표로 정한다.
일반적 과제 분석 작성하기	교사는 슈퍼마켓에서 물건을 살 대 필요한 일반적인 단계를 과제분석한 후, 지역사회에 있는 다양한 슈퍼마켓의 대표적인 형태가 되는 몇 곳을 선정하고, 자극과 반응 유형을 분석한다.
교수와 평가에 사용할 예 선택하기	교사는 자극과 반응 유형을 분석한 대표적인 형태와 슈퍼마켓 몇 곳 중 지역사회에서 가장 일반적인 유형인 A 슈퍼마켓을 우선 지도할 장소로 정하고, 이와 동일한 유형의 B 슈퍼마켓을 평가할 장소로 정한다.
교수하기	(ⓢ)
평가하기	(ⓞ)
자극과 반응 유형이 분석된 슈퍼마켓에서 반복하여 지도한다.	

3) (나)의 지도 내용을 참조하여 ⓑ의 명칭을 쓰고, ⓢ과 ⓞ에 들어갈 지도 내용을 각각 쓰시오. [3점]

2024학년도 유아 A3

25 **(가)는 지적장애 유아 희수에 관한 유아특수교사 최 교사와 유아 교사 강 교사의 대화 내용이고, (나)는 최 교사가 희수를 위해 작성한 일반사례교수 계획의 일부이다. 물음에 답하시오. [5점]**

(가)

강 교사:	지난번에 말씀하신 바와 같이 일반사례교수를 활용해 보려고 하는데요. 도서관에서 책을 빌리고 반납하는 활동을 위해 사례를 선정할 때 고려할 점은 무엇인가요?
최 교사:	먼저 ㉢ <u>자연스러운 상황에서 가르칠 수 있는 사례를 선택</u>해야겠지요. 그리고 ㉣ <u>가능한 많은 사례를 선택하여 다양한 자극과 반응이 포함되도록</u> 하는 것이 좋겠고요. 또한 ㉤ <u>희수가 해야 할 것과 하지 말아야 할 것을 가르칠 수 있는 사례를 선정</u>하도록 하고, ㉥ <u>예외적인 상황</u>도 포함하는 것이 필요해요.

…(하략)…

(나)

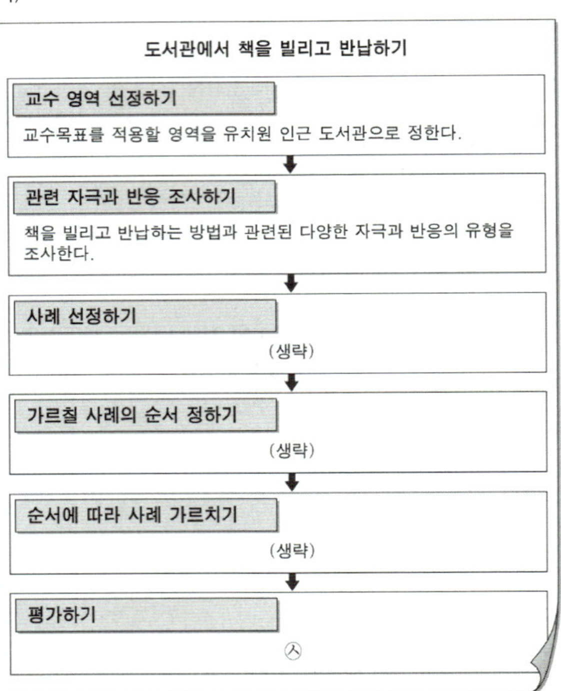

3) ① (가)의 ㉢~㉥ 중 적절하지 않은 것 1가지를 찾아 기호와 함께 그 이유를 쓰고, ② (나)의 ㉦에 들어갈 내용을 쓰시오. [2점]

참고자료 기본이론 101-103p

키워드 일반사례교수법

구조화 틀 **지역사회 중심교수**

- 정의 및 효과
- 지역사회 중심교수의 특징
- 지역사회 중심교수의 원칙
- 지역사회 중심교수의 실제
- 지역사회 중심교수의 문제점과 보완방법
- 일반적인 교수절차
- 지역사회중심 교수전략
  - 지역사회 모의수업
  - 지역사회 참조수업
  - 지역사회 중심수업
  - 일반사례교수법

핵심개념 **교수와 평가에 사용될 예 선정 시 지침**

- 긍정적 예는 관련된 자극과 유사해야 함
- 긍정적 예는 목표행동이 기대되는 모든 자극 범위에서 수집되어야 함
- 부정적 예는 긍정적 예와 매우 비슷한 예를 포함해야 함
- 긍정적 예에는 중요한 예외가 포함되어야 함
- 자극과 반응의 다양성 범위에서 조사한 최소한의 예를 선정함
- 예에는 동일한 양의 새로운 정보가 포함되도록 함
- 비용, 시간, 상황 특성을 고려하여 실행 가능한 예를 선택해야 함

모범답안

① ㉣ 자극과 반응의 다양성 범위에서 조사한 최소한의 예를 선정한다.

② ㉦ 비교수 사례에서 책을 빌리고 반납할 수 있는지 평가한다.

참고자료 기본이론 90-103p

키워드 종합

구조화 틀

핵심개념

모범답안 ③

2012학년도 초등 26

26 **다음은 정신지체 학생을 대상으로 기본교육과정 수학과를 지도하기 위한 계획의 일부이다. 이에 대한 설명으로 적절하지 <u>않은</u> 것은?**

주제	㉠ 물건 값 계산하기
학습 목표	㉡ 계산기를 사용하여 사고 싶은 물건의 물건 값을 계산할 수 있다.
학습 활동	〈물건 값 구하기〉 ㉢ 교과서에 제시된 물건의 이름과 가격을 읽어본다. ㉣ 계산기로 물건 값의 합을 구해본다. ㉤ 광고지에서 교사가 정해준 물건 값의 총액을 구해본다.

① ㉠과 같은 기술을 가르치기 위해 지역사회중심교수를 적용할 때에는 실제 환경에서 수업하는 것이 이 기술의 일반화에 도움이 된다.

② ㉡과 같은 활동을 계획할 때에는 계산 원리의 이해나 능숙한 연산 기술의 습득이 전제되지는 않는다.

③ ㉢을 교수한 후 장애정도가 심한 학생에게 이 내용을 좀 더 확장하여 교수할 때 유의할 점은 발달연령에 적합한 교수자료를 사용해야 한다는 것이다.

④ ㉣과 같은 계산기의 사용은 학생으로 하여금 실생활의 문제해결 과정과 전략에 더욱 초점을 맞추게 할 수 있다.

⑤ ㉤과 같이 실제적인 자료를 활용하는 것은 기술의 자극일반화를 촉진할 수 있다.

② 지적장애 학생을 위한 교육은 발달론적 관점보다 기능적 관점이 적절함

③ 기능적 기술은 학생의 발달연령이 아닌 생활연령에 적합한 교수자료를 사용함

Chapter

06 자기결정(self-determination)

참고자료 기본이론 107-108p

키워드 자기결정 행동의 4가지 필수적 특성

구조화 틀 **자기결정의 이해**

- 자기결정의 정의
- 자기결정 행동의 4가지 필수적 특성
- 자기결정 행동의 구성요소

핵심개념

자기결정

자기 삶의 원인 주체로서 행동하는 것

자기결정 기능 모델

자기결정을 생애 전반에 걸쳐 학습하는 능력이자 태도로 접근하며 선택과 자율성을 강화시켜주는 환경·지원뿐 아니라 개인 역량의 증진을 강조함

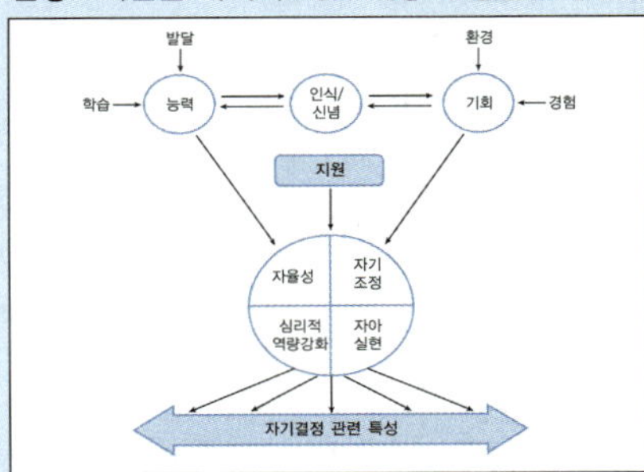

모범답안 ③

2011학년도 중등 6

01 **장애학생의 자기결정과 관련된 설명으로 옳은 것만을 〈보기〉에서 모두 고른 것은?**

〈보기〉

ㄱ. 장애학생의 자기결정 증진은 장애학생의 성공적인 성인기 전환 및 삶의 질과 관련이 있다.
ㄴ. 자기결정 행동 구성요소에는 의사결정, 문제해결, 목표설정 및 달성, 자기인식 등이 포함된다.
ㄷ. 교사 주도적 학습을 통한 장애학생의 자기결정 증진은 장애학생의 긍정적인 학업성취에 영향을 미친다.
ㄹ. 장애학생에게 다양한 선택의 기회를 제공하는 것은 장애학생의 자기결정 증진에 긍정적인 영향을 미친다.
ㅁ. 자기결정 기능 모델에서는 자율성, 사회적 능력, 심리적 역량강화, 자아실현의 네 가지 특성으로 자기결정 행동의 기능을 설명한다.

ㄴ.
- 자율성: 의사결정, 문제해결
- 자기조정: 목표설정 및 달성
- 자아실현: 자기인식

ㄷ. 교사 주도적 학습이 아닌 학생 주도적 학습을 통해 자기결정력을 증진할 수 있음

ㅁ. 자기결정 행동의 4가지 필수적 특성은 자율성, 자기조정, 심리적 역량강화, 자아실현으로 구성됨

① ㄱ, ㄹ
② ㄷ, ㅁ
③ ㄱ, ㄴ, ㄹ
④ ㄱ, ㄹ, ㅁ
⑤ ㄴ, ㄷ, ㅁ

참고자료 기본이론 108p

키워드 자기결정 행동의 4가지 필수적 특성

구조화 틀 **자기결정의 이해**

- 자기결정의 정의
- 자기결정 행동의 4가지 필수적 특성
- 자기결정 행동의 구성요소

핵심개념 **자기결정 행동의 4가지 필수적 특성 및 자기결정 행동의 구성요소**

자율성	• 자율적이고 독립적으로 행동하는 사람 • 독립, 위험 무릅쓰기 및 안전기술, 선택하기, 문제해결, 의사결정
자기조정	• 스스로 계획, 점검, 수정, 평가하는 사람 • 자기관찰, 자기평가, 자기강화, 자기교수, 목표설정과 목표달성
심리적 역량	• 직접 행동을 시작하고 반응하며 통제하는 사람 • 자기효능감 및 성과에 대한 기대, 내적 통제 소재, 자기옹호 및 리더십
자아실현	• 자신에 대한 지식과 자신의 강·약점을 이용해 자아실현하는 사람 • 자기인식, 자기지식

모범답안

ⓐ 자율성
ⓑ 자기조정

2018학년도 초등 A5

02 **(가)는 지적장애 학생 세호와 민지의 특성이고, (나)는 교사가 작성한 2015 개정 특수학교 교육과정 중 기본 교육과정 미술과 3~4학년 수업을 위한 아이디어 노트이다. 물음에 답하시오. [6점]**

(나)

○ 제재 : 재미있는 찍기 놀이
○ 수업 활동

〈활동 1〉 체험 영역(지각)

• 자신이 좋아하는 나뭇잎을 선택하고 학교 주변에서 찾기
  – 나뭇잎 목록표 사용하기
  – ⓒ 민지에게는 미리 준비한 나뭇잎을 제공하기

5) 다음은 〈활동 1〉에서 세호가 사용한 나뭇잎 목록표와 지도 내용이다. 위마이어(L. Wehmeyer)가 제시한 자기결정 행동 주요 특성에 따라 ⓐ와 ⓑ에 들어갈 내용을 순서대로 쓰시오. [1점]

〈세호가 사용한 나뭇잎 목록표〉

종류	찾고 싶은 나뭇잎	찾은 나뭇잎
단풍잎	V	V
은행잎	V	V
솔잎		
감나무잎	V	V

〈자기결정 행동 향상을 위한 지도 내용〉

심리적 역량	세호의 자기효능감 향상을 위해 나뭇잎 수집 활동의 성공을 위한 환경을 제공함
ⓐ	나뭇잎 목록표에서 세호가 찾고 싶은 나뭇잎을 스스로 표시하도록 지도함
ⓑ	나뭇잎 목록표에 세호가 자신이 찾은 나뭇잎을 표시하여 파악할 수 있도록 지도함
자아실현	자기지식 향상을 위해 나뭇잎 수집 활동 후 세호가 수행한 활동에 대한 자기평가 기회를 제공함

※ 주요 특성과 구성요소의 분류를 함께 기억하는 것이 중요

• 심리적 역량 – 자기효능감
• 자율성 – 선택하기
• 자기조정 – 자기점검
• 자아실현 – 자기지식

참고자료 기본이론 108p

키워드 자기결정 행동의 구성요소

구조화 틀 **자기결정의 이해**

- 자기결정의 정의
- 자기결정 행동의 4가지 필수적 특성
- 자기결정 행동의 구성요소

핵심개념 **자기결정 행동의 4가지 필수적 특성 및 자기결정 행동의 구성요소**

자율성	• 자율적이고 독립적으로 행동하는 사람 • 독립, 위험 무릅쓰기 및 안전기술, 선택하기, 문제해결, 의사결정
자기 조정	• 스스로 계획, 점검, 수정, 평가하는 사람 • 자기관찰, 자기평가, 자기강화, 자기교수, 목표설정과 목표달성
심리적 역량	• 직접 행동을 시작하고 반응하며 통제하는 사람 • 자기효능감 및 성과에 대한 기대, 내적 통제 소재, 자기옹호 및 리더십
자아 실현	• 자신에 대한 지식과 자신의 강·약점을 이용해 자아실현하는 사람 • 자기인식, 자기지식

모범답안 자기결정

2023학년도 초등 A5

03 **(가)는 특수학교 6학년 지적장애 학생 경아의 특성이고, (나)는 사회과 '도서관 이용하기' 단원 지도 계획의 일부이다. 물음에 답하시오. [6점]**

(가) 학생 특성

ㅇ경도 지적장애를 가지고 있음
ㅇ그림책 보기를 좋아함
ㅇ4어절 수준의 문장으로 대화가 가능함
ㅇ㉠ <u>외적통제소 특성을 지님</u>

> **외적통제소**
> 일반적으로 외적통제소를 지닐 경우 자신의 성공과 실패에 대한 책임을 받아들이지 못하고 자립심을 갖기 어려우며, 자기결정 및 자기지시 등의 자기조정적 행동을 발달시키기 어려움

(나) 단원 지도 계획

〈차시 예고〉
• ㉣ <u>'도서관 이용하기'를 배운 후 현장체험학습을 통해 학교 근처 도서관으로 가서 직접 그림책을 대출하기</u>
– 도서관에서 다른 사람에게 의존하지 않고 책을 대출함 (자율성)
– 그림책을 성공적으로 대출하는 경험을 통해 자기 효능감을 느끼게 함 (심리적 역량 강화) [A]
– 자기 자리에 앉아 정해진 시간 동안 큰 소리로 이야기하지 않음 (자기조정)

3) [A]에서 설명하고 있는 것을 위마이어(M. Wehmeyer)가 제시한 개념으로 쓰시오. [2점]

참고자료 기본이론 108–112p

키워드 자기결정 행동의 구성요소

구조화 틀 **자기결정의 이해**

- 자기결정의 정의
- 자기결정 행동의 4가지 필수적 특성
- 자기결정 행동의 구성요소

핵심개념 **자기결정 행동의 4가지 필수적 특성 및 자기결정 행동의 구성요소**

자율성	• 자율적이고 독립적으로 행동하는 사람 • 독립, 위험 무릅쓰기 및 안전기술, 선택하기, 문제해결, 의사결정
자기 조정	• 스스로 계획, 점검, 수정, 평가하는 사람 • 자기관찰, 자기평가, 자기강화, 자기교수, 목표설정과 목표달성
심리적 역량	• 직접 행동을 시작하고 반응하며 통제하는 사람 • 자기효능감 및 성과에 대한 기대, 내적 통제 소재, 자기옹호 및 리더십
자아 실현	• 자신에 대한 지식과 자신의 강·약점을 이용해 자아실현하는 사람 • 자기인식, 자기지식

모범답안 ②

2009학년도 중등 8

04 **성공적인 전환(transition)을 위한 자기결정(self-determination) 행동의 구성요소를 〈보기〉에서 고른 것은?**

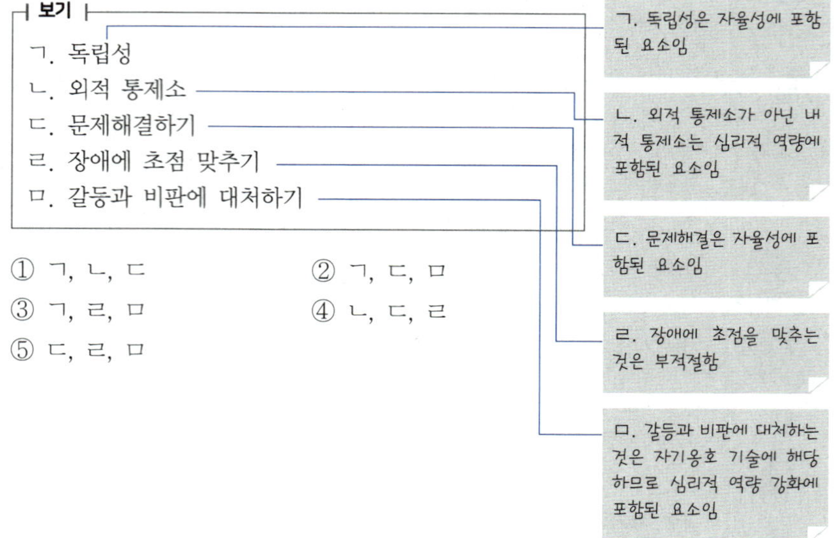

보기

ㄱ. 독립성
ㄴ. 외적 통제소
ㄷ. 문제해결하기
ㄹ. 장애에 초점 맞추기
ㅁ. 갈등과 비판에 대처하기

① ㄱ, ㄴ, ㄷ
② ㄱ, ㄷ, ㅁ
③ ㄱ, ㄹ, ㅁ
④ ㄴ, ㄷ, ㄹ
⑤ ㄷ, ㄹ, ㅁ

참고자료 기본이론 108-112p

키워드 자기결정 행동의 구성요소

구조화 틀 **자기결정의 이해**

- 자기결정의 정의
- 자기결정 행동의 4가지 필수적 특성
- 자기결정 행동의 구성요소

핵심개념

효능감 기대

특정한 행동을 수행했을 때 기대된 성과를 이룰 것이라는 개인의 믿음

문제해결 기술

문제에 대한 해결책을 확인하고 구상하기 위해 가능한 정보들을 이용하는 것

선택하기 기술

선택하기 과정은 '개인의 선호도 확인'과 '선택하는 행위'로 구성됨

- **선호활동**: 여러 가지 선택사항 중에서 반복적으로 선택하는 활동
- **선택**: 여러 가지 선택사항 중에서 한 가지를 실제로 고르는 행위

자기옹호 기술

자신의 선호도에 근거한 목표를 추구하도록 하고 제3자가 아닌 자기 자신이 직접 자신의 권리를 지키기 위해 적극적으로 의사표현을 하는 것

자기인식

자신의 강점·요구·능력을 기본적으로 이해하는 것

모범답안

1) 자율성, 자기조정, 심리적 역량강화, 자아실현

2) ㉤, 자기인식

2014학년도 초등(유아) A3

05 **(가)는 정신지체 학생 진아에 대해 통합학급 김 교사와 특수학급 박 교사가 나눈 대화 내용이고, (나)는 진아를 위해 박 교사가 제안한 지도 내용이다. 물음에 답하시오. [5점]**

(가) 김 교사와 박 교사의 대화 내용

김 교사: 이번에 ㉠ <u>자기결정</u>에 대한 연수를 받고 왔는데 내용이 어려웠어요. 박 선생님께서 자기결정 행동에 대해 설명해주시겠어요?

박 교사: 네, 선생님. 자기결정 행동에는 여러 가지 구성요소가 있어요.

박 교사: (자기결정 행동의 구성요소를 메모지에 적으면서 자세하게 설명한다.)

메모 내용

- 자신이 기대하는 결과를 성취할 능력이 있다고 믿는 것을 ㉡ '<u>효능성에 대한 긍정적 인식</u>'이라고 함
- 가능한 정보들을 이용하여 문제에 대한 다양한 해결책을 찾아보고 구상하는 것을 ㉢ '<u>문제해결 기술</u>'이라고 함
- 개인의 선호도를 확인하고 두 가지 이상의 선택 상황에서 자신이 선호하는 것을 분명하게 표현하는 것을 ㉣ '<u>선택하기 기술</u>'이라고 함
- 자신의 강점이나 능력, 요구 등에 대해 합리적이며 정확하게 이해하는 것을 ㉤ '<u>자기옹호 기술</u>'이라고 함

…(중략)…

1) 위마이어(M. Wehmeyer)가 분류한 ㉠의 특성 4가지를 쓰시오. [4점]

2) ㉡~㉤ 중에서 설명에 맞지 <u>않는</u> 자기결정 행동 구성요소 1가지를 찾아 기호를 쓰고, 설명에 맞는 구성요소로 고쳐 쓰시오. [1점]

참고자료 기본이론 108-112p

키워드 자기결정 행동의 구성요소

구조화 틀 **자기결정의 이해**

- 자기결정의 정의
- 자기결정 행동의 4가지 필수적 특성
- 자기결정 행동의 구성요소

핵심개념 **자기효능감**

특정 과제를 성공적으로 해낼 수 있다고 스스로 믿는 것

모범답안 ㉠ 자기효능감

2019학년도 중등 A6

06 **다음은 지적장애 학생을 지도하는 신규 교사와 멘토 교사의 대화이다. 괄호 안의 ㉠에 해당하는 용어를 쓰시오.**

> 멘토 교사: 선생님, 지난 학기에 전학 온 학생 D와 E는 잘 적응하고 있나요?
> 신규 교사: 학생 D는 주어진 과제를 성취하기 위해 필요한 행동을 성공적으로 해낼 수 있다는 믿음이 있고, 그러한 행동을 잘 수행한다면 원하는 성과를 이룰 것이라고 기대하고 있어요.
> 멘토 교사: 구체적이고 실제적인 자신의 과제수행능력을 믿고 있군요. (㉠)이/가 높은 학생인 것으로 보입니다. 학업 상황에서 친구들이 과제를 완수하는 것을 보면 자신도 그 과제를 완성할 수 있다고 생각하게 됩니다. 이러한 방법을 통해 (㉠)을/를 더욱 향상시키면 좋겠습니다.

효능감 기대
특정한 행동을 수행했을 때 기대된 성과를 이룰 것이라는 개인의 믿음을 의미

자기효능감
특정 과제를 성공적으로 해낼 수 있다고 스스로 믿는 것

참고자료 기본이론 108-112p

키워드 자기결정 행동의 구성요소

구조화 틀 **자기결정의 이해**

- 자기결정의 정의
- 자기결정 행동의 4가지 필수적 특성
- 자기결정 행동의 구성요소

핵심개념 **선택하기**

선택하기 과정은 '개인의 선호도 확인'과 '선택을 하는 행위'로 구성됨

모범답안 선택하기

2018학년도 유아 A2

07 **(가)는 통합학급 5세 반 경수의 미술 작품이고, (나)는 김 교사의 반성적 저널의 일부이다. 물음에 답하시오. [5점]**

(나)

> 오늘은 '여름'이라는 주제로 유아들이 여름 하면 생각나는 것들을 자유롭게 표현하는 활동을 하였다. 지난 시간 '여름 바다' 영상을 보여주어서인지 대부분의 유아들은 바다 속 장면을 떠올려 그림을 그렸다. 물과 관련된 활동에 많은 관심을 보이는 경수의 활동 참여를 위해 영상에서 본 '바다 속 물고기 사진'을 보여주고 그림을 그리도록 촉진하였다.
> 평소 물고기를 즐겨 그리는 경수에게는 수정된 도화지를 제공하였다. 그림을 그리지 않고 가만히 있는 경수에게 사인펜을 보여 주면서 ㉠<u>'어떤 색 사인펜으로 그리고 싶어요?"라고 물어보았다.</u> 경수는 검정 사인펜으로 물고기 밑그림을 그린 후 크레파스를 사용하여 색칠도 하고, 잘라 놓은 색종이를 물그기 비늘에 붙이기도 하였다. 경수가 바다 속 장면을 다양한 방법으로 표현하는 것을 보며 앞으로 더 다양한 재료를 준비하여 미술 활동을 촉진하면 좋겠다는 생각이 들었다.

2) (나)의 밑줄 친 ㉠에서 교사가 경수의 자기결정 증진을 위해 사용한 전략이 무엇인지 쓰시오. [1점]

참고자료 기본이론 108–112p

키워드 자기결정 행동의 구성요소

구조화 틀 **자기결정의 이해**

- 자기결정의 정의
- 자기결정 행동의 4가지 필수적 특성
- 자기결정 행동의 구성요소

핵심개념 **선택하기**

선택하기 과정은 '개인의 선호도 확인'과 '선택을 하는 행위'로 구성됨

모범답안 선택하기

2025학년도 유아 B2

08 다음은 유아 특수교사 김 교사의 반성적 저널이다. 물음에 답하시오. [5점]

> 4. 2024년 4월 ☆일
> [B] 동호가 주원이와 함께 레고 놀이를 하고 있었다. 주원이가 동호에게 "공룡 가지고 놀까? 아니면 집 만들러 갈까?" 라고 물어보니, 동호는 "집."이라고 대답하였다.
> 모양 자르기 활동과 퍼즐 맞추기 중 동호에게 어떤 놀이를 하고 싶은지 물어보았더니 "모양 자를 거야." 하며 바구니를 들고 갔다.
> 평소 집중 시간이 짧은 동호가 평상시보다 오랜 시간 집중하여 활동에 참여하는 모습을 보였다. 활동 후 칭찬 스티커를 주니 너무 좋아했다. 동호의 자기결정 능력을 증진하여 동호의 활동 참여 시간을 점차적으로 늘려야겠다.

주의 유지에 어려움
→ 주의 유지를 위한 교수법 : 과제 수행 시간의 점진적 증대

3) ① [B]는 자기결정 행동의 구성 요소 중 무엇에 해당하는지 쓰시오.

PART 01

2017학년도 초등 A2

09 **(가)는 초등학교 5학년 지적장애 학생 희수에 대해 특수교사와 일반교사가 나눈 대화의 일부이고, (나)는 초등학교 6학년 지적장애 학생 민기에 대해 특수교사와 어머니가 나눈 대화의 일부이다. 물음에 답하시오. [6점]**

(가)

특수교사 : 지난주에 우리가 계획했던 사회과 모둠학습에 희수가 잘 참여했는지 궁금해요. 일반교사 : 친구들과 모둠학습을 하는 것은 좋아했는데 자신의 의견이나 권리를 주장하지 못해서 피해를 보는 경우가 있었어요. 특수교사 : 희수가 아직은 자기옹호 기술이 부족해서 그래요. 무엇보다 ㉠ 희수가 자신이 좋아하고 싫어하는 것을 아는 것이 중요해요. 그러면 모둠학습을 할 때 다른 학생들이 부당한 것을 요구해도 거절하거나 협상할 수 있을 거예요. …(중략)…

자기옹호의 어려움

자기옹호 구성요소
• 자신에 대해 알기
• 권리에 대해 알기
• 의사소통
• 리더십

"모둠학습을 할 때 다른 학생들이 부당한 것을 요구해도 거절하거나 협상할 수 있을 거예요." → 의사소통

1) (가)의 ㉠에 해당하는 자기옹호 기술을 쓰시오. [1점]

참고자료 기본이론 111p

키워드 자기결정 행동의 구성요소

구조화 틀 **자기결정의 이해**

- 자기결정의 정의
- 자기결정 행동의 4가지 필수적 특성
- 자기결정 행동의 구성요소

핵심개념

자기옹호

- 장애인들이 독립적인 삶을 살아가기 위해 필수적인 기술의 하나
- 개인이나 집단이 자신들의 욕구와 이익을 위해 스스로 어떤 일에 대해 주장하거나 실천하는 과정
- 즉, 당사자가 직접 자신의 권리를 지키기 위해 적극적으로 의사표현을 하는 것

자기옹호의 구성요소

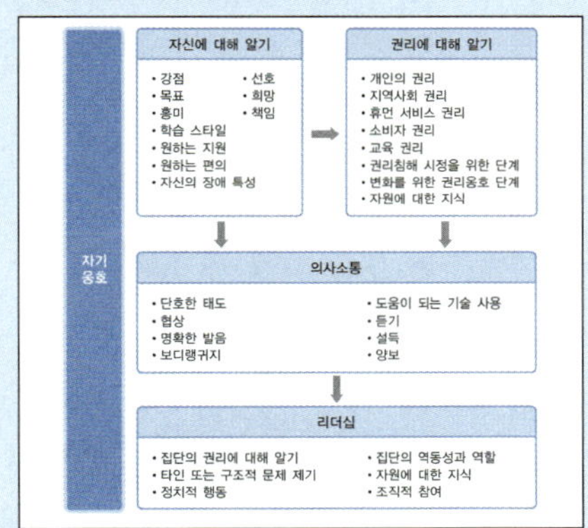

모범답안 자신에 대해 알기

2021학년도 유아 A5

10 **(가)는 통합학급 박 교사와 최 교사, 유아특수교사 김 교사가 지적장애 유아 은미와 민수의 행동에 대해 협의한 내용의 일부이고, (나)는 민수의 관찰 기록지이다. 물음에 답하시오. [5점]**

(가)

[3월 23일]

김 교사: 은미와 민수가 통합학급에서 또래들과 잘 어울리고 있는지 궁금해요.

박 교사: 은미는 혼자 있는 걸 좋아하고 자기표현이 거의 없어요. 그래서인지 친구들도 은미와 놀이를 안 하려고 해요. 오늘은 우리 반 현지가 자기 장난감을 은미가 가져갔다고 하는데 은미가 아무 말도 하지 않아서 오해를 받았어요. 나중에 찾아보니 현지 사물함에 있었어요.

김 교사: 은미가 많이 속상해 했겠네요. ㉠ 은미가 자신에게 억울한 상황을 자신의 입장에서 분명하게 이야기할 수 있도록 지도해야겠어요.

자기옹호 기술의 부족

1) ㉠에 근거하여 은미에게 지도해야 할 자기결정 행동의 구성요소를 쓰시오. [1점]

참고자료 기본이론 111p

키워드 자기결정 행동의 구성요소

구조화틀 **자기결정의 이해**

- 자기결정의 정의
- 자기결정 행동의 4가지 필수적 특성
- 자기결정 행동의 구성요소

핵심개념

자기옹호

- 장애인들이 독립적인 삶을 살아가기 위해 필수적인 기술의 하나
- 개인이나 집단이 자신들의 욕구와 이익을 위해 스스로 어떤 일에 대해 주장하거나 실천하는 과정
- 즉, 당사자가 직접 자신의 권리를 지키기 위해 적극적으로 의사표현을 하는 것

자기옹호의 구성요소

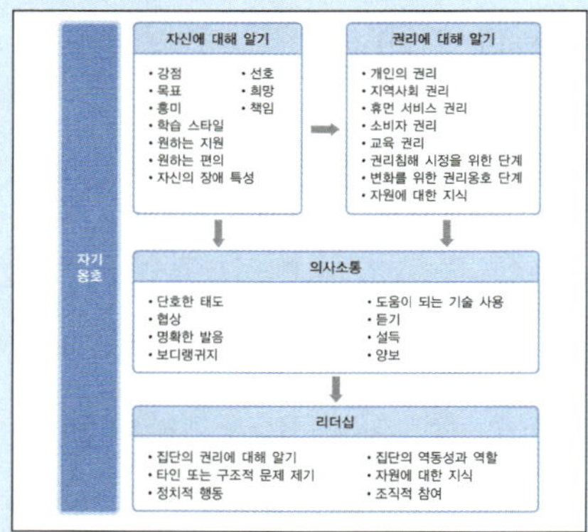

모범답안 자기옹호 기술

참고자료 기본이론 111p

키워드 자기결정 행동의 구성요소

구조화 틀 자기결정의 이해

- 자기결정의 정의
- 자기결정 행동의 4가지 필수적 특성
- 자기결정 행동의 구성요소

핵심개념 자기옹호의 구성요소

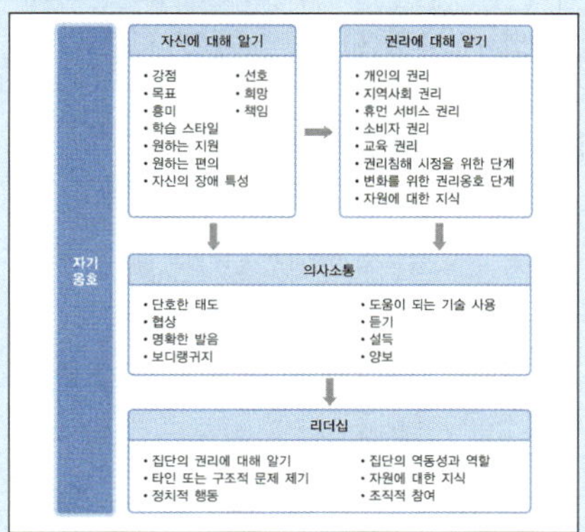

모범답안 ㉥ 리더십

2023학년도 초등 B2

11 **(가)는 지적장애 학생 민호 부모의 요구이고, (나)는 특수교사가 작성한 요구 분석 및 지원 계획이다. 물음에 답하시오. [6점]**

(가) 부모의 요구

• 본인의 방을 스스로 청소하고 간단한 식사 준비하기 ┐ [A] • 스마트폰을 활용하여 혼자 지하철 타기 ┘ • 친구들과 함께하는 활동에서 소외되지 않고 즐겁게 참여하기 • 자기가 원하는 것을 말로 표현하기 • 독립적으로 학교생활 하기

부모의 요구 → 자기옹호

(나) 요구 분석 및 지원 계획

5. 협동학습 수업의 '모둠별 학습' 단계에서 모둠 구성원들이 협동해서 과제를 해결해야 하는데 민호가 잘 참여하지 않는 경우가 많음 – ㉥ <u>민호가 집단의 구성원으로 협동학습 과정에서 자신의 역할을 제대로 알고 집단의 문제해결 과정에 적극적으로 참여</u>해야 함을 알려줄 필요가 있음

3) (나)의 ㉥에 해당하는 자기옹호 기술을 쓰시오. [1점]

2025학년도 중등 B9

12 **다음은 ○○ 중학교 지적장애 학생 K에 대해 일반 교사와 특수 교사가 나눈 대화이다. 〈작성 방법〉에 따라 서술하시오. [4점]**

> 일반 교사: 학생 K가 학급 활동 중 불편한 상황에서도 자신의 의견을 표현하지 못하고, 부당한 요구를 거절하지 못해 피해를 보는 상황이 자주 있어요.
>
> 특수 교사: 학생 K가 자기 옹호 기술이 부족해서 그래요. 특히, 자기 옹호 기술 중에서도 ㉢ 상황에 따라 단호한 태도를 취하는 법, 다른 사람의 말을 잘 듣고 협의하는 법, 상대방을 설득하거나 때로는 양보하는 기술을 익힐 필요가 있어요. 혹시 수업 중 다른 어려움은 없나요?

의사소통
- 단호한 태도
- 협상
- 설득
- 양보

작성방법

자기 옹호 기술 중 밑줄 친 ㉢에 해당하는 하위 기술을 쓰시오.

참고자료 기본이론 111p

키워드 자기결정 행동의 구성요소

구조화 틀 **자기결정의 이해**

- 자기결정의 정의
- 자기결정 행동의 4가지 필수적 특성
- 자기결정 행동의 구성요소

핵심개념 **자기옹호의 구성요소**

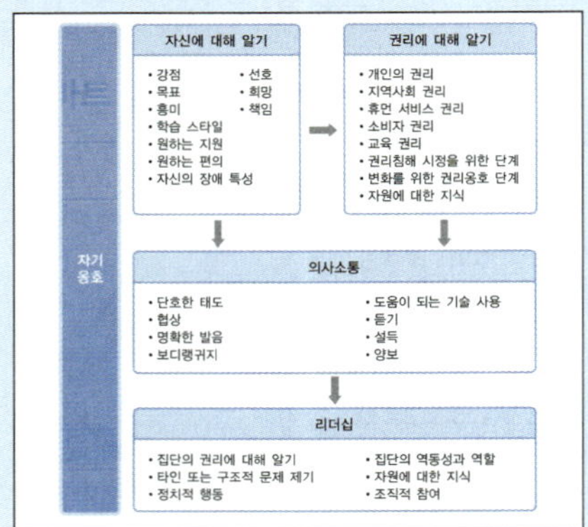

모범답안 의사소통

참고자료 기본이론 108-112p

키워드 자기결정 행동의 구성요소

구조화틀 **자기결정의 이해**

- 자기결정의 정의
- 자기결정 행동의 4가지 필수적 특성
- 자기결정 행동의 구성요소

핵심개념

모범답안 ②

2012학년도 초등 30

13 정신지체 특수학교 김 교사는 기본교육과정 실과의 '동물 기르기와 관련된 직업 알아보기'를 지도하기 위해 학생들의 특성을 고려하여 아래와 같은 교수 · 학습과정안을 작성하였다. 자기결정력의 구성요소를 지도하기 위한 전략이 적절히 반영된 것을 고르면?

학습 목표		애완동물 기르기와 관련된 직업을 말할 수 있다.	
단계		교수 · 학습 활동	지도상의 유의점
도입		• 학습활동 안내 • 교사가 학생이 기르고 싶어 할 만한 애완동물 사진을 3장씩 골라 나누어주기	
전개	인식하기	• 교사가 나누어준 사진 중에서, ㉠ 학생이 자신의 선호도에 따라 하나씩 골라 이야기하기 • ㉡ 자신이 선택한 애완동물을 왜 좋아하게 되었는지 말하게 하고, 그 동물을 기르는 데 필요한 애완동물 용품의 이름을 발표하기	㉢ 애완동물 및 애완동물 용품의 이름을 기능적 어휘와 관련지어 지도한다.
	적용하기	• 강아지 기르는 방법 알아보기 • 금붕어 기르는 방법 알아보기 • ㉣ 강아지와 금붕어 기르는 방법에 대해 알고 있는 정도를 학생이 체크리스트에 표시하고 결과 확인하기	애완동물에게 먹이를 많이 주었을 때 발생하는 문제에 대처하는 방법을 지도한다.
	실천하기	자신의 적성, 흥미, 능력을 고려해 자기가 선택한 애완동물과 관련된 직업 종사자 역할놀이 하기	
정리 및 평가		• 단원정리 • 차시예고	㉤ 본 주제는 직업 고과의 '가축 기르는 방법 알아보기'로 발전됨을 안내한다.

① ㉠, ㉡, ㉢ ② ㉠, ㉡, ㉣
③ ㉠, ㉢, ㉤ ④ ㉡, ㉣, ㉤
⑤ ㉢, ㉣, ㉤

㉠ **선택하기**: 개인의 선호도와 선택하기 활동으로 구성되어 있음

㉡ **자기옹호**: 자신에 대해 알기를 바탕으로 의사소통(주장과 설득)하고 있음

㉣ **자기점검**: 자신의 행동을 진단 · 관찰 · 기록하는 것

- **자기인식**: 자신의 강점 · 요구 · 능력에 대해 기본적으로 이해하는 것
- **자기지식**: 자신의 특성을 사용하는 방법에 대해 아는 것

참고자료 기본이론 107–112p

키워드 복합

구조화 틀

핵심개념

모범답안 ⑤

2009학년도 초등(유아) 8

14 **〈보기〉는 특수학교 박 교사가 초등부 1학년 정신지체 아동 민성이에 대해 기록한 메모이다. 각 메모를 통하여 알 수 있는 민성이의 특성을 적절하게 제시한 것은?**

보기

ㄱ. 가지고 놀던 장난감을 빼앗겨도 자기주장을 하지 못한다. (10월 21일)
ㄴ. 만들기 활동에서 무엇을, 어떻게 만들어야 할지에 관한 계획, 실행, 평가의 전략을 사용하지 못한다. (10월 24일)
ㄷ. 친구들과의 인사말 "안녕!"을 가르쳤더니 학교의 다른 선생님들께도 "안녕!"이라고 인식한다. (10월 27일)
ㄹ. 과제를 주어도 하려고 하는 의욕이 전혀 없다. 성취감을 맛본 경험이 거의 없었던 것으로 보인다. (10월 29일)

	ㄱ	ㄴ	ㄷ	ㄹ
①	과잉 일반화	학습된 무기력	지속적 주의력 결함	초인지 결함
②	학습된 무기력	지속적 주의력 결함	자기결정력 부족	과잉 일반화
③	자기결정력 부족	지속적 주의력 결함	과잉 일반화	학습된 무기력
④	과잉 일반화	초인지 결함	지속적 주의력 결함	자기결정력 부족
⑤	자기결정력 부족	초인지 결함	과잉 일반화	학습된 무기력

참고자료 기본이론 114-117p

키워드 자기결정 교수학습 모델(SDLMI)

구조화틀 **자기결정 교수학습 모델**

- 구성요소
- 특징
- 단계

핵심개념 **자기결정 교수학습 모델의 구성요소**

학생 질문	• 학생은 SDLMI의 각 단계의 질문에 답하기 위해 요구를 충족하는 목표를 설정하고, 목표에 적합한 계획을 구상하고, 계획을 완수하기 위해 행동을 수정함으로써 자신의 문제해결을 조정함 • 수업과정에 학생의 주도권(ownership)을 장려하기 위해 1인칭으로 표시함 • 학생 질문을 사용하도록 지도하는 것은 자기조정적 문제해결전략을 지도하기 위함임 • 각각의 학생 문제는 교사 목표와 연결됨
교사 목표	학생들이 학생 문제에 명시된 문제를 해결할 수 있도록 돕는 교수과정의 길잡이 역할을 함
교수적 지원	• 모든 단계는 교사가 교사 목표를 달성하기 위해 활용할 수 있는 교육적 지원(예 선택하기, 자기계획 기술 교수)을 포함함 • 교육 지원은 교사가 학생들의 질문에 대답하고 필요한 기술을 가르치기 위한 방법적 수단을 제공함

모범답안

㉣ 목표 설정

㉤ 목표 및 계획 조절하기

2013학년도 추가중등 A7

15 **(가)는 김 교사가 A 특수학교 중학생 경아에 대해 진로 상담을 한 내용이고, (나)는 경아를 지도하기 위해 작성한 차시별 지도 계획안의 일부이다. 물음에 답하시오. [7점]**

(나) 차시별 지도 계획안

- 단원: 나의 진로
- 단원목표: 진로 과정을 이해하고 미래에 자신이 하고 싶은 일을 탐색한다.
- 제재: 희망하는 직업 살펴보기

차시(단계)	활동 내용	자료	교수 지원
1차시 (㉣)	"내가 희망하는 직업은 무엇인가?"를 지도하기 – 학생 질문 1: 내가 배우고 싶은 것은 무엇인가? …(중략)… – 학생 질문 4: 이것을 위해 내가 할 수 있는 것은 무엇인가?	• 동영상 • 직업 카드	선택하기 교수
2차시 (계획 및 실행)	"내가 희망하는 직업을 가지기 위한 계획은 무엇인가?"를 지도하기 – 학생 질문 5: 모르는 것을 배우기 위해 내가 할 수 있는 것은 무엇인가? …(중략)… – 학생 질문 8: 나는 언제 계획을 실행할 것인가?	• 동영상 • 유인물	• 자기일정 계획 • 자기점검 전략
3차시 (㉤)	"내가 희망하는 직업을 가지기 위해 배운 것은 무엇인가?"를 지도하기 – 학생 질문 9: 내가 실행한 계획은 무엇인가? …(중략)… – 학생 질문 12: 내가 알고 싶었던 것을 알게 되었는가?	동영상	자기평가 전략

4) (나)는 자기결정 학습을 위한 교수모델(Self-Determined Learning Model of Instruction ; SDLMI) 3단계에 기초하여 작성된 차시별 지도 계획안의 일부이다. ㉣과 ㉤에 들어갈 단계명을 쓰시오. [2점]

참고자료 기본이론 108–117p

키워드

• 자기결정 행동의 구성요소
• 자기결정 교수학습 모델(SDLMI)

구조화 틀

자기결정의 이해
- 자기결정의 정의
- 자기결정 행동의 4가지 필수적 특성
- 자기결정 행동의 구성요소

자기결정 교수학습 모델
- 구성요소
- 특징
- 단계

핵심개념

자기교수
• 학습문제나 사회문제를 해결할 때 자신의 말로 촉진 자극을 제공하는 것을 가르치는 전략
• 자기교수를 지도하는 것은 자신의 학습과 과제 수행을 주도하고, 보다 자기결정적인 학습자가 되도록 함

자기결정 교수학습 모델(SDLMI)
• 학생들이 목표를 설정하고, 목표를 설정하기 위한 실행계획을 세우고, 자기점검을 통해 실행계획이나 목표를 수정하도록 돕는 것을 가르치는 모델
• 학생 질문을 사용하도록 지도하는 것은 자기조정적 문제해결 전략을 지도하기 위함임

단계	학생이 해결해야 할 문제
① 목표 설정	나의 목표는 무엇인가?
② 계획 및 수행	나의 계획은 무엇인가?
③ 목표 또는 계획 수정	내가 배운 것은 무엇인가?

모범답안

① 자기교수
② 내가 배운 것은 무엇인가?

2021학년도 초등 A5

16 **(가)는 민지의 특성이고, (나)는 교육실습생과 지도 교사의 대화이다. 물음에 답하시오. [5점]**

(가) 민지의 특성

• 간단한 문장을 읽고 이해할 수 있다.
• 자신의 의사를 간단하게 표현할 수 있다.
• 학교에서 배운 것을 일상생활에 잘 적용하지 못한다.

(나) 교육실습생과 지도 교사의 대화

…(중략)…

교육실습생 : 이 수업에 자기결정 교수학습모델을 적용할 수 있을까요?
지 도 교 사 : 네, 가능합니다. ㉢ 자기결정 행동의 구성요소 중에서 '학생이 학습 문제를 해결하도록 학생 스스로 말해 가면서 실행하는 것'과 같은 요소를 중심으로 지도하면 좋겠네요. 이때 자기결정 교수학습모델을 단계별로 적용하면 됩니다.
교육실습생 : 네, 감사합니다.

3) ① ㉢에 해당하는 기술을 쓰고, ② 다음 ⓐ에 들어갈 말을 쓰시오. [2점]

자기결정 교수학습모델		
구분	성취해야 할 학생의 과제	교수적 지원
1단계	나의 목표는 무엇인가?	선택하기 교수, 목표설정 교수
2단계	나의 계획은 무엇인가?	자기일정(계획), 목표달성 전략
3단계	ⓐ	자기평가 전략, 자기점검

참고자료 기본이론 114-117p

키워드 자기결정 교수학습 모델(SDLMI)

구조화 틀 **자기결정 교수학습 모델**

- 구성요소
- 특징
- 단계

핵심개념

자기결정 교수학습 모델

- 학생들이 목표를 설정하고, 목표를 설정하기 위한 실행계획을 세우고, 자기점검을 통해 실행계획이나 목표를 수정하도록 돕는 것을 가르치는 모델
- 학생 질문을 사용하도록 지도하는 것은 자기조정적 문제해결 전략을 지도하기 위함임

자기결정 교수학습 모델의 구성요소

- 학생질문
- 교사목표
- 교수적 지원

모범답안

㉡ 자기조정적 문제해결능력
㉣ 행동계획을 수정하도록 지원함

2023학년도 중등 A7

17 **(가)는 학생의 특성이고, (나)는 수업 지도 계획을 위한 특수교사의 메모이다. (다)는 자기결정교수학습모델(SDLMI) 3단계를 학생 A에게 적용한 교사목표의 일부이다. 〈작성방법〉에 따라 서술하시오. [4점]**

(가) 학생의 특성

학생 A	• 지적장애와 저시력을 중복으로 지님 • 목표를 세워 본 경험이 부족하고, 교사나 부모의 도움을 받아 과제를 수행하려 함

(나) 수업 지도 계획을 의한 특수교사의 메모

○ 자기결정교수학습모델(SDLMI) 적용
– 학생질문으로 (㉡)의 과정을 지도함

1단계	2단계	3단계
학생질문	학생질문	학생질문
1. 내가 배우고 싶은 것? 2. 내가 알고 있는 것? 3. 변화되어야 하는 것? 4. 내가 할 수 있는 것?	5. 배우기 위해 내가 할 수 있는 것? 6. 계획 실행에 방해가 될 수 있는 것? 7. 장애물 제거를 위해 할 수 있는 것? 8. 계획 실행? 언제?	9. 내가 실행한 계획? 10. 제거된 장애물? 11. 어떠한 변화가 있었는가? 12. 알고 싶은 것을 알게 되었나?

○ 학생 A의 지도
– SDLMI에서 사용할 '학생질문'의 제시 방식을 학생 A에게 맞게 제공함 [㉢]
– 시각 정보의 대안을 제공함

(다) SDLMI 3단계를 학생 A에게 적용한 교사목표의 일부

학생질문 11번: 내가 모르던 것에 대해 어떤 변화가 있었나요?

교사목표		지원결과
학생이 목표를 달성하지 못했다면, 목표를 재평가하도록 학생을 지원함	→	학생이 설정한 목표를 달성하지 못했다고 대답하여 목표를 재평가하도록 지도함
학생 스스로 목표의 변경 여부에 대해 결정하도록 지원함	→	학생이 수립했던 목표를 현행대로 유지하겠다고 대답함
유지한 목표를 달성하기 위해 수립했던 행동계획의 적절성을 확인하도록 지원함	→	행동계획을 확인한 결과, 부적절하다고 대답함
(㉣)	→	…(중략)…

SDLMI 교사목표
학생들이 학생 문제에 명시된 문제를 해결할 수 있도록 돕는 교수과정의 길잡이 역할을 함

SDLMI 교수적 지원
교사가 교사목표를 달성하기 위해 활용할 수 있는 교육적 지원(예 선택하기, 자기계획 기술 교수 등)을 포함함. 즉, 교육 지원은 교사가 학생들의 질문에 답하고 학생들을 가르치기 위해 필요한 기술을 지도하는 방법적 수단을 제공함

작성방법

(나)의 괄호 안의 ㉡에 해당하는 내용을 쓰고, (다)의 괄호 안의 ㉣에 해당하는 내용을 1가지 서술할 것.

확장하기 +

SDLMI(이숙향 외, 2025)

1단계. 목표 설정 → 학생이 해결해야 할 중심 문제: 나의 목표는 무엇인가?	
학생 질문	교사 목표 (주요 교수적 지원)
1. 내가 배우고 싶은 것은 무엇인가?	1a. 학생이 구체적인 강점과 교수적 목표를 확인할 수 있도록 한다. (학생의 관심사·능력 및 교수적 요구에 대한 자기평가) 1b. 학생이 선호, 관심사, 신념 및 가치에 대해 의사소통할 수 있도록 한다. (의사소통 교수) 1c. 학생이 요구들에 대한 우선순위를 정할 수 있도록 한다. (의사소통 교수, 문제해결 교수)
2. 그것에 대해 지금 내가 알고 있는 것은 무엇인가?	2a. 학생이 교수적 요구와 관련하여 자신의 현재 상태를 확인할 수 있도록 한다. (문제해결 교수, 의사결정 교수) 2b. 학생이 자신의 환경에서 기회와 장애물에 대한 정보를 수집할 수 있도록 한다. (인식 교수, 자기옹호 교수)
3. 내가 모르는 것을 배우기 위해 무엇이 변해야 하는가?	3a. 학생이 계획 실행의 초점을 역량 강화에 둘 것인지, 환경 수정에 둘 것인지, 또는 둘 다에 둘 것인지 결정할 수 있도록 한다. (의사결정 교수, 문제해결 교수) 3b. 학생이 우선순위 목록에서 다루어야 할 요구를 한 가지 선택할 수 있도록 한다. (선택하기 교수)
4. 이것을 이루기 위해 내가 할 수 있는 것은 무엇인가?	4a. 학생이 목표를 진술하고 목표 달성을 위한 기준을 확인할 수 있도록 한다. (목표설정 교수)
2단계. 계획 및 실행 **→ 학생이 해결해야 할 중심 문제: 나의 계획은 무엇인가?**	
학생 질문	교사 목표 (주요 교수적 지원)
5. 모르는 것을 배우기 위해 내가 할 수 있는 것은 무엇인가?	5a. 학생이 자신의 현재 상태와 자신이 확인한 목표 상태를 스스로 평가할 수 있도록 한다. (목표달성 교수)
6. 내가 계획을 실행하는 데 방해가 될 수 있는 것은 무엇인가?	6a. 학생이 자신이 평가한 현재 상태와 자신이 설정한 목표 상태 간의 격차를 메우기 위해 실행계획을 결정할 수 있도록 한다. (목표달성 교수, 자기관리 교수)
7. 이러한 장애물을 제거하기 위해 내가 할 수 있는 것은 무엇인가?	7a. 적절한 교수전략을 확인하도록 학생과 협력한다. (의사소통 교수) 7b. 필요한 학생 주도 학습전략을 학생에게 지도한다. (선행단서 조절 교수) 7c. 학생주도 학습전략을 실행할 수 있도록 학생을 지원한다. (자기교수, 자기일정 계획 교수) 7d. 서로 합의한 교사주도 교수를 제공한다.
8. 나는 언제 계획을 실행할 것인가?	8a. 학생이 실행계획을 위한 일정을 결정할 수 있도록 한다. (자기일정 계획 교수) 8b. 학생이 실행계획을 실시할 수 있도록 한다. (자기교수) 8c. 학생이 자신의 진전을 스스로 점검할 수 있도록 한다. (자기점검 교수)
3단계. 목표 또는 계획 수정 **→ 학생이 해결해야 할 중심 문제: 내가 배운 것은 무엇인가?**	
학생 질문	교사 목표 (주요 교수적 지원)
9. 내가 실행한 계획은 무엇인가?	9a. 학생이 목표 달성을 향한 진전을 스스로 평가하도록 한다. (자기평가 교수, 자기기록 교수)
10. 어떤 장애물이 제거되었는가?	10a. 자신의 진전과 바라던 성과를 비교하도록 학생과 협력한다. (자기점검 교수, 자기평가 교수)

11. 내가 모르던 것에 대해 어떤 변화가 있었는가?	11a. 진전이 불충분할 경우, 목표를 재평가하도록 학생을 지원한다. (목표달성 교수) 11b. 목표를 동일하게 그대로 둘지, 변경할지 결정하도록 학생을 돕는다. (의사결정 교수) 11c. 수정되거나 유지된 목표에 대해 실행계획이 적절한지 또는 부적절한지 확인하도록 학생과 협력한다. (자기평가 교육) 11d. 우선순위 목록에서 학생이 다루어야 할 요구를 한 가지 선택할 수 있도록 한다. (선택하기 교수)
12. 내가 알고 싶었던 것을 알게 되었는가?	12a. 학생의 진전이 적절한지, 부적절한지 또는 목표가 달성되었는지를 학생이 결정할 수 있도록 한다. (자기평가 교수, 자기강화 교수)

학생 질문에 대한 대체 표현

1단계 학생 질문	대체 표현
1. 내가 배우고 싶은 것은 무엇인가?	• 내가 하고 싶은 것은 무엇인가? • 내가 알고 싶은 것은 무엇인가? • 내가 세우고 싶은 목표는 무엇인가?
2. 그것에 대해 지금 내가 알고 있는 것은 무엇인가?	그것에 대해 내가 다른 사람에게 말할 수 있는 것은 무엇인가?
3. 내가 모르는 것을 배우기 위해 무엇이 변해야 하는가?	• 내가 변해야 할 필요가 있는가? • 내가 다른 것을 바꿔 보려고 해야 하는가?
4. 이것을 이루기 위해 내가 할 수 있는 것은 무엇인가?	이러한 변화를 만들기 위해 내가 할 수 있는 것은 무엇인가?
2단계 학생 질문	**대체 표현**
5. 모르는 것을 배우기 위해 내가 할 수 있는 것은 무엇인가?	• 나는 어디서부터 시작해야 하는가? • 첫 단계는 무엇인가?
6. 내가 계획을 실행하는 데 방해가 될 수 있는 것은 무엇인가?	• 내게 방해가 되는 것은 무엇인가? • 나를 막고 있는 것은 무엇인가?
7. 이러한 장애물을 제거하기 위해 내가 할 수 있는 것은 무엇인가?	• 내가 어떻게 이러한 장애물을 제거할 수 있는가? • 내가 어떻게 문제를 해결할 수 있는가? • 이러한 문제를 제거하기 위해 내가 무엇을 할 수 있는가? • 내가 어떻게 그것을 고칠 수 있는가?
8. 나는 언제 계획을 실행할 것인가?	• 나는 언제 시작해야 하는가? • 나는 언제 시작할 것인가?
3단계 학생 질문	**대체 표현**
9. 내가 실행한 계획은 무엇인가?	• 나는 무엇을 했는가? • 결과는 어떠한가? • 내 계획은 효과적인가?
10. 어떤 장애물이 제거되었는가?	• 어떤 문제가 제거되었는가? • 나는 어떤 문제를 해결했는가?
11. 내가 모르던 것에 대해 어떤 변화가 있었는가?	• 내가 배운 것은 무엇인가? • 나는 어떤 진전을 이루었는가? • 내 상황에서 무엇이 바뀌었는가?
12. 내가 알고 싶었던 것을 알게 되었는가?	• 나는 내가 배우고 싶었던 것을 배웠는가? • 나는 목표를 달성했는가?

Chapter

07 교과지도 및 기타 교육적 접근

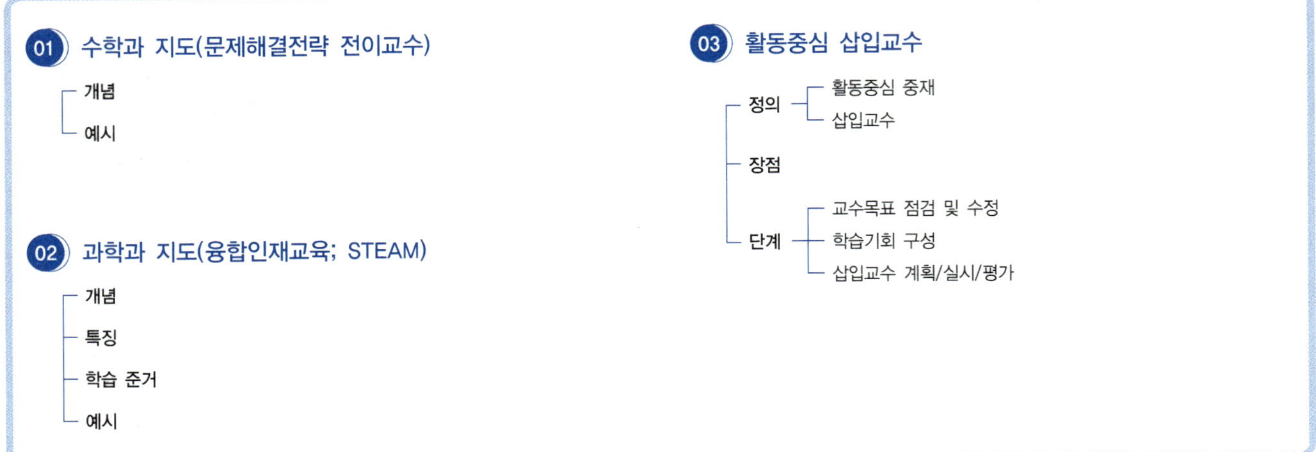

참고자료 기본이론 126-129p

키워드 활동중심 삽입교수

구조화 틀 활동중심 삽입교수

- 정의
- 장점
- 단계

핵심개념 활동중심 삽입교수

- 일과 내 활동에 교수적 시도를 삽입하는 전략
- 일반 유아교육과정을 운영하는 중에 장애유아에 대한 교수활동을 삽입해 실시함으로써 장애유아의 일반 교육과정 접근과 함께 개별 교수목표를 동시에 성취할 수 있게 해주는 교수적 접근

모범답안 활동중심 삽입교수

2020학년도 유아 B2

01 다음은 통합학급 4세 반 교사들이 협의회에서 나눈 대화이다. 물음에 답하시오. [5점]

> 이 교사: ㉢ 수를 셀 때 준우와 같이 끝까지 세고, 교사가 "모두 몇 개네."라고 말한 후 준우에게 "모두 몇 개지?"라고 물어요. 예를 들어 자동차를 셀 때 준우와 같이 하나, 둘, 셋, 넷, 다섯까지 세고, 교사가 "자동차가 모두 다섯 개네."라고 말한 후 준우에게 "자동차가 모두 몇 개지?"라고 물어요.
>
> 김 교사: 수 세기를 다양한 활동에서도 가르치고 싶은데 어떻게 할까요?
>
> 이 교사: 준우에게 ㉣ 간식시간, 자유선택활동 시간, 미술활동 시간에 사물을 세게 한 후 모두 몇 개인지 묻고 답하게 하여 준우의 개별화교육계획 목표가 달성될 수 있도록 해보세요.

학생의 IEP에 근거해 교수활동을 일과 중에 삽입하여 연습함 → 활동중심 삽입교수

4) ㉣에 해당하는 교수방법을 쓰시오. [1점]

참고자료 기본이론 126-129p

키워드 활동중심 삽입교수

구조화 틀 활동중심 삽입교수

- 정의
- 장점
- 단계

핵심개념 활동중심 삽입교수의 단계

① 교수목표 점검 및 수정	유아의 개별화교육 프로그램의 교수목표를 교실 내에서 효과적으로 교수할 수 있는 교수목표로 전환
② 학습기회 구성	1단계에서 수정한 교수목표를 학습할 수 있도록 기회를 구성
③ 삽입교수의 계획, 실행, 평가	계획된 삽입학습 기회를 위한 구체적인 교수전략을 세워 실제로 교수를 실행하고 평가

모범답안 활동중심 삽입교수

2017학년도 유아 B3

02 (가)는 5세 통합학급 심 교사가 작성한 반성적 저널이고, (나)는 자폐성장애 유아 성규를 위한 마음이해 향상 프로그램의 일부이다. 물음에 답하시오. [4점]

(가)

> 일자 : 2016년 ○월 ○일
>
> 간식 시간에 수지가 간식을 먹지 않아서 그 이유를 물었더니, ㉠"선생님께서 어른이 먼저 드실 때까지 먹지 말라고 해서요."라고 대답하여 내가 자리에 앉을 때까지 기다렸다. 그 순간 성규가 수지의 간식을 먹어버렸고, 수지가 속상해하며 울었다. 그러나 성규는 울고 있는 수지에게 전혀 관심을 주지 않았다. 이러한 상황이 반복되면 성규와 다른 아이들의 사회적 관계에 어려움이 심화될 수 있으므로, 성규가 친구들의 생각을 이해할 수 있도록 마음이해 향상 프로그램을 적용해야겠다. 그리고 성규가 마음이해 프로그램에서 배운 내용을 일상생활에 잘 적용하도록 ㉡우리 반의 일과와 활동을 분석하여 연습할 수 있는 학습기회를 구성해야겠다.
>
> …(하략)…

마음이해능력 향상 프로그램 (기본서 1권 314-316p 참고)

삽입교수가 가능한 기회를 판별하거나 만드는 것과 동시에, 유아가 하루 일과 전체를 통해서 교수목표 연습기회를 충분히 제공받도록 학습기회를 구성해야 함

2) (가)의 ㉡에서 심 교사가 성규에게 적용하고자 하는 교수방법의 명칭을 쓰시오. [1점]

참고자료 기본이론 126-129p

키워드 활동중심 삽입교수

구조화 틀 활동중심 삽입교수
- 정의
- 장점
- 단계

핵심개념

모범답안 활동중심 삽입교수

2014학년도 유아 A2

03 다음은 5세 유치원 통합학급에서 유아특수교사와 유아 교사가 쿡과 프렌드(L. Cook & M. Friend)의 협력교수 유형을 적용하여 작성한 활동계획안의 일부이다. 물음에 답하시오.

○ 대집단 – 일반 유아 21명
● 소집단 – 발달지체 유아(나리) / 일반 유아(서영, 우재, 민기)

소주제	우리 동네 사람들이 하는 일	활동명	일하는 모습을 따라 해봐요.
활동 목표	• 다양한 직업에 대해 관심을 갖는다. • 직업의 특징을 몸으로 표현한다.		
활동 자료	다양한 직업(버스기사, 교통경찰, 미용사, 요리사, 화가, 발레리나, 의사, 사진기자, 택배기사, 축구선수)을 가진 사람들의 모습이 담긴 사진 10장		
㉠ 나리의 IEP 목표 (의사소통)	• 교사의 질문에 사물을 손가락으로 가리킬 수 있다. • 자신의 느낌과 생각을 손짓이나 몸짓으로 표현할 수 있다.		

나리의 수정된 IEP 목표에 근거해 교수·학습 활동에 삽입하여 교수함

교수·학습 활동내용	
○ 대집단 – 유아교사	● 소집단 – 유아특수교사
○ 다양한 직업의 모습이 담긴 사진을 보면서 이야기 나누기 – 다양한 직업의 특징을 말하기 ○ 직업을 신체로 표현하는 방법에 대해서 이야기 나누기 – 이 사람은 무엇을 하고 있니? – 이 사람은 일을 할 때 어떻게 움직이고 있니? ○ 직업을 다양하게 몸으로 표현하고 알아맞히기 – 사진 속 직업을 몸으로 표현해보자. ○ 직업을 가진 사람들의 움직임을 창의적인 방법으로 표현해 보기 – 또 다른 방법으로 표현해볼 수 있을까?	● 유아가 자주 접하는 직업의 모습(동작)이 담긴 5장의 사진을 보면서 이야기 나누기 – ㉡ 사진(의사, 버스기사, 요리사)을 보여주면서 "맛있는 음식을 만드는 사람은 누구니?" – ㉢ 사진(축구선수, 미용사)을 보여주면서 "축구공은 어디 있니?" ● 유아가 자주 접하는 직업의 모습(동작)이 담긴 사진을 보면서 손짓이나 몸짓으로 표현하기 – (교통경찰 사진을 보며) "손을 어떻게 움직이고 있니?"

교사에 질문에 사물을 손가락으로 가리키기

자신의 느낌과 생각을 손짓이나 몸짓으로 표현하기

활동평가		평가방법
○	• 다양한 직업에 대해 관심을 갖고 있는가? • 직업의 특징을 다양하게 몸으로 표현할 수 있는가?	관찰 (㉣)
●	직업의 특징을 손짓이나 몸짓으로 표현할 수 있는가?	

1) 유아특수교사는 ㉠을 포함하여 ㉡과 ㉢의 교수활동을 계획하였다. 이에 해당하는 교수법을 쓰시오. [1점]

참고자료 기본이론 126-129p

키워드 활동중심 삽입교수

구조화 틀 활동중심 삽입교수

- 정의
- 장점
- 단계

핵심개념 활동중심 삽입교수의 장점

- 진행 중인 학급활동과 일과를 활용하기 때문에 학습환경에 큰 변화를 줄 필요가 없음
- 유아가 선호하거나 흥미로워하는 활동을 기초로 하기 때문에 유아의 참여를 자연스럽게 촉진시킬 수 있음
- 교수활동이 자연스러운 학급환경에서 일어나기 때문에 새로 배운 기술을 쉽게 사용할 수 있음
- 같은 목표를 달성하기 위해 다양한 삽입학습 기회를 제공하면, 다른 상황에서 그 기술을 활용할 수 있는 유아의 능력이 증진됨

모범답안

- 교수가 유아의 일상 활동에서 일어날 수 있다.
- 학습한 기술을 일반화하는 데 효과적이다.

2021학년도 유아 A1

04 **다음은 유아특수교사 최 교사가 통합학급 김 교사와 나눈 대화의 일부이다. 물음에 답하시오. [5점]**

최 교사:	오늘 활동은 어땠어요?
김 교사:	발달지체 유아 나은이가 언어발달이 늦어 활동에 잘 참여하지 못했어요.
최 교사:	동물 이름 말하기 활동은 보편적 학습설계를 적용하여 계획하면 어떤가요?
김 교사:	네, 좋아요.
최 교사:	유아들이 동물 인형을 좋아하니까, 각자 좋아하는 동물 인형으로 놀아요. ㉠ <u>나은이뿐만 아니라 유아들의 관심과 흥미를 유도할 수 있도록 유아들이 좋아하는 동물 인형을 준비하고, 유아들이 직접 골라서 놀이를 하게 하면 좋을 것 같아요.</u>
김 교사:	다른 유의사항이 있을까요?
최 교사:	네, 모든 문제를 해결하기는 어렵겠지만 나은이가 재미있게 놀이 활동을 할 수 있게 하면 될 것 같아요. 그리고 ㉡ <u>나은이의 개별화 교육목표는 선생님이 모든 일과 과정 중에 포함시켜 지도할 수 있어요.</u> 자유놀이 시간에 유아들이 동물 인형에 관심을 보이고 놀이 활동에 열중할 때 나은이에게 동물 이름을 말하게 하는 거예요. 예를 들어, "이건 뭐야?"라고 물어보고 "호랑이"라고 대답하면 잘했다고 칭찬을 해요. 만약, 이름을 말하지 못하면 ㉢ <u>"어흥"이라고 말하고</u> ㉣ <u>호랑이 동작을 보여주면</u>, 호랑이라고 대답할 거예요.

2) ㉡ 교수전략의 장점을 2가지 쓰시오. [2점]

참고자료 기본이론 126-129p

키워드 활동중심 삽입교수

구조화 틀 활동중심 삽입교수

- 정의
- 장점
- 단계

핵심개념 활동중심 삽입교수의 장점

- 진행 중인 학급활동과 일과를 활용하기 때문에 학습환경에 큰 변화를 줄 필요가 없음
- 유아가 선호하거나 흥미로워하는 활동을 기초로 하기 때문에 유아의 참여를 자연스럽게 촉진시킬 수 있음
- 교수활동이 자연스러운 학급환경에서 일어나기 때문에 새로 배운 기술을 쉽게 사용할 수 있음
- 같은 목표를 달성하기 위해 다양한 삽입학습 기회를 제공하면, 다른 상황에서 그 기술을 활용할 수 있는 유아의 능력이 증진됨

모범답안

- 교사 측면: 학생이 소속된 학급의 운영과 활동 진행에 큰 변화 없이도 지도할 수 있다.
- 학생 측면: 학급 내 자연적인 환경에서 교수가 일어나기 때문에 새로 습득한 기술의 즉각적이고도 기능적인 사용 능력을 증진시킬 수 있다.

2026학년도 초등 · 유아 교직논술

05 **다음은 특수학급 교사인 송 교사, 통합학급 교사인 권 교사와 윤 교사가 나눈 대화 내용의 일부이다. 대화 내용에 근거하여 논하시오. 3) 사회정서 기술을 일과에 삽입하여 가르칠 때의 이점을 교사와 학생 측면에서 각각 1가지씩 논하시오. [2점]**

> 윤 교사: 우리 반은 새 학기라 그런지 크고 작은 다툼이 잦아요. 친구와 다툴 때 학생들은 자기 기분이 어떤지 모르고, 친구와 나의 생각이 다를 수 있다는 것을 잘 이해하지 못해요. 화가 나면 막 거친 말이나 행동도 하고요. 다투고 나서 화해하지 않으면 친구 관계가 어려워질 수 있잖아요. 그래서 기대행동 중 '친구와 사이좋게 지내기'를 일과 중에 삽입해서 지도할 수 있도록 계획해봐야겠어요.

삽입교수

참고자료 기본이론 126-129p

키워드 활동중심 삽입교수

구조화 틀 활동중심 삽입교수

- 정의
- 장점
- 단계

핵심개념 활동중심 삽입교수

- 일과 내 활동에 교수적 시도를 삽입하는 전략
- 일반 유아교육과정을 운영하는 중에 장애유아에 대한 교수활동을 삽입해 실시함으로써 장애유아의 일반 교육과정 접근과 함께 개별 교수목표를 동시에 성취할 수 있게 해주는 교수적 접근

모범답안 활동중심 삽입교수

2024학년도 유아 B4

06 (가)는 5세 발달지체 유아 재희의 활동-기술 도표의 일부이고, (나)는 통합학급의 놀이 장면이며, (다)는 또래교수 전략을 적용한 과정의 일부이다. 물음에 답하시오. [5점]

(가)

재희의 활동-기술 도표
• 개별화교육계획의 목표행동을 일과/놀이 중에 연습할 기회를 다양하게 제공한다. • 영역: 의사소통

목표 / 일과/놀이	두 단어로 말하기	친구를 바라보며 반응하기
등원 및 인사	✓	✓
자유 놀이	✓	✓
점심 식사	✓	
바깥 놀이	✓	✓
인사 및 하원	✓	✓

(나)

미　나: (나무 블록으로 쌓기놀이를 하고 있다.)
상　우: 재희야, 무슨 놀이 해?
재　희: (상우를 바라보며) 기차놀이!
박 교사: (재희를 보며) 기차놀이 해.
재　희: 기차놀이 해.
상　우: 재희야, 오늘도 나랑 같이 놀까?
재　희: (반기는 듯 미소 짓는다.)

[A] (상우의 첫 대사부터 재희의 마지막 대사까지)

…(중략)…

1) (가)와 (나)의 [A]를 참고하여 박 교사가 적용한 교수전략을 쓰시오. [1점]

참고자료 기본이론 126-129p

키워드 삽입교수

구조화 틀 **활동중심 삽입교수**

- 정의
- 장점
- 단계

핵심개념 **삽입교수(박은혜 외)**

- 삽입교수는 가르치고자 하는 기술을 능숙하게 사용할 수 있도록 반복적으로 배울 기회를 제공하는 것임
- 새로운 기술을 가르칠 때는 집중적으로 가르치기도 하지만, 집중적으로 가르치는 방법은 기술이 필요한 상황에서 배운 기술을 활용하고 일반화하는 데에는 효과적이지 못함
- 학생에게 가르쳐야 할 목표기술이 요구되는 학교활동과 일과 내에 기술을 분산해 가르치는 삽입교수는 지체장애 학생이 기술을 습득하고 일반화하는 데 도움을 줌
  예 자체장애 학생에게 단추 끼우기 기술만을 분리해 가르치기보다는 미술시간에 작업복으로 갈아입을 때, 체육시간에 체육복으로 갈아입을 때 단추를 끼우는 기술을 가르치는 것이 기술 습득과 일반화에 효과적임

모범답안 삽입교수

2025학년도 중등 A12

07 **다음은 ○○ 중학교 중도·중복장애 학생 K에 대해 특수 교사와 교육 실습생이 나눈 대화이다. 〈작성 방법〉에 따라 서술 하시오. [4점]**

…(중략)…

교육실습생 : 선생님, 학생 K를 위한 의사소통 지도는 어떻게 하고 계세요?

특 수 교 사 : 우선, 학생 K에게 필요한 구체적인 의사소통 기술을 파악하고, 학습 목표를 세워요. 그리고 학생 K의 목표 기술 학습을 위한 교수 기회를 구상하고, 그때 사용할 교수 전략도 미리 계획해요. 그런 후 학생 K가 등교하여 하교할 때까지 자연스러운 일과 내에서 배워서 사용할 수 있는 의사소통 기술을 분산하여 연습할 수 있도록 가르치고 있어요. 이런 방법은 의미 있는 맥락에서 목표 기술을 즉각적으로 사용할 수 있게 하고, 일반화도 촉진시킬 수 있다는 장점이 있어요. [B]

…(하략)…

작성방법

[B]에 해당하는 교수 전략의 명칭을 쓸 것.

확장하기 +

중도 · 중복장애 학생을 위한 효과적인 교수전략 – 삽입교수(embedded instruction)

① 삽입교수는 목표기술을 자연스러운 일과 활동 내에서 수행할 수 있도록 활동 속에 삽입하는 것을 말하며, 학생의 수행 정도에 따라 연습시수를 정해 일과 내에 분산해 시도할 수 있도록 계획된다.

예 '손 씻기' 기술의 경우 삽입교수 방법을 적용하면 10회를 집중적으로 한 자리에서 연습하지 않고, 일과 내에서 손을 씻어야 할 자연스러운 상황(간식이나 식사시간 전 · 후, 미술활동 후, 화장실 이용 후 등)을 선정해 학생에게 목표행동을 수행할 기회를 제공한다(한경근 외).

② 삽입교수는 가르치고자 하는 기술을 능숙하게 사용할 수 있도록 반복적으로 배울 기회를 제공하는 것이다. 새로운 기술을 가르칠 때는 집중적으로 가르치기도 하지만, 이는 기술이 필요한 상황에서 배운 기술을 활용하고 일반화하는 데에는 효과적이지 못하다. 학생에게 가르쳐야 할 목표기술이 요구되는 학교활동과 일과 내에 기술을 분산하여 가르치는 삽입교수는 학생이 기술을 습득하고 일반화하는 데 도움을 준다(강혜경 외).

③ 교수학습 활동에 적용할 수 있는 삽입교수는 다음과 같은 장점을 가진다.

㉠ 중도 · 중복장애 학생이 소속된 학급 운영과 활동 진행에 큰 변화를 요구하지 않는다.

㉡ 중도 · 중복장애 학생을 별도로 분리해서 교육할 필요 없이 일반적인 학급 운영의 틀 내에서 교수할 수 있다.

㉢ 학급 내 자연적인 환경에서 교수가 일어나기 때문에 새로 습득한 기술의 즉각적이고도 기능적인 사용 능력을 증진시킬 수 있다.

㉣ 중도 · 중복장애 학생의 하루 일과 및 활동 전반에 걸쳐 삽입학습 기회가 체계적으로 제공됨으로써 새롭게 학습한 기술의 사용능력이 다양한 상황으로 일반화될 수 있다.

④ 결과적으로 삽입교수는 기존의 교육과정을 크게 변화시키지 않으면서 중도 · 중복장애 학생을 분리시키지 않고 기능적인 기술을 습득하게 해 그 일반화를 촉진한다는 장점을 가진다.

Chapter

08 사회적 능력 지도의 실제

01 사회적 능력의 결함 유형

- 기술 결함
- 수행력 결함
- 자기통제 기술 결함
- 자기통제 수행력 결함

02 사회적 능력의 위계모형

- 사회-의사소통 기술
- 인지능력
- 사회적 전략

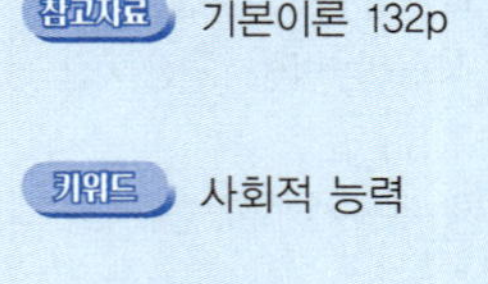

참고자료 기본이론 132p

키워드 사회적 능력

구조화 틀 사회적 능력의 위계모형

- 사회-의사소통 기술
- 인지능력
- 사회적 전략

핵심개념 사회적 능력의 위계모형

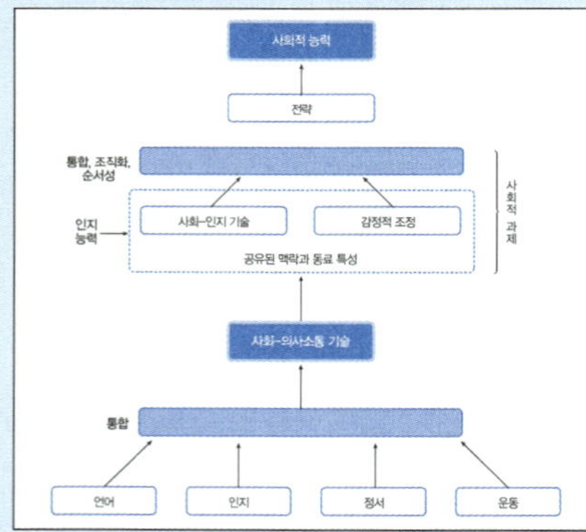

모범답안 ④

2012학년도 중등 8

01 장애학생을 위한 사회성 증진 프로그램을 수행할 때 고려해야 하는 사회적 기술(social skills), 사회적 능력(social competence), 사회인지(socio-cognition)의 개념을 설명한 것으로 옳은 것만을 〈보기〉에서 있는 대로 고른 것은?

보기

ㄱ. 사회적 기술은 특정한 사회적 과제를 해결하기 위해 사용하는 구체적이고 관찰 가능한 행동으로서, 특히 장애학생에게는 사회적 타당성이 있는 사회적 기술을 가르칠 필요가 있다.

ㄴ. 사회적 능력은 특정 개인의 행동에 대해 상대방이 판단하는 효과성 및 수용 정도와 관련이 있으므로, 사회적 능력의 신장을 위해 장애학생에게 또래와 함께 하는 풍부한 사회적 경험을 제공하는 것이 필요하다.

ㄷ. 사회인지는 사회적 단서를 통해 상대방의 생각과 감정상태 등을 이해하고 적절한 판단을 내리는 것과 관련이 있으므로, 비언어적인 사회적 단서를 이해하는 데 어려움이 있는 장애학생에게 사회인지 훈련이 필요하다.

ㄹ. 인지, 언어, 정서, 운동 능력 등이 통합적으로 작용하는 사회적 기술의 특성은 장애학생이 사회적 기술을 습득하는 데 어려움을 겪는 이유를 설명해줄 수 있다.

ㅁ. 위계적 차원에서 사회적 기술은 사회적 능력과 사회인지의 상위개념이므로, 장애학생을 위한 사회성 증진 프로그램의 최종 목표는 사회적 기술의 신장으로 설정하는 것이 바람직하다.

> ㅁ. 위계적 차원에서 사회적 능력이 가장 상위개념으로, 사회적 증진 프로그램의 궁극적 목적은 사회적 능력(사회성) 신장임

① ㄱ, ㄴ, ㄷ　② ㄱ, ㄷ, ㄹ

③ ㄴ, ㄹ, ㅁ　④ ㄱ, ㄴ, ㄷ, ㄹ

⑤ ㄴ, ㄷ, ㄹ, ㅁ

참고자료 기본이론 130-131p

키워드 사회적 기술의 결함 유형

구조화틀 사회적 기술의 결함 유형

- 기술 결함
- 수행력 결함
- 자기통제 기술 결함
- 자기통제 수행력 결함

핵심개념 사회적 기술의 결함 유형

기술 결함	• 적응적·사회적인 방법으로 행동하는 데 필수적인 사회적 능력이 없거나, 위계적인 행동을 수행할 때 중요한 단계를 알지 못하는 것 • 기본 학습과정에서의 심한 결함, 기술을 배우는 기회의 부재가 원인이 될 수 있음 → 직접지도·모델링·행동시연 등의 기법을 이용하는 것이 효과적
수행력 결함	• 주어진 행동을 수행하는 방법은 알지만, 인정할 만한 수준에서 행동을 수행하지 못하는 것 • 동기 유발 부족과 관련이 있고, 행동을 수행하는 기회 부족이 그 원인이 될 수 있음 → 또래주도·유관강화·집단강화 등이 효과적

모범답안

㉠ 기술 결함-사회적 기술을 학습하는 과정에서의 심한 결함이나 기술을 학습할 기회의 부재 등이 원인이 된다.

㉡ 수행력 결함-학습한 사회적 기술을 수행할 동기나 수행할 기회의 부족 등이 원인이 된다.

2016학년도 중등 A14

02 **다음은 자폐성장애 학생의 사회적 상호작용 증진을 위한 두 교사의 대화이다. 밑줄 친 ㉠과 ㉡에서 나타난 준철이와 민경이의 사회적 기술 결함을 순서대로 쓰고, 해당 결함이 나타나게 된 이유를 각각 1가지 쓰시오. [4점]**

> 김 교사: 자폐성장애 학생의 사회성 지도를 효과적으로 하기 위해서는 먼저 학생이 가진 어려움이 무엇인지 파악해서 그에 따른 적절한 중재를 선택해야 해요.
>
> 정 교사: 그럼요. 어제 선생님 반 준철이가 급식 줄에 끼어들어서 소란스러웠어요.
>
> 김 교사: 네. 준철이는 ㉠ <u>차례 지키기를 어떻게 해야 하는지 몰라요. 식당에서 밥을 먹으려면 줄을 서야 하는데도 그냥 앞으로 나가기도 하고 끼어들기도 해요.</u>
>
> 정 교사: 아, 그랬군요. 민경이는 ㉡ <u>1:1 교수에서 잘 모르면 도와달라고 하는데, 소집단 활동에서는 소리를 질러요. 잘 모를 때는 어떻게 해야 하는지 알면서도 안 해요.</u>
>
> 김 교사: 우리 학생들이 사회적 기술을 가지고 있다고 해도 여전히 또래 관계에 어려움이 있으니 좀 더 신경 써서 지도해야겠어요.

김은진
스페듀
기출문제집

Vol. 2

PART

02

통합교육

Chapter

01 통합교육의 이해

참고자료 기본이론 136p

키워드 통합교육의 목적

구조화 틀 통합교육의 정의 및 목적
- 장특법 정의
- 목적

핵심개념 통합교육의 목적
- 다양성을 인정하고 수용
- 교육의 평등성
- 교육의 수월성
- 최대한의 조화

모범답안 ㉡ 다양성

2019학년도 중등 A1

01 다음은 교원을 대상으로 통합교육 연수를 실시하기 위하여 작성한 자료의 일부이다. 괄호 안의 ㉡에 해당하는 내용을 쓰시오. (단, 〈연수 자료〉에 제시된 단어는 제외할 것.) [2점]

〈연수 자료〉

Ⅰ. 목적 : 특수교육대상자의 통합교육 지원

- 근거 : 『장애인 등에 대한 특수교육법』 제8조(교원의 자질 향상)
  - 국가 및 지방자치단체는 … 특수교육대상자의 통합교육을 지원하기 위하여 일반학교의 교원에 대하여 특수교육 관련 교육 및 연수를 정기적으로 실시하여야 함
  - 교육 및 연수 과정에는 특수교육대상자 (㉠)의 존중에 관한 내용이 포함되어야 함

Ⅱ. 통합교육의 실제
1. 모두를 위한 학교, (㉡)을/를 존중하는 학교

가. '(㉡)'의 사전적 의미 : 모양, 빛깔, 형태, 양식 따위가 여러 가지로 많은 특성

나. 학교 교육에서 (㉡)을/를 추구해야 하는 이유
  - 개인별 취향을 인정하듯 학교 구성원의 저마다 다른 개성을 인정하고 교육적 요구를 수용함으로써 필요한 교육을 제공해야 함
  - 다차원적 관점이나 가치관을 학습하는 것이 중요함(다원성)
  - 불평등한 사회 구조의 변혁을 위해 소수자 관점의 교육도 중요함(평등성)
  - 학생의 능력, 개성, 자질을 동등하게 존중하고 가치를 부여해야 함(수월성)

다. 통합교육의 성공을 위한 출발점
  - 장애학생의 특성을 '차이', '다름', '개성'으로 인정하여 인간의 (㉡) 차원으로 수용
  - 개별 학생에 적합한 학습 방법 및 교육 내용을 적용하는 교육과정 운영

㉠ 인권

'교육의 수월성'을 보장하기 위해서는 개인의 잠재력을 최대한 개발해주는 방법을 사용함

PART 02

참고자료 기본이론 137p

키워드 통합교육의 분류

구조화 틀 **통합교육의 분류**

- Kauffman의 분류
- 통합의 수준에 따른 분류

핵심개념 **통합교육의 분류**

물리적 통합	일정 시간 동안 장애를 지니지 않은 또래들과 함께 동일한 교육환경에 배치하는 것
사회적 통합	• 통합되는 학급의 교사와 또래들로부터 학급의 구성원으로 수용되는 것 • 학생들 간 사회적 접촉의 빈도와 강도를 높이는 것
학문적 통합	일반 교육환경의 교수활동에 참여하는 것

모범답안 세희의 자리를 교탁 옆에 배치하는 것은 또래와의 접촉 빈도·강도를 제한하기 때문에 사회적 통합 측면에서 적절하지 않다.

2016학년도 초등 B1

02 **다음은 특수학급 교사가 통합학급 교사와 세희의 통합 교육을 위해 협의한 후 작성한 협의록의 일부이다. 물음에 답하시오. [5점]**

> 협의록
>
> • 일시 : 2015년 ○월 ○일
> • 장소 : 학습도움실
>
> 〈협의내용 1. 학급 적응〉
> • 통합학급 교사
>   – 세희가 수업 중 주변 자극에 쉽게 주의가 산만해지기 때문에 ㉠ <u>세희의 자리를 교탁 옆에 별도로 배치함</u>
> • 특수학급 교사
>   – 세희를 교탁 옆에 앉히기보다는 수업 중에 주의집중을 유도하는 다양한 방법을 활용할 것을 권함
>   – 세희의 학급 적응을 위해 가족의 역할도 중요함. 세희의 경우 가족이 화목하고 함께 보내는 시간이 많다는 강점이 있으니, 이와 같은 ㉡ <u>가족의 강점</u>을 활용하도록 안내하기로 함
>   – 향후 세희네 가족에게 필요한 ㉢ <u>지역사회 내 공식적 자원</u>을 안내하기로 함

1) **㉠이 적절하지 <u>않은</u> 이유를 사회적 통합 측면에서 1가지 쓰시오. [1점]**

Chapter

02 통합교육의 역사적 배경

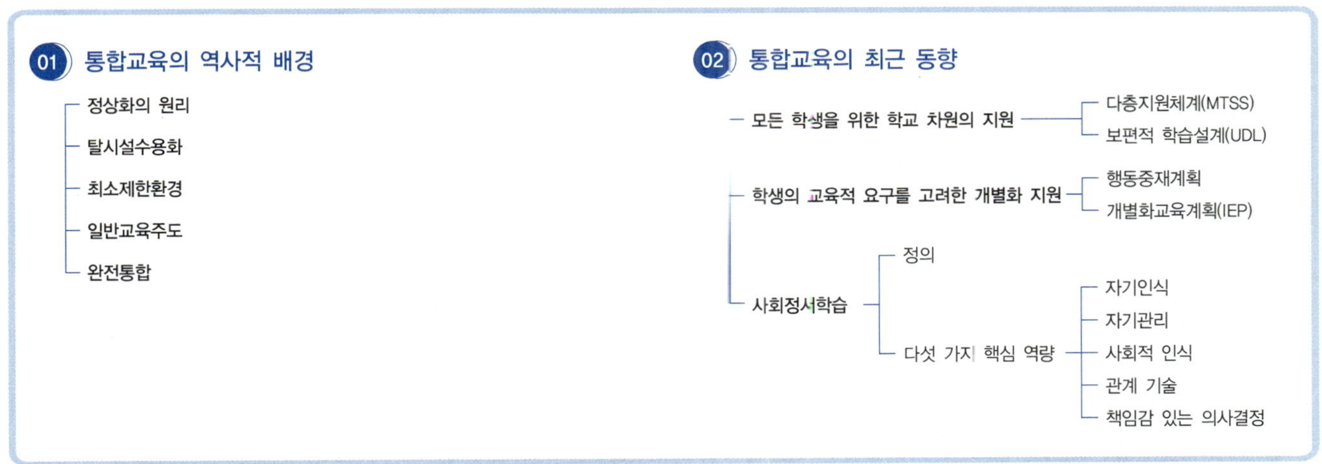

참고자료 기본이론 138-139p

키워드 정상화의 원리

구조화 틀 **통합교육의 역사적 배경**

- 정상화의 원리
- 탈시설수용화
- 최소제한환경
- 일반교육주도
- 완전통합

핵심개념 **정상화의 원리**

- 장애나 기타 불이익을 경험하는 모든 사람에게 가능한 한 사회의 일반적인 환경 및 생활방식과 유사하거나 실제로 동일한 삶의 형태와 일상생활 조건을 제공해주는 것
- 평가절하된 개인에게 사회로의 통합을 요구하며, 그에 따라 긍정적인 사회적 역할을 제공하고, 개인적 능력을 촉진하며, 사회적 이미지를 보강할 것을 요구함(사회적 역할 가치화)
  → 해당 개념을 실현하는 방법으로 부분참여의 원리를 적용함
- 장애아동 교육에 있어서 최소제한환경의 개념을 탄생시킨 촉매적인 역할을 수행함

모범답안

- 교육 환경 – 일반인의 교육 환경과 동일하거나 최대한으로 유사한 환경
  교육 내용 – 비장애아동들과 같은 내용
- ㉡ 사회적 역할 가치화

2019학년도 중등 B2

01 **다음은 ○○특수학교 참관 실습생을 위해 담당 교사가 중도·중복장애 교육을 주제로 작성한 교육 자료의 일부이다. 〈작성방법〉에 따라 서술하시오. [4점]**

교육 자료

1. 교육 가능성에 대한 신념
- ㉠ 정상화 원리(principle of normalization)
  – 시사점 : 장애인의 교육에서 중요한 것이 무엇인가에 대한 관점의 패러다임 제공
- (㉡)
  – 정상화의 원리에 기반하여 올펜스버거(W. Wolfensberger)가 체계화
  – 개인이 한 사회의 가치로운 구성원으로 인식되도록 하는 것의 중요성을 역설함
  – 시사점 : 중도·중복장애 학생이 자유 의지와 권리를 지켜나갈 수 있도록 필요한 교수와 지원을 제공하여 사회적 이미지를 긍정적으로 개선시킴

2. 긍정적 기대
- 2015 개정 특수교육 기본 교육과정 사회과에서 자신의 삶을 자율적으로 관리하는 자율생활역량을 강조함
  –'나의 삶' 영역 중학교 내용 요소에는 다양한 상황에서 합리적인 선택 방법을 알고 스스로 결정하는 '자기결정'이 있음
  –'나의 삶' 영역 고등학교 내용 요소에는 자신의 요구, 신념, 권리가 소중함을 알고 이를 지켜나가는 생활을 실천하는 '(㉢)'이/가 포함됨

- **교육 목적**
  교육의 목적에 있어서의 정상화란 장애인을 교육하는 목적이 일반인의 교육 목적과 마찬가지로 좀 더 큰 사회에 적응하고 생활할 수 있게 한다는 것
- **교육 환경**
  교육 환경에 있어서의 정상화란 장애인도 일반인의 교육 환경과 동일하거나 최대한으로 유사한 환경에서 교육받아야 한다는 것
- **교육 방법**
  교육 방법에 있어서의 정상화란 일반인에게 사용되는 교육방법과 동일하거나 가장 유사한 방법이 적용되어야 한다는 것

작성방법

- 밑줄 친 ㉠이 중도·중복장애학생 교육에 제공하는 시사점을 교육 환경(즉, 교육적 배치)과 교육 내용(즉, 가르치고 배우는 내용) 차원에서 각 1가지씩 서술할 것. (단, 〈교육 자료〉에 제시된 내용은 제외할 것.)
- 괄호 안의 ㉡에 해당하는 내용을 쓸 것.

참고자료 기본이론 138-139p

키워드

- 정상화의 원리
- 사회적 역할 가치화(SRV)

구조화틀 **통합교육의 역사적 배경**

- 정상화의 원리
- 탈시설수용화
- 최소제한환경
- 일반교육주도
- 완전통합

핵심개념

부분참여의 원리

- 중도장애인이 활동의 모든 면에 참여하지 못한다 하더라도 그들이 할 수 있는 한 활동의 일부에라도 최대한 참여해야 한다는 원리
- 부분참여는 과제활동의 모든 단계에 혼자 힘으로 참여할 수 없는 장애학생에게 일부 수행 가능한 과제 또는 개별적인 요구에 적절하게 수정된 과제를 제시함으로써 부분적으로라도 과제에 참여할 기회를 제공함

잘못된 부분참여의 원리

- 수동적 참여
- 근시안적 참여
- 부족한 참여
- 비정규적(단편적) 참여

모범답안 ①

2012학년도 중등 37

02 **다음은 중도 · 중복장애학생 A의 통합학급 과학과 수업 참여 방법에 대해 교사들이 나눈 대화이다. ㉠~㉤ 중에서 옳은 것만을 있는 대로 고른 것은?**

최 교사: 학생 A를 과학과 수업에 참여시키기 위해 '최소위험가정(least dangerous assumption)'의 기준을 적용할 수 있겠어요. 분명한 근거 없이 장애가 심하다고 통합학급 수업에 따라가지 못할 것이라는 가정을 함부로 해서는 안 된다는 것이죠.

강 교사: 수업 활동 중에 학생 A가 스스로 하기 어려운 활동도 있겠지만, ㉠'부분참여의 원리'를 적용해서 친구들에게 모두 의존하지 않고 활동에 일정 수준 참여하게 한다면 활동을 통해 배우게 될 뿐만 아니라 자존감도 높아진다고 생각해요.

최 교사: ㉡'부분참여의 원리'를 적용하는 것은 통합학급에서 학생 A의 이미지와 역량에 긍정적인 영향을 줄 수 있다는 점에서 '사회적 역할 가치화(social role valorization)'라는 개념을 실현하는 것으로 볼 수 있어요.

강 교사: ㉢과학 수업이 매주 3시간 있는데, 2시간은 수업에 참여하고 1시간은 치료지원을 받게 하면, '부분참여의 원리'도 살리고 치료 지원과 학습 요구의 균형도 이룰 수 있습니다.

① ㉠, ㉡ ② ㉢, ㉣
③ ㉠, ㉡, ㉣ ④ ㉠, ㉡, ㉣, ㉤
⑤ ㉡, ㉢, ㉣, ㉤

최소위험가정 기준
'지적장애 학생의 교육과정 구성 및 운영을 위한 기본전제'로, 결정적인 자료가 있지 않는 한 교사는 학생에게 최소한의 위험스러운 결과를 가져오는 가정에 기반해 교육적 결정을 내려야 한다는 것

부분참여의 원리의 장점
장애학생의 자존감 향상과 이미지 · 역량에 긍정적 영향을 줌

사회적 역할 가치화
통합된 장애인에게 긍정적인 역할을 제공하고, 개인적 능력을 촉진해 사회적 이미지를 보강하는 것

잘못된 부분참여의 원리
비정규적(단편적) 참여

참고자료 기본이론 141-145p

키워드 개별화교육계획 작성을 위한 정보 수집

구조화 틀

핵심개념 **개별화교육계획 작성을 위한 정보 수집**

- 장애학생 개개인에게 적절한 교육계획을 수립하기 위한 진단 · 평가를 실시해야 함. 이때 학생의 강점과 약점 등 전반적인 상황을 알아보기 위해 표준화 검사와 기타 검사를 실시하고, 검사자가 검사결과와 검사과정에서 느낀 소견을 적어 학생의 교육적 배치나 교육계획의 작성에 참고하도록 함
- 또한 학생의 전 학년 담임과 부모의 협조를 얻어 학생의 전반적인 특성에 대한 내용도 기록함
- 이때 주의해야 할 점은 표준화 검사결과를 참조할 때 검사결과만 고려할 것이 아니라 검사과정에서 발견되는 장애학생의 문제해결 특성에 주의를 기울여야 하며, 전체적인 결과보다는 하위영역별 점수에 초점을 두어 그 결과를 학생의 교육목표 설정에 참조해야 한다는 것임. 예를 들어, 적응행동 검사결과를 참조할 때는 학생의 전체적인 진단 프로파일 결과에 초점을 둘 것이 아니라, 영역별 프로파일의 결과를 이용하여 학생의 교육목표를 설정하는 데 도움을 줄 수 있어야 함

모범답안 표준화된 검사는 구체적인 교육내용을 선정하는 데 많은 정보를 제공하기 어렵기 때문이다.

2017학년도 유아 A3

03 **다음은 진단과 중재 체계를 제시한 그림이다. 유진이는 이 체계에 따라 진단과 중재를 받게 되었다. 물음에 답하시오. [5점]**

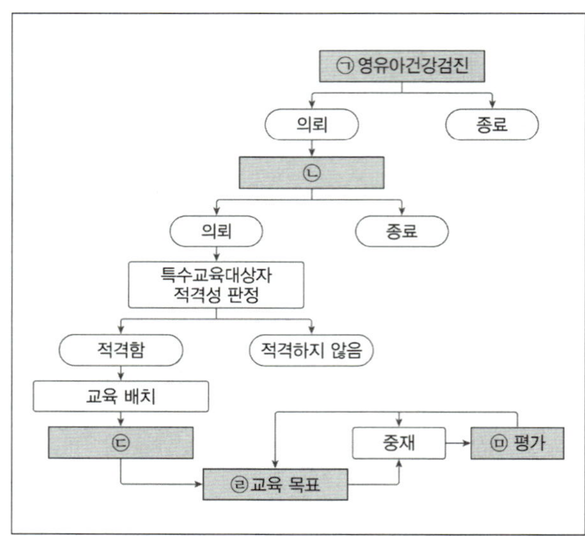

3) 유진이는 위 체계를 거치면서 여러 가지 검사를 받았다. 그 중에서 '한국웩슬러유아지능검사(K-WPPSI)' 결과와 '유아행동 평가척도(CBCL 1.5-5)' 결과로 ㉣을 작성한다면, 이때 발생할 수 있는 문제점 1가지를 쓰시오. [1점]

2015학년도 유아 A5

04 **영수는 ○○ 유치원 5세 반에 다니고 있다. (가)는 담임 교사인 박 교사의 관찰 메모이고, (나)는 박 교사와 특수교육 지원센터 순회교사인 최 교사와의 대화 내용이다. 물음에 답하시오. [5점]**

(나) 두 교사의 대화

박 교사:	선생님, 지난번 특수교육지원센터에서 영수의 발달 문제로 검사를 하셨잖아요.
최 교사:	네. ㉢ 한국 웩슬러유아지능검사(K-WPPSI)와 ㉣ 한국판 적응행동검사(K-SIB-R)를 했어요. 그 외 여러 가지 장애진단 검사들도 실시했어요.
박 교사:	그래요? 그럼 결과는 언제쯤 나오나요?
최 교사:	다음 주에 나올 것 같아요.
박 교사:	㉤ 검사 결과가 나오면 그것을 토대로 개별화교육지원팀이 영수의 개별화교육계획을 수립할 수 있겠네요.

4) ㉤이 적절하지 않은 이유 1가지를 쓰시오. [1점]

참고자료 기본이론 141–145p

키워드 개별화교육계획 작성을 위한 정보 수집

구조화 틀

핵심개념 **개별화교육계획 작성을 위한 정보 수집**

- 장애학생 개개인에게 적절한 교육계획을 수립하기 위한 진단·평가를 실시해야 함. 이때 학생의 강점과 약점 등 전반적인 상황을 알아보기 위해 표준화 검사와 기타 검사를 실시하고, 검사자가 검사결과와 검사과정에서 느낀 소견을 적어 학생의 교육적 배치나 교육계획의 작성에 참고하도록 함
- 또한 학생의 전 학년 담임과 부모의 협조를 얻어 학생의 전반적인 특성에 대한 내용도 기록함
- 이때 주의해야 할 점은 표준화 검사결과를 참조할 때 검사결과만 고려할 것이 아니라 검사과정에서 발견되는 장애학생의 문제해결 특성에 주의를 기울여야 하며, 전체적인 결과보다는 하위영역별 점수에 초점을 두어 그 결과를 학생의 교육목표 설정에 참조해야 한다는 것임. 예를 들어, 적응행동 검사결과를 참조할 때는 학생의 전체적인 진단 프로파일 결과에 초점을 둘 것이 아니라, 영역별 프로파일의 결과를 이용하여 학생의 교육목표를 설정하는 데 도움을 줄 수 있어야 함

모범답안 표준화된 검사는 구체적인 교육내용을 선정하는 데 많은 정보를 제공하기 어렵기 때문에 준거참조검사나 교육과정중심측정을 함께 제공하는 것이 필요하다.

참고자료 기본이론 141-145p

키워드 개별화교육계획 작성을 위한 정보 수집

구조화 틀

핵심개념 **개별화교육계획 작성을 위한 정보 수집**

- 장애학생 개개인에게 적절한 교육계획을 수립하기 위한 진단 · 평가를 실시해야 함. 이때 학생의 강점과 약점 등 전반적인 상황을 알아보기 위해 표준화 검사와 기타 검사를 실시하고, 검사자가 검사결과와 검사과정에서 느낀 소견을 적어 학생의 교육적 배치나 교육계획의 작성에 참고하도록 함
- 또한 학생의 전 학년 담임과 부모의 협조를 얻어 학생의 전반적인 특성에 대한 내용도 기록함
- 이때 주의해야 할 점은 표준화 검사결과를 참조할 때 검사결과만 고려할 것이 아니라 검사과정에서 발견되는 장애학생의 문제해결 특성에 주의를 기울여야 하며, 전체적인 결과보다는 하위영역별 점수에 초점을 두어 그 결과를 학생의 교육목표 설정에 참조해야 한다는 것임. 예를 들어, 적응행동 검사결과를 참조할 때는 학생의 전체적인 진단 프로파일 결과에 초점을 둘 것이 아니라, 영역별 프로파일의 결과를 이용하여 학생의 교육목표를 설정하는 데 도움을 줄 수 있어야 함

모범답안

1) 교육방법

3) ⓒ 면접 · 관찰과 같은 비표준화 검사는 표준화 검사에서 얻기 어려운 정보를 제공하므로, 표준화 검사와 비표준화 검사를 함께 실시해 정보를 제공해줘야 한다.

2014학년도 유아 B1

05 **다음은 송희의 개별화교육계획안이다. 물음에 답하시오. [5점]**

인적사항			
이름	정송희(여)	보호자 이름	정○○
생년월일	2009. 10. 15.	전화번호	031-315-****
주소	경기도 ○○시 ○○로 123	기타 연락번호	010-****-****
시작일	2013. 3. 18.	종료일	2013. 7. 26.
장애유형	자폐성장애		
진단 · 평가	(생략)		

…(중략)…

발달영역	언어 및 의사소통	작성자	홍○○	작성일	2013. 3.
현재 학습 수행 수준					
• 간단한 지시를 따르고, 요구했을 때 사물 또는 사람을 가리킨다. • 자기가 하고 싶은 것이 있거나 원하는 물건이 있을 때 상대방의 손을 잡아끄는 것으로 요구를 표현한다. • 어려운 상황이나 과제에 직면하면 무조건 울음을 터뜨린다. • 거부의 표현으로 소리를 지르거나 돌아서거나 밀쳐낸다.					

교육목표		교육내용	평가계획
장기목표	단기목표		
자신의 요구를 2단어로 말할 수 있다.	㉠	필요할 때 말로 요구하기	(생략)
	(생략)		
특수교육 관련서비스	(생략)		

1) 현행 「장애인 등에 대한 특수교육법 시행규칙」 제4조 제3항에 제시된 개별화교육계획에 포함되어야 할 것 중 송희의 개별화교육계획안에 나타나 있지 않은 것 1가지를 쓰시오. [1점]

3) 다음은 송희의 개별화교육계획안을 작성하기 위해 송희에 대한 정보를 수집하는 과정이다. 적절하지 <u>않은</u> 것 1가지를 찾아 기호를 쓰고, 그 이유를 쓰시오. [2점]

> ⓐ 송희의 활동결과물을 수집하여 분석하였다.
> ⓑ 일과 중 송희의 의사소통 특성을 관찰하여 일화기록을 하였다.
> ⓒ 타당도가 확보된 진단을 하기 위해 지능검사 등의 표준화 검사를 주로 실시하였다.
> ⓓ 집에서 송희가 하는 의사소통 행동에 대한 기록물을 부모에게 의뢰하여 주기적으로 수집하였다.

2026년도 유아 A1

06 다음은 유아특수교사 김 교사와 예비교사가 나눈 대화이다. 물음에 답하시오. [5점]

김 교사: 지수의 개별화교육계획의 장·단기 목표를 작성한다면 어떻게 할지도 생각해 보셨어요?

예비교사: 저는 ㉡ 지수가 친구들과 조금 더 오래 상호작용하는 것이 좋겠다고 생각했어요. 그래서 장기목표는 '소그룹 활동 시간 중 10분간 친구와 상호작용할 수 있다.'로 정해 봤고요.

김 교사: 수고하셨어요. 그런데 장기목표를 정할 때에는 지수의 목표가 지수에게 중요한지, 지수 부모님이나 개별화교육계획 팀이 동의할 만한지, 지수 또래들의 또래 상호작용 정도 등을 고려해서 (㉢)을/를 확보해야 합니다.

…(중략)…

김 교사: 제가 민호(가명)의 개별화교육계획 목표도 드렸는데, 평가계획은 언제 작성해야 하는지 알고 있나요?

예비교사: ㉣ 개별화교육계획 목표를 지도하면서 민호의 수행을 본 후 평가계획을 작성하는 것이 좋을 것 같아요.

김 교사: 만약 민호가 목표행동 수행에 진전을 보이지 않는다면 어떻게 해야 할까요?

예비교사: 진도 점검 자료를 분석해서 난이도를 조정하거나 행동을 작은 단계로 나누어 단계적으로 가르치는 등 적절한 교수적 결정을 하는 것이 필요합니다.

김 교사: 네, 잘 알고 있군요.

3) 밑줄 친 ㉣을 바르게 수정하여 쓰시오. [1점]

참고자료 기본이론 141-145p

키워드 개별화교육계획의 구성요소

구조화 틀

핵심개념 **개별화교육계획의 구성요소**

- 인적사항
- 현재 학습 수행수준
- 장·단기 교육목표의 설정
- 지도방법, 지도장소, 지도형태 및 지도자의 결정
- 특수교육, 관련 교육활동 및 서비스 전달의 조정
- **교육목표의 평가계획**: 연간 교육목표와 단기 교육목표가 설정되면, 목표의 성취 여부를 평가할 구체적인 평가계획을 마련해야 함. 이때 평가계획은 반드시 다음의 요건을 갖추어야 함
  - **평가를 위한 목표준거(검목표)의 설정**: 해당 과제에서 어느 정도를 성취해야만 목표를 달성할 것인가를 판단할 수 있는 기준을 제시하는 것으로써, 교육목표의 평가준거를 밝혀야 함
  - **적절한 평가절차의 결정**: 교사의 질문이나 관찰 또는 교사 제작 검사·기타 표준화된 성취도 검사 등으로 결정하여야 함
  - **평가의 시간계획**: 교육목표의 평가에 있어서 교사는 매일의 수업장면에서 계속적으로 평가를 실시해야 하며(형성평가), 가능하면 계획된 단기목표 수행이 끝난 후, 즉 원별 평가를 계획함이 바람직함. 종합적인 평가는 학기별 연 2회 시행하는 것이 바람직함

모범답안 ㉣ 개별화교육계획 목표를 지도하기 전에 평가계획을 작성한다.

참고자료 기본이론 145-147p

키워드 사회정서학습(SEL)

구조화 틀

핵심개념 **사회정서학습의 정의 및 핵심 역량**

- **정의**: 모든 청소년과 성인이 자신의 감정을 효과적으로 조절하고 인생의 목표를 설정하며, 다른 사람들과 원만한 관계를 맺고 공감하며 책임 있는 의사결정을 할 수 있는 사회·정서적 지식·태도·기술을 습득하고 효과적으로 적용하는 과정(CASEL, 2022)
- **다섯 가지 핵심 역량**: 자기인식, 자기관리, 사회적 인식, 관계 기술, 책임감 있는 의사결정

모범답안

① 자기인식("학생들은 자기 기분이 어떤지 모르고"): 감정 카드를 활용하여 현재 자신의 감정을 정확하게 인식하고 이름을 붙여보도록 지도함

② 사회적 인식("친구와 나의 생각이 다를 수 있다는 것을 잘 이해하지 못해요"): 인형/가면 도구 등을 이용하여 역할극을 통해 상대방의 관점을 수용하고 공감하는 능력을 기르도록 지도함

③ 자기관리("화가 나면 막 거친 말이나 행동도 하고요"): 신호등 단서를 사용하여 충동적인 분노를 조절하고 적절한 언어로 대처하도록 지도함

④ 관계 기술("다투고 나서 화해하지 않으면 친구 관계가 어려워질 수 있잖아요."): '나-전달법' 편지 등을 활용하여 사과와 화해의 기술을 구체적으로 연습하고 갈등을 건설적으로 해결하며 긍정적인 관계를 유지하도록 지도함

2026년도 유아 · 초등 교직논술

07 **다음은 특수학급 교사인 송 교사, 통합학급 교사인 권 교사와 윤 교사가 나눈 대화 내용의 일부이다. 대화 내용에 근거하여 논하시오. 3) 윤 교사가 생각하는 다툼과 관련된 4가지 사회정서 기술에 대한 각각의 지도 방안을 교수 · 학습 자료를 포함하여 1가지씩 제시하시오. [4점]**

> 윤 교사: 우리 반은 새 학기라 그런지 크고 작은 다툼이 잦아요. 친구와 다툴 때 학생들은 자기 기분이 어떤지 모르고, 친구와 나의 생각이 다를 수 있다는 것을 잘 이해하지 못해요. 화가 나면 막 거친 말이나 행동도 하고요. 다투고 나서 화해하지 않으면 친구 관계가 어려워질 수 있잖아요. 그래서 기대행동 중 '친구와 사이좋게 지내기'를 일과 중에 삽입해서 지도할 수 있도록 계획해 봐야겠어요.

자기인식

사회적인식

자기관리

관계기술

확장하기 +

사회정서학습의 다섯 가지 핵심역량(이숙향, 2025)

① 자기인식(self-awareness): 자신의 감정, 생각, 행동을 이해하고 그것이 타인에게 어떤 영향을 미치는지에 대한 인식
② 자기관리(self-management): 자신의 감정, 생각, 행동을 조절하고 목표를 설정하고 추진하는 능력
③ 사회적 인식(social-awareness): 타인을 이해하고 공감하며 다양성을 인정하고 다양한 사회적 능력을 탐색하는 능력
④ 관계 기술(relationship skills): 타인과 긍정적인 관계를 맺고 유지하는 능력 예 의사소통, 협업, 갈등 해결 등
⑤ 책임감 있는 의사결정(responsible decision-making): 윤리적 고려하에 자신과 타인의 안영을 기반으로 책임 있는 의사결정을 하는 능력

사회정서학습의 프레임워크

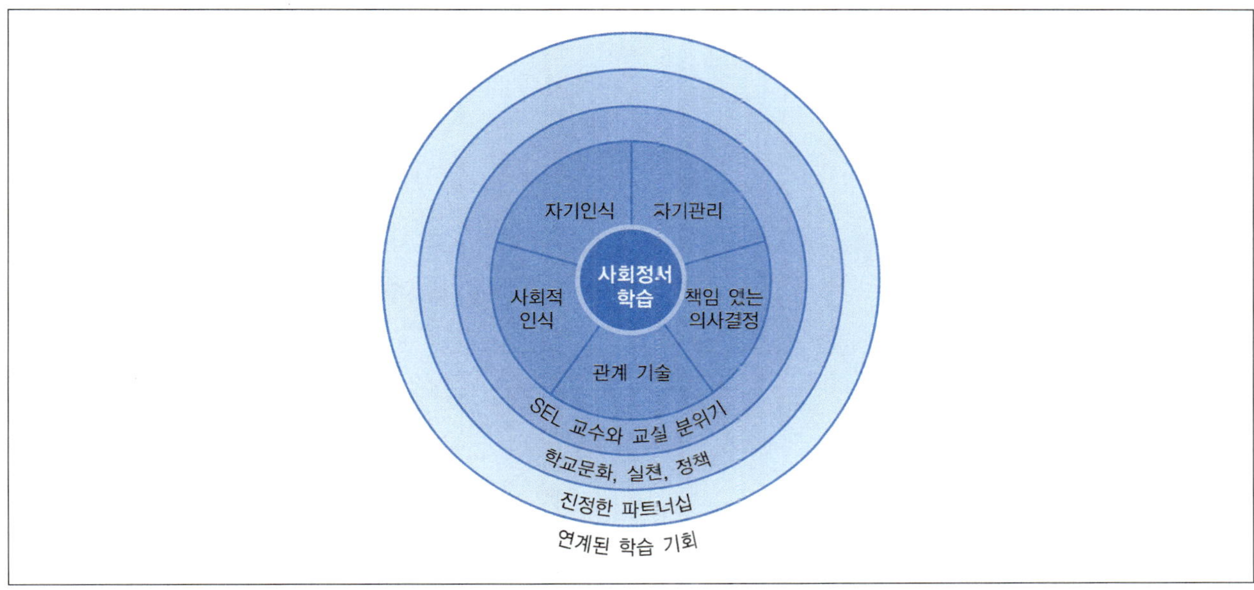

성공적인 사회정서학습이 실행되기 위해서는 교실, 학교, 가정, 지역사회의 협력이 무척 중요하다. 교실에서는 사회정서학습에 대해 직접 지도하고 지원적이고 포용적인 교실환경을 구축하며, 학교 차원에서는 사회정서학습이 잘 이루어질 수 있는 긍정적인 학교 분위기를 조성하고, 이에 대한 교육을 실천하며 관련 규정이나 정책들을 마련할 필요가 있다. 가정에서는 학교에서 실행되는 사회정서학습이 가정에서도 일관성 있게 이루어질 수 있도록 학교와 진정한 협력관계를 유지하며, 지역사회에서는 일상생활과 연계된 사회정서학습의 기회를 제공한다면 성공적인 사회정서학습이 이루어질 수 있을 것이다.

한편, 사회정서학습은 별도의 구조화된 프로그램(예 strong kids program, PASS, MindUp 등)으로 운영하거나 교육과정 내에 통합해서 운영할 수 있으며, 학생들의 문제행동 감소, 긍정적인 학습 분위기 조성, 정서 조절, 사회성 기술 증진, 문제해결력 증진 등에 긍정적인 효과가 있는 것으로 나타났다.

Chapter

03 통합교육을 위한 협력적 접근

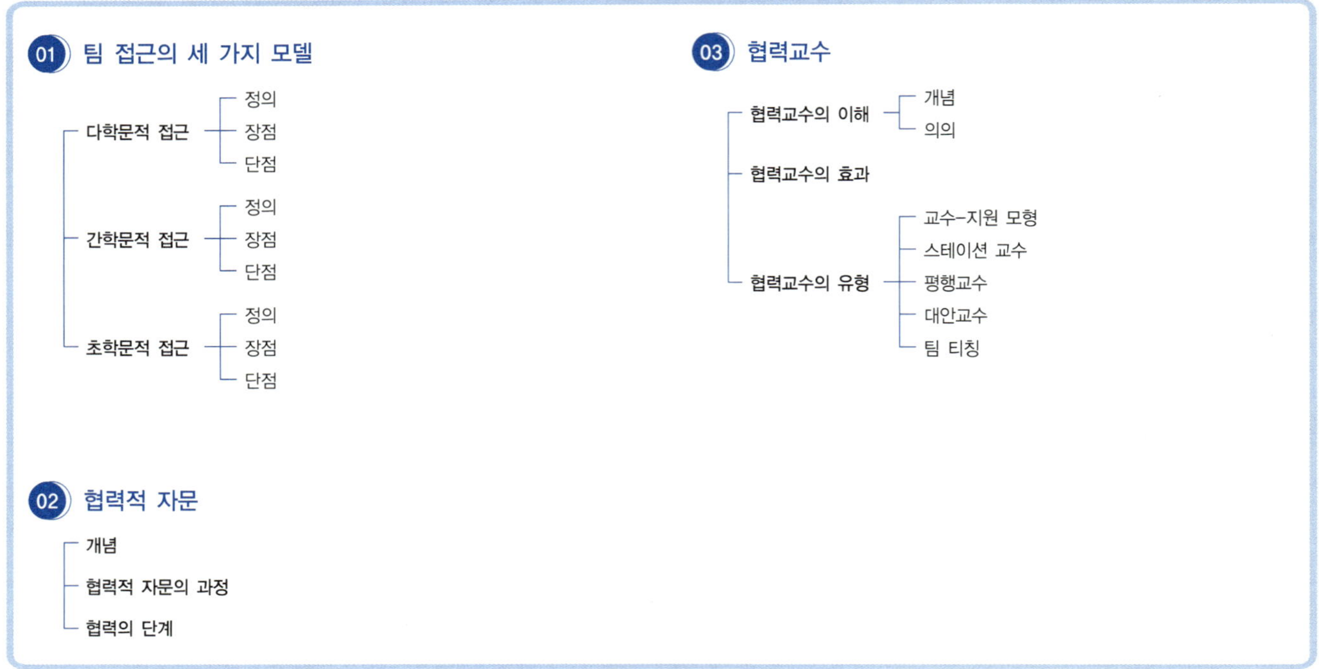

참고자료 기본이론 150-151p

키워드 초학문적 팀 접근

구조화 틀 **협력적 (팀) 접근**

- 다학문적 팀 접근
- 간학문적 팀 접근
- 초학문적 팀 접근

핵심개념

초학문적 팀 접근

- 다양한 영역의 전문가들 간 협력을 기초로 전문가들이 서로의 역할을 공유하는 접근방법
- 팀의 모든 구성원들이 진단과 교육계획에 함께 책임을 지고 참여하지만, 유아에게 주어지는 교육 서비스는 가족과 주요 서비스 제공자에 의해 행해짐

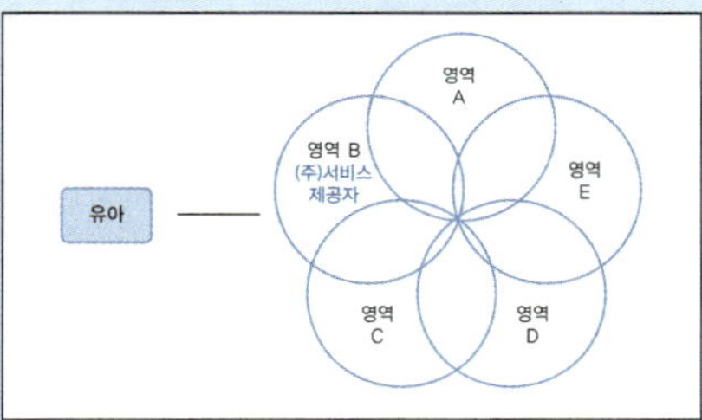

역할 전이(role transition)

역할 확대	자신의 전문 영역에 대한 전문성과 기술을 향상시키기 위한 활동에 참여
역할 확장	다른 영역들에 대해 배우기 시작
역할 교환	정해진 전문가의 직접적인 감독하에 다른 영역의 중재를 실시
역할 양도 (역할 방출)	팀의 모든 구성원들은 새롭게 배운 다른 영역의 기술들을 전문가의 지속적인 감독 없이 독립적으로 연습
역할 지원	특정 중재가 너무나 전문적인 기술을 요구해 주 서비스 제공자가 실시하기 어려운 경우에는 해당 영역의 전문가가 주 서비스 제공자와 가족들에게 직접적인 지원을 제공

모범답안 ⑤

2012학년도 중등 34

01 **다음은 정신지체학생 A의 언어 지원을 위한 협력적 접근 사례이다. 사례에서 나타나는 협력적 접근 모델 및 방법만을 〈보기〉에서 있는 대로 고른 것은?**

> 특수교사, 언어재활사(치료사), 부모는 학생 A의 의사표현이 가장 활발히 나타나는 사회 시간에 함께 모여 학생 A의 활동을 관찰하면서 언어평가를 실시하였다. 평가 후 특수교사, 언어재활사, 부모는 평가 결과를 바탕으로 장·단기 목표 및 지원 방법에 대해 함께 논의하였다. 언어중재는 한 학기 동안 특수교사가 혼자 맡아서 교실에서 실시하기로 결정하였다. 정기적인 모임을 통해 언어재활사는 특수교사가 지도할 때에 필요한 구체적인 언어중재 전략에 관한 정보를 제공하기로 하였고, 부모는 가정에서의 언어능력 향상 정도를 특수교사에게 알려주기로 하였다.

원형진단
다양한 영역의 전문가들이 동시에 대상 학생을 진단하는 방법

초학문적 팀 접근
각 구성원들 간의 협력에 의존하고, 결정은 팀의 합의에 의해 이루어짐

- 주 서비스 제공자(특수교사, 부모)가 학생에게 종합적이고 통일된 중재를 제공함(서비스 중복 방지)
- 언어재활사는 주 서비스 제공자에게 역할양도를 함

보기

ㄱ. 팀 교수(team teaching)
ㄴ. 역할 양도(role release)
ㄷ. 원형평가(arena assessment)
ㄹ. 간학문 접근(inter-disciplinary approach)
ㅁ. 초학문 접근(trans-disciplinary approach)

① ㄴ, ㅁ　② ㄷ, ㄹ
③ ㄱ, ㄴ, ㅁ　④ ㄱ, ㄷ, ㄹ
⑤ ㄴ, ㄷ, ㅁ

참고자료 기본이론 150-151p

키워드 초학문적 팀 접근

구조화 틀 **협력적 (팀) 접근**

- 다학문적 팀 접근
- 간학문적 팀 접근
- 초학문적 팀 접근

핵심개념 **초학문적 팀 접근**

- 다양한 영역의 전문가들 간 협력을 기초로 전문가들이 서로의 역할을 공유하는 접근방법
- 팀의 모든 구성원들이 진단과 교육계획에 함께 책임을 지고 참여하지만, 유아에게 주어지는 교육 서비스는 가족과 주요 서비스 제공자에 의해 행해짐

②

2009학년도 중등 24

02 **다음은 통합교육 상황에서 교사 간 협력적 접근방법을 적용한 예이다. 초학문적 근간이 되는 개념으로서 밑줄 친 부분이 의미하는 것을 가장 적절하게 표현한 것은?**

> 경도 정신지체 중학생 A는 친구들과 대화하거나 학습할 때 급우의 신체를 부적절하게 접촉한다. 특수교사는 통합학급에서 A의 부적절한 사회적 관계 유형을 분석하고, 바람직한 대인관계 형성을 위한 교수계획을 수립하였다. 특수교사는 교과 담당 교사들로 구성된 협력적 팀원들에게 A의 교수계획을 설명하고, 수업활동 시 지도할 수 있도록 구체적인 교수전략을 안내하였다. 특히 특수교사는 A를 지도할 수 있도록 자신이 알고 있는 전문적 지식, 정보 및 전략을 각 팀원들에게 자문하였다.

① 비계설정(scaffolding)
② 역할 양도(rule release)
③ 책무성(accountability)
④ 역량강화(empowerment)
⑤ 사회적 지원망(social support networks)

참고자료 기본이론 149-151p

키워드

- 간학문적 팀 접근
- 초학문적 팀 접근

구조화틀 **협력적 (팀) 접근**

- 다학문적 팀 접근
- 간학문적 팀 접근
- 초학문적 팀 접근

핵심개념

간학문적 팀 접근

각 전문가들은 개별적으로 평가·중재하지만, 결과를 의논하기 위해 각 팀이 만나서 함께 중재계획을 개발

다학문적 팀 접근 vs 간학문적 팀 접근

- **공통점**: 각 전문가들이 독립적으로 진단과 중재를 실시함
- **차이점**: 다학문적 팀 접근은 각 전문가들이 독립적으로 중재를 실시하나, 간학문적 팀 접근은 주 서비스 대표자를 통해 공식적인 의사소통을 수행하며 함께 중재계획을 수립함

모범답안

① 간학문적 팀 접근
② 개별적으로 진단하지만 함께 의사소통하며 정보를 공유할 수 있다. (또는 하나로 통일된 서비스 계획에 기여한다.)
③ 팀의 구성원들이 의사소통한다고 해도, 실질적 진단은 각자 독립적으로 수행하기 때문에 결과에 있어서는 차이가 나는 경우가 많다. (또는 서비스 대표자의 역할이 불분명해 역할 수행이 독단적일 수 있다.)

2016학년도 유아 A4

03 다음은 ○○특수학교에 다니는 5세 중복장애 유아들을 위한 지원 방안이다. 물음에 답하시오. [5점]

유아	특성	지도방법	전문가 협력
인호	• 농맹중복장애 • 4세 중도실명 • 수화를 모국어로 습득함 • 촉독(촉각) 수화를 사용함	㉡ 수지와 의사소통할 때 촉독 수화를 사용하게 함 ㉢ 다양한 사물을 손으로 느껴 체험하도록 지도함	• 유아특수교사, 청각사 등 다양한 영역의 전문가들이 참여함 • 전문가별로 중재계획을 개발하고 정보를 서로 공유함 • 인호의 부모가 팀원임 • 때때로 팀원 간에 인호의 문제를 논의함

간학문적 팀 접근 vs 초학문적 팀 접근
간학문적 접근은 각 전문가들이 독립적으로 진단하고 중재를 실시하지만, 초학문적 접근은 원형진단을 통해 전문가들이 동시에 학생을 진단하므로 학생과 가족들이 진단에 소모하는 실질적인 시간을 절약함

간학문적 팀 접근에서 가족의 역할
가족은 팀 구성원으로 인식될 수도, 그렇지 않을 수도 있음. 가족은 팀 전체 또는 대표와 대화할 수 있음

2) 인호를 위한 전문가 팀의 ① 협력 모델명을 쓰고, 진단 측면에서 이 협력 모델의 ② 장점과 ③ 단점을 쓰시오. [3점]

PART 02

참고자료 기본이론 149–151p

키워드 초학문적 팀 접근

구조화 틀 **협력적 (팀) 접근**

- 다학문적 팀 접근
- 간학문적 팀 접근
- 초학문적 팀 접근

핵심개념 **원형진단(원형평가)**

촉진자가 유아 및 부모들과 상호작용하면서 구조화된 샘플들을 관찰할 수 있도록 행동을 유도할 때, 나머지 팀의 구성원들이 함께 그 행동을 관찰하면서 자신의 전문 영역과 관련된 평가를 함. 이때 팀의 다른 구성원들은 관찰을 통한 진단만 할 수도 있고, 필요한 경우에는 자신의 전문 영역과 관련해서 유아를 직접 진단할 수 있음

모범답안

1) 간학문적 팀 접근

2) 원형진단

2015학년도 유아 A4

04 **김 교사는 특수교육지원센터의 순회교사이고, 박 교사는 통합 유치원의 유아특수교사이다. 다음의 (가)는 김 교사와 박 교사의 대화 내용이고, (나)는 김 교사와 은지 어머니의 대화 내용이다. 물음에 답하시오. [5점]**

(가) 김 교사와 박 교사의 대화 내용

김 교사: 박 선생님, 개별화교육계획 다 작성하셨어요? 어떻게 하셨어요? 박 교사: ㉠ 저는 통합학급 교사로부터 각 유아에 대한 발달과 학습에 대한 정보를 받고, 유아가 다니는 치료실의 치료사나 심리학자, 의사 등으로부터 진단 결과나 중재 목표를 받아서 부모의 요구와 우선순위를 파악하여 작성했어요. 김 교사: 아, 그렇군요. 저는 영아를 담당하고 있는데, ㉡ 각 영아의 교육적 요구에 따라 여러 관련 서비스 영역의 전문가들과 심리학자, 사회복지사, 부모 그리고 제가 한 팀이 되어 교육진단을 계획했어요. 교육진단 시에는 팀 구성원들이 동시에 관찰하며 평가했는데, 그때 제가 촉진자의 역할을 했어요. 그리고 나서 팀이 합의한 평가 결과에 따라 다 같이 개별화교육계획을 수립했어요. 박 교사: 네, 그런데 그렇게 하면 시간도 많이 걸리고 힘드셨겠어요. 그럼 그 다음에 중재는 어떻게 하세요? 김 교사: 각 영아에 따라 팀원 중 한 사람이 영아의 가정을 방문해서 개별화교육계획의 목표 성취를 도울 수 있도록 부모를 지원해요. 주로 부모가 자녀와 상호작용하는 방법을 알려드려요. 박 교사: 가정 방문도 하시는군요.

전문가들이 독립적인 진단을 하지만 정기적인 의견 교환을 통해 함께 중재계획을 수립하는 간학문적 팀 접근에 해당함

전문가들이 함께 교육진단과 계획을 수립하는 초학문적 팀 접근에 해당함

초학문적 팀 접근의 단점

초학문적 팀 접근에서는 참여하는 모든 전문가들이 역할 전이라는 과정을 겪음

1) ㉠에 해당하는 팀 협력 모델명을 쓰시오. [1점]

2) ㉡의 팀에서 주로 사용하는 진단 방법을 쓰시오. [1점]

참고자료 기본이론 149–151p

키워드
- 다학문적 팀 접근
- 간학문적 팀 접근

구조화 틀 **협력적 (팀) 접근**
- 다학문적 팀 접근
- 간학문적 팀 접근
- 초학문적 팀 접근

핵심개념

다학문적 접근의 단점
- 중재를 위한 통일된 접근을 촉진하기 어려움
- 팀의 응집력과 기여도가 부족함
- 가족들에게 부담이 되고 혼동을 일으키기도 함

간학문적 접근의 장점
- 활동과 교육목표가 다른 영역을 보충하고 지원함
- 하나로 통일된 서비스 계획에 기여함
- 서비스 대표자를 통해서 정보를 공유할 수 있음

모범답안 ㉣은 전문가들이 각자 독립적으로 중재계획을 수립하지만, ㉤은 공식적인 의사소통을 위해 하나로 통일된 서비스 계획에 기여한다.

2026학년도 초등 A3

05 **(가)는 일반 학교에서 통합교육을 받고 있는 학생들의 특성이고, (나)는 특수교사와 통합학급 교사가 교육 계획 수립을 위해 나눈 대화의 일부이다. 물음에 답하시오. [5점]**

(나)

통합학급 교사 :	그렇군요. 다음 주에 공원으로 현장 학습을 갈 때는 휠체어를 사용해야겠네요. 휠체어를 선택할 때 고려해야 할 사항이 있을까요?
특 수 교 사 :	앞바퀴의 직경이 작고 폭이 좁은 것보다는 직경이 크고 폭이 넓은 것이 좋아요.
통합학급 교사 :	알겠습니다. 그리고 정수에게 이동뿐 아니라 다양한 분야에서 보다 전문적인 지원을 해 주고 싶은데 저 혼자는 한계가 있더라고요.
특 수 교 사 :	그런 경우에는 의사소통 지원, 행동 지원, 보조공학 지원 등 분야의 전문가들이 ㉣ <u>다학문적 팀 모델</u>이나 ㉤ <u>간학문적 팀 모델</u> 등을 통해 지원할 수 있어요.
	…(중략)…

2) (나)의 밑줄 친 ㉣과 ㉤의 차이점을 중재 계획의 측면에서 1가지 쓰시오. [1점]

2025학년도 중등 A12

06 **다음은 ○○ 중학교 중도 · 중복장애 학생 K에 대해 특수 교사와 교육 실습생이 나눈 대화이다. 〈작성 방법〉에 따라 서술 하시오. [4점]**

교육실습생 : 학생 K를 지도하기 위해서는 여러 분야의 전문가로 구성된 팀이 필요할 거 같아요. 그런데 이와 관련하여 팀에서 전문가가 어떤 방식으로 협력할 수 있는지 궁금해요.

특 수 교 사 : 예전에는 ㉠ 다양한 영역의 전문가가 독립적으로 학생을 진단 및 평가하고, 각 분야의 전문가가 각자 세분화된 훈련 계획을 개발해서 실행했어요. 하지만 요즘에는 이런 접근 방법보다는 우리 학교에서 실행하는 것과 같이 ㉡ 초학문적 접근법으로 협력할 것을 권장하고 있어요.

…(중략)…

초학문적 팀 접근
각 구성원들 간의 협력에 의존하고, 결정은 팀의 합의에 의해 이루어짐

작성방법

밑줄 친 ㉠에 해당하는 협력적 접근 방법의 유형을 쓰고, 밑줄 친 ㉡의 진단 과정에서의 특성을 1가지 서술할 것.

참고자료 기본이론 149-151p

키워드 협력적 팀 접근

구조화틀 **협력적 (팀) 접근**

- 다학문적 팀 접근
- 간학문적 팀 접근
- 초학문적 팀 접근

핵심개념

다학문적 팀 접근

다양한 영역의 전문가들이 함께 모여 팀을 구성하되, 각 영역의 전문가는 독립적으로 진단하고 보고하며 제언하는 모델

원형진단(원형평가)

촉진자가 유아 및 부모들과 상호작용하면서 구조화된 샘플들을 관찰할 수 있도록 행동을 유도할 때, 나머지 팀의 구성원들이 함께 그 행동을 관찰하면서 자신의 전문 영역과 관련된 평가를 함. 이때 팀의 다른 구성원들은 관찰을 통한 진단만 할 수도 있고, 필요한 경우에는 자신의 전문 영역과 관련해서 유아를 직접 진단할 수 있음

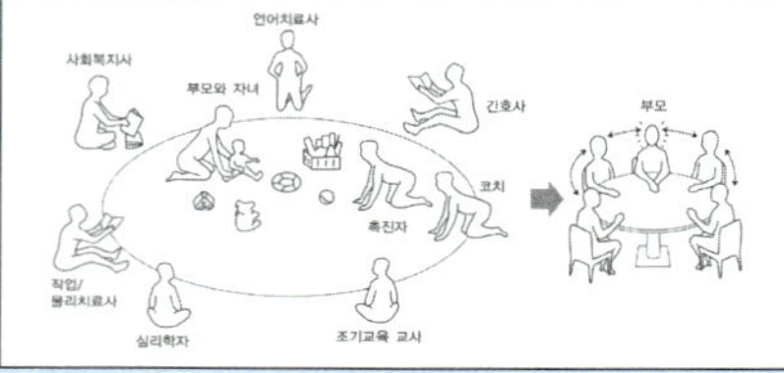

모범답안

㉠ 다학문적 통합

㉡ 다양한 영역의 전문가들이 동시에 대상 아동을 진단하는 원형 진단을 통해 동일한 정보를 교환할 수 있다.

참고자료 기본이론 149-151p

키워드
- 간학문적 팀 접근
- 초학문적 팀 접근

구조화 틀 **협력적 (팀) 접근**

- 다학문적 팀 접근
- 간학문적 팀 접근
- 초학문적 팀 접근

핵심개념

간학문적 팀 접근의 단점
- 팀의 구성원들이 의사소통한다고 해도, 실질적 진단은 각자 독립적으로 수행하기 때문에 결과에 있어서는 차이가 나는 경우가 많음
- 서비스 대표자의 역할이 불분명하기 때문에 역할 수행에 있어서 독단적일 수 있음
- 전문가들 간의 협력관계가 잘 형성되고 유지될 수 있도록 하기 위해 많은 노력이 필요함

간학문적 팀 접근의 단점에 비해 초학문적 팀 접근이 가지는 장점
- 원형진단을 통해 전문가들이 동시에 학생을 진단하므로, 학생과 가족들이 진단에 소모하는 실질적인 시간을 절약할 수 있음
- 주 서비스 제공자가 학생에게 종합적으로 통일된 중재를 제공하므로 서비스 중복을 방지할 수 있음
- 가족들의 적극적이고 동등한 참여를 강조함

모범답안

1) 원형진단

3) ㉢ 초학문적
㉣ 간학문적

2013학년도 유아 B2

07 다음은 유아특수교사인 김 교사가 만 5세 발달지체 유아 태호를 위해 전문가와 협력한 활동이다. 물음에 답하시오. [5점]

(가)

김 교사는 언어치료사, 작업치료사, 사회복지사 등 전문가들과 교육진단을 실시하였다. 교육진단은 인사하기와 분위기 조성하기, 과제중심 진단, 휴식시간, 이야기시간과 교수 시간, 자유놀이, 회의 단계로 구성되었다. 촉진자로 선정된 전문가는 태호와 어머니와의 상호작용을 유도하였고, 다른 전문가들은 태호와 어머니와의 상호작용을 관찰하였다. ㉠ 태호 어머니는 결혼 이민자로 우리말을 잘하지 못하기 때문에 회의 시간에는 통역사가 참여하였다.

다양한 영역의 전문가들이 동시에 대상 유아를 진단하는 방법인 원형진단을 실시함

(나)

김 교사는 간식 시간에 작업치료사로부터 턱 주변의 근긴장도가 낮은 태호의 턱을 지지해주는 손동작을 배우고 있다. 김 교사는 작업치료사의 지원을 받으며 태호의 앞과 옆에서 턱을 보조하는 방법에 대해 배우는 중에, 한쪽이 낮게 잘린 컵에 담긴 물을 먹이고 있다. 이때 ㉡ 컵의 낮게 잘린 쪽이 코 반대 방향으로 향하고 있다.

정해진 전문가의 직접적인 감독하에 다른 영역의 중재를 연습해보고 있으므로 역할 전이 과정 중 역할 교환에 해당함

1) 김 교사가 다른 전문가와 협력하여 실시한 교육진단이 무엇인지 쓰시오. [1점]

3) 다음 문장의 괄호 안에 들어갈 알맞은 말을 쓰시오. [2점]

(가)와 (나)에서 김 교사가 전문가와 협력한 방법은 (㉢) 접근법이다. 이 접근법은 자신의 전문 영역에 대한 진단은 각자 진행하지만 정기적 모임을 통해 다른 분야 전문가와 의견을 교환하는 (㉣) 접근법의 제한점을 보완한 것이다.

간학문적 팀 접근의 단점에 비교한 초학문적 팀 접근의 장점

참고자료 기본이론 149-151p

키워드
- 간학문적 팀 접근
- 초학문적 팀 접근

구조화 틀 협력적 (팀) 접근

┌ 다학문적 팀 접근
├ 간학문적 팀 접근
└ 초학문적 팀 접근

핵심개념 간학문적 팀 접근 vs 초학문적 팀 접근
- **공통점**: 통일된 중재(서비스) 계획을 수립함
- **차이점**
  - 원형평가
  - 역할양도(역할방출)

모범답안
① ㉡ 간학문적, ㉢ 초학문적
② 간학문적 팀 접근의 경우 팀의 구성원들이 의사소통을 한다고 해도, 실질적인 진단과 중재는 독립적으로 수행하기 때문에 결과에 있어서는 차이가 나는 경우가 많다. 반면, 초학문적 팀 접근은 전문가들이 함께 진단하고 주서비스 제공자를 통해 종합적이면서도 하나로 통일된 중재계획을 제공할 수 있다.

2020학년도 유아 A7

08 **(가)는 ○○유치원의 1차 교직원협의회 내용이고, (나)는 2차 교직원 협의회 내용이다. 물음에 답하시오. [5점]**

(나)

민 교사: 유치원 차원의 긍정적 행동지원 2차 협의회를 시작하겠습니다.

…(중략)…

양 원장: 유치원 차원의 긍정적 행동지원을 실시하려면 특수교육대상 유아를 고려한 계획이 필요하지 않나요? 유아별 개별화교육지원팀이 있잖아요. 그 팀 간의 협력도 필요할 것 같고……. 팀 협력도 여러 가지 방법이 있지 않나요?

신 교사: 보라의 ㉡ 개별화교육지원팀의 구성원들은 진단과 중재를 각각 하지만 팀 협의회 때 만나서 필요한 정보들을 공유해요. 보라가 다니는 복지관의 언어재활사는 팀 협의회 때 보라의 진단 결과와 중재 방법을 알려줄 수 있어요. 유치원 차원의 긍정적 행동지원과 관련해서는 언어재활사에게 차례 지키기 연습을 할 기회가 있으면 복지관에서도 할 수 있도록 협조를 부탁드리면 좋겠어요.

이 원감: 건하의 ㉢ 개별화교육지원팀은 함께 교육진단하고, 그 진단을 바탕으로 유아특수교사와 통합학급 교사가 교육을 계획한 후 실행하고 평가하는 전 과정에서 함께 협력해요. 두 선생님은 물리치료사에게 알맞은 자세잡기를 배워서 건하에게 적용할 수 있어요.

…(하략)…

팀 협력(= 협력적 팀 접근)
- 다학문적 팀 접근
- 간학문적 팀 접근
- 초학문적 팀 접근

역할 전이 과정 중 역할 양도에 해당함

2) (나)의 ① ㉡과 ㉢에 해당하는 팀 접근의 유형을 각각 쓰고, ② ㉡과 비교하여 ㉢이 갖는 장점을 1가지 쓰시오. [3점]

참고자료 기본이론 150-151p

키워드 초학문적 팀 접근

구조화 틀 **협력적 (팀) 접근**

- 다학문적 팀 접근
- 간학문적 팀 접근
- 초학문적 팀 접근

핵심개념 **초학문적 팀 접근**

- 다양한 영역의 전문가들 간 협력을 기초로 전문가들이 서로의 역할을 공유하는 접근방법
- 팀의 모든 구성원들이 진단과 교육계획에 함께 책임을 지고 참여하지만, 유아에게 주어지는 교육 서비스는 가족과 주요 서비스 제공자에 의해 행해짐

모범답안

㉠ 초학문적 팀 접근

㉡ 원형진단

2018학년도 중등 B3

09 다음은 뇌성마비 학생 E와 F의 특성과 지원 계획이다. 〈작성방법〉에 따라 서술하시오. [4점]

학생	구분	내용
E	특성	• 경직형 뇌성마비 학생임 • 워커를 사용하여 이동하기 시작함
	지원 계획	㉠[㉡[• 교사, 부모, 물리치료사, 작업치료사 등 다양한 전문가들이 팀을 이루고 함께 모여 동시에 학생 E를 진단함 • 교사는 촉진자로서 학생 E의 움직임과 행동을 유도해 내고, 팀원들은 학생의 행동을 관찰하면서 각자의 전문영역과 관련한 평가를 함 • 평가결과에 기초하여 팀원들은 "워커를 사용하여 목표지점까지 이동할 수 있다"라는 목표를 설정하고 공유한 후, 개별화교육 계획에 반영함] • 교사와 부모는 물리치료사와 작업치료사에게 다음의 내용을 배워 학생을 지도함 – 바른 정렬을 유지하며 워커로 걷는 방법 – 적절한 근 긴장도를 유지하며 걷는 방법 – 방향 전환 방법 • 교사는 학생 E가 학교 일과 중 자연스러운 환경에서 '워커를 사용하여 이동하기'를 연습할 수 있도록 계획하고 지도함]

- 역할 전이 과정 중 역할 양도에 해당함
- 주 서비스 제공자인 교사와 부모는 전문가(물리치료사, 작업치료사)로부터 역할을 양도받아 학생을 지도함

자연스러운 일과 내에서 습득한 기술을 반복 연습할 수 있도록 하는 '분산연습'을 실시함 → 일반화에 효과적임

작성방법

㉠에 해당하는 팀 협력 모델 명칭을 쓰고, 이 모델에서 사용하는, ㉡에 해당하는 진단방법을 제시할 것.

참고자료 기본이론 150-151p

키워드 초학문적 팀 접근

구조화 틀 **협력적 (팀) 접근**

- 다학문적 팀 접근
- 간학문적 팀 접근
- 초학문적 팀 접근

핵심개념 **원형진단(원형평가)의 장점**

아동의 행동을 동시에 관찰하면서 서로의 정보와 의견을 즉시 교환할 수 있기 때문에 아동의 발달을 통합적으로 인식할 수 있고, 합리적이며, 우선적인 교수계획을 수립할 수 있고, 진단절차가 중복되는 것을 방지할 수 있음

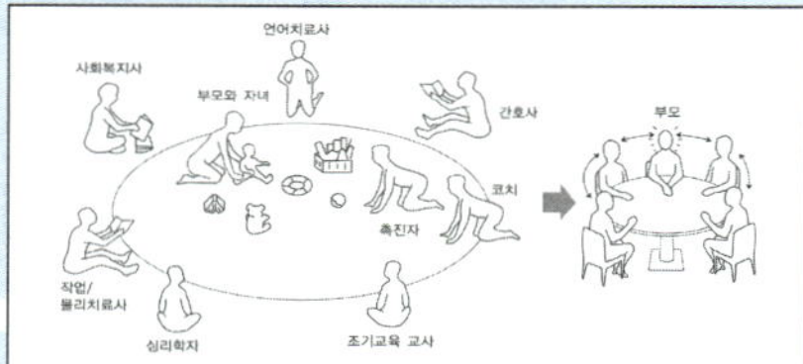

모범답안 원형진단으로, 아동의 행동을 동시에 관찰하면서 서로의 정보와 의견을 즉시 교환할 수 있기 때문에 아동의 발달을 통합적으로 인식할 수 있다.

2026학년도 유아 B1

10 **(가)는 지체장애 유아 민수의 진단 장면이고, (나)는 보조공학 사정 내용의 일부이다. (다)는 보조공학 도구 사용을 위한 중재 계획이다. 물음에 답하시오. [5점]**

(가)

> • 장소 : ○○유치원 ○○반
> • 팀 구성원 : 보호자, 통합학급 교사, 유아특수교사,
> 물리치료사, 작업치료사
> • 진단방법
> 유아특수교사가 촉진자로 참여하여 보호자와 민수가 미술활동을 하고 있는 모습을 통합학급 교사, 물리치료사, 작업치료사가 같은 장소에서 같은 시간에 함께 관찰하여 민수의 현재 발달 수준을 진단함.

1) (가)에 해당하는 진단 방법의 장점 1가지를 쓰시오.

참고자료 기본이론 149-151p

키워드
- 초학문적 팀 접근
- 협력적 자문

구조화 틀

협력적 (팀) 접근
- 다학문적 팀 접근
- 간학문적 팀 접근
- 초학문적 팀 접근

협력적 자문
- 개념
- 과정
- 협력의 단계

핵심개념 **협력적 자문**

- 상호적으로 정의된 문제를 해결하기 위해 다양한 전문성을 가진 사람들이 하나의 팀으로 협의·자문·협력하는 상호과정
- 전문가가 직접적으로 학생과 상호작용하지 않고 교사에게 전문적인 정보를 제공해 학생을 돕는 방법이므로 '간접적 지원 서비스'로 간주됨

모범답안 ④

2012학년도 초등(유아) 10

11 **다음은 협력적 팀 접근을 위해 특수학교 교사와 물리치료사가 체육수업시간 동안 민수의 활동을 관찰한 후 나눈 대화이다. 〈보기〉의 설명 중 옳은 것을 모두 고르면?**

치료사: ㉠ 민수의 활동을 관찰한 후 대근육 운동능력을 평가해보았더니, ㉡ 수동휠체어를 타고 다니지만 서기 연습과 워커를 사용해서 걷기 연습을 하는 것이 필요해요.
교　사: 그럼 서기 자세보조기기를 사용해서 서기 연습을 시키려면 어떻게 도와주어야 할까요?
치료사: ㉢ 선생님을 민수로 생각하고 제가 시범을 보일게요. 민수의 경우 다리에 힘이 풀려서 주저앉거나 엉덩이가 뒤로 당겨져 정렬이 흐트러질 수 있으니 서기 자세보조기기의 엉덩이, 무릎, 발, 벨트 부분을 묶어주는 것이 좋아요.

(일주일 경과 후)

교　사: ㉣ 지난 미술시간에 민수가 워커를 사용하여 걸어서 두 발자국 정도 옮기니까 가위 모양으로 두 다리가 꼬이며 힘들어 하는 것을 보았어요. 어떻게 도와주면 될까요?
치료사: (방법을 알려준다.)
교　사: 이제 알겠어요. 앞으로는 ㉤ 쉬는 시간에 워커를 사용하여 걸어서 화장실에 다녀오는 기회를 자주 줄게요.

치료사는 자신의 전문영역을 특수교사에게 방출함(역할 전이 과정 중 역할 방출에 해당)
※ 자신의 전문 분야를 가르쳐주는 전문가 입장에서는 '역할 방출', 역할을 전수받아 학생에게 직접 지도하는 교사 입장에서는 '역할 양도'를 받은 것

협력적 자문의 과정을 보임 → 교사는 어려움이 있는 분야의 전문가에게 조언(지원)을 요청하고, 이에 대한 자문을 받고 있음

보기
ㄱ. ㉠은 시각 운동 통합 발달검사(Developmental Test of Visual Motor Integration)로 측정할 수 있다.
ㄴ. ㉡의 걷기 연습 초기에는 몸통이나 팔 지지형 워커를 사용하다가 걷기 능력이 향상되면 일반형 워커로 교체해주는 것이 필요하다.
ㄷ. ㉢에서 물리치료사는 특수학교 교사에게 자문 및 역할 방출(role release)을 통해 민수에게 직접 서비스를 제공하고 있는 것이다.
ㄹ. ㉣의 경우 신체의 정렬을 유지할 수 있도록 민수의 등 뒤에 서서 교사의 한쪽 다리를 민수의 무릎 사이에 넣어주어 두 다리가 꼬이지 않게 도와줄 수 있다.
ㅁ. ㉤에서 걷기의 운동 형태는 워커를 사용하는 것이고, 운동 기능은 화장실로 이동하는 것이다.

ㄱ. GMFCS로 측정함

ㄷ. 역할 전이 과정
- 역할 확대·역할 확장·역할 교환·역할 방출의 경우, 전문가가 직접 학생을 지도하는 것이 아니므로 '간접적 지원'에 해당함
- 역할 지원은 주 서비스 제공자가 실시하기 어려워 전문가가 직접 중재를 실시하는 '직접적 지원'에 해당함

ㅁ. 기능적 기술의 기능·형식 구분(확장하기 자료 확인)

① ㄱ, ㄷ　　② ㄷ, ㅁ
③ ㄱ, ㄴ, ㄹ　　④ ㄴ, ㄹ, ㅁ
⑤ ㄱ, ㄴ, ㄷ, ㅁ

확장하기 +

기능적 기술의 기능과 형식의 구분

생활연령에 적절한 기능적 기술을 선정할 때 교사는 기술의 형식과 기능을 결정해야 한다. 여기서 기술의 형식은 기술이 사용되는 모습(예 기술이 어떻게 보이는가)을 의미하며, 기술의 기능은 기술의 성과를 말한다(예 기술을 통해 얻는 성과). Brown 등(1979)은 어린 아동에게 적절한 기술의 형식이 나이 든 학생에게는 적절하지 못할 수도 있다고 언급하며, 기술의 기능을 결정하고 기술의 기능이 연령에 적절한 형식으로 사용될 수 있도록 결정하는 것이 중요하다고 설명했다.
예를 들어, 영유아는 몸을 밀고 당기거나 기어서 방 안으로 이동한다. 이때 몸을 움직이는 기술의 기능은 가급적 독립적으로 한 장소에서 다른 장소로 이동하는 것이다. 만약 학생이 이 기능을 같은 나이의 또래들 대부분이 실행하는 것과 같이 할 수 없다면, 교사는 그 학생에게 적용할 수 있는 가장 무난한 형식을 찾아야 한다. 요컨대, 다른 사람의 도움을 받아 이동하거나, 지팡이 또는 휠체어를 타고 이동하도록 가르칠 수 있다. 즉, 이 모든 기능적 기술의 형식에 대한 결정은 연령에 적절한 조정을 필요로 한다.

참고자료 기본이론 155-157p

키워드 협력적 자문

구조화 틀 협력적 자문

- 개념
- 과정
- 협력의 단계

핵심개념 협력적 자문

- 상호적으로 정의된 문제를 해결하기 위해 다양한 전문성을 가진 사람들이 하나의 팀으로 협의·자문·협력하는 상호과정
- 전문가가 직접적으로 학생과 상호작용하지 않고 교사에게 전문적인 정보를 제공해 학생을 돕는 방법이므로 '간접적 지원 서비스'로 간주됨

모범답안 ②

2010학년도 유아 30

12 **다음은 B 초등학교 병설유치원 특수학급의 강 교사와 일반학급의 민 교사가 언어생활 영역 중 '정확하게 발음해 보기'의 지도를 위해 나눈 대화이다. 대화 내용에 해당하는 협력 방법으로 가장 적절한 것은?**

> 강 교사: 은주는 인공와우를 했지만 어릴 때부터 언어 훈련을 잘 받았다고 들었는데, 잘 지내고 있나요?
> 민 교사: 네, 청각장애가 있다고 생각되지 않을 정도로 은주는 학습을 잘하고 있어요. 그런데 초성 /ㄷ/의 발음을 약간 /ㅈ/처럼 발음하는 문제가 있는 것 같아요. 조금만 신경 써서 연습하면 금방 좋아질 것 같은데요.
> 강 교사: 선생님, 잘 관찰하셨어요.
> 민 교사: 제가 '말하기' 영역 수업 중에 이 문제에 대한 언어 지도를 구체적으로 하고 싶은데 어떻게 하면 될까요?
> 강 교사: 네, /ㄷ/ 발음은 앞 윗니 안쪽에 혀 끝 부분이 닿았다가 떨어지면서 나는 소리거든요. 그러니깐 쌀과자 조각을 앞 윗니 안쪽에 붙이고 혀 끝 부분이 그 조각에 닿도록 놀이하면서 발음하게 해보세요. 거울을 보면서 연습시키면 더 좋고요.
> 민 교사: 네, 그렇게 해볼게요.

① 조정(coordination)
② 자문(consultation)
③ 순회 교육(itinerant)
④ 스테이션(station) 교수
⑤ 팀 티칭(team teaching)

참고자료 기본이론 159p, 163p

키워드

- 교수-지원 모형
- 대안교수

구조화 틀 협력교수

- 교수-지원 모형
- 스테이션 교수
- 평행교수
- 대안교수
- 팀 티칭

핵심개념

교수-지원 모형

- 한 명의 교사가 전체 학습지도에 우선적인 책임을 지고, 다른 교사는 학생들 사이를 순회하면서 개별적으로 지원이 필요한 학생들을 지도함
- 지원 교사는 장애아동뿐만 아니라 학급 내 도움을 필요로 하는 모든 아동을 대상으로 개별적인 지원을 제공할 수 있음

대안교수

- 한 명의 교사가 대집단을 상대로 전체적인 수업지도에 책임을 지고 학급을 지도하는 동안, 다른 교사는 도움이 필요한 소집단 학생에게 추가적인 심화학습이나 보충학습을 하는 등의 부가적인 지원을 제공함
- 소집단 구성 시 특히 성취가 부족한 학생만을 대상으로 하지 않도록 주의해야 함 → 이를 위해 다양한 학생들이 소집단 교수를 받을 수 있는 기회를 제공하고, 교사의 역할도 대집단과 소집단으로 고정되어서는 안 됨

모범답안

ⓒ 대안교수

대안교수는 지원이 필요한 학생들을 소집단으로 구성하나, 교수-지원 모형은 대집단에서 장애아동뿐만 아니라 도움이 필요한 모든 아동을 대상으로 개별적인 지원을 제공할 수 있다.

2020학년도 중등 B4

13 **(가)는 ○○중학교에서 통합교육을 받고 있는 학생 D와 E에 대해 담임교사와 특수교사가 나눈 대화의 일부이고, (나)는 특수교사가 작성한 수업 지원 계획의 일부이다. 〈작성방법〉에 따라 서술하시오. [4점]**

(가) 대화

특수교사: 학생 D와 E의 특성에 대해 이야기해보고, 수업에서 지원할 수 있는 방법을 의논해 볼까요?
담임교사: 네, 먼저 학생 D는 ⓐ <u>수업의 주제를 도형이나 개념도와 같은 그림으로 표현하는 것을 좋아한다고 합니다. 자신이 지각한 것을 머릿속에서 시각화하고, 이것을 창의적으로 표현하는 능력이 뛰어난 학생입니다.</u> 그리고 학생 E는 체육 활동에 적극적으로 참여하고, 수행 수준도 우수하다고 해요. 하지만 제 수업인 국어 시간에는 흥미가 없어서인지 활동에 잘 참여하지 않아서 걱정입니다.
특수교사: 두 학생의 장점이나 흥미를 교수·학습 활동에 반영하고, <u>선생님과 제가 수업을 함께 해보면 어떨까요?</u>
담임교사: 네, 좋은 생각입니다. 제 수업시간에는 ⓑ <u>제가 반 전체를 맡고, 선생님께서는 학생 D와 E를 포함하여 4~5명의 학생을 지도해주시면 좋겠어요.</u>

…(중략)…

협력교수
두 명 이상의 교사가 장애를 가진 다양한 학생 집단에게 효율적인 교육을 위해 교실 내에서 함께 교수하는 것

(나) 수업 지원 계획

수업 지원 교과		국어	
수업 주제		상대의 감정을 파악하며 대화하기	
학생	다중지능 유형	학생 특성을 반영한 활동 계획	협력교수 모형
D	(ⓛ)	상대의 감정을 시각화하여 창의적으로 표현하기	(ⓒ)
E	신체운동 지능	상대의 감정을 신체로 표현하기	

작성방법

(가)의 밑줄 친 ⓑ를 참고하여 (나)의 괄호 안의 ⓒ에 해당하는 용어를 쓰고, ⓒ과 '교수-지원(one-teach, one assist) 모형'의 차이점을 학습 집단 구성 측면에서 1가지 서술할 것.

참고자료 기본이론 159p, 163p

키워드

- 교수-지원 모형
- 대안교수

구조화틀 협력교수

- 교수-지원 모형
- 스테이션 교수
- 평행교수
- 대안교수
- 팀 티칭

핵심개념

교수-지원 모형

- 한 명의 교사가 전체 학습지도에 우선적인 책임을 지고, 다른 교사는 학생들 사이를 순회하면서 개별적으로 지원이 필요한 학생들을 지도함
- 지원 교사는 장애아동뿐만 아니라 학급 내 도움을 필요로 하는 모든 아동을 대상으로 개별적인 지원을 제공할 수 있음

대안교수

- 한 명의 교사가 대집단을 상대로 전체적인 수업지도에 책임을 지고 학급을 지도하는 동안, 다른 교사는 도움이 필요한 소집단 학생에게 추가적인 심화학습이나 보충학습을 하는 등의 부가적인 지원을 제공함
- 소집단 구성 시 특히 성취가 부족한 학생만을 대상으로 하지 않도록 주의해야 함 → 이를 위해 다양한 학생들이 소집단 교수를 받을 수 있는 기회를 제공하고, 교사의 역할도 대집단과 소집단으로 고정되어서는 안 됨

모범답안

① (나) 교수-지원

② 교수-지원 모델에서 지원 교사는 학급 전체를 순회하며 개별적인 지원이 필요한 학생들에게 도움을 제공하는 반면, 대안교수에서는 소집단을 대상으로 보충학습 또는 심화학습 등의 수업을 제공한다.

2022학년도 초등 B1

14 **(가)는 세희의 특성이고, (나)는 통합학급 교사와 시각장애거점 특수교육지원센터 특수고사의 협의 내용이다. 물음에 답하시오. [6점]**

(나) 특수교사의 순회교육 시, 협력교수를 위한 통합학급 교사와 특수교사의 협의 내용

협의 내용 요약		점검사항 공통사항: 공 세희지원: 세
통합학급 교사	특수교사	
• 전체 수업 진행 – 구체적인 교과 내용을 지도함 • 팀별 학습 활동 – 팀의 학생들은 상호작용을 하며 과제를 해결함	• 학급을 순회하며 전체 학생 관찰 및 지원 – 학생들에게 학습 전략을 개별 지도함 – 원거리 판서를 볼 때 세희에게 확대독서기의 초점 조절법을 개별 지도함	공 팀별 활동 자료
• 팀 활동 후 평가 실시 – 평가지는 ㉡ 평가 문항들이 단원의 목표와 내용을 충실하게 대표하는지를 같은 학년 교사들이 전문성을 바탕으로 이원분류표를 활용해서 비교 분석하여 확인함	• 학급을 순회하며 학생 요구 지원 – 세희가 평가지를 잘 볼 수 있게 ㉢ 확대 독서기 기능 설정을 확인함 – 시험시간을 1.5배 연장함	공 이원분류표 세 ㉣ 수정된 답안지와 필기구 제공
• 팀 점수 산출 • 팀 점수 게시 및 우승팀 보상	• 팀 점수 산출 시 오류 확인 – 학급을 순회하며 필요한 도움을 제공함	

한 교사가 전체 수업을 진행하고, 다른 교사는 학급을 순회하며 전체 학생을 대상으로 도움이 필요한 학생에게 개별적인 도움을 제공하고 있음 → 교수-지원 모형에 해당함

3) ① (나)에 적용된 협력교수 유형의 명칭을 쓰고, ② 이 협력교수와 대안교수의 차이점을 교사의 역할 측면에서 쓰시오. [2점]

참고자료 기본이론 159p, 163p

키워드

- 교수－지원 모형
- 대안교수

구조화 틀 협력교수

- 교수-지원 모형
- 스테이션 교수
- 평행교수
- 대안교수
- 팀 티칭

핵심개념

교수－지원 모형

- 한 명의 교사가 전체 학습지도에 우선적인 책임을 지고, 다른 교사는 학생들 사이를 순회하면서 개별적으로 지원이 필요한 학생들을 지도함
- 지원 교사는 장애아동뿐만 아니라 학급 내 도움을 필요로 하는 모든 아동을 대상으로 개별적인 지원을 제공할 수 있음

대안교수

- 한 명의 교사가 대집단을 상대로 전체적인 수업지도에 책임을 지고 학급을 지도하는 동안, 다른 교사는 도움이 필요한 소집단 학생에게 추가적인 심화학습이나 보충학습을 하는 등의 부가적인 지원을 제공함
- 소집단 구성 시 특히 성취가 부족한 학생만을 대상으로 하지 않도록 주의해야 함 → 이를 위해 다양한 학생들이 소집단 교수를 받을 수 있는 기회를 제공하고, 교사의 역할도 대집단과 소집단으로 고정되어서는 안 됨

모범답안

㉡ 교수－지원 모형
㉢ 대안교수

2021학년도 유아 A7

15 **다음은 5세 발달지체 윤아의 통합학급 민 교사와 유아특수교사 송 교사가 나눈 대화이다. 물음에 답하시오. [5점]**

> 민 교사: 선생님, 내일 우리 반 유아들과 함께 독감과 코로나-19 예방을 위해 '마스크 쓰기'와 '비누로 손 깨끗하게 씻기'를 알아보려고 해요. 그런데 윤아는 마스크 쓰기를 싫어해서 벗고 있을 때가 많고, 비누를 사용하지 않으려고 해요. 윤아도 질병을 예방하는 방법을 알고 꼭 실천하게 해주고 싶어요. [A]
>
> 송 교사: 윤아는 얼굴에 물건 닿는 것을 싫어해서 마스크를 쓰지 않으려고 해요. 그리고 ㉠ <u>비누의 거품은 좋아하지만 꽃 향기를 싫어하고, 소근육 발달이 늦어서 손으로 비누 잡는 것을 어려워해요. 그래서 꽃 향기가 나는 비누 사용을 힘들어하는 것 같아요.</u>
>
> 민 교사: 선생님, 그러면 협력교수를 통해 함께 지도하면 어떨까요?
>
> 송 교사: 내일 ㉡ <u>민 선생님께서 전체 유아를 대상으로 비누로 손 깨끗하게 씻기를 지도하시면, 저는 윤아뿐만 아니라 특별히 도움이 필요한 다른 유아들도 활동에 효과적으로 참여할 수 있도록 도울게요.</u> 만약, ㉢ <u>윤아와 몇몇 유아들이 마스크 쓰기와 손 씻기를 계속 많이 어려워하는 경우, 이들을 별도로 소집단을 구성해서 특별한 방법으로 집중 지도를 해보도록 할게요.</u>

3) 민 교사와 송 교사가 적용하려는 ㉡과 ㉢의 협력교수 유형을 쓰시오. [2점]

참고자료 기본이론 159p, 161p, 164p

키워드
- 교수-지원 모형
- 평행교수
- 팀 티칭

구조화 틀 협력교수
- 교수-지원 모형
- 스테이션 교수
- 평행교수
- 대안교수
- 팀 티칭

핵심개념 팀 티칭

짧은 간격(5~10분)을 두고 교수활동의 리더 역할을 교대함

모범답안 ③

2012학년도 초등(유아) 5

16 **다음은 특수학급 유 교사와 일반학급 최 교사가 협력하여 장애이해교육을 실시하기 위해 나눈 대화이다. 두 교사가 계획하는 협력교수의 형태를 바르게 짝지은 것은?**

(가) 유 교사 : 이번 장애이해교육의 주제는 '장애인에 대한 에티켓'이에요. 먼저 제가 청각장애인에 대해 설명하면 선생님께서 시범을 보이시고, 선생님께서 지체장애인에 대해 설명하시면 제가 시범을 보일게요. 시각장애인과 정신지체인의 경우도 마찬가지 방법으로 번갈아 가면서 하고요.

(나) 최 교사 : 그러지요. 그런 다음 두 집단으로 모둠을 나누어 선생님과 제가 각각 한 모둠씩 맡아서 같은 내용으로 학생들이 역할놀이를 통해 장애인에 대한 에티켓을 연습해볼 수 있도록 지도하지요.

(다) 유 교사 : 좋은 생각이네요. 모둠별 학습이 끝나면 선생님께서 마무리 평가를 진행해주세요. 저는 그동안 정신지체 학생인 경수도 평가에 참여할 수 있도록 경수 옆에서 개별적으로 도울게요.

> 두 교사가 모든 학생을 대상으로 동등한 책임과 역할을 가지고 함께 수업을 하는 동안 번갈아 가면서 다양한 역할(개념 교수, 시범, 역할놀이, 모니터링)을 하며 반 전체 학생을 위한 교수 역할을 공유하고 있으므로 '팀 티칭'에 해당함

> 두 교사가 함께 수업을 계획한 후, 학급을 여러 수준의 학생이 섞인 두 집단으로 나눠 같은 내용을 동시에 각 집단에게 교수하고 있으므로 '평행교수'에 해당함

> 한 교사가 전체 학급을 지도하고 다른 교사는 개별지원이 필요한 학생을 지도하는 '교수-지원 모형'에 해당함

	(가)	(나)	(다)
①	팀 교수	평행교수	대안교수
②	팀 교수	스테이션 교수	대안교수
③	팀 교수	평행교수	교수-지원
④	평행교수	스테이션 교수	대안교수
⑤	평행교수	팀 교수	교수-지원

참고자료 기본이론 159-165p

키워드

- 교수-지원 모형
- 평행교수

구조화 틀 협력교수

- 교수-지원 모형
- 스테이션 교수
- 평행교수
- 대안교수
- 팀 티칭

핵심개념

모범답안 ④

2011학년도 유아 28

17 **다음은 만 5세 통합학급 풀잎반 미술수업에서 유아특수 교사인 민 교사와 유아교사인 김 교사가 '공룡 표현하기' 활동을 전개한 내용이다. 이 수업에 대한 설명으로 옳은 것을 〈보기〉에서 모두 고른 것은?**

<table>
<tr><th rowspan="2">단계</th><th rowspan="2" colspan="4">교수 · 학습 활동</th><th colspan="2">진행교사</th></tr>
<tr><th>김</th><th>민</th></tr>
<tr><td rowspan="4">도입</td><td colspan="4">공룡 사진을 보여주며 설명한다.</td><td>○</td><td></td></tr>
<tr><td colspan="4">교실 벽에 4장의 전지를 붙여 놓고 OHP로 공룡 사진을 투사 확대한다.</td><td>○</td><td></td></tr>
<tr><td colspan="4">일반 유아 1명과 장애 유아 1명이 확대된 공룡을 선 따라 그리게 한다.</td><td>○</td><td></td></tr>
<tr><td colspan="4">공룡의 일부분이 그려진 4장의 전지를 조별로 나누어준다.</td><td></td><td>○</td></tr>
<tr><td rowspan="3">전개</td><td>빨강 조</td><td>노랑 조</td><td>파랑 조</td><td>보라 조</td><td rowspan="3" colspan="2">두 교사가 두 조씩 맡아 조별 활동 지도</td></tr>
<tr><td>여러 가지 종이를 구겨 붙인다.</td><td>색연필, 크레파스, 물감으로 칠한다.</td><td>자유롭게 그린다.</td><td rowspan="2">• 여러 가지 모양을 오려 붙인다.
• 가위질이 서툰 일반 유아 선미에게 보조 손잡이가 달린 가위로 교사와 함께 오리도록 한다.</td></tr>
<tr><td>신문지 구기기를 좋아하는 발달지체 유아 민수에게 신문지를 구기도록 한다.</td><td>지체장애 유아 민이에게 스펀지가 달린 막대로 물감을 칠하도록 한다.</td><td>자폐성 장애 유아 효주에게 자신이 좋아하는 세밀화를 그리도록 한다.</td></tr>
<tr><td rowspan="2">정리 · 평가</td><td colspan="4">조별 활동에 대해 자신의 생각이나 느낌을 말하도록 한다.</td><td></td><td>○</td></tr>
<tr><td colspan="4">완성된 공룡 작품을 보고 생각나는 것을 이야기하도록 한다.</td><td></td><td>○</td></tr>
</table>

도입 단계에서 김 교사가 전체 학습지도를 맡고 민 교사가 개별 도움을 제공하고 있으므로 '교수-지원 모형'에 해당함

전개 단계에서 두 교사가 두 조씩 맡아 동시에 각 집단을 교수하고 있으므로 '평행교수'에 해당함

조별로 '공룡 표현하기' 활동에 대해 다양하게 표현하고, 이를 인정해줌

보기

ㄱ. 전개 단계에서 교육과정 수정 전략을 사용하였다.
ㄴ. 빨강 조 민수에게 부분참여 전략을 사용하였다.
ㄷ. 도입 단계에서는 대안적 교수방법을, 전개 단계에서는 평행교수 방법을 사용하였다.
ㄹ. 다양한 학습 표현 방법을 동등하게 인정해 주는 실제적 다수준 포함교수(authentic multi-level instrcution)를 사용하였다.

① ㄱ, ㄴ　② ㄱ, ㄷ
③ ㄷ, ㄹ　④ ㄱ, ㄴ, ㄹ
⑤ ㄴ, ㄷ, ㄹ

확장하기 +

다수준 포함 교수법(multi-level instruction)

<table>
<tr><td>정의</td><td colspan="2">다수준 포함 교수는 교수적 수정을 실현하는 방법 중 하나로, 동일한 학급에 소속된 다양한 수준의 학생들에게 유의미한 학습 경험을 제시하는 것이다. 즉, 교수방법의 수정을 통해 통합교실 내에서 장애학생과 일반학생에게 동일한 교육과정 영역을 다양한 목표와 난이도 수준에서 교수하기 위한 방법을 의미한다. 교육방법의 수정은 교실 내의 모든 학생들을 대상으로 교수하되, 서로 다른 방식으로 교수하는 것을 전제로 한다.</td></tr>
<tr><td>기본 전제</td><td colspan="2">• 학습자 개개인의 수준에 따라 서로 다른 학습목표를 인정한다.
• 학습자의 학습양식을 고려해 내용제시 방법을 계획한다.
• 학습자 개개인의 수준별 사고를 자극하는 질문을 활용하고, 주제 중심의 통합교과 수업을 진행한다.
• 학습한 것을 표출하는 다양한 방법(예 구두, 그림, 음악, 신체 동작 등)을 선택할 수 있도록 한다.
• 다양한 학습표현 방법을 동등하게 인정해준다.
• 단일 기준보다는 각자의 노력과 개인 내 성장 정도에 근거하여 평가한다.</td></tr>
<tr><td rowspan="5">절차</td><td>단계</td><td>교수 내용</td></tr>
<tr><td>① 각 수준의 학생들이 학습해야 할 핵심 개념 확인</td><td>• 해당 수업을 마쳤을 때 각 수준의 학생들이 학습해야 할 핵심 개념을 먼저 확인한다. 절차적인 측면에서 핵심 개념은 상위집단에 해당하는 것을 먼저 확인하고, 이어서 중간 및 하위집단에 적절하게 수정한다.
• 핵심 개념을 학습하는 데 사용되는 자료나 교재는 각 학생의 수준에 따라 다양할 수 있다. 예를 들어, 가격 결정에서 수요와 공급의 원리가 학습해야 할 핵심 개념이라면, 교재의 가격 결정 단원은 수요와 공급의 원리를 설명하는 문장이나 도표로 구성되었을 것이다.
• 그러나 읽기에 문제가 있는 학생의 경우 가격 결정에 수요와 공급이 영향을 미친다는 아이디어는 이해하지만, 읽기능력이 부족해 해당 수업을 소화하는 데 어려움을 겪을 수 있다. 이 경우 교사는 동일한 원리를 설명하되 요구되는 읽기 수준이 낮은 자료를 제시함으로써, 읽기문제를 가진 학생도 수요와 공급의 원리에 따른 가격 결정에 관한 수업에 의미 있게 참가할 수 있도록 해야 한다.</td></tr>
<tr><td>② 교사의 내용제시방법 결정</td><td>수업내용을 제시할 때는 학습자의 학습양식, 학습자의 수준 그리고 학습자의 참여 정도를 고려한다.
– 학습자의 학습양식: 시각, 청각, 운동, 촉각 중에서 학습자가 특히 선호하는 것을 중심으로 자료를 제작해 제시한다.
– 학습자의 수준: 수업내용을 어느 수준으로 제시할 것인가를 고려한다.
– 학습자의 참여 정도: 전체 학급 대상 수업에 전적으로 참여할 것인지 혹은 부분적으로 참여할 것인지를 결정한다. 부분참여 형태는 동일한 수업 내에서 각 학생이 자신의 수준별로 전체 수업의 일부를 개인적으로 수행한다.</td></tr>
<tr><td>③ 학생의 연습과 수행방법 결정</td><td>• 부과할 과제의 형식을 다양하게 제시한다. 예를 들어, 지필 형태로만 제시하지 않고, 구두·그림·행위 등 다양한 방식으로 과제를 제시할 수 있다. 또한 학습한 정도나 수행을 보일 다양한 방법을 허용한다.
• 각자의 수준에 상응하는 수행 및 발표방식을 허용한다. 수준이 낮은 학생의 경우 Bloom의 체계 중 주로 지식이나 이해 수준에서 학습한 것을 표현하도록 할 수 있다. 예를 들어, 학습과제가 이야기의 구성에 관한 각자의 이해 정도를 보이는 것이라면, 학생들의 읽기 수준이나 학습자의 학습양식을 고려하여 다양한 방식으로 이야기 구성에 관한 이해 정도를 표현하도록 한다.</td></tr>
<tr><td>④ 평가방법</td><td>• 모든 학생은 자신들의 표현수단이나 자료의 성격이 다르다고 해서 불리한 평가를 받아서는 안 된다.
• 다수준 포함 교수에서 평가의 핵심은 각 학생의 수준과 다양성을 고려해야 한다는 것이다. 즉, 학습자의 특성과 선호도에 따라 학습한 것을 그림이나 몸동작 등을 사용해 다양하게 표현할 수 있도록 한다.</td></tr>
</table>

참고자료 기본이론 159p, 161p, 164p

키워드
- 교수-지원 모형
- 평행교수
- 팀 티칭

구조화 틀 협력교수
- 교수-지원 모형
- 스테이션 교수
- 평행교수
- 대안교수
- 팀 티칭

핵심개념 팀 티칭의 장단점

장점	• 체계적인 관찰과 자료수집이 가능함 • 역할과 교수내용의 공유를 도움 • 학업과 사회성에 있어서 적절한 도움을 구하는 행동의 모델을 보여줄 수 있음 • 질문하기를 가르칠 수 있음 • 개념, 어휘, 규칙 등을 보다 명확하게 할 수 있음 • 교사의 수업 운영 모델링을 통해 학생들이 협동하는 방법을 배우는 실질적 기회를 제공함 • 교사 간 가장 높은 수준의 협력이 요구됨
단점	• 학습을 풍부하게 하는 것이 아니라 교사의 업무를 분담하는 것에 그칠 수 있음 • 많은 계획과 준비가 필요한 수업 형태이므로 교사의 업무가 가중될 수 있음 • 모델링과 역할놀이 기술을 필요로 함 • 교사 간 교수전달 방법이 다른 경우 학생들의 내용 이해에 혼란이 있을 수 있음

평행교수의 장단점

장점	• 효과적인 복습이 가능함 • 학생의 반응을 독려할 수 있음 • 집단학습과 복습을 위한 교사-학생 간 비율을 감소시킴
단점	• 두 교사가 활동을 설명하는 수준과 수업 진행 속도에 일관성이 없는 경우가 있음(이에 충분한 공동계획이 필요함) • 소음 문제 및 행동 문제가 발생함 • 모둠 간 경쟁이 될 수 있음 • 비교적 넓은 공간이 필요함

2010학년도 중등 11

18 다음은 중학교 통합학급에서 특수교사와 일반교사가 협력하여 체육수업을 실시하기 위해 작성한 협의안의 일부이다. (가)~(다)에 대한 설명으로 옳은 것을 〈보기〉에서 고른 것은?

학습 단계	학습 과정	교수학습 활동	활동 시 유의점	협력 교수 모형
전개	자연을 신체로 표현하기	• 교사의 시범에 따라 신체를 이용하여 자연물(나무, 꽃 등) 표현하기 – 교사 A는 시범을 보이고, 교사 B는 교사 A의 교수활동을 명료화한다. • 교사의 시범에 따라 신체를 이용하여 자연현상(소나기, 천둥 등) 표현하기 – 교사 B는 시범을 보이고, 교사 A는 교사 B의 교수활동을 명료화한다.		(가)
	신체 표현작품 만들기	• 모둠별로 창작한 동작을 연결하여 작품 만들기 – 교사는 각자 맡은 모둠에서 교수하고 학생 활동을 지원한다.	학생은 두 모둠으로 구성	(나)
	신체 표현작품 발표하기	• 모둠별로 작품 발표와 감상 소감 발표하기 – 교사 A는 전체 활동을 진행한다. – 교사 B는 학생들을 개별적으로 지원한다.	한 모둠이 발표하는 동안 다른 모둠은 감상	(다)

(가)에 적용된 협력교수는 '팀 티칭' → 팀 티칭은 역할놀이나 적절한 행동의 모델링, 상호 토론의 장면을 학생에게 보여줄 때 유용

(나)에 적용된 협력교수는 '평행교수' → 평행교수는 일반적으로 전체 집단을 대상으로 대집단 수업을 실시한 후 복습하는 형태로 진행되지만, 같은 주제에 대한 개별 활동도 가능

(다)에 적용된 협력교수는 '교수-지원'

교수-지원 모형의 장단점

장점	• 전체 교수를 담당하는 교사는 다른 협력 교사가 학생들을 개별적으로 지원하거나 행동문제를 관리하므로 전체 수업에 더욱 집중할 수 있음 • 일대일 직접 지도가 가능함 • 다른 모형에 비해 상대적으로 적은 협력 계획 시간이 요구됨 • 모든 주제 활동에 적용이 가능함
단점	• 교수 역할(전체 수업 교사·개별 지원 교사)이 고정되어 있는 경우, 교사의 역할에 대한 불만족이 있을 수 있음 • 특수교사가 개별 지원 역할만을 맡으면 장애학생에게 낙인효과가 발생할 수 있음 • 학생이 지원 교사에게 지나치게 의존할 수 있음 • 지원하는 교사가 보조원처럼 보이거나 오히려 학생의 주의를 산만하게 할 수 있음

모범답안 ③

보기

ㄱ. (가)는 교사들이 역할을 분담하므로 교수내용 및 자료를 공유하기가 어렵다.
ㄴ. (가)에서 교사 간 상호작용은 학생들에게 학습활동이나 사회적 상황에서 수행할 행동의 중요한 본보기가 된다.
ㄷ. (나)는 전체 학급 활동에 비해 학생들의 반응을 이끌어 내는 데 효과적이다.
ㄹ. (나)에서 교사는 학생들의 학습 수준을 고려하여 모둠을 동질적으로 구성한다.
ㅁ. (다)에서는 교과 및 수업내용에 관한 전문성을 고려하여 교사의 역할을 정할 수 있다.
ㅂ. (다)는 학생들의 학습 수행에 대한 자료를 수집하거나 적절한 도움을 주는 데 어려움이 있다.

① ㄱ, ㄷ, ㅁ　② ㄱ, ㄹ, ㅂ
③ ㄴ, ㄷ, ㅁ　④ ㄴ, ㄷ, ㅂ
⑤ ㄴ, ㄹ, ㅁ

ㄱ. 팀 티칭은 역할과 교수내용의 공유를 돕기 때문에 옳지 않음

ㄴ. 팀 티칭은 학업과 사회성에 있어서 적절한 도움을 구하는 행동의 모델을 보여줄 수 있으므로 옳은 문장에 해당함

ㄷ. 평행교수는 교사-학생 간 비율이 감소되므로 효과적인 복습이 가능함

ㄹ. 평행교수는 집단 간 동질적, 집단 내 이질적으로 구성해야 하므로 옳지 않음

ㅁ. 교수-지원 모형은 전체 수업을 담당하는 교사와 개별 지원을 담당하는 교사의 역할이 수업내용에 따라 바뀔 수 있으므로 옳은 문장에 해당함

ㅂ. 교수-지원 모형은 도움을 주는 교사가 개별 순회지도와 자료 수집을 할 수 있어 전체 지도를 맡은 교사가 수업에 더욱 집중할 수 있으므로 옳지 않음

2019학년도 유아 B3

19 **(가)는 통합학급 김 교사의 반성적 저널의 일부이고, (나)는 특수학급 박 교사의 수업 장면의 일부이다. 물음에 답하시오. [5점]**

(가)

일자 : 2018년 ○○월 ○○일

박 선생님과 함께 '코끼리의 발걸음' 음악을 듣고 다양한 방법으로 표현하기를 했다. 우리 반은 발달지체 유아 태우를 포함해 25명으로 구성되어 있어 음악과 관련된 활동을 할 때마다 늘 부담이 되었다. 이런 고민을 박 선생님께 말씀드렸더니 (㉠)을/를 제안해주었다.

[A] 유아들은 세 가지 활동에 모둠으로 나누어 참여했다. 나는 음악에 맞추어 리듬 막대로 연주하기를 지도하고, 박 선생님은 음악을 들으며 코끼리처럼 움직이기를 지도해주었다. 다른 모둠은 원감 선생님께서 유아들끼리 자유롭게 코끼리 그림을 그릴 수 있도록 해주었다. 그리고 한 활동이 끝나면 유아들끼리 모둠별로 다음 활동으로 이동해 세 가지 활동에 모두 참여할 수 있도록 해주었다.

※ 독립적 학습을 할 수 있는 독립 스테이션이 언급되어 있지 않을 경우 → 관련 장점(독립적 학습 기회를 제공함)과 단점(독립적인 학습기술이 필요함)을 제시해서는 안 됨

1) (가)의 [A]에 근거해 ① ㉠에 해당하는 협력교수의 유형을 쓰고, ② ㉠과 같은 유형으로 수업을 할 때의 장점을 1가지 쓰시오. [2점]

참고자료 기본이론 160p

키워드 스테이션 교수

구조화 틀 **협력교수**

- 교수-지원 모형
- 스테이션 교수
- 평행교수
- 대안교수
- 팀 티칭

핵심개념

스테이션 교수

- 교사는 수업내용에 대한 3개 이상의 (교사 주도 또는 독립적 학습을 할 수 있는) 학습 스테이션을 준비하고, 학생은 수업내용에 따라 집단이나 모둠을 만들어 자연스럽게 이동하면서 모든 영역의 내용을 학습함
- 스테이션 교수에 적합한 과제는 연계성이 있으면서도 위계적인 내용이어서는 안 됨

스테이션 교수의 장단점

장점	• 학생들 간의 모둠활동을 통한 사회적 상호작용 기회가 증가함 • 교사와 학생의 비율이 낮아 학생의 반응을 증가시킬 수 있음 • 소그룹으로 주의집중을 증가시킴 • 능동적인 학습환경을 제공함 • 모둠에서 독립학습 장소를 제공하는 경우 독립적 학습의 기회를 제공함 • 여러 형태의 실제 활동이 있는 수업에 적합함
단점	• 스테이션 간의 이동을 전제로 하므로 넓은 공간의 교실이 필요하고, 이동 시 교실이 시끄러워질 수 있음 • 각 모둠활동에 연계성이 없는 경우 효과가 적음 • 스테이션 교수를 실시하기 위해서는 많은 계획과 준비가 필요함 • 집단으로 일하는 기술과 독립적인 학습기술이 필요함 • 관리감독에 어려움이 있음

모범답안

① 스테이션 교수
② 스테이션 교수로 수업할 때의 장점은 교사와 학생의 비율이 낮아져 학생의 반응을 증가시킬 수 있다는 것이다.

참고자료 기본이론 160p, 161p

키워드
- 스테이션 교수
- 평행교수

구조화틀 협력교수
- 교수-지원 모형
- 스테이션 교수
- 평행교수
- 대안교수
- 팀 티칭

핵심개념 안내 노트(guided note)

수업시간에 다룰 중심내용 및 주요 어휘 등에 관한 개요와 학생이 필기할 수 있는 공간을 넣어 작성한 학습지로, 학생이 수업을 들으면서 필기함

모범답안
- **평행교수의 장점**
  - 효과적으로 복습할 수 있다.
  - 보다 적극적으로 반응할 수 있다.
  - 교사-학생 간 비율을 감소시켜 개별화 학습을 할 수 있다.

  스테이션 교수의 장점
  - 능동적으로 학습할 수 있다.
  - 소그룹 수업을 통해 주의집중이 증가된다.
  - 협동과 독립성이 증진된다.
- **교수집단의 구성**
  평행교수는 30명을 각 15명씩 2개 조로 나누되, 장애학생들을 각각의 조마다 편성한다.
  스테이션 교수는 30명을 이질적인 3개 집단으로 구성하되, 장애학생을 전략적으로 배치한다.
- **교수·학습 활동의 내용**
  평행교수는 복습과정에서 권리와 의무의 관계를 알기 위해 자기점검표를 사용한다.
  스테이션 교수는 정부기관과 시민단체를 통한 권리 구제의 방법을 교사가 없는 스테이션에서 안내 노트를 이용해 독립적으로 학습한다.

2016학년도 중등 B8

20 **다음은 중학교 1학년 통합학급에서 일반교사와 특수교사가 협력교수를 실시하기 위해 작성한 사회과 교수·학습 지도안의 일부이다. 협력교수의 장점과 차이점, 특수교사의 지원 내용을 〈작성방법〉에 따라 논하시오. [10점]**

〈사회과 교수·학습 지도안〉

단원명	일상생활과 법	대상	중 1-3, 30명 (장애학생 2명 포함)	교사	일반교사 김○○, 특수교사 박○○
주제 (소단원)	개인의 권리 보호와 법			차시	6/9
학습 목표	• 권리와 의무의 관계를 설명할 수 있다. • 자신의 권리를 정당한 절차와 방법을 통해 주장할 수 있다.				
수정된 학습 목표	• 일상생활에서 자신의 권리와 의무를 말할 수 있다. • 권리 구제에 도움을 주는 기관을 말할 수 있다.				

학습 단계	교수·학습 활동	교수·학습 방법	자료 및 유의점
도입	• 전시 학습 확인 • 학습 목표 제시		
전개	활동 1: 개인의 권리와 의무 • 일상생활에서 자신의 권리를 행사한 경험을 발표하기 • 권리와 의무의 관계 알기	㉠ <u>평행 교수</u>	자기점검표
	활동 2: 권리 침해를 구제받는 방법 • 개인의 권리 보호가 어떻게 이루어지는지 알기 • 침해된 권리를 찾는 방법 알기 • 정부 기관과 시민 단체를 통한 권리 구제의 방법을 담은 안내 노트 작성하기	㉡ <u>스테이션 교수</u>	• 안내 노트 • 스테이션을 3개로 구성함
	활동 3: 권리 구제에 도움을 주는 기관 조사 • 권리 구제에 도움을 주는 기관과 해당 기관의 역할을 모둠별로 조사하기 • 모둠별로 조사한 내용을 전체 학생을 대상으로 발표하기	㉢ <u>협동 학습</u>	권리 구제 관련 기관의 목록

작성방법

- ㉠과 ㉡의 장점을 학습자 입장에서 각각 2가지 제시할 것.
- 사회과 교수·학습 지도안에 제시된 '대상', '교수·학습 활동', '자료 및 유의점' 등을 참고하여 ㉠과 ㉡의 차이점을 교수집단의 구성과 교수·학습 활동의 내용 측면에서 각각 1가지 설명할 것.

참고자료 기본이론 160p

키워드 스테이션 교수

구조화 틀 **협력교수**

- 교수-지원 모형
- 스테이션 교수
- 평행교수
- 대안교수
- 팀 티칭

핵심개념 **스테이션 교수**

- 교사는 수업내용에 대한 3개 이상의 (교사 주도 또는 독립적 학습을 할 수 있는) 학습 스테이션을 준비하고, 학생은 수업내용에 따라 집단이나 모둠을 만들어 자연스럽게 이동하면서 모든 영역의 내용을 학습함
- 스테이션 교수에 적합한 과제는 연계성이 있으면서도 위계적인 내용이어서는 안 됨

모범답안 ④

2009학년도 중등 7

21 다음의 대화 내용을 읽고 두 교사가 선택한 협력교수 유형의 특징을 〈보기〉에서 모두 고른 것은?

일반교사: 이번 국사시간은 '우리나라 유적지' 단원을 배울 차례인데, 수업을 어떻게 할까요?
특수교사: 지난 시간에는 소집단으로 모둠별 수업을 했으니까 이번 시간에는 프로젝트 중심 수업이 좋을 것 같은데요.
일반교사: 좋아요. 그럼 주제별로 하고 학습영역은 몇 개로 나눌까요?
특수교사: 학습영역은 3개로 나누는 게 좋을 것 같아요. 첫 번째 영역은 선생님이 맡고 두 번째는 제가 맡을게요. 세 번째 영역은 학생들끼리 신문 기사를 읽고 독립운동가 후손들의 삶에 대해 토론하도록 해요.
일반교사: 그래요. 선생님은 우리나라 시대별 유적지에 대한 내용을 맡고, 제가 시대별 사상들에 대한 내용을 가르칠게요.
특수교사: 각 영역별로 학생들이 15분씩 돌아가면서 학습을 하면 되겠네요.

학생들이 자기주도적으로 학습할 수 있는 독립 스테이션을 구성함

보기

ㄱ. 심화학습 기회를 제공한다.
ㄴ. 전략적으로 집단을 구성한다.
ㄷ. 학생들의 반응을 증가시킨다.
ㄹ. 능동적인 학습 형태를 제시한다.
ㅁ. 모델링과 역할놀이 기술을 필요로 한다.
ㅂ. 결석한 학생에게 보충학습 기회를 제공한다.
ㅅ. 집단으로 활동하는 기술과 독립적인 학습기술이 필요하다.

ㄱ. 대안교수의 장점
ㄴ. 스테이션 교수의 특징
ㄷ. 스테이션 교수와 평행교수의 장점
ㄹ. 스테이션 교수의 장점
ㅁ. 팀 티칭의 장면
ㅂ. 대안교수의 장점
ㅅ. 스테이션 교수의 장점 (독립 스테이션이 있을 경우)

① ㄱ, ㄴ, ㅁ
② ㄱ, ㄹ, ㅁ
③ ㄴ, ㄷ, ㄹ, ㅁ
④ ㄴ, ㄷ, ㄹ, ㅅ
⑤ ㄷ, ㄹ, ㅁ, ㅂ

참고자료 기본이론 160p

키워드 스테이션 교수

구조화 틀 **협력교수**

- 교수-지원 모형
- 스테이션 교수
- 평행교수
- 대안교수
- 팀 티칭

핵심개념 **스테이션 교수의 단점(이숙향 외, 2025)**

스테이션 활동은 순차적 이해나 흐름이 중요한 수업내용에는 적합하지 않다는 단점이 있음. 따라서 스테이션 교수 적용 시 다음과 같은 주의사항을 고려해야 함

- 각 스테이션은 서로 독립된 학습활동으로 구성해야 하며, 소요 시간이 비슷하도록 조정해야 함
- 소음이나 이동 문제를 고려하여 교실 배치를 조정하거나, 교사의 목소리 크기를 조절해야 함
- 이동 시간이 오래 걸리는 경우 학생의 자리를 고정하고 교사가 이동하는 방식으로 운영할 수 있음
- 타이머나 신호 등을 활용하여 원활한 이동이 이루어지도록 도움

모범답안

㉠ 스테이션 교수

세 가지 활동이 똑같은 시간으로 계획되어야 모둠 이동이 원활하게 이루어질 수 있음(다른 스테이션 교사와 보조를 맞추어야 함)

2024학년도 유아 B7

22 **(가)는 통합학급의 바깥 놀이 장면이고, (나)는 유아특수교사 박 교사와 유아교사 김 교사, 최 교사의 대화이다. 물음에 답하시오. [5점]**

(나)

박 교사: 유아들의 관심사를 반영하여 다람쥐반과 토끼반이 함께 나뭇잎으로 다양하게 확장된 놀이를 하기로 했잖아요.
최 교사: 네. 두 반이 함께 나뭇잎과 관련하여 물감 찍기, 그래프 활동을 하고 동화책 듣기도 하기로 했었죠.
김 교사: 유아들이 각 활동에 좀 더 잘 참여할 수 있도록 두 반의 유아들을 세 모둠으로 나누어 활동하는 것은 어떨까요?
최 교사: 그러면 세 모둠의 유아들이 한 모둠씩 3가지 활동을 돌아가면서 할 수 있겠어요.
박 교사: 협력교수 중 (㉠)을/를 말씀하시는 거군요.
최 교사: 네. 김 선생님이 물감 찍기, 박 선생님이 그래프 활동, 제가 동화책 듣기를 진행하면 되겠어요.
김 교사: 좋은 생각이네요.

…(하략)…

3) (나)의 ㉠에 해당하는 명칭을 쓰고, ㉠을 실시할 때 고려할 점 1가지를 시간 측면에서 쓰시오. [1점]

참고자료 기본이론 161p

키워드 평행교수

구조화틀 **협력교수**
- 교수-지원 모형
- 스테이션 교수
- 평행교수
- 대안교수
- 팀 티칭

핵심개념

모범답안 ④

2011학년도 초등 23

23 다음은 특수학급 최 교사가 정서·행동장애 학생 민재의 통합학급 김 교사와 협의하여 작성한 사회과 현장학습 계획서이다. 현장학습 계획서의 ㉠~㉤에 대한 설명 중 가장 적절한 것은?

장소	해양수산 박물관
대상	5학년 36명(정서·행동장애 학생 1명 포함)
인솔 교사	특수학급 교사, 통합학급 교사
사전 활동	• 박물관에 가본 경험 이야기하기 • 박물관 이용 시 지켜야 할 규칙에 대해 자유롭게 발표하기 • 해양수산 박물관 관련 자료를 찾아 사전조사 학습지 완성하기 ※ ㉠ 민재는 통합학급 교사의 도움을 받아 인터넷에서 해양수산 박물관 관련 자료를 찾아 사전조사 학습지를 완성한다. • 해양수산 박물관 견학 시 주의사항 지도하기 ※ ㉡ 특수학급 교사는 민재가 해양수산 박물관을 견학할 때 다음과 같은 내용을 혼자 할 수 있도록 지도하고 점검하게 한다. • 해양수산 박물관 전시물 알아보기 • 해양수산 박물관에서 지켜야 할 규칙 알기
㉢ 견학 활동	• ㉣ 학급을 두 집단으로 나누어 민재가 속한 집단은 특수학급 교사가 인솔하여 지도한다. • 주의사항을 주지시키면서 질서 있게 관람할 수 있도록 지도한다.
평가	• ㉤ 박물관에 무엇이 전시되어 있는지 아는가? • 박물관에서 지켜야 할 규칙을 아는가?

5학년 전체 36명을 두 집단으로(18명씩) 나누어 두 교사가 각 집단을 맡아 지도하고 있으므로 '평행교수'에 해당함

① ㉠은 지그소우 Ⅰ(jigsaw Ⅰ)을 활용한 협력학습이다.
② ㉡은 비연속 시행 훈련을 활용한 지도이다.
③ ㉢은 지역사회 참조교수법을 활용한 수업이다.
④ ㉣은 평행교수법을 적용한 협력교수이다.
⑤ ㉤의 평가방법은 학습 목표 달성을 확인하기 위한 생태학적 목록검사이다.

지역사회 중심교수는 단순 견학활동과는 차이가 있음

참고자료 기본이론 161p

키워드 평행교수

구조화 틀 **협력교수**

- 교수-지원 모형
- 스테이션 교수
- 평행교수
- 대안교수
- 팀 티칭

핵심개념 **평행교수의 장단점**

장점	• 효과적인 복습이 가능함 • 학생의 반응을 독려할 수 있음 • 집단학습과 복습을 위한 교사-학생 간 비율을 감소시킴
단점	• 두 교사가 활동을 설명하는 수준과 수업 진행 속도에 일관성이 없는 경우가 있음 (이에 충분한 공동계획이 필요함) • 소음 문제 및 행동 문제가 발생함 • 모둠 간 경쟁이 될 수 있음 • 비교적 넓은 공간이 필요함

모범답안

① 평행교수
② 각각의 집단에서 동일한 수준의 성취를 이루기 어려울 수 있다.

2018학년도 유아 B2

24 **다음은 유아특수교사인 김 교사가 작성한 반성적 저널의 일부이다. 물음에 답하시오. [6점]**

> 일자 : 2017년 9월 ○○일 (화)
>
> 오늘 유치원에서 공개 수업이 있었다. 나는 발달지체 유아인 나은이가 속해 있는 5세 반 박 교사와 협력교수로 '송편 만들기' 수업을 실시하였다. 유아들의 참여도를 높이기 위해 반 전체를 10명씩 두 모둠으로 나누어 '송편 만들기' 수업을 동시에 진행하였다.
> 유아들이 재료의 변화를 직접 탐색하고 조작해볼 수 있도록 유아별로 송편 재료를 나누어주었고, 여러 가지 재료와 활동 순서에 대해서는 사진 자료를 제시하였다. 나은이는 ㉠ 쌀가루의 냄새를 맡고, 손가락으로 반죽을 눌러보았다. 찜통 속의 송편을 꺼낼 때 나은이는 ㉡ "뜨거울 거 같아요.", "커졌을 거 같아요."하며 관심을 보였다.
> ㉢ 동료 교사들의 수업 참관록을 읽어보니 내가 맡은 모둠보다 박 교사가 맡은 모둠에서 재료 탐색에 대한 과정이 더 적극적으로 이루어진 것으로 평가되었다. 그러나 나은이가 다른 수업 때보다 수업 참여도가 높았고, 친구들과 상호작용도 활발하게 해서 기뻤다.

평행교수 집단 구성의 특징
- 집단 간 : 동질
- 집단 내 : 이질

평행교수에서 두 교사는 같은 내용을 동시에 가르쳐야 하므로, 두 교사 간 가르치는 내용이 동일하도록 구체적인 사전 협의(충분한 공동계획)가 필요함

3) ① 박 교사와 김 교사가 적용한 협력교수의 유형을 쓰고, ② 그 협력교수 유형의 단점을 밑줄 친 ㉢에 나타난 내용에 근거하여 쓰시오. [2점]

참고자료 기본이론 161p

키워드 평행교수

구조화틀 **협력교수**

- 교수-지원 모형
- 스테이션 교수
- 평행교수
- 대안교수
- 팀 티칭

핵심개념 **평행교수의 장단점**

장점	• 효과적인 복습이 가능함 • 학생의 반응을 독려할 수 있음 • 집단학습과 복습을 위한 교사-학생 간 비율을 감소시킴
단점	• 두 교사가 활동을 설명하는 수준과 수업 진행 속도에 일관성이 없는 경우가 있음(이에 충분한 공동계획이 필요함) • 소음 문제 및 행동 문제가 발생함 • 모둠 간 경쟁이 될 수 있음 • 비교적 넓은 공간이 필요함

모범답안

① 평행교수를 적용할 때 집단 간 동질, 집단 내 이질적으로 구성해야 한다.

② 두 교사가 활동을 설명하는 수준의 난이도와 진행 속도에 일관성이 없는 경우가 있다. (또는 동일한 내용에 대해 같은 수준으로 성취하기 어려울 수 있다.)

2023학년도 유아 B7

25 **(가)는 통합학급 과학 놀이의 한 장면이고, (나)는 통합학급 김 교사와 유아특수교사 박 교사의 바깥놀이 활동 후 대화이다. 물음에 답하시오. [5점]**

(가)

박 교사: 내일 바깥놀이 미끄럼틀 공놀이 때 ㉡ <u>평행교수(parallel teaching)</u>를 활용하면 좋을 것 같아요.

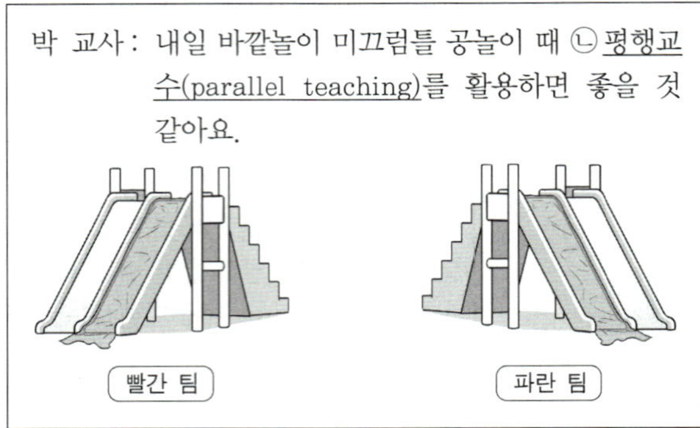

(나)

박 교사: 선생님, 오늘 바깥놀이터 미끄럼틀 공놀이는 어떠셨어요? 저희 빨간 팀은 비닐을 깐 경사면에서 공이 더 늦게 내려오는 걸 확인했어요.
김 교사: 아, 그렇군요. 저희 파란 팀 친구들은 아직 모르겠다고 했어요.
박 교사: 그래요? 파란 팀 친구들이 정말 재미있게 놀이를 하던데요?
김 교사: 처음에는 우리 팀 유아들이 3~4회 정도 비닐의 유무에 따라 비교하면서 놀았어요. 그런데 유아들이 여러 색의 공을 한꺼번에 굴리는 새로운 놀이를 하더라고요. 놀이를 마무리하면서 우리 팀 유아들에게 비닐을 깐 경사면과 비닐을 깔지 않은 경사면 중 어느 쪽에서 굴린 공이 먼저 내려왔냐고 물었어요.그랬더니, 유아들이 모르겠다고 하더라고요.
박 교사: 선생님과 함께 미끄럼틀 공놀이를 준비하면서 사전에 구체적인 계획도 세우고 놀이 진행에 대한 충분한 협의를 했었는데….

…(하략)…

3) ① (가)의 ㉡을 적용할 때 집단 구성 시 고려사항을 쓰고, ② (나)에 근거하여 ㉡의 단점을 1가지 쓰시오. [2점]

참고자료 기본이론 161p

키워드 평행교수

구조화 틀 **협력교수**

- 교수-지원 모형
- 스테이션 교수
- 평행교수
- 대안교수
- 팀 티칭

핵심개념 **평행교수의 장단점**

장점	• 효과적인 복습이 가능함 • 학생의 반응을 독려할 수 있음 • 집단학습과 복습을 위한 교사-학생 간 비율을 감소시킴
단점	• 두 교사가 활동을 설명하는 수준과 수업 진행 속도에 일관성이 없는 경우가 있음 (이에 충분한 공동계획이 필요함) • 소음 문제 및 행동 문제가 발생함 • 모둠 간 경쟁이 될 수 있음 • 비교적 넓은 공간이 필요함

모범답안 평행교수

2025학년도 유아 B5

26 **(가)는 특수교육대상 유아의 특성이고, (나)는 유아교사 최 교사의 관찰 기록이다. (다)는 유아 특수교사 김 교사와 유아교사 최 교사의 대화와 통합학급 놀이 장면이다. 물음에 답하시오. [5점]**

(다)

최 교사: 선생님, 아이들이 지난번에 보고 온 한옥을 교실에서도 만들어 보고 싶다고 하네요.
김 교사: 그러면 커다란 종이 집에 나무, 돌, 흙의 질감이 표현된 그림을 붙여서 꾸미는 활동을 해 볼까요?
최 교사: 네, 좋아요. 그런데 하나의 종이집에 모든 아이들이 모이면 놀이하기에 어려움이 있을 것 같아요. 아이들을 두 모둠으로 나누고 두 개의 한옥을 꾸며 보아요. 주아는 제 모둠, 수지는 김 선생님 모둠에 도함하면 어떨까요? [A]
김 교사: 네, 다른 아이들 수준도 고려해서 모둠을 나누고 활동에 대해 더 계획해 보아요. [A]

…(하략)…

1) ② (다)의 [A]에 나타난 김 교사와 최 교사의 협력교수 유형을 쓰시오. [2점]

참고자료 기본이론 161p

키워드 평행교수

구조화틀 **협력교수**

- 교수-지원 모형
- 스테이션 교수
- 평행교수
- 대안교수
- 팀 티칭

핵심개념

평행교수의 장단점

장점	• 효과적인 복습이 가능함 • 학생의 반응을 독려할 수 있음 • 집단학습과 복습을 위한 교사-학생 간 비율을 감소시킴
단점	• 두 교사가 활동을 설명하는 수준과 수업 진행 속도에 일관성이 없는 경우가 있음(이에 충분한 공동계획이 필요함) • 소음 문제 및 행동 문제가 발생함 • 모둠 간 경쟁이 될 수 있음 • 비교적 넓은 공간이 필요함

평행교수 시 고려사항(이숙향 외, 2025)

- 평행교수를 적용할 때 교수내용에 대한 사전협의 여부를 반드시 확인하고, 수업의 일관성 확보를 위해 개요 · 안내질문 · 노트 등을 활용해야 함
- 소음과 산만함을 줄이고 활동 수준 및 수업 속도를 조절하기 위해, 각 그룹을 교실 양쪽 끝에 배치하거나 교사가 앉아서 수업을 진행하는 등의 전략을 사용할 수 있음

모범답안

- [C] 교수-지원 모형
- [D] 두 집단에 대해 동시에 수업이 이루어지기 때문에 소음 문제가 발생할 수 있다.

2025학년도 중등 B3

27 **(가)는 ○○ 중학교 특수교육 대상 학생 A와 B의 통합학급 기술 · 가정과 교수 · 학습 계획의 일부이고, (나)는 특수교사와 교과교사가 나눈 대화이고, (다)는 특수교사가 작성한 메모이다. 〈작성 방법〉에 따라 서술하시오. [4점]**

(가) 교수 · 학습 계획의 일부

학습단계	교수 · 학습 활동
전개	[실습 1] 식재료 손질 떡볶이 떡 물에 불리기, 야채 썰기
	[실습 2] 가열 조리 실습 조리 순서에 맞게 떡볶이 만들기
⋯	⋯
정리	실습한 내용 평가하기

(나) 특수교사와 교과교사의 대화

교과교사: 썰기 활동은 처음인데, 선생님과 함께 지도하니 마음이 놓여요.

특수교사: 조리 도구를 사용하니 안전에 유의해야겠어요. 제가 돌아다니며 학생 A와 학생 B뿐만 아니라 도움이 필요한 학생을 개별적으로 지도할게요. 선생님은 시범을 보이며 전체 학생을 지도해 주세요. [C]

…(중략)…

특수교사: 조리대의 가스레인지를 중심으로 두 모둠으로 나눠 떡볶이 만들기 실습을 해요. 선생님이 학생 A가 속한 모둠을, 제가 학생 B가 속한 모둠을 지도하면 좋겠어요.

교과교사: 알겠어요. 두 모둠의 수준이 비슷하게 구성할게요. 교사 대 학생의 비율이 줄어서 효과적으로 수업하기 좋겠어요.

특수교사: 시식도 해야 하니 서로 시간을 잘 점검해요. [D]

교과교사: 정리 활동으로 조리 과정을 질문한 평가지에 답을 쓰도록 하면 어떨까요?

…(하략)…

작성방법

- (나)의 [C]의 협력교수의 유형을 쓸 것.
- (나)의 [D]의 협력교수 유형을 쓰고, 단점을 1가지 서술할 것. (단, 일반 교실의 물리적 환경 측면에서 서술할 것.)

참고자료 기본이론 163p

키워드 대안교수

구조화 틀 협력교수

- 교수-지원 모형
- 스테이션 교수
- 평행교수
- 대안교수
- 팀 티칭

핵심개념 중다수준 교육과정

모든 학생에게 동일한 주제·내용을 지도하되 도달할 목표수준은 다양하게 제공하는 교육과정으로, 학생들은 같은 교과영역 내 여러 수준의 교육목표(학년수준 이하/학년수준/학년수준 이상) 중 각자에게 맞는 교육목표를 가짐

모범답안 중다수준 교육과정/교수는 같은 교과영역 내에서 여러 수준의 교육목표를 설정하므로 수준별로 두 교사가 나누어 지도하는 대안적 교수를 적용하는 것은 적절하다.

2013학년도 추가중등 B3

28 다음은 중학교 통합학급에서 참관실습을 하고 있는 A 대학교 특수교육과 2학년 학생의 참관후기와 김 교사의 피드백 일부이다. 물음에 답하시오. [5점]

> 통합학급 국어시간은 학습목표와 내용이 은수에게 너무 어려웠다. 어떻게 하면 통합학급에서 친구들과 함께 공부하도록 하면서 은수에게 필요한 것을 지도할 수 있을지 궁금하다. 내가 특수교사가 되면 이것을 위해 일반교사와 어떻게 협력해야 할지 생각해 봐야겠다.
>
> ---
>
> ↳ 국어시간에 일반교사와 특수교사가 중다수준 교육과정/교수를 적용하여 은수에게 학습자료를 제공한다면 통합학급에서도 은수의 개별적 요구에 맞는 지도를 할 수 있어요. 이때, 두 교사가 적용할 수 있는 협력교수의 형태로 교수-지원, ㉣ 대안적 교수, 팀 티칭 등을 고려할 수 있습니다.

은수의 수준에 맞는 수업이 필요함

일반적으로 협력교수는 특수교사와 일반교사가 수업의 계획과 실행과정을 함께 수행하는 것임

대안교수의 장점
- 개인과 전체 학급의 속도를 맞출 수 있음
- 보충학습과 심화학습의 기회를 제공함

→ 통합된 환경에 있으면서 도움이 필요한 은수와 같은 학생들에게 보충의 기회를 제공해줄 수 있음

4) 은수에게 적용된 중다수준 교육과정/교수의 특성을 고려하여 ㉣이 적절할 수 있는 이유를 쓰시오. [2점]

참고자료 기본이론 163p

키워드 대안교수

구조화 틀 협력교수
- 교수-지원 모형
- 스테이션 교수
- 평행교수
- 대안교수
- 팀 티칭

핵심개념 대안교수의 장단점

장점	• 심화학습의 기회를 제공함 • 결석한 학생에게 보충학습의 기회를 제공함 • 개인과 전체 학급의 속도를 맞출 수 있음 • 전체 수업을 담당하는 교사가 집중할 수 있도록 도움을 제공함
단점	• 항상 소집단 교수에서 보충수업을 받는 학생이 생긴다면 낙인효과가 발생할 수 있음 • 분리된 학습환경을 조성함 • 학생을 고립시킬 수 있음 • 다양한 학생들이 소집단 교수를 받을 수 있도록 계획하는 것이 필요함

모범답안 대안교수-분리된 학습환경을 조성하고 학생들을 고립시킬 수 있다.

2014학년도 유아 A2

29 **다음은 5세 유치원 통합학급에서 유아특수교사와 유아교사가 쿡과 프렌드(L. Cook & M. Friend)의 협력교수 유형을 적용하여 작성한 활동계획안의 일부이다. 물음에 답하시오.**

○ 대집단 – 일반 유아 21명
● 소집단 – 발달지체 유아(나리) / 일반 유아(서영, 우재, 민기)

소주제	우리 동네 사람들이 하는 일	활동명	일하는 모습을 따라 해봐요.
활동 목표	• 다양한 직업에 대해 관심을 갖는다. • 직업의 특징을 몸으로 표현한다.		
활동 자료	다양한 직업(버스기사, 교통경찰, 미용사, 요리사, 화가, 발레리나, 의사, 사진기자, 택배기사, 축구선수)을 가진 사람들의 모습이 담긴 사진 10장		
㉠ 나리의 IEP 목표 (의사소통)	• 교사의 질문에 사물을 손가락으로 가리킬 수 있다. • 자신의 느낌과 생각을 손짓이나 몸짓으로 표현할 수 있다.		

교수·학습 활동내용	
○ 대집단 – 유아교사	● 소집단 – 유아특수교사
○ 다양한 직업의 모습이 담긴 사진을 보면서 이야기 나누기 – 다양한 직업의 특징을 말하기 ○ 직업을 신체로 표현하는 방법에 대해서 이야기 나누기 – 이 사람은 무엇을 하고 있니? – 이 사람은 일을 할 때 어떻게 움직이고 있니? ○ 직업을 다양하게 몸으로 표현하고 알아맞히기 – 사진 속 직업을 몸으로 표현해보자. ○ 직업을 가진 사람들의 움직임을 창의적인 방법으로 표현해 보기 – 또 다른 방법으로 표현해볼 수 있을까?	● 유아가 자주 접하는 직업의 모습(동작)이 담긴 5장의 사진을 보면서 이야기 나누기 – ㉡ 사진(의사, 버스기사, 요리사)을 보여주면서 "맛있는 음식을 만드는 사람은 누구니?" – ㉢ 사진(축구선수, 미용사)을 보여주면서 "축구공은 어디 있니?" ● 유아가 자주 접하는 직업의 모습(동작)이 담긴 사진을 보면서 손짓이나 몸짓으로 표현하기 – (교통경찰 사진을 보며) "손을 어떻게 움직이고 있니?"

한 교사가 대집단을 상대로 전체적인 수업을 지도하고, 다른 교사는 도움이 필요한 소집단 학생에게 심화학습 또는 보충학습 등의 부가적인 지원을 제공하고 있으므로 '대안교수'에 해당함

활동평가		평가방법
○	• 다양한 직업에 대해 관심을 갖고 있는가? • 직업의 특징을 다양하게 몸으로 표현할 수 있는가?	관찰 (㉣)
●	직업의 특징을 손짓이나 몸짓으로 표현할 수 있는가?	

2) 위 활동계획안에서 적용하고 있는 협력교수 유형을 쓰고, 이 협력교수를 실행할 때 나타나는 문제점 1가지를 쓰시오. [2점]

확장하기 +

교수집단의 수정(김혜리 외)

집단 구성원의 인원에 따른 구성	• 대집단, 소집단, 1:1 집단 • 일반적으로 집단이 작을수록 활동 참여 기회나 선택 기회를 더 많이 부여할 수 있음
집단 구성원의 형태에 따른 구성	• **또래교수**: 보다 능력이 있는 학습자가 또래 교수자가 되어 또래 학습자에게 개별화된 교수를 제공하기 위해 사용하는 교수·학습 전략 • **협력교수**: 2명 또는 그 이상의 전문가들이 다양하거나 혼합된 그룹의 학생들에게 하나의 물리적 공간에서 실질적인 교수를 전달하는 것

Chapter

04 통합학급 교수전략

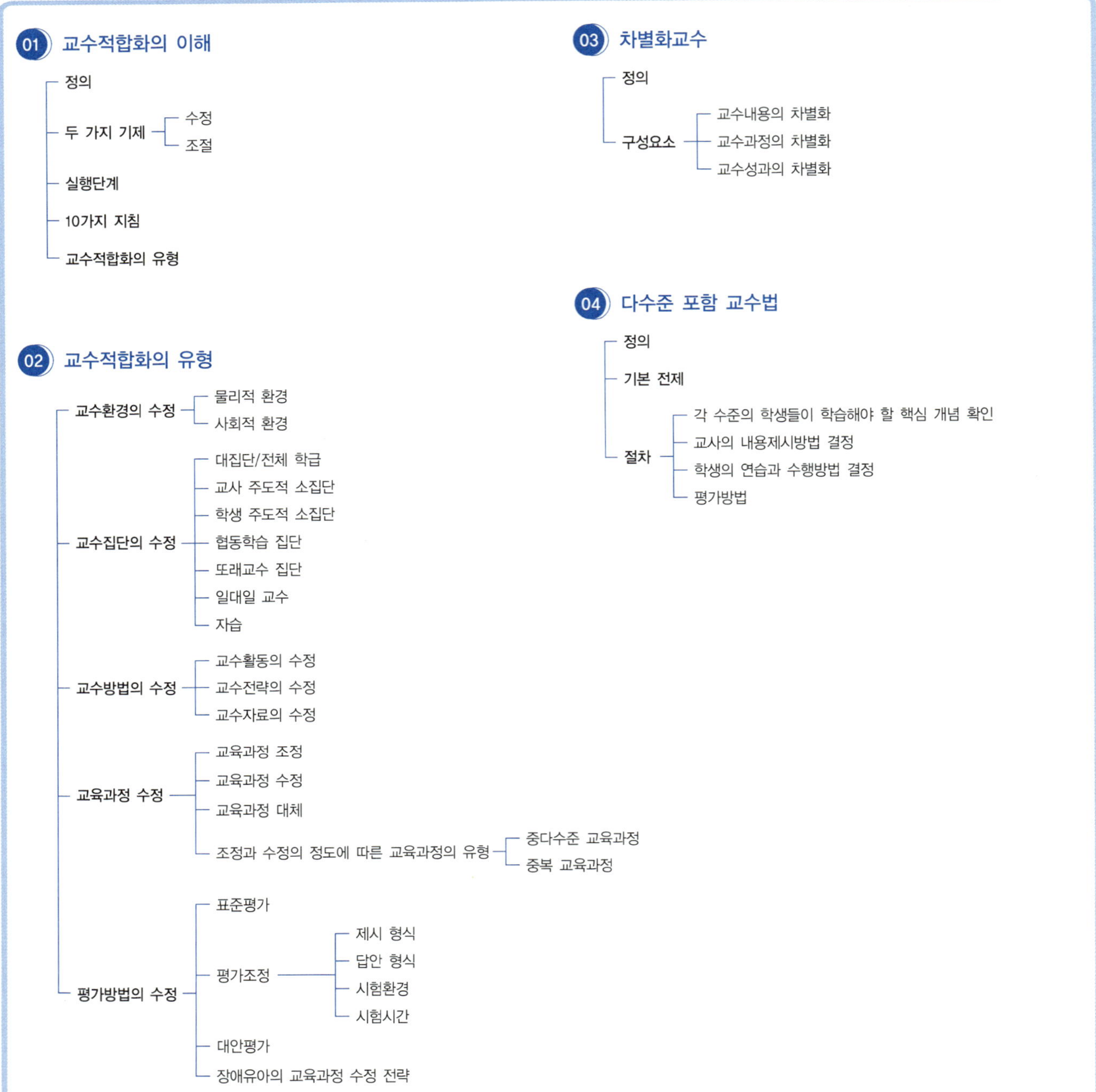

2009학년도 초등 27

01 윤 교사는 초등학교 1학년 일반학급에 통합된 정신지체 학생 주호에게 수학과 측정 영역에서 '시각 읽기' 지도를 위해 교수적합화(교수적 수정)를 적용하려고 한다. 다음 (가)와 (다)에 들어갈 요소를 〈보기〉에서 고른 것은?

(가) ______________________
(나) 일반학급 환경에 대한 정보 수집
(다) ______________________
(라) 주호에게 적합한 학습 곡표 설정
(마) 주호의 수업 참여를 위한 교수적합화 유형의 결정 및 실제 고안
(바) 교수적합화의 적용과 교수적합화가 적용된 수업 참여의 양과 질의 평가

보기

ㄱ. 주호에 대한 가족지원 필요성 검토
ㄴ. 주호의 개별화교육계획 교수목표의 검토
ㄷ. 일반학급에서 주호의 학업수행 관련 특성 분석
ㄹ. 일반학급 학생들에 대한 수학성취도 검사 실시

① ㄱ, ㄴ ② ㄱ, ㄹ
③ ㄴ, ㄷ ④ ㄴ, ㄹ
⑤ ㄷ, ㄹ

참고자료 기본이론 170p

키워드 교수적합화의 실행단계

구조화 틀 교수적합화의 이해

- 정의
- 두 가지 기제
  - 수정
  - 조절
- 실행단계
- 10가지 지침

핵심개념 교수적합화의 실행단계

① 장애학생의 IEP 장단기 교수목표를 검토
② 일반학급 수업 참여를 위한 특정 일반교과를 선택
③ 일반학급 환경에 대한 정보를 수집
④ 일반교과 수업에서 장애학생의 학업수행과 행동을 평가
⑤ 선택된 일반교과와 한 학기 단원들의 학습목표들을 검토 후, 장애학생의 개별화된 한 학기 단원별 학습목표의 윤곽을 결정
⑥ 장애학생의 수업참여를 위한 교수적 수정의 유형을 결정 및 고안
⑦ 개별화된 교수적 수정을 적용하고, 교수적 수정이 적용된 수업 참여의 양과 질을 평가

모범답안 ③

참고자료 기본이론 172p

키워드 교수환경의 수정

구조화 틀 교수적합화의 유형

- 교수환경의 수정
  - 물리적 환경
  - 사회적 환경
- 교수집단의 수정
- 교수방법의 수정
  - 교수활동
  - 교수전략
  - 교수자료
- 교수내용의 수정
  - 동일수준
  - 중다수준
  - 중복
  - 기능적(대안)
- 평가방법의 수정
  - 표준평가
  - 평가조정
  - 대안평가
  - 장애유아의 교육과정 수정 전략

핵심개념 물리적 환경의 수정

- 조명이나 소음 상태
- 음악 장비나 장치의 배치
- 책상이나 좌석의 배열
- 교수자료의 위치와 접근성
- 교수자료의 활용성
- 시각적 · 청각적 정보 입력의 정도와 강도

모범답안

① 워커를 이용하여 이동하기 때문에 미리 충분한 공간을 확보해야 한다.
② 물리적 환경의 수정 (교수환경의 수정)

2020학년도 유아 B3

02 **(가)는 통합학급 5세 반 특수교육대상 유아들의 특성이고 (나)는 활동계획안이며, (다)는 교사들의 평가회 장면이다. 물음에 답하시오. [5점]**

(가)

민지	• 자신감이 부족함 • 지혜를 좋아하고 지혜의 행동을 모방함 • 워커를 이용하여 이동함
경민	• 1세 때 선천성 백내장 수술로 인공수정체를 삽입하였음 • 가까운 사물은 잘 보이지만 5m 이상 떨어진 사물은 흐릿하게 보임 • 눈이 쉽게 피로하며 안구건조증이 심함
정우	• 자발적으로 활동에 참여하려고 하지 않음 • 다른 사람과 눈맞춤은 하지 않지만 상대방의 말을 듣고 이해함 • 불편한 점이 있을 때 '아' 소리만 내고 아직 말을 못함

(다)

송 교사: 꽃빛 1반 교실 배치가 좀 달라졌나요?
박 교사: ㉠ 민지를 고려해서 미리 충분한 공간을 확보하려고 교실 교구장 배치를 좀 바꿨어요.
최 교사: 저는 민지가 동물의 움직임을 표현하는 것을 보고 감동 받았어요. 작년에는 남에게 많이 의존하고 수동적인 태도를 보였어요.
박 교사: 민지가 전에는 ㉡ 실패의 경험들이 누적되어 활동에 참여하는 것을 두려워하고, 끈기 있게 노력하거나 도전하려고 하지 않았어요. "나는 잘 걸을 수 없으니까 못해요. 못할 거에요."라고 자주 말했어요. 그런데 지금은 민지가 시간이 걸리고 힘들어도 스스로 하려고 노력하고, 성공하는 기쁨을 가끔 맛보기도 해요.
최 교사: 박 선생님이 아이들에게 자유롭고 허용적인 분위기를 조성해주셔서 유아들이 모두 참여할 수 있었던 것 같아요. — 사회적 환경의 수정

…(하략)…

2) (가)에 근거하여 ① (다)에서 ㉠의 이유를 쓰고, ② ㉠에 해당하는 교수적 수정의 유형을 쓰시오. [2점]

확장하기 +

물리적 환경의 수정

정동영 외	• 자리배치: 교실 앞이나 중앙, 소음이나 장애물 혹은 주의산만 유발 물체에서 먼 곳, 교사 옆, 조명 밝기 고려 등 • 자리 구조: 휠체어의 출입이 가능한 출입구 및 책상이나 대형 테이블 배치, 디딤돌 제공 등 • 물리적 환경의 구조적인 수정: 서랍이 달린 책상이나 연필꽂이 통, 책상이나 책에 시간표 부착, 보기 쉬운 곳에 하루 일과 게시 등
최세민 외	• 교사와 상호작용이 용이하도록 앞줄 중앙에 자리 배치 • 학습활동 시 또래지원이 용이한 아동과 짝이 되도록 자리 배치 • 학습활동 시 불필요한 소음 줄이기 • 모둠활동 시 또래와 상호작용을 원활하게 할 수 있는 자리에 배치 • 장애학생의 접근성과 안전을 위해 교실을 1층에 배치

참고자료 기본이론 172p, 187p

키워드 교수환경의 수정

구조화 틀 **교수적합화의 유형**

- 교수환경의 수정
  - 물리적 환경
  - 사회적 환경
- 교수집단의 수정
- 교수방법의 수정
  - 교수활동
  - 교수전략
  - 교수자료
- 교수내용의 수정
  - 동일수준
  - 중다수준
  - 중복
  - 기능적(대안)
- 평가방법의 수정
  - 표준평가
  - 평가조정
  - 대안평가
  - 장애유아의 교육과정 수정 전략

핵심개념 **환경의 시간적 요소(장애유아의 교육과정 수정 전략)**

- 오후에 집중력이 떨어지는 유아를 위하여 집중력이 필요한 활동을 오전에 배치함
- 활동 중에 선호하는 과제를 수행하기 위해서 선호하지 않는 과제를 먼저 수행하게 함

모범답안 교수환경의 수정

2024학년도 초등 A6

03 **(가)는 2015 개정 도덕과 교육과정 6학년 '공정한 생활' 단원 수업 준비를 위해 통합학급 교사와 특수교사가 협의한 내용의 일부이고, (나)는 통합학급 교사가 (가)를 참고하여 작성한 교수 학습 과정안의 일부이다. 물음에 답하시오. [5점]**

(가)

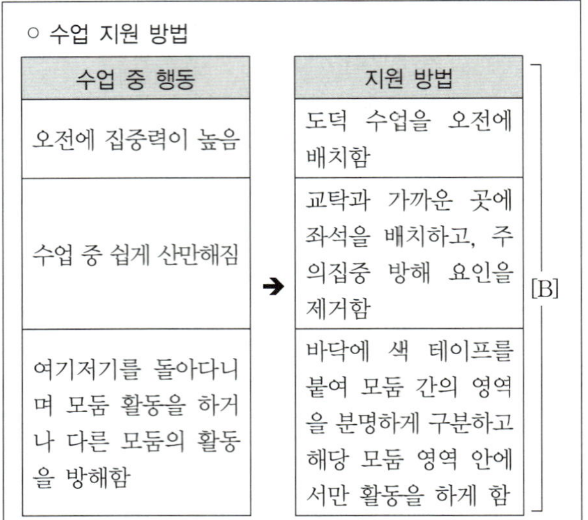

○ 수업 지원 방법

수업 중 행동		지원 방법	
오전에 집중력이 높음	➔	도덕 수업을 오전에 배치함	[B]
수업 중 쉽게 산만해짐	➔	교탁과 가까운 곳에 좌석을 배치하고, 주의집중 방해 요인을 제거함	[B]
여기저기를 돌아다니며 모둠 활동을 하거나 다른 모둠의 활동을 방해함	➔	바닥에 색 테이프를 붙여 모둠 간의 영역을 분명하게 구분하고 해당 모둠 영역 안에서만 활동을 하게 함	[B]

1) (가)의 [B]에 해당하는 교수적 수정의 유형을 쓰시오. [1점]

참고자료 기본이론 172p

키워드 교수환경의 수정

구조화 틀 **교수적합화의 유형**

- 교수환경의 수정
  - 물리적 환경
  - 사회적 환경
- 교수집단의 수정
- 교수방법의 수정
  - 교수활동
  - 교수전략
  - 교수자료
- 교수내용의 수정
  - 동일수준
  - 중다수준
  - 중복
  - 기능적(대안)
- 평가방법의 수정
  - 표준평가
  - 평가조정
  - 대안평가
  - 장애유아의 교육과정 수정 전략

핵심개념

사회적 환경의 수정

- 일반학생과 장애학생의 협동적 분위기
- 일반학생과 장애학생의 상호의존성
- 소그룹 활동 시 구성원의 수용성
- 장애학생의 소속감
- 생활 규칙

성공적인 사회적 통합을 위한 '장애이해교육'

- 성공적인 통합을 위해 학급 전체를 대상으로 통합될 장애아동 또는 장애와 관련된 정보를 제공함
- 장애아동의 능력과 강점에 대한 정보를 제공함
- 먼저 개인 간 차이에 대한 개념을 이해시키고, 동시에 일반학생과 장애학생의 유사점에 대해서도 강조함
- 여러 가지 방법은 정규 교육과정 내에 삽입해 사용할 수 있음

모범답안 공동체의식(동질감)을 형성하기 위함이다.

2020학년도 유아 A4

04 **다음은 통합학급 4세 반 교사들의 대화이다. 물음에 답하시오. [5점]**

김 교사: 공 주고받기할 때 짝을 어떻게 정할지 걱정이에요. 친구들은 주하랑 짝이 되는 것을 꺼려해요. 평소 주하가 활동에 잘 참여하지 않고 돌아다녀서 친구들은 주하가 왜 그러는지 궁금해 해요.

송 교사: 그러면 이렇게 해보세요. 예를 들면, ㉤ 아이들이 좋아하는 과일을 모두 물어보고, 같은 과일을 좋아하는 유아들끼리 모둠을 이루어 그 과일에 대해 이야기를 나누도록 해보세요. 주하도 자연스럽게 그 속에서 어울릴 수 있을 거예요. 활동 이후에 아이들은 주하와 자신들이 같은 것을 좋아한다는 것을 깨닫게 되겠지요.

김 교사: 알겠습니다. 해볼게요.

송 교사: 다음에는 과일 말고도 좋아하는 만화 캐릭터 등을 활용해 다양하게 모둠을 정해보세요.

학급 구성원들이 주하와 짝이 되는 것을 꺼리고, 주하의 행동을 잘 이해하지 못하고 있음 → 사회적 환경 수정이 필요함

3) ㉤ 활동이 의도하는 바를 장애이해교육 측면에서 1가지 쓰시오. [1점]

참고자료 기본이론 172p, 174-175p

키워드
- 교수환경의 수정
- 교수방법의 수정

구조화 틀 **교수적합화의 유형**

- 교수환경의 수정
  - 물리적 환경
  - 사회적 환경
- 교수집단의 수정
- 교수방법의 수정
  - 교수활동
  - 교수전략
  - 교수자료
- 교수내용의 수정
  - 동일수준
  - 중다수준
  - 중복
  - 기능적(대안)
- 평가방법의 수정
  - 표준평가
  - 평가조정
  - 대안평가
  - 장애유아의 교육과정 수정 전략

핵심개념 **교수방법의 수정**

교수가 제시되고 전달되는 방식에서의 수정으로, 교수활동 · 교수전략 · 교수자료를 장애학생의 특성과 필요에 맞게 수정하는 것

- **교수활동의 수정**: 교사가 주어진 차시 안에서 학생이 학습할 주제를 구체적으로 구조화하여 편성한 것
  - 예 수행 수준이 일반학생들에 대한 기대만큼 미치지 못하는 장애학생을 위해 주요 과제를 작은 단계로 나누어 제공해주거나, 교수내용의 난이도나 양을 조절해주는 것 등
- **교수전략의 수정**: 교과의 성격이나 학생의 학습 양식에 따라 매우 다양하게 수정해줄 수 있음
- **교수자료의 수정**: 학생이 필수 개념을 효과적으로 습득할 수 있도록 하고, 구조화된 활동을 수행하는 데 도움이 되는 매개물

모범답안

㉡ 교수자료의 수정(교수방법의 수정)
㉢ 물리적 환경의 수정(교수환경의 수정)

2013학년도 유아 B3

05 **다음은 특수학교 유치원 과정 5세 반 유아의 수업 관찰 내용이다. 물음에 답하시오. [5점]**

유아	수업 관찰 내용
다혜	다혜는 협동 그림을 완성하기 위해 자신이 맡은 부분을 색칠하려고 하였다. 그러나 저시력으로 인해 도화지 위에 연필로 그린 밑그림의 경계선이 잘 보이지 않아서 밑그림과 다르게 색칠하였다. 교사는 다혜의 수업 참여를 증가시키기 위하여 ㉡ 도안의 경계선을 도드라지게 해주었고, ㉢ 조명이 밝은 곳으로 자리를 옮겨주었다.

다양한 교육적 요구를 가진 학생의 수행 향상과 수업 참여의 범위와 양을 확장시키기 위한 수정 → 교수적 수정

2) 교사가 ㉡과 ㉢에서 사용한 교수적 수정 방법은 무엇인지 쓰시오. [2점]

※ 교수적 수정 방법을 쓸 때 상위범주로 쓸지, 하위범주로 쓸지 결정해야 함 → 상위범주인 ㉡ '교수방법의 수정' 또는 ㉢ '교수환경의 수정'보다는 그 아래 세부범주로 답안을 작성하는 것이 키워드('도안의 경계선', '조명 위치')를 더욱 포괄할 수 있음

참고자료 기본이론 174-175p

키워드 교수방법의 수정

구조화 틀 **교수적합화의 유형**

- 교수환경의 수정
  - 물리적 환경
  - 사회적 환경
- 교수집단의 수정
- 교수방법의 수정
  - 교수활동
  - 교수전략
  - 교수자료
- 교수내용의 수정
  - 동일수준
  - 중다수준
  - 중복
  - 기능적(대안)
- 평가방법의 수정
  - 표준평가
  - 평가조정
  - 대안평가
  - 장애유아의 교육과정 수정 전략

핵심개념

교수전략의 수정

- 정보제시 및 반응 양식의 수정
- 수업의 형태를 주제 중심적에서 활동 중심적으로, 강의식 수업에서 경험적 수업으로, 지역사회 중심의 수업 형태로 변화시켜 장애학생의 참여와 학습을 촉진
- 행동강화전략 사용
- 교육공학 및 보조공학 사용
- 수업 보조자 활용

교수자료의 수정

- **수정**: 일반학급 아동과 똑같은 자료를 간단하게 수정해 사용
- **대안**: 개별화된 수행기대에 따라 대안적 교육자료 사용
  - 취약한 기술을 대치 또는 보상할 수 있는 교수자료 개발
  - 학생의 학습 양식, 흥미, 선호도, 강점 고려
  - 보조공학 도입

모범답안 ㉣ 교수방법의 수정

2017학년도 초등 B4

06 **(가)는 지적장애 학생 윤후의 특성이고, (나)는 경험학습 수업 모형을 적용하여 계획한 2011 개정 특수교육 교육과정 중 기본 교육과정 과학과 3~4학년 '식물이 사는 곳' 교수 · 학습 과정안이다. 물음에 답하시오. [5점]**

(가)

윤후
• 그림을 변별할 수 있음 • 구어로 의사소통하는 데 어려움이 있음 • 손으로 구체물을 조작하는 것을 좋아함

(나)

단원		7. 식물의 생활	소단원	2) 식물이 사는 곳
제재		땅과 물에 사는 식물	차시	6~8/14
장소		학교 주변에 있는 산, 들, 강가		
교수 · 학습 자료		사진기, 필기도구, 돋보기, 수첩, 식물도감, 채점기준표(루브릭)		
단계		교수 · 학습 활동 (• : 교사 활동, – : 학생 활동)	자료(㉶) 및 유의점(㉾)	
도입		• 학습 목표와 학습 활동 안내하기 • ㉡ <u>채점기준표(루브릭) 안내하기</u>	㉾ (㉢)	
전개	자유 탐색	• 자유롭게 탐색하게 하기 – 식물에 대해 자유롭게 이야기 나누기 – 식물의 모습을 여러 가지 방법으로 살펴보기	㉶ 사진기, 필기도구, 돋보기, 수첩	
	탐색 결과 발표	• 탐색 경험 발표하게 하기 – 숲 · 들 · 강가에 사는 식물을 살펴본 내용 발표하기 – 친구들의 발표 내용 듣기	㉾ ㉣ <u>식물 그림카드를 제공한다.</u>	
	㉠ <u>교사 인도에 따른 탐색</u>	• 교사의 인도에 따라 탐색하게 하기 – 여러 가지 식물의 모습을 자세히 살펴보고 공통점과 차이점 찾기 – 여러 가지 식물을 사는 곳에 따라 분류하기	㉶ 식물도감, 돋보기	
정리 및 평가		• 학습 결과 정리하게 하기 – 친구들과 학습 결과를 공유하고 발표하기	㉶ 채점 기준표 (루브릭)	

㉣은 '교수전략의 수정' 측면에서 학생 특성을 고려해 반응양식을 수정했다고 볼 수도 있고, '교수자료의 수정' 측면에서 학생의 학습양식 · 흥미 · 선호도 · 강점을 고려한 대안적 자료를 제공했다고 해석할 수도 있음 → 이를 모두 포괄할 수 있는 '교수방법의 수정'으로 답안을 작성하는 것이 적절함

4) 교사가 (가)를 고려하여 (나)의 ㉣에 적용한 교수적 수정의 유형을 쓰시오. [1점]

참고자료 기본이론 174-175p

키워드 교수방법의 수정

구조화틀 **교수적합화의 유형**

- 교수환경의 수정
  - 물리적 환경
  - 사회적 환경
- 교수집단의 수정
- 교수방법의 수정
  - 교수활동
  - 교수전략
  - 교수자료
- 교수내용의 수정
  - 동일수준
  - 중다수준
  - 중복
  - 기능적(대안)
- 평가방법의 수정
  - 표준평가
  - 평가조정
  - 대안평가
  - 장애유아의 교육과정 수정 전략

핵심개념 **교수방법의 수정**

교수가 제시되고 전달되는 방식에서의 수정으로, 교수활동 · 교수전략 · 교수자료를 장애학생의 특성과 필요에 맞게 수정하는 것

- **교수활동의 수정**: 교사가 주어진 차시 안에서 학생이 학습할 주제를 구체적으로 구조화하여 편성한 것
  - 예 수행 수준이 일반학생들에 대한 기대만큼 미치지 못하는 장애학생을 위해 주요 과제를 작은 단계로 나누어 제공해주거나, 교수내용의 난이도나 양을 조절해주는 것 등
- **교수전략의 수정**: 교과의 성격이나 학생의 학습 양식에 따라 매우 다양하게 수정해줄 수 있음
- **교수자료의 수정**: 학생이 필수 개념을 효과적으로 습득할 수 있도록 하고, 구조화된 활동을 수행하는 데 도움이 되는 매개물

모범답안

ⓒ 학생 C에 대한 언어촉진을 점진적으로 증가시킬 경우 촉진 의존성이 생길 수 있기 때문이다.

ⓑ 학생 C는 장소 전이에 어려움이 있으므로 모둠 활동 시 학생의 자리를 수시로 바꾸어가며 진행하는 것은 부적절하다.

2018학년도 중등 B1

07 **다음은 A중학교에서 학기 초 교직원 연수를 위해 준비한 통합교육 안내자료 중 일부이다. 〈작성방법〉에 따라 서술하시오. [4점]**

2017학년도 A중학교 1학년 통합교육 계획안

1. 특수교육 대상학생 현황

반	이름	장애 유형	행동 특성
4	C	자폐성 장애	• 수업에 별다른 관심이 없어 보임 • 하나의 활동이나 장소에서 다른 활동이나 장소로 옮겨 가는 데 문제를 보임 • 모둠 활동 시 또래도우미의 도움에 의존함

2. 교수적합화 계획

학생 C	과목: 과학	방법: 교수자료 및 방법 적합화

ⓒ 모둠활동 시간에 또래도우미는 학생 C에 대한 언어촉진을 점진적으로 증가시킴

ⓓ 전체 일과와 세부 활동에 대하여 시각적 단서를 제공함

ⓔ 수업 시작 전이나 수업이 끝난 후 수업내용을 칠판에 적어놓거나 관련 자료를 제공함

ⓑ 모둠 활동 시 학생의 자리는 수시로 바꾸어가며 진행함

…(하략)…

작성방법

학생 C의 특성에 근거하여 ⓒ~ⓑ 중 적절하지 않은 것 2가지의 기호를 적고, 그 이유를 각각 1가지 서술할 것.

참고자료 기본이론 174-175p

키워드 교수방법의 수정

구조화 틀 교수적합화의 유형

- 교수환경의 수정
  - 물리적 환경
  - 사회적 환경
- 교수집단의 수정
- 교수방법의 수정
  - 교수활동
  - 교수전략
  - 교수자료
- 교수내용의 수정
  - 동일수준
  - 중다수준
  - 중복
  - 기능적(대안)
- 평가방법의 수정
  - 표준평가
  - 평가조정
  - 대안평가
  - 장애유아의 교육과정 수정 전략

핵심개념 교수자료의 수정

- **수정**: 일반학급 아동과 똑같은 자료를 간단하게 수정해 사용
- **대안**: 개별화된 수행기대에 따라 대안적 교육자료 사용
  - 취약한 기술을 대치 또는 보상할 수 있는 교수자료 개발
  - 학생의 학습 양식, 흥미, 선호도, 강점 고려
  - 보조공학 도입

모범답안

① 달리기 대신 걷는 활동으로 수정한다.
② 테이프 선을 넓게 해주거나 보조 테이프 선을 제공한다(보조테이프 선을 짧게 제공한다).

2021학년도 유아 A6

08 다음은 4세 반 통합학급 서 교사와 유아특수교사 박 교사가 나눈 대화이다. 물음에 답하시오.

서 교사: 선생님, 몸으로 표현하는 활동으로 어떤 활동을 계획하세요?
박 교사: 저는 지금까지 해 왔던 '곰 사냥을 떠나자' 활동을 하려고 해요.
서 교사: 곰 사냥 가는 길의 풀밭, 강물, 진흙, 숲, 동굴 상황을 ㉠'흔들기'나 '들어올리기'와 같은 동작으로 표현하는 거에요?
박 교사: 네, 그 동작도 좋지만, 이번에는 ㉡테이프로 바닥에 곰 사냥 가는 길을 만들고, 그 테이프 선을 따라 '달리기', '껑충 뛰기', '밀기', '당기기', '회전하기', '구부리기'와 같은 활동을 해보려고요.
서 교사: 그 방법도 참 좋겠네요. '선 따라가기 활동'에서 '밀기', '당기기'와 같은 동작을 하면 ㉢무게나 힘 등의 저항에 대해 한 번에 최대한 힘을 낼 수 있는 능력을 기를 수 있어요.
박 교사: 그런데 뇌성마비 유아 아람이가 잘 참여할 수 있을지 걱정이 되네요.
서 교사: 그러네요. 아람이는 대근육운동기능 분류체계(GMFCS, 4~5세) 2수준이라고 하셨으니까 또래 유아들과 같은 동작을 하는 데 어려움이 있을 수 있겠네요.
박 교사: 네, 그래서 ㉣달리기를 힘들어하는 아람이도 참여할 수 있는 방법을 고민하고 있어요.

- 학생은 대부분의 환경에서 걸을 수 있음
- 야외와 지역사회에서 신체적 도움을 받거나 손으로 잡는 이동기구를 이용해 걷고, 먼 거리는 휠체어를 사용해 이동하며, 달리기와 뛰기 등 대근육 운동 기술 능력은 매우 부족함

다양한 교육적 요구를 지닌 학생들의 수행 향상과 수업 참여의 범위·양을 확장시키기 위한 '교수적합화(교수적 수정)'가 필요함

3) ㉡ 활동을 할 때 ㉣을 위한 교수적 수정을 ① 활동과 ② 교육 자료 측면에서 각각 쓰시오. [2점]

참고자료 기본이론 174-175p

키워드 교수방법의 수정

구조화틀 **교수적합화의 유형**

- 교수환경의 수정
  - 물리적 환경
  - 사회적 환경
- 교수집단의 수정
- 교수방법의 수정
  - 교수활동
  - 교수전략
  - 교수자료
- 교수내용의 수정
  - 동일수준
  - 중다수준
  - 중복
  - 기능적(대안)
- 평가방법의 수정
  - 표준평가
  - 평가조정
  - 대안평가
  - 장애유아의 교육과정 수정 전략

핵심개념 **교수자료의 수정**

- **수정**: 일반학급 아동과 똑같은 자료를 간단하게 수정해 사용
- **대안**: 개별화된 수행기대에 따라 대안적 교육자료 사용
  - 취약한 기술을 대치 또는 보상할 수 있는 교수자료 개발
  - 학생의 학습 양식, 흥미, 선호도, 강점 고려
  - 보조공학 도입

모범답안 부드러운 천으로 만든 주사위를 사용한다.

2022학년도 유아 B2

09 **(가)는 통합학급 김 교사와 유아특수교사 박 교사의 놀이 지원내용이고, (나)는 특수교육대상 유아 현우의 보완대체의사소통(AAC) 사용 평가서의 일부이며, (다)는 두 교사가 실행한 협력교수안의 일부이다. 물음에 답하시오. [5점]**

(가)

놀이상황
유아들이 요즘 다양한 미로 그리기 놀이에 몰입함

↓

유아의 요구
내가 만든 미로로 친구와 같이 주사위 던지는 보드게임을 하고 싶어요.

↓

놀이 지원		두 교사의 고민
• 유아들이 색지에 그린 미로가 작아서 큰 화이트보드와 마커를 제공함 • 현우가 마커로 그린 미로가 잘 이어지지 않아서 현우의 모둠에는 네모 자석을 제공함 [A] • 현우 모둠은 자석을 붙여서 길을 만듦	➔	• 현우가 딱딱한 플라스틱 주사위를 세게 던져서 위험성이 있음 [B] • 현우는 미로에 흥미가 있으나 구어 표현이 안 되어 놀이 참여에 어려움이 있음 • 현우가 보드게임을 즐기는 데 필요한 AAC를 결정해야 함

[A]에서 사용한 교수적 수정 유형은 교수방법의 수정 중 '교수자료의 수정' 유형에 해당함

↓

협력교수 지원
현우가 사용하는 AAC 상징 이해를 위해 모든 유아를 대상으로 '그림말 · 몸말 놀이' 실시

1) (가)의 [A]에서 사용한 교수적 수정 유형을 [B]에 적용하여 그 예를 1가지 쓰시오. [1점]

참고자료 기본이론 174-183p

키워드
- 교수내용의 수정
- 교수방법의 수정

구조화 틀 교수적합화의 유형

- 교수환경의 수정
  - 물리적 환경
  - 사회적 환경
- 교수집단의 수정
- 교수방법의 수정
  - 교수활동
  - 교수전략
  - 교수자료
- 교수내용의 수정
  - 동일수준
  - 중다수준
  - 중복
  - 기능적(대안)
- 평가방법의 수정
  - 표준평가
  - 평가조정
  - 대안평가
  - 장애유아의 교육과정 수정 전략

핵심개념

모범답안 ③

2009학년도 유아 27

10 김 교사는 통합학급에 있는 만 5세 발달지체 유아 민주를 대상으로 다음 사항을 고려하여 탐구생활의 교수적합화를 하고자 한다. 교수적합화의 예시로 적절한 것을 〈보기〉에서 모두 고른 것은?

통합학급 탐구생활 학습 목표	세 가지 유형의 색나무 조각 40~50개를 크기·색·모양에 따라 분류하고 각 집합에 속한 수를 세어 그 수량을 말할 수 있다.
개별화 교육계획의 장기목표	1~5까지 수를 셀 수 있다.
민주의 탐구생활 관련 특성	새로운 것에 대한 호기심이 많음. 지시가 주어지면 물건을 '위·아래·안·밖'에 놓을 수 있음. 두 단어 문장의 언어 표현을 함. 블록 쌓기에 관심이 많음. 간단한 색(빨강·파랑·노랑)을 구분할 수 있음

보기

ㄱ. 학습 목표 수정 : 3가지 색의 블록 3개씩을 색깔별로 쌓으면서 촉진(촉구) 없이도 수를 셀 수 있다.
ㄴ. 교수활동 수정 : 교사가 시범을 보인 후에 교사의 촉진에 따라 활동을 반복하도록 하고 교사의 촉진 없이 활동을 하게 한다.
ㄷ. 교수자료 수정 : 색 블록을 활용한다.
ㄹ. 교수평가 수정 : 블록을 쌓을 수 있는지와 1~3까지 수를 셀 수 있는지를 준거로 하여 평가한다.

① ㄱ, ㄴ ② ㄷ, ㄹ
③ ㄱ, ㄴ, ㄷ ④ ㄴ, ㄷ, ㄹ
⑤ ㄱ, ㄴ, ㄷ, ㄹ

ㄱ. 중다수준 교육과정에 해당함 → 통합학급 학습활동에 참여하면서도 교수목표의 위계 측면에서 여러 수준의 교육목표 중 각자에게 맞는 교육목표를 가짐

ㄴ. 일반 학생들에 대한 기대만큼 수행 수준이 미치지 못하는 장애학생을 위해 교사가 시범을 보인 후 점차 촉진을 용암시키는 것은 교수활동의 수정에 해당함

ㄷ. 민주는 블록 쌓기에 관심이 많고, 간단한 색을 구분할 수 있으므로 교수자료 수정에 해당함

ㄹ. '블록을 쌓을 수 있는지'가 아닌 일정한 기준에 따라 분류하는 것을 목표로 삼는 것이 적절함. 민주는 현재 1~5까지 수를 셀 수 있으므로 그보다 낮은 '1~3까지 수를 셀 수 있는지'를 준거로 잡는 것은 부적절함

참고자료 기본이론 174-175p, 187p

키워드 교수방법의 수정

구조화 틀 **교수적합화의 유형**

- 교수환경의 수정
  - 물리적 환경
  - 사회적 환경
- 교수집단의 수정
- 교수방법의 수정
  - 교수활동
  - 교수전략
  - 교수자료
- 교수내용의 수정
  - 동일수준
  - 중다수준
  - 중복
  - 기능적(대안)
- 평가방법의 수정
  - 표준평가
  - 평가조정
  - 대안평가
  - 장애유아의 교육과정 수정 전략

핵심개념 **교수자료의 수정**

- **수정**: 일반학급 아동과 똑같은 자료를 간단하게 수정해 사용
- **대안**: 개별화된 수행기대에 따라 대안적 교육자료 사용
  - 취약한 기술을 대치 또는 보상할 수 있는 교수자료 개발
  - 학생의 학습 양식, 흥미, 선호도, 강점 고려
  - 보조공학 도입

모범답안

① 교수자료의 수정
② 꽃향기가 나지 않는 펌프형 비누를 제공한다.

2021학년도 유아 A7

11 다음은 5세 발달지체 윤아의 통합학급 민 교사와 유아특수교사 송 교사가 나눈 대화이다. 물음에 답하시오. [5점]

> 민 교사: 선생님, 내일 우리 반 유아들과 함께 독감과 코로나-19 예방을 위해 '마스크 쓰기'와 '비누로 손 깨끗하게 씻기'를 알아보려고 해요. 그런데 윤아는 마스크 쓰기를 싫어해서 벗고 있을 때가 많고, 비누를 사용하지 않으려고 해요. 윤아도 질병을 예방하는 방법을 알고 꼭 실천하게 해주고 싶어요. [A]
>
> 송 교사: 윤아는 얼굴에 물건 닿는 것을 싫어해서 마스크를 쓰지 않으려고 해요. 그리고 ㉠ 비누의 거품은 좋아하지만 꽃 향기를 싫어하고, 소근육 발달이 늦어서 손으로 비누 잡는 것을 어려워해요. 그래서 꽃 향기가 나는 비누 사용을 힘들어하는 것 같아요.
>
> 민 교사: 선생님, 그러면 협력교수를 통해 함께 지도하면 어떨까요?
>
> 송 교사: 내일 ㉡ 민 선생님께서 전체 유아를 대상으로 비누로 손 깨끗하게 씻기를 지도하시면, 저는 윤아뿐만 아니라 특별히 도움이 필요한 다른 유아들도 활동에 효과적으로 참여할 수 있도록 도울게요. 만약, ㉢ 윤아와 몇몇 유아들이 마스크 쓰기와 손 씻기를 계속 많이 어려워하는 경우, 이들을 별도로 소집단을 구성해서 특별한 방법으로 집중 지도를 해보도록 할게요.

3) 송 교사가 ㉡의 상황에서 윤아의 ㉠ 문제를 해결하기 위해 적용할 수 있는 ① 교수적 수정 유형 1가지와 ② 이에 해당하는 예를 1가지 쓰시오. [2점]

※ 문제가 '교수적 수정'이 아닌 '교육과정 수정 전략'으로 제시된다면 '적응도구의 사용'으로 답안을 작성할 것

참고자료 기본이론 174-175p

키워드 교수방법의 수정

구조화 틀 교수적합화의 유형

- 교수환경의 수정
  - 물리적 환경
  - 사회적 환경
- 교수집단의 수정
- 교수방법의 수정
  - 교수활동
  - 교수전략
  - 교수자료
- 교수내용의 수정
  - 동일수준
  - 중다수준
  - 중복
  - 기능적(대안)
- 평가방법의 수정
  - 표준평가
  - 평가조정
  - 대안평가
  - 장애유아의 교육과정 수정 전략

핵심개념 교수자료의 수정

- **수정**: 일반학급 아동과 똑같은 자료를 간단하게 수정해 사용
- **대안**: 개별화된 수행기대에 따라 대안적 교육자료 사용
  - 취약한 기술을 대치 또는 보상할 수 있는 교수자료 개발
  - 학생의 학습 양식, 흥미, 선호도, 강점 고려
  - 보조공학 도입

모범답안 분리배출 상자에 그림이나 사진을 붙인다.

2020학년도 유아 B6

12 **다음은 통합학급 박 교사와 유아특수교사 이 교사가 수업 평가회에서 나눈 대화이다. 물음에 답하시오. [5점]**

> 박 교사: 오늘은 '재활용품 분리배출하기' 활동을 했어요. 분류하기 능력을 길러주기 위해, 여러 가지 물체들을 (㉠)에 의해 나누는 다양한 활동을 계획하고 적용해보았어요.
>
> …(중략)…
>
> 박 교사: 이번 활동을 계획하고 실행하면서 약간 아쉬움이 있기도 해요. 기존에 구입한 분리배출 상자를 그대로 썼더니 민서가 무엇을 어디에 넣어야할지 헷갈렸던 것 같아요. 미리 ㉣ 분리배출 상자를 수정했었다면 민서가 더 잘 참여했을 것 같아요.

'교수자료의 수정'에 해당함
→ 일반학급 아동과 똑같은 자료를 간단하게 수정해 사용하는 '수정 자료'에 해당함

3) ㉣의 방법에 대한 예를 1가지 쓰시오. [1점]

참고자료 기본이론 174-175p

키워드 교수방법의 수정

구조화 틀 교수적합화의 유형

- 교수환경의 수정
  - 물리적 환경
  - 사회적 환경
- 교수집단의 수정
- 교수방법의 수정
  - 교수활동
  - 교수전략
  - 교수자료
- 교수내용의 수정
  - 동일수준
  - 중다수준
  - 중복
  - 기능적(대안)
- 평가방법의 수정
  - 표준평가
  - 평가조정
  - 대안평가
  - 장애유아의 교육과정 수정 전략

핵심개념 교수자료의 수정

- **수정**: 일반학급 아동과 똑같은 자료를 간단하게 수정해 사용
- **대안**: 개별화된 수행기대에 따라 대안적 교육자료 사용
  - 취약한 기술을 대치 또는 보상할 수 있는 교수자료 개발
  - 학생의 학습 양식, 흥미, 선호도, 강점 고려
  - 보조공학 도입

모범답안 은우의 대본을 청각적으로 수정(녹음자료)하여 제공한다.

2025학년도 초등 A5

13 (가)는 특수학교 3학년 학생 은우의 특성이고, (나)는 2022 개정 특수교육 기본 교육과정 사회과 3~4학년군 '관계의 삶' 영역 지도에 대해 특수교사와 예비 교사가 나눈 대화의 일부이며, (다)는 은우에 대해 특수교사가 작성한 행동 지원 계획의 일부이다. 물음에 답하시오. [5점]

(가)

- 읽기, 쓰기는 어려워하지만 듣기, 말하기는 어려움이 없다.
- 들은 것을 암기하는 능력이 뛰어난 편이다.

[B]

(나)

특수교사: 예, 좋네요. 은우에게 좋은 기회가 되겠어요. 그런데 은우는 읽기를 어려워하니 ㉡ <u>은우의 대본은 교수 자료 수정</u>을 해서 주면 좋겠어요.

…(중략)…

1) ② (가)의 [B]를 고려하여 (나)의 밑줄 친 ㉡에 해당하는 내용을 쓰시오.

2023학년도 유아 A6

14 **(가)는 작은 운동회를 위한 특수학교 교사들의 사전 협의회의 일부이고, (나)는 자폐성장애 유아 진서를 위한 파워카드이다. 물음에 답하시오. [5점]**

(가)

김 교사: 10월에 실시할 작은 운동회를 위한 협의회를 시작하도록 하겠습니다.

…(중략)…

김 교사: 이제 작은 운동회 내용을 정리해보겠습니다.
이 교사: ㉠ 축구 코스에서는 아이들이 발로 미니 골대 안에 공을 넣도록 해요. 지수는 다리에 힘이 조금 부족하지만 워커로 이동할 수 있으니 (㉡)

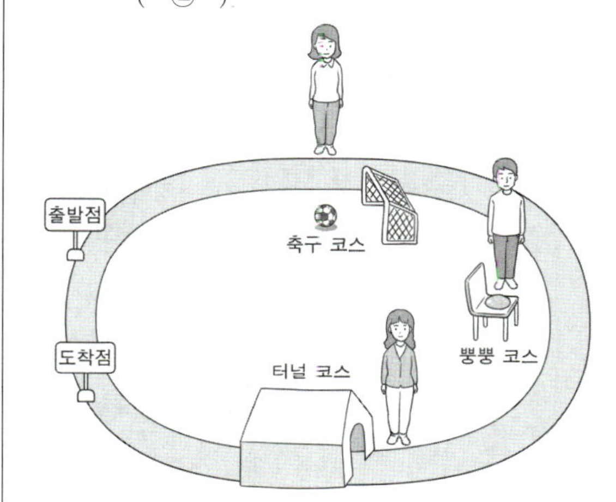

3) ㉡에 들어갈 교수적 수정의 예를 자료 측면에서 1가지 쓰시오. [1점]

참고자료 기본이론 174-175p

키워드 교수방법의 수정

구조화 틀 **교수적합화의 유형**

- 교수환경의 수정
  - 물리적 환경
  - 사회적 환경
- 교수집단의 수정
- 교수방법의 수정
  - 교수활동
  - 교수전략
  - 교수자료
- 교수내용의 수정
  - 동일수준
  - 중다수준
  - 중복
  - 기능적(대안)
- 평가방법의 수정
  - 표준평가
  - 평가조정
  - 대안평가
  - 장애유아의 교육과정 수정 전략

핵심개념 **교수자료의 수정**

- **수정**: 일반학급 아동과 똑같은 자료를 간단하게 수정해 사용
- **대안**: 개별화된 수행기대에 따라 대안적 교육자료 사용
  - 취약한 기술을 대치 또는 보상할 수 있는 교수자료 개발
  - 학생의 학습 양식, 흥미, 선호도, 강점 고려
  - 보조공학 도입

모범답안 지수의 신체적 특성을 고려해 가벼운 공으로 교체해준다. 또는 미니 골대를 큰 골대로 변경한다.

참고자료 기본이론 174-175p

키워드 교수방법의 수정

구조화틀 **교수적합화의 유형**

- 교수환경의 수정
  - 물리적 환경
  - 사회적 환경
- 교수집단의 수정
- 교수방법의 수정
  - 교수활동
  - 교수전략
  - 교수자료
- 교수내용의 수정
  - 동일수준
  - 중다수준
  - 중복
  - 기능적(대안)
- 평가방법의 수정
  - 표준평가
  - 평가조정
  - 대안평가
  - 장애유아의 교육과정 수정 전략

핵심개념

2023학년도 중등 A9

15 **(가)는 ○○중학교에 배치된 특수교육대상 학생에 대한 정보이고, (나)는 체육 교사가 작성한 수업 계획의 일부이다. (다)는 두 교사가 나눈 대화의 일부이다. 〈작성방법〉에 따라 서술하시오. [4점]**

(가) 학생의 정보

학생 A	• 시각장애 학생 • 활발하고 도전정신이 강하고, 급우들과의 관계가 원만함
학생 B	• 지체장애 학생으로 휠체어를 사용함 • 자신감은 부족하지만 급우들과 어울리고 싶어함

(나) 체육 수업 계획

과목	체육	영역	경쟁	장소	운동장
주제	티볼을 활용한 팀 경기하기				
절차	사전 학습		본 수업		
내용	• 티볼 경기 영상 시청 • 팀 경기 전략 생각하기		• 팀별 역할 및 전략 토론 • 팀 경기 실시		
준비 사항	• 티볼 경기 영상(시각장애인을 위한 화면해설 포함) • 티볼 경기 규칙과 기술에 대한 학습지		• 변형 경기장 조성 및 팀 구성 • ㉠ 준비물: 티볼 공, 배트, 탬버린		

(다) 특수 교사와 체육 교사의 대화

특수 교사: 선생님은 전통적 수업이나 혼합수업과 달리 가정에서 사전 학습을 하고 학교에 와서 심도 있게 수업에 참여하는 학습자 중심의 교수 방법을 활용하려 하시네요.

체육 교사: 네. 사전 학습을 통해 개념을 충분히 습득함으로써 본 수업에서는 토론이나 활동 수행 시간 등을 충분히 확보할 수 있지요. 그렇지만 학생이 사전 학습을 수행하지 않으면 본 수업에 차질이 생길 수도 있어 준비가 많이 필요합니다. [㉡]

㉡ 플립드 러닝(거꾸로 수업)

…(중략)…

체육 교사: 학생 A와 B가 체육 수업에 원활히 참여하기 위해 어떻게 지원하면 좋을까요?

특수 교사: 팀의 감독 역할을 할 수 있는 기회를 주시면 좋겠습니다. 경기 시 넓은 공간을 확보하여 이동을 원활하게 해주면 좋겠어요. 그리고 ㉢ '타격' 동작을 가르칠 때, 다른 학생들보다 과제를 더욱 세분화하거나 구체적으로 가르쳐주세요. 더 자세한 사항은 학년도 시작 후 2주 이내에 구성되고, 학생의 보호자, 특수 교사, 담임 교사, 진로담당 교사 등이 참여하여 실시한 (㉣) 협의 결과를 확인하여 지원해주시면 좋겠습니다.

체육활동 지원의 예 살펴보기

㉢ 교수활동의 수정(교수방법의 수정)

모범답안

- ㉡ 플립드 러닝(거꾸로 수업)
- ㉢ 교수활동 수정-탬버린 소리를 듣고 학생 A가 티볼 공과 배트의 위치를 파악해 수업에 참여할 수 있도록 경기장 내 불필요한 소음을 줄인다.

작성방법

- (나)를 참고하여 (다)의 ㉡에 해당하는 교수 방법의 명칭을 쓸 것.
- (다)의 밑줄 친 ㉢에 해당하는 교수적 수정의 유형을 쓰고, 학생 A의 수업 참여를 위한 물리적 환경 수정의 예시 1가지를 서술할 것. [단, (나)의 밑줄 친 ㉠을 활용할 것.]

확장하기 +

시각장애 학생을 위한 체육과 지도(이태훈, 2021)

① 맹 학생을 위해 일반 공 대신 소리 나는 공을 사용할 수 있으며, 브저 또는 종을 목표물이나 목표 장소에 설치하면 목표 위치에 대한 청각적 단서를 줄 수 있음

② 소프트 볼, 야구 등의 타격 경기에서는 안전이나 잔존 시각을 고려해 얼굴 보호대를 착용하고, 음향으로 타격 위치를 알려주는 타격 지원 스탠드를 사용하며, 경기 상황을 안내해 주거나 대신 베이스까지 뛰어줄 주자로 특수교육 보조원 또는 친구를 활용하는 등의 방법을 통해 시각장애 학생도 참여시킬 수 있음

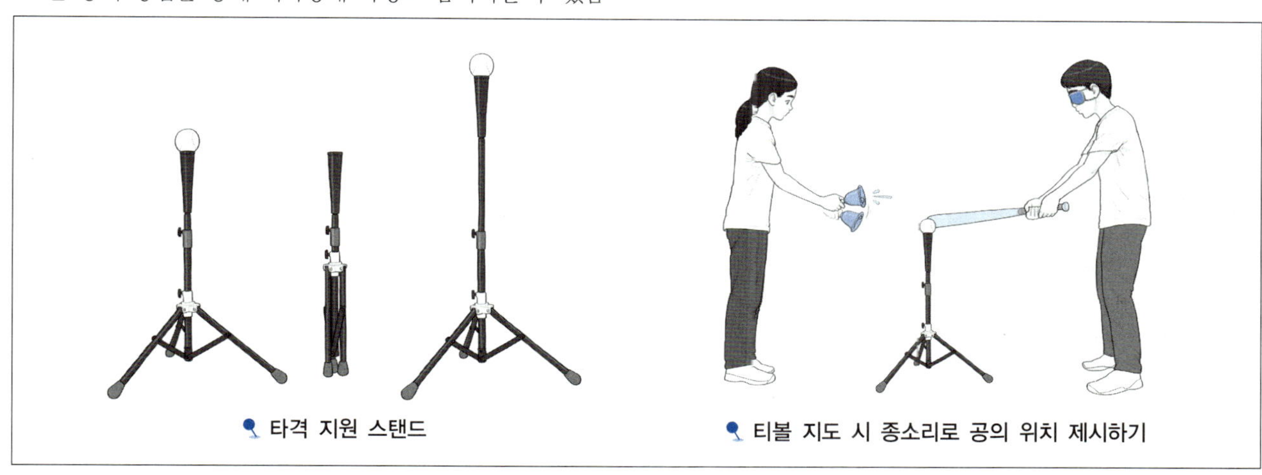

타격 지원 스탠드

티볼 지도 시 종소리로 공의 위치 제시하기

참고자료 기본이론 178-183p

키워드 교수내용의 수정

구조화 틀 **교수적합화의 유형**

- 교수환경의 수정
  - 물리적 환경
  - 사회적 환경
- 교수집단의 수정
- 교수방법의 수정
  - 교수활동
  - 교수전략
  - 교수자료
- 교수내용의 수정
  - 동일수준
  - 중다수준
  - 중복
  - 기능적(대안)
- 평가방법의 수정
  - 표준평가
  - 평가조정
  - 대안평가
  - 장애유아의 교육과정 수정 전략

핵심개념 **중복 교육과정**

- 주어진 활동과 단원 내에서 한 가지 이상의 교육과정 내용을 다룸
- 중복 교육과정 적용을 고려하기 이전에 다른 교육과정의 적용이 가능한지를 먼저 고려해 낙인의 문제와 고립이 발생하지 않도록 유의

모범답안 통합학급에서 이루어지는 실과 수업에서 은지는 국어과 목표를 중복해 적용하고 있기 때문에 중복 교육과정에 해당한다.

2019학년도 초등 B2

16 **(가)는 지적장애 학생 은지의 통합학급 담임인 윤 교사가 특수교사인 최 교사와 실과 수업에 대하여 나눈 대화이고, (나)는 최 교사가 은지의 행동을 관찰한 결과이다. 물음에 답하시오. [6점]**

(가) 대화 내용

> 윤 교사: 다음 ㉠ 실과 수업시간에는 '생활 속의 동물 돌보기' 수업을 하려고 합니다. 그때 은지에게는 국어과 목표인 '여러 가지 동물의 이름 말하기'를 지도하려고 해요. 은지가 애완동물이나 반려동물뿐만 아니라, ㉡ 소·돼지·닭과 같이 식품과 생활용품의 재료 등을 얻기 위해 기르는 동물의 이름에 대해서도 알았으면 좋겠습니다.
>
> …(하략)…

경제동물(초등 교육과정)

1) (가)의 ㉠을 중복 교육과정(curriculum overlapping)의 적용 사례로 볼 수 있는 근거를 1가지 쓰시오. [1점]

확장하기 +

교육과정 수정(modification)

1. 교육과정 조정(accomodation)

① 교육과정 조정은 장애학생이 통합학급의 수업 및 교수활동에 참여할 수 있도록 교수적 지원 및 기회를 제공하되, 통합학급의 교수목표 및 내용, 학생의 수행수준 및 성취기준에 대한 기대는 변경하지 않는 것이다(Shogren et al., 2025).

② 따라서 교육과정 자체를 수정하기보다는 학생의 개별적인 요구를 고려한 외적 지원에 초점을 둔다.

③ 교육과정 조정을 위해 환경수정, 시간 연장 및 재분배, 인적지원, 보조기기 및 자료 등을 활용할 수 있다.

방법	예시
환경	• **좌석 배치**: 청각장애 학생, 교사의 관심을 요하는 학생, 잘 집중하지 못하는 학생 등의 요구를 고려하여 앞자리에 배치 • **소음 및 조명 조정**: 소리나 조명 등의 감각적 자극에 민감한 자폐성장애 학생의 경우 교실의 밝기, 조명 등을 미리 조정
시간	• **시간 연장**: 학생의 요구에 따라 과제 및 시험 시간을 연장 • **시간 재분배**: 집중 시간이 짧은 학생(예 15분)을 위해 15분씩 시간을 나누어 중간에 쉬는 시간을 제공
인적 지원	• **지원인력**: 개별 지원이 필요한 장애학생에게 특수교육 실무사(지도사), 사회복무요원 등 지원인력 배치 • **또래 도우미**: 장애학생을 지원할 수 있는 또래 도우미 배치 • **대필자 및 대독자**: 학생의 특성에 따라 수업 및 시험 시간에 대필자, 대독자 배치 • **통역 지원(수어 통역사, 속기사)**: 청각장애 학생의 의사소통을 위해 수어 또는 실시간 문자 통역 제공
보조 기기 및 자료	• **확대경, 확대자료, 보청기**: 시각장애나 청각장애 학생의 개별적 요구를 위해 글자를 크게 보거나 소리를 잘 들을 수 있는 보조기기 및 자료 제공 • **의사소통 보조기기**: 언어 표현이 어려운 학생을 위한 그림판, 음성 생성 장치, 태블릿 기반의 의사소통 앱 제공 • **전자 교과서 및 오디오북**: 인쇄물 읽기에 어려움이 있는 학생을 위한 디지털 자료 지원 • **점자 교재 및 점자 입력기**: 시각장애 학생을 위한 대체 자료 • **타이핑 보조 도구**: 손 기능에 제한이 있는 학생이 컴퓨터를 사용할 수 있도록 지원 예 키보드 가드, 특수 마우스 등 • **청각 보조 장치**: 교사의 목소리를 마이크로 받아 학생의 보청기나 수신기로 직접 전달하는 시스템 예 FM 시스템 • **감각 조절 도구**: 감각 조절이 필요한 학생을 위한 신체적 안정 도구 예 무게 조끼, 진동 쿠션 등

2. 교육과정 수정(adaptation)

① 교육과정 수정은 장애학생이 통합학급 수업 및 교수활동에 참여할 수 있도록 교수적 지원 및 기회를 제공하되, 장애학생의 개별적인 특성 및 요구를 고려한 개별화교육계획(IEP)에 준하여 통합학급의 교수목표 및 내용, 학생의 수행수준 및 성취기준에 대한 기대를 변경하는 것을 의미한다.

② 교육과정 수정의 대표적인 방법으로는 중다수준 교육과정(multi-level curriculum)과 중복 교육과정(curriculum overlapping)이 있다.

㉠ 중다수준 교육과정

- 통합학급에서 장애학생이 또래와 같은 수업(교과 및 영역)에 참여하되 장애학생의 개별적인 학습수준 및 요구에 따라 다른 목표를 설정하여 수업에 참여하도록 하는 것이다. 예를 들어, 수학 시간에 학급 친구들이 분수에 대해서 배울 때, 장애학생은 수학이라는 같은 영역에 참여하되 수 세기라는 다른 목표를 학습할 수 있다.
- 같은 교육과정 영역에 함께하면서 장애의 특성 및 지원의 정도에 따라 다른 목표를 추구한다는 점에서 중다수준 교육과정은 대안적 성취기준과 관련된다. 대안적 성취기준이란 학년 수준의 일반 교육과정과 동일한 내용에 대한 교수를 받되, 장애학생의 특성 및 요구를 고려하여 내용의 범위·깊이·복잡성을 줄인 것을 의미한다(Sabia et al., 2020).

㉡ 중복 교육과정

- 중다수준 교육과정에 비해 개별적인 요구 및 지원이 더 많은 학생에게 중복 교육과정을 적용할 수 있다.
- 중복 교육과정은 통합학급에서 장애학생이 또래와 같은 수업에 참여하되, 장애학생의 현행 수준을 고려하여 참여하는 수업 영역과 목표 모두를 다르게 수정함으로써 다른 영역의 다른 목표를 추구하는 경우를 말한다. 예를 들어, 과학 시간에 지층 및 화산에 대한 수업을 할 때, 장애학생은 도움 요청하기나 차례 기다리기 등과 같은 의사소통 및 사회성 관련 목표를 추구할 수 있다.

방법	예시
중다수준 교육과정 (같은 영역, 다른 목표)	• 과제의 난이도 수정 – 읽기 수준을 고려하여 또래가 지문을 읽고 핵심 내용 및 줄거리를 요약할 때, 장애학생은 지문의 주인공과 직업을 말하기 – 사회시간에 또래는 인구통계 그래프를 해석하고 지역 특성에 대한 글쓰기를 할 때, 장애학생은 그래프에서 가장 높은 수치를 찾고 색으로 표시하기 – 영어시간에 또래가 영어 지문을 토대로 영어 문장 구조를 분석하고 해석할 때, 장애학생은 영어 지문에 등장하는 핵심 단어 및 새로운 단어에 밑줄 긋고 따라 쓰기 • 과제의 분량을 수정 – 수학시간에 또래가 10문제를 모두 풀 때, 장애학생은 10개 중 3개 문항 풀기 – 5분 동안 체육시간에 또래는 줄넘기 20번을 할 때, 장애학생은 3번 하기 • 과제의 참여방법 수정 – 논술시간에 또래가 한 페이지 글쓰기를 할 때, 장애학생은 주제를 그림으로 표현하기 – 음악시간에 또래는 리코더로 간단한 곡을 연주하고 악보 읽기를 평가받을 때, 장애학생은 리듬 악기로 박자를 맞추고 박자에 맞춰 따라 치는 활동에 참여하기
중복 교육과정 (다른 영역, 다른 목표)	• 수업내용과 관련된 타 교과의 목표 지도: 과학시간에 지층의 생성 과정에 대해 학습할 때(과학), 장애학생은 지층의 수를 세도록 하기(수학) • 사회성 및 의사소통 지도: 과학 실험/실습시간에 장애학생은 도움 요청하기, 인사하기, 차례 기다리기 등을 목표로 수업에 참여하기 • 일상생활 기술 지도: 실과시간에 또래는 요리 활동에서 위생·조리법을 배우는 동안, 장애학생은 손 씻기·물건 정리·재료 이름 말하기 등 일상생활 기술을 목표로 참여하기

3. 교육과정 대체(alteration)

① 교육과정 조정이나 수정을 통해서도 일반 교육과정 접근에 어려움이 있는 장애학생을 위해 교육과정 대체를 고려할 수 있다. 즉, 장애학생의 특성 및 요구를 고려할 때, 통합학급의 비장애학생과 동일한 교육과정을 통해 장애학생의 개별적 요구를 충족시키기 어려운 경우 일반 교육과정 대신 기능적인 기술에 보다 초점을 둔 생활중심 교육과정, 기능중심 교육과정, 특수교육 교육과정의 기본 교육과정을 적용할 수 있다.

② 이러한 점에서 교육과정 대체는 학년수준의 일반 교육과정과 동일한 내용을 지도하되 내용의 범위, 깊이, 복잡성을 축소한 대안적 성취기준과는 차이가 있다. 따라서 교사들은 가능한 장애학생이 또래와 동일한 교육과정에 접근할 수 있도록 하고, 장애학생의 요구에 따라 교육과정 수정을 적용한 후에도 남은 요구가 충족되지 않았을 때, 마지막 방법으로 다른 교육과정으로 대체하는 방안을 고려해야 할 것이다.

4. 조정과 수정의 정도에 따른 교육과정의 유형

교육과정 유형	단계	내용
동일수준 교육과정	같은 활동 같은 교수목표 같은 교수자료	• 대상학생의 IEP 목표와 목적들이 일반 교육과정의 수업에서 그대로 다루어질 수 있다. • 어떠한 수정도 요구되지 않는다. • 만약 대상학생이 감각장애가 있다면 점자, 보청기, 수어 등이 사용될 수 있다.
중다수준 교육과정	같은 활동 수정된 교수목표 같은 교수자료	• 대상학생은 그의 또래 동료들 수준과 비교하여 선수 단계의 교육과정에 참여한다. • 같은 활동이 사용되지만 대상학생의 교수목표는 다르다. • 대상학생의 반응양식이 수정될 수 있다.
중복 교육과정	같은 활동 다른 교수목표 다른 교수자료	• 교수활동은 또래 동료들과 같은 것으로 유지되지만, 그 활동에 대상학생의 동등한 참여를 가능하게 하기 위해 교수목적과 교수자료가 변화된다. • 개별화의 정도는 더욱 강해지지만 대상학생은 또래 동료들과 같은 책상이나 테이블에서의 학습을 위해 물리적으로 같은 공간에 위치한다.
기능적 교육과정 (대안 교육과정)	다른 주제 다른 활동	• 이 수준의 교육과정 내용 수정은 기능성과 장애학생의 일상적 생활에 초점을 둔다. • 대상학생의 IEP의 목표와 목적은 일반 교육과정과 직접적인 연관이 되지 않으며, 일반학급 내 다른 학생의 활동과는 독립적으로 다루어진다. • 교수는 고도로 개별화되고, 대상학생은 자주 교실 안이나 교실 이외의 장소에서 학습한다.

2024학년도 중등 B9

17 다음은 지적장애 학생 A와 B를 지도하는 특수 교사와 통합학급 교사의 대화이다. 〈작성방법〉에 따라 서술하시오. [4점]

통합학급 교사: 사회 수업 시간에 우리나라의 세계 자연 유산과 매력적인 자연 경관에 대해 조사하는 것을 목표로 자료 수집 활동을 하는데, 학생 A는 의사소통이 쉽지 않아 수업 참여를 잘 하지 못합니다. 학급의 전체 학생이 동일한 목표로 같은 활동에 참여하면 좋겠는데, 학생 A는 어려움이 많네요. — 동일수준 교육과정

특 수 교 사: ㉠[그러시군요. 학생 A의 경우에는 같은 활동에 참여하더라도 동일한 교과 목표를 가질 필요는 없습니다. 사회과의 목표는 아니더라도 수업 시간에 같은 활동을 하면서 친구들과 말을 주고받는 의사소통 능력 향상에 목표를 둘 수 있습니다.]

…(하략)…

작성방법

㉠과 같은 교육과정 운영 방식을 쓰고, '대안 교육과정'과의 차이점을 1가지 서술할 것.

참고자료 기본이론 178-183p

키워드 교수내용의 수정

구조화틀 교수적합화의 유형

- 교수환경의 수정
  - 물리적 환경
  - 사회적 환경
- 교수집단의 수정
- 교수방법의 수정
  - 교수활동
  - 교수전략
  - 교수자료
- 교수내용의 수정
  - 동일수준
  - 중다수준
  - 중복
  - 기능적(대안)
- 평가방법의 수정
  - 표준평가
  - 평가조정
  - 대안평가
  - 장애유아의 교육과정 수정 전략

핵심개념 대안 교육과정(기능적 교육과정)

- 이 수준의 교육과정 내용 수정은 기능성과 장애학생의 일상적 생활에 초점을 둠
- 대상학생의 IEP의 목표와 목적은 일반 교육과정과 직접적인 연관이 되지 않으며, 일반학급 내 다른 학생의 활동과는 독립적으로 다루어짐
- 교수는 고도로 개별화되고, 대상학생은 자주 교실 안이나 교실 이외의 장소에서 학습함

모범답안

㉠ 중복 교육과정

중복 교육과정은 또래와 같은 활동에 참여하지만, 대안 교육과정은 또래와 다른 활동에 참여한다. (또는 중복 교육과정은 학생을 통합교육 장면으로부터 분리하지 않지만, 대안 교육과정은 통합교육 장면으로부터 분리해 자주 교실 안이나 교실 이외의 장소에서 학습한다.)

참고자료 기본이론 178-183p

키워드 교수내용의 수정

구조화 틀 **교수적합화의 유형**

- 교수환경의 수정
  - 물리적 환경
  - 사회적 환경
- 교수집단의 수정
- 교수방법의 수정
  - 교수활동
  - 교수전략
  - 교수자료
- 교수내용의 수정
  - 동일수준
  - 중다수준
  - 중복
  - 기능적(대안)
- 평가방법의 수정
  - 표준평가
  - 평가조정
  - 대안평가
  - 장애유아의 교육과정 수정 전략

핵심개념 **중다수준 교육과정**

- 모든 학생에게 동일한 주제와 내용을 지도하되, 도달할 목표수준을 다양하게 제공하는 교육과정
- 학생들은 같은 교과영역 내 여러 수준의 교육목표(학년수준 이하/학년수준/학년수준 이상) 중 각자에게 맞는 교육목표를 가짐

모범답안 중다수준 교육과정/교수는 같은 교과영역 내에서 여러 수준의 교육목표를 설정하므로 두 교사가 수준별로 나누어 지도하는 대안적 교수를 적용하는 것은 적절하다.

2013학년도 추가중등 B3

18 **다음은 중학교 통합학급에서 참관실습을 하고 있는 A 대학교 특수교육과 2학년 학생의 참관후기와 김 교사의 피드백 일부이다. 물음에 답하시오. [5점]**

> 통합학급 국어시간의 학습 목표와 내용이 은수에게 너무 어려웠다. 어떻게 하면 통합학급에서 친구들과 함께 공부하도록 하면서 은수에게 필요한 것을 지도할 수 있을지 궁금하다. 내가 특수교사가 되면 이것을 위해 일반교사와 어떻게 협력해야 할지 생각해봐야겠다.
>
> ↳ 국어시간에 일반교사와 특수교사가 중다수준 교육과정/교수를 적용하여 은수에게 학습자료를 제공한다면 통합학급에서도 은수의 개별적 요구에 맞는 지도를 할 수 있어요. 이때, 두 교사가 적용할 수 있는 협력교수의 형태로 교수-지원, ㉣ 대안적 교수, 팀 티칭 등을 고려할 수 있습니다.

4) 은수에게 적용된 중다수준 교육과정/교수의 특성을 고려하여 ㉣이 적절할 수 있는 이유를 쓰시오. [2점]

참고자료 기본이론 173-183p

키워드 교수내용의 수정

구조화 틀 교수적합화의 유형

- 교수환경의 수정
  - 물리적 환경
  - 사회적 환경
- 교수집단의 수정
- 교수방법의 수정
  - 교수활동
  - 교수전략
  - 교수자료
- 교수내용의 수정
  - 동일수준
  - 중다수준
  - 중복
  - 기능적(대안)
- 평가방법의 수정
  - 표준평가
  - 평가조정
  - 대안평가
  - 장애유아의 교육과정 수정 전략

핵심개념 조정 · 수정 정도에 따른 교육과정 종류

동일수준 교육과정	• 같은 과제 • 같은 교수목표 • 같은 교수자료
중다수준 교육과정	• 같은 과제 • 수정된 교수목표 • 같은 또는 다른 교수자료
중복 교육과정	• 다른 과제 • 같은 주제 • 다른 교수목표
기능적 교육과정 (대안 교육과정)	• 다른 과제 • 다른 주제 • 다른 교수목표

모범답안 ④

2010학년도 초등 29

19 **일반학교에서 장애학생을 과학 수업에 통합시키고자 할 때, 학습자의 장애특성에 따라 중다수준 교수(multi-level instruction)를 적용한 것으로 가장 적절한 것은?**

	학습자	통합학급 교육 활동	학습자를 위한 적용
①	건강장애 학생	햇빛에 비친 그림자 길이 재기	휠체어 사용을 고려하여 앉아서 햇빛에 비친 그림자 길이를 재게 함
②	자폐성 장애 학생	고무 찰흙을 사용하여 배설 기관의 구조 만들기	화장실에 가고 싶다는 의사표현 방법을 지도함
③	뇌성마비 학생	젓는 속도에 따라 설탕이 물에 녹는 속도를 비교하는 실험하기	실험 중에 손잡이가 있는 비커를 제공하여 젓기 활동을 하게 함
④	정신지체 학생	같은 극과 다른 극의 자기력 모양을 비교하는 활동하기	자석에 붙는 것과 붙지 않는 것을 구별하는 활동을 하게 함
⑤	쓰기장애 학생	실험보고서 작성하기	실험보고서 내용을 말로 녹음하여 제출하게 함

① 동일수준 교육과정: 같은 과제, 같은 교수목표, 같은 교수자료

② 중복 교육과정: 다른 과제, 같은 주제, 다른 교수목표

③ 동일수준 교육과정: 같은 과제, 같은 교수목표, 같은 교수자료
※ '손잡이가 있는 비커'는 교수자료의 수정에 해당함

④ 중다수준 교육과정: 같은 과제, 수정된 교수목표, 같은 또는 다른 교수자료

⑤ 동일수준 교육과정: 같은 과제, 같은 교수목표, 같은 교수자료

참고자료 기본이론 178–183p

키워드 교수내용의 수정

구조화 틀 **교수적합화의 유형**

- 교수환경의 수정
  - 물리적 환경
  - 사회적 환경
- 교수집단의 수정
- 교수방법의 수정
  - 교수활동
  - 교수전략
  - 교수자료
- 교수내용의 수정
  - 동일수준
  - 중다수준
  - 중복
  - 기능적(대안)
- 평가방법의 수정
  - 표준평가
  - 평가조정
  - 대안평가
  - 장애유아의 교육과정 수정 전략

핵심개념

모범답안

ⓐ (나)가 중다수준 교육과정/교수인 근거는 같은 교과 내에서 같은 활동을 하지만, 난이도 측면에서 좀 더 쉬운 목표수준을 설정해 지도하기 때문이다.

ⓑ 중다수준 교육과정은 같은 교과영역 내에서 수준 차이를 두어 각자에게 맞는 수준별 목표를 적용하지만, 중복 교육과정은 둘 이상의 교과영역 내에서 개별화된 목표를 적용한다.

2015학년도 초등 A4

20 **(가)는 학습장애학생 은수의 인지적 특성이고, (나)는 '2009 개정 교육과정' 과학과 3~4학년군 '식물의 생활' 단원의 교수·학습 과정안 일부이다. 물음에 답하시오. [5점]**

(가) 은수의 인지적 특성

- (㉠) 능력이 부족하여, 관련 없는 정보나 자극을 무시하고 중요한 정보에 주의를 기울이는 데 어려움이 있음
- (㉡) 능력이 부족하여, 과제 해결을 위해 어떤 전략이 필요한지 잘 모르고, 하는 일에 대해 지속적으로 검토하지 못함

(나) 교수·학습 과정안

단원	식물의 생활		
제재	특이한 환경에 사는 식물의 특징 알아보기		
학습 목표	일반학생	채은수	
	사막 식물의 특징을 사는 곳과 관련지어 설명할 수 있다.	선인장의 특징을 설명할 수 있다.	
	교수·학습 활동	교수·학습 활동	자료 및 유의점
전개	…(중략)… <활동> 사막 식물 관찰하기 • 겉모양 관찰하기 • 속모양 관찰하기 • 수분 관찰하기 • 사막 식물의 공통점 알아보기 • 사막에서 살아가는 데 이로운 점 생각해보기 • 관찰 기록지 완성하기 …(하략)…	…(중략)… <활동> 선인장 관찰하기 • 겉모양 관찰하기 • 속모양 관찰하기 • 수분 관찰하기 • 그래픽 조직자 완성하기 …(하략)…	• ㉢ 기록지 제공 • 활동 단체별로 자료 구분하여 제공 • 그래픽 조직자 형식 제공

일반학생과 동일한 주제와 내용을 지도하지만, 수정된 교육목표(학년수준 이하)를 적용

동일한 활동에 참여하지만, 여러 수준의 교육목표 중 개별화된 교육목표를 가짐

3) (나)를 '중다수준 교육과정/교수(multi-level instruction)'가 적용된 교수·학습 과정안이라고 볼 수 있는 ⓐ 근거를 1가지 쓰고, '중다수준 교육과정/교수'와 '중복 교육과정(curriculum overlapping)'의 ⓑ 차이점을 1가지 쓰시오. [2점]

참고자료 기본이론 183p

키워드 교수내용의 수정

구조화 틀 교수적합화의 유형

- 교수환경의 수정
  - 물리적 환경
  - 사회적 환경
- 교수집단의 수정
- 교수방법의 수정
  - 교수활동
  - 교수전략
  - 교수자료
- 교수내용의 수정
  - 동일수준
  - 중다수준
  - 중복
  - 기능적(대안)
- 평가방법의 수정
  - 표준평가
  - 평가조정
  - 대안평가
  - 장애유아의 교육과정 수정 전략

핵심개념 중다수준 교육과정과 중복 교육과정의 공통점

- 동일한 연령의 다양한 학습 수준을 가진 학생들이 함께 수업을 받음
- 정규학급 활동 안에서 학습이 일어남
- 각각의 학습자들이 적절한 수준의 난이도로 개별화된 교수학습 목표를 가짐

모범답안 각각의 학습자들이 적절한 수준의 난이도로 개별화된 교수학습 목표를 가진다.

2026학년도 초등 B1

21 **(가)는 초등학교 6학년 지적장애 학생 동호에 대한 보호자의 교육 요구이고, (나)는 동호를 위한 특수교사와 통합학급 교사의 개별화교육계획 협의 내용의 일부이다. 물음에 답하시오. [5점]**

(나)

1. 동호의 통합학급 수업 지원 • 동호가 중학교에 가서 스스로 식단을 조절하는 데 필요한 개념적 적응행동 기술 지도 • 교육 목표와 관련해서 ㉡<u>중복 교육과정</u> 또는 ㉢<u>중다수준 교육과정</u> 적용

1) (나)의 밑줄 친 ㉡과 ㉢의 공통점을 쓰시오. [1점]

참고자료 기본이론 178-183p

키워드 교수내용의 수정

구조화 틀 교수적합화의 유형

- 교수환경의 수정
  - 물리적 환경
  - 사회적 환경
- 교수집단의 수정
- 교수방법의 수정
  - 교수활동
  - 교수전략
  - 교수자료
- 교수내용의 수정
  - 동일수준
  - 중다수준
  - 중복
  - 기능적(대안)
- 평가방법의 수정
  - 표준평가
  - 평가조정
  - 대안평가
  - 장애유아의 교육과정 수정 전략

핵심개념

모범답안 ②

2013학년도 중등 18

22 **다음은 중학교에서 통합교육을 받고 있는 중도 · 중복장애 학생 A~E를 위해 교사들이 실행한 수업 사례이다. 각각의 사례에 대한 설명으로 옳은 것만을 〈보기〉에서 있는 대로 고른 것은? [2.5점]**

> 박 교사: 과학시간에 심장의 구조와 생리를 지도하면서 학생 A에게는 의사소통 기술을 지도하였다.
> 이 교사: '지역의 문화재 알기' 주제로 모둠별 협동학습을 실시하였는데, 학생 B가 속한 모둠은 '문화재 지도 만들기'를 하였다.
> 김 교사: 사회과 수업목표를 지역사회 공공기관에서 일하는 사람들의 역할 익히기에 두고, 학생 C는 지역사회 공공기관 이름 익히기에 두었다.
> 정 교사: 체육시간에 농구공 넣기를 평가하기 위해 학생 D의 능력, 노력, 성취 측면을 고려하여 골대의 높이를 낮춰 수행 빈도를 측정하였다.
> 신 교사: 글을 읽지 못하는 학생 E를 위해 교과서를 텍스트 파일로 변환하고, 화면읽기 프로그램을 실행하여 교과서의 내용을 듣게 하였다.

중복 교육과정: 다른 과제, 같은 주제, 다른 교수목표

중다수준 교육과정: 같은 과제, 수정된 교수목표, 같은 또는 다른 교수자료

대안평가: 다면적 점수화

교수방법의 수정: 교수자료의 수정 또는 교수전략의 수정 중 보조공학기기의 사용으로 볼 수 있음

보기

ㄱ. 학생 A에게 설정된 교육목표는 과학 교과 안에서의 교육목표 위계 개념에 기초하여 작성하였다.
ㄴ. 과제를 하는 동안 학생 B와 모둠 구성원 간에 상호의존성이 작용한다.
ㄷ. 학생 C에게는 '중첩 교육과정'을 적용한 것이다.
ㄹ. 수업을 계획하는 과정에서 학생 D에게 적절한 성취준거를 설정하여 규준참조평가를 실시한다.
ㅁ. 학생 E에게 적용한 보편적 학습설계 원리는 '다양한 정보제시 수단의 제공'에 해당한다.

① ㄱ, ㄹ　② ㄴ, ㅁ
③ ㄷ, ㄹ　④ ㄱ, ㄴ, ㅁ
⑤ ㄴ, ㄷ, ㅁ

참고자료 기본이론 178-183p

키워드 교수내용의 수정

구조화 틀 **교수적합화의 유형**

- 교수환경의 수정
  - 물리적 환경
  - 사회적 환경
- 교수집단의 수정
- 교수방법의 수정
  - 교수활동
  - 교수전략
  - 교수자료
- 교수내용의 수정
  - 동일수준
  - 중다수준
  - 중복
  - 기능적(대안)
- 평가방법의 수정
  - 표준평가
  - 평가조정
  - 대안평가
  - 장애유아의 교육과정 수정 전략

핵심개념

모범답안 ④

2009학년도 초등 30

23 **다음은 중도 · 중복장애 학생 민호와 영미를 통합학급 수업에 참여시키기 위해 송 교사와 박 교사가 나눈 대화이다. 밑줄 친 (가)~(다)에 해당하는 내용과 〈보기〉의 내용이 바르게 짝지어진 것은?**

> 송 교사: 내일 인터넷 자료를 가지고 '여러 동물의 한 살이'를 지도하려고 해요. (가) <u>다른 친구들이 모둠별로 모여 동물의 한 살이에 관한 조사 활동을 할 때 민호는 친구들의 이름을 알기 위해 다양한 활동을 할 거예요</u>. 다음 주에는 동물원에 가기 전에 민호가 학교 사육장에 있는 동물들을 직접 관찰하게 하려고 해요.
>
> 박 교사: 저는 '여러 곳의 기온 재기'를 지도하려고 해요. 먼저 우리 반 친구들이 각자 자기의 모형 온도계를 만들 때 (나) <u>영미의 것은 제가 만들고 색칠하기는 영미에게 시키려고요</u>. 그리고 (다) <u>우리 반 친구들이 실제 온도계로 교실 안 여러 곳의 온도를 재는 동안 영미는 모형 온도계 눈금을 읽게 할 거예요.</u>

(가) 중복 교육과정
개별화된 학습목표가 둘 이상의 교육영역에서 나옴

(나) 부분참여
활동의 전체에 참여하지 못하더라도 활동의 일부에 참여시키는 것

(다) 중다수준 교육과정
동일한 주제와 내용을 배우지만, 도달할 목표수준이 다양함

보기

ㄱ. 부분참여
ㄴ. 삽입교수
ㄷ. 중다수준 교육과정
ㄹ. 교육과정 중복(중첩)

	(가)	(나)	(다)
①	ㄷ	ㄱ	ㄴ
②	ㄷ	ㄱ	ㄹ
③	ㄷ	ㄴ	ㄹ
④	ㄹ	ㄱ	ㄷ
⑤	ㄹ	ㄴ	ㄷ

참고자료 기본이론 169-170p, 174-186p

키워드

- 교수적합화(교수적 수정)의 이해
- 평가방법의 수정

구조화 틀 교수적 수정의 이해

- 정의
- 두 가지 기제
  - 수정
  - 조절

교수적합화의 유형

- 교수환경의 수정
  - 물리적 환경
  - 사회적 환경
- 교수집단의 수정
- 교수방법의 수정
  - 교수활동
  - 교수전략
  - 교수자료
- 교수내용의 수정
  - 동일수준
  - 중다수준
  - 중복
  - 기능적(대안)
- 평가방법의 수정
  - 표준평가
  - 평가조정
  - 대안평가
  - 장애유아의 교육과정 수정 전략

핵심개념 교수적합화

- 다양한 교육적 요구를 지닌 학생들의 수행 향상과 수업 참여의 범위 및 양을 확장시키기 위해 교육환경, 교수집단, 교수내용, 교수방법, 평가방법을 포함한 전반적인 교육환경을 조절하고 수정하는 과정
- 보편적 학습설계(UDL)는 교육과정의 계획 단계에서부터 누구나 보편적으로 접근·인식·활용하는 방법인 데 비해, 교수적합화는 교육과정에 대한 사후조치에 해당함

2019학년도 중등 B8

24 **(가)는 ○○중학교에 재학 중인 장애학생에 관한 특성과 배치 형태이고, (나)는 교수적 수정을 적용하고자 하는 국어과 교수·학습 지도안의 일부이다. (다)는 이에 대한 국어교사와 특수교사의 대화 내용이다. 통합교육 상황에서 '교수적 수정'의 필요성, 적용 사례 및 시사점을 〈작성방법〉에 따라 논술하시오. [10점]**

(가) 학생의 특성 및 배치 형태

학생 (원적 학급)	특성	배치 형태
학생 A (2학년 1반)	• 시각장애(저시력) • 18point 확대자료를 요구함 • 시각적 수행능력의 변화가 심하여 주의가 필요함	일반 학급
학생 B (2학년 4반)	• 청각장애(인공와우 착용) • 대화는 큰 어려움이 없음 • 듣기나 동영상 자료를 접근할 때 어려움이 있음	일반 학급
학생 C (2학년 6반)	• 경도 자폐성장애 • 어휘력이 높으며, 텍스트에 그림이 들어갈 때 이해를 더 잘함 • 많은 사람과 같이 있거나, 한꺼번에 너무 많은 자극이 있는 상황을 어려워함	특수 학급

(나) 국어과 교수·학습 지도안

<table>
<tr><td>단원명</td><td colspan="3">논리적인 말과 글</td></tr>
<tr><td>제재</td><td>'이 문제는 이렇게'</td><td>차시</td><td>4/5</td></tr>
<tr><td>학습 목표</td><td colspan="3">생활 주변의 요구사항을 담은 건의문을 다양한 방식으로 작성한다.</td></tr>
<tr><td colspan="2">교수·학습 활동</td><td colspan="2">자료 및 유의점</td></tr>
<tr><td colspan="2">〈활동 1〉
교사가 준비한 건의문 예시 자료를 함께 읽는다.

〈활동 2〉
각 모둠에서 만든 우리 동네의 문제점(잘못된 점자 표기, 주차난, 음식물 쓰레기)이 담긴 동영상 자료를 함께 살펴보고, 지역사회에 건의할 문제에 대해 모둠별로 토론한 후, 아이디어를 발표한다.</td><td colspan="2">• 신문에 나타난 3가지 형식의 건의문 준비하기
• 학생들이 준비한 동영상 자료를 미리 점검하기</td></tr>
</table>

모범답안

• 서론
다양한 교육적 요구를 지닌 학생들의 수행 향상과 수업 참여의 범위 및 양을 확장시키기 위해 교수환경, 집단, 내용, 방법, 평가방법 등을 포함한 전반적인 교육환경을 조절하고 수정하는 과정이 필요하다.

• 본론
– 학생 A는 시각적 수행능력의 변화가 심해 주의가 필요하므로 교육내용 측면에서의 수정을 통해 학습목표를 개별화해준다.
– 학생 B는 듣기나 동영상 자료를 접근할 때 어려움이 있으므로 교육방법 수정을 통해 시각적 자료를 함께 제시한다.
– 학생 C는 많은 사람과 같이 있거나 한꺼번에 너무 많은 자극이 있는 상황을 어려워하므로 교수집단 수정을 통해 일대일 교수를 제시한다.

– 학생 A를 위한 반응형태 수정의 예: 구두로 답하기, 대필
– 학생 B를 위한 제시형태 수정의 예: 듣기를 활용한 평가자료를 시각적 자료로 대체하여 제시하기
– 학생 C를 위한 시간 조정의 예: 더 많은 휴식 시간 제공하기

• 결론
보편적 학습설계는 교육과정의 계획 단계에서부터 누구나 보편적으로 접근·인식·활용하는 방법인 데 비해, 교수적합화는 교육과정에 대한 사후조치이다.

(다) 대화 내용

국어교사:	다양한 학생들을 하나의 내용과 방법으로 지도하고 있어서 늘 신경 쓰였어요.
특수교사:	이 고민은 '교수적 수정'을 통해 풀어보면 좋을 것 같아요. 많은 시간 통합학급에서 학습하는 학생 A, B, C를 위해 교수적 수정을 하여 통합교육을 지원해볼 수 있어요.
	…(중략)…
국어교사:	지금까지 교육환경, ㉠ 교수 집단화, 교육 방법, 교육 내용 측면에서의 '교수적 수정' 그리고 평가 방법 차원의 수정 방법을 설명해주셨는데요, ㉡ 평가 수정 방법에서 시간을 연장하는 것 외에 구체적인 수정 방법으로 무엇이 있을까요?
	…(중략)…
특수교사:	잘 들어주셔서 감사합니다. 하지만 통합교육 상황에서 '교수적 수정'으로 접근할 때도 한계가 있어 '보편적 학습설계'의 원리 적용이 필요하다는 견해가 있습니다.

작성방법

• 서론에는 통합교육 장면에서 '교수적 수정'의 필요성을 서술할 것.
• 본론에는 아래의 내용을 포함하여 작성할 것.
  – 밑줄 친 ㉠의 적용 사례를 (나)의 수업 상황과 연관지어 각 1가지씩 작성할 것. (단, 학생 A, B, C의 특성을 고려하여 작성하되 한 사례에 1명의 학생을 반영하여 제시할 것.)
  – 밑줄 친 ㉡의 예를 3가지 제시하되, 학생 A에게는 '반응 형태의 수정', 학생 B에게는 '제시 형태의 수정', 그리고 학생 C에게는 '시간 조정(단, 시간 연장 방법은 제외)'에 대해 제시할 것.
• 결론에는 통합교육에서 '교수적 수정'이 지닌 한계를 쓰고 '보편적 학습설계'가 주는 시사점을 서술할 것.

확장하기 +

국립특수교육원 평가조정

<table>
<tr><td>평가조정의 정의</td><td colspan="3">평가의 본래 목적을 해치지 않는 범위 내에서 문항의 제시형태, 반응형태, 검사시간, 검사환경 등을 조정하는 것과 같이 평가 전/중/후에 이루어지는 일체의 노력을 의미</td></tr>
<tr><td>평가조정 시 유의점</td><td colspan="3">• 평가조정은 장애학생의 IEP 목표와 연계될 수 있도록 해야 함
• 평가의 목적을 훼손하지 않는 범위 내에서 조정이 이루어져야 함
• 평가 시 수업시간에 적용된 조정 전략을 반영해 장애학생이 평가조정 방법에 익숙해지도록 함</td></tr>
<tr><td rowspan="3">구성원 역할</td><td>관리자</td><td colspan="2">• 학교장은 매 학기 개별화교육계획에 따른 교육대상자의 학업성취도 평가를 실시해야 하고, 평가결과를 특수교육대상자 또는 보호자에게 통보해야 함
• 학교장은 교육과정 조정을 포함한 통합교육계획 수립 및 실행을 격려하고, 평가조정 등과 관련된 민원에 대해 규정에 준하여 대처함</td></tr>
<tr><td>특수교사</td><td colspan="2">• 평가목표와 학생의 IEP 연계 가능성 및 장애학생의 현행 수준 파악
• 대상 장애학생을 위한 평가조정 요구 파악 및 이를 토대로 평가조정 아이디어 제안
• 통합학급교사 및 교과교사와 함께 구체적인 평가조정 및 성적처리 방안 협의
• 학업성적관리위원회에 참여해 장애학생을 위한 평가조정 내용이 학업성적 관리규정에 반영될 수 있도록 함</td></tr>
<tr><td>일반교사</td><td colspan="2">• 해당 교과의 평가목표를 특수교사와 공유
• 해당 교과시간에 장애학생의 수행수준에 대한 정보를 특수교사와 공유
• 교과전문성을 토대로 평가기준 수정 의견 제시
• 특수교사와 함께 구체적인 평가조정 및 성적처리 방안 의논</td></tr>
<tr><td colspan="4">장애학생을 위한 평가조정 방법의 예</td></tr>
<tr><td rowspan="12">시각장애</td><td rowspan="8">환경 조정</td><td>독립 공간 제공</td><td>대독, 시간 연장 등의 조정 방법을 사용하려면 독립 공간을 제공해 평가</td></tr>
<tr><td>소음의 최소화</td><td>청각적 방해 요소를 최소화할 수 있는 공간에서 평가</td></tr>
<tr><td>자리 배치 고려</td><td>• 시각장애 학생은 되도록 정해진 자리에서 일관되게 평가
• 갑작스러운 화재나 사고에 대비하기 위해 출입구와 가까운 자리에 배치해 평가</td></tr>
<tr><td>각도 조절용 책상 제공</td><td>자료를 가까이에서 봐야 할 필요가 있는 저시력 학생의 경우 각도 조절용 책상 제공</td></tr>
<tr><td>넓은 책상 제공</td><td>독서확대기나 확대시험지를 사용할 경우 일반 책상보다 넓은 책상을 제공해 시험에 수월하게 응하도록 함</td></tr>
<tr><td>적정 조도 제공</td><td>• 다소 높은 조도가 필요한 경우 전체 조명을 좀 더 높이거나 부분 조명 제공
• 낮은 조도가 필요한 시각장애 학생은 실내에서도 선글라스나 모자를 써서 자신에게 적정한 조도를 맞추도록 함</td></tr>
<tr><td>특수교사 또는 보조인력 배치</td><td>시각장애의 정도가 높아 독립적으로 평가에 참여하기 어려운 경우, 시각장애를 잘 이해하는 특수교사 또는 보조인력을 배치해 평가</td></tr>
<tr><td>학교 외 별도의 공간에서 시행</td><td>장기입원 또는 순회교육을 받는 시각장애 학생에 국한해 병원 등 학교 외 별도의 공간에서 평가 실시</td></tr>
<tr><td>시간 조정</td><td>시간 연장</td><td>• 시각장애로 인해 점자나 확대문자를 활용할 경우에는 읽기 속도가 일반 문자의 읽기보다 느리므로 시간을 연장해 평가
• 시각장애의 조건에 따라 1.5~1.7배까지 연장</td></tr>
<tr><td rowspan="2">제시형태 조정</td><td>자료 확대</td><td>• 시험지의 글자를 18포인트에서 24포인트까지 확대해 제공
• 확대 시 글자체는 명조체나 궁서체보다는 고딕체 등 형태가 분명한 글자를 활용</td></tr>
<tr><td>자료 축소</td><td>시야가 좁은 학생의 경우 좁은 시야를 효율적으로 활용하기 위해 자료 축소 필요</td></tr>
</table>

장애	영역	방법	내용
시각장애	제시형태 조정	자료 편집	• 시험지를 확대 또는 축소할 경우 글자의 크기와 폰트를 변경하는 것으로 그칠 것이 아니라, 적절한 편집을 통해 문제의 흐름이 끊기지 않도록 재편집해 제공 • 일반 시험지와 같이 밑줄이나 빈 원문자 부호만 사용하기보다는 반전된 원문자(❶ ①)로 표기해 읽기 쉽도록 편집
		보조인력 대독	보조인력이 시험지를 대신 읽어주면서 평가 시행
		그림이나 표 해설	문제에 그림이나 표가 있으면 최대한 효율적으로 그에 대한 해설 제공
		확대경 사용	배율이 맞는 자신의 확대경(전자확대경 포함)으로 시험지를 확대해 볼 수 있도록 허용
		타이포스코프 제공	초점을 맞추는 데 어려움이 있어 글줄을 놓치는 경우 타이포스코프 제공
	제시형태 수정	확대독서기 사용	확대독서기를 사용해 일반 시험지를 원하는 배율로 확대
		점자정보단말기	시험 한글파일을 제공해 점자정보단말기에서 시험을 보도록 지원
		점자 시험지 제공	시험지 파일을 점자 출력기로 출력해 점자 시험지 제공
		시험지 바탕색/글자색 변경	• 학생이 독서확대기보다 시험지 자체의 조정을 선호하는 경우 시험지의 바탕색을 변경해 제공 • 무광택의 진한 색 용지에 글자 색은 하얀색이나 노란색으로 제공
		화면확대 프로그램	파일 형태로 시험지를 제공할 경우, 화면확대 프로그램이 있는 컴퓨터를 통해 시험지의 글자나 그림을 확대해 볼 수 있도록 함
		스크린리더 사용	파일 형태로 시험지를 제공할 경우, 스크린리더가 있는 컴퓨터를 통해 평가
		스마트패드 사용	파일 형태로 시험지를 제공할 경우, 터치스크린 기능이 있는 스마트패드를 지원해 평가
	반응형태 조정	점자정보단말기로 답안 작성	점자정보단말기로 작성한 답안 파일을 제출하도록 허용
		컴퓨터로 답안 작성	화면읽기 프로그램 또는 화면확대 프로그램이 설치된 컴퓨터로 작성한 답안을 제출하도록 허용
		답안지 이기 요원 배치	답안지 이기 요원을 배치해 시각장애 학생이 응답한 것을 답안지에 옮겨 적을 수 있도록 함
	점수 부여 방식 조정	점수 부여 기준 세분화	시각과 관련된 평가에서는 시각적 제약이 크므로 점수 부여 기준 세분화
		점수 부여 체제 다원화	미술이나 체육 실기평가 시 시각장애로 인한 제약이 클 때는 실기점수 비중을 하향 조정하고 이른점수 비중을 상향 조정하는 등 점수 부여 체제를 다원화해 평가 시행
청각장애	환경 조정	• 독립공간 제공 • 증폭·방음장치 제공 • 특수교사 또는 보조인력 배치	• 소음의 최소화 • 자리배치 고려 • 학교 외 별도의 공간에서 시행
	시간 조정	시간 연장	
	제시형태	• 비디오(영상, 자막) 제공	• 필답 대체
	반응형태	• 수어 응답	• 청각 보조기 사용
	점수 부여	• 점수 부여 기준 세분화	• 점수 부여 체제 다원화
지체장애	환경조정	• 독립공간 제공 • 자리배치 고려 • 학교 외 별도의 공간에서 실시	• 좌석 조정 • 특수교사 또는 보조인력의 배치
	시간조정	시간 연장	
	제시형태	• 문제 대독	• 시험지 확대
	반응형태	• 의사소통판 활용 • 컴퓨터 보조입력 기기 활용	• 컴퓨터 보조입력 프로그램 활용 • 답안지 이기 요원 배치
	점수 부여	• 점수 부여 기준 세분화	• 점수 부여 체제 다원화

참고자료 기본이론 184-186p

키워드 평가방법의 수정

구조화 틀 **교수적합화의 유형**

- 교수환경의 수정
  - 물리적 환경
  - 사회적 환경
- 교수집단의 수정
- 교수방법의 수정
  - 교수활동
  - 교수전략
  - 교수자료
- 교수내용의 수정
  - 동일수준
  - 중다수준
  - 중복
  - 기능적(대안)
- 평가방법의 수정
  - 표준평가
  - 평가조정
  - 대안평가
  - 장애유아의 교육과정 수정 전략

핵심개념 **평가조정**

평가의 목적을 훼손하지 않는 범위 내에서 학생의 평가 참여도를 향상하기 위해 평가조정 전략 사용

제시 형식	점자 시험지, 확대경의 사용, 큰 글씨체로 인쇄된 시험지, 지시사항을 소리 내 구두로 읽어주기, 지시사항을 수화로 전달하기, 지시사항을 해석해주기 등
답안 형식	시험지에 답 표시하기, 답 쓰기 위한 틀 사용하기, 답을 손으로 가리키도록 하기, 구두로 응답하기, 수화로 답하기, 타이핑으로 답하기, 컴퓨터 사용하여 답하기, 도움받고 답 해석하기 등
시험 환경	칸막이 책상에서 혼자 시험 보기, 소집단으로 시험 보기, 집에서 시험 보기, 특수학급에서 시험 보기 등
시험 시간	추가시간 제공하기, 시험 보는 동안 휴식시간 더 많이 제공하기, 며칠에 걸쳐 시험시간 연장하기 등

모범답안 평가의 목적을 훼손하지 않는 범위 내에서 학생의 평가조정이 이루어져야 한다.

2013학년도 추가중등 B3

25 **다음은 중학교 통합학급에서 참관실습을 하고 있는 A 대학교 특수교육과 2학년 학생의 참관후기와 김 교사의 피드백 일부이다. 물음에 답하시오. [5점]**

> 다음주부터 중간고사다. 은수가 통합학급의 친구들과 똑같이 시험을 볼 수 있을지 걱정이다. 초등학생이라면 간단한 작문 시험이나 받아쓰기 시험 시간에 특수교육 보조원이 옆에서 대신 써줄 수 있을 것 같은데, 은수와 같은 장애학생들에게는 다른 시험 방법을 적용해주면 좋을 것 같다.
>
> ↳ 또래와 동일한 지필 시험을 보기 어려운 장애학생들을 위해서 시험 보는 방법을 조정해줄 수 있어요. 예를 들면, ㉡ <u>구두로 답하거나 컴퓨터를 사용하여 답하기, 대필자를 통해 답을 쓰게 할 수 있어요.</u> 다만 ㉢ <u>받아쓰기 시험시간에 대필을 해주는 것</u>은 적절하지 않습니다.

3) ㉢이 적절하지 <u>않은</u> 이유를 쓰시오. [1점]

참고자료 기본이론 184-186p

키워드 평가방법의 수정

구조화 틀 **교수적합화의 유형**

- 교수환경의 수정
  - 물리적 환경
  - 사회적 환경
- 교수집단의 수정
- 교수방법의 수정
  - 교수활동
  - 교수전략
  - 교수자료
- 교수내용의 수정
  - 동일수준
  - 중다수준
  - 중복
  - 기능적(대안)
- 평가방법의 수정
  - 표준평가
  - 평가조정
  - 대안평가
  - 장애유아의 교육과정 수정 전략

핵심개념

평가방법의 수정

- 표준평가
- 평가조정
- 대안평가

평가조정

평가의 목적을 훼손하지 않는 범위 내에서 학생의 평가 참여도를 향상하기 위해 평가조정 전략 사용

제시 형식	점자 시험지, 확대경의 사용, 큰 글씨체로 인쇄된 시험지, 지시사항을 소리 내 구두로 읽어주기, 지시사항을 수화로 전달하기, 지시사항을 해석해주기 등
답안 형식	시험지에 답 표시하기, 답 쓰기 위한 틀 사용하기, 답을 손으로 가리키도록 하기, 구두로 응답하기, 수화로 답하기, 타이핑으로 답하기, 컴퓨터 사용하여 답하기, 도움 받고 답 해석하기 등
시험 환경	칸막이 책상에서 혼자 시험 보기, 소집단으로 시험 보기, 집에서 시험 보기, 특수학급에서 시험 보기 등
시험 시간	추가시간 제공하기, 시험 보는 동안 휴식시간 더 많이 제공하기, 며칠에 걸쳐 시험시간 연장하기 등

모범답안 평가조정(평가방법의 수정)

2020학년도 중등 B4

26 **(가)는 ○○중학교에서 통합교육을 받고 있는 학생 D와 E에 대해 담임교사와 특수교사가 나눈 대화의 일부이고, (나)는 특수교사가 작성한 수업 지원 계획의 일부이다. 〈작성방법〉에 따라 서술하시오. [4점]**

(가) 대화

> …(상략)…
>
> 특수교사 : 네, 그리고 ㉠ <u>수업의 정리 단계에서 학생 D에게는 시간을 더 주고, 글보다 도식과 같은 그림으로 표현하게 하여 그 결과를 확인하는 것이 좋겠습니다.</u>

- "수업의 정리 단계에서 학생 D에게 시간을 더 주고" → 시험시간 조정
- "글보다 도식과 같은 그림으로 표현하게 하여" → 답안형식 조정

작성방법

> (가)의 밑줄 친 ㉠에서 사용한 교수적 수정(교수적합화)의 유형을 1가지 쓸 것.

※ '교수적 수정(교수적합화)'의 유형을 쓰라고 제시되어 있으므로 상·하위범주 중 상위범주로 제시하는 것이 적절해 보임. 하위범주로 쓴다면 '평가조정'으로 쓸 수 있음

참고자료 기본이론 184-186p

키워드 평가방법의 수정

구조화틀 **교수적합화의 유형**

- 교수환경의 수정
  - 물리적 환경
  - 사회적 환경
- 교수집단의 수정
- 교수방법의 수정
  - 교수활동
  - 교수전략
  - 교수자료
- 교수내용의 수정
  - 동일수준
  - 중다수준
  - 중복
  - 기능적(대안)
- 평가방법의 수정
  - 표준평가
  - 평가조정
  - 대안평가
  - 장애유아의 교육과정 수정 전략

핵심개념 **평가조정**

평가의 목적을 훼손하지 않는 범위 내에서 학생의 평가 참여도를 향상하기 위해 평가조정 전략 사용

제시 형식	점자 시험지, 확대경의 사용, 큰 글씨체로 인쇄된 시험지, 지시사항을 소리 내 구두로 읽어주기, 지시사항을 수화로 전달하기, 지시사항을 해석해주기 등
답안 형식	시험지에 답 표시하기, 답 쓰기 위한 틀 사용하기, 답을 손으로 가리키도록 하기, 구두로 응답하기, 수화로 답하기, 타이핑으로 답하기, 컴퓨터 사용하여 답하기, 도움받고 답 해석하기 등
시험 환경	칸막이 책상에서 혼자 시험 보기, 소집단으로 시험 보기, 집에서 시험 보기, 특수학급에서 시험 보기 등
시험 시간	추가시간 제공하기, 시험 보는 동안 휴식시간 더 많이 제공하기, 며칠에 걸쳐 시험시간 연장하기 등

모범답안

㉠ 제시 형식 조정
㉡ 답안 형식 조정

2014학년도 중등 A6

27 **다음의 (가)는 통합학급에 입급된 특수교육대상학생 A의 특성이고, (나)는 (가)를 바탕으로 학생 A가 정규 평가에 참여할 수 있도록 특수교사가 평가를 조정한 예이다. 평가조정(test accommodation) 유형 중 (나)의 ㉠과 ㉡에 해당하는 평가조정 유형을 각각 쓰시오. [2점]**

(가) 학생 A의 특성

- 한꺼번에 많은 정보가 주어졌을 때, 정보에 주의를 기울이는 데 어려움이 있음
- 소근육에 문제가 있어 작은 공간에 답을 표시하는 데 어려움이 있음

학생 A는 한꺼번에 많은 정보가 제공되었을 때 정보에 주의를 기울이는 데 어려움이 있으므로 '제시 형식'에서의 수정이 필요함
→ 수정된 문제지에서 한 페이지에 제시하는 문제의 수를 줄인 것은 이러한 특성을 고려한 것

학생 A는 소근육 문제로 작은 공간에 답을 표시하는 데 어려움이 있으므로 '답안 형식'에서의 수정이 필요함
→ 조정된 답안지에서 작은 동그라미에 까맣게 색칠해야 하는 대신 큰 동그라미에 사선으로 줄을 긋도록 수정한 것은 이러한 특성을 고려한 것

(나) 학생 A를 위한 평가조정의 예

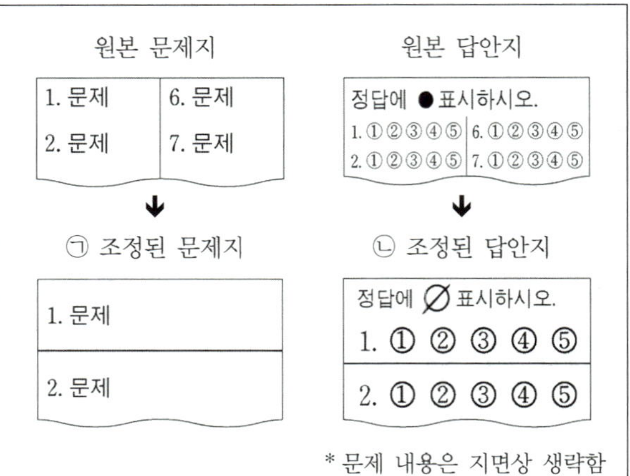

* 문제 내용은 지면상 생략함

참고자료 기본이론 184-186p

키워드 평가방법의 수정

구조화 틀 교수적합화의 유형

- 교수환경의 수정
  - 물리적 환경
  - 사회적 환경
- 교수집단의 수정
- 교수방법의 수정
  - 교수활동
  - 교수전략
  - 교수자료
- 교수내용의 수정
  - 동일수준
  - 중다수준
  - 중복
  - 기능적(대안)
- 평가방법의 수정
  - 표준평가
  - 평가조정
  - 대안평가
  - 장애유아의 교육과정 수정 전략

핵심개념 평가조정

평가의 목적을 훼손하지 않는 범위 내에서 학생의 평가 참여도를 향상하기 위해 평가조정 전략 사용

제시 형식	점자 시험지, 확대경의 사용, 큰 글씨체로 인쇄된 시험지, 지시사항을 소리 내 구두로 읽어주기, 지시사항을 수화로 전달하기, 지시사항을 해석해주기 등
답안 형식	시험지에 답 표시하기, 답 쓰기 위한 틀 사용하기, 답을 손으로 가리키도록 하기, 구두로 응답하기, 수화로 답하기, 타이핑으로 답하기, 컴퓨터 사용하여 답하기, 도움받고 답 해석하기 등
시험 환경	칸막이 책상에서 혼자 시험 보기, 소집단으로 시험 보기, 집에서 시험 보기, 특수학급에서 시험 보기 등
시험 시간	추가시간 제공하기, 시험 보는 동안 휴식시간 더 많이 제공하기, 며칠에 걸쳐 시험시간 연장하기 등

모범답안 ㉥, 답안 형식 조정

2026학년도 중등 A5

28 **(가)는 ○○중학교의 특수교사와 수학교사의 대화이고, (나)는 학생 A의 수업 참여를 돕기 위해 특수교사가 수학교사에게 안내한 자료의 일부이다. 〈작성 방법〉에 따라 서술하시오. [4점]**

(가) 특수교사와 수학 교사의 대화

> …(상략)…
>
> 특수교사 : 학생 A는 공식 등을 베껴 쓰기 어려워하고, 문장을 읽기 어려워하는 학습 특성도 있어요. 적절한 평가 조정 방법도 함께 안내해 드릴게요.

(나) 수학교사에게 안내한 자료

> 〈자료 2〉 평가 조정(test accommodation) 안내
>
> ㉣ 긴 문장의 평가 문항은 한 문항씩 차례로 제시해 주세요.
> ㉤ 문장의 길이가 짧고, 유형이 동일한 평가 문항은 함께 모아서 제시해 주세요.
> ㉥ 답안지가 아닌 문제지에 직접 답을 표시하도록 허용해 주세요.
> ㉦ 평가 문항의 핵심 단어에 밑줄을 표시하여 강조해 주세요.

작성방법

(나)의 〈자료 2〉에 제시된 ㉣~㉦ 중 평가 조정 유형이 다른 1가지를 찾아 기호를 쓰고, 해당 유형의 명칭을 쓸 것.

참고자료 기본이론 184-186p

키워드 평가방법의 수정

구조화틀 교수적합화의 유형

- 교수환경의 수정
  - 물리적 환경
  - 사회적 환경
- 교수집단의 수정
- 교수방법의 수정
  - 교수활동
  - 교수전략
  - 교수자료
- 교수내용의 수정
  - 동일수준
  - 중다수준
  - 중복
  - 기능적(대안)
- 평가방법의 수정
  - 표준평가
  - 평가조정
  - 대안평가
  - 장애유아의 교육과정 수정 전략

핵심개념

모범답안 민기는 학습된 무기력이 심하고 저조한 성취 경험 및 타인의 낮은 기대로 심리가 위축되어 있으므로, 이러한 특성을 고려해 학생의 능력·노력·성취 등 여러 영역에서 평가하는 다면적 점수화를 적용했다.

2016학년도 초등 A1

29 **(가)는 정신지체 학생 민기의 특성이고, (나)는 통합학급 교사와 특수학급 교사가 함께 작성한 '2009 개정 국어과 교육과정' 1~2학년군 '즐겁게 대화해요' 단원에 따른 교수·학습 계획서의 일부이다. 물음에 답하시오. [6점]**

(가) 민기의 특성

- 수용 및 표현 언어, 사회적 의사소통에 어려움이 있음
- 학습된 무기력이 심하고, 저조한 성취 경험 및 타인의 낮은 기대로 심리가 위축되어 있음

(나) 교수·학습 계획서

단원	즐겁게 대화해요.	차시	3~4차시
단원 성취 기준	상대에 적절하게 반응하며 대화를 나눈다.		
차시 목표	상대의 말에 맞장구치거나 질문하며 대화하는 방법을 안다.		
㉠ 교수·학습 활동		민기를 위한 고려사항	
• 설명하기: 상대의 말에 적절히 반응하며 대화하는 방법의 중요성을 설명하고, 적절한 대화 방법 안내하기 • 시범보이기 – 교사가 직접 적절한 대화와 부적절한 대화 시범보이기 – 다양한 대화 사례가 담긴 동영상 시청을 통해 간접 시범보이기 • 확인 및 연습하기: 적절하게 대화하는 방법을 이해하고 있는지 질문하고, '역할놀이 대본'을 이용하여 다양한 활동으로 적절한 대화를 연습하기 – ㉡ 안내된 연습하기 – 독립된 연습하기		• 민기가 좋아하는 캐릭터가 나오는 동영상이나 그림을 활용한다. • ㉢ 맞장구치거나 질문하며 대화하기를 지도할 때, 반언어적(준언어적) 표현과 비언어적 표현을 함께 가르친다. • 교수·학습 활동에서 민기를 도와줄 또래도우미를 선정해준다. • ㉣ 활동 참여에 대한 태도와 노력을 점검표에 기록(점수화)하고 칭찬한다.	

교수방법의 수정 중 교수전략의 수정 또는 교수자료의 수정에 해당함

교수방법의 수정 중 교수전략의 수정에 해당함
예 수업보조자 제공

평가방법의 수정 중 대안평가 유형인 다면적 점수화에 해당함

4) 민기의 수업 참여 촉진을 위해 교사가 (나)의 ㉣에서 교수적 수정(교수적합화)을 한 이유를 (가)와 관련지어 쓰시오. [1점]

교수적 수정(교수적합화)의 목적 → 다양한 교육적 요구를 지닌 학생들의 수행 향상과 수업 참여의 범위와 양을 확장하기 위함

참고자료 기본이론 169-186p

키워드 복합형

구조화틀 **교수적합화의 유형**

- 교수환경의 수정
  - 물리적 환경
  - 사회적 환경
- 교수집단의 수정
- 교수방법의 수정
  - 교수활동
  - 교수전략
  - 교수자료
- 교수내용의 수정
  - 동일수준
  - 중다수준
  - 중복
  - 기능적(대안)
- 평가방법의 수정
  - 표준평가
  - 평가조정
  - 대안평가
  - 장애유아의 교육과정 수정 전략

핵심개념 **대안적 평가방법의 수정**

평가에 참여할 수 없는 중도·중복장애 학생들의 어려움을 고려해 학생의 수준에 맞는 대안평가를 실시함

예 전통적인 점수화, IEP 점수화, 다면적 점수화, 공동 점수화, 항목 점수 체계, 자기평가, 계약 점수화, 포트폴리오 평가 등

모범답안 ③

2011학년도 중등 7

30 통합교육을 위한 교수적 수정의 유형별 방법과 내용이 바르게 연결된 것을 고른 것은?

	유형	방법	내용
(가)	교수환경 수정	사회적 환경 조성	장애학생 개개인의 소속감, 평등감, 존중감, 협동심, 상호의존감 등을 고려한다.
(나)	교수집단 수정	성취-과제 분담 (STAD)	학업 수준이 비슷한 학생 4~6명의 구성원이 과제를 완성하는 데 필요한 일을 분배하고 자료를 구한 후, 과제가 완성되면 집단에게 보고하고 피드백을 받는 협동학습 방법을 사용한다.
(다)	교수방법 수정	평행교수	두 교사가 동등한 책임과 역할을 분담하여 같은 학습 집단을 맡아서 가르치는 것으로, 수업 내용을 공동으로 구안하고 지도하는 협력교수 방법을 사용한다.
(라)	교수내용 수정	중첩 교육과정 (curriculum overlapping)	장애학생을 일반학생과 같은 활동에 참여하게 하되, 각각 다른 교육과정 영역에서 다른 교수목표를 선정하여 지도한다.
(마)	평가방법 수정	다면적 점수화	학생의 능력, 노력, 성취 등의 영역을 평가한다.

① (가), (나), (라)　② (가), (나), (마)
③ (가), (라), (마)　④ (나), (다), (마)
⑤ (다), (라), (마)

(가) 교수환경의 수정에는 물리적 환경의 수정과 사회적 환경의 수정이 있고, 적절한 내용으로 연결되어 있음

(나) 교수집단의 수정에는 대집단, 소집단, 협동학습, 또래교수, 일대일 교수, 자습 등이 있음. 교수집단 수정의 방법으로 협동학습인 성취-과제분담학습은 적절하나, 연결된 내용이 집단조사(GI)이므로 옳지 않음

(다) 교수방법의 수정에는 교수활동, 교수전략, 교수자료 수정이 있음. 특히 협력교수는 두 교사가 수업내용을 어떻게 전달할지와 관련되어 있으므로 교수방법 수정에 해당함. 협력교수 유형인 평행교수는 적절하나, 그 내용이 평행교수가 아닌 팀티칭이므로 옳지 않음

(라) 교수내용의 수정에는 중다수준 교육과정과 중복 교육과정이 있음. 제시된 내용은 적절히 연결되어 있음

(마) 평가방법의 수정에는 표준평가, 평가조정, 대안평가가 있음. 특히 대안평가의 유형 중 다면적 점수화의 설명이 적절히 제시되어 있음

참고자료 기본이론 174-175p, 184-186p

키워드

- 교수방법의 수정
- 평가방법의 수정

구조화 틀 **교수적합화의 유형**

- 교수환경의 수정
  - 물리적 환경
  - 사회적 환경
- 교수집단의 수정
- 교수방법의 수정
  - 교수활동
  - 교수전략
  - 교수자료
- 교수내용의 수정
  - 동일수준
  - 중다수준
  - 중복
  - 기능적(대안)
- 평가방법의 수정
  - 표준평가
  - 평가조정
  - 대안평가
  - 장애유아의 교육과정 수정 전략

핵심개념 **교수방법의 수정**

교수가 제시되고 전달되는 방식에서의 수정으로, 교수활동·교수전략·교수자료를 장애학생의 특성과 필요에 맞게 수정하는 것

- **교수활동의 수정**: 교사가 주어진 차시 안에서 학생이 학습할 주제를 구체적으로 구조화하여 편성한 것
  - 예 수행 수준이 일반학생들에 대한 기대만큼 미치지 못하는 장애학생을 위해 주요 과제를 작은 단계로 나누어 제공해주거나, 교수내용의 난이도나 양을 조절해주는 것 등
- **교수전략의 수정**: 교과의 성격이나 학생의 학습 양식에 따라 매우 다양하게 수정해줄 수 있음
- **교수자료의 수정**: 학생이 필수 개념을 효과적으로 습득할 수 있도록 하고, 구조화된 활동을 수행하는 데 도움이 되는 매개물

모범답안 ③

2012학년도 중등 12

31 **다음은 일반 중학교의 일반학급에 배치된 학습장애 학생 A의 특성이다. 학생 A의 효과적인 통합교육을 위해 교수적 수정(교수적합화)을 할 때 고려할 사항으로 적절하지 <u>않은</u> 것은?**

> • 수업 중 자주 주의가 흐트러진다.
> • 그림을 보고 그리는 데 어려움을 보인다.
> • 또래 일반학생들에 비해 필기 속도가 느리다.

① 과제를 나누어 제시하는 과제 제시 수정 방법을 고려한다.

② 교사가 판서한 내용을 유인물로 제작하여 학생에게 제공한다.

③ 교육과정 내용을 먼저 수정한 후, 교수방법의 수정을 고려한다.

④ 지필고사 시 시험 시간을 연장하는 평가조정 방법을 고려한다.

⑤ 학습자료를 제시할 때 주요 내용에 밑줄을 그어주는 등 시각적 단서를 제공한다.

① 교수방법의 수정 중 '교수활동의 수정'에 해당하는 방법 → 교수활동은 교사가 주어진 차시 안에서 학생이 학습할 주제를 구체적으로 구조화해 편성한 것으로, 수행 수준이 일반학생들에 대한 기대만큼 미치지 못하는 장애학생을 위해 주요 과제를 작은 단계로 나누어 제공해주거나, 교수내용의 난이도나 양을 조절해주는 것 등을 수정의 예로 들 수 있음

② 교수방법의 수정 중 '교수자료의 수정'에 해당하는 방법

③ 교수적합화 실행의 10가지 지침에 따르면, 교수적합화를 적용할 때 교육과정 내용보다는 교수환경과 교수방법의 수정을 더 선호함

④ 평가방법의 수정 중 '평가 조정'에 해당하며, 구체적으로는 시험시간 조정 유형임. 학생 A는 필기 속도가 느리기 때문에 시험 시간을 연장해주는 평가 조정이 필요함

⑤ 교수방법의 수정 중 '교수자료의 수정'에 해당함 → 교수자료의 수정이란 학생이 필수적인 개념을 효과적으로 습득할 수 있도록 하고 구조화된 활동을 수행하는 데 도움이 되는 매개물로, 학생 A의 취약한 기술(주의집중 부족)을 보상할 수 있는 교수자료를 제공함

참고자료 기본이론 187p

키워드 장애유아의 교육과정 수정 전략

구조화 틀 장애유아의 교육과정 수정 전략

- 환경적 수정
  - 물리적
  - 시간적
  - 사회적
- 교수적 수정
  - 활동
  - 교재

핵심개념

모범답안 ④

2011학년도 유아 28

32 **다음은 만 5세 통합학급 풀잎반 미술수업에서 유아특수교사인 민 교사와 유아교사인 김 교사가 '공룡 표현하기' 활동을 전개한 내용이다. 이 수업에 대한 설명으로 옳은 것을 〈보기〉에서 모두 고른 것은?**

<table>
<tr><th rowspan="2">단계</th><th rowspan="2" colspan="4">교수·학습 활동</th><th colspan="2">진행교사</th></tr>
<tr><th>김</th><th>민</th></tr>
<tr><td rowspan="4">도입</td><td colspan="4">공룡 사진을 보여주며 설경한다.</td><td>○</td><td></td></tr>
<tr><td colspan="4">교실 벽에 4장의 전지를 붙여 놓고 OHP로 공룡 사진을 투사 확대한다.</td><td>○</td><td></td></tr>
<tr><td colspan="4">일반 유아 1명과 장애 유아 1명이 확대된 공룡을 선 따라 그리게 한다.</td><td>○</td><td></td></tr>
<tr><td colspan="4">공룡의 일부분이 그려진 4장의 전지를 조별로 나누어준다.</td><td></td><td>○</td></tr>
<tr><td rowspan="3">전개</td><td>빨강 조</td><td>노랑 조</td><td>파랑 조</td><td>보라 조</td><td rowspan="3" colspan="2">두 교사가 두 조씩 맡아 조별 활동 지도</td></tr>
<tr><td>여러 가지 종이를 구겨 붙인다.</td><td>색연필, 크레파스, 물감으로 칠한다.</td><td>자유롭게 그린다.</td><td>• 여러 가지 모양을 오려 붙인다.</td></tr>
<tr><td>신문지 구기기를 좋아하는 발달지체 유아 민수에게 신문지를 구기도록 한다.</td><td>지체장애 유아 민이에게 스펀지가 달린 막대로 물감을 칠하도록 한다.</td><td>자폐성 장애 유아 효주에게 자신이 좋아하는 세밀화를 그리도록 한다</td><td>• 가위질이 서툰일반 유아 선미에게 보조 손잡이가 달린 가위로 교사와 함께 오리도록 한다.</td></tr>
<tr><td rowspan="2">정리·평가</td><td colspan="4">조별 활동에 대해 자신의 생각이나 느낌을 말하도록 한다.</td><td></td><td>○</td></tr>
<tr><td colspan="4">완성된 공룡 작품을 보고 생각나는 것을 이야기하도록 한다.</td><td></td><td>○</td></tr>
</table>

전개 단계에서 조별로 학생 수준에 맞는 활동들을 계획하고 있으므로 교육과정 수정 전략 중 '과제·활동 단순화' 전략 또는 '선호도' 전략에 해당함

부분참여 전략
비록 활동의 모든 측면에 참여하지 못하지만 활동의 일부에라도 참여할 수 있도록 하는 것으로, 장애학생의 자존감과 이미지 형성에 긍정적 영향을 줌
→ '여러 가지 종이를 구겨 붙이기'라는 활동 전체에 참여하지는 못하지만, '신문지 구기기' 활동 일부에 참여시키고 있으므로 부분참여 전략에 해당함

보기

ㄱ. 전개 단계에서 교육과정 수정 전략을 사용하였다.
ㄴ. 빨강 조 민수에게 부분참여 전략을 사용하였다.
ㄷ. 도입 단계에서는 대안적 교수방법을, 전개 단계에서는 평행교수 방법을 사용하였다.
ㄹ. 다양한 학습 표현 방법을 등등하게 인정해 주는 실제적 다수준 포함교수(authentic multi-level instrcution)를 사용하였다.

① ㄱ, ㄴ ② ㄱ, ㄷ
③ ㄷ, ㄹ ④ ㄱ, ㄴ, ㄹ
⑤ ㄴ, ㄷ, ㄹ

확장하기 +

장애유아의 교육과정 수정 전략

유형	수정 요소	수정 대상	수정의 예
환경적 수정	환경의 물리적 요소	• 학급 환경 • 활동 영역 • 특수 교구	• 쉽게 산만해지는 유아를 위해 읽기 영역이 충분히 조용한지 점검하고 배려함 • 활동 영역을 유아가 좋아하는 주제로 구성함 • 독립적인 선택 활동 및 정리하기 활동을 위해 교재와 선반에 라벨을 붙임 • 이젤을 사용할 때 스탠더를 사용하게 함
	환경의 시간적 요소	• 일과 및 활동 시간표 • 활동 내 과제의 순서	• 오후에 집중력이 떨어지는 유아를 위해 집중력이 필요한 활동을 오전에 배치함 • 활동 중에 선호하는 과제를 수행하기 위해서 선호하지 않는 과제를 먼저 수행하게 함
	환경의 사회적 요소	• 성인 • 또래	• 대집단 활동에 참여하지 않는 유아 옆에서 성인이 참여를 촉진하고 지원함 • 간식 시간이나 정리하기 시간에 또래와 짝을 지어 간식을 나누어 주거나 정리할 수 있게 함 • 놀잇감을 적절하게 가지고 놀지 못하는 유아가 모델링이 가능한 또래와 같은 소집단에서 활동하게 함
교수적 수정	활동	• 활동 방법 • 활동 난이도	• 이야기나누기 시간에 잘 참여하지 않는 유아를 위해 유아가 좋아하는 동물인형을 손에 끼고 진행함 • 복잡하고 어려운 과제를 여러 개의 작은 단계로 나누어 수행하게 함 • 종이 한 장을 모두 색칠하기 어려워하는 유아에게 색지를 이용해서 색칠하는 양을 줄여줌 • 색종이를 오려 붙이는 활동 중 색종이 크기를 크게 잘라줌
	교재	교재(놀잇감)	• 걸음걸이가 불안정하고 잘 넘어지는 유아가 워커 사용을 거부하면 워커에 좋아하는 말 인형을 부착해 사용하게 함 • 활동 영역에 유아가 좋아하는 주제의 놀잇감을 비치함 • 사회적 가치가 높은 놀잇감을 활동 영역에 비치하고 또래와의 상호작용에 참여하게 함 • 숟가락을 자주 떨어뜨리는 유아에게 손목 벨트가 달린 숟가락을 제공함

참고자료 기본이론 187p

키워드 장애유아의 교육과정 수정 전략

구조화 틀 장애유아의 교육과정 수정 전략

- 환경적 수정
  - 물리적
  - 시간적
  - 사회적
- 교수적 수정
  - 활동
  - 교재

핵심개념

모범답안 교재 수정

2013학년도 추가유아 B8

33 준이는 통합유치원에 다니는 만 5세 자폐성장애 유아이다. 물음에 답하시오. [5점]

활동명	친구와 나의 그림자
활동 목표	• 그림자를 보면서 나와 친구의 모습을 인식한다. • 빛과 그림자를 탐색한다.
활동 자료	• 빔 프로젝터, 동물 관련 동요 CD • ㉡ <u>재생과 정지 버튼에 스티커를 붙인 녹음기</u>
활동 방법	1. 빔 프로젝터를 통해 비치는 자신의 그림자를 탐색해본다. – 유아의 순서를 네 번째 정도로 배치해 차례 기다리기를 지도한다. 2. 신체를 움직여 보면서 달라지는 그림자를 관찰한다. 3. 다양한 동작을 이용하여 그림자를 만들어본다. – 유아들이 그림자 모양을 만들 때, ㉢ <u>친구와 손잡고 돌기, 친구 껴안기, 친구와 하트 만들기, 간지럼 태우기 등 유아 간의 신체적 접촉이 일어나도록 그림자 활동을 구조화</u>하여 지도한다. – 동요를 들으며 유아가 선호하는 동물모양을 친구와 함께 다양한 동작으로 표현하도록 지도한다.

3) ㉡에 해당하는 교육과정 수정 전략을 쓰시오. [1점]

참고자료 기본이론 187p

키워드 장애유아의 교육과정 수정 전략

구조화 틀 **장애유아의 교육과정 수정 전략**

- 환경적 수정
  - 물리적
  - 시간적
  - 사회적
- 교수적 수정
  - 활동
  - 교재

핵심개념 **교재 수정**

- 최대한의 독립적 참여를 촉진하기 위해 교재를 수정함 예 교재나 교구를 최적의 위치에 배치
- 테이프나 벨크로 등을 사용한 교재 고정
  예 학생이 풀칠을 못할 경우 테이프로 붙이게 함

모범답안 교재 수정

2018학년도 유아 A2

34 **(가)는 통합학급 5세 반 경수의 미술 작품이고, (나)는 김 교사의 반성적 저널의 일부이다. 물음에 답하시오. [5점]**

(가)

미술 활동 시간에 경수에게 한지띠를 도화지에 가로로 붙여 제시하였더니 윗부분에는 해와 구름, 아랫부분에는 물고기를 그렸다.

이전 작품의 예

한지띠 부착

오늘 작품

1) (가)에서 교사가 사용한 교육과정 수정 전략을 쓰시오. [2점]

※ '교육과정 수정 전략'이라고 제시되어 있을 경우 → '교수적합화' 유형이 아니라 유아특수 개념인 '교육과정 수정 전략'에 근거해 답안을 써야 함

참고자료 기본이론 187p

키워드 장애유아의 교육과정 수정 전략

구조화 틀 **장애유아의 교육과정 수정 전략**

- 환경적 수정
  - 물리적
  - 시간적
  - 사회적
- 교수적 수정
  - 활동
  - 교재

핵심개념 **교재 수정**

- 최대한의 독립적 참여를 촉진하기 위해 교재를 수정함 예 교재나 교구를 최적의 위치에 배치
- 테이프나 벨크로 등을 사용한 교재 고정
  예 학생이 풀칠을 못할 경우 테이프로 붙이게 함

모범답안 교재 수정

2024학년도 유아 B5

35 (가)와 (나)는 5세 자폐성장애 유아 혜진이에 대한 6월 가정통신문의 일부이다. 물음에 답하시오. [5점]

(가)

혜진이의 놀이 이야기(6월)

혜진이의 놀이

요즘 바다반 친구들이 물감놀이를 즐기고 있습니다. 평소에 ㉠ 끈적이고 미끌거리는 액체를 만지는 것에 대해 강한 거부감을 보이던 혜진이는 물감놀이에 참여하는 것을 어려워했습니다.

그래서 혜진이와 친구들이 모두 즐겁게 참여하도록 '데칼코마니' 활동을 준비했습니다. ㉡ 평소에 치약 냄새를 아주 좋아하는 혜진이를 위해 도화지 위에 혜진이가 짜 놓은 치약에 물감을 조금씩 섞어 주었습니다. 그랬더니 혜진이가 손에 물감을 직접 묻히지 않는 치약물감놀이에는 참여하기 시작하였습니다. [A]

…(하략)…

1) (가)를 참고하여 ㉡에 해당하는 교육과정 수정 요소를 쓰시오. [2점]

참고자료 기본이론 187p

키워드 장애유아의 교육과정 수정 전략

구조화틀 **장애유아의 교육과정 수정 전략**

- 환경적 수정
  - 물리적
  - 시간적
  - 사회적
- 교수적 수정
  - 활동
  - 교재

핵심개념 **교재 수정**

- 최대한의 독립적 참여를 촉진하기 위해 교재를 수정함 예 교재나 교구를 최적의 위치에 배치
- 테이프나 벨크로 등을 사용한 교재 고정
  예 학생이 풀칠을 못할 경우 테이프로 붙이게 함

모범답안 교재 수정

2025학년도 유아 A6

36 **(가)는 5세 지체장애 유아 민우와 발달지체 유아 윤호의 통합 학급 놀이 장면이고, (나)는 유아 특수교사 김 교사와 유아교사 유 교사의 대화이다. 물음에 답하시오. [5점]**

(나)

유 교사 :	선생님, 오늘 박 터트리기 활동 너무 재밌었죠? 그런데 박이 잘 안 터지던데 다음에는 어떻게 하면 좋을까요?
김 교사 :	㉢ <u>약한 힘으로도 잘 터질 수 있도록 박에 틈을 내주면 되겠네요.</u>
유 교사 :	좋은 생각이에요.

1) (나)의 밑줄 친 ㉢은 샌달과 슈워츠(S. Sandall & I. Schwartz)가 제시한 교수적 수정 전략 중 무엇에 해당하는지 쓰시오.

참고자료 기본이론 187p

키워드 장애유아의 교육과정 수정 전략

구조화틀 장애유아의 교육과정 수정 전략

- 환경적 수정
  - 물리적
  - 시간적
  - 사회적
- 교수적 수정
  - 활동
  - 교재

핵심개념 활동 수정의 예

- 이야기 나누기 시간에 잘 참여하지 않는 유아를 위해 유아가 좋아하는 동물인형을 손에 끼고 진행함
- 복잡하고 어려운 과제를 여러 개의 작은 단계로 나누어 수행하게 함
- 종이 한 장을 모두 색칠하기 어려워하는 유아에게 색지를 이용해서 색칠하는 양을 줄여줌
- 색종이를 오려 붙이는 활동 중 색종이 크기를 크게 잘라줌

모범답안 ㉠ 나비 접기 3단계로 종이 접기를 지도한다.

2026학년도 유아 A2

37 (가)는 발달지체 유아 은우의 일화기록 자료의 일부이고, (나)는 유아특수교사 윤 교사와 김 교사의 대화이다. 물음에 답하시오. [5점]

(가)

관찰유아	○은우	연령	4세
관찰일	3월 ○일	관찰자	윤○○
관찰시간	10:00~10:10	관찰장면	종이 접기 놀이 상황

관찰 내용

미술 놀이 영역에서 유아들이 ㉠ 나비 접기 5단계를 따라 종이 접기를 하고 있다. 은우가 보라 옆에서 바라보며 앉아 있다. ㉡ 심심해 보이는 은우가 친구들과 함께 나비를 접고 싶은지 색종이를 꺼낸다. 보라는 자리에 앉아 색종이를 꺼내고, 나비 접기 단계를 보며 색종이를 반으로 접는다. ㉢ 은우가 1단계를 보고 따라 접는다. 은우가 "못해."라고 말한다. 색종이를 펼쳤다 다시 접더니 "못해."라고 말한다. 옆에 앉아 있던 ㉣ 보라가 나비 접기 단계를 손으로 가리키며 "이거 보고 따라 접어 봐."라고 말한다. 그러자 옆에 앉아 있던 민기가 "맞아, 따라 접으면 쉬워."라고 말한다. 은우가 민기를 쳐다보며 "못해."라고 말한다. ㉤ 은우는 색종이를 두고 역할 놀이 영역으로 간다.

…(하략)…

1) (가)의 밑줄 친 ㉠에 적용할 활동 단순화의 구체적인 예 1가지를 쓰시오. [1점]

Chapter

05 협동학습(cooperative learning) | 보충자료 ① |

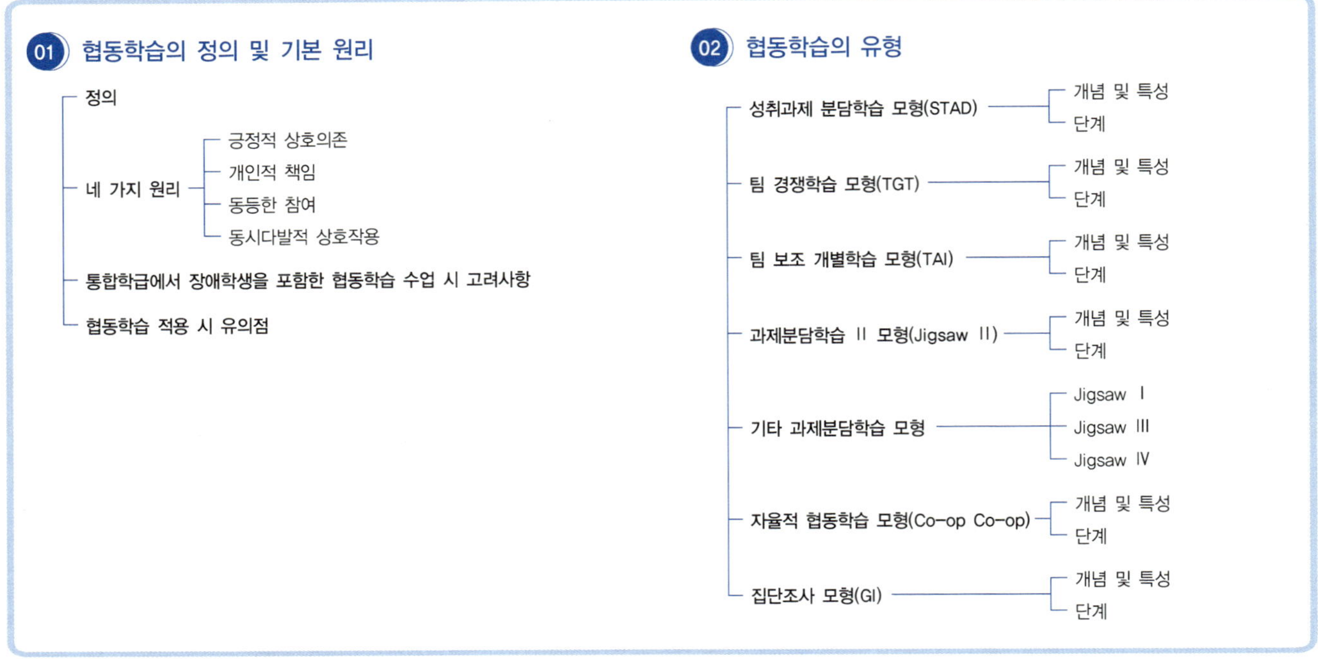

참고자료 기본이론 194-197p

키워드 협동학습의 원리

구조화 틀 협동학습의 이해

- 정의
- 원리
  - 긍정적 상호의존
  - 개인적 책임
  - 동등한 참여
  - 동시다발적 상호작용
- 협동학습의 문제점
  - 부익부 빈익빈
  - 봉 효과/무임승객 효과

핵심개념 협동학습의 원리

- **긍정적 상호의존**: "네가 잘돼야 나도 잘된다."
- **개인적 책임**: "내가 맡은 일은 내가 잘할게."
- **동등한 참여**: "참여의 기회가 똑같다."
- **동시다발적 상호작용**: "같은 시간에 여기저기서"

모범답안 ②

2013학년도 중등 18

01 **다음은 중학교에서 통합교육을 받고 있는 중도·중복장애 학생 A~E를 위해 교사들이 실행한 수업 사례이다. 각각의 사례에 대한 설명으로 옳은 것만을 〈보기〉에서 있는 대로 고른 것은? [2.5점]**

박 교사: 과학시간에 심장의 구조와 생리를 지도하면서 학생 A에게는 의사소통 기술을 지도하였다.
이 교사: '지역의 문화재 알기' 주제로 모둠별 협동학습을 실시하였는데, 학생 B가 속한 모둠은 '문화재 지도 만들기'를 하였다.
김 교사: 사회과 수업목표를 지역사회 공공기관에서 일하는 사람들의 역할 익히기에 두고, 학생 C는 지역사회 공공기관 이름 익히기에 두었다.
정 교사: 체육시간에 농구공 넣기를 평가하기 위해 학생 D의 능력, 노력, 성취 측면을 고려하여 골대의 높이를 낮춘 후 수행 빈도를 측정하였다.
신 교사: 글을 읽지 못하는 학생 E를 위해 교과서를 텍스트 파일로 변환하고, 화면읽기 프로그램을 실행하여 교과서의 내용을 듣게 하였다.

협동학습
학습능력이 각기 다른(이질적인) 학생들이 동일한 학습목표를 위해 소집단 내에서 함께 활동하는 수업방법

보기

ㄱ. 학생 A에게 설정된 교육목표는 과학 교과 안에서의 교육목표 위계 개념에 기초하여 작성하였다.
ㄴ. 과제를 하는 동안 학생 B와 모둠 구성원 간에 상호의존성이 작용한다.
ㄷ. 학생 C에게는 '중첩 교육과정'을 적용한 것이다.
ㄹ. 수업을 계획하는 과정에서 학생 D에게 적절한 성취준거를 설정하여 규준참조평가를 실시한다.
ㅁ. 학생 E에게 적용한 보편적 학습설계 원리는 '다양한 정보제시 수단의 제공'에 해당한다.

① ㄱ, ㄹ ② ㄴ, ㅁ
③ ㄷ, ㄹ ④ ㄱ, ㄴ, ㅁ
⑤ ㄴ, ㄷ, ㅁ

확장하기 +

협동학습의 필수요소(원리)

Johnson 외	• 작은 이질집단 내에서의 일대일 상호작용 • 공동의 목표, 생산물, 노동, 교재, 역할 등을 통한 상호의존성 • 사회적 상호작용 기술에 대한 직접교수 • 학업적 · 사회적 목표 성취를 위한 개인의 책무성 • 집단 기능의 효율성을 검증하기 위한 과정
Davidson	• 집단 활동에 적합한 공동의 과제나 활동 • 이질적 집단으로 구성된 소집단 학습 활동 • 협동적이고 협력적인 기술 • 긍정적 상호의존성 • 보상과 과제에 대한 개별책무성 　– **보상에 대한 개별책무성**: 팀 구성원의 점수를 합한 것에 근거해 보상을 받는 것 　– **과제에 대한 개별책무성**: 각 학생이 자신이 맡은 과제에 대해 책임을 가지는 것
Gargiulo	• 긍정적 상호의존성 • 대면적 상호작용 • 개별책무성 • 사회적 기술 • 집단과정
Miguel	• 긍정적 상호의존 • 개인적 책임 • 동등한 참여 • 동시다발적 상호작용

참고자료 기본이론 194-197p

키워드 협동학습의 원리

구조화 틀 협동학습의 이해

- 정의
- 원리
  - 긍정적 상호의존
  - 개인적 책임
  - 동등한 참여
  - 동시다발적 상호작용
- 협동학습의 문제점
  - 부익부 빈익빈
  - 봉 효과/무임승객 효과

핵심개념 긍정적 상호의존성

- 학생들 개개인이 집단의 성공을 위해 자신뿐만 아니라 동료들도 성취해야 하기 때문에 서로 도움을 주는 관계
- 일반적으로 교실에서 자연스럽게 일어나지 않으므로 학생 간의 협동적 활동에는 특정적인 구조화가 필요함

결과적 상호의존성	
목표의 상호 의존	개인이 다른 개인들과 협동적으로 연결되어 그 집단의 목표를 달성할 수 있을 때 생겨남
보상의 상호 의존	집단의 개개인이 공동과제를 성공적으로 완수한 후 똑같이 보상을 받을 수 있을 때 생겨남
수단적 상호의존성	
자원의 상호 의존	집단의 개개인이 각자 과제를 완수하는 데 필요한 정보자원과 자료를 가지고 있으며, 집단의 목표를 달성하기 위해 각 구성원이 가진 자원을 결합하지 않으면 안 될 때 생겨남
역할의 상호 의존	집단의 과제를 해결해 나가는 과정 속에서 책임적인 역할을 부여받았을 때 생겨남
과제의 상호 의존	분업화, 구성원 모두가 자신이 맡은 책임을 다해야 과제를 완성할 수 있을 때 생겨남

모범답안

㉢ 구성원 모두가 자신이 맡은 역할에 책임을 다해야 과제를 완성할 수 있도록 구조화한다.
㉣ 집단의 개개인이 공동과제를 성공적으로 완수한 후 똑같이 보상을 받을 수 있도록 구조화한다.

2020학년도 초등 A3

02 (가)는 정서 · 행동장애 학생 성우의 사회과 수업 참여 방안에 대해 특수교사와 일반교사가 나눈 대화의 일부이고, (나)는 '아동 · 청소년 행동평가척도(Child Behavior Checklist ; CBCL 6-18)' 문제행동증후군 하위 척도와 설명이다. 물음에 답하시오. [6점]

> 일반교사: 성우는 성적도 낮은 편이라 모둠 활동을 할 때 환영받지 못하는 경우가 많아서 사회과 수업에 협동학습을 적용하려고 해요. 그런데 협동학습에서도 ㉡ 능력이 뛰어난 학생이 모둠 활동에 지나치게 개입하여 주도하려는 현상이 나타날 수 있어요.
> 특수교사: 맞습니다. 교사는 그러한 현상을 방지하기 위해서 ㉢ 과제 부여 방법이나 ㉣ 보상 제공 방법을 면밀하게 고려해보아야 하지요.
> 일반교사: 그렇군요. 집단 활동에서 성우의 학습 수행을 평가할 수 있는 방법은 무엇인가요?
> 특수교사: 관찰이나 면접을 활용하여 성우의 ㉤ 공감 능력, ㉥ 친사회적 행동 실천 능력의 변화를 평가하면 좋을 것 같습니다.
>
> …(하략)…

부익부 빈익빈 현상
능력이 뛰어난 학생이 모둠 활동에 지나치게 개입하여 주도하려는 현상
→ 해당 학생은 집단의 성공을 위해 자신뿐만 아니라 동료들도 성취해야 하므로 서로 도움을 주어야 한다는 '긍정적 상호의존성'이 필요함

과제의 상호의존

보상의 상호의존

2) (가)의 ㉡을 방지하기 위해 교사가 할 수 있는 ㉢과 ㉣의 구체적인 내용을 각각 쓰시오. [2점]

참고자료 기본이론 197-198p

키워드 협동학습의 원리

구조화 틀 협동학습의 이해

- 정의
- 원리
  - 긍정적 상호의존
  - 개인적 책임
  - 동등한 참여
  - 동시다발적 상호작용
- 협동학습의 문제점
  - 부익부 빈익빈
  - 봉 효과/무임승객 효과

핵심개념 통합학급에서 장애학생을 포함한 협동학습 수업 시 고려사항

- **교사의 관리·감독**: 각 소집단에서 장애학생을 포함한 모든 학생들이 학습활동에 참여하도록 감독
- 이질적 집단
- 긍정적 상호의존성
- 개별적 책무성
- **대면적 상호작용**: 가까운 거리에서 시선을 마주보면서 말이나 몸짓으로 대화하도록 격려
- **사회적 기술**: 집단 구성원 사이의 긍정적 상호작용과 의사소통을 향상시키는 활동. 교사는 협동학습의 집단에서 서로 협동하고 사회적 기술을 배울 수 있도록 가르쳐야 함
- 활동의 진행
- 평가

모범답안

- 교사는 협동학습 과정에서 사회적 기술을 배울 수 있도록 한다.
- 교사는 학생들이 개인의 책무를 다하도록 감독한다.
- 교사는 학생들이 긍정적 상호의존을 할 수 있도록 한다.

2016학년도 중등 B8

03 다음은 중학교 1학년 통합학급에서 일반교사와 특수교사가 협력교수를 실시하기 위해 작성한 사회과 교수·학습 지도안의 일부이다. 협력교수의 장점과 차이점, 특수교사의 지원 내용을 <작성방법>에 따라 논하시오. [10점]

〈사회과 교수·학습 지도안〉

단원명	일상생활과 법	대상	중 1-3, 30명 (장애학생 2명 포함)	교사	일반교사 김○○, 특수교사 박○○
주제 (소단원)	개인의 권리 보호와 법			차시	6/9
학습 목표	• 권리와 의무의 관계를 설명할 수 있다. • 자신의 권리를 정당한 절차와 방법을 통해 주장할 수 있다.				
수정된 학습 목표	• 일상생활에서 자신의 권리와 의무를 말할 수 있다. • 권리 구제에 도움을 주는 기관을 말할 수 있다.				
학습 단계	교수·학습 활동		교수·학습 방법	자료 및 유의점	
도입	• 전시 학습 확인 • 학습 목표 제시				
전개	활동 1: 개인의 권리와 의무 • 일상생활에서 자신의 권리를 행사한 경험을 발표하기 • 권리와 의무의 관계 알기		㉠ 평행 교수	자기검검표	
	활동 2: 권리 침해를 구제받는 방법 • 개인의 권리 보호가 어떻게 이루어지는지 알기 • 침해된 권리를 찾는 방법 알기 • 정부 기관과 시민 단체를 통한 권리를 찾는 방법 알기 • 정부 기관과 시민 단체를 통한 권리 구제의 방법을 담은 안내 노트 작성하기		㉡ 스테이션 교수	• 안내 노트 • 스테이션을 3개로 구성함	
	활동 3: 권리 구제에 도움을 주는 기관 조사 • 권리 구제에 도움을 주는 기관과 해당 기관의 역할을 모둠별로 조사하기 • 모둠별로 조사한 내용을 전체 학생을 대상으로 발표하기		㉢ 협동 학습	권리 구제 관련 기관의 목록	

협동적 프로젝트 유형(CP)
집단 내 협동, 집단 간 협동
예 자율적 협동학습(Co-op Co-op), 집단조사(GI) 등

작성방법

㉢에서 장애학생이 집단의 구성원으로서 긍정적인 역할을 할 수 있도록 사회적 환경을 조성하기 위해 특수교사가 지원해야 할 내용 2가지를 설명할 것.

2025학년도 초등 A2

04 다음은 특수교사가 통합교육 지원을 위한 협의회에서 통합학급 교사들과 나눈 대화의 일부이다. 물음에 답하시오. [5점]

> 홍 교 사: 선생님, 저는 체육 수업에서 협동학습을 적용해보려고 합니다. ㉣ <u>학생 팀 학습(Student Team Learning: STL)과 협동적 프로젝트(Cooperative Project : CP)</u>를 고려하고 있는데 어떤 것을 선택하면 좋을까요?
>
> 특수교사: 잘 아시겠지만 두 가지 유형은 모두 장단점이 있습니다. 수업 내용이나 학생의 특성 등을 고려해서 선택해야 합니다.

3) 밑줄 친 ㉣을 집단 간 경쟁의 측면에서 비교하여 쓰시오.

참고자료 기본이론 198p

키워드 STL vs CP

구조화 틀 **협동학습의 유형(STL vs CP)**

- 성취과제 분담학습 모형(STAD)
- 팀 경쟁학습 모형(TGT)
- 팀 보조 개별학습 모형(TAI)
- 과제분담학습 모형(JIGSAW Ⅱ)
- 자율적 협동학습 모형(Co-op Co-op)
- 집단조사 모형(GI)

핵심개념 **협동학습 유형**

협동학습 기법들은 집단 간 경쟁을 채택하는가 혹은 집단 간 협동을 채택하는가에 따라 '학생 팀 학습유형(STL)'과 '협동적 프로젝트 유형(CP)'으로 나눌 수 있음

모범답안 STL은 집단 간 경쟁을 하지만, CP는 집단 간 협력을 강조한다.

확장하기 +

STL과 CP의 비교

유형	주요모형	학습과제	집단크기	적용대상	팀 간 경쟁 팀 간 협동	유인구조	과제구조
STL	STAD	기본기능	4~5명	중	팀 간 경쟁	개별평가 집단보상	집단연구
	TGT	기본기능	4~5명	초, 중	팀 간 경쟁	개별평가 집단보상	집단연구
	Jigsaw Ⅱ	기본기능 상위기능	5~6명	초	팀 간 경쟁	개별평가 집단보상	과제점수화
	TAI	기본기능	4~5명	초	팀 간 경쟁	개별평가 집단보상	개별과제
CP	Jigsaw Ⅰ	상위기능	3~7명	초	팀 간 협동	개인성적	과제전문화
	GI	상위기능	3~6명	초, 중	팀 간 협동	집단보고서	과제전문화
	Co-op Co-op	상위기능	3~6명	중, 고, 대	팀 간 협동	집단보고서	과제전문화
	LT	기본기능 상위기능	3~6명	초	팀 간 협동	집단보상 집단보고서	집단연구
	Jigsaw Ⅲ	기본기능	3~6명	중	팀 간 협동	개인성적	과제전문화

참고자료 기본이론 199-200p

키워드 STAD

구조화틀 **협동학습의 유형(STL vs CP)**

- 성취과제 분담학습 모형(STAD)
- 팀 경쟁학습 모형(TGT)
- 팀 보조 개별학습 모형(TAI)
- 과제분담학습 모형(JIGSAW II)
- 자율적 협동학습 모형(Co-op Co-op)
- 집단조사 모형(GI)

핵심개념 **성취과제 분담학습(STAD) 단계**

① **수업 안내**: 교사는 전체 학급을 대상으로 단원의 전체 개요를 직접 교수하면서 학생이 주요 학습내용과 공부해야 할 이유를 이해하도록 함. 교사는 학생들에게 활동 중간에 개별적으로 점수를 주고, 이는 집단점수에 가산되며, 집단이 받은 점수를 근거로 보상을 받게 된다고 안내함. 이때 장애학생이 상대적으로 향상될 잠재력이 크기 때문에 집단점수를 가장 많이 올려줄 수 있다는 점을 설명하며, 다른 사람들이 장애학생에게 도움을 받아야 한다는 점을 설명함

② **소집단 학습**: 성별, 성격, 성적 등을 고려해 최대한 이질적인 4~6명의 소집단을 구성함. 집단 구성원은 주어진 문제나 교재를 동료들과 함께 공부함. 학생들은 짝과 공부하고, 문제를 집단적으로 토의하며, 답을 비교하면서 문제를 함께 해결함

③ **형성평가**: 소집단 활동이 끝나면 학생 개인별로 퀴즈를 통해 형성평가를 실시하며, 평가 점수는 개인점수로 계산됨

④ **개인별 · 팀별 점수 계산**
- **개인향상점수**: 초기에 정해진 각 학생의 기본점수보다 향상된 점수를 산출해 개인 점수 부여
- **집단점수**: 팀원의 개별 향상점수 총합의 평균을 산출해 집단점수 부여

⑤ **팀 점수 게시와 보상 제공**: 수업이 끝나면 즉시 개인점수와 집단점수를 게시하고, 우수한 개인이나 집단에게 보상을 제공함. 가능한 한 많은 소집단을 시상하고, 소집단 간 경쟁을 유도하되, 절대평가를 실시하는 것이 바람직함

모범답안
- ㉠ 이질적 모둠 구성
- ㉣ 모든 팀원의 개별 향상점수 총합의 평균을 산출해 집단점수를 부여한다.

2020학년도 중등 A10

05 **다음은 읽기 학습장애 학생 J가 있는 통합학급에서 교사가 활용할 교수 · 학습 활동의 예시이다. 〈작성방법〉에 따라 서술하시오. [4점]**

내용 요소		글의 주요 내용 파악하기
주제		설명하는 글을 읽고 구조화하여 글의 내용 이해하기
학습 모형		학생집단 성취모형(Student Teams Achievement Division; STAD)
모둠 구성		• 이전 시간에 성취한 점수 확인하기 • (　　　㉠　　　)
모둠 읽기 활동	읽기 전	• 브레인스토밍: 읽을 글에 대해 알고 있는 내용을 생성하고, 조직화한 후, 정교화하기 • ㉡ 글의 제목, 소제목, 그림 등을 훑어보고 글의 내용 짐작하기
	읽기 중	• 모둠원의 개별 수준에 맞는 글 읽기 • 단서 단어 및 중요한 단어 학습하기 〈수준별 읽기자료 예시〉 미래 직업 변화하는 미래에 기대되는 직업은 환경의 중요성이 커짐에 따라 생기는 직업 등으로 나눌 수 있다. 그중 환경의 중요성이 커짐에 따라 생기는 직업에는 기후변화 전문가, 에코제품 디자이너 등이 있다. 그리고 로봇을 이용한 작업이 많아짐에 따라 생기는 직업에는 로봇 디자이너, 로봇 공연 기획자 등이 있다. …(하략)… • 글의 구조를 고려하여 주요 단어를 기록하기 ㉢ 미래직업 → 환경(기후변화, 에코제품), 로봇(디자이너, 공연기획자)
	읽기 후	• 글 이해에 대한 개별평가 후 채점하기 • ㉣ 모둠 성취 평가하기
유의할 점		교사는 모둠원들이 서로 도우며 주어진 읽기 자료를 이해하도록 지도한다.

긍정적 상호의존성

작성방법
- 괄호 안의 ㉠에 들어갈 모둠 구성 방법을 서술할 것.
- 밑줄 친 ㉣을 수행하기 위한 방법을 서술할 것.

참고자료 기본이론 199-200p

키워드 STAD

구조화 틀 **협동학습의 유형(STL vs CP)**

- 성취과제 분담학습 모형(STAD)
- 팀 경쟁학습 모형(TGT)
- 팀 보조 개별학습 모형(TAI)
- 과제분담학습 모형(JIGSAW Ⅱ)
- 자율적 협동학습 모형(Co-op Co-op)
- 집단조사 모형(GI)

핵심개념 **또래교수의 장점**

- 주어진 과제에 반응 및 연습기회 증가
- 과제 참여시간 증가
- 수시 피드백 제공
- 문제행동 감소

모범답안 STAD는 형성평가를 통한 개인별 향상 점수를 산출하고, 이것의 평균을 구해 팀 점수를 산출한다. 따라서 국어시험에서 낮은 점수를 받는 민우도 팀에 기여할 가능성이 높아지므로 STAD를 적용했다.

2015학년도 초등 B1

06 **다음은 특수학급 박 교사와 통합학급 임 교사의 대화 내용이다. 물음에 답하시오. [4점]**

> 박 교사: 선생님도 잘 아시다시피 민우는 글을 유창하게 읽지 못하고 읽기이해 능력도 매우 떨어져요. 그래서 국어 시험을 보면 낮은 점수를 받지요.
>
> 임 교사: 제가 국어시간에 읽기 활동을 할 때 협동학습의 한 유형인 ㉠ 모둠성취분담모형(Student Teams-Achievement Division; STAD)을 적용하려고 해요. 그런데 민우는 모둠활동에서 초반에는 관심을 보이지만, 이내 싫증을 내곤 해요. 그래서 끝까지 참여하는 데 어려움이 있어서 조금 걱정이 돼요.
>
> 박 교사: 그렇다면 민우에게는 모둠성취분담모형(STAD)과 함께 또래교수의 한 유형인 (㉡)을/를 적용해보면 어떨까요? (㉡)은/는 ㉢ 파트너 읽기, 단락(문단) 줄이기, 예측 릴레이 단계로 진행되는데, 민우의 읽기 능력 향상에 도움이 될 거예요.

장애학생 또는 저성취학생이 상대적으로 향상될 잠재력이 크기 때문에 집단에 점수를 가장 많이 올려줄 수 있으므로 이를 위해 긍정적 상호의존성이 중요함을 설명함

이러한 특성으로 성취과제 분담학습 모형(STAD)과 또래교수를 함께 적용함

1) 임 교사가 ㉠을 적용하고자 하는 이유를 민우의 특성과 연결하여 1가지 쓰시오. [1점]

참고자료 기본이론 202p

키워드 TAI

구조화 틀 **협동학습의 유형(STL vs CP)**

- 성취과제 분담학습 모형(STAD)
- 팀 경쟁학습 모형(TGT)
- 팀 보조 개별학습 모형(TAI)
- 과제분담학습 모형(JIGSAW Ⅱ)
- 자율적 협동학습 모형(Co-op Co-op)
- 집단조사 모형(GI)

핵심개념 **팀 보조 개별학습(TAI) 단계**

① **배치검사와 집단구성**: 수업을 시작하기 전, 학생들은 어느 수준에 위치하고 있는지 평가하기 위한 사전 검사를 받음. 검사 결과를 토대로 4~5명의 이질적인 팀에 배정됨

② **학습안내지와 문항지 배부**: 학생들은 자신의 수준에 적합한 개인별 단원을 공부함. 학습지는 '안내(개념의 개관과 문제해결절차 소개)-기능훈련(문제 제공, 4개 문항, 4장)-형성평가(10개 문항, 2장)-단원평가(15개 문항, 1장)-정답지'로 구성됨

③ **소집단 학습**: 집단 구성원들은 자신의 집단 내에서 서로의 학업 성취도를 점검하기 위해 2명 또는 3명씩 짝을 정해 먼저 기능훈련지로 문제를 해결함. 4개 문항으로 구성된 각 장을 해결하고 나면 정답지를 가지고 가서 또래의 점검을 받음. 모두 맞았으면 형성평가 단계로 넘어가고, 틀렸으면 또 다른 묶음의 4문제를 풂. 이런 식으로 기능훈련 문제지 한 묶음(4문제)을 다 맞출 때까지 계속함. 이 과정에서 어려움이 있으면 동료에게 도움을 청하고, 그래도 어려울 경우 교사에게 도움을 청함. 형성평가에서 80% 이상 도달하면 집단에서 주는 합격증을 받고 단원평가에 참여함

④ **집단 교수**: 교사는 아동이 학습하는 동안 5~15분간 각 집단에서 동일 수준의 학생을 직접 교수함

⑤ **집단점수와 집단보상**: 집단점수는 각 집단 구성원이 해결한 평균 단원 수와 단원평가의 점수를 기록해서 계산함. 결과에 따라 집단보상을 제공함

2013학년도 초등 A1

07 **다음은 김 교사가 초등학교 4학년 수학 시간에 실시한 협동학습과 관련된 내용이다. 이 수업에 통합되어 있는 경아는 특수교육대상학생으로 수학에 어려움을 보이고 있다. 물음에 답하시오. [5점]**

〈집단 구성 및 학습자료〉
- 학급 학생을 대상으로 개별 진단 및 배치 검사를 실시함
- 4~5명씩 이질적인 학습 집단(A, B, C, D)으로 구성함
- 각 학생의 학습 속도 및 수준에 적합한 학습자료를 제공함

〈학습집단〉
- 학생은 각자 자기 집단에서 개별학습 과제를 수행함
- 문제 풀이에 어려움이 있으면 자기 집단의 친구에게 도움을 청함
- 학습 과정이 끝난 후, 학생은 자신의 학습 정도를 평가하기 위해 준비된 문제지를 풂
- 집단 구성원들은 답지를 교환하고 답을 점검한 후, 서로 도와 틀린 답을 고침

〈교수집단〉
교사가 각 집단에서 같은 수준의 학생을 불러내어 5~15분간 직접 가르침

〈평가〉
㉠ 각 학생의 수행 결과는 학생이 속해 있는 집단과 학생 개인의 평가에 반영함

집단별로 목표를 설정하고 그 목표에 도달한 정도에 따라 집단 내 구성원 모두에게 동일한 평가를 부여할 경우 '봉 효과'와 '무임승객 현상'이 생길 수 있음
→ 가장 적절한 방법은 집단기반평가와 함께 개인적인 향상과 노력 정도를 반영하는 평가체계(개인향상점수)를 적용하는 것. 이는 팀별 점수를 산정할 때 팀 내 구성원 각자의 출발점이나 기준 점수 대비 향상 정도를 산출하고, 이를 총합해 팀 내 구성원 수로 나누어 팀별 평균 향상된 정도에 따라 보상을 주는 방식임

PART 02

1) 위에서 실시한 협동학습 유형이 무엇인지 쓰시오. [1점]

2) 위의 협동학습 유형이 수학에 어려움을 보이는 경아와 같은 학생들에게 적절한 이유 2가지를 쓰시오. [2점]

3) 위의 ㉠에서 나타난 협동학습 요소(원리)를 쓰시오. 그리고 이 요소(원리) 때문에 방지될 수 있는 '협동학습 상황에서의 문제점'은 무엇인지 쓰시오. [2점]

팀 보조 개별학습(TAI) 특징

- 협동학습과 개별학습의 원리가 모두 반영되어 있는 협동학습 유형
- 개인의 능력에 맞는 수준별 과제를 부여받음
- 집단점수와 집단보상을 통해 긍정적 상호의존성이 증가됨
- 저성취 및 장애학생이 상대적으로 팀에 많은 기여를 할 수 있음

모범답안

1) 팀 보조 개별학습 모형(TAI)

2) 팀 보조 개별학습이 경아와 같은 학생들에게 적절한 이유는 첫째, 경아의 수준에 적합한 자료를 제공하여 경아의 학습속도에 따라 학습할 수 있고, 둘째, 상대적으로 팀에 많은 기여를 할 수 있기 때문이다.

3) ㉠에 나타난 협동학습의 요소는 개인의 책무성이다. 개인의 책무성은 무임승차와 봉 효과를 방지할 수 있다.

참고자료 기본이론 202p

키워드 TAI

구조화 틀 **협동학습의 유형(STL vs CP)**

- 성취과제 분담학습 모형(STAD)
- 팀 경쟁학습 모형(TGT)
- 팀 보조 개별학습 모형(TAI)
- 과제분담학습 모형(JIGSAW II)
- 자율적 협동학습 모형(Co-op Co-op)
- 집단조사 모형(GI)

핵심개념

모범답안

- ㉠ 자신의 수준에 맞는 개별학습지
- ㉡ 형성평가 점수가 80% 이상이면 단원평가를 실시함

2018학년도 중등 B1

08 **다음은 A중학교에서 학기 초 교직원 연수를 위해 준비한 통합교육 안내자료 중 일부이다. 〈작성방법〉에 따라 서술하시오. [4점]**

2017학년도 A중학교 1학년 통합교육 계획안

1. 특수교육 대상학생 현황

반	이름	장애 유형	행동 특성
2	B	지적장애	• 교사의 지시를 잘 따르고 적극적임 • 주변 사람들과 친하게 잘 지냄

2. 교수적합화 계획

학생 B	과목: 수학	방법: 고수집단 적합화
	팀 보조 개별학습(TAI)	

협동학습은 교수적 수정의 유형 중 '교수집단의 수정'에 해당함

1 모둠 구성: 개별학생의 수준을 파악한 후, 4~6명의 이질적인 학생들로 모둠을 구성함
2 학습지 준비: (㉠)
3 학습활동: 모둠 내에서 학습지 풀이를 하는 동안 필요 시 교사와 또래가 도움을 제공함
4 개별평가: (㉡)
5 모둠 평가 및 보상: 모둠 점수를 산출하고 기준에 따라 모둠에서 보상을 제공함

…(하략)…

작성방법

- ㉠에 들어갈 학습지의 특성을 1가지 제시할 것.
- ㉡에 들어갈 개별평가 방법을 1가지 서술할 것.

참고자료 기본이론 202p

키워드 TAI

구조화 틀 **협동학습의 유형(STL vs CP)**

- 성취과제 분담학습 모형(STAD)
- 팀 경쟁학습 모형(TGT)
- 팀 보조 개별학습 모형(TAI)
- 과제분담학습 모형(JIGSAW II)
- 자율적 협동학습 모형(Co-op Co-op)
- 집단조사 모형(GI)

핵심개념

모범답안

- ㉡의 장점은 개별 학생이 모두 개인의 능력에 맞는 수준별 과제를 부여받는다는 것이다.
- ㉢과 같이 구성된 모둠의 특징은 이질적이다.

2026학년도 중등 A5

09 **(가)는 ○○중학교의 특수교사와 수학교사의 대화이고, (나)는 학생 A의 수업 참여를 돕기 위해 특수교사가 수학교사에게 안내한 자료의 일부이다. 〈작성 방법〉에 따라 서술하시오. [4점]**

(가) 특수교사와 수학교사의 대화

수학교사: 학생 A의 수업 참여 촉진을 위해 친구들과 함께 학습할 수 있는 방법이 있는지도 궁금해요.

특수교사: 학생 A가 또래와 상호작용하며 수업에 참여하는 것을 선호하니 협동학습이 좋겠어요. 수학 과목 수업에 활용할 수 있는 팀 보조 개별학습 모형(TAI: Team-Assisted Individualization)을 안내해 드릴게요.

(나) 수학교사에게 안내한 자료

〈자료 1〉 협동학습 유형 안내

㉡ <u>팀 보조 개별학습 모형(TAI)</u>

단계	교수 · 학습 내용 안내
1단계	수업 시작 전 사전검사로 ㉢ <u>각 학생의 수준을 점검하여 모둠을 구성</u>해 주세요.
5단계	단원평가 점수로 모둠 점수를 계산하고, 주 단위로 집단 보상해 주세요.

작성방법

(나)의 밑줄 친 ㉡의 장점을 개별 학생의 학습 진도 관리 측면에서 1가지 서술하고, 밑줄 친 ㉢과 같이 구성된 모둠의 특징을 1가지 서술할 것.

2012학년도 중등 15

10 **다음은 정신지체학생이 통합되어 있는 중학교 1학년 학급에서 사회과 '다양한 기후 지역과 주민 생활' 단원을 지도하기 위해 직소(Jigsaw) II 모형을 적용한 수업의 예이다. 바르게 적용한 내용만을 있는 대로 고른 것은?**

(가) 장애학생을 포함한 모든 학생들을 기후에 대한 사전지식과 학업 수준을 고려하여 5명씩 4개 조를 동질집단으로 구성하였다.
(나) 각 조의 구성원들은 다섯 가지 기후(열대, 온대, 냉대, 한대, 건조) 중 서로 다른 한 가지 기후를 선택하였다.
(다) 다섯 가지 기후 중에 동일한 기후를 선택한 학생들끼리 전문가 그룹이라는 이름으로 헤쳐모여 그 기후에 대해 학습하였다.
(라) 각각의 학생 전문가는 자신의 소속 조로 돌아가 같은 조의 구성원들에게 자신이 학습한 기후에 대해 가르쳤다.
(마) 원래의 조별로 학습 성과를 평가하기 위하여, 같은 조의 구성원들이 서로 협력하여 공동 답안을 만들게 한 후 조별 점수를 산출하였다.

(가) 학생들의 다양한 요인을 고려하여 보통 5~6명의 이질적인 학생들로 집단을 구성해야 함

(나), (다) 각 집단에서 같은 부분을 담당한 학생들이 따로 모여 전문가 집단을 형성해 분담된 내용을 토의하고 학습함

(라) 전문가 집단에서 학습한 내용을 원집단에 돌아와 다른 구성원들에게 가르침

(마) 개인향상점수는 초기에 정해진 각 학생의 기본점수보다 향상된 점수를 말함
※ 집단점수: 개별 향상점수 총합의 평균점수

① (가), (마)　　② (나), (다)
③ (가), (라), (마)　　④ (나), (다), (라)
⑤ (나), (다), (라), (마)

참고자료 기본이론 203p

키워드 JIGSAW II

구조화틀 **협동학습의 유형(STL vs CP)**
- 성취과제 분담학습 모형(STAD)
- 팀 경쟁학습 모형(TGT)
- 팀 보조 개별학습 모형(TAI)
- 과제분담학습 모형(JIGSAW II)
- 자율적 협동학습 모형(Co-op Co-op)
- 집단조사 모형(GI)

핵심개념 **과제분담학습 II 모형(Jigsaw II) 단계**

① **수업 안내**: 해당 모형의 단계에 대해 안내함. 개인별로 등급이 매겨지고, 팀 점수도 계산되며, 가장 높은 점수를 받은 팀에게 보상을 제공한다는 것도 미리 안내함
② **원집단 구성 및 개인별 전문 과제 부여**: 학생들의 다양한 요인을 고려해 보통 5~6명의 이질적인 학생들로 집단을 구성함. 집단 구성원들은 전문가 집단에서 학습할 각자의 과제를 부여받음. 즉, 학습할 단원을 집단 구성원 수에 맞추어 각 구성원에게 한 부분씩 할당함
③ **전문가 집단에서 협동학습**: 한 학급은 여러 과제분담 학습 집단으로 나누어지므로, 각 집단에서 같은 부분을 담당한 학생들이 따로 모여 전문가 집단을 형성해 분담된 내용을 토의하고 학습함
④ **원집단에서 팀원과의 협동학습**: 전문가 집단에서 학습한 내용을 원집단에 돌아와 다른 구성원들에게 가르침
⑤ **개인별 · 팀별 점수 계산**
- **개인향상점수**: 초기에 정해진 각 학생의 기본점수보다 향상된 점수
- **집단점수**: 개별 향상점수 총합의 평균점수

⑥ **팀 점수 게시와 보상**: 수업이 끝나면 즉시 개인점수와 집단점수를 게시하고 우수한 개인이나 소집단을 보상함

모범답안 ④

2017학년도 초등 B3

11 (가)는 학습장애 학생 준수의 특성이고, (나)는 2009 개정 사회과 교육과정(교육과학기술부 고시 제2012-14호) 3~4학년 '나는 미래에 어떤 일을 하면 좋을지 생각해 봅시다.'를 지도하기 위해 특수교사와 일반교사가 협의하여 작성한 교수·학습 과정안이다. 물음에 답하시오. [5점]

(나)

단원	경제생활과 바람직한 선택	차시	11~12/20
제재	나는 미래에 어떤 일을 하면 좋을지 생각해 봅시다.		
학습 목표	미래에 자신이 하고 싶은 일을 결정하고 행동계획을 세울 수 있다.		
㉠ 단계	학생 활동	자료(㉶) 및 유의점(㉾)	
A	• 각 직업의 장·단점 분석하기 • 갖고 싶은 직업을 평가하여 점수를 매기고 순서 결정하기	㉶ 평가기준표	
B	• 직업 선택 시 고려할 조건을 찾아서 평가기준 만들기 • 사실적 기준과 가치 기준을 골고루 포함하기	㉾ 중요하다고 생각하는 기준에 가중치를 부여하게 한다. ㉾ ㉡ 과제분담 협동학습(Jigsaw Ⅱ)을 실시한다.	

2) 다음은 (나)의 ㉡을 할 때 수행한 절차이다. ⓐ~ⓓ에서 (나)의 ㉡의 원리에 부합하지 않는 기호와 그 이유를 쓰시오. [1점]

> ⓐ 학습 절차와 보상 설명하기
> ⓑ 이질적인 학생들로 집단 구성하기
> ⓒ 각 집단의 구성원들은 서로 다른 한 가지 조건 선택하기
>
> …(중략)…
>
> ⓓ 각 구성원이 획득한 점수의 평균으로 집단별 점수 산출하기

참고자료 기본이론 203p

키워드 JIGSAW Ⅱ

구조화틀 협동학습의 유형(STL vs CP)

- 성취과제 분담학습 모형(STAD)
- 팀 경쟁학습 모형(TGT)
- 팀 보조 개별학습 모형(TAI)
- 과제분담학습 모형(JIGSAW Ⅱ)
- 자율적 협동학습 모형(Co-op Co-op)
- 집단조사 모형(GI)

핵심개념 **과제분담학습 Ⅱ 모형(Jigsaw Ⅱ) 단계**

① **수업 안내**: 해당 모형의 단계에 대해 안내함. 개인별로 등급이 매겨지고, 팀 점수도 계산되며, 가장 높은 점수를 받은 팀에게 보상을 제공한다는 것도 미리 안내함

② **원집단 구성 및 개인별 전문 과제 부여**: 학생들의 다양한 요인을 고려해 보통 5~6명의 이질적인 학생들로 집단을 구성함. 집단 구성원들은 전문가 집단에서 학습할 각자의 과제를 부여받음. 즉, 학습할 단원을 집단 구성원 수에 맞추어 각 구성원에게 한 부분씩 할당함

③ **전문가 집단에서 협동학습**: 한 학급은 여러 과제분담 학습 집단으로 나누어지므로, 각 집단에서 같은 부분을 담당한 학생들이 따로 모여 전문가 집단을 형성해 분담된 내용을 토의하고 학습함

④ **원집단에서 팀원과의 협동학습**: 전문가 집단에서 학습한 내용을 원집단에 돌아와 다른 구성원들에게 가르침

⑤ **개인별·팀별 점수 계산**
- **개인향상점수**: 초기에 정해진 각 학생의 기본점수보다 향상된 점수
- **집단점수**: 개별 향상점수 총합의 평균점수

⑥ **팀 점수 게시와 보상**: 수업이 끝나면 즉시 개인점수와 집단점수를 게시하고 우수한 개인이나 소집단을 보상함

모범답안 ⓓ, 직소 Ⅱ 모형의 집단점수는 구성원이 획득한 향상점수 총합의 평균으로 산출한다.

2023학년도 초등 B2

12 **(가)는 지적장애 학생 민호 부모의 요구이고, (나)는 특수교사가 작성한 요구 분석 및 지원 계획이다. 물음에 답하시오. [6점]**

(가) 부모의 요구

- 본인의 방을 스스로 청소하고 간단한 식사 준비하기 ┐ [A]
- 스마트폰을 활용하여 혼자 지하철 타기 ┘
- 친구들과 함께하는 활동에서 소외되지 않고 즐겁게 참여하기
- 자기가 원하는 것을 말로 표현하기
- 독립적으로 학교생활 하기

(나) 요구 분석 및 지원 계획

4. 현재는 ㉣ <u>과제분담학습 Ⅰ(Jigsaw Ⅰ)</u>을 적용하고 있으나, 민호와 같은 팀이 되는 것을 학급 친구들이 좋아하지 않음
   – 협동학습의 유형 중 ㉤ <u>능력별 팀 학습(Student Teams-Achievement Divisions ; STAD)</u>을 적용해볼 필요가 있음

3) (나)의 ㉣과 비교하여 민호에게 ㉤이 효과적인 이유를 보상의 측면에서 1가지 쓰시오.

참고자료 기본이론 203-204p

키워드 JIGSAW Ⅰ

구조화 틀 **협동학습의 유형(STL vs CP)**

- 성취과제 분담학습 모형(STAD)
- 팀 경쟁학습 모형(TGT)
- 팀 보조 개별학습 모형(TAI)
- 과제분담학습 모형(JIGSAW Ⅱ)
- 자율적 협동학습 모형(Co-op Co-op)
- 집단조사 모형(GI)

핵심개념 Jigsaw Ⅰ

개인점수만을 산출해 개별 보상을 하기 때문에 과제의 상호의존성은 높으나 보상의 상호의존성은 낮음

모범답안 Jigsaw Ⅰ은 개인점수만 산출해 개별 보상을 제공하지만, 성취과제 분담학습 모형(STAD)은 개별향상점수에 기반한 집단점수와 집단보상이 이루어져, 민호가 팀에 더 많이 기여할 수 있게 되므로 친구들과 함께하는 활동에서 소외되지 않고 참여도를 높일 수 있기 때문이다.

참고자료 기본이론 204p

키워드 Co-op Co-op

구조화 틀 **협동학습의 유형(STL vs CP)**

- 성취과제 분담학습 모형(STAD)
- 팀 경쟁학습 모형(TGT)
- 팀 보조 개별학습 모형(TAI)
- 과제분담학습 모형(JIGSAW II)
- 자율적 협동학습 모형(Co-op Co-op)
- 집단조사 모형(GI)

핵심개념

자율적 협동학습 모형(Co-op Co-op)

학생 스스로 학습과제를 선택하고, 자신과 동료 평가에 참여하는 협동학습 유형

자율적 협동학습 모형 단계

① **학습과제 선정**: 교사-학생 간 토의를 통해 학습과제를 정함

② **팀 구성**: 교사에 의해 이질적인 학생 팀을 구성함

③ **팀 주제 및 하위주제 선정**: 팀이 구성되면 각 팀은 주제를 선정하고 이를 하위부분으로 나누어 구성원들이 그들의 흥미에 따라 과제를 분담한 후, 정보를 수집함

④ **팀 보고서 작성 및 발표**: 구성원들이 학습한 소주제들을 팀 구성원들에게 제시한 후 종합해 팀 보고서를 만들고, 이를 다시 전체 학급에 제시함

⑤ **세 가지 수준의 평가**: 팀 동료에 의한 팀 기여도 평가, 교사에 의한 소주제 학습 기여도 평가, 전체 학급 동료들에 의한 팀 보고서 평가로 이루어짐

모범답안 자율적 협동학습(Co-op Co-op)

2015학년도 초등 B5

13 **(가)는 초등학교 6학년 정신지체학생 연우가 소속된 통합학급 최 교사와 특수학급 김 교사가 나눈 대화이고, (나)는 최 교사가 작성한 '2009 개정 교육과정' 실과 교수 · 학습 과정안의 일부이다. 물음에 답하시오. [5점]**

(나) 교수 · 학습 과정안

학습 목표	• 여러 가지 직업을 조사하여 특성에 따라 분류할 수 있다. • 여러 가지 직업이 있음을 설명할 수 있다.	
단계	㉢ 교수 · 학습 활동	보편적학습설계(UDL) 지침 적용
도입	(생략)	
전개	〈활동 1〉 전체학급 토의 및 소주제별 모둠 구성 • 전체학급 토의를 통해서 다양한 직업분류 기준 목록 생성 • 직업분류 기준별 모둠을 생성하고 각자 자신의 모둠을 선택하여 참여	• 직업의 종류와 특성을 토의할 때 필수적으로 알아야 할 어휘를 쉽게 설명한 자료를 제공함 • ㉣ 흥미와 선호도에 따라 소주제를 스스로 선택하게 함
	〈활동 2〉 모둠 내 더 작은 소주제 생성과 자료 수집 분담 및 공유 • 분류기준에 따라 조사하고 싶은 직업들을 모둠 토의를 통해 선정 • 1인당 1개의 직업을 맡아서 관련된 자료 수집 • 각자 수집한 자료를 모둠에서 발표하고 공유	• 「인터넷 검색절차 지침서」를 컴퓨터 옆에 비치하여 자료 수집에 활용하게 함 • ㉤ 발표를 위해 글로된 자료뿐만 아니라 사진과 그림, 동영상 자료 등 다양한 매체를 이용하게 함
	〈활동 3〉 모둠별 보고서 작성과 전체학급 대상 발표 및 정보 공유 • 모둠별 직업분류 기준에 따른 직업 유형 및 특성에 대한 보고서 작성 • 전체학급을 대상으로 모둠별 발표와 공유	모둠별 발표 시 모둠에서 한 명도 빠짐없이 각자가 할 수 있는 역할을 갖고 협력하여 참여하게 함

협동학습의 원리 중 '동등한 참여', '개별 책무성'에 대한 내용임

3) (나)의 ㉢에서 적용한 협동학습의 명칭을 쓰시오. [1점]

2024학년도 중등 B9

14 다음은 지적장애 학생 A와 B를 지도하는 특수 교사와 통합학급 교사의 대화이다. 〈작성방법〉에 따라 서술하시오. [4점]

> 통합학급 교사: 학생 B는 소극적이고 사람들 앞에서 말하는 것을 힘들어해요. 선생님께서 얼마 전 협동학습 연수를 받으셔서 여쭙고 싶습니다. 세계 자연 유산을 조사하는 시간에 학생 B가 참여할 수 있는 협동학습 방법이 있을까요?
> 특 수 교 사: 네, 호기심과 흥미를 가지고 적극적으로 참여할 수 있는 협동학습이 있어요. '(㉡)'은/는 교사와 학생이 토의하여 학습할 주제를 선정합니다. 그리고 자신이 원하는 주제를 선택하고, 원하는 모둠에 들어가서 소주제를 분담한 후 조사한 결과를 발표합니다. 그런 다음 전체 학급에서 발표할 보고서를 준비하여 전체 학생들 앞에서 발표합니다.
> 통합학급 교사: 그러면 평가는 어떻게 하나요?
> 특 수 교 사: 평가는 교사가 학생들의 소주제에 대한 학습 기여도를 평가하고, 학생들은 모둠 내 기여도 평가와 전체 동료에 의한 모둠 보고서 평가를 할 수 있습니다.

Co-op Co-op 세 가지 수준의 평가

작성방법

괄호 안의 ㉡에 해당하는 협동학습 유형을 쓸 것.

참고자료 기본이론 204p

키워드 Co-op Co-op

구조화 틀 **협동학습의 유형(STL vs CP)**

- 성취과제 분담학습 모형(STAD)
- 팀 경쟁학습 모형(TGT)
- 팀 보조 개별학습 모형(TAI)
- 과제분담학습 모형(JIGSAW II)
- 자율적 협동학습 모형(Co-op Co-op)
- 집단조사 모형(GI)

핵심개념

자율적 협동학습 모형(Co-op Co-op)

학생 스스로 학습과제를 선택하고, 자신과 동료 평가에 참여하는 협동학습 유형

자율적 협동학습 모형 단계

① **학습과제 선정**: 교사-학생 간 토의를 통해 학습과제를 정함

② **팀 구성**: 교사에 의해 이질적인 학생 팀을 구성함

③ **팀 주제 및 하위주제 선정**: 팀이 구성되면 각 팀은 주제를 선정하고 이를 하위부분으로 나누어 구성원들이 그들의 흥미에 따라 과제를 분담한 후, 정보를 수집함

④ **팀 보고서 작성 및 발표**: 구성원들이 학습한 소주제들을 팀 구성원들에게 제시한 후 종합해 팀 보고서를 만들고, 이를 다시 전체 학급에 제시함

⑤ **세 가지 수준의 평가**: 팀 동료에 의한 팀 기여도 평가, 교사에 의한 소주제 학습 기여도 평가, 전체 학급 동료들에 의한 팀 보고서 평가로 이루어짐

모범답안 ㉡ 자율적 협동학습(Co-op Co-op)

참고자료 기본이론 205p

키워드 GI

구조화 틀 **협동학습의 유형(STL vs CP)**

- 성취과제 분담학습 모형(STAD)
- 팀 경쟁학습 모형(TGT)
- 팀 보조 개별학습 모형(TAI)
- 과제분담학습 모형(JIGSAW Ⅱ)
- 자율적 협동학습 모형(Co-op Co-op)
- 집단조사 모형(GI)

핵심개념

집단조사(GI) 모형

개방적 협동학습 모형으로 학습자 간의 상호협력을 전제로 조사, 토의, 협동적 계획, 프로젝트 등을 통해 학습함

집단조사(GI) 모형 단계

① **소집단 조직과 하위주제 선정**: 학생들은 2~6명의 팀을 이룸. 팀은 전체 학급에서 공부하도록 되어 있는 단원에서 하위주제를 선정함

② **개인별 역할 분담**: 집단별로 선택한 하위주제에 대해 개인별 과제로 나누어 역할을 분담함

③ **소집단별 탐구**: 학생들은 자신이 맡은 과제를 해결하기 위해 개별학습을 하고, 이를 다시 소집단 내에서 토론함

④ **발표**: 소집단은 집단별로 선택한 하위주제를 학급 앞에서 발표함

⑤ **평가**: 협동적 보상은 구체적으로 잘 드러나지 않음. 다만, 학생들은 단순히 집단의 목표를 달성하기 위해 함께 공부하도록 요구받음

모범답안 ③

2011학년도 중등 7

15 **통합교육을 위한 교수적 수정의 유형별 방법과 내용이 바르게 연결된 것을 고른 것은?**

	유형	방법	내용
(가)	교수환경 수정	사회적 환경 조성	장애학생 개개인의 소속감, 평등감, 존중감, 협동심, 상호의존감 등을 고려한다.
(나)	교수집단 수정	성취-과제 분담 (STAD)	학업 수준이 비슷한 학생 4~6명의 구성원이 과제를 완성하는 데 필요한 일을 분배하고 자료를 구한 후, 과제가 완성되면 집단에게 보고하고 피드백을 받는 협동학습 방법을 사용한다.
(다)	교수방법 수정	평행교수	두 교사가 동등한 책임과 역할을 분담하여 같은 학습 집단을 맡아서 가르치는 것으로, 수업 내용을 공동으로 구인하고 지도하는 협력교수 방법을 사용한다.
(라)	교수내용 수정	중첩 교육과정 (curriculum overlapping)	장애학생을 일반학생과 같은 활동에 참여하게 하되, 각각 다른 교육과정 영역에서 다른 교수목표를 선정하여 지도한다.
(마)	평가방법 수정	다면적 점수화	학생의 능력, 노력, 성취 등의 영역을 평가한다.

집단조사(GI) 모형에 해당함

① (가), (나), (라)　② (가), (나), (마)
③ (가), (라), (마)　④ (나), (다), (마)
⑤ (다), (라), (마)

Chapter

06 또래교수(peer tutoring) | 보충자료 ② |

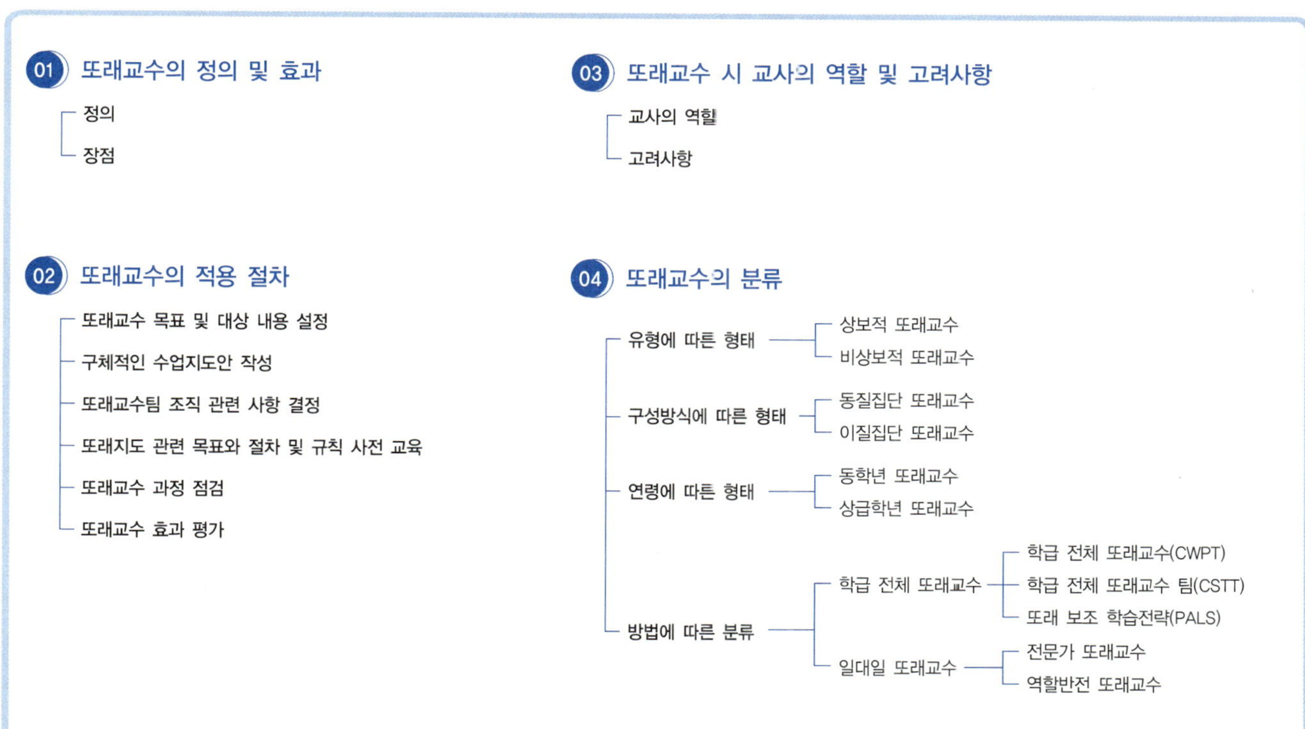

참고자료 기본이론 206p

키워드 또래교수의 정의

구조화 틀 또래교수의 정의 및 교사의 역할

- 또래교수의 정의
- 또래교수의 특징
- 또래교수 시 교사의 역할 및 고려사항

핵심개념 또래교수

- 또래교수자와 또래학습자가 일대일로 짝을 이루어 연습, 반복, 개념 설명을 통해 학업적 성취와 사회적 능력을 촉진하는 교수전략
- 새로운 개념을 가르치는 습득 수준의 과제가 아니라 반복과 연습이 필요한 과제에 사용하는 것이 효과적

모범답안 또래교수

2018학년도 유아 B3

01 다음은 통합학급 4세 반 교수 · 학습 과정안의 일부이다. 물음에 답하시오. [4점]

생활 주제	유치원과 친구	활동명	세어보아요.
활동 목표	일곱 개의 구체물을 셀 수 있다.		
동호의 활동 목표	세 개의 구체물을 셀 수 있다.		
누리과정 관련 요소	자연 탐구: 수학적 탐구하기 – (　　　)		
활동 자료	모형 쿠키, 모형 파일		

교수 · 학습 활동	동호의 수정 활동
㉠ 유아들이 교사와 함께 다섯을 세면서 자리에 앉게 한다.	수 세기를 잘하는 민정이와 짝을 지어 앉게 한다.
유아들에게 1인당 모형 쿠키를 7개씩 나누어준다.	–
㉡ 모형 쿠키를 하나씩 가리키며 수를 세어보게 한다.	㉤ 민정이가 동호에게 모형 쿠키 세는 것을 가르쳐주게 한다.
㉢ 모형 쿠키 여섯 개에 하나를 더하면 쿠키는 몇 개인지 질문한다.	–
㉣ 유아들에게 모형 과일을 7개씩 나누어주고 세어보도록 한다.	㉥ (일렬로 배열된 세 개의 모형 과일을 하나씩 손가락으로 짚으며) '하나, 둘, 셋' 소리 내어 세어보도록 한다.

2) ㉤에서 사용된 교수전략을 쓰시오. [1점]

참고자료 기본이론 207-208p

키워드 또래교수의 실행 절차

구조화 틀 **또래교수의 정의 및 교사의 역할**

- 또래교수의 정의
- 또래교수의 특징
- 또래교수 시 교사의 역할 및 고려사항

핵심개념 **또래교수 시 교사의 역할**

- 또래교수자 및 또래학습자의 역할에 대해 사전 교육 실시
- 정기적으로 또래교수를 감독하고 효율성 평가
- 교실을 순회하며 각 팀이 제대로 또래교수를 실시하고 있는지 점검하고, 문제가 있는 부분은 전체 학급을 대상으로 수시로 교정

모범답안

① • 또래교수자의 역할을 하고 싶어했다.
  • 친구를 돕는 것을 좋아하기 때문이다.
  • 또래학습자보다 능력이 우수하기 때문이다.

② ㉠ 교사는 교실을 순회하며 각 팀이 제대로 또래교수를 실시하고 있는지 점검하고, 문제가 있는 부분은 전체 학급을 대상으로 수시로 교정

2024학년도 유아 B4

02 **(가)는 5세 발달지체 유아 재희의 활동-기술 도표의 일부이고, (나)는 통합학급의 놀이 장면이며, (다)는 또래교수 전략을 적용한 과정의 일부이다. 물음에 답하시오. [5점]**

(나)

김 교사: 우리 아이들이 '간다 간다 기차놀이'라고 이름까지 붙여 가며 놀이를 계속 발전시켜 가네요. 놀이를 할 때 재희는 주로 상우만 바라보며 참여하더라고요.
박 교사: 재희가 기차놀이에 조금이나마 참여할 수 있는 것은 상우의 역할이 커요.
김 교사: 네. 상우는 아이들과 기차놀이를 할 때 바닥에 종이테이프로 기찻길을 만드는 아이디어를 내기도 하고, 친구들과 역할을 나누기도 했지요. 놀이 규칙을 정할 때에도 친구들이 의견을 낼 수 있게 잘 배려했어요. 이런 모습 때문인지 우리 반 아이들이 모두 상우를 좋아해요.
박 교사: 그런데 얼마 전에 상우가 재희랑 놀 때 어떻게 해야 하는지 궁금해했어요. 재희가 다른 친구들하고도 즐겁게 놀이할 수 있는 방법을 알려주고 싶대요. [D]

(다)

또래교수 적용 과정	교사의 행동
목표 설정	(생략)
또래교수자 선정	상우를 선정함
또래교수자 훈련	상우에게 또래교수자 역할을 명시적으로 지도함
실행	상우가 또래교수를 실행하는 동안 (㉠)
평가	재희의 놀이 기술 향상도를 분석함

3) ① (나)의 [D]를 참고하여 교사들이 상우를 또래교수자로 선정할 때 고려한 기준을 1가지 쓰고, ② (다)의 ㉠에 해당하는 교사의 행동을 쓰시오. [2점]

확장하기 +

또래교수의 적용 절차

단계	내용
① 또래교수 목표 및 대상 내용 설정	• 또래교수의 목표를 명확히 설정한다. 또래교수가 가장 효과적인 교과로는 수학, 사회, 과학, 읽기 등 다양하다. • 또래교수 대상 교과가 선정되면 각 수업 차시에서 또래교수를 통해 학생들이 정확히 무엇을 성취하기를 기대하는지 분명히 해야 한다. 예 읽기지도의 경우 능숙하게 개별 단어나 글자를 읽는 것이 목표가 될 수 있고, 수학 연산의 경우 오류 없이 두 자릿수 혹은 세 자릿수 덧셈과 뺄셈 문제를 해결하는 것이 목표가 될 수 있다.
② 구체적인 수업지도안 작성	• 대개 1주일에 3회, 하루에 30분 정도로 한 학기 지속적으로 실행하는 것이 권장된다. • 흔히 또래교수란 교사가 별 역할을 하지 않고 학생들이 스스로 지도하도록 놔두는 것이라고 생각하기 쉽지만, 성공적인 또래교수는 구체적으로 학생들이 각자 어떠한 역할을 어떻게 수행하고, 교사는 어느 단계에서 어떤 개입을 할 것인가 등이 세밀하고 구체적으로 계획되었을 때 가능하다.
③ 또래교수팀 조직 관련 사항 결정	• 가장 흔한 형태로는 상위 수준의 학생이 또래교사가 되고 장애아동이 학습자가 되는 방식이다. 그러나 학급 상황이나 교수 목적에 따라 교대로 역할을 변경할 수도 있고, 또래교사를 학습자와 친한 사람, 성이 다른 사람, 상위 학년 학생 등으로 다양하게 지정할 수 있다. • 일반적으로 또래교사 역할에 적당한 학생은 수업 대상 내용을 어느 정도 잘 알고 있고, 또래를 도와줄 마음과 의욕이 넘치며, 필요한 방법과 기법에 관한 훈련을 기꺼이 받으려는 학생이 이상적이다.
④ 또래지도 관련 목표와 절차 및 규칙 사전교육	• 또래교수가 성공하려면 사전 준비가 철저해야 한다. 우선 각 학생은 자신의 역할에 대한 충분한 사전훈련을 받아야 한다. 특히 교사 역할을 할 학생은 내용을 효과적으로 제시하고, 또래의 학습을 관찰하고, 피드백과 질문을 적절히 제시하는 방법 등에 대한 사전 지식을 갖추어야 한다. 또한 라포 형성방법, 교수 자료와 과제 제시방법, 또래학생 반응 기록방법, 단서 활용방법 등에 대한 사전교육도 필요하다. • 사전교육은 최소한 45분 정도가 필요하며, 훈련은 교사의 시범과 이의 반복 숙달 그리고 교사의 피드백 과정을 거치도록 한다. • 학습자 역시 어떤 태도를 가져야 할지 등에 대한 사전교육을 받아야 한다.
⑤ 또래교수 과정 점검	• 학생들이 또래교수를 수행하면 교사는 교실을 돌아다니면서 각 팀이 제대로 또래교수를 수행하는지 점검해야 한다. • 문제가 있는 부분은 전체 학급을 대상으로 수시로 교정하도록 한다.
⑥ 또래교수 효과 평가	• 또래교수가 끝난 다음에는 실제로 또래교수가 각자에게 어떤 도움을 주었는지에 대해서 평가할 시간을 갖는다. • 특히 학습적인 측면뿐만 아니라 정서적・사회적 관계 측면에서도 어떠한 장점과 단점이 있었는지 평가하도록 한다.

참고자료 기본이론 207-208p

키워드 또래교수의 실행 절차

구조화틀 **또래교수의 정의 및 교사의 역할**

- 또래교수의 정의
- 또래교수의 특징
- 또래교수 시 교사의 역할 및 고려사항

핵심개념 **또래교수의 적용 절차**

① 또래교수 목표 및 대상 내용 설정
② 구체적인 수업지도안 작성
③ 또래교수팀 조직 관련 사항 결정
④ 또래지도 관련 목표와 절차 및 규칙 사전교육
⑤ 또래교수 과정 점검
⑥ 또래교수 효과 평가

모범답안 ㉠ 또래교수자 선정

2025학년도 초등 A2

03 **다음은 특수교사가 통합교육 지원을 위한 협의회에서 통합학급 교사들과 나눈 대화의 일부이다. 물음에 답하시오. [5점]**

김 교 사 :	선생님, 저가 3학년 학습장애 학생 정호를 위해 학급에서 또래교수 전략을 적용해 보려고 합니다. 그런데 또래교수에도 절차가 있지요?
특수교사 :	그렇습니다. 또래교수를 시작하기 전에 준비해야 할 것들이 있습니다. 지도 목표와 대상 교과를 선정하고, 교수·학습 과정안을 작성하셔야 합니다. 그리고 무엇보다도 (㉠) 단계가 중요합니다. 이 단계에서는 대상 학생의 교우 관계 혹은 그 학생의 강점과 약점을 잘 파악하는 것이 필요합니다. [A]

1) ① [A]를 고려하여 ㉠에 들어갈 말을 쓰시오.

참고자료 기본이론 210-213p

키워드

- 상보적 또래교수
- 또래 보조 학습전략
- 학급 전체 또래교수

구조화 틀 **또래교수의 정의 및 교사의 역할**

- 또래교수의 정의
- 또래교수의 특징
- 또래교수 시 교사의 역할 및 고려사항

핵심개념

상보적 또래교수

두 명의 학생이 각자의 또래교사 및 또래학습자가 되어 수업내용을 진행하거나 복습하는 것으로, 또래교수가 진행되는 동안 학생들은 역할을 바꾸어가며 학습지원을 주고받음

또래 보조 학습전략(PALS)

PALS는 읽기유창성과 읽기이해 능력을 향상시키는 데 효과적임

파트너 읽기	
읽기 유창성	• 성취 수준이 높은 학생이 먼저 교과서를 소리 내어 읽음 • 이어서 성취 수준이 낮은 학생이 동일한 부분을 다시 소리 내어 읽음
읽기 이해	성취 수준이 낮은 학생은 성취 수준이 높은 학생의 피드백을 받으며 읽은 내용을 순서에 따라 다시 이야기해 봄
단락 요약	
읽기 이해	• 학생들은 한 문단씩 크게 소리 내어 읽고, 읽은 문단에서 중요한 내용이 무엇인지 정리해 10어절 이내로 요약해 말함 • 자신이 찾은 중심내용에 대해 또래들로부터 피드백을 제공받음
예측 릴레이	
읽기 이해	• 다음 문단의 내용을 예측해 말함 • 학생들은 역할을 교대함

학급 전체 또래교수(CWPT)

학급 구성원 모두 또래교수에 참여하는 방법으로, 학급의 모든 아동이 짝과 한 팀을 이루고 또래교수자와 또래학습자의 역할을 수행함

모범답안 ④

2013학년도 중등 25

04 **경도 정신지체 학생이 통합된 학급에서 교사가 또래교수(peer tutoring)를 실시하고자 한다. 또래교수에 대한 특성과 유형에 대한 설명으로 옳은 것을 〈보기〉에서 고른 것은?**

보기

ㄱ. 또래교수는 장애학생의 학업과 사회적 수용을 향상시키기 위하여 학급 교사의 역할과 책임을 또래교사를 하는 학생에게 위임하는 것이다.

ㄴ. 또래교수 실시를 위해 교사는 또래교사 역할을 할 학생을 훈련시키고, 역할을 수시로 변경할 경우 누가 먼저 또래교사가 되고, 학습자가 될 것인지 결정한다.

ㄷ. 또래교수에서 또래지도를 받던 장애학생이 특정 영역에서 뛰어난 능력을 보이는 경우, 역할을 바꾸어 또래교사가 되어 일반학생을 돕도록 하는 것은 상보적 또래교수 방법의 예이다.

ㄹ. 또래지원학습전략(PALS)은 비상보적 또래교수전략 중의 하나로 학급에서 자연스럽게 또래교수의 형성이 이루어지지 않을 때 고학년 일반학생이 저학년 장애학생의 짝이 되도록 지도하는 것이다.

ㅁ. 전학급또래교수(CWPT)는 교사가 학생들에게 개별적인 지도를 하기 어려운 학급에서 모든 학생들이 일대일 방식의 지원을 받을 수 있도록 하는 방법으로, 학생들이 짝을 지어 역할을 바꾸어 가면서 서로를 가르친다.

ㄱ. 또래교수자에게 교사의 역할을 위임하는 것이 아님

ㄴ. 교사는 또래교수자와 또래학습자의 역할에 대해 사전 교육을 실시해야 함

ㄷ. 학업 능력이 부족한 장애학생이 학업 능력이 높은 수준의 학생을 교수하는 형태로, 상보적 또래교수이자 역할반전 또래교수에 해당함

ㄹ. 나이가 더 많은 또래교수자와 어린 또래학습자가 일대일 혹은 일대다 집단으로 팀을 구성해 또래교수를 실시하는 것은 상급학년 또래교수에 해당함

ㅁ. 전학급또래교수의 장점은 모든 학생들이 일대일 지원을 받을 수 있다는 점임

① ㄱ, ㄴ, ㄷ ② ㄱ, ㄷ, ㄹ

③ ㄱ, ㄹ, ㅁ ④ ㄴ, ㄷ, ㅁ

⑤ ㄴ, ㄹ, ㅁ

참고자료 기본이론 207-208p, 210-213p

키워드
- 또래교수의 분류
- 또래교수 시 교사의 역할

구조화틀 또래교수의 분류
- 유형에 따른 분류
- 구성방식에 따른 분류
- 연령에 따른 분류
- 방법에 따른 분류

핵심개념

상보적 또래교수

두 명의 학생이 각자의 또래교사 및 또래학습자가 되어 수업내용을 진행하거나 복습하는 것으로, 또래교수가 진행되는 동안 학생들은 역할을 바꾸어 가며 학습지원을 주고받음. 또래교사의 역할을 서로 번갈아가면서 수행하기 때문에 일방적 또래교수보다 자연스러운 우정을 경험하며, 수평적인 관계에서의 학습이 가능함

또래교수 시 교사의 역할
- 또래교수자 및 또래학습자의 역할에 대해 사전 교육 실시
- 정기적으로 또래교수를 감독하고 효율성 평가
- 교실을 순회하며 각 팀이 제대로 또래교수를 실시하고 있는지 점검하고, 문제가 있는 부분은 전체 학급을 대상으로 수시로 교정

모범답안

㉠ 상보적 교수
㉡ 교사는 교실을 순회하며 각 팀이 제대로 또래교수를 실시하고 있는지 점검하고, 문제가 있는 부분은 전체 학급을 대상으로 수시로 교정한다.

2017학년도 중등 A9

05 **(가)는 학생 P의 특성이고, (나)는 중학교 1학년 기술·가정과 '건강과 식생활고- 식사 구성'을 지도하기 위하여 통합학급 교사와 특수교사가 협의한 내용이다. ㉠에 해당하는 교수법의 명칭을 쓰고, 모둠별 활동을 하는 동안 통합학급 교사의 역할 1가지를 ㉡에 제시하시오. [4점]**

또래교수를 진행할 때 교사는 교실을 순회하며 각 팀이 제대로 또래교수를 실시하고 있는지 점검하고, 문제가 있는 부분은 전체 학급을 대상으로 수시로 교정함

(가) 학생 P의 특성

- 상지의 소근육 운동 기능에 어려움이 있는 지체장애 학생으로 경도 지적장애를 동반함
- 특별한 문제행동은 없으며, 학급 친구들과 원만한 관계를 유지하고 있음

(나) 통합학급 교사와 특수교사의 협의 내용

관련 영역	수업 계획	특수교사의 제안 사항
학습 목표	탄수화물이 우리 몸에서 하는 일을 설명할 수 있다.	본시와 관련된 핵심 단어는 특수학급에서 사전에 학습한다.
교수·학습 방법	우리 몸에 필요한 영양소의 종류 및 기능 - ㉠ 모둠 활동을 할 때 튜터와 튜티의 역할을 번갈아 가면서 한다. - (㉡)	P에게 튜터의 역할과 절차를 특수교사가 사전에 교육한다.
평가 계획	퀴즈(지필 평가) 실시	㉢ UDL의 원리를 적용하여 P의 지필 평가 참여 방법을 조정한다.

또래교수 실시 전 교사의 역할
또래교수자와 또래학습자에게 사전교육 실시

상보적 또래교수 유형
또래교수가 진행되는 동안 두 명의 학생은 역할을 바꿔 가며 학습지원을 주고받음

참고자료 기본이론 210-213p

키워드
- 상보적 교수
- 역할반전 또래교수

구조화틀 또래교수의 분류
- 유형에 따른 분류
- 구성방식에 따른 분류
- 연령에 따른 분류
- 방법에 따른 분류

핵심개념

상보적 또래교수

두 명의 학생이 각자의 또래교사 및 또래학습자가 되어 수업내용을 진행하거나 복습하는 것으로, 또래교수가 진행되는 동안 학생들은 역할을 바꾸어 가며 학습지원을 주고받음. 또래교사의 역할을 서로 번갈아가면서 수행하기 때문에 일방적 또래교수보다 자연스러운 우정을 경험하며, 수평적인 관계에서의 학습이 가능함

역할반전 또래교수

학업능력이 부족한 학생(장애학생 포함)이 학업능력이 높은 수준의 학생을 교수하는 형태

모범답안 정호의 입장에서 수평적인 관계에서 학습이 가능하다. (자존감이 향상될 수 있다.)

2025학년도 초등 A2

06 다음은 특수교사가 통합교육 지원을 위한 협의회에서 통합학급 교사들과 나눈 대화의 일부이다. 물음에 답하시오. [5점]

김 교 사: 선생님, 제가 3학년 학습장애 학생 정호를 위해 학급에서 또래교수 전략을 적용해 보려고 합니다. 그런데 또래교수에도 절차가 있지요?

특수교사: 그렇습니다. 또래교수를 시작하기 전에 준비해야 할 것들이 있습니다. 지도 목표와 대상 교과를 선정하고, 교수·학습 과정안을 작성하셔야 합니다. 그리고 무엇보다도 (㉠) 단계가 중요합니다. 이 단계에서는 대상 학생의 교우 관계 혹은 학생의 강점과 약점을 잘 파악하는 것이 필요합니다. [A]

김 교 사: 정호는 당연히 학습자로 선정되는 거 아닌가요?

특수교사: 아닙니다. ㉡ <u>또래교수에서 역할 바꾸기</u>도 가능합니다. 정호의 강점을 잘 파악하셔서 정호가 도움이 필요한 영역에서는 또래학습자가 되고, 정호가 잘하는 영역에서는 또래교수자가 될 수도 있습니다.

김 교 사: 아, 그렇게 계획을 짜 보도록 해야겠습니다.

1) 밑줄 친 ㉡의 긍정적 효과를 정호의 입장에서 1가지 쓰시오. [2점]

참고자료 기본이론 210-213p

키워드

- 학급 전체 또래교수
- 전문가 또래교수

구조화틀 또래교수의 분류

- 유형에 따른 분류
- 구성방식에 따른 분류
- 연령에 따른 분류
- 방법에 따른 분류

핵심개념 CWPT vs CSTT

- CSTT는 3~5명의 소그룹으로 형성되며 2개의 큰 형태를 이루지만, CWPT는 또래 짝과 함께 공부함. 또한 CSTT는 교사가 학생을 체계적·의도적으로 배정하지만, CWPT는 학생을 임의로 배정함
- CWPT는 팀 구성원의 지속기간이 약 일주일씩 지속되는 데 비해, CSTT는 8주 동안 4번 같게 구성원을 조직함

모범답안

ⓐ 학급 전체 또래교수
ⓑ 전문가 또래교수

2019학년도 초등 A4

07 (가)는 정서·행동장애 학생 민규의 특성이고, (나)는 2015 개정 사회과 교육과정 5~6학년 정치·문화사 영역 교수·학습 과정안의 일부이다. 물음에 답하시오. [6점]

(나) 교수·학습 과정안

단계	교수·학습 활동	유의사항
도입	• 조선 시대 국난을 극복한 인물 알아보기 – 임진왜란, 병자호란 등 역사적 사건 살펴보기 – 임진왜란과 병자호란에서 활약한 인물 중 내가 알고 있는 인물 발표하기	
전개	〈학습 활동 1〉 • 이순신 장군의 업적 살펴보기 – 이순신 장군의 일화 살펴보기 – 이순신 장군과 관계 있는 장소 살펴보기	㉠ 또래교수를 활용함
	〈학습 활동 2〉 • 모둠별 학습 계획 수립하기 – 모둠별 학습 주제 정하기 – 모둠별 학습 방법 정하기 – 모둠원 역할 정하기	
	〈학습 활동 3〉 • 모둠별 학습 활동하기 – 이순신 장군 되어보기 1모둠: 난중일기 다시 쓰기 2모둠: 적장에게 편지 쓰기 3모둠: 거북선 다시 설계하기 [A]	표적행동을 관찰, 기록함
정리 및 평가	• 활동 소감 발표하기 • 차시 예고하기	

3) 다음은 (나)의 ㉠에 대한 설명이다. ⓐ와 ⓑ에 들어갈 말을 각각 쓰시오. [2점]

유형	개념
(ⓐ)	• 학급 구성원을 2~3개의 모둠으로 나누어 또래교수에 참여하도록 함 • 학생의 과제 참여 시간, 연습 및 피드백 기회가 증가됨 • 모든 학생의 학업적 행동에 관심을 갖게 되며 수업시간 중에 상호작용이 증가됨
일대일 또래교수	• 특별한 지원이 필요한 학생에게 효과적인 전략임 – 역할반전 또래교수: 일반적으로 학습자 역할을 하는 학생이 특정 영역에서는 교수자 역할을 함 – (ⓑ): 학습 수준이 높은 학생이 낮은 학생을 가르치는 교수자 역할을 함

※ 유형 측면에서 학급 전체 학생들이 참여하는 유형인 '학급 전체 또래교수'와, 개별적으로 짝을 지어 참여하는 유형인 '일대일 또래교수'의 큰 범주로 구분하기

참고자료 기본이론 189-191p, 210-213p

키워드
- 또래 보조 학습전략
- 차별화 교수

구조화 틀 또래교수의 분류
- 유형에 따른 분류
- 구성방식에 따른 분류
- 연령에 따른 분류
- 방법에 따른 분류

핵심개념 또래 보조 학습전략(PALS)

PALS는 읽기유창성과 읽기이해 능력을 향상시키는 데 효과적임

파트너 읽기	
읽기 유창성	• 성취 수준이 높은 학생이 먼저 교과서를 소리 내어 읽음 • 이어서 성취 수준이 낮은 학생이 동일한 부분을 다시 소리 내어 읽음
읽기 이해	성취 수준이 낮은 학생은 성취 수준이 높은 학생의 피드백을 받으며 읽은 내용을 순서에 따라 다시 이야기해 봄
단락 요약	
읽기 이해	• 학생들은 한 문단씩 크게 소리 내어 읽고, 읽은 문단에서 중요한 내용이 무엇인지 파악한 후 10어절 이내로 요약해 말함 • 자신이 찾은 중심내용에 대해 또래들로부터 피드백을 제공받음
예측 릴레이	
읽기 이해	• 다음 문단의 내용을 예측해 말함 • 학생들은 역할을 교대함

모범답안 ①

2012학년도 초등 2

08 특수학급의 박 교사는 읽기에 어려움을 보이는 지수와 읽기를 잘하는 환희를 짝지어 아래와 같은 전략으로 읽기 지도를 하였다. 박 교사가 적용한 전략에 대한 설명으로 적절하지 않은 것은?

1. 파트너 읽기	박 교 사 : 학생의 수준에 맞게 선정한 읽기자료를 제시하고 학습활동을 자세히 안내한다. 환희, 지수 : 환희가 자료를 먼저 읽고 지수가 뒤이어 읽는다. 환 희 : (지수가 읽기에서 오류를 보일 때) "잠깐, 잘못 읽었네. 무슨 단어인지 알아?"라고 묻는다. 환 희 : (지수가 대답을 못하면, 몇 초 후) "_____ 라고 읽는 거야."라고 말한다. 환희, 지수 : 함께 읽은 후 지수는 읽은 내용을 간략히 다시 말한다.
2. 단락 요약	환 희 : 지수에게 읽은 내용을 짧게 요약하도록 요구한다. 환희, 지수 : 계속해서 소리 내어 본문을 읽는다. 지 수 : 문단이 끝나는 부분에서 멈추고 내용을 요약한다. 환 희 : 지수의 요약에 대해서 오류가 있을 경우 이를 수정해준다.
3. 예상 릴레이	환 희 : 다음 페이지에 나올 내용에 대해서 예측하고, 그 내용을 소리내어 말한다. 지 수 : 예측한 내용이 맞는지 확인하고, 내용을 요약한다. 환희, 지수 : 역할을 교대로 돌아가며 수행한다.

읽기유창성을 위한 읽기 지문의 수준 → 덜 유창한 학생이 90% 이상 인지할 수 있는 단어가 포함된 지문

① 개념과 원리를 발견하는 데 초점을 둔다.
② 정해진 단계와 절차에 따라서 이루어진다.
③ 학습자의 수행 결과에 대해 동료의 교정적 피드백이 제공된다.
④ 학습자가 문제를 해결하도록 참여자 간 비계활동이 이루어진다.
⑤ 학습 내용과 수준을 다양화할 수 있는 차별화 교수(differential instrcution)접근이라 할 수 있다

① 또래교수는 새로운 개념을 가르치는 습득 수준의 단계가 아니라, 반복과 연습이 필요한 과제에 사용하는 것이 효과적임

⑤ 차별화 교수 (확장하기 자료 확인)

확장하기 +

차별화 교수

1. 차별화 교수의 정의

① 차별화 교수는 기존의 단일 교수(one-size-fits-all instruction) 접근에서 벗어나 학생의 학업 스타일, 학업 수준, 학습 속도, 동기 수준, 흥미, 정서적·사회적 성숙도, 언어적·사회적 배경 등을 반영한 교수를 제공하는 것이다.

② 차별화 교수는 전통적인 교실에서 이루어져 온 것을 대대적으로 개편함으로써 학생이 정보를 처리하고, 생각을 이해하고, 자신이 배운 것들을 표현하기 위한 다양한 선택권을 가질 수 있도록 하는 교수 접근이다(Tomlinson, 2001). 즉, 차별화된 교실에서는 수업 내용을 이해하고, 정보를 처리하거나, 결과를 산출하기 위한 여러 다른 경로를 제공함으로써 개별 학생이 효과적으로 학습할 수 있다.

③ 차별화 교수에는 반응적 재조정과 사전에 계획한 보편적 학습설계 두 가지 접근 방법을 사용할 수 있다.

반응적 재조정	반응적 재조정은 수업 내용과 자료를 계획하고 수업한 후, 이에 대한 학생들의 수행 성과를 평가하고, 이 과정에서 발견한 학습자의 특성에 따라 학습자와 수업 내용, 교수 과정, 학습 성과물과 관련된 요구가 일치하지 않는지를 찾고, 불일치를 해결하기 위해 수업 내용과 자료, 학습 성과와 교수를 재조정하는 것이다.
보편적 학습설계 (UDL)	UDL은 학습자들의 특성에 대한 정보를 먼저 수집한 후, 이를 고려하여 UDL 원칙을 적용해 모든 학생에게 접근 가능한 학습 환경을 구조화하고, 학습 내용과 자료, 학습 성과물의 형태를 계획한 후 교수를 진행하는 것이다. 가능하면 미리 UDL을 활용한 차별화 교수를 계획하는 것이 좋지만, 그렇지 않다면 나중에라도 반응적 재조정을 할 필요가 있다.

2. 차별화 교수의 구성요소

교수내용의 차별화

학생들이 알아야 할 것, 수업 후 성취하기를 기대하는 것으로, 가르칠 것에 대한 수정과 더불어 학생이 배워야 할 것에 대한 접근방식의 조절을 포함한다.

교수내용 차별화 전략

유형	정의	예
교수내용 조정	교수내용에 접근하는 방법을 조정	• 교수내용 자체 수정 • 교수내용 접근방법 수정 예 과제 분석, 활동 분석, 성취목표 조절
교수목표 수정	보충 교육과정을 도입해 교수를 차별화	교수목표를 보완하거나, 단순화하거나, 변경

교육과정의 차별화

내용을 어떻게 교수하고 학습할 것인가에 관한 것으로, 학생들이 내용을 이해하도록 교사들이 사용하는 다양한 활동을 의미한다.

교육과정 차별화 전략

유형	정의	예
학생집단	융통성 있는 학생집단 구성	독립활동, 학습센터, 심화 프로젝트, 협력 토론 팀, 또래교수, 협동학습, Jigsaw 등
교수 진도	학생들의 이해가 확실해질 때까지 교수의 완급을 조절	• 짝과 생각 나누기 • 함께 머리 끄덕이기
교사 발문	다양한 유형의 발문을 제공해 학생들의 이해를 도움	• 수렴적 발문과 발산적 발문 • 높은 수준과 낮은 수준의 발문
인적·물적자원 제공	장애학생들이 교수에서 이익을 얻기 위해 접근 가능한 환경, 보조공학기기, 다양한 학습전략을 이용	• 하이테크놀로지와 로우테크놀로지 제공 • 보조공학기구 • 보완대체 의사소통기구

교수성과(결과)의 차별화

'교수결과'란 학생들이 교수를 통해 알게 되는 것과 할 수 있게 되는 것을 의미한다.

교수성과 차별화 전략

유형	정의	예
표현양식의 변경	교수결과에 대한 학생들의 이해와 성취를 증명하는 방식에 융통성을 제공	성취한 결과를 포스터로 제작, 보고서로 작성, 구두로 발표하는 것 등
숙달 수준의 조정	교수목표에 대한 숙달로 간주되는 기술의 수행 수준을 조정	기본 수준, 능숙 수준, 진보 수준
빈번한 평가	학생들의 지식과 이해를 증명하는 빈번한 기회를 제공	사전평가 또는 진단평가, 형성평가, 총괄평가 등

차별화 교수와 보편적 학습설계의 유사점과 차이점

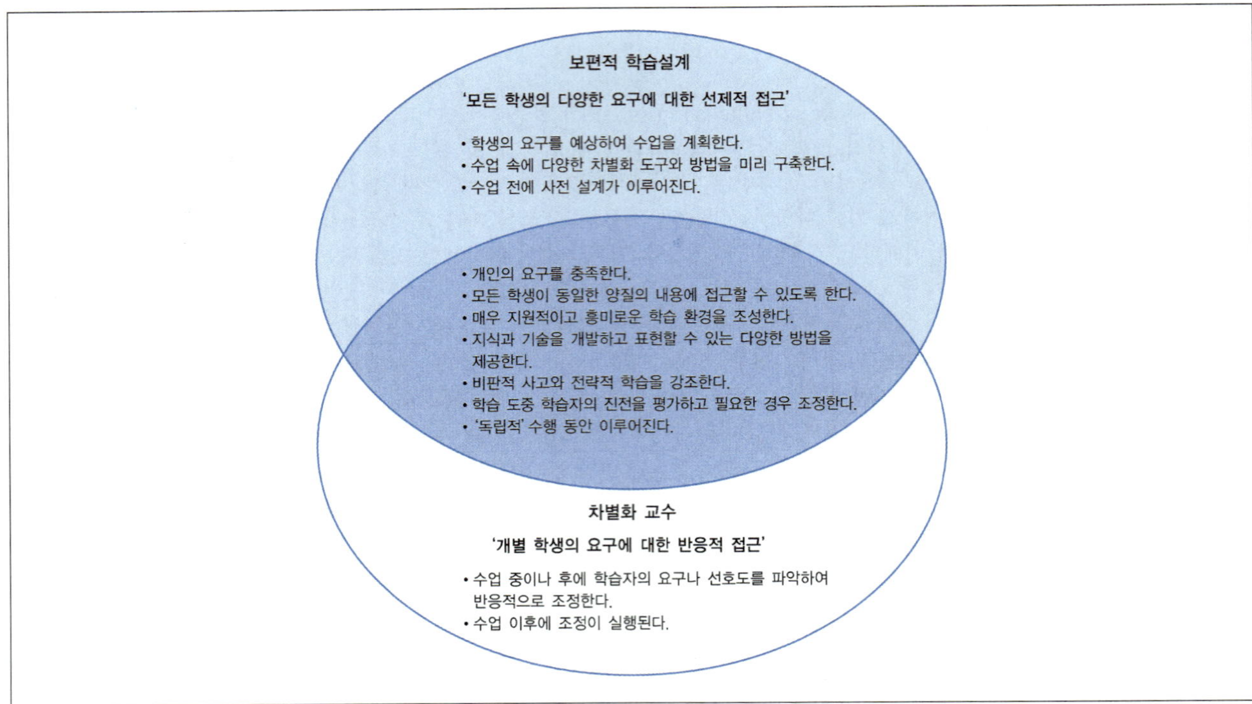

Tomlinson(2001)은 무엇이 차별화 교수이고 무엇이 아닌지에 대해 다음과 같이 기술하였다.

① 차별화 교수는 개별 학생을 위한 개별화 교수가 아니며, 교실에서 다양한 활동이 이루어진다고 해서 무질서하거나 규율이 없는 혼란스러움도 아니다. 또한 동질적인 집단화를 제공하는 새로운 방법도 아니며, 다양한 학습자에게 같은 크기의 옷을 너무 크면 줄여 입히고, 너무 작으면 늘려 입히는 방식처럼 재단해 입히는 것도 아니다.

② 차별화 교수는 다양한 방식으로 학습하고 배운 것을 표현할 수 있도록 수업을 계획하는 예방적 접근이며, 과제의 양을 조절하기보다 과제의 특성을 조정해 주는 것처럼 양적이라기보다는 질적인 접근이다.

③ 학생은 자신에게 적합하고 흥미를 느낄 수 있는 다양한 학습 경험을 제공받는 과정에서 적극적으로 의사결정을 하고 자신의 성장에 책임감을 갖게 되므로, 차별화 교수는 학생 중심적이며 교수 내용・과정・결과의 측면에서 다중적인 접근이다. 또한, 차별화 교수에서는 교사와 학생이 지속적으로 협력하며 함께 배워나가므로 유기적이다.

참고자료 기본이론 189-191p

키워드 차별화 교수

구조화 틀 통합학급 교수전략

- 교수적합화
- 차별화 교수
- 다수준 포함 교수

핵심개념

모범답안

첫째, 교수내용의 차별화 측면에서 장애학생이 교수내용에 접근할 수 있도록 과제분석을 통해 활동에 작은 단위로 지도한다.
둘째, 교육과정의 차별화 측면에서 학습에 대한 장애학생의 이해를 돕기 위해 또래교수를 활용한다.
셋째, 교수결과의 차별화 측면에서 장애학생의 성과를 평가하기 위해 다양한 표현양식으로 산출하도록 한다.

2022학년도 초등 교직논술

09 **김 교사가 제시한 차별화 교수의 3가지 측면에서 통합교육 실행 방안을 각각 1가지씩 논하시오. [3점]**

> 김 교사: 저는 요즘 통합학급 수업에서 장애학생뿐만 아니라 비장애학성들 모두 수업에 좀 더 의미 있게 참여할 수 있도록 차별화 교수를 적용하는 방안을 연구하고 있어요. 차별화 교수는 교사가 학습의 내용, 과정, 결과 측면에서 다양한 능력과 배경을 가진 학생들의 요구에 반응할 수 있도록 해주니까요.
> 박 교사: 그런 걸 보니 차별화 교수가 장애학생과 비장애학생들 모두에게 도움이 되겠네요.
> 김 교사: 네, 맞아요. 그렇지만 여전히 장애학생을 위해서는 학생 특성에 따라 일반교육과정을 수정해주는 방안이 필요해요. 지난번 개별화교육계획 회의 이후에 영수와 민수는 통합학급 수업에 어떻게 참여하고 있나요?

참고자료 기본이론 212-213p

키워드 또래 보조 학습전략

구조화 틀 또래교수의 분류

- 유형에 따른 분류
- 구성방식에 따른 분류
- 연령에 따른 분류
- 방법에 따른 분류

핵심개념 또래 보조 학습전략(PALS)

PALS는 읽기유창성과 읽기이해 능력을 향상시키는 데 효과적임

파트너 읽기	
읽기 유창성	• 성취 수준이 높은 학생이 먼저 교과서를 소리 내어 읽음 • 이어서 성취 수준이 낮은 학생이 동일한 부분을 다시 소리 내어 읽음
읽기 이해	성취 수준이 낮은 학생은 성취 수준이 높은 학생의 피드백을 받으며 읽은 내용을 순서에 따라 다시 이야기해 봄
단락 요약	
읽기 이해	• 학생들은 한 문단씩 크게 소리 내어 읽고, 읽은 문단에서 중요한 내용이 무엇인지 파악한 후 10어절 이내로 요약해 말함 • 자신이 찾은 중심내용에 대해 또래들로부터 피드백을 제공받음
예측 릴레이	
읽기 이해	• 다음 문단의 내용을 예측해 말함 • 학생들은 역할을 교대함

모범답안

2) ⓐ 또래 보조 학습전략
ⓑ 시범, 교정적 피드백

3) 읽은 내용 다시 말하기

2015학년도 초등 B1

10 다음은 특수학급 박 교사와 통합학급 임 교사의 대화 내용이다. 물음에 답하시오. [4점]

> 박 교사 : 선생님도 잘 아시다시피 민우는 글을 유창하게 읽지 못하고 읽기이해 능력도 매우 떨어져요. 그래서 국어 시험을 보면 낮은 점수를 받지요.
>
> 임 교사 : 제가 국어시간에 읽기 활동을 할 때 협동학습의 한 유형인 ㉠ 모둠성취분담모형(Student Teams-Achievement Division; STAD)을 적용하려고 해요. 그런데 민우는 모둠활동에서 초반에는 관심을 보이지만, 이내 싫증을 내곤 해요. 그래서 끝까지 참여하는 데 어려움이 있어서 조금 걱정이 돼요.
>
> 박 교사 : 그렇다면 민우에게는 모둠성취분담모형(STAD)과 함께 또래교수의 한 유형인 (㉡)을/를 적용해보면 어떨까요? (㉡)은/는 ㉢ 파트너 읽기, 단락(문단) 줄이기, 예측 릴레이 단계로 진행되는데, 민우의 읽기 능력 향상에 도움이 될 거예요.

2) ㉡의 ⓐ 명칭을 쓰고, ㉡의 주요 활동 단계마다 또래교수자가 ⓑ 공통으로 수행하는 활동을 1가지 쓰시오. [2점]

3) 민우가 ㉢ 단계에서 읽기이해 능력 향상을 위해 수행해야 하는 세부 활동을 1가지 쓰시오. [1점]

참고자료 기본이론 212-213p

키워드 또래 보조 학습전략

구조화틀 또래교수의 분류

- 유형에 따른 분류
- 구성방식에 따른 분류
- 연령에 따른 분류
- 방법에 따른 분류

핵심개념 또래 보조 학습전략(PALS)

PALS는 읽기유창성과 읽기이해 능력을 향상시키는 데 효과적임

파트너 읽기	
읽기 유창성	• 성취 수준이 높은 학생이 먼저 교과서를 소리 내어 읽음 • 이어서 성취 수준이 낮은 학생이 동일한 부분을 다시 소리 내어 읽음
읽기 이해	성취 수준이 낮은 학생은 성취 수준이 높은 학생의 피드백을 받으며 읽은 내용을 순서에 따라 다시 이야기해 봄
단락 요약	
읽기 이해	• 학생들은 한 문단씩 크게 소리 내어 읽고, 읽은 문단에서 중요한 내용이 무엇인지 파악한 후 10어절 이내로 요약해 말함 • 자신이 찾은 중심내용에 대해 또래들로부터 피드백을 제공받음
예측 릴레이	
읽기 이해	• 다음 문단의 내용을 예측해 말함 • 학생들은 역할을 교대함

모범답안

㉢ 단락 요약

① 돌아가며 큰 소리로 단락 읽기
② 읽은 문단에서 중요한 내용이 무엇인지 파악한 후 10어절 이내로 요약해 말하기
③ 자신이 찾은 중심내용에 대해 또래들로부터 피드백을 제공받기

2017학년도 중등 B7

11 (가)와 (나)는 읽기 학습장애 학생을 위한 사회과 '민주주의를 실현하는 기관' 단원 수업 계획의 일부이다. 또래지원 학습전략(Peer-Assisted Learning Strategies ; PALS)을 활용할 때, ㉢에 들어갈 단계명과 활동 3가지를 제시하시오. [5점]

(나) 12차시 수업 계획

차시	12차시/심화 학습
주제	국회, 정부, 법원의 삼권분립 이유 알기
교수·학습 활동	• 교사는 2명의 학생을 한 조로 편성하여 튜터와 튜티의 역할을 수행하도록 한다. • 국회, 정부, 법원의 권력분립을 설명하는 읽기자료를 제공한다. • 학생들이 읽기 활동을 할 때 PALS를 활용한다. **단계 및 활동의 예** 1. 파트너 읽기(partner reading) – 튜터가 먼저 읽고 튜티가 다시 읽기 – 튜터가 읽을 때 튜티는 오류를 교정해주기 – 튜티가 읽은 내용을 다시 말하기 2. (㉢) 3. 예측 릴레이(prediction relay) – 튜터와 튜티는 다음에 읽을 내용이 무엇인지 예측하기 – 튜터와 튜티는 예측한 내용이 옳은지 확인하기

김은진
스페듀
기출문제집

Vol. 2

PART

03

학습장애

Chapter

01 학습장애의 개념

01 학습장애의 정의

- 「장애인 등에 대한 특수교육법」의 정의
- 학습장애 정의의 주요 구성요소

02 학습장애의 하위 유형 및 특성

- 발달적 학습장애와 학업적 학습장애
- 언어성 학습장애와 비언어성 학습장애

03 학습장애 관련 용어의 구분

- 학습지진
- 학습부진
- 학습장애

참고자료 기본이론 216p

키워드 「장애인 등에 대한 특수교육법」 정의

구조화 틀 학습장애의 정의
- 특수교육법 정의
- 정의의 주요 구성요소

핵심개념

「장애인 등에 대한 특수교육법」 정의

학습장애를 지닌 특수교육대상자란 개인의 내적 요인으로 인해 듣기, 말하기, 주의집중, 지각, 기억, 문제해결 등의 학습기능이나 읽기, 쓰기, 수학 등 학업성취 영역에서 현저하게 어려움이 있는 사람을 말함

학습장애 선별검사 및 진단평가 영역

- 지능검사
- 기초학습기능검사
- 학습준비도검사
- 시지각발달검사
- 지각운동발달검사
- 시각운동통합발달검사

모범답안 ⓒ, 적응행동검사가 아닌 기초학습기능검사를 실시해야 한다.

2021학년도 중등 B2

01 **다음은 학습장애 학생의 진단·평가에 대해 김 교사와 교육실습생이 나눈 대화의 일부이다. 밑줄 친 ㉠~㉦ 중 틀린 곳 2가지를 찾아 바르게 고쳐 쓰시오. [2점]**

김 교 사 :	학습장애를 진단하기 위해서는 어떤 표준화 검사 도구를 사용해야 하나요?
교육실습생 :	「장애인 등에 대한 특수교육법 시행규칙」 제2조에서는 학습장애 학생의 선별검사나 진단·평가를 할 때 ㉡ 지능검사, ㉢ 적응행동검사, ㉣ 학습준비도검사, ㉤ 시지각발달검사, ㉥ 지각운동발달검사, ㉦ 시각운동통합발달검사를 실시하도록 규정되어 있었던 것 같아요.

학습장애 선정 조건 및 절차 (교육부 자료 확인)

참고자료 기본이론 216p

키워드 「장애인 등에 대한 특수교육법」 정의

구조화틀 학습장애의 정의

- 특수교육법 정의
- 정의의 주요 구성요소

핵심개념 **「장애인 등에 대한 특수교육법」 정의**

학습장애를 지닌 특수교육대상자란 개인의 내적 요인으로 인해 듣기, 말하기, 주의집중, 지각, 기억, 문제해결 등의 학습기능이나 읽기, 쓰기, 수학 등 학업성취 영역에서 현저하게 어려움이 있는 사람을 말함

모범답안 ③

2010학년도 중등 18

02 **「장애인 등에 대한 특수교육법 시행령」의 '학습장애를 지닌 특수교육대상자 선정 기준'에 따른 학습장애 학생의 특성과 가장 거리가 <u>먼</u> 것은?**

① 자릿값에 따라 숫자를 배열하는 데 어려움이 있다.
② 음소를 듣고 구별하거나 조작하는 데 어려움이 있다.
③ 상황에 적절한 사회적 기술을 사용하는 데 어려움이 있다.
④ 주의가 쉽게 산만해지고 주의를 지속하는 데 어려움이 있다.
⑤ 수학 알고리즘의 단계를 잊어버리거나 새로운 정보를 기억하는 데 어려움이 있다.

① 학업성취 영역 중 수학 학습장애 → 자릿값 이해 어려움

② 학업성취 영역 중 읽기 학습장애 → 음운인식 어려움

③ 비언어성 학습장애 → 「장애인 등에 대한 특수교육법」에서는 사회성 학습장애를 포함하지 않음

④ 학습기능 영역 중 주의에 해당함

⑤ 학습기능 영역 중 기억에 해당함

PART 03

2025학년도 초등 B2

03 **다음은 일반 교사와 특수교사가 초등학교 4학년 학생 지우에 대해 나눈 대화의 일부이다. 물음에 답하시오. [6점]**

> 일반교사 : 중재반응 모형에서는 진단이 어떻게 이루어지나요?
>
> 특수교사 : 우선 지적기능상의 어려움이 없어야 합니다. 그리고 정해진 기간 동안 효과적인 지도에도 그 불구하고 성취도가 기대되는 수준만큼 향상되지 않으면 학습장애 판별을 의뢰합니다. [A] 물론 이 과정에서 다른 장애나 ㉡ <u>환경적 요인의 영향도 고려</u>해야 하고 필요한 추가 검사들도 실시합니다.

1) ③ 밑줄 친 ㉡이 필요한 이유를 「장애인 등에 대한 특수교육법 시행령」(대통령령 제33406호, 2023. 4. 18., 일부개정)의 학습장애 정의에 근거하여 1가지 쓰시오. [3점]

참고자료 기본이론 216p

키워드 「장애인 등에 대한 특수교육법」 정의

구조화 틀 **학습장애의 정의**

- 특수교육법 정의
- 정의의 주요 구성요소

핵심개념 **「장애인 등에 대한 특수교육법」 정의**

학습장애를 지닌 특수교육대상자란 개인의 내적 요인으로 인해 듣기, 말하기, 주의집중, 지각, 기억, 문제해결 등의 학습기능이나 읽기, 쓰기, 수학 등 학업성취 영역에서 현저하게 어려움이 있는 사람을 말함

모범답안 학습장애는 학습기능이나 학업성취에 현저한 어려움이 환경적 요인이 아닌 개인의 내적 요인에 기인한다고 보기 때문이다.

참고자료 기본이론 218-219p

키워드 비언어성 학습장애

구조화 틀 학습장애의 하위 유형 및 특성

- 발달적 학습장애 vs 학업적 학습장애
- 언어성 학습장애 vs 비언어성 학습장애

핵심개념

비언어성 학습장애 아동이 결함을 보이는 4가지 주요 영역

운동 기능장애	조정 및 균형 문제, 글 쓸 때의 운동 문제
시각–공간–조직화 기능장애	심상의 부족, 빈약한 시각 기억, 잘못된 공간 지각, 집행기능(정보 습득 · 정보 해석 · 정보를 토대로 결정하는 능력)의 어려움
사회성 기능장애	비언어성 의사소통을 이해하는 능력 부족, 전환이나 새로운 상황에의 적응 문제, 사회적 판단 및 사회적 상호작용 결함
감각 기능장애	시각, 청각, 촉각, 미각, 후각 중 특정 감각에서의 민감성

비언어성 학습장애 아동의 행동 특성의 구체적인 예(Foss, 2004)

- 친구를 사귀는 데 어려움
- 일정에 따라 생활하는 데 어려움
- 퍼즐과 같은 비언어적 과제를 제대로 수행하지 못함
- 문제해결력이 떨어지며 추상적인 개념을 이해하지 못함
- 그림 · 만화 등의 비언어적 정보를 잘 이해하지 못함
- 다른 사람의 목소리, 몸짓, 표정과 같은 사회적 단서를 놓치거나 잘못 이해함

모범답안 ④

2011학년도 중등 9

04 비언어성 학습장애(nonverbal learning disabilities) 학생의 교수 방안으로 적절하지 않은 것은?

① 불안, 우울 등의 감정 문제가 나타날 수 있으므로 정기적으로 관찰하고 상담한다.

② 적절한 대인관계를 형성하는 데 어려움이 있으므로 사회적 기술을 명시적으로 가르친다.

③ 전체와 부분의 공간적 개념을 이해하는 데 어려움이 있으므로 학습하기 전에 선행 조직자를 제공한다.

④ 제한된 어휘와 불완전한 문장으로 말하므로 제스처나 표정 같은 시각적인 표현을 함께 사용하도록 지도한다.

⑤ 논리적이고 복합적인 정보의 처리에 어려움이 있으므로 학습자료를 논리적인 순서로 세분화하여 제시한다.

비언어성 학습장애는 뇌의 우반구 체계 결함에서 비롯되는 것으로, 언어성 학습장애와는 대조적인 특징을 가짐

언어성 학습장애는 좌반구 기능장애로 인해 언어 능력에 심각한 문제가 있는 상태를 말함

PART 03

확장하기 +

비언어성 학습장애 아동의 특성 및 지원방안

1. 비언어성 학습장애의 특성

구분	내용
신경생리학적 특성	• 비언어성 학습장애의 일차적 문제는 촉각-지각, 시공간적 지각, 심리운동적 협응, 주의력에서 나타나고 이차적 문제는 시각적 주의집중, 신체적 기능, 비언어적 정보의 기억, 문제해결능력에서 나타난다. • 신경생리학적 원인은 뇌 우반구의 발달 결손으로 추정되며, 우반구에 후천적 뇌 손상을 입은 성인들에서도 비언어성 학습장애를 가진 성인들과 같은 현상을 발견할 수 있다.
의사소통 및 인지적 특성	• 비언어성 학습장애 아동의 대다수는 언어적 유창성과 기계적인 언어수용능력, 청각적 정보의 기억능력이 매우 발달되어 있다. • 비언어성 학습장애의 인지적 결손은 특히 시지각적 부분과 공간 지각에서 크게 나타나는데, 비언어성 학습장애 집단은 비장애 집단보다 시각적 정보와 공간적 정보의 재생에서 크게 떨어지는 수행 수준을 보인다.
학습자 특성	학습적인 측면에서 비언어성 학습장애는 읽기 · 독해, 수학적 논리력과 계산능력, 과학, 쓰기 분야에서 낮은 학업성취의 원인으로 작용한다.
사회적 · 정서적 특성	• 비언어성 학습장애 아동은 학습장애의 다른 유형에 속하는 아동이나 비장애아동에 비해 상대적으로 심각한 사회적 · 정서적 문제를 가질 수 있다. • 학령기의 사회적 기술 발달 및 교우관계 형성 경험이 성인기의 사회적 적응과 밀접한 관계를 가짐을 고려할 때, 이 아동들이 적절한 중재 없이 성인기에 돌입하면 반사회적 성향이나 정신질환 문제, 중등 이상 교육에서의 자퇴 등을 겪을 가능성이 높다.

2. 비언어성 학습장애 아동을 위한 지원방안

① 복잡한 과제는 한꺼번에 제공하기보다는 세분화해 순서별로 나누어 제공한다.
② 교사는 비언어성 학습장애 아동에게 학교 및 지역사회 내에서 지켜야 할 규칙이나 규정에 대해 반복적으로 이야기해준다.
③ 비언어성 학습장애 아동이 비언어적인 정보를 통해 상대방의 감정 및 의도를 파악하는 방법을 습득하도록 게임이나 동영상 등을 활용한다.
④ 효과적인 사회적 기술 목록을 작성해 직접적으로 교수함으로써 비언어성 학습장애 아동이 습득할 수 있도록 도와준다.
⑤ 교사는 수업 중 수업내용 및 자료에 대한 틀만 제공해주거나 중심 내용을 제시하는 OHP를 이용한다.
⑥ 일과 일정을 미리 제공해 비언어성 학습장애 아동이 혼동하지 않도록 돕는다.

참고자료 기본이론 217p

키워드 학업적 학습장애

구조화 틀 학습장애의 하위 유형 및 특성

- 발달적 학습장애 vs 학업적 학습장애
- 언어성 학습장애 vs 비언어성 학습장애

핵심개념

학습장애 하위 유형

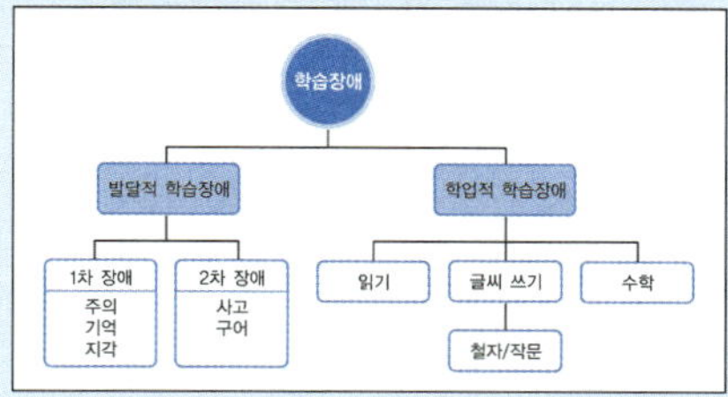

학업적 학습장애

읽기장애	• 단어인지 읽기장애 • 읽기유창성 읽기장애 • 읽기이해 읽기장애
쓰기장애	• 철자 쓰기장애 • 작문 쓰기장애
수학장애	• 연산 수학장애 • 문제해결 수학장애

읽기장애의 하위 유형

- **단어인지 읽기장애**: 개별 단어를 정확하게 읽는 데 어려움
- **읽기유창성 읽기장애**: 글을 빠르고 정확하게 읽는 데 어려움
- **읽기이해 읽기장애**: 글을 읽고 내용을 파악하는 데 어려움

모범답안 단어인지 읽기장애

2022학년도 초등 A4

05 **(가)는 학습장애 학생 은수의 특성이고, (나)는 2015 개정 국어과 교육과정 3~4학년군의 '중요한 내용을 적어요' 단원을 지도하기 위한 교수·학습 과정안의 일부이다. 물음에 답하시오. [5점]**

(가) 은수의 특성

- 시력은 이상 없음
- 듣기 및 말하기에 어려움이 없음
- /북/에서 /ㅂ/를 /ㄱ/로 바끄어 말하면 /국/이 되는 것을 알지 못함
- /장구/를 /가구/로 읽고 의미를 이해하는 데 어려움이 있음

1) (가)를 고려하여 은수에게 해당하는 읽기 학습장애의 하위 유형을 쓰시오. [1점]

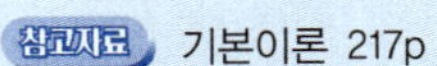

참고자료 기본이론 217p

키워드 학업적 학습장애

구조화 틀 **학습장애의 하위 유형 및 특성**

- 발달적 학습장애 vs 학업적 학습장애
- 언어성 학습장애 vs 비언어성 학습장애

핵심개념

학습장애 하위 유형

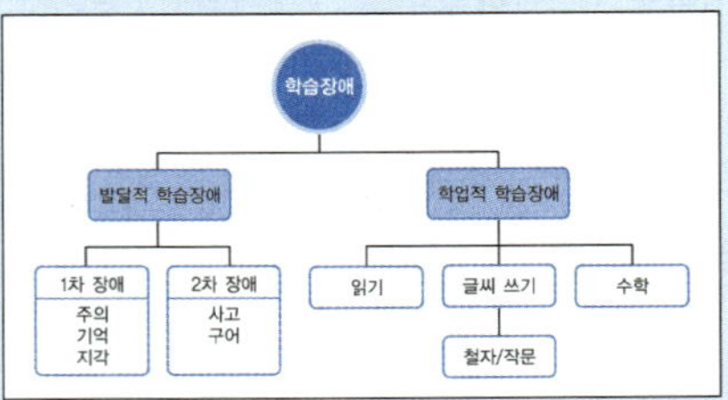

학업적 학습장애

읽기장애	• 단어인지 읽기장애 • 읽기유창성 읽기장애 • 읽기이해 읽기장애
쓰기장애	• 철자 쓰기장애 • 작문 쓰기장애
수학장애	• 연산 수학장애 • 문제해결 수학장애

모범답안 작문 쓰기장애

2023학년도 초등 A6

06 **(가)는 도덕과 수업 후 특수교사가 작성한 수업 성찰일지이고, (나)는 학습장애 학생 수아의 활동지 분석 결과 및 중재 적용 방안이다. 물음에 답하시오. [5점]**

(나) 수아의 활동지 분석 결과 및 중재 적용 방안

활동지 분석: 수아가 쓰기에서 보이는 어려움	
• 친구가 7개의 단어를 쓰는 동안 3개를 겨우 생각하여 작성함 • 계획하는 과정을 어려워하며 알고 있는 것을 즉흥적으로 나열함 • 구조에 따라 어떻게 구성해야 하는지 잘 모름 • 공익 실천에 대해 다양하게 알고 있어도 글로 표현하지 못함 • 한 단어 혹은 짧은 문장으로만 쓰고 시간이 오래 걸림 • 주제와 관련된 글의 내용을 또래 학습자보다 현저하게 쓰지 못함 • 글을 논리적으로 통일성 있게 작성하지 못함	[B]

2) (나)의 [B]에서 수아가 나타내고 있는 쓰기 학습장애의 하위 유형이 무엇인지 쓰시오. [1점]

참고자료 기본이론 220p

키워드 학습장애 관련 용어의 구분

구조화 틀 학습장애 관련 용어의 구분

- 학습지진
- 학습부진
- 학습장애

핵심개념

학습지진

선천적인 지적 능력의 결함으로 인해 학습능력이 떨어지는 아동

학습부진

정상지능을 가졌으며 신경계에 이상은 없으나, 정서 문제나 사회환경적인 원인으로 인해 학업성취도가 떨어지는 아동으로, 환경 요인이 제거되거나 치료적 개입을 통해 교정되면 정상 학습능력과 성취도를 보일 수 있음

학습장애

정상 또는 정상 이상의 지능을 가지고 있으며, 정서 및 사회환경적인 문제 등의 원인이 없음에도 학업성취도가 떨어지는 아동으로, 대개 신경학적 기능장애로 인해 유발되는 것으로 추정됨

모범답안

ⓛ 지적 능력에 결함이 없어야 학습장애로 선정될 수 있다.

ⓒ 학습 어려움의 1차 원인이 다른 장애로 인한 결과라면 외적 요인에 의한 학습 어려움이므로 학습장애로 선정되지 않는다.

2020학년도 초등 B3

07 **(가)는 특수학급의 교육실습생이 작성한 성찰일지의 일부이고, (나)는 지도 교사의 피드백을 받아 작성한 2015 개정 수학과 교육과정 1~2학년군 '짝수와 홀수' 수업 계획의 일부이다. 물음에 답하시오. [6점]**

(가) 성찰일지

일자 : 2019년 ○월 ○일

오늘 지도 선생님께서 일반학급 학생인 지수가 특수교육대상자로 선정되던 특수학급에서 공부하게 될 수도 있다고 하셨다. 담임 선생님과 지도 선생님은 지수의 지속적인 학습 어려움 때문에 특수교육대상자 선정을 위한 진단・평가 의뢰를 고민 중이시다. 함께 실습 중인 교육실습생들과 학습장애를 지닌 특수교육대상자 진단・평가와 선정・배치에 대해 이야기해본 결과, 다시 한번 정확히 확인해야 할 사항이 몇 가지 발견되었다.

첫째, ㉠ 진단・평가 과정에서 부모 등 보호자의 의견 진술 기회가 보장되어야 한다는 점

둘째, ㉡ 지적 능력이 정상이면 학습장애를 지닌 특수교육대상자로 선정될 수 없다는 점

셋째, ㉢ 학업성취 평가에서 낮은 점수를 받은 경우, 다른 장애 때문에 나타난 결과임이 밝혀져도 학습장애를 지닌 특수교육대상자로 선정될 수 있다는 점

넷째, ㉣ 특수교육대상자 또는 그 보호자는 특수교육지원센터의 특수교육대상자 선정 및 배치 결과에 대해 이의가 있을 경우, 그 결과에 대해 이의신청을 할 수 있다는 점

…(중략)…

1) (가)의 ㉠~㉣ 중 적절하지 않은 내용을 2가지 찾아 각각의 기호와 그 이유를 쓰시오. [2점]

ⓛ '학습장애'란 정상 또는 정상 이상의 지능을 가지고 있으며, 정서 및 사회환경적인 문제 등의 원인이 없음에도 학업성취도가 떨어지는 아동으로, 대개 신경학적 기능장애로 인해 유발됨

ⓒ 학습장애 선정 조건 및 절차에 제시된 배제 요인

지적장애, 정서・행동장애, 감각장애 등의 다른 장애나 가정불화, 폭력, 학교생활 부적응, 문화적 기회 결핍(탈북 아동・국내 이주 학생) 등 개인의 내적 원인이 아닌 외적 요인으로 인해 학업에 집중하지 못할 만큼의 뚜렷한 이유가 있으면 학습장애로 선정하지 않음

㉣ 장특법 제36조

특수교육대상자 또는 그 보호자는 다음 각 호의 어느 하나에 해당하는 교육장, 교육감 또는 각급학교 장의 조치에 이의가 있는 경우 해당 시・군・구 특수교육과정운영위원회 또는 시・도 특수교육운영위원회에 심사청구를 할 수 있음

- 특수교육대상자의 선정
- 교육지원 내용의 결정 사항
- 학교 배치
- 부당한 차별

PART 03

Chapter

02 학습장애 진단 모델

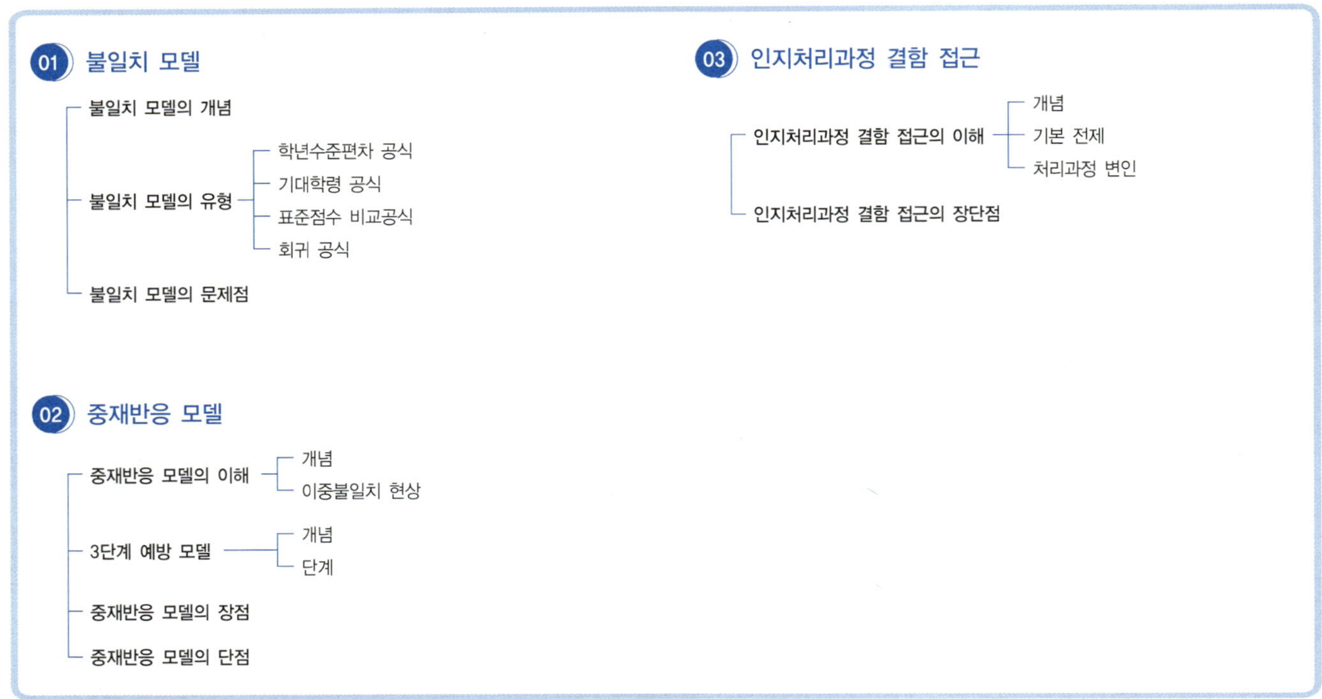

참고자료 기본이론 221-230p

키워드

- 불일치 모델
- 중재반응 모델

구조화 틀

(능력-성취) 불일치 모델

- 개념
- 유형
  - 학년수준편차 공식
  - 기대학령 공식
  - 표준점수 비교공식
  - 회귀 공식
- 불일치 모델의 문제점

중재반응 모델(RTI)

- 개념
- 이중불일치 현상
- 3단계 예방 모델
- RTI에서 CBM을 사용하는 이유
- 장점
- 단점

핵심개념

불일치 모델

지적인 잠재능력에서 기대되는 학업성취 수준과 실제 성취 수준 간의 차이로 학습장애를 판단함

중재반응 모델

효과적인 수업에 얼마나 반응하는가를 기준으로 학습장애 여부를 판단함

중재반응 모델의 장점

- 장애 위험이 있는 학생들을 조기에 발견해 중재를 제공하기 때문에 실패할 때까지 기다리는 것을 최소화함
- 학습장애를 과잉 혹은 잘못 판별하는 것을 감소시킬 수 있음
- 평가과정이나 절차에 관계없이 학생들에게 효과적인 교육을 제공할 수 있음

모범답안

① 불일치 모형
② 장애 위험이 있는 학생들을 조기에 발견해 중재를(조기중재) 제공할 수 있다.

2025학년도 초등 B2

01 **다음은 일반교사와 특수교사가 초등학교 4학년 학생 지우에 대해 나눈 대화의 일부이다. 물음에 답하시오. [6점]**

> 일반교사: 선생님, 지난 주에 지우 어머니께서 학습장애 진단에 대해 문의하셨습니다. 학습장애 진단은 어떻게 하나요?
>
> 특수교사: 학습장애 진단에는 다양한 모형이 사용됩니다. 대표적으로는 능력과 학업성취의 차이에 기초한 (㉠)과/와 중재에 대한 학생 반응 정도에 기초한 중재반응 모형이 있습니다.
>
> 일반교사: 중재반응 모형에서는 진단이 어떻게 이루어지나요?
>
> 특수교사: 우선 지적기능상의 어려움이 없어야 합니다. [A] 그리고 정해진 기간 동안 효과적인 지도에도 불구하고 성취도가 기대되는 수준만큼 향상되지 않으면 학습장애 판별을 의뢰합니다.
> 물론 이 과정에서 다른 장애나 ㉡ 환경적 요인의 영향도 고려해야 하고 필요한 추가 검사들도 실시합니다.

- 효과가 검증된 교수법을 적용한 뒤에도 학생이 성취 정도에 진전을 보이지 않음
- 또래들에 비해 성취 정도가 심각하게 낮게 나타남

→ 이중불일치

① ㉠에 들어갈 학습장애 진단 모형의 명칭과 ② [A]의 장점을 중재 제공 시점과 관련지어 1가지 쓰시오.

참고자료 기본이론 221-230p

키워드
- 불일치 모델
- 중재반응 모델

구조화 틀

(능력-성취) 불일치 모델
- 개념
- 유형
  - 학년수준편차 공식
  - 기대학령 공식
  - 표준점수 비교공식
  - 회귀 공식
- 불일치 모델의 문제점

중재반응 모델(RTI)
- 개념
- 이중불일치 현상
- 3단계 예방 모델
- RTI에서 CBM을 사용하는 이유
- 장점
- 단점

핵심개념

중재반응 모델

효과적인 수업에 얼마나 반응하는가를 기준으로 학습장애 여부를 판단함

3단계 예방 모델

1	해당 교과 영역에서 평상시의 통합교육에 각 학생이 어떻게 반응하는지 알기 위해 교육과정중심측정(CBM) 또는 표준화된 학력평가를 실시함. 또래에 비해 심각하게 낮은 성적(하위 25% 혹은 평균으로부터 1.5 표준편차 미만)의 소지자를 선별함
2	소집단 중심의 효과적인 수업을 일정 기간(보통 10~15주) 체계적·집중적으로 투입하면서 그 반응도를 교육과정중심측정 방법을 사용해 추적함
3	1~2단계에서 중재에 대한 반응이 없었거나 기대된 기준을 성취하지 못한 학생들에게 특수교육 서비스와 같은 강도 높은 개별화 중재를 제공함. 이 단계에서 성공한 학생은 이전 단계로 갈 수 있고, 성공하지 못한 학생은 학습장애 적격성 판정을 위해 특수교육 평가에 의뢰됨

모범답안 ㉠은 중재반응 모델에 대한 설명이다.

2021학년도 중등 B2

02 **다음은 학습장애 학생의 진단·평가에 대해 김 교사와 교육실습생이 나눈 대화의 일부이다. 밑줄 친 ㉠~㉦ 중 틀린 곳 2가지를 찾아 바르게 고쳐 쓰시오. [2점]**

> 김 교 사: 선생님, 학습장애 진단·평가 모델에 대해 이야기해볼까요?
>
> 교육실습생: ㉠ 불일치 모델은 학기 초에 모든 학생들을 대상으로 성취도를 평가하고, 효과가 검증된 교수법을 적용한 뒤 학생의 성취 정도에 진전을 보이지 않거나, 또래들에 비해 성취 정도가 심각하게 낮게 나타나는 경우를 학습장애로 규정하는 것으로 기억하지만 확실하진 않아요.
>
> …(하략)…

- 효과가 검증된 교수법을 적용한 뒤에도 학생이 성취 정도에 진전을 보이지 않음
- 또래들에 비해 성취 정도가 심각하게 낮게 나타남

→ 이중불일치

참고자료 기본이론 221-230p

키워드

- 불일치 모델
- 중재반응 모델

구조화 틀

(능력-성취) 불일치 모델
- 개념
- 유형
  - 학년수준편차 공식
  - 기대학령 공식
  - 표준점수 비교공식
  - 회귀 공식
- 불일치 모델의 문제점

중재반응 모델(RTI)
- 개념
- 이중불일치 현상
- 3단계 예방 모델
- RTI에서 CBM을 사용하는 이유
- 장점
- 단점

핵심개념

학년수준편차 공식

기대되는 학년수준(생활연령)과 실제 학년수준(학업성취 검사점수에 근거한 학년수준) 간 차이를 산출해 불일치 정도를 파악

기대학령 공식

학생의 생활연령뿐만 아니라 학생의 지능 및 재학연수 등을 고려한 불일치 공식

표준점수 비교공식

지능지수와 학업성취 점수를 표준점수(평균 100, 표준편차 15)로 변환해 두 점수를 비교하는 공식

회귀 공식

두 측정값의 상관관계와 지능을 고려해 '기대되는 학업성취 점수'를 산출하고, 측정의 표준오차를 고려해 기대되는 학업성취 점수의 신뢰구간을 설정함. 이 설정된 신뢰구간과 실제 학생의 학업성취 점수를 비교해 불일치 여부를 결정함

모범답안 ②

2010학년도 초등(유아) 10

03 다음은 지혜의 학습장애 여부를 진단하는 방법에 대해 두 교사가 나눈 대화 내용이다. 최 교사가 제시하는 진단모형에 대해 가장 적절하게 설명한 것은?

김 교사 : 지혜는 다른 교과목에는 문제가 없는데, 읽기에 어려움을 보여요. 또래들보다 2년 정도 낮은 수행수준을 보이는데 학습장애가 아닐까요? — 불일치 모델

최 교사 : 최근에는 학습장애를 진단할 때 대안적인 진단모형을 사용해요. 효과가 검증된 읽기 교수방법으로 지도했는데도 불구하고, 지혜가 그림과 같은 양상을 나타내면 학습장애로 판단한답니다. — 중재반응 모델

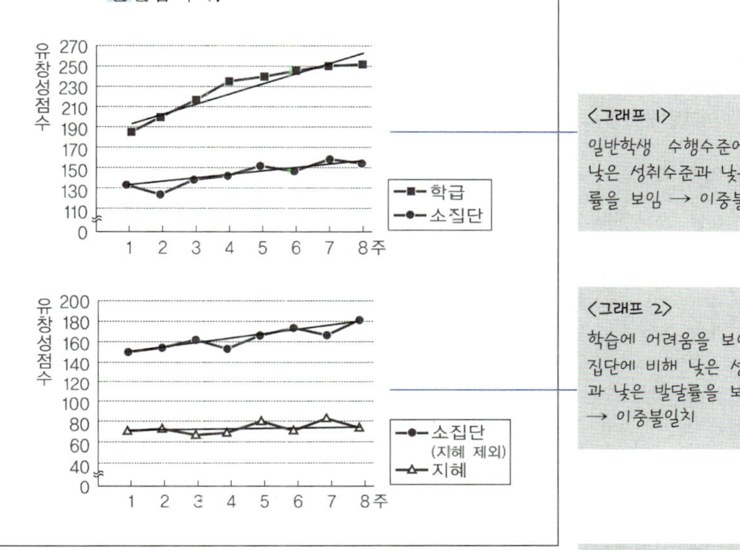

<그래프 1> 일반학생 수행수준에 비해 낮은 성취수준과 낮은 발달률을 보임 → 이중불일치

<그래프 2> 학습에 어려움을 보이는 소집단에 비해 낮은 성취수준과 낮은 발달률을 보임 → 이중불일치

① 지혜에게 기대하는 학업성취 수준과 실제 학업성취 수준 사이에 차이가 발생하면 학습장애로 진단한다. — ① 불일치 모델 중 학년수준편차공식에 해당함

② 지혜가 또래집단에 비해 수행 수준이 낮고 진전도가 느린 현상을 모두 보이면 학습장애로 진단한다. — ② 이중불일치

③ 지혜의 지능지수에 기초하여 설정된 기대 수준 범위에 실제 성취 수준이 포함되어 있지 않으면 학습장애로 진단한다. — ③ 불일치 모델 중 회귀공식에 해당함

④ 지혜의 인지적 처리과정 특성을 분석하여 학업성취의 문제가 지혜의 심리처리과정에 의한 것으로 확인되면 학습장애로 진단한다. — ④ 인지처리과정 결함 접근에 해당함

⑤ 지혜의 잠재능력 점수와 성취 수준 점수를 표준점수로 바꾼 후, 그 차이가 1~2 표준편차 이상으로 나타나면 학습장애로 진단한다. — ⑤ 불일치 모델 중 표준점수 비교공식에 해당함

2009학년도 중등 38

04 일반교사인 정 교사는 학습부진을 보이는 A가 혹시 학습장애일까 염려되어 특수교사인 김 교사에게 학습장애인지 판단해달라고 요청하였다. 이에 김 교사는 학습장애 의뢰 여부를 결정하기 위해 '중재반응 모델(RTI : Responsiveness To Intervention model)'을 활용하기로 하였다. '중재반응 모델'과 관련된 내용으로 적절한 것을 <보기>에서 모두 고른 것은? [2.5점]

보기

ㄱ. A가 보이는 인지결함 문제를 측정하여 그 기술을 향상시키는 방법을 활용한다.
ㄴ. 중재에 대한 변화를 판단하기 위해 진전도를 모니터하는 평가 방법을 활용한다.
ㄷ. 연구에 기반을 두었으며 과학적으로 검증된 학습전략이나 중재를 도출하여 사용한다.
ㄹ. 문제해결접근방법을 사용하여 조기에 판별이 가능하기 때문에 판별을 위해 학생이 '실패를 기다리는' 일을 감소시킬 수 있다.
ㅁ. 학습잠재력을 측정할 수 있는 지능검사를 통해 지능지수를 파악하고 같은 학년수준의 학업 능력에서 얼마나 벗어나 있는지 확인한다.

① ㄱ, ㄴ
② ㄱ, ㄷ, ㄹ
③ ㄱ, ㄹ, ㅁ
④ ㄴ, ㄷ, ㄹ
⑤ ㄱ, ㄷ, ㄹ, ㅁ

ㄱ. 학습장애가 의심되는 학생의 인지결함 문제를 측정하는 진단 모델은 '인지적 처리과정 결함 접근'임

ㄴ, ㄷ. 이중불일치에 대한 설명임

ㄹ. 기존의 학습장애 선별 방법이 특정 시점에서의 또래 간 횡적인 자료 분석에 근거하고 있다면, 중재반응 모델은 효과적인 교육을 투입하고 난 후 서로 다른 두 시점에서 그 영향을 분석 대상으로 한다는 점에서 종단적인 문제해결 접근임

ㅁ. 개인의 잠재력을 측정할 수 있는 '지능검사'와 실제 성취수준인 '학업 능력' 간의 차이로 학습장애를 판별하는 것은 불일치 모델임

참고자료 기본이론 224-230p

키워드 중재반응 모델

구조화 틀 중재반응 모델(RTI)
- 개념
- 이중불일치 현상
- 3단계 예방 모델
- RTI에서 CBM을 사용하는 이유
- 장점
- 단점

핵심개념

중재반응 모델

효과적인 수업에 얼마나 반응하는가를 기준으로 학습장애 여부를 판단함

3단계 예방 모델

1	해당 교과 영역에서 평상시의 통합교육에 각 학생이 어떻게 반응하는지 알기 위해 교육과정중심측정(CBM) 또는 표준화된 학력평가를 실시함. 또래에 비해 심각하게 낮은 성적(하위 25% 혹은 평균으로부터 1.5 표준편차 미만)의 소지자를 선별함
2	소집단 중심의 효과적인 수업을 일정 기간(보통 10~15주) 체계적·집중적으로 투입하면서 그 반응도를 교육과정중심측정 방법을 사용해 추적함
3	1~2단계에서 중재에 대한 반응이 없었거나 기대된 기준을 성취하지 못한 학생들에게 특수교육 서비스와 같은 강도 높은 개별화 중재를 제공함. 이 단계에서 성공한 학생은 이전 단계로 갈 수 있고, 성공하지 못한 학생은 학습장애 적격성 판정을 위해 특수교육 평가에 의뢰됨

모범답안 ④

참고자료 기본이론 224-230p

키워드 중재반응 모델

구조화 틀 중재반응 모델(RTI)

- 개념
- 이중불일치 현상
- 3단계 예방 모델
- RTI에서 CBM을 사용하는 이유
- 장점
- 단점

핵심개념

중재반응 모델

효과적인 수업에 얼마나 반응하는가 를 기준으로 학습장애 여부를 판단함

3단계 예방 모델

단계	내용
1	해당 교과 영역에서 평상시의 통합교육에 각 학생이 어떻게 반응하는지 알기 위해 교육과정중심측정(CBM) 또는 표준화된 학력평가를 실시함. 또래에 비해 심각하게 낮은 성적(하위 25% 혹은 평균으로부터 1.5 표준편차 미만)의 소지자를 선별함
2	소집단 중심의 효과적인 수업을 일정 기간(보통 10~15주) 체계적·집중적으로 투입하면서 그 반응도를 교육과정중심측정 방법을 사용해 추적함
3	1~2단계에서 중재에 대한 반응이 없었거나 기대된 기준을 성취하지 못한 학생들에게 특수교육 서비스와 같은 강도 높은 개별화 중재를 제공함. 이 단계에서 성공한 학생은 이전 단계로 갈 수 있고, 성공하지 못한 학생은 학습장애 적격성 판정을 위해 특수교육 평가에 의뢰됨

모범답안 ⑤

2012학년도 초등 12

05 **특수학급 박 교사는 일반학급 최 교사와 협력하여 연산 영역에 어려움을 겪던 학생 3명의 문제를 해결하고자 중재를 하였다. 아래는 두 교사가 교육과정중심평가를 통해 중재에 대한 반응을 수집한 데이터이다. 중재반응 모형에 근거할 때, 아래 데이터에 대한 해석으로 가장 적절한 것은?**

데이터 수집시기	세 학생의 목표점수	학급평균 점수	반응(성취) 점수		
			서현지	김민수	강은지
1주	2	8	1	1	1
3주	4	9	3	3	4
5주	6	10	4	6	6
6주	7	10	3	8	7
7주	8	11	5	9	8
8주	9	12	5	11	9
10주	10	14	6	12	10

① 현지의 어려움은 단기기억력의 결함에 기인하므로 기억술을 가르친다.

② 세 명 모두 성취점수가 향상하고 있으므로 현재의 증거기반 교수방법을 유지한다.

③ 위 데이터를 종합적으로 판단해보면, 현지를 수학 연산 학습장애로 판별할 수 있다.

④ 은지의 반응점수를 목표 및 학급평균점수와 비교하면 '이중불일치'를 확인할 수 있다.

⑤ 민수의 개인목표를 재설정하고 현재보다 조금 더 높은 수준의 문제해결 활동을 간헐적으로 제공한다.

1단계 교육은 모든 학생을 대상으로 하는 일반교육이고, 2단계 교육은 학습장애 위험군 학생(연산 영역에 어려움을 겪는 소집단 학생)을 대상으로 지원교수를 실시함. 해당 문제는 RTI 2단계임

※ 선택형 문제이므로 '가장' 적절한 것 1가지를 고르는 문제

① 학습 어려움의 원인을 '단기기억력의 결함'으로 단정할 수 없음. 대부분의 경우 학습장애의 원인을 신경학적 기능장애로 추정함

② 김민수와 강은지 학생의 반응(성취)점수는 '목표점수'에 도달하고 있으나, 서현지 학생의 반응(성취)점수는 '목표점수'에 미달하고 있음

③ RTI 2단계에서 낮은 성취와 낮은 학업성장 속도를 보일 경우 3단계로 의뢰함

④ 은지의 반응점수를 학급평균 점수와 비교하면 낮은 성취를 보이나, 개인 목표점수를 달성하고 있으므로 정상적인 발달률(성장속도)을 보이고 있음. 따라서 이중불일치를 보이지 않음

PART 03

참고자료 기본이론 224-230p

키워드 중재반응 모델

구조화틀 중재반응 모델(RTI)

- 개념
- 이중불일치 현상
- 3단계 예방 모델
- RTI에서 CBM을 사용하는 이유
- 장점
- 단점

핵심개념 RTI에서 CBM을 사용하는 이유

- CBM은 형성적 평가에 속하는 특징을 가지고 있기 때문에 지속적으로 학업성취 수준을 평가할 수 있음
- 교사에게 반 학생들의 수준에 대한 정확한 정보를 제공해주고, 반복적으로 자주 사용할 수 있으며, 이를 통해 아동의 진전도를 파악하고 중재 효과 여부를 확인할 수 있음
- 기존 검사에 비해 시간과 비용을 절약할 수 있음
- 학습장애, 학습부진, 정상 학생들을 매우 신뢰롭게 구분할 수 있음

모범답안

3) 중재반응 모형에서 동형검사지를 사용하는 이유는 동형검사는 다른 문항으로 구성되어 있지만 문항들의 내용과 형태·문항 수·난이도가 동일한 검사로, 단기간 내에 재실시할 수 있고, 그 기술과 관련한 지속적인 측정을 통해 성취도를 모니터링할 수 있기 때문이다.

4) ⓐ 학급 전체 학생의 평균 음절 수는 증가 경향을 보이므로 반복읽기 중재는 효과적인 중재임이 입증되었기 때문이다.
ⓑ 또래에 비해 심각하게 낮은 반응을 보이는 집단에게는 소집단 중심의 체계적·집중적인 중재 투입이 필요하기 때문이다.

2019학년도 초등 B3

06 (가)는 2015 개정 국어과 교육과정의 1~2학년 읽기 영역 교수·학습 과정안의 일부이고, (나)는 읽기에 어려움이 있는 학생 성호의 담임교사인 김 교사와 특수교사인 박 교사의 대화이다. (다)는 김 교사가 9주 동안 실시한 교육과정중심측정(CBM) 결과이다. 물음에 답하시오. [6점]

(나) 대화 내용

…(중략)…

김 교사: 전략을 사용한 후에 읽기 능력은 어떻게 평가해야 하나요?
박 교사: 중재반응 모형에서 사용되는 교육과정중심측정으로 평가하면 될 것 같습니다.
김 교사: 읽기 능력을 교육과정중심측정으로 평가해야 하는 이유는 무엇인가요?
박 교사: 교육과정중심측정은 ⓒ 동형검사지를 사용하기 때문입니다.
김 교사: 아, 그렇군요. 선생님께서 말씀하신 교육과정중심측정을 사용하여 반복읽기 전략의 효과를 9주 동안 평가해보겠습니다.

…(9주 후)…

김 교사: 평가 결과가 나왔는데, 한번 봐주시겠어요? 성호가 하위 10%에 속해 있네요.

동형검사지
표면적인 내용은 서로 다르지만, 두 개의 검사가 이론상 동질적이며 동일하다고 추정할 수 있는 문항들로 구성된 검사. 문항의 난이도 및 변별도가 같거나 비슷하고, 문항 내용도 같은 것으로 구성됨

(다) 교육과정중심측정 결과(중재반응 모형 1단계)

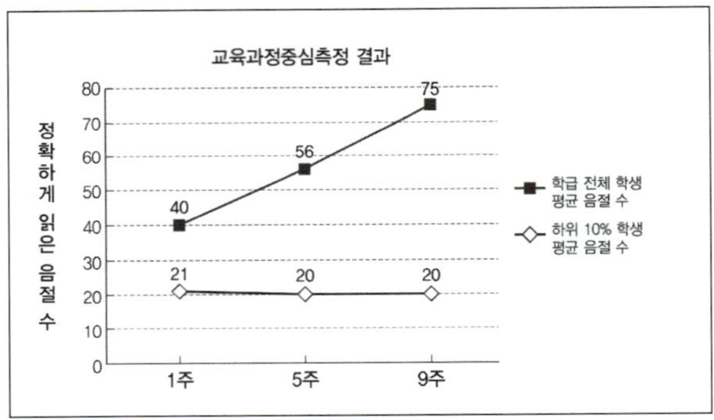

3) (나)의 ⓒ을 중재반응 모형에서 사용해야 하는 이유 1가지를 쓰시오. [1점]

4) 다음은 중재반응 모형 1단계의 기본 가정에 근거하여 (다)의 그래프를 해석한 결과이다. ⓐ와 ⓑ에 들어갈 말을 각각 쓰시오. [2점]

- 김 교사의 학급에서는 반복읽기 전략을 지속적으로 사용할 수 있다. 그 이유는 (ⓐ).
- 9주 동안 하위 10% 학생의 평균 음절 수는 증가하지 않았다. 그 이유는 (ⓑ).

1단계 – 일반교육
1단계에서 모든 학생들은 1년에 적어도 2~3번 정도 평가를 받으며, 표준화검사·CBM·관찰·기타 검사들을 사용해 학생의 수행수준과 진전도율을 분석한 후, 교육의 효과가 없어 좀 더 전략적으로 중재가 제공되지 않으면 기대되는 기준에 도달하지 못할 것이라고 결정되었을 때 2단계로 넘어가기 위해 선별됨

참고자료 기본이론 224-230p

키워드 중재반응 모델

구조화 틀 중재반응 모델(RTI)

- 개념
- 이중불일치 현상
- 3단계 예방 모델
- RTI에서 CBM을 사용하는 이유
- 장점
- 단점

핵심개념 **3단계: 강도 높은 개별화 중재**

- 3단계는 1단계와 2단계에서 중재에 대한 반응이 없었거나 기대된 기준을 성취하지 못한 학생들에게 특수교육 서비스와 같은 강도 높은 개별화 중재를 제공함
- 이 단계의 강도 높은 중재는 1단계와 2단계에서 지원되었던 전략적인 중재를 더 향상시켜 제공할 수도 있고, 중재 빈도와 지속시간을 증가시켜서 제공하여 학생의 수행 수준과 발달률을 촉진시킬 수도 있음
- 이 단계에서는 특별히 훈련된 일반교사·특수교사 등이 가르치게 되며, 표준화된 평가·CBM·오류분석·면접·관찰·기능적인 행동평가 등 모두가 포함되며, 직접평가에 의해 측정하여 학생이 어느 면에서 결함이나 부족함이 있는지를 평가함
- 따라서 이 단계는 학생이 학습장애인지 아닌지 진단·평가하는 의미의 성격을 지니고 있으며, 이 단계에서 성공하면 학생은 이전 단계로 갈 수 있고 성공하지 못한 학생은 학습장애 적격성 판정을 위해 특수교육 평가에 의뢰됨

2026학년도 중등 A7

07 (가)와 (나)는 ○○중학교 전문적 학습 공동체 소속 교사들의 대화이다. 〈작성 방법〉에 따라 서술하시오. [4점]

(가) 전문적 학습 공동체의 대화 1

특 수 교 사 : 지난 연수 때 중재반응모델에 대해 함께 이야기하며 효과적인 읽기 전략에 대해 알아보았는데 적용해 보셨나요?

일반교사 A : 한 달간 국어 수업에 모든 학생을 대상으로 중재반응모델 첫 번째 단계에 해당하는 체계적이고 효과적인 읽기 전략을 적용해 보았습니다.

일반교사 B : 저도 효과적인 읽기 전략을 한 달 간 수업에 적용했습니다. 효과적인 읽기 전략에 반응을 보이는 학생들이 대부분이나, 여전히 수업을 잘 이해하지 못하고 어려움을 지닌 일부 학생도 있었습니다.

특 수 교 사 : 그러면 국어 점수가 향상되지 않은 학생들에게 지원을 확대해야겠습니다. 제가 그 학생들을 위하여 중재 계획을 세우고 선수 개념 등의 전략으로 방과후에 두 번째 단계인 지원 교수를 실시해 보겠습니다.

…(중략)…

특 수 교 사 : 선생님들께서 매주 보내 주신 결과로 제가 6개월 동안 그래프를 그려 보았습니다.

〈주별 국어 평가 결과〉

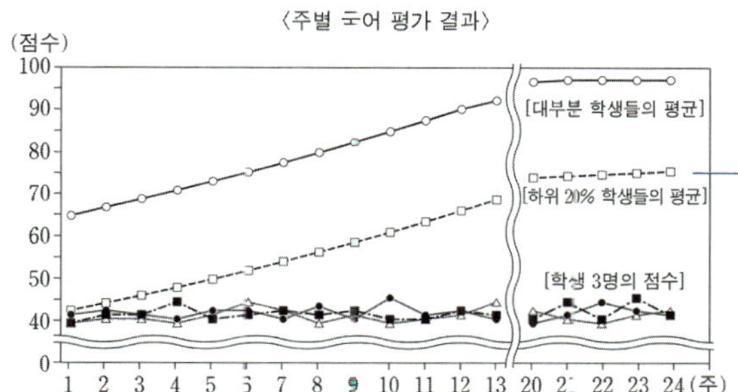

이중불일치 현상
학생이 중재에 반응하는 정도에 있어 일반 학생들보다 낮은 성취 수준을 보이면서 동시에 학습 진전도가 낮은 경우 학습장애로 진단하는 것으로, 학습의 수행수준과 발달속도(발달률, 학업성장속도)를 모두 고려하는 것

일반교사 A : 그래프를 보니 대부분 학생들은 국어 점수가 향상되었군요. 그리고 방과후에 수업을 한 학생들 중 일부는 수업 시간에 잘 참여하며 문제행동도 줄어들었습니다.

특 수 교 사 : 네, 맞아요. 학업 성취 향상은 사회·정서적 측면에도 긍정적인 영향을 미칩니다.

모범답안

- ㉠ 강도 높은 개별화 중재를 제공한다.
- 중재에 대해 일반 학생들보다 낮은 성취 수준을 보이고, 동시에 학습 진전도가 낮기 때문이다.

일반교사 B : 네, 선생님. 그런데 학생 3명처럼 지원 교수를 했는데도 국어 점수가 오르지 않고 계속해서 국어를 어려워하는 학생이 있다면 그 다음 단계로 무엇을 해야 할까요?

특 수 교 사 : ㉠ 세 번째 단계에 해당하는 지원 방안을 모색해야 합니다. 그리고 학습장애로 판별하기 위해서 다른 장애 여부를 확인하거나 필요한 추가 검사도 해야 합니다.

작성방법

- (가)의 밑줄 친 ㉠을 1가지 서술할 것.
- (가)에 제시된 그래프에서 학생 3명을 학습장애로 진단 또는 진단 의뢰할 수 있는 근거를 2가지 서술할 것.

참고자료 기본이론 224-230p

키워드 중재반응 모델

구조화틀 중재반응 모델(RTI)

- 개념
- 이중불일치 현상
- 3단계 예방 모델
- RTI에서 CBM을 사용하는 이유
- 장점
- 단점

핵심개념 **불일치 모델과 비교했을 때 중재반응 모델의 장점**

- 불일치 모델과 달리 진단 자체보다는 교육을 강조함으로써 최대한 빨리 학습장애 위험군 학생을 선별해 적절한 교육적 지원을 제공하고 학생의 학업성취도를 극대화할 수 있음. 즉, 불일치 모델에서는 학습장애로 진단될 때까지 일반교육 이외에 교육적 지원을 받지 못하는 반면, 중재반응 모델에서는 일단 학업문제가 확인되면 즉시 교육적 지원이 제공됨
- 중재반응 모델에서는 외적인 요인에 의한 학습부진과 내적인 요인에 의한 학습장애의 변별이 가능함. 즉, 학습장애 위험군 학생 중 외적 요인에 의해 학업문제를 보였던 학생은 조기 중재를 받음으로써 학업성취를 향상시킬 수 있음. 반면, 내적 요인으로 학업문제를 보였던 학생은 동일한 조기 중재를 받았음에도 불구하고 학업성취도의 향상이 상대적으로 더디게 나타남

모범답안

① 중재반응 모델
② 외적 요인에 의한 학습부진과 내적 요인에 의한 학습장애의 변별이 가능하다. (또는 학습장애를 과잉 또는 잘못 판별하는 것을 줄일 수 있다.)

2020학년도 초등 B3

08 **(가)는 특수학급의 교육실습생이 작성한 성찰일지의 일부이고, (나)는 지도 교사의 피드백을 받아 작성한 2015 개정 수학과 교육과정 1~2학년군 '짝수와 홀수' 수업 계획의 일부이다. 물음에 답하시오. [6점]**

(가) 성찰일지

> 일자 : 2019년 ○월 ○일
>
> …(중략)…
>
> 다음 주에는 수학과 '짝수와 홀수' 차시의 공개수업이 있다. 지도 선생님께서 주신 피드백을 반영하여 지수의 특성을 고려한 수업 계획을 세워봐야겠다. 지수의 담임 선생님께서 관찰하신 바에 따르면, 학급의 모든 학생을 대상으로 하는 첫 번째 단계에서 지수는 ⓜ 그림이나 표시, 숫자를 활용하는 사고가 어려워 반응이 도달 기준점에 미치지 못했다고 한다. 다음 단계에서는 지수의 특성을 고려한 소집단 활동을 통해 전략적인 방법을 적용하면서 진전도를 지속적으로 살펴봐야 할 것 같다. [A]

1단계 – 일반교육
- 일반 아동의 학습능력보다 낮은 성취수준과 느린 성장속도를 보이는 학생을 선별하는 단계
- 일반 교육환경에서는 모든 학생들이 일반 교사로부터 과학적으로 검증된 교수법을 통해 중재를 받음
- 표준화검사·CBM·관찰·기타 검사들을 사용해 학생의 수행수준과 진전도율을 분석한 후, 교육 효과가 없어 좀 더 전략적인 중재가 제공되지 않으면 기대되는 기준에 도달하지 못할 것이라고 결정되었을 때, 2단계로 넘어가기 위해 선별됨

2단계 – 전략적인 집중교육
교육과정에서 기대된 기준을 성취하지 못한 학생들에게 그들의 학습능력과 특성을 고려해 전략적으로 집중교육을 제공하는 단계

2) (가)의 ① [A]에 해당하는 진단 모델을 쓰고, ② 학습장애 적격성 판별 측면에서 이 모델의 장점을 1가지 쓰시오. [2점]

참고자료 기본이론 221-230p

키워드
- 불일치 모델
- 중재반응 모델

구조화 틀 중재반응 모델(RTI)
- 개념
- 이중불일치 현상
- 3단계 예방 모델
- RTI에서 CBM을 사용하는 이유
- 장점
- 단점

핵심개념

표준점수 비교공식
- 지능지수와 학업성취 점수를 표준점수(평균 100, 표준편차 15)로 변환해 두 점수를 비교하는 공식
- 두 표준점수의 차이가 약 1~2 표준편차일 때 현저한 불일치를 보이는 것으로 평가함
- 평균으로의 회귀 현상은 두 측정값(지능지수와 학업성취 점수)이 완전한 상관관계가 아닐 때 나타남 → 지능지수가 100 이상인 학생의 학업성취 점수가 지능지수보다 낮게 나타나는 경향을 보이는 반면, 지능지수가 100 이하인 학생의 학업성취 점수는 지능지수보다 높게 나타나는 경향을 보임. 이러한 평균으로의 회귀현상으로 인해 표준점수 비교공식은 지능이 높은 학생을 과잉판별하고, 지능이 상대적으로 낮은 학생은 과소판별하는 문제가 있음

이중불일치 현상

학생이 중재에 반응하는 정도에 있어 일반학생들보다 낮은 성취수준을 보이면서 동시에 학습 진전도가 낮은 경우 학습장애로 진단하는 것으로, 학습의 수행수준과 발달속도(발달률·학업 성장속도)를 모두 고려하는 것

2021학년도 초등 B2

09 **(가)는 수학 학습에 어려움이 있는 초등학교 2학년 영호의 검사 결과이고, (나)는 일반교사와 특수교사가 나눈 대화이며, (다)는 일반교사가 실시한 교육과정중심측정(Curriculum-Based Measurement ; CBM) 결과이다. 물음에 답하시오.** **[5점]**

(가) 검사결과

- K-WISC-V 검사결과 : 지능지수 107
- KNISE-BAAT(국립특수교육원 기초학력검사) 수학 검사 결과 : 학력지수 77

(나) 대화 내용

특수교사 : 영호의 검사결과를 검토해보니 한 가지 문제점이 예상되네요. 수학 검사에서 받은 77점은 영호의 실제 수행수준보다 낮은 것 같아요.

일반교사 : 왜 그렇게 생각하시죠?

특수교사 : 두 검사점수 간의 상관계수는 1이 아니기 때문에 지능점수가 (㉠) 이상이더라도 학업점수는 낮게 추정될 수 있어요. 이러한 문제 때문에 두 점수 간의 불일치된 (㉡) 점수를 이용하는 능력-성취 불일치 모형에서는 영호를 학습장애로 과잉진단할 수 있어요.

일반교사 : 학습장애가 아닐 수 있는 영호를 학습장애로 진단하는 것은 큰 문제네요.

특수교사 : 네, 그렇죠.

일반교사 : 다른 대안은 없을까요?

특수교사 : 다단계 중재반응모형이 대안이 될 수 있어요. 이 모형에서는 ㉢ 교육과정중심측정을 사용하여 학생의 반응을 지속적으로 점검해요. 이러한 검사 결과를 고려하면 과잉진단의 문제점을 어느 정도 예방할 수 있어요.

(다) 교육과정중심측정(CBM) 결과

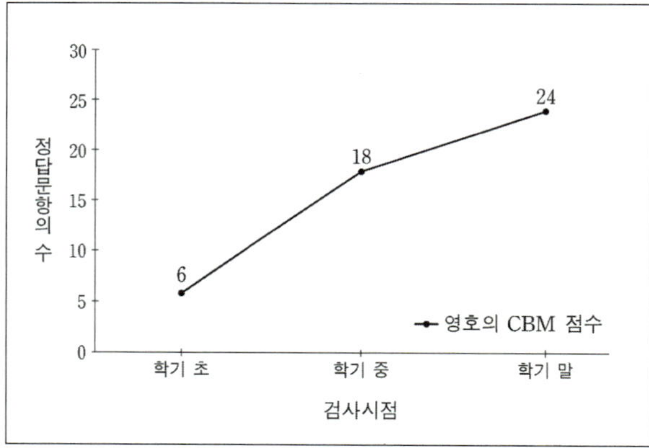

CBM을 통해 이중불일치 여부를 확인해야 함
- 일반학생의 발달을 나타내는 선과 학습장애 학생의 발달을 나타내는 선이 있음. 중간의 점선은 일반학생의 발달선과 평행한 선이며, 일반학생보다 수행수준은 낮지만 발달률은 동일한 가상선을 의미함
- 시작점은 일반학생과 학습장애 학생의 초기 차이를 나타내며, 시간이 경과할수록 일반학생에 비해 학습장애 학생의 수행수준은 물론 발달률도 떨어짐
- 학습장애 학생의 초기 수행수준과 발달률에 차이가 있음을 통해 이중불일치 문제가 있음을 알 수 있음

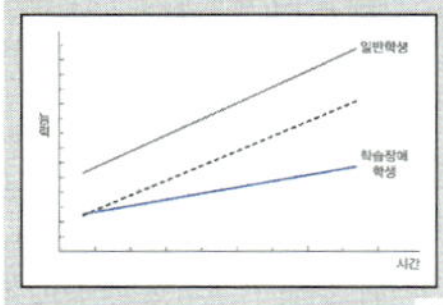

영호와 같이 지능지수(107)가 평균 이상인 경우 학업성취 점수가 지능지수보다 낮게 나타나는 경향이 있음 → 학습장애로 과잉진단됨

불일치 모델에서는 학습장애와 학습부진을 구별하지 못함

RTI에서 CBM을 사용하는 이유
- 형성적 평가에 속하는 특징을 가지고 있기 때문에 지속적으로 학업성취 수준을 평가할 수 있음
- 교사에게 반 학생들의 수준에 대한 정확한 정보를 제공해주고, 반복적으로 자주 사용할 수 있음
  → 이를 통해 아동의 진전도를 파악하고 중재 효과 여부를 확인할 수 있음
- 기존 검사에 비해 시간과 비용을 절약할 수 있음
- 학습장애, 학습부진, 정상 학생을 매우 신뢰롭게 구분할 수 있음

모범답안

1) ㉠ 평균
㉡ 표준

2) CBM은 반복적(형성적) 평가를 위해 동형검사지를 제작하여 지속적인 진전도 파악이 가능하기 때문이다.

3) ① 일반 학생의 CBM 점수
② 영호의 성취수준과 진전도를 일반학생과 비교해 영호의 중재에 대한 반응 정도를 평가한다.

1) (나)의 ㉠과 ㉡에 해당하는 단어를 쓰시오. [2점]

2) (나)의 ㉢을 장기교육목표 성취도 평가 방법으로 사용하는 이유를 쓰시오. [1점]

3) 중재반응모형 1단계에서 영호의 중재반응 수준을 평가할 때, ① (다)의 그래프에서 필요한 정보를 1가지 쓰고, ② 중재반응을 평가하는 방법을 1가지 쓰시오. [2점]

참고자료 기본이론 231-234p

키워드 인지처리과정 결함 접근

구조화 틀 **인지처리과정 결함 접근**

- 개념
- 기본 전제
- 처리과정 변인
- 장점
- 단점

핵심개념 **인지처리과정 결함 접근**

- 인지처리과정 변인이나 해당 교과의 기본 학습 기능에서의 수행 정도를 바탕으로, 개인 내 혹은 개인 간 여타 기능의 수행 정도와 어떤 차이가 있는지, 그리고 그러한 차이가 해당 교과 학업성취의 차이를 얼마나 설명하는지 등을 확인하는 방법
- 특정 처리과정에서의 결함은 전반적인 인지능력과 비교적 독립적으로 특정 교과 영역의 학습에 영향을 미침

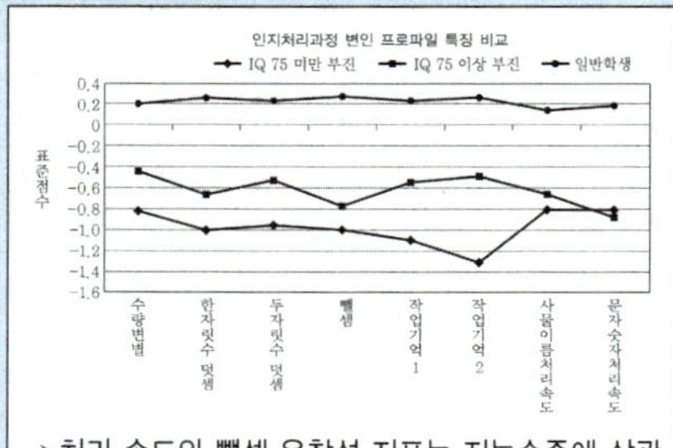

→ 처리 속도와 뺄셈 유창성 지표는 지능수준에 상관없이 모두가 유사하게 나타남. 이는 이들 변인들이 지능수준에 상관없이 비교적 고유하게 수학 성적의 차이를 변별해줄 수 있음을 시사함

모범답안 ④

2013학년도 중등 31

10 **다음은 학생들의 '인지처리과정' 변인들에 대한 검사 결과의 일부를 T점수로 환산한 것이다. 이 결과에 대한 두 교사의 대화 ㉠~㉣ 중 옳은 것만을 있는 대로 고른 것은? [2.5점]**

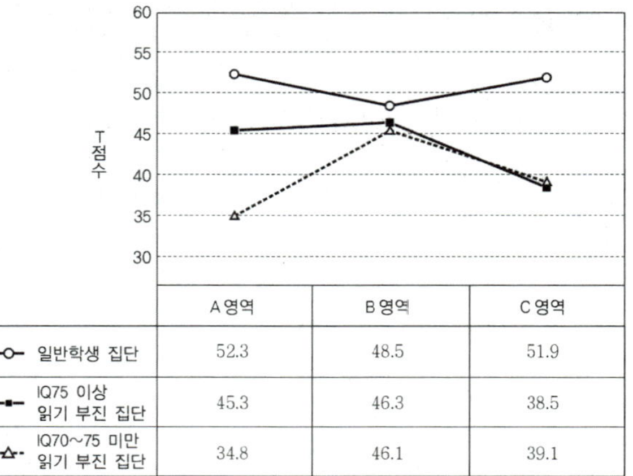

	A 영역	B 영역	C 영역
-○- 일반학생 집단	52.3	48.5	51.9
-■- IQ75 이상 읽기 부진 집단	45.3	46.3	38.5
-△- IQ70~75 미만 읽기 부진 집단	34.8	46.1	39.1

김 교사: 우리 학급에는 읽기학습장애로 의심되는 학생들이 있어서 인지처리과정 변인들에 대한 검사를 실시하여 보았어요.

이 교사: 결과를 보니 ㉠ 일반 학생들의 T점수는 A, B, C 영역 모두에서 평균 이상이고, ㉡ IQ 70 이상 75 미만 읽기부진 학생들의 A 영역 결과는 하위 2퍼센타일에 해당합니다.

김 교사: 그리고 ㉢ C 영역은 읽기학습에 영향을 미치는 인지처리과정 변인 중 하나로 보입니다.

이 교사: 만약 읽기학습과 관련된 인지처리과정 변인들이 명확히 밝혀진다면 ㉣ 중등과정에서 읽기학습장애 선별을 위해 읽기중재에 대한 반응결과를 계속 기다릴 필요는 없겠네요.

① ㉠, ㉡　② ㉠, ㉢
③ ㉡, ㉢　④ ㉢, ㉣
⑤ ㉡, ㉢, ㉣

인지처리과정 결함 접근

㉠ T점수는 평균이 50, 표준편차가 10인 표준점수이고, B 영역은 평균 50보다 아래에 있으므로 적절하지 않은 설명임

㉡ A 영역에서 IQ 70~75 미만 읽기부진 집단의 결과는 -1SD ~ -2SD 사이에 위치하므로 적절하지 않은 설명임

㉢ C 영역은 전반적인 인지능력과 비교적 독립적으로 해당 교과의 학습에 영향을 미치는 중요한 인지처리 변인에 해당함

㉣ 인지처리과정 결함 접근 장점
- 발달연령, 학년수준 등 선행학습 정도와 상관없이 어느 연령대에서나 학습장애 여부를 선별하고 진단할 수 있음 → 불일치 기준을 적용하기 위해서는 적어도 2년 이상의 학령기가 지나야 하며, 중재반응 모형도 최소한 6개월의 중재기간과 충실한 중재가 전제되어야 함
- 지금 당장 자신의 필요에 맞는 수업을 받고 있어 읽기의 특정 영역(단어 읽기)에서는 학업성적이 두드러지게 또래와 차이가 나지 않지만, 다른 특정 영역(독해)에서는 차이가 나는 학생들을 가려낼 수 있음

참고자료 기본이론 231-234p

키워드 인지처리과정 결함 접근

구조화 틀 **인지처리과정 결함 접근**

- 개념
- 기본 전제
- 처리과정 변인
- 장점
- 단점

핵심개념 **인지처리과정 결함 접근의 개념**

- 인지처리과정 변인이나 해당 교과의 기본 학습 기능에서의 수행 정도를 바탕으로, 개인 내 혹은 개인 간 여타 기능의 수행 정도와 어떤 차이가 있는지, 그리고 그러한 차이가 해당 교과 학업성취의 차이를 얼마나 설명하는지 등을 확인하는 방법
- 역사적으로 학습장애는 기본적으로 심리처리과정 혹은 인지처리과정에 결함이 있어서 이것이 전반적인 인지능력에는 영향을 미치지 않지만, 특정 교과 영역의 학습에는 심각하게 영향을 미쳐 또래에 비해 매우 낮은 학업성취를 보이는 현상으로 이해되어 왔음

모범답안 ㉡ 인지처리과정 결함 접근 모델

2026학년도 중등 A7

11 **(가)와 (나)는 ○○중학교 전문적 학습 공동체 소속 교사들의 대화이다. 〈작성 방법〉에 따라 서술하시오. [4점]**

(나) 전문적 학습 공동체의 대화 2

일반교사: 우리 반에 학생 한 명이 전학을 왔는데, 학기 초에 수업을 해 보니 이 학생은 읽기 이해에 어려움을 보였어요. 이전 학교의 국어 점수를 보니 성적이 낮았어요. 그래서 1학기에 진행한 국어 형성 평가지의 이해 문항들로 평가를 실시하니 역시 점수가 낮았어요. 이 학생이 어떤 요인 때문에 읽기 성적이 낮은지 파악해서 중재를 제공하거나 진단을 의뢰하고 싶은데 방법이 없을까요?

특수교사: 읽기에는 여러 영역이 있기도 하고 영역별로 결과가 다를 수도 있습니다. 만약 그 학생이 ㉡ <u>국어에서 읽기 이해와 관련된 점수가 낮다면, 문장 따라 말하기, 듣기 이해 검사, 어휘 검사 등 읽기 이해와 관련된 하위 변인에 대한 검사를 실시하여 읽기 어려움의 요인을 파악할 수 있습니다. 이 접근 방법은 읽기 이해에 영향을 미치는 변인들을 파악하여 빠르게 중재를 제공할 수 있게 해 줍니다</u>.

작성방법

(나)의 밑줄 친 ㉡에 해당하는 학습장애 진단 모델을 쓸 것.

Chapter 03

학습장애 학생을 위한 읽기 교수

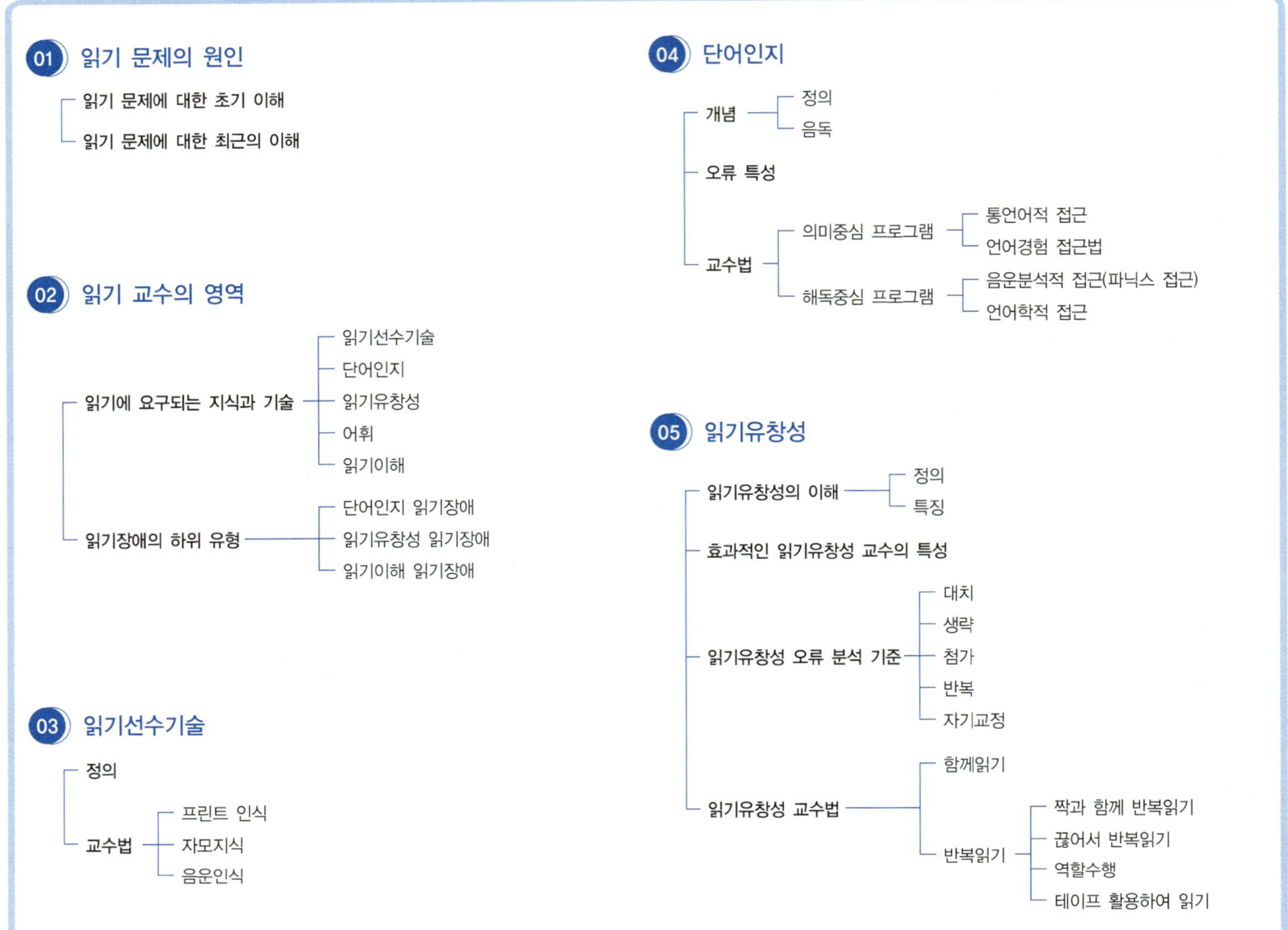

06 어휘

- 어휘의 이해
  - 정의
  - 어휘지식의 유형 및 수준
    - 결합지식
      - 사전적 정의
      - 키워드 기억 전략
      - 컴퓨터 보조 교수
    - 이해지식
      - 의미지도
      - 개념지도 등
      - 의미특성 분석
      - 기타
    - 생성지식
      - 빈번한, 풍부한, 확장하는 어휘교수
      - 다독
- 어휘 교수법
  - 직접교수법과 간접교수법
  - 어휘지식 수준에 따른 교수법
- 어휘력 증진을 위한 교수전략
  - 문맥을 이용한 교수전략
  - 범주를 이용한 교수전략

07 읽기이해

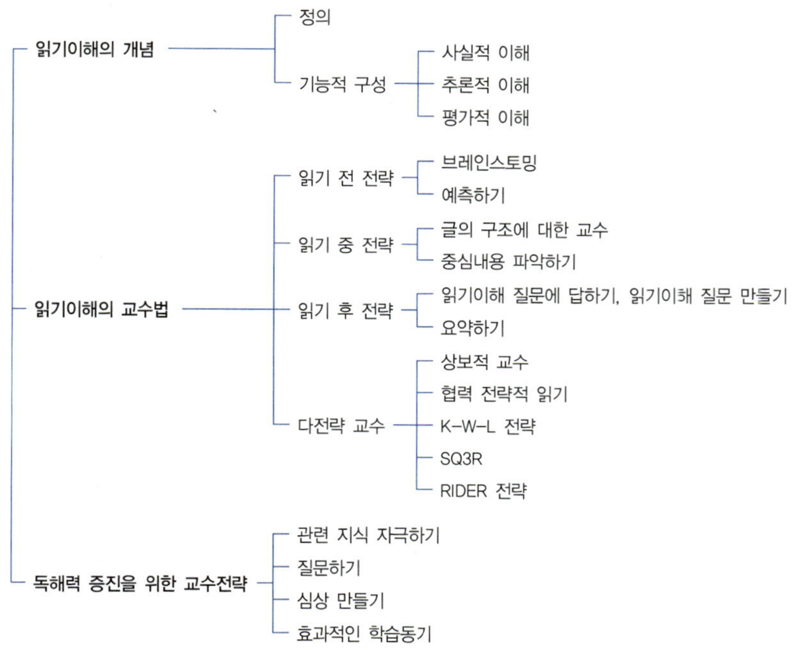

- 읽기이해의 개념
  - 정의
  - 기능적 구성
    - 사실적 이해
    - 추론적 이해
    - 평가적 이해
- 읽기이해의 교수법
  - 읽기 전 전략
    - 브레인스토밍
    - 예측하기
  - 읽기 중 전략
    - 글의 구조에 대한 교수
    - 중심내용 파악하기
  - 읽기 후 전략
    - 읽기이해 질문에 답하기, 읽기이해 질문 만들기
    - 요약하기
  - 다전략 교수
    - 상보적 교수
    - 협력 전략적 읽기
    - K-W-L 전략
    - SQ3R
    - RIDER 전략
- 독해력 증진을 위한 교수전략
  - 관련 지식 자극하기
  - 질문하기
  - 심상 만들기
  - 효과적인 학습동기

08 읽기장애의 진단 · 평가

- 음운처리 검사
- 글자 · 단어 인지 검사
- 읽기유창성 검사
- 어휘검사
- 읽기이해 검사

09 교육과정중심측정 읽기검사

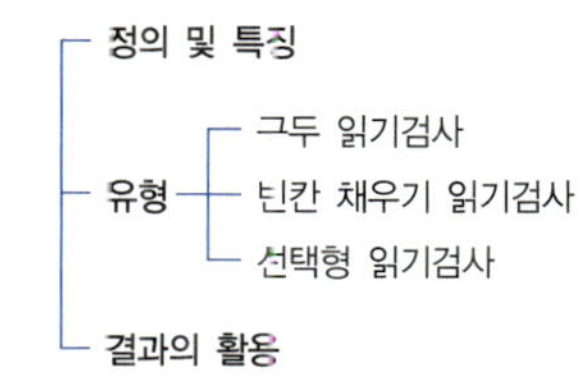

- 정의 및 특징
- 유형
  - 그두 읽기검사
  - 빈칸 채우기 읽기검사
  - 선택형 읽기검사
- 결과의 활용

참고자료 기본이론 237p

키워드 전통적인 읽기 교수법(다감각중심 읽기 교수법)

※ 전통적인 읽기 교수법은 학습장애 학생들의 읽기 문제를 해결하기 위해 적용된 초기 교육 프로그램임

구조화 틀

핵심개념

Fernald 읽기 교수법
- 시각·청각·촉각·운동감각 모두를 사용하도록 구성된 교육 프로그램
- 참여학생들의 학습동기를 중시해 학생이 학습해야 할 단어를 직접 선택하도록 허용함
- 구성요소를 중심으로 한 음운분석 방법이 아닌, 전체 단어로 단어학습이 이루어짐

Gillingham 읽기 교수법
- 음운분석적 방법을 통해 읽기 문제를 치료하는 구체적인 프로그램
- 학생이 문자와 음소의 대응관계에 대한 지식을 다감각적 방법을 통해 획득함
- 학생의 학습동기에 대한 고려가 거의 없음

Hegge-Kirk-Kirk 읽기 교수법
- 많은 연습기회를 통해 문자와 음소의 대응관계를 파악하도록 교수·학습 활동이 구성됨
- 아동이 모든 자음과 모음에 해당하는 음소를 알도록 교수·학습 활동이 이루어지고, 이후 이 문자들로 구성되는 단어를 중심으로 한 활동이 전개됨

신경학적 각인 읽기 교수법

음운분석이나 단어인식, 읽기이해와 관련된 명시적 교수·학습 활동보다는 학생의 읽기유창성을 향상시키기 위해 적용할 수 있는 방법

모범답안 ③

2011학년도 중등 30

01 **다음은 학습장애 학생을 위한 읽기 교수·학습 방법에 대한 설명이다. (가)~(다)에 해당하는 교수·학습 방법을 바르게 제시한 것은?**

> (가) 음독 문제로 단어를 잘못 읽는 학습장애 학생에게 도움이 된다. 이 방법은 음소와 문자 간의 대응관계를 단순화하여 구성한 교수·학습 활동으로, 학생에게 많은 연습의 기회를 제공하여 숙달하게 한다.
>
> (나) 읽기유창성 문제를 가진 학습장애 학생에게 도움이 된다. 교사와 학생은 함께 읽기자료를 가능한 한 빠르고 정확하게 읽어 나간다. 초기에는 교사가 더 큰 목소리로 더 빠르게 읽어 나가지만 점차 학생이 주도적으로 읽는다.
>
> (다) 독해 문제를 가진 학습장애 학생이 설명문으로 된 글을 읽을 때 도움이 된다. 이 방법은 먼저 본문을 훑어보고 질문을 한 뒤, 질문의 답을 찾기 위해 본문을 읽고, 찾은 답을 되새기고, 다시 검토하는 방법을 사용한다.

	(가)	(나)	(다)
①	Fernald 읽기 교수법	절차적 촉진	SQ3R 기법
②	절차적 촉진	신경학적 각인 교수법	RIDER 기법
③	Hegge-Kirk-Kirk 접근법	신경학적 각인 교수법	SQ3R 기법
④	Fernald 읽기 교수법	정교화 전략	SQ3R 기법
⑤	Hegge-Kirk-Kirk 접근법	절차적 촉진	RIDER 기법

(가) Hegge-Kirk-Kirk 읽기 교수법
교정적 읽기 훈련 프로그램으로, 많은 연습기회를 통해 문자와 음소의 대응관계를 파악하도록 교수·학습 활동이 구성됨

(나) 신경학적 각인 읽기 교수법
- 읽기유창성을 향상시키기 위해 적용할 수 있는 방법
- 제시된 (나)는 함께읽기 방법으로, 교사와 학생이 함께 주어진 자료를 가능한 한 빨리 읽는 연습을 함

(다) 독해 문제 = 읽기이해 교수법 → SQ3R
- 개관(Survey): 읽기자료의 개요를 확인하기 위해 자료 전체를 훑어봄
- 질문(Question): 주의 깊게 책을 읽도록 하기 위해 학생으로 하여금 대답할 수 있을 만한 문제를 만들어보게 함
- 읽기(Read): 질문에 대한 답을 찾을 의도로 책 읽기를 함. 학생은 책을 천천히 읽으면서 필요한 경우에는 메모를 할 수 있음
- 암송(Recite): 짧고 간단한 질문에 대해 읽은 내용을 다시 말함
- 검토(Review): 학생이 읽기자료를 복습하고 전 단계에서 찾아낸 질문의 답을 확인하기 위해 자료의 일부나 자신이 작성한 노트를 다시 읽어 내용을 기억하고 있는지 점검함

RIDER 전략
- Read the sentence.
- Imagine a picture of it in your mind.
- Describe how the new image differs from old.
- Evaluate to see that the image contains everything.
- Repeat as you read the next sentence.

참고자료 기본이론 240-241p

키워드 읽기선수기술 – 프린트 인식

구조화 틀 읽기선수기술

- 정의
- 교수법
  - 프린트 인식
  - 자모지식
  - 음운인식

핵심개념

프린트 인식

- 문자 언어가 어떻게 사용되는지 이해하는 능력
- **프린트 기능에 대한 인식**: 문어가 메시지 또는 의미를 전달한다는 것을 이해하는 능력
- **프린트 관례에 대한 인식**: 프린트의 특성 및 구조에 대한 관례적 지식을 이해하는 능력

프린트 인식의 하위 기술 및 예시 과제

- **책 오리엔테이션**: 책의 앞면, 뒷면 식별하기
- **프린트 대 그림**: 어디를 읽어야 하는지 가리키기(그림이 아닌 프린트를 가리키기)
- **프린트 읽는 방향**: 책을 읽을 때 왼쪽에서 오른쪽으로 읽는 것을 알고, 손가락으로 책 읽는 방향을 가리키기
- **소리-단어 연결**: 교사가 읽는 단어를 손가락으로 가리키기
- **글자, 단어, 문장**: 단어의 경계를 알고, 단어가 시작되는 부분과 끝나는 부분을 손가락으로 가리키기
- **글자와 단어 순서**: 글자를 구성하는 음소나 단어를 구성하는 음절의 순서가 바뀐 것 변별하기
- **문장 부호**: 마침표의 의미 알기

모범답안 프린트 인식

2025학년도 유아 A7

02 **(가)는 5세 발달지체 유아 하윤이를 관찰한 유아 특수교사의 반성적 저널이며, (나)는 교사가 하윤이 어머니와 나눈 대화이다. 물음에 답하시오. [5점]**

(가)

그런데 지금은 동화책을 읽어 줄 때 책 제목을 가리키면서 "이건 뭐예요?"라고 묻는다. 그리고 책의 앞면과 뒷면을 구별할 수도 있고, 책을 똑바로 놓고 책장을 순서대로 한 장씩 넘기기도 한다.	[B]

프린트 대 그림
어디를 읽어야 하는지 가리키기(그림이 아닌 프린트를 가리키기)

책 오리엔테이션
책의 앞면, 뒷면 식별하기

1) [B]에 해당하는 발현 문해력(emergent literacy skill)의 명칭을 쓰시오.

PART 03

참고자료 기본이론 240-241p, 243-246p

키워드 읽기선수기술 – 프린트 인식, 음운인식

구조화 틀 읽기선수기술

- 정의
- 교수법
  - 프린트 인식
  - 자모지식
  - 음운인식

핵심개념

프린트 인식

- 문자 언어가 어떻게 사용되는지 이해하는 능력
- **프린트 기능에 대한 인식**: 문어가 메시지 또는 의미를 전달한다는 것을 이해하는 능력
- **프린트 관례에 대한 인식**: 프린트의 특성 및 구조에 대한 관례적 지식을 이해하는 능력

프린트 인식의 하위 기술 및 예시 과제

- **책 오리엔테이션**: 책의 앞면, 뒷면 식별하기
- **프린트 대 그림**: 어디를 읽어야 하는지 가리키기(그림이 아닌 프린트를 가리키기)
- **프린트 읽는 방향**: 책을 읽을 때 왼쪽에서 오른쪽으로 읽는 것을 알고, 손가락으로 책 읽는 방향을 가리키기
- **소리-단어 연결**: 교사가 읽는 단어를 손가락으로 가리키기
- **글자, 단어, 문장**: 단어의 경계를 알고, 단어가 시작되는 부분과 끝나는 부분을 손가락으로 가리키기
- **글자와 단어 순서**: 글자를 구성하는 음소나 단어를 구성하는 음절의 순서가 바뀐 것 변별하기
- **문장 부호**: 마침표의 의미 알기

음운인식(phonological awareness)

- 말소리를 식별하는 능력으로, 같은 소리로 시작되는 단어와 다른 소리로 시작되는 단어를 인식하는 능력, 단어를 구성하는 음소를 셀 수 있는 능력, 단어를 구성하는 소리들을 합성・분절 또는 조작할 수 있는 능력
- **음운인식 단위 및 과제 유형**
  - **음운인식 단위**: 음절, 초성 – 각운 또는 음절체 – 종성, 음소
  - **음운인식 과제 유형(발달 순서)**: 변별 → 분리, 합성, 분절 → 탈락, 대치
- 읽기능력과 높은 상관이 있으며, 향후 읽기능력(단어인지・읽기유창성・읽기이해)을 예측하는 강력한 변인

2018학년도 유아 A4

03 (가)는 유치원 통합학급 김 교사의 이야기 나누기 활동 장면의 일부이며, (나)는 중재계획이다. 물음에 답하시오. [5점]

(가)

김 교사: 자, 오늘은 이 책을 가지고 말놀이를 할 거예요.
유아 A: ㉠ (책 표지의 글자를 손으로 가리키며) 제목이 무엇이에요?
김 교사: (손가락으로 제목을 짚으며) '동물 이야기'라고 쓰여 있어요.
유아 B: 재미있을 것 같아요.
김 교사: 여기에 호랑이가 있어요. 선생님을 따라 해 볼까요? ('호, 랑, 이' 하면서 손뼉을 세 번 친다. 짝! 짝! 짝!)
유아들: (교사를 따라 '호, 랑, 이' 하면서 손뼉을 세 번 친다. 짝! 짝! 짝!)
김 교사: 곰도 있네요. 그럼, ㉡ 곰에서 /ㅁ/를 빼고 말하면 어떻게 될까요?
유아 C: '고'요.
김 교사: 잘했어요. 여기 강아지가 공을 가지고 놀고 있어요. ㉢ '공'에서 /ㄱ/ 대신 /ㅋ/를 넣으면 어떻게 될까요?
유아 D: ㉣ '콩'이요, '콩'.

…(하략)…

프린트 대 그림
어디를 읽어야 하는지 가리키기(그림이 아닌 프린트를 가리키기)

음운인식의 능력
단어를 구성하는 음소를 셀 수 있는 능력

음운인식의 능력
단어를 구성하는 소리들을 합성, 분절 또는 조작할 수 있는 능력

모범답안

1) 프린트 인식

2) ㉡ 음소탈락
㉢ 음소대치

1) 밑줄 친 ㉠은 초기문해기술 중 전 읽기기술의 예이다. 어떤 기술에 해당하는지 쓰시오. [1점]

초기문해기술 = 읽기선수기술

2) 밑줄 친 ㉡과 ㉢에 해당하는 음운인식 과제 유형을 각각 쓰시오. [2점]

음운인식 단위(음절/음소)를 먼저 판별한 후 음운인식 과제 유형(변별, 분리, 합성, 분절, 탈락, 대치)을 결정함

참고자료 기본이론 243-246p

키워드 읽기선수기술 – 음운인식

구조화 틀 읽기선수기술

- 정의
- 교수법
  - 프린트 인식
  - 자모지식
  - 음운인식

핵심개념 음운인식(phonological awareness)

- 말소리를 식별하는 능력으로, 같은 소리로 시작되는 단어와 다른 소리로 시작되는 단어를 인식하는 능력, 단어를 구성하는 음소를 셀 수 있는 능력, 단어를 구성하는 소리들을 합성·분절 또는 조작할 수 있는 능력
- **음운인식 단위 및 과제 유형**
  - **음운인식 단위**: 음절, 초성 – 각운 또는 음절체 – 종성, 음소
  - **음운인식 과제 유형(발달 순서)**: 변별 → 분리, 합성, 분절 → 탈락, 대치
- 읽기능력과 높은 상관이 있으며, 향후 읽기능력(단어인지·읽기유창성·읽기이해)을 예측하는 강력한 변인

모범답안

1) ㉠ 음절변별
㉡ /ㅅ/와 /ㅏ/라는 소리를 합쳐서 말해봅시다.

4) 음운인식은 읽기능력과 높은 상관이 있으며, 향후 읽기능력(단어인지·읽기유창성·읽기이해)을 예측하는 강력한 변인이다.

2014학년도 초등 A4

04 **(가)는 읽기장애 학생 민호와 영주의 읽기 특성이고, (나)는 특수학급 김 교사가 민호와 영주에게 실시한 읽기 지도 내용이다. 물음에 답하시오. [5점]**

(가) 민호와 영주의 읽기 특성

민호	• '노래방'이라는 간판을 보고 자신에게 친숙한 단어인 '놀이방'이라고 읽음 • '학교'라는 단어는 읽지만 '학'과 '교'라는 글자를 따로 읽지는 못함
영주	• 적절한 속도로 글을 읽을 수 있음 • 자신의 학년보다 현저하게 낮은 읽기 수준을 보임

낱자와 소리 대응관계(파닉스)에 오류를 보이므로 그 전 단계인 음운인식부터 지도를 실시할 수 있음

(나) 읽기 지도 내용

대상	지도 유형	읽기 지도 과제와 교사 발문의 예
민호	음운인식 지도	• (㉠): '사과', '구름', '바다'에서 '구'로 시작하는 단어는 무엇인가요? • 음절탈락: '가방'에서 '가'를 빼면 무엇이 남을까요? • 음소합성: (㉡)
영주	(㉢)	• 질문하기: 방금 읽은 글에 등장한 주인공의 이름은 무엇인가요? • 관련지식 자극하기: 오늘은 '동물원에서 생긴 일'을 읽을 거예요. 먼저 동물원에서 경험한 내용을 이야기해볼까요? • (㉣): 방금 읽은 글의 장면을 눈을 감고 머릿속으로 그려보세요.

1) (나)의 ㉠에 알맞은 음운인식 지도 과제를 쓰고, ㉡에 적합한 교사 발문의 예를 쓰시오. [2점]

4) 민호와 같은 읽기장애 학생에게 음운인식 지도를 해야 하는 필요성에 대하여 쓰시오. [1점]

확장하기 +

읽기 발달 과정

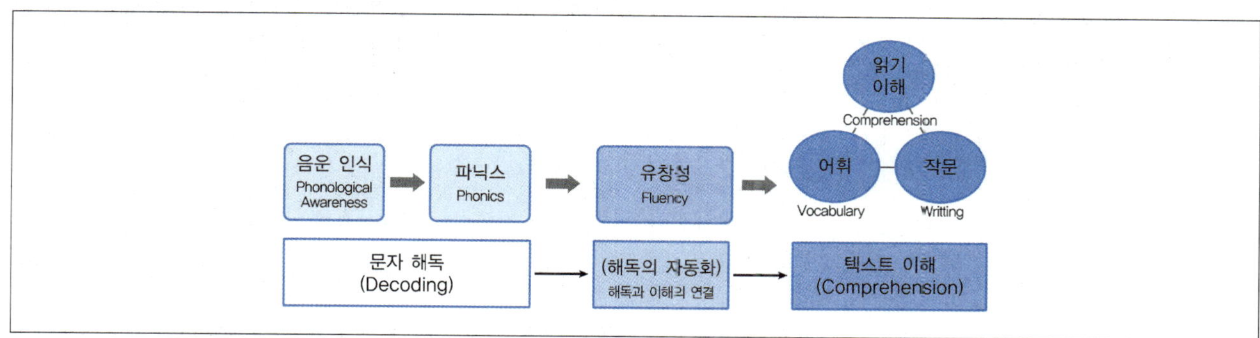

① 음운인식은 말소리에만 국한된 활동인 데 반해 파닉스는 음운과 문자를 연관시키는 활동임

② 파닉스 교수는 문자와 문자 소리의 연관성을 가르쳐주는 것을 기반으로 하고 있는데, 낱자 'ㅂ'의 소리가 /ㅂ/이라는 것과 'ㅂ'이 들어가는 단어를 읽을 때 알맞은 소리 전략을 사용할 수 있게 교수하면 아동은 자소와 음소의 대응관계를 알게 되고 글을 읽고 쓸 때 파닉스 원리를 적용하게 됨

참고자료 기본이론 243-246p

키워드 읽기선수기술 – 음운인식

구조화틀 **읽기선수기술**

- 정의
- 교수법
  - 프린트 인식
  - 자모지식
  - 음운인식

핵심개념 **음운인식(phonological awareness)**

- 말소리를 식별하는 능력으로, 같은 소리로 시작되는 단어와 다른 소리로 시작되는 단어를 인식하는 능력, 단어를 구성하는 음소를 셀 수 있는 능력, 단어를 구성하는 소리들을 합성·분절 또는 조작할 수 있는 능력
- **음운인식 단위 및 과제 유형**
  - **음운인식 단위**: 음절, 초성 – 각운 또는 음절체 – 종성, 음소
  - **음운인식 과제 유형(발달 순서)**: 변별 → 분리, 합성, 분절 → 탈락, 대치
- 읽기능력과 높은 상관이 있으며, 향후 읽기능력(단어인지·읽기유창성·읽기이해)을 예측하는 강력한 변인

모범답안

① 대치
② 탈락

2022학년도 유아 A7

05 **(가)는 유아특수교사 김 교사와 통합학급 박 교사가 발달지체 유아의 의사소통 지도에 대해 나눈 대화이고, (나)는 통합학급에서 음운인식 활동을 하는 과정의 일부이다. 물음에 답하시오. [5점]**

(가)

박 교사:	놀이 상황에서 자연스럽게 의사소통을 지도할 수 있는 방법이 있군요. 저도 적용해볼게요. 그리고 저희 반 은서는 제법 말도 잘하고 친구들과 대화할 때 큰 어려움이 없으니 이제 읽기선행기술을 가르쳐야 할 것 같아요.
김 교사:	그러면 은서에게는 말놀이 활동으로 음운인식 과제를 지도하면 좋겠어요.

읽기선행기술 = 읽기선수기술
- 읽기선수기술은 '발현적 문해'·'문해 출현'으로, 어린 아동의 초기 읽기 및 쓰기 행동을 말하며, 이러한 행동은 궁극적으로 읽기 및 쓰기 능력으로 발전함
- 향후 읽기 능력에 영향을 미치는 프린트 인식, 자모지식, 음운인식 및 듣기이해를 포함함

(나)

교사: 우리가 매일 하는 인사노래에서 '짝'을 '콩'으로 바꿔서 노래를 해 봅시다. [B]

> 인사하고 인사하고 짝짝짝
> 돌아돌아 돌아돌아 짝짝짝
> ↓
> 인사하고 인사하고 콩콩콩
> 돌아돌아 돌아돌아 콩콩콩

…(중략)…

[C]

교사: 선생님이 동물을 말하면 끝말을 빼고 말해 봅시다. 코알라에서 '라'를 빼면?
유아: 코알.
교사: 얼룩말에서 '말'을 빼면?
유아: 얼룩.
교사: 잘했어요. 그러면 이번에는 첫말을 빼고 말해 봅시다. 코알라에서 '코'를 빼면?
유아: 알라.
교사: 얼룩말에서 '얼'을 빼면?
유아: 룩말.

3) (나)의 ① [B]와 ② [C]에 해당하는 음절 수준의 음운인식 과제유형을 각각 쓰시오. [2점]

※ 음운인식 단위를 '음절 수준'으로 좁혀 주었으므로, 과제유형만 찾으면 됨

참고자료 기본이론 243-246p

키워드 읽기선수기술 – 음운인식

구조화 틀 **읽기선수기술**

- 정의
- 교수법
  - 프린트 인식
  - 자모지식
  - 음운인식

핵심개념 **음운인식(phonological awareness)**

- 말소리를 식별하는 능력으로, 같은 소리로 시작되는 단어와 다른 소리로 시작되는 단어를 인식하는 능력, 단어를 구성하는 음소를 셀 수 있는 능력, 단어를 구성하는 소리들을 합성·분절 또는 조작할 수 있는 능력
- **음운인식 단위 및 과제 유형**
  - **음운인식 단위**: 음절, 초성 – 각운 또는 음절체 – 종성, 음소
  - **음운인식 과제 유형(발달 순서)**: 변별 → 분리, 합성, 분절 → 탈락, 대치
- 읽기능력과 높은 상관이 있으며, 향후 읽기능력(단어인지·읽기유창성·읽기이해)을 예측하는 강력한 변인

모범답안 '가'와 '방'을 합쳐서 말해 보세요.

2024학년도 초등 A3

06 **(가)는 의사소통장애 학생들의 특성과 지원 내용이고, (나)는 영호 어머니와 특수교사가 나눈 대화의 일부이다. 물음에 답하시오. [5점]**

(가) 영호

특성	• 조음기관의 결함은 보이지 않음 • 문장으로 말할 때 음운상의 오류를 더 많이 보임 • 말소리를 듣고 말소리의 구조를 인지하거나 변별하는 능력에 결함을 보임 • 모음보다는 자음의 발음에서 오류가 더 많음 • 또래에 비해 제한된 어휘를 사용함
지원 내용	㉠ 음운 인식 훈련 제공

조음·음운장애 유형 중 음운장애(단순언어장애)

청지각능력에서의 어려움

2) '가방'이라는 단어를 활용하여 (가)의 ㉠에 해당하는 음절 수준의 합성과제 1가지를 쓰시오. (단, 교사의 발문 형태로 쓸 것.) [1점]

PART 03

참고자료 기본이론 243–246p

키워드 읽기선수기술 – 음운인식

구조화틀 읽기선수기술

- 정의
- 교수법
  - 프린트 인식
  - 자모지식
  - 음운인식

핵심개념 음운인식(phonological awareness)

- 말소리를 식별하는 능력으로, 같은 소리로 시작되는 단어와 다른 소리로 시작되는 단어를 인식하는 능력, 단어를 구성하는 음소를 셀 수 있는 능력, 단어를 구성하는 소리들을 합성·분절 또는 조작할 수 있는 능력
- **음운인식 단위 및 과제 유형**
  - **음운인식 단위**: 음절, 초성 – 각운 또는 음절체 – 종성, 음소
  - **음운인식 과제 유형(발달 순서)**: 변별 → 분리, 합성, 분절 → 탈락, 대치
- 읽기능력과 높은 상관이 있으며, 향후 읽기능력(단어인지·읽기유창성·읽기이해)을 예측하는 강력한 변인

모범답안 '김'과 '밥'을 합쳐서 말해 보세요.

2026학년도 유아 A7

07 **(가)는 발달지체 유아 은서의 통합학급 놀이 장면이고, (나)는 유아특수교사 서 교사의 놀이 계획이다. (다)는 풀잎반 유아들의 활동 내용이다. 물음에 답하시오. [5점]**

(다)

(풀잎반 유아들이 만든 마트 전단지를 소개하고 있다.)
서 교사 : 풀잎반 친구들, 풀잎마트 전단지를 소개할게요.
유 아 들 : 우와, 좋아요.
서 교사 : (지호가 그린 김을 가리키면서) 이건 뭐예요?
유 아 들 : 김.
서 교사 : (은서가 그린 밥을 가리키면서) 그럼 이거는 뭐예요?
유 아 들 : 밥.
서 교사 : (㉦)?
유 아 들 : 김밥!

3) (다)의 괄호 안의 ㉦에 들어갈 유아들의 음운 인식을 돕기 위한 교사 발화의 예를 1가지 쓰시오. [1점]

참고자료 기본이론 243-247p, 285-288p

키워드

- 읽기선수기술 – 음운인식
- 단어인지
- 국립특수교육원 기초학습능력검사(NISE-B·ACT)

구조화 틀

핵심개념 음운인식(phonological awareness)

- 말소리를 식별하는 능력으로, 같은 소리로 시작되는 단어와 다른 소리로 시작되는 단어를 인식하는 능력, 단어를 구성하는 음소를 셀 수 있는 능력, 단어를 구성하는 소리들을 합성·분절 또는 조작할 수 있는 능력
- **음운인식 단위 및 과제 유형**
  - **음운인식 단위**: 음절, 초성 – 각운 또는 음절체 – 종성, 음소
  - **음운인식 과제 유형(발달 순서)**: 변별 → 분리, 합성, 분절 → 탈락, 대치
- 읽기능력과 높은 상관이 있으며, 향후 읽기능력(단어인지·읽기유창성·읽기이해)을 예측하는 강력한 변인

모범답안

① 음소변별
② 어휘에 대한 선행지식과 관계없이 낱자와 소리의 대응관계능력을 측정하기 위함이다.

2025학년도 초등 A4

08 **(가)는 특수학급 김 교사가 작성한 학습장애 학생 3학년 창수의 읽기 지도를 위한 사전 평가 결과의 일부이고, (나)는 2022 개정 국어과 교육과정 1~2학년군 '7. 무엇이 중요할까요' 단원에 대한 학습장애 학생 5학년 수미의 읽기 수업 장면의 일부이다. 물음에 답하시오. [5점]**

(가)

- 창수의 특성
  - 글자를 소리 내어 읽지 못함 (자모지식과 파닉스의 어려움)
  - 낱자와 소리를 연결하지 못함
  - 2음절 단어를 교사를 따라 소리 내어 읽을 수 있음
  - 자기가 좋아하는 캐릭터 이름을 여러 단어들 중에서 찾을 수 있음
- 사전 평가 실시

과제	1차	2차	3차	
/도/, /레/, /미/, /파/ 중에서 /ㄷ/로 시작하는 소리를 찾을 수 있는가? (~로 시작하는 소리를 찾을 수 있을까? → 변별)	○	○	○	[A]
/사자/, /바다/, /사람/ 중에서 /ㅅ/로 시작하는 소리를 찾을 수 있는가?	○	○	○	
~~				
의미 단어: '바다', '사자'를 보고 읽을 수 있는가?	×	×	×	
㉠ 무의미 단어: '더스', '자그'를 보고 읽을 수 있는가?	×	×	×	

1) (가)의 ① [A]에서 확인하고자 하는 음운인식의 하위 기술을 쓰고, ② 밑줄 친 ㉠의 검사 목적을 창수의 특성과 관련하여 1가지 쓰시오. [2점]

확장하기 +

무의미 단어 읽기검사(정운기 외)

① 친숙한 단어는 단어 전체를 장기기억에 저장된 음운부호에 대응시키는 시각 읽기가 가능하므로, 낱자-소리 대응 기술을 정확하게 측정하는 도구로 사용할 수 없음
② 무의미 단어 읽기검사는 특정 의미를 갖지 않는 단어를 읽게 하고, 그들의 읽기능력을 평가함으로써 해독능력과 발음 기술을 평가함
③ 무의미 단어 읽기는 친숙한 단어가 갖는 제한점을 극복하고 낱자와 소리의 대응관계를 적용해 구두 언어적 정보로 바꿀 수 있는지를 정확하게 측정함

무의미 단어(국립특수교육원 기초학습능력검사, NISE-B · ACT)

무의미 단어는 비단어를 의미하며, 학생들의 어휘에 대한 선행지식과 관계없이 단어를 정확하게 읽는 능력을 측정하기 위해 포함함

무의미규칙단어(pseudoword)

실제 언어에는 존재하지 않지만, 그 언어의 음운 및 철자 규칙을 정확히 지켜 만들어진 '가짜 단어'를 의미한다. 의미가 없기 때문에 해독(decoding) 능력을 순수하게 측정할 수 있는 자극(글자-소리 규칙을 얼마나 정확히 아는지만 드러남)이다.
① 의미가 없음: 어휘력, 배경지식, 단어 친숙도 등의 변인이 영향을 주지 않음
② 발음 가능함: 언어 규칙 기반으로 만들어졌음
③ 처음 보는 자극이어도 읽을 수 있음: 낱자-소리 대응규칙 지식을 평가할 수 있음
④ 단어 빈도, 노출 효과 없음: 실제 단어는 많이 봤기 때문에 읽기 쉬울 수 있으나, pseudoword는 보기 횟수가 0이므로 빈도 효과가 제외됨

참고자료 기본이론 243-247p

키워드
- 읽기선수기술 – 음운인식
- 단어인지
- 학습장애 하위 유형

구조화 틀
단어인지의 개념
- 음독
- 단어인지

단어인지 교수법
- 의미중심 프로그램
- 해독중심 프로그램

핵심개념
음독(decoding)
낱자-소리의 대응관계를 활용해 낯설거나 모르는 단어를 읽는 과정

단어인지
단어를 빠르게 소리 내어 읽고(음독), 단어의 의미를 파악하는 능력

모범답안 단어인지 학습장애

2022학년도 초등 A4

09 **(가)는 학습장애 학생 은수의 특성이고, (나)는 2015 개정 국어과 교육과정 3~4학년군의 '중요한 내용을 적어요' 단원을 지도하기 위한 교수 학습 과정안의 일부이다. 물음에 답하시오. [5점]**

(가) 은수의 특성

- 시력은 이상 없음
- 듣기 및 말하기에 어려움이 없음
- /북/에서 /ㅂ/를 /ㄱ/로 바꾸어 말하면 /국/이 되는 것을 알지 못함 — 음운인식에 어려움을 보임
- /장구/를 /가구/로 읽고 의미를 이해하는 데 어려움이 있음 — 음독과 단어인지에 어려움이 있음

1) (가)를 고려하여 은수에게 해당하는 읽기 학습장애의 하위 유형을 쓰시오. [2점]

읽기 학습장애의 하위 유형
- 단어인지 읽기장애
- 읽기유창성 읽기장애
- 읽기이해 읽기장애

확장하기 +

학습장애의 유형

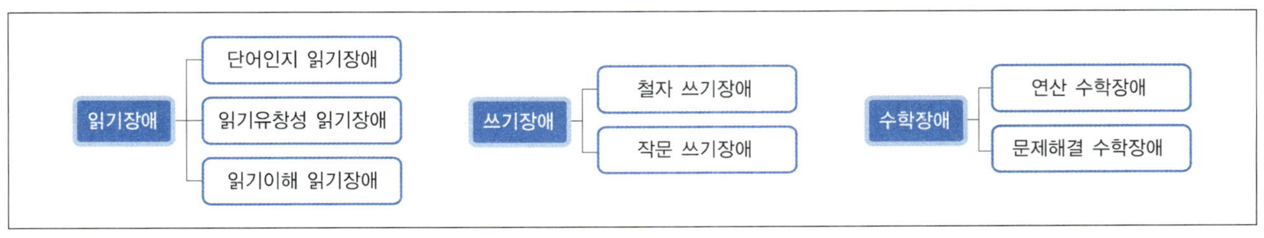

참고자료 기본이론 247p

키워드 단어인지의 개념

구조화 틀 **단어인지의 개념**

┌ 음독
└ 단어인지

핵심개념

음독

낱자-소리의 대응관계를 활용해 낯설거나 모르는 단어를 읽는 과정

단어인지

단어를 빠르게 소리 내어 읽고(음독), 단어의 의미를 파악하는 능력

모범답안 단어인지

2018학년도 중등 B6

10 **(가)는 학습장애 학생 J의 읽기 특성이고, (나)는 김 교사와 정 교사의 대화이며, (다)는 정 교사의 지도방안이다. 〈작성방법〉에 따라 서술하시오. [5점]**

(가) 학생 J의 읽기 특성

- 글을 읽을 때 알고 있는 단어가 나와도 주저하면서 느리게 읽는 모습을 보임
- 글을 빠르게 읽을 때 음운변동이 일어나는 단어들을 자주 틀리게 읽거나 대치 오류를 보임
- 특정 단어나 문장을 강조하며 글을 읽는 데 어려움이 있음 ┐ ㉠
- 어법이나 의미를 고려하며 글을 읽는 데 어려움이 있음 ┘
- 글을 읽을 때 주위에서 소리가 나면 소리가 나는 방향으로 고개를 자주 돌리고 주의가 산만해짐

(나) 김 교사와 정 교사의 대화

정 교사: 선생님, 학생 J가 '읽기유창성'에 문제가 있다고 하는데, 이 문제가 발생하는 이유는 무엇인가요?

김 교사: 여러 가지 이유가 있는데, 대표적으로 ㉡ 단어를 빠르게 소리내어 읽고 그 의미를 파악하는 능력에 어려움이 있기 때문입니다.

정 교사: 읽기유창성이 중요한 이유는 무엇인가요?

김 교사: ㉢ 읽기유창성에 문제가 있는 경우에는 읽기 이해에 부정적인 영향을 주기 때문입니다.

정 교사: 그렇군요. 그럼 저는 학생 J를 어떻게 지도하는 것이 좋을까요? 제가 몇 가지 찾아보았는데, 적절한지 봐주세요.

단어인지의 어려움은 읽기유창성에 어려움을 초래함
→ 적절한 단어인지능력을 가지고 있을 때 읽기유창성 교수를 실시해야 함

작성방법

밑줄 친 ㉡에 해당하는 용어를 쓸 것.

참고자료 기본이론 247p

키워드 단어인지의 개념

구조화 틀 **단어인지의 개념**

- 음독
- 단어인지

핵심개념

음독

낱자-소리의 대응관계를 활용해 낯설거나 모르는 단어를 읽는 과정

단어인지

단어를 빠르게 소리 내어 읽고(음독), 단어의 의미를 파악하는 능력

모범답안 음독

2021학년도 중등 A9

11 **(가)는 ○○중학교 통합학급에 재학 중인 학습장애 학생 E의 특성이고, (나)는 학생 E를 위한 읽기 지도 계획이다. 〈작성방법〉에 따라 서술하시오. [4점]**

(가) 학생 E의 특성

- ㉠ 문자를 보고 말소리와 연결하여 의미를 이해하는 능력이 부족함
- 일견단어(sight words)의 수가 부족함
- 문장을 읽을 때 모르는 단어를 종종 빼먹음

- 문장 전체에 밑줄 표시가 있다면 단어인지 어려움에 해당함
- "문자를 보고 말소리와 연결"까지 표시된 밑줄은 음독에 해당함

일견단어는 단어인지 교수법 중 통언어적 접근에서 문자 해독 기능을 향상시키기 위해 사용하는 방법임

단어인지의 어려움은 읽기유창성에 부정적인 영향을 미침

작성방법

(가)의 밑줄 친 ㉠에 해당하는 용어를 쓸 것.

참고자료 기본이론 247-248p

키워드 일견단어 교수법

구조화틀 단어인지 교수법

- 의미중심
  - 통언어적 접근
  - 언어경험 접근법
- 해독중심
  - 파닉스 접근
  - 언어학적 접근

핵심개념 일견단어 교수법

- 단어에 대한 의식적인 음소 및 음절 분석을 실시하지 않으면서 즉각적으로 단어를 인식하는 것
- 아동이 제시된 단어에 반복해서 누적적으로 노출될 경우, 거의 자동적으로 전체적인 시각적 단서와 단어를 연결시키는 기능적인 읽기 활동이 일어남
- 일견읽기능력의 향상은 아동의 읽기유창성과 관련 있으며, 읽기이해능력 향상에 중요한 영향을 미침 → 읽기유창성 향상을 통해 읽기 활동을 수행할 때 문자해독보다는 내용이해에 더 많은 주의를 기울일 수 있기 때문

모범답안

반복적인 노출을 통해 주어진 단어의 시각적 형태를 기억하도록 하고, 단어의 시각적 형태와 음과 의미를 서로 연합시키도록 하는 교수법이다.

이유: 제시된 단어에 반복해서 누적적으로 노출될 경우, 자동적으로 전체적인 시각적 단서와 단어를 연결시키는 기능적인 읽기 활동이 가능해지기 때문이다.

2017학년도 중등 A12

12 **(가)는 고등학생 N의 특성이고, (나)는 특수교사가 N을 위해 작성한 지도 계획이다. ㉡에서 사용할 '일견단어(sight word) 교수법'이 무엇인지 설명하고 이 교수법이 '메뉴판에서 음식명 읽고 선택하기' 활동에 적합한 이유를 1가지 제시하시오. [4점]**

(가) 학생 N의 특성

- 패스트푸드점에 가서 음식을 사 먹고 싶어함
- 시각적 단서는 구분할 수 있으나 글자는 읽지 못함

> 글자를 읽지 못하므로 단어의 시각적 형태를 기억하도록 하는 '일견단어 교수법'이 필요함

(나) 지도 계획

- 국어와 사회 수업시간을 활용하여 N에게 '패스트푸드점 이용하기' 기술을 가르치고자 함

  교과의 내용을 대신하여 (㉠) 및 진로와 직업 교육, 현장실습 등으로 편성·운영할 수 있음

- 주변의 패스트푸드점 여러 곳을 선정하고, 일반사례분석을 통해 다음과 같이 공통적으로 필요한 기술을 지도 내용으로 결정하여 지역사회 모의수업를 실시할 것임

  메뉴판에서 음식명 읽고 선택하기 → 음식 주문하기 → 음식값 계산하기 → 잔돈 받기 → 영수증 확인하기 → 음식 먹기

  ㉡ '메뉴판에서 음식명 읽고 선택하기'를 위해서 메뉴명과 사진을 붙인 메뉴판을 만들어 일견단어 교수법을 활용할 예정임

> 자동적으로 시각적 단서와 단어를 연결시켜 기능적 읽기 활동을 가능하게 함
> 예 간판 읽기, 전단지 읽기, 메뉴판 읽기 등

- 이후 지역사회중심교수를 실시하고 중재의 효과와 만족도에 대하여 N의 또래와 부모에게 간단한 평정척도 형식의 질문지에 답하게 하여 (㉢)을/를 평가할 것임

참고자료 기본이론 247-248p

키워드 일견단어 교수법

구조화 틀 **단어인지 교수법**

- 의미중심
  - 통언어적 접근
  - 언어경험 접근법
- 해독중심
  - 파닉스 접근
  - 언어학적 접근

핵심개념 **일견단어 교수법**

- 단어에 대한 의식적인 음소 및 음절 분석을 실시하지 않으면서 즉각적으로 단어를 인식하는 것
- 아동이 제시된 단어에 반복해서 누적적으로 노출될 경우, 거의 자동적으로 전체적인 시각적 단서와 단어를 연결시키는 기능적인 읽기 활동이 일어남
- 일견읽기능력의 향상은 아동의 읽기유창성과 관련 있으며, 읽기이해능력 향상에 중요한 영향을 미침 → 읽기유창성 향상을 통해 읽기 활동을 수행할 때 문자해독보다는 내용이해에 더 많은 주의를 기울일 수 있기 때문

모범답안 일견단어

2024학년도 초등 A4

13 **(가)는 지적장애 학생 수아에 대해 담임 교사와 수석 교사가 나눈 대화의 일부이고, (나)는 수아의 읽기 평가 과정 및 결과의 일부이며, (다)는 담임 교사의 수업 성찰지의 일부이다. 물음에 답하시오. [6점]**

(가)

담임 교사: 이번 국어 수업의 목표는 '탈 것의 이름 읽기'입니다.

[낱말 카드의 예시] 버스 | 자전거 | 지하철

수아에게 이러한 ㉠ 낱말을 여러 번 보여주면서 자동적인 낱말 읽기를 지도하려고 해요. 예를 들어, ㉡ '지하철' 낱말을 보았을 때 'ㅈ', 'ㅣ', 'ㅎ', 'ㅏ', 'ㅊ', 'ㅓ', 'ㄹ'로 분절하기보다 눈에 익어서 보자마자 빠르게 읽는 것이지요.

수석 교사: 이 낱말이 수아에게 어떤 도움이 될까요?

담임 교사: 수아가 성인이 되었을 때 스스로 대중교통을 이용하려면 이 낱말을 배우는 것이 꼭 필요해요. 수아가 지역사회 내에서 가능한 독립적으로 적응하기 위해 필요한 것을 지도해야 한다고 생각해요. [A]

1) (가)의 ㉠와 ㉡에 공통으로 해당하는 용어를 쓰시오. [1점]

확장하기 +

단어인지(학습장애총론)

① 단어인지는 항상 의식적인 노력을 많이 해야 하는 것은 아니다. 즉, 단어를 읽기 위해 집중해야 한다면 단어의 의미나 읽기 이해에 어려움을 겪게 된다. 따라서 단어는 자동적으로 읽을 수 있어야 하고, 빠르고 쉽게 인지할 수 있어야 한다. 즉, 유창하게 읽을 수 있도록 지도해야만 읽기이해로 나아갈 수 있다.

② 단어인지와 관련된 활동으로서 형태분석, 음소분석, 음절분석, 문맥분석, 일견읽기를 들 수 있다(김동일 외).

형태분석	문자의 시각적 특징이나 단서에 근거해서 단어를 인식하는 활동을 말한다. 아동이 그림책을 통해 그림을 보면서 '사자'라는 단어를 학습한 경험이 있다면, '사'가 들어 있는 단어를 보면 '사자'라고 읽게 된다.
음소분석	단어를 구성하고 있는 문자소와 음소의 대응관계를 분석함으로써 단어를 인지하게 되며, 읽기학습을 위한 초기 단계에서 주로 사용하는 방법이다. 학습장애 아동의 경우 음소분석을 통해 문자를 인지하는 데 상대적으로 많은 어려움을 가지고 있다.
음절분석	단어를 구성하고 있는 각 음절에 해당하는 소리를 분석적으로 지각함으로써 전체 단어를 인지하는 것을 말한다. '사자'라는 단어를 읽을 때 '사'와 '자'라는 음절을 분석적으로 인지해 읽는 경우를 말한다.
문맥분석	모르는 단어를 해독할 때 문맥상의 다른 단어나 의미에 의존해서 단어를 인지하는 활동을 말한다.
일견읽기	단어에 대해 음소나 음절분석을 의식적으로 실시하지 않으면서도 즉각적으로 단어를 인지하여 읽는 것을 말한다. 아동이 어떠한 단어에 반복적으로 노출될 때 자동적으로 시각적 단서와 단어를 연결시키는 기능적인 읽기활동을 의미한다. 이러한 일견읽기능력이 향상됨으로써 읽기유창성이 가능해진다.

일견단어와 일견단어 교수법(『특수교육학 용어사전』, 2018)

일견단어 (sight words)	낱말재인 시 낱말을 흘낏 보는 것만으로도 그 의미를 파악할 수 있는 단어이다. 일견단어는 낱말을 구성하는 말소리 체계에 대한 분석 없이 글자를 빠르게 읽어내는 것으로, 글자의 모양을 통해 식별되는 것이 아니라, 그 낱말을 구성하는 모든 정보가 눈에 익어서 단번에 정확하게 그 낱말을 확인하게 한다.
일견단어 교수법	문자해독 기능을 향상시키기 위한 언어적 접근법 중 하나다. 단어를 반복적으로 노출해 주어진 단어의 시각적 형태를 기억하도록 하고, 단어의 시각적 형태와 음과 의미를 서로 연합하도록 하는 방법이다.

단어재인과 일견단어 교수법(방명애 외)

단어재인 (word recognition)	• 단어의 발음과 의미를 파악해 읽는 단어재인은 시각적으로 제시된 단어를 구어로 발음하는 해독을 포함하는 개념이다. • 단어에 대한 해독이 될 때 그 의미를 인식할 수 있다. 해독이 이루어지면 학생은 자신이 가지고 있는 단어에 대한 지식 목록에서 말소리에 해당하는 어휘를 탐색해 의미와 연결 짓고 신속하게 재인한다. • 단어 해독 및 재인 능력은 일반적으로 초등 저학년 시기에 습득되고, 습득된 단어재인능력에 기초해 문장 및 문단 수준의 읽기이해가 이루어질 수 있다.
일견단어 교수법	• 개별 단어의 낱자와 소리의 관계에 대한 명확한 분석 없이 표의문자로 단어를 인식할 수 있도록 지도하는 의미중심 접근의 하나로, 주로 지적장애 학생의 단어재인 학습에 적용된다. • 시각화된 단어의 반복적인 노출을 통해 단어의 시각적 형태 · 음 · 의미를 연합시킬 수 있도록 지도하는 것이다. • 읽기 지도의 초기 단계에 적용될 수 있다. 또한, 건물이나 지역사회에서 흔히 볼 수 있는 표지판 · 음식점 메뉴 · 식료품 목록 · 동물 이름 · 상표 등과 같은 기능적 읽기과제 수행에 도움이 될 수 있다.

참고자료 기본이론 249-250p

키워드 언어경험 접근

구조화 틀 단어인지 교수법

- 의미중심
  - 통언어적 접근
  - 언어경험 접근법
- 해독중심
  - 파닉스 접근
  - 언어학적 접근

핵심개념

언어경험 접근의 장점

- 말하기, 듣기, 쓰기활동을 읽기 프로그램에 통합함으로써 아동이 자신의 언어활동, 환경과의 접촉, 일상적 생활경험에 더 민감해지도록 함
- 자신의 경험을 중심으로 한 읽기자료의 구성은 읽기활동에 대한 학생들의 학습동기를 높여줌

언어경험 접근의 단점

- 계열성을 갖는 구체적 읽기 기능(예 음운분석, 음운결합, 단어형성 등)에 대한 체계적인 교육을 제공하지 않음
- 읽기활동이 아동의 경험과 어휘력에 의존하는데, 어휘력 개발을 위한 구체적 프로그램이 존재하지 않음

모범답안 ④

2010학년도 중등 25

14 다음의 대화 내용을 읽고 최 교사가 제안한 청각장애학생을 위한 읽기 지도방법의 특징을 〈보기〉에서 고른 것은?

> 김 교사 : 다음 주에 지도할 국어 수업 주제는 '방송국을 다녀와서'인데, 교과서 지문의 내용이 너무 어려워서 청각장애학생들에게는 적합하지 않은 것 같아요. 수업을 어떻게 해야 할지 고민입니다.
>
> 최 교사 : 그러면 이렇게 하는 게 어때요? 학생들과 방송국을 직접 다녀온 후 국어 수업시간에 학생들에게 발표하도록 하세요. 선생님이 그 내용을 칠판에 받아 적고, 적은 글을 읽어준 후 학생에게 적은 글을 읽게 합니다. 그리고 적은 글을 활용하여 학생들과 함께 다양한 읽기 활동을 하면 됩니다.

언어경험 접근법의 단계

보기

ㄱ. 읽기 교육과정 내용이 구조화되고 위계적이다.
ㄴ. 학생의 경험을 바탕으로 읽기를 지도하는 방법이다.
ㄷ. 구어(혹은 수어)와 문어 간의 관계를 이해하게 된다.
ㄹ. 학생의 경험을 개별 읽기 지도의 소재로 종종 활용한다.
ㅁ. 읽기 지도방법 중 부호(해독) 강조법으로써 읽기 능력 향상에 효과가 있다.

ㄱ. 언어경험 접근법의 단점은 계열성을 갖는 구체적 읽기 기능에 대한 체계적 교육을 제공하지 못한다는 것임

ㄷ. 언어경험 접근법은 문어를 구어로부터 유도된 이차 체계로 봄

ㄹ. 언어경험 접근법은 의미중심 프로그램에 해당함

① ㄱ, ㄴ, ㄷ　② ㄱ, ㄴ, ㄹ
③ ㄱ, ㄹ, ㅁ　④ ㄴ, ㄷ, ㄹ
⑤ ㄷ, ㄹ, ㅁ

PART 03

참고자료 기본이론 249-250p

키워드 언어경험 접근법

구조화 틀 **단어인지 교수법**

- 의미중심
  - 통언어적 접근
  - 언어경험 접근법
- 해독중심
  - 파닉스 접근
  - 언어학적 접근

핵심개념

언어경험 접근의 장점

- 말하기, 듣기, 쓰기활동을 읽기 프로그램에 통합함으로써 아동이 자신의 언어활동, 환경과의 접촉, 일상적 생활경험에 더 민감해지도록 함
- 자신의 경험을 중심으로 한 읽기자료의 구성은 읽기활동에 대한 학생들의 학습동기를 높여줌

언어경험 접근의 단점

- 계열성을 갖는 구체적 읽기 기능(예 음운분석, 음운결합, 단어형성 등)에 대한 체계적인 교육을 제공하지 않음
- 읽기활동이 아동의 경험과 어휘력에 의존하는데, 어휘력 개발을 위한 구체적 프로그램이 존재하지 않음

모범답안 언어경험 접근법은 자신의 경험을 중심으로 한 읽기자료로 구성되므로 읽기활동에 대한 학생들의 학습동기를 높여준다.

2025학년도 유아 A7

15 **(가)는 5세 발달지체 유아 하윤이를 관찰한 유아 특수교사의 반성적 저널이며, (나)는 교사가 하윤이 어머니와 나눈 대화이다. 물음에 답하시오. [5점]**

(가)

> 하윤이가 문자에 관심을 보이므로 언어에 대한 경험을 더 많이 제공하려고 한다. 그래서 지도할 때 처음부터 낱자를 지도하기보다는 전체 이야기, 문장, 단어, 낱자 순으로 지도하고자 한다. 그리고 이를 위하여 음악 동화 듣기, 동화 속 등장인물 막대 인형으로 극놀이하기, 우리 반 친구들의 사진과 이름이 있는 카드로 놀이하기, 낱말 띠 벽지 붙여 놓기 등의 다양한 활동들을 제공해야겠다. [C]

1) ③ [C]에 해당하는 유아 언어지도 접근법의 장점을 1가지 쓰시오. [1점]

참고자료 기본이론 249-250p

키워드 언어경험 접근

구조화 틀

핵심개념 언어경험 접근법의 단계

① 토의하기

- 교사는 학생들이 최근 경험에 대해 자유롭게 말할 수 있도록 동기를 부여하고, 주제에 대해 함께 토의함. 주제는 학생에게 개인적으로 중요하고 학생이 흥미로워 하는 것은 무엇이든 허용함
- 교사는 학생의 생각을 이끌어 내고, 자신의 방식으로 표현하도록 격려하며, 교정은 피하고, 필요하면 단어를 제시해주며, 개방형 질문으로 학생들이 스스로 말하도록 격려함

② 받아쓰기

- 학생이 교사에게 자신의 이야기를 들려주면, 교사는 기본 읽기 교재를 만들기 위해 학생의 말을 기록함
- 교사는 학생의 말을 교정하지 않고 그대로 적어 자신감을 손상시키지 않도록 격려함

③ 읽기

- 교사는 학생이 말한 대로 정확하게 기록했는지 확인하기 위해 받아 적은 글을 학생에게 읽어주고, 확인이 되면 이야기에 친숙해질 때까지 여러 번 읽도록 하며, 필요하면 도움을 줌
- 읽기를 어려워하는 학생들이 있으면 함께 읽고, 다음에 묵독을 통해 모르는 단어를 표시하고, 다시 소리 내어 읽음. 교사는 아직 읽지 못하는 학생을 위해 각 행을 손으로 따라가며 읽고, 모르는 단어를 지적하며 읽기도 함

④ 단어 학습

언어경험 이야기를 읽은 후 다양한 활동을 통해서 새로 나온 단어나 어려운 단어 또는 배우고 싶은 단어를 학습함

⑤ 다른 자료 읽기

학생들은 자신이 구술한 이야기 읽기에서 다른 이야기책을 읽는 과정으로 나아가며, 이러한 과정에서 읽기에 대한 자신감과 기술이 향상됨

모범답안 ④

2011학년도 초등 20

16 **박 교사는 학습장애 학생 성호에게 2010년 개정 특수교육 기본교육과정 교과서 국어 2 '들로 산으로' 단원을 지도하기 위해 놀이공원 현장체험학습 경험을 이용하여 언어경험 접근법으로 수업을 하려고 한다. 박 교사가 진행한 수업 절차를 올바른 순서대로 나열한 것은?**

단원	들로 산으로
제재	3. 경험한 일의 차례로 생각하며 문장 읽기
교수 학습 자료	• 멀티미디어 학습자료 • 낱말 카드 및 그림 카드 • 현장체험학습 장면이 담긴 사진이나 동영상 자료

보기

ㄱ. 성호가 놀이공원에서 한 일을 이야기한 내용 그대로 받아 적는다.
ㄴ. 성호가 생소하거나 어려운 낱말, 혹은 배우고 싶은 낱말을 선택하게 하여 낱말카드로 만들어 지도한다.
ㄷ. 성호가 자신이 이야기한 내용의 글을 능숙하게 읽게 되면, 다른 학생의 이야기를 읽도록 지도한다.
ㄹ. 성호가 놀이공원에서 한 일을 자유롭게 말하게 하며, 필요한 경우 현장체험학습 사진이나 동영상 자료를 보여준다.
ㅁ. 성호가 자신이 이야기한 내용의 글이 친숙해질 때까지 여러 번 읽도록 지도한다.

① ㄱ－ㄹ－ㅁ－ㄴ－ㄷ
② ㄱ－ㄹ－ㅁ－ㄷ－ㄴ
③ ㄷ－ㅁ－ㄴ－ㄱ－ㄹ
④ ㄹ－ㄱ－ㅁ－ㄴ－ㄷ
⑤ ㄹ－ㄱ－ㅁ－ㄷ－ㄴ

2021학년도 초등 A6

17 **다음은 도덕과 5학년 '밝고 건전한 사이버 생활' 단원 수업을 준비하는 통합학급 교사를 지원하기 위해 특수교사가 작성한 노트의 일부이다. 물음에 답하시오. [5점]**

가. 통합학급 수업 전 특수학급에서의 사전학습
- 소희의 특성

  - 읽기 능력이 지적 수준이나 구어 발달 수준에 비해 현저히 낮음
  - 인터넷을 즐겨 사용함
  - 자신의 경험을 이야기하는 것을 좋아함

- 필요성 : 도덕과의 인지적 요소를 학습하기 위해 별도의 읽기 학습이 요구됨
- 제재 학습을 위한 읽기 지도
  - 제재 : 사이버 예절, 함께 지켜요
  - 지도방법 : ㉠ 언어경험접근

1) **다음은 ㉠의 단계와 내용(수업 활동)이다. ① ⓐ에 들어갈 내용을 쓰고, ② ⓑ에 공통적으로 들어갈 말을 쓰시오. [2점]**

단계	내용(수업 활동)
이야기하기	• 교사는 학생이 최근 경험을 이야기할 수 있도록 동기 부여한다. – 사이버 공간에서의 경험을 활용하기
↓	
받아쓰기	• (ⓐ) – 게임, 문자, 댓글 등의 낱말을 활용하기
↓	
학습하기	• 다양한 활동을 통해 단어를 학습한다. – 노래 개사를 활용하기
↓	
읽기 학습하기	• (ⓑ)을/를 읽는 과정으로 나아간다. – (ⓑ)을/를 활용하기

참고자료 기본이론 249-250p

키워드 언어경험 접근

구조화 틀 **단어인지 교수법**

- 의미중심
  - 통언어적 접근
  - 언어경험 접근법
- 해독중심
  - 파닉스 접근
  - 언어학적 접근

핵심개념 **언어경험 접근**

- 아동이 자신의 경험이나 생각을 말로 표현하면, 교사는 그것을 글로 옮겨 적어서 읽기자료로 활용하는 교수법
- 읽기활동과 다른 언어활동(예 말하기·듣기·쓰기)을 통합해 프로그램을 구성하며, 아동의 학습동기를 유발해 적극적인 참여를 유도함
- 읽기를 유의미한 개인의 활동으로 생각한다는 측면에서는 통언어적 접근과 유사하나, 다음과 같은 점에서 차이가 있음
  - 문어를 구어로부터 유도된 이차 체계로 봄
  - 쓰기활동을 할 때 구두 받아쓰기활동을 하지 않음

※ 언어경험 접근법에서 받아쓰기 기술이 사용되는 주 목적은 읽기를 가능한 의미 있고 이해하기 쉬운 것으로 만들기 위한 것으로, 교사는 아동이 불러준 그대로 칠판이나 종이에 받아씀

모범답안

① 교사는 학생의 말을 교정하지 않고 그대로 받아 적는다.
② 다른 학생의 글(다른 학생이 경험한 이야기글)

참고자료 기본이론 249-250p

키워드 언어경험 접근법

구조화틀 단어인지 교수법

- 의미중심
  - 통언어적 접근
  - 언어경험 접근법
- 해독중심
  - 파닉스 접근
  - 언어학적 접근

핵심개념 언어경험 접근

- 아동이 자신의 경험이나 생각을 말로 표현하면, 교사는 그것을 글로 옮겨 적어서 읽기자료로 활용하는 교수법
- 읽기활동과 다른 언어활동(예 말하기·듣기·쓰기)을 통합해 프로그램을 구성하며, 아동의 학습동기를 유발해 적극적인 참여를 유도함
- 읽기를 유의미한 개인의 활동으로 생각한다는 측면에서는 통언어적 접근과 유사하나, 다음과 같은 점에서 차이가 있음
  - 문어를 구어로부터 유도된 이차 체계로 봄
  - 쓰기활동을 할 때 구두 받아쓰기활동을 하지 않음

※ 언어경험 접근법에서 받아쓰기 기술이 사용되는 주 목적은 읽기를 가능한 의미 있고 이해하기 쉬운 것으로 만들기 위한 것으로, 교사는 아동이 불러준 그대로 칠판이나 종이에 받아씀

모범답안 언어경험 접근은 말하기, 듣기, 쓰기활동을 읽기 프로그램에 통합함으로써 아동이 자신의 언어활동, 환경과의 접촉, 일상적 생활경험에 더 민감해지도록 한다.

2026학년도 유아 A7

18 (가)는 발달지체 유아 은서의 통합학급 놀이 장면이고, (나)는 유아특수교사 서 교사의 놀이 계획이다. (다)는 풀잎반 유아들의 활동 내용이다. 물음에 답하시오. [5점]

(나)

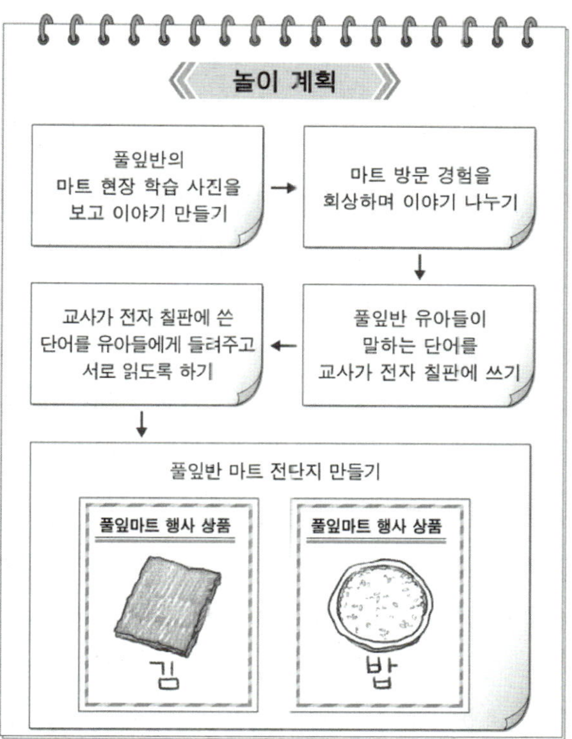

3) (나)에 해당하는 언어교육 접근법의 장점 1가지를 쓰시오. [1점]

참고자료 기본이론 248-252p

키워드 의미중심 프로그램

구조화틀 단어인지 교수법

- 의미중심
  - 통언어적 접근
  - 언어경험 접근법
- 해독중심
  - 파닉스 접근
  - 언어학적 접근

핵심개념

의미중심 프로그램

- 문자해독과 관련된 개별 기능을 가르치기보다는 의미 형성을 위한 전체적인 학습활동으로 읽기활동을 전개함
- 통언어적 접근과 언어경험 접근이 있음

해독중심 프로그램

- 의미에 대한 이해보다는 주어진 낯선 단어의 기능적 인식에 초점을 둠
- 파닉스 접근과 언어학적 접근이 있음

모범답안 ③

2010학년도 초등 36

19 **〈보기〉는 학습장애 학생에게 2008년 개정 특수학교 국민공통기본교육과정 영어과에 근거하여 영어 단어를 가르치기 위한 교사의 계획이다. 의미중심 접근법을 적용하려는 활동을 〈보기〉에서 모두 고른 것은?**

보기

ㄱ. 학생에게 알파벳 문자 a, n, t와 음소의 대응관계를 가르친 후 ant를 어떻게 발음하는지 가르치려고 한다.

ㄴ. 학생의 흥미를 유발할 수 있도록 이솝이야기에 나오는 cow, egg, fox, pig, red 등의 단어들을 사용하여 영어 단어의 읽기와 쓰기를 통합하려고 한다.

ㄷ. 영어 단어 자체를 문자해독의 단위로 설정하고, 문자해독의 기능을 가르치기 위해 사용되는 단어들을 철자나 발음이 유사한 book, cook, look과 bat, cat, hat으로 구성하려고 한다.

ㄹ. 학생으로 하여금 자신의 경험을 그림으로 그리게 한 후, 학생이 표현한 것 중 학생의 학습 수준에 적절한 영어단어인 sun, cloud, tree, sky, house 등으로 읽기와 쓰기 자료를 구성하려고 한다.

① ㄴ　　② ㄱ, ㄷ
③ ㄴ, ㄹ　　④ ㄱ, ㄷ, ㄹ
⑤ ㄴ, ㄷ, ㄹ

ㄱ. 낱자와 소리의 대응관계는 파닉스 접근에 해당하므로 '해독중심 프로그램'임

ㄴ. 학생의 흥미를 유발하기 위해 문학작품과 같은 흥미 있는 읽기자료를 활용하고, 읽기와 쓰기를 통합해 지도하는 것은 통언어적 접근에 해당하므로 '의미중심 프로그램'임

ㄷ. 의사소통을 중심으로 한 문자해독 읽기활동으로, 철자나 발음이 서로 유사한 단어들을 해독의 단위로 설정하는 것은 언어학적 접근으로 '해독중심 프로그램'임

ㄹ. 학생의 경험을 자료로 만들어 활용하는 것은 언어경험 접근으로 '의미중심 프로그램'임

참고자료 기본이론 251-252p

키워드 해독중심 프로그램

구조화 틀 **단어인지 교수법**

- 의미중심
  - 통언어적 접근
  - 언어경험 접근법
- 해독중심
  - 파닉스 접근
  - 언어학적 접근

핵심개념

발음 중심법(= 파닉스)

- /ㄱ/에 /ㅏ/를 더하면 /가/, /ㅑ/를 더하면 /갸/, 거기에 /ㄹ/이 붙으면 /갈/이 된다는 식의 지도방법. 즉, 자모체계를 배우고 대응관계에 대한 원리를 가르치면서 문자해독을 지도하고, 단어 – 문장 – 이야기 순으로 지도를 하는 전형적인 상향식 접근방법
- **장점**: 기본 음절표를 활용해 한글의 구조를 체계적·논리적으로 지도할 수 있음

음운분석적 접근(파닉스 접근)

- 문자 및 문자와 음소의 대응관계에 대한 지식 그리고 단어를 구성하는 음소의 분석 및 결합 기능들이 문자해독기술 향상을 위해 중요함을 전제로 하는 교수·학습 활동
- 음운인식과 낱자(군)-소리 대응관계를 활용해 단어를 읽을 수 있도록 가르치는 읽기 교수법

모범답안 ⑤

2009학년도 초등 15

20 **다음은 장 교사가 2008년 개정 특수학교 기본교육과정 국어과에 기초하여 낱말읽기를 지도하는 과정의 일부분이다. 장 교사가 사용한 교수법과 관련이 없는 것은?**

> 장 교사: 오늘은 지난 시간에 배운 자음과 모음을 결합시켜 글자를 만들어보아요.
> (노란색 'ㄴ' 카드와 빨간색 'ㅏ' 카드를 들고)
> 'ㄴ'과 'ㅏ'를 합치면 어떻게 읽을까요?)
> 학　생: '나'요.
> 장 교사: 잘했어요.
> (노란색 'ㅁ'카드와 빨간색 'ㅜ'카드를 들고)
> 자, 이번에는 'ㅁ'과 'ㅜ'를 합치면 어떻게 읽을까요?
> 학　생: '무'요.

의사소통장애 '언어교육방법'(문자언어 지도방법) 범주에서는 해당 교수법의 명칭을 '발음 중심 접근법'으로 명명함(기본이론서 1권 109p 참고)

① 구조화된 교수자료를 사용한다.
② 음소의 분석 및 결합 기능을 가르친다.
③ 문자해독과 관련된 개별 기능을 가르친다.
④ 상향식 접근을 적용하여 문자를 습득시킨다.
⑤ 의미중심 접근을 통해 문자해독 기능을 습득시킨다.

해독중심 프로그램

PART 03

참고자료 기본이론 253-257p

키워드

- 읽기유창성의 정의
- 효과적 교수의 특징

구조화 틀 읽기유창성

- 정의 및 특징
- 효과적인 읽기유창성 교수의 특징
- 오류 분석 기준
- 교수법
  - 함께읽기
  - 반복읽기
    - 짝과 함께 반복읽기
    - 끊어서 반복읽기
    - 역할수행
    - 테이프 활용하여 읽기

핵심개념

읽기유창성

글을 빠르고 정확하게, 그리고 적절한 표현력을 가지고 읽는 능력으로, 정확도·속도·표현력이라는 세 가지 특성을 포함함

읽기유창성의 특징

글을 읽고 이해하는 능력과 높은 관련성을 가짐. 즉, 읽기유창성이 부족한 학생은 글을 읽을 때 개별 단어를 해독하고 단어의 의미를 파악하는 데 인지적 자원을 많이 사용하기 때문에, 상대적으로 읽기이해에 사용할 인지적 자원이 부족해 전체 글을 이해하는 데 어려움을 겪음

모범답안

- ㉠ 표현력
- ㉢ 읽기유창성이 부족한 학생은 글을 읽을 때 개별 단어를 해독하고 단어의 의미를 파악하는 데 인지적 자원(cognitive capacity)을 많이 사용하기 때문에, 상대적으로 읽기이해에 사용할 인지적 자원이 부족해 전체 글을 이해하는 데 어려움을 겪는다.
- ㉤ 학생에게 동일한 글을 소리 내어 반복해 읽도록 한다.
  ㉦ 주의가 산만해지는 특성이 있는 경우 배경 효과음이 없는 음성 파일을 사용해야 한다.

2018학년도 중등 B6

21 (가)는 학습장애 학생 J의 읽기 특성이고, (나)는 김 교사와 정 교사의 대화이며, (다)는 정 교사의 지도방안이다. 〈작성방법〉에 따라 서술하시오. [5점]

(가) 학생 J의 읽기 특성

- 글을 읽을 때 알고 있는 단어가 나와도 주저하면서 느리게 읽는 모습을 보임
- 글을 빠르게 읽을 때 음운변동이 일어나는 단어들을 자주 틀리게 읽거나 대치 오류를 보임
- 특정 단어나 문장을 강조하며 글을 읽는 데 어려움이 있음 ┐
- 어법이나 의미를 고려하며 글을 읽는 데 어려움이 있음 ┘ ㉠
- 글을 읽을 때 주위에서 소리가 나면 소리가 나는 방향으로 고개를 자주 돌리고 주의가 산만해짐

읽기유창성의 구성요소 중 '속도'에 해당함

읽기유창성의 구성요소 중 '정확도'에 해당함

(나) 김 교사와 정 교사의 대화

정 교사: 선생님, 학생 J가 '읽기유창성'에 문제가 있다고 하는데, 이 문제가 발생하는 이유는 무엇인가요?

김 교사: 여러 가지 이유가 있는데, 대표적으로 ㉡ 단어를 빠르게 소리 내어 읽고 그 의미를 파악하는 능력에 어려움이 있기 때문입니다.

정 교사: 읽기유창성이 중요한 이유는 무엇인가요?

김 교사: ㉢ 읽기유창성에 문제가 있는 경우에는 읽기 이해에 부정적인 영향을 주기 때문입니다.

정 교사: 그렇군요. 그럼 저는 학생 J를 어떻게 지도하는 것이 좋을까요? 제가 몇 가지 찾아보았는데, 적절한지 봐주세요.

(다) 정 교사의 지도방안

㉣ 의미가 통하는 구나 절 단위로 끊어 읽기를 지도한다.
㉤ 읽기 연습을 할 때마다 새로운 읽기자료를 사용한다.
㉥ 학생이 소리 내어 읽기를 할 때 오류가 있으면 즉각적으로 수정한다.
㉦ 읽기 연습을 위하여 음성파일을 이용할 경우에는 배경 효과음이 있는 것을 사용한다.

작성방법

- 읽기유창성의 구성요소 중 ㉠에 해당하는 것을 쓸 것.
- 밑줄 친 ㉢의 이유를 1가지 서술할 것.
- 학생 J의 특성에 근거하여 ㉣~㉦ 중 적절하지 않은 것 2가지의 기호를 적고, 그 이유를 각각 1가지 서술할 것.

㉣ 끊어서 반복읽기
글을 구성하는 문장을 의미가 통하는 구나 절 단위로 끊어서 제시하는 방법으로, 읽기유창성의 요소 중 표현력의 향상에 효과적임

㉤, ㉥ 효과적인 읽기유창성 교수의 특징
- 학생에게 동일한 글을 소리 내어 반복해 읽도록 함
- 동일한 글을 세 번 이상 소리 내어 반복해 읽도록 함
- 먼저 글을 유창하게 읽는 사람이 유창하게 글을 읽는 것을 시범 보인 다음, 덜 유창한 학생에게 같은 글을 읽도록 함
- 학생이 글을 읽을 때 오류를 보이면 체계적인 오류 교정 절차를 적용해 오류를 교정함
- 학생이 글에 포함된 90% 이상을 정확하게 읽을 수 있는 글을 선택함

㉦ 테이프 활용하여 읽기
학생의 독립적 읽기 수준에서 책을 선택하고 유창하게 읽는 책의 테이프를 준비함. 이때 테이프는 음향 효과나 음악이 함께 나와서는 안 됨

참고자료 기본이론 253-257p

키워드 읽기유창성

구조화 틀 읽기유창성

- 정의 및 특징
- 효과적인 읽기유창성 교수의 특징
- 오류 분석 기준
- 교수법
  - 함께읽기
  - 반복읽기
    - 짝과 함께 반복읽기
    - 끊어서 반복읽기
    - 역할수행
    - 테이프 활용하여 읽기

핵심개념

읽기유창성

글을 빠르고 정확하게, 그리고 적절한 표현력을 가지고 읽는 능력으로, 정확도·속도·표현력이라는 세 가지 특성을 포함함

읽기유창성의 특징

글을 읽고 이해하는 능력과 높은 관련성을 가짐. 즉, 읽기유창성이 부족한 학생은 글을 읽을 때 개별 단어를 해독하고 단어의 의미를 파악하는 데 인지적 자원을 많이 사용하기 때문에, 상대적으로 읽기이해에 사용할 인지적 자원이 부족해 전체 글을 이해하는 데 어려움을 겪음

모범답안 ㉡ 읽기유창성

2025학년도 초등 A4

22 **(가)는 특수학급 김 교사가 작성한 학습장애 학생 3학년 창수의 읽기 지도를 위한 사전 평가 결과의 일부이고, (나)는 2022 개정 국어과 교육과정 1~2학년군 '7. 무엇이 중요할까요' 단원에 대한 학습장애 학생 5학년 수미의 읽기 수업 장면의 일부이다. 물음에 답하시오. [5점]**

(나)

김 교 사: 선생님을 따라 읽어 봅시다.

> 독도
>
> 독도는 우리나라 동쪽 끝에 위치한 섬입니다. 독도는 큰 섬 두 개와 작은 바위섬 89개로 이루어져 있습니다. 큰 섬 두 개를 각각 동도와 서도라고 부릅니다.
>
> – 교육부, 「초등학교 1~2학년군 국어 1-2 나」 –

수 미: (선생님을 따라 읽는다.)
김 교 사: 이번에는 수미가 한번 혼자 읽어 볼까요?
수 미: (띄엄띄엄 읽는다.)

…(중략)…

김 교 사: 참 잘 읽었어요. 그러면 이번에는 수미가 ㉡ <u>얼마나 빠르고 정확하게 읽을 수 있는지 알아볼까요?</u>

…(중략)…

2) 밑줄 친 ㉡에서 평가하고자 하는 읽기 능력을 쓰시오.

2019학년도 초등 B3

23 **(가)는 2015 개정 국어과 교육과정의 1~2학년 읽기 영역 교수 · 학습 과정안의 일부이고, (나)는 읽기에 어려움이 있는 학생 성호의 담임교사인 김 교사와 특수교사인 박 교사의 대화이다. (다)는 김 교사가 9주 동안 실시한 교육과정중심측정(CBM) 결과이다. 물음에 답하시오. [6점]**

(나) 대화 내용

> 김 교사: 다음 주 국어 시간에는 '문장을 소리 내어 읽기' 수업을 할 예정입니다. 읽기 영역 중 유창성에 초점을 맞추려고 합니다.
> 박 교사: 네, 읽기유창성은 성호뿐만 아니라 저학년의 다른 학생들에게도 매우 중요하죠.
> 김 교사: 문장을 소리 내어 읽어 보는 단계에서 여러 가지 활동을 해보려고 하는데, 성호와 함께 할 수 있는 읽기 전략을 추천해 주실 수 있나요?
> 박 교사: 네, 저는 반복읽기 전략이 효과적이라고 생각합니다.
> 김 교사: 그렇다면 ㉡ 학급에서 반복읽기 전략을 효과적으로 사용하고자 할 때 고려해야 할 사항을 알려주셨으면 합니다.
>
> …(중략)…

2) 다음은 (나)의 ㉡에 관한 내용이다. 적절하지 않은 것 2가지를 찾아 각각 기호를 쓰고 바르게 고쳐 쓰시오. [2점]

> ⓐ 유창하게 글을 읽는 시범을 제공한다.
> ⓑ 주로 학생 혼자서 반복하여 읽게 한다.
> ⓒ 음독보다는 묵독 읽기 연습을 충분히 제공한다.
> ⓓ 학생들에게는 교수 수준에 적합한 지문을 사용한다.
> ⓔ 체계적인 오류 교정 절차를 제공해야 효과적이다.

참고자료 기본이론 253-257p

키워드

- 반복읽기
- 효과적 교수의 특징

구조화 틀 읽기유창성

- 정의 및 특징
- 효과적인 읽기유창성 교수의 특징
- 오류 분석 기준
- 교수법
  - 함께읽기
  - 반복읽기
    - 짝과 함께 반복읽기
    - 끊어서 반복읽기
    - 역할수행
    - 테이프 활용하여 읽기

핵심개념 효과적인 읽기유창성 교수의 특징

- 학생에게 동일한 글을 소리 내어 반복해 읽도록 함
- 동일한 글을 세 번 이상 소리 내어 반복해 읽도록 함
- 먼저 글을 유창하게 읽는 사람이 유창하게 글을 읽는 것을 시범 보인 다음, 덜 유창한 학생에게 같은 글을 읽도록 함
- 학생이 글을 읽을 때 오류를 보이면 체계적인 오류 교정 절차를 적용해 오류를 교정함
- 학생이 글에 포함된 단어의 약 90% 이상을 정확하게 읽을 수 있는 글을 선택함

모범답안

ⓑ 성호보다 더 유창하게 읽는 또래가 먼저 시범을 보인 후 성호에게 같은 글을 소리 내어 읽게 한다.
ⓒ 반복읽기 전략에서는 글을 소리 내어 읽도록 한다.

참고자료 기본이론 254p

키워드 읽기유창성 오류 분석 기준

구조화틀 읽기유창성

- 정의 및 특징
- 효과적인 읽기유창성 교수의 특징
- 오류 분석 기준
- 교수법
  - 함께읽기
  - 반복읽기
    - 짝과 함께 반복읽기
    - 끊어서 반복읽기
    - 역할수행
    - 테이프 활용하여 읽기

핵심개념 읽기유창성 오류 분석 기준

대치	• 의미 대치 • 무의미 대치 • 형식형태소 대치
생략	• 전체 어절 생략 • 형식형태소 생략
첨가	• 전체 어절 첨가 • 형식형태소 첨가
반복	• 전체 어절 반복 • 첫음절 반복 • 부분 어절 반복
자기 교정	오류를 보인 후 자기 스스로 교정해 정반응하는 경우

모범답안 ⑤

2012학년도 중등 18

24 다음은 두 명의 특수교사가 학습장애 학생 A의 읽기유창성 특성과 지도방법에 대해 나눈 대화이다. ㉠~㉤ 중에서 옳은 내용만을 있는 대로 고른 것은?

> 김 교사: 학생 A는 글을 읽을 때 ㉠ '줄기가'를 '줄기를'이라고 읽는 것과 같은 삽입오류를 가장 많이 보여요. 그리고, ㉡ '그날 밤에는 바람이 세게 불었습니다.'를 읽을 때 '바람이'를 '밤이'라고 읽는 것과 같은 대치오류도 많이 나타나요.
> 최 교사: 그럼 ㉢ 읽기유창성 지도를 할 때 학생 A가 잘못 읽은 어절에 대해 교정적 피드백을 해 주는 것이 중요해요.
> 김 교사: 또 학생 A는 글을 읽을 때 한 단어나 어절씩 또박또박 끊어 읽어서, 읽는 속도가 많이 느려요.
> 최 교사: ㉣ 읽기유창성을 향상시키기 위해서는 동일한 읽기자료를 반복하여 소리 내어 읽도록 하는 것이 좋아요.
> 김 교사: 읽기유창성 지도를 할 때는 어떤 읽기자료를 선택하는 것이 좋은가요?
> 최 교사: 가능하면 ㉤ 학생 A가 읽기 어려워하는 단어나 어절이 많이 포함된 짧은 읽기자료를 선택해서 지도해야 새롭고 어려운 단어나 어절을 더 정확하고 빠르게 읽을 수 있게 돼요.

① ㉠, ㉤　　② ㉡, ㉤
③ ㉢, ㉣　　④ ㉠, ㉢, ㉣
⑤ ㉡, ㉢, ㉣

㉠ 삽입오류가 아닌 대치오류에 해당함

㉡ '바람이'를 '밤이'라고 읽는 것은 생략오류보다는 '바람'을 '밤'으로 읽는 대치오류에 해당함

㉢ 학생이 글을 읽을 때 오류를 보이면 체계적인 오류 교정 절차를 적용해 오류를 교정해야 함

읽기유창성의 목표에는 정확도, 속도, 표현력이 있음
→ 학생 A는 정확도는 있으나 속도가 느림

㉤ 읽기유창성 교수에서 사용되는 글은 학생이 글에 포함된 단어의 약 90% 이상을 정확하게 읽을 수 있는 글을 선택함

참고자료 기본이론 255-257p

키워드 반복읽기

구조화 틀 **읽기유창성**

- 정의 및 특징
- 효과적인 읽기유창성 교수의 특징
- 오류 분석 기준
- 교수법
  - 함께읽기
  - 반복읽기
    - 짝과 함께 반복읽기
    - 끊어서 반복읽기
    - 역할수행
    - 테이프 활용하여 읽기

핵심개념 **반복읽기**

- 반복읽기는 구두 읽기유창성 향상을 위해서 학생들에게 반복된 연습을 제공하는 전략임
- 반복읽기는 대부분의 단어를 정확히 인지하지만 읽기유창성이 부족해 읽기 속도가 느리거나 읽기 도중 멈추는 학생에게 유용한 전략임

모범답안

㉡ 반복읽기 전략의 주요한 목적은 읽기유창성을 향상시키는 것이다.

㉢ 반복읽기 전략을 통해 읽기유창성을 향상시킴으로써 읽기활동을 수행할 때 묵자 해독보다는 내용 이해에 더 많은 주의를 기울일 수 있다.

2013학년도 초등 A4

25 **다음의 (가)는 반복읽기(repeated reading) 전략에 대한 설명이고, (나)는 읽기장애 학생 소영이를 위해 반복읽기 전략과 교육과정중심측정(CBM)을 적용한 사례이다. 물음에 답하시오. [5점]**

(가) 반복읽기 전략

㉠ 반복읽기 전략을 통해 글 읽기 속도를 증진시킬 수 있다. ㉡ 반복읽기 전략의 주 목적은 단어재인 능력을 향상시키기 위한 것이다. ㉢ 반복읽기 전략을 통해 해독(decoding) 활동에 더욱 집중할 수 있게 된다. ㉣ 반복읽기를 지도할 때 잘못 읽은 단어가 있다면 교사는 피드백을 즉시 제공하여 교정한다.

1) (가)의 ㉠~㉣ 중 틀린 것 2개를 찾아 기호를 쓰고, 그 이유를 각각 쓰시오. [2점]

참고자료 기본이론 255-257p

키워드 반복읽기

구조화 틀 읽기유창성

- 정의 및 특징
- 효과적인 읽기유창성 교수의 특징
- 오류 분석 기준
- 교수법
  - 함께읽기
  - 반복읽기
    - 짝과 함께 반복읽기
    - 끊어서 반복읽기
    - 역할수행
    - 테이프 활용하여 읽기

핵심개념 읽기유창성 교수법

- **함께읽기**: 교사와 학생이 함께 주어진 자료를 가능한 한 빨리 읽는 연습을 하는 방법
- **짝과 함께 반복읽기**: 읽기유창성이 우수한 또래와 짝을 이루어 소리 내어 반복읽기를 하는 교수방법
- **끊어서 반복읽기**: 글을 구성하는 문장을 의미가 통하는 구나 절 단위로 끊어서 제시하는 방법으로, 읽기유창성의 요소 중 표현력의 향상에 효과적임
- **역할수행**: 또래나 다른 사람들과 함께 책 속에서 주어진 역할을 연습하고 수행함. 이러한 활동을 통해 또래 간의 협력적인 상호작용을 도모하고 흥미로운 읽기과제를 제공할 수 있음
- **테이프 활용하여 읽기**: 이 방법을 통해 유창하게 읽는 내용을 들으면서 책을 읽게 됨

모범답안 소리 내어 반복읽기

2021학년도 중등 A9

26 **(가)는 ○○중학교 통합학급에 재학 중인 학습장애 학생 E의 특성이고, (나)는 학생 E를 위한 읽기 지도 계획이다. 〈작성방법〉에 따라 서술하시오. [4점]**

(가) 학생 E의 특성

- ㉠ 문자를 보고 말소리와 연결하여 의미를 이해하는 능력이 부족함
- 일견단어(sight words)의 수가 부족함
- 문장을 읽을 때 모르는 단어를 종종 빠먹음

단어인지의 어려움

단어인지의 어려움은 읽기유창성에 부정적인 영향을 미침

(나) 읽기 지도 계획

- (㉡) 전략 사용: 오디오북 지원 읽기, 학생-성인 짝지어 읽기, 파트너 읽기, 역할극 하기
- 직접교수 모형을 활용한 오디오북 지원 읽기

순서	활동
㉢	교사는 오디오북에서 나오는 소리를 듣게 한다.
안내된 연습	(㉣)
독립적 연습	학생 스스로 오디오북에서 나온 단어나 문장을 자연스럽게 읽게 한다.
마무리	학습 내용을 요약, 검토하고 이를 이전에 학습한 내용과 통합하여 수업을 마무리한다.

작성방법

(나)의 괄호 안의 ㉡에 해당하는 읽기 지도 전략의 명칭을 쓸 것.

참고자료 기본이론 255-257p

키워드 반복읽기

구조화 틀 **읽기유창성**

- 정의 및 특징
- 효과적인 읽기유창성 교수의 특징
- 오류 분석 기준
- 교수법
  - 함께읽기
  - 반복읽기
    - 짝과 함께 반복읽기
    - 끊어서 반복읽기
    - 역할수행
    - 테이프 활용하여 읽기

핵심개념 **읽기유창성 교수법**

- **함께읽기**: 교사와 학생이 함께 주어진 자료를 가능한 한 빨리 읽는 연습을 하는 방법
- **짝과 함께 반복읽기**: 읽기유창성이 우수한 또래와 짝을 이루어 소리 내어 반복읽기를 하는 교수방법
- **끊어서 반복읽기**: 글을 구성하는 문장을 의미가 통하는 구나 절 단위로 끊어서 제시하는 방법으로, 읽기유창성의 요소 중 표현력의 향상에 효과적임
- **역할수행**: 또래나 다른 사람들과 함께 책 속에서 주어진 역할을 연습하고 수행함. 이러한 활동을 통해 또래 간의 협력적인 상호작용을 도모하고 흥미로운 읽기과제를 제공할 수 있음
- **테이프 활용하여 읽기**: 이 방법을 통해 유창하게 읽는 내용을 들으면서 책을 읽게 됨

모범답안

① 읽기유창성
② 소리 내어 반복읽기

2024학년도 초등 B2

27 **(가)는 학습장애 학생 성호의 개별화교육계획 수립을 위한 사전 협의 내용의 일부이고, (나)는 성호의 수행 포트폴리오의 일부이다. 물음에 답하시오. [5점]**

(가)

〈현재 학습수행 수준〉

- 국어
  - ㉠ 글에서 단어를 읽을 수는 있으나 또래에 비해 빈번하게 띄어 읽어서 뜻이 잘 드러나도록 자연스럽게 읽지 못함

〈목표 설정을 위한 내용〉

- 국어
  - ㉡ 동일한 글을 자연스럽고 능숙하게 읽을 때까지 소리 내어 수차례 읽는 연습을 하여 (ⓐ)을/를 향상하도록 함

(나)

- 국어과 띄어 읽기 결과

부모님∨과∨함께∨동네∨뒷∨산에∨갔어요.⩔숲∨속∨아름∨드리∨나무에∨사슴∨벌레∨한∨마리가∨있어요.⩔생김새∨는∨단단한∨껍데기∨로∨덮인∨등과∨뿔∨처럼∨생긴∨큰∨턱이∨있어요. [A]

1) ① (가)의 ㉠과 (나)의 [A]를 참고하여 (가)의 ⓐ에 들어갈 읽기 교수 영역을 쓰고, ② ㉡에 해당하는 읽기 지도 방법을 쓰시오. [2점]

참고자료 기본이론 257-258p

키워드

- 어휘 – 결합지식 수준
- 사전적 정의

구조화틀 어휘

- 정의
- 어휘지식 수준에 따른 교수법
  - 결합지식
    - 사전적 정의
    - 키워드 전략
    - 컴퓨터 보조 교수
  - 이해지식
    - 의미지도
    - 개념지도
    - 의미특성 분석
    - 기타 어휘확장 교수법
  - 생성지식
    - 빈·풍·확 어휘교수
    - 다독

핵심개념 사전적 정의

- 전통적인 어휘 교수법 중 하나로, 사전에서 사전적 정의를 찾는 방법
- 교사는 학생이 목표 어휘의 사전적 의미를 찾고, 해당 어휘를 사용해 문장을 만들면 이를 간단히 평가하는 형식으로 수업을 구성
- **장점**: 목표 어휘의 의미를 간단하게 이해하는 데 도움을 줌
- **단점**
  - 어휘이해 정도는 다소 표면적인 수준으로, 충분한 이해 수준을 이끄는 데 한계
  - 학생이 실제로 해당 어휘를 '어떻게 활용할 것인가'를 가르치는 데 한계

모범답안 ㉠을 할 때 유념해서 지도할 내용은 목표 어휘의 다양한 의미를 이해할 수 있도록 하는 것이다. 그 이유는 이 방법은 목표 어휘를 다소 표면적인 수준으로 이해하는 데 그치고, 충분한 이해 수준을 이끄는 데에는 한계를 지니기 때문이다.

2019학년도 중등 B1

28 다음은 윤 교사가 ○○고등학교 특수학급에서 읽기이해에 어려움을 보이는 읽기 학습장애 학생 Y와 E에게 제공할 수업활동지 작성 계획 및 예시이다. 〈작성방법〉에 따라 서술하시오. [4점]

(가) 학생 Y

수업활동지 작성 계획	지문 예시
어려운 단어를 제시하고 ㉠국어사전을 활용하여 사전적 정의를 직접 찾아보는 활동으로 구성함	최근 일어난 대형 참사는 결국 인재라 할 수 있다. • 사전에서 뜻을 찾아 적어봅시다. – 인재:

결합지식은 목표 어휘와 정의를 연결하고 단일 맥락에서 어휘의 의미를 이해하는 수준으로, 예를 들어 '인재'라는 단어에는 ① 사람의 잘못으로 일어난 재난, ② 학식·능력 등이 뛰어난 사람 등 다양한 의미가 존재하나, 이를 파악하는 데 제한이 있는 수준임

작성방법

학생 Y의 어휘 지도를 위해 밑줄 친 ㉠을 할 때, 유념해서 지도할 내용을 이유 1가지와 함께 서술할 것.

참고자료 기본이론 261p

키워드 의미특성 분석

구조화 틀 어휘

- 정의
- 어휘지식 수준에 따른 교수법
  - 결합지식
    - 사전적 정의
    - 키워드 전략
    - 컴퓨터 보조 교수
  - 이해지식
    - 의미지도
    - 개념지도
    - 의미특성 분석
    - 기타 어휘확장 교수법
  - 생성지식
    - 빈·풍·확 어휘교수
    - 다독

핵심개념 **의미특성 분석**

- 목표 어휘와 그 어휘들의 주요 특성 간 관계를 격자표로 정리하는 방법으로, 학생들은 각 어휘가 각 특성과 관련이 있는지(+), 없는지(−)를 파악해 목표 어휘의 의미를 폭넓게 이해할 수 있음
- 목표는 목표 어휘를 관련 어휘 및 학습자의 선행지식과 연결함으로써 학습자의 어휘에 관한 이해 정도를 확장시키는 것

모범답안 의미특성 분석

2014학년도 중등 A5

29 **다음은 특수교육대상학생 A가 통합된 중학교 1학년 사회 수업시간에 일반교사가 특수교사의 자문을 받아 계획한 수업을 실시하고 있는 장면이다. 이 장면에서 사용되고 있는 그래픽 조직자의 명칭을 쓰시오. [2점]**

교수·학습 활동 장면	
교사	학생
경도와 위도의 개념 알아보기	
• 경도와 위도가 '지구 표면의 주소'라는 특성을 지니고 있는지 묻고, 그래픽 조직자에 '+' 또는 '-'를 표시하도록 한다.	• 경도에 '+', 위도에 '+'를 표시한다.
• 경도와 위도가 '세로로 그어진 줄'이라는 특성을 지니고 있는지 묻고, 그래픽 조직자에 '+' 또는 '-'를 표시하도록 한다.	• 경도에 '+', 위도에 '-'를 표시한다.
• 경도와 위도가 '가로로 그어진 줄'이라는 특성을 지니고 있는지 묻고, 그래픽 조직자에 '+' 또는 '-'를 표시하도록 한다.	• 경도에 '-', 위도에 '+'를 표시한다.

이해지식
목표 어휘를 관련 어휘들과 연결지어 범주화, 목표 어휘의 다양한 의미 이해

확장하기 +

수학적 어휘의 의미특성 분석의 예시

주요 특성 \ 목표 어휘	정사각형	직사각형	평행사변형	마름모	사다리꼴
네 변	+	+	+	+	+
두 쌍의 변이 평행	+	+	+	+	−
모든 각이 직각	+	+	−	−	−
모든 변이 합동	+	−	−	−	−

참고자료 기본이론 261p

키워드 의미특성 분석

구조화 틀 어휘

- 정의
- 어휘지식 수준에 따른 교수법
  - 결합지식
    - 사전적 정의
    - 키워드 전략
    - 컴퓨터 보조 교수
  - 이해지식
    - 의미지도
    - 개념지도
    - 의미특성 분석
    - 기타 어휘확장 교수법
  - 생성지식
    - 빈·풍·확 어휘교수
    - 다독

핵심개념 의미특성 분석

- 목표 어휘와 그 어휘들의 주요 특성 간 관계를 격자표로 정리하는 방법으로, 학생들은 각 어휘가 각 특성과 관련이 있는지(+), 없는지(−)를 파악해 목표 어휘의 의미를 폭넓게 이해할 수 있음
- 목표는 목표 어휘를 관련 어휘 및 학습자의 선행지식과 연결함으로써 학습자의 어휘에 관한 이해 정도를 확장시키는 것

모범답안 의미특성 분석

2021학년도 초등 A7

30 **(가)는 강 교사가 5학년 읽기 수업에서 활용할 자료이고, (나)는 (가)를 바탕으로 구성한 교수·학습 과정안의 일부이다. 물음에 답하시오. [4점]**

(나)

단계	수업 활동
도입	• 학습 목표 확인하기 – 글 구조를 활용하여 글을 요약할 수 있다. • 어휘 학습하기
전개	교사와 학생이 글 구조를 활용하여 '갯벌의 이로움'을 요약하는 방법 연습하기

(도입 – 어휘 학습하기)

	진흙으로 이루어짐	물이 드나듦	…
갯벌	+	+	
모래사장	−	+	
늪지대	+	−	
⋮			

(전개)

					[B]	
교사 안내	'갯벌의 이로움'의 글 구조를 나타내는 말을 찾아보자. →	'갯벌의 이로움'의 글 구조를 말해 보자. →	… →		도식에 '갯벌의 이로움'을 정리해 보자. →	'갯벌의 이로움'을 요약해 보자.
학생 활동	(㉠)	(㉡)			(도식)	

1) 강 교사가 (나)의 '어휘 학습하기'에서 활용한 어휘 학습 방법을 쓰시오. [1점]

참고자료 기본이론 258-263p

키워드
- 결합지식
- 이해지식
- 의미지도

구조화틀 어휘

┌ 정의
└ 어휘지식 수준에 따른 교수법
  ┌ 결합지식 ┌ 사전적 정의
  │   ├ 키워드 전략
  │   └ 컴퓨터 보조 교수
  ├ 이해지식 ┌ 의미지도
  │   ├ 개념지도
  │   ├ 의미특성 분석
  │   └ 기타 어휘확장 교수법
  └ 생성지식 ┌ 빈·풍·확 어휘교수
             └ 다독

핵심개념 의미지도
- 목표 어휘를 중심으로 이와 관련된 어휘를 열거하고, 그 어휘들을 그래픽 조직자를 활용해 범주화하고, 각각의 범주에 명칭을 부여하는 방법
- 학생이 자신의 선행지식과 연결해 새로운 어휘의 의미를 이해하고 어휘력을 확장하는 데 유용
- 목표 어휘와 관련된 다양한 어휘 간의 관계를 파악하도록 함으로써 학생이 어휘를 보다 조직적으로 기억하도록 도움

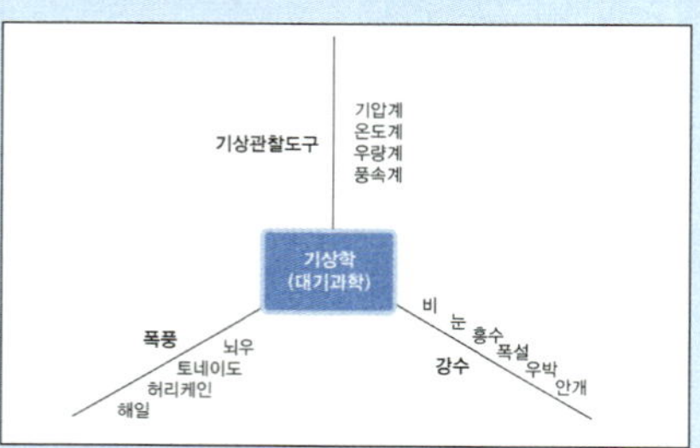

모범답안 준수는 현재 결합지식 수준의 어휘 수준을 보이고 있다. 어휘의 이해 수준으로 어휘력을 향상시키기 위해서는 목표 어휘와 관련된 어휘들을 열거하고 범주화하며, 각각의 범주에 명칭을 부여하는 의미지도 전략이 효과적이다.

2017학년도 초등 B3

31 (가)는 학습장애 학생 준수의 특성이고, (나)는 2009 개정 사회과 교육과정(교육과학기술부 고시 제2012-14호) 3~4학년 '나는 미래에 어떤 일을 하면 좋을지 생각해 봅시다.'를 지도하기 위해 특수교사와 일반교사가 협의하여 작성한 교수 · 학습 과정안이다. 물음에 답하시오. [5점]

(가)

- 준수
  - 단어와 정의를 연결할 수 있음
  - 어휘의 의미를 깊이 이해하는 데 어려움이 있음
  - 수업 내용을 요약하는 데 어려움이 있음
  - 글자를 쓰는 데 많은 노력이 필요함

결합지식
목표 어휘와 정의를 연결하고 단일 맥락에서 어휘의 의미를 이해하는 수준 → 준수는 결합지식 수준은 갖춤

이해지식
목표 어휘를 관련 어휘들과 연결지어 범주화하고 목표 어휘의 다양한 의미를 이해하는 수준 → 준수는 이해지식 수준에 도달하지 못함

(나)

단원	경제생활과 바람직한 선택	차시	11~12/20
제재	나는 미래에 어떤 일을 하면 좋을지 생각해봅시다.		
학습 목표	미래에 자신이 하고 싶은 일을 결정하고 행동계획을 세울 수 있다.		
㉠ 단계	학생 활동	자료(㉶) 및 유의점(㊥)	
C	• 주변에서 볼 수 있는 직업에 대해 자유롭게 이야기하기 • 장래 직업을 고민하는 학생의 영상 시청하기	㉶ ㉢ 안내노트, 그래픽 조직자, 동영상 자료 ㊥ ㉣ 의미지도 전략을 활용하여 미래 직업에 대해 알아본다.	

4) 다음은 (나)의 ㉣을 활용하여 작성한 것이다. 이 전략이 준수의 어휘지식의 질적 향상에 적합한 이유 1가지를 (가)에 근거하여 쓰시오. [1점]

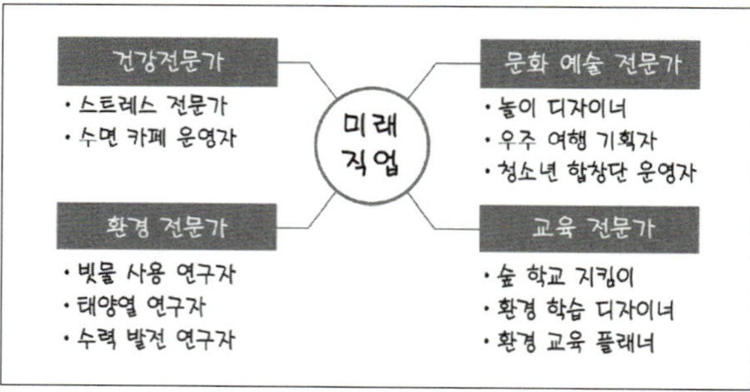

참고자료 기본이론 260p

키워드 개념지도

구조화 틀 어휘

- 정의
- 어휘지식 수준에 따른 교수법
  - 결합지식
    - 사전적 정의
    - 키워드 전략
    - 컴퓨터 보조 교수
  - 이해지식
    - 의미지도
    - 개념지도
    - 의미특성 분석
    - 기타 어휘확장 교수법
  - 생성지식
    - 빈·풍·확 어휘교수
    - 다독

핵심개념 개념지도

- 목표 어휘의 정의 / 예 / 예가 아닌 것으로 구성된 그래픽 조직자
- 관련 있는 개념들이 서로 어떤 관련성을 지니는지를 시각적으로 표현해 제시하는 그래픽 조직자의 한 유형
- 일반적으로 여러 개념이 상위개념과 하위개념의 관계로 연관되어 있을 때 많이 활용됨

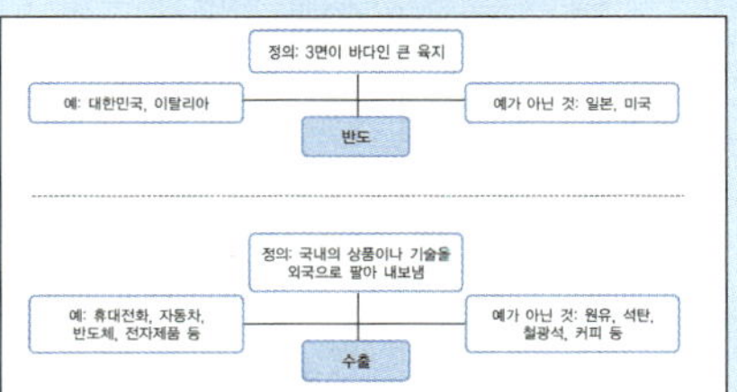

모범답안 이해지식 수준

2025학년도 초등 A4

32 **(가)는 특수학급 김 교사가 작성한 학습장애 학생 3학년 창수의 읽기 지도를 위한 사전 평가 결과의 일부이고, (나)는 2022 개정 국어과 교육과정 1~2학년군 '7. 무엇이 중요할까요' 단원에 대한 학습장애 학생 5학년 수미의 읽기 수업 장면의 일부이다. 물음에 답하시오. [5점]**

(나)

교　　사: 우리나라에는 섬이 많죠?
수　　미: 섬? 섬이 뭐예요?
김 교 사: 섬은 주위가 바다로 완전히 둘러싸인 땅이에요. 이제, 선생님과 함께 개념 지도를 그려 가면서 섬의 의미를 알아볼까요?

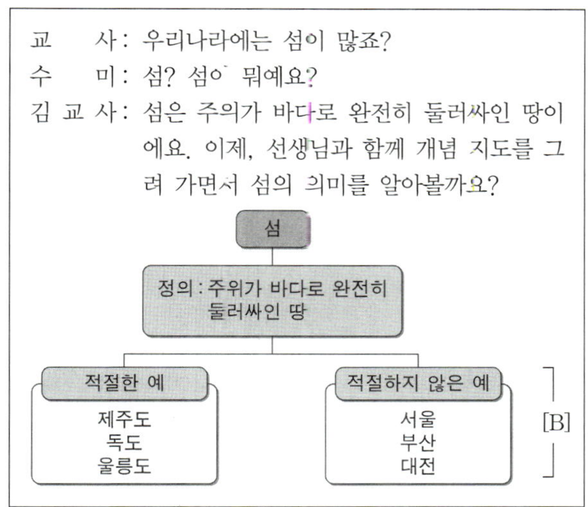

2) (나)의 ① [B]에 해당하는 '섬'의 어휘 지식 수준을 쓰시오.

2024학년도 중등 A9

33 **(가)는 학습장애 학생 A의 특성이고, (나)는 읽기 자료, (다)는 (나)를 활용한 국어 수업 계획이다. 〈작성방법〉에 따라 서술하시오. [4점]**

(가) 학생 A의 특성

- 글을 읽을 때 음운상의 오류를 보이지 않음
- 글을 빠르게 막힘이 없이 읽을 수 있음
- 읽은 내용을 이해하는 데 어려움이 있음

생성지식
여러 상황에 어휘를 적용하고 비슷한 어휘들을 구분할 수 있으며, 다양한 어휘 범주를 이해하는 수준

(나) 읽기 자료

〈고체와 액체〉

우리 주위에는 매우 다양한 물질이 있다. 그중 고체와 액체에 대해 살펴보자. 돌과 나무는 고체이고, 물과 주스는 액체이다. 돌이나 나무 같은 고체는 모양이나 부피가 쉽게 바뀌지 않는다.
이에 반해 물이나 주스 같은 액체는 담는 그릇에 따라 모양이 변하지만 부피는 일정하다. 그래서 물이나 주스를 한가운데가 뚫려 있는 그릇에 통과시키면 모양은 잠깐 바뀌지만 부피는 변하지 않는다.

(다) 국어 수업 계획

〈읽기 이해 지도 계획〉

2) 글을 읽고 그래픽 조직자로 표현하기
– (㉡) 활용하기

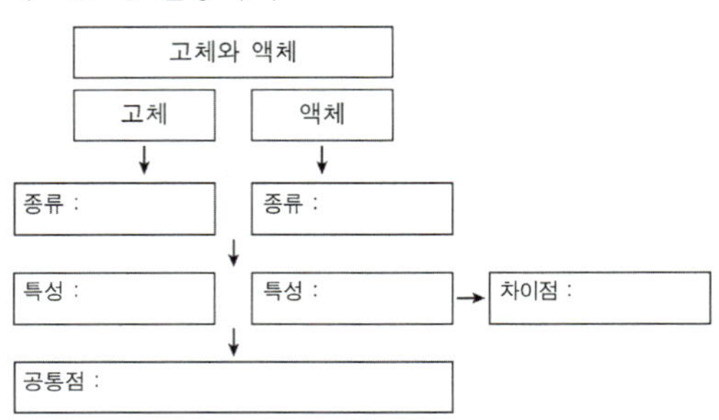

3) 어려운 내용과 단어 파악하기
– 문맥 분석 전략 활용하기
학생 A에게 모르는 어휘가 포함된 문장을 읽게 하거나, 앞뒤 문장을 읽으면서 어휘의 뜻을 유추하는 전략 지도하기
– 단어 형태 분석 전략 활용하기
㉢'한가운데'라는 단어 설명하기

작성방법

- (다)의 괄호 안의 ㉡에 해당하는 그래픽 조직자의 유형을 쓸 것.
- 단어 형태 분석 전략으로 (다)의 밑줄 친 ㉢을 지도하는 교사의 발화를 1가지 서술할 것.

참고자료 기본이론 260p, 263p

키워드

- 이해지식
- 생성지식

구조화 틀 어휘

- 정의
- 어휘지식 수준에 따른 교수법
  - 결합지식
    - 사전적 정의
    - 키워드 전략
    - 컴퓨터 보조 교수
  - 이해지식
    - 의미지도
    - 개념지도
    - 의미특성 분석
    - 기타 어휘확장 교수법
  - 생성지식
    - 빈·풍·확 어휘교수
    - 다독

핵심개념 다독

책을 읽다가 모르는 어휘가 나오면 스스로 파악할 수 있도록 지도해야 함

문맥 분석 전략	모르는 어휘가 포함된 문장을 읽거나 앞뒤 문장을 읽으면서 어휘의 뜻을 유추하도록 돕는 전략
단어 형태 분석 전략	단어를 구성하는 형태소(예 어근/접사, 어간/어미)를 파악해 모르는 어휘의 뜻을 알 수 있도록 돕는 전략

모범답안

- ㉡ 개념 비교표
- '한'은 시간·공간·수량 정도의 끝을 나타내는 말이고, '가운데'는 일정 범위의 안을 뜻합니다. 그렇다면 '한가운데'는 어떤 의미일까요?

확장하기 +

개념지도, 개념 비교표, 개념 다이어그램

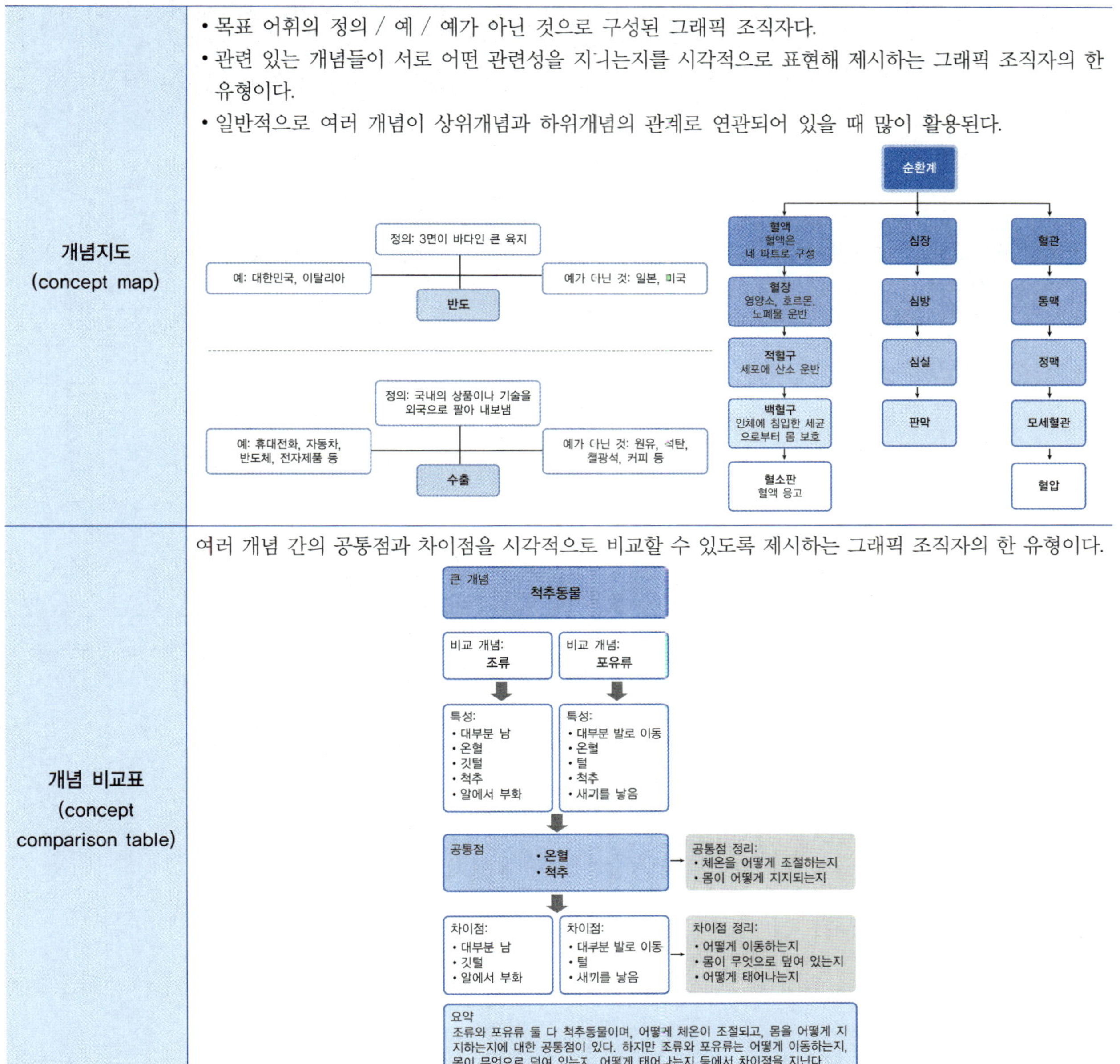

구분	내용
개념지도 (concept map)	• 목표 어휘의 정의 / 예 / 예가 아닌 것으로 구성된 그래픽 조직자다. • 관련 있는 개념들이 서로 어떤 관련성을 지니는지를 시각적으로 표현해 제시하는 그래픽 조직자의 한 유형이다. • 일반적으로 여러 개념이 상위개념과 하위개념의 관계로 연관되어 있을 때 많이 활용된다.
개념 비교표 (concept comparison table)	여러 개념 간의 공통점과 차이점을 시각적으로 비교할 수 있도록 제시하는 그래픽 조직자의 한 유형이다.

<table>
<tr>
<td>개념 다이어그램
(concept diagram)</td>
<td>
개념 비교표를 만들어서 학생이 개념의 특성(반드시 갖추어야 하는 특성 / 가끔 갖추고 있는 특성 / 절대 갖추고 있지 않은 특성), 예, 예가 아닌 것 등을 비교함으로써 목표 개념을 이해하도록 돕는 그래픽 조직자다.
<table>
<tr><td>개념</td><td>화석</td></tr>
<tr><td>정의</td><td>지질시대에 살던 동식물의 유해 또는 그 흔적이 퇴적물 속에 매몰된 채로 보존되어 남아 있는 것</td></tr>
</table>
개념 속에 나타난 특성:
<table>
<tr><th>반드시 갖추고 있는 특성</th><th>가끔 갖추고 있는 특성</th><th>절대 갖추고 있지 않은 특성</th></tr>
<tr><td>유해 또는 흔적</td><td>암석 속</td><td>살아 있는 것</td></tr>
<tr><td>동물 또는 식물</td><td>빙하 속</td><td>부패된 것</td></tr>
<tr><td>오랜 시간 보존되어 남아 있는 것</td><td>화산재 속</td><td>동물 또는 식물이 아닌 것</td></tr>
<tr><td></td><td></td><td></td></tr>
</table>
<table>
<tr><th>예</th><th>예가 아닌 것</th></tr>
<tr><td>호박 속의 곤충</td><td>신발자국</td></tr>
<tr><td>빙하 속에서 발견된 매머드</td><td>석고상</td></tr>
<tr><td>석회암에서 발견된 어류</td><td>현재 아프리카에 사는 코끼리</td></tr>
</table>
</td>
</tr>
</table>

참고자료 기본이론 265p

키워드 읽기이해의 기능적 구성

구조화 틀 읽기이해

- 정의
- 기능적 구성

핵심개념 읽기이해의 기능적 구성

① 사실적 이해	• 읽기이해의 가장 첫 단계로, 아동이 텍스트에 명시적으로 제시된 정보를 확인할 수 있는 능력 • 이 단계에서는 아동들의 단어 수준 처리 능력이나 정확한 단어 인식 능력, 단어와 문장의 조합을 정확하게 처리하는 능력이 필요함
② 추론적 이해	• 독자가 텍스트에 제시된 사실을 인식하는 것 • 사실적 이해와 달리 독자는 중심내용과 구체적인 내용 간 관계성을 찾고, 저자가 의도하는 결론을 해석하거나, 빠진 내용이 없는지 확인하는 능력이 필요함
③ 평가적 이해	• 읽기이해의 단계에서 가장 복잡한 수준으로, '비판적' 혹은 '적용된' 이해라고도 함 • 독자는 텍스트에서 읽은 내용과 자신의 사전 지식 및 경험이 병렬적으로 필요함. 이를 통해 텍스트를 넘어선 새로운 의미와 관계를 만들어 낼 수 있음

모범답안

- ㉡ 사실적 이해 질문
- ㉢ 베먼 할아버지가 나뭇잎을 그린 이유는 무엇일까요?

2019학년도 중등 B1

34 **다음은 윤 교사가 ○○고등학교 특수학급에서 읽기이해에 어려움을 보이는 읽기 학습장애 학생 Y와 E에게 제공할 수업활동지 작성 계획 및 예시이다. 〈작성방법〉에 따라 서술하시오. [4점]**

(나) 학생 E

수업활동지 작성 계획	지문 예시
학생 E가 글을 읽은 후, 질문하기 전략을 사용하여 읽기이해 수준을 확인할 수 있는 질문을 만들어보고, 질문에 답할 수 있도록 구성함 • 학생 스스로 (㉡) 질문 만들기 • 교사가 제시한 ㉢ 추론적 이해 질문에 답하기 • 교사가 제시한 평가적 이해 질문에 대해 함께 이야기하기	존시는 나뭇잎이 다 떨어지면 자기도 죽을 것이라 생각했다. 며칠이 지나도 하나 남은 나뭇잎은 그대로 있었다. ㉣ 사실이 나뭇잎은 베먼 할아버지가 존시를 위해 그린 그림이었다. – '마지막 잎새'의 내용 일부 〈㉡의 예시〉 존시는 무엇이 다 떨어지면 자기도 죽을 것이라 생각했나요? 〈㉢의 예시〉 ________________ …(하략)…

'읽기이해 수준'을 확인할 수 있는 '질문' → 해당 제시문에서의 초점은 '읽기이해 수준'임. 특히 제시문 아래에 '추론적 이해', '평가적 이해' 등의 키워드가 제시되어 있음

읽기 후 전략: 질문에 답하기 및 질문 만들기

작성방법

- 〈㉡의 예시〉를 보고, 괄호 안의 ㉡에 해당하는 질문 유형을 쓸 것.
- 밑줄 친 ㉣을 바탕으로, 〈㉢의 예시〉에 해당하는 추론적 이해 질문의 예 1가지를 서술할 것.

확장하기 +

질문하며 읽기(『초등학교 국어 교사용 지도서』)

읽기 시기별 질문	읽기 전	읽기 목적에 대한 질문, 글의 내용을 예측하는 것과 관련된 질문, 글의 내용에 관한 배경지식을 활성화하는 것과 관련된 질문이 주를 이룸
	읽기 중	글의 내용에 대한 질문이 주가 되는데, 예를 들어 글에서 중요한 내용이 무엇인지에 대한 질문, 빠진 내용(추론)은 무엇인지에 대한 질문, 연상이나 상상을 위한 질문 등임. 또한 읽기 전에 예측한 것이 맞는지, 글의 내용과 관련된 배경지식을 활성화하는 것도 읽기 중 질문의 내용임
	읽기 후	주로 글의 중심내용이나 주제·줄거리 등을 정리해보는 것과 관련된 질문, 읽은 글의 활용(적용)에 대한 질문 등이 중심임
읽기 수준별 질문	• 사실적 사고를 요하는 질문 예 등장 인물은 누구인가? • 추론적 사고를 요하는 질문 예 해당 인물은 다음에 어떻게 되었을까? • 비판·평가적 사고를 요하는 질문 예 해당 인물의 행동은 옳은 것인가?	
질문의 성격에 따른 분류	• 주어진 글의 내용에 대한 질문 • 글을 읽는 방법에 대한 질문 • 자신의 인지행위에 대한 질문	

독해 유형별 질문의 예시(김자경 외, 『경도·중등도 장애학생을 위한 교수전략』)

문자적	"여주인공인 헤스터는 자신의 가슴에 무슨 글자를 달고 살아야 했을까요?"
추론적	"간통에 대한 마을사람의 태도는 어떠했지요?"
비평적	"사람들은 미혼 상태에서 아이를 가졌다고 실제로 누군가를 감옥에 넣을까요?", "왜 그럴까요?" 혹은 "왜 그렇지 않을까요?"
창의적	(자신) "만약 헤스터가 여러분의 가장 친한 친구라면 어떻게 했을까요?" (예측) "헤스터는 자신의 딸 펄이 10대가 되었을 때 이 사건에 대해 어떻게 말할 거라고 생각하지요?"

2025학년도 초등 A4

35 **(가)는 특수학급 김 교사가 작성한 학습장애 학생 3학년 창수의 읽기 지도를 위한 사전 평가 결과의 일부이고, (나)는 2022 개정 국어과 교육과정 1~2학년군 '7. 무엇이 중요할까요' 단원에 대한 학습장애 학생 5학년 수미의 읽기 수업 장면의 일부이다. 물음에 답하시오. [5점]**

(나)

김 교 사: 이번에는 글을 잘 이해했는지 선생님과 알아봐요.
수　　 미: 네, 선생님.
김 교 사: 선생님이 다시 한번 읽어 줄게요. 잘 들어보세요. ㉢ <u>독도는 우리나라 동쪽 끝에 위치한 섬입니다.</u> 독도는 큰 섬 두 개와 작은 바위섬 89개로 이루어져 있습니다. 큰 섬 두 개를 각각 동도와 서도라고 부릅니다.

…(하략)…

3) (나)의 밑줄 친 ㉢에 대한 사실적 질문을 쓰시오.

참고자료 기본이론 265p

키워드 읽기이해의 기능적 구성

구조화 틀 읽기이해

- 정의
- 기능적 구성

핵심개념 읽기이해의 기능적 구성

① 사실적 이해	• 읽기이해의 가장 첫 단계로, 아동이 텍스트에 명시적으로 제시된 정보를 확인할 수 있는 능력 • 이 단계에서는 아동들의 단어 수준 처리 능력이나 정확한 단어 인식 능력, 단어와 문장의 조합을 정확하게 처리하는 능력이 필요함
② 추론적 이해	• 독자가 텍스트에 제시된 사실을 인식하는 것 • 사실적 이해와 달리 독자는 중심내용과 구체적인 내용 간 관계성을 찾고, 저자가 의도하는 결론을 해석하거나, 빠진 내용이 없는지 확인하는 능력이 필요함
③ 평가적 이해	• 읽기이해의 단계에서 가장 복잡한 수준으로, '비판적' 혹은 '적용된' 이해라고도 함 • 독자는 텍스트에서 읽은 내용과 자신의 사전 지식 및 경험이 병렬적으로 필요함. 이를 통해 텍스트를 넘어선 새로운 의미와 관계를 만들어 낼 수 있음

모범답안 독도는 우리나라의 어느 방향에 위치한 섬인가요?

참고자료 기본이론 265p

키워드 읽기이해의 기능적 구성

구조화 틀 **읽기이해**

- 정의
- 기능적 구성

핵심개념 **읽기이해의 기능적 구성**

① 사실적 이해	• 읽기이해의 가장 첫 단계로, 아동이 텍스트에 명시적으로 제시된 정보를 확인할 수 있는 능력 • 이 단계에서는 아동들의 단어 수준 처리 능력이나 정확한 단어 인식 능력, 단어와 문장의 조합을 정확하게 처리하는 능력이 필요함
② 추론적 이해	• 독자가 텍스트에 제시된 사실을 인식하는 것 • 사실적 이해와 달리 독자는 중심내용과 구체적인 내용 간 관계성을 찾고, 저자가 의도하는 결론을 해석하거나, 빠진 내용이 없는지 확인하는 능력이 필요함
③ 평가적 이해	• 읽기이해의 단계에서 가장 복잡한 수준으로, '비판적' 혹은 '적용된' 이해라고도 함 • 독자는 텍스트에서 읽은 내용과 자신의 사전 지식 및 경험이 병렬적으로 필요함. 이를 통해 텍스트를 넘어선 새로운 의미와 관계를 만들어 낼 수 있음

모범답안 ㉧ 추론적

2026학년도 초등 A4

36 **(가)는 2022 개정 국어과 교육과정 3~4학년 '글의 내용 짐작하기' 단원 지도를 위해 통합학급 김 교사와 특수학급 박 교사가 나눈 대화의 일부이고, (나)는 김 교사의 협력적 읽기 지도를 위한 계획 초안의 일부이다. 물음에 답하시오. [6점]**

(나)

읽기 자료
오늘은 수지의 생일입니다. 엄마, 아빠와 오빠가 수지의 생일을 축하하려고 한자리에 모였습니다. 생일 케이크에는 여덟 개의 초가 꽂혀 있습니다. 다 같이 생일 축하 노래를 부르고 나서 수지가 촛불을 껐습니다. [질문] • 사실적 이해를 묻는 질문: 오늘은 누구의 생일입니까? • (㉧) 이해를 묻는 질문: 수지의 나이는 몇 살입니까? • 평가적 이해를 묻는 질문: 생일에 케이크 대신 떡을 사용하면 어떨까요?

3) (나)의 괄호 안의 ㉧에 해당하는 내용을 쓰시오. [1점]

참고자료 기본이론 260-261p, 267-276p

키워드

- 읽기 전 전략
- 읽기 중 전략
- 읽기 후 전략

구조화틀 읽기이해 교수법

- 읽기 전
  - 브레인스토밍
  - 예측하기
- 읽기 중
  - 글 구조에 대한 교수
  - 중심내용 파악하기
- 읽기 후
  - 읽기이해 질문에 답하기, 질문 만들기
  - 요약하기

핵심개념

개념지도(concept map)

목표 어휘의 정의 / 예 / 예가 아닌 것으로 구성된 그래픽 조직자

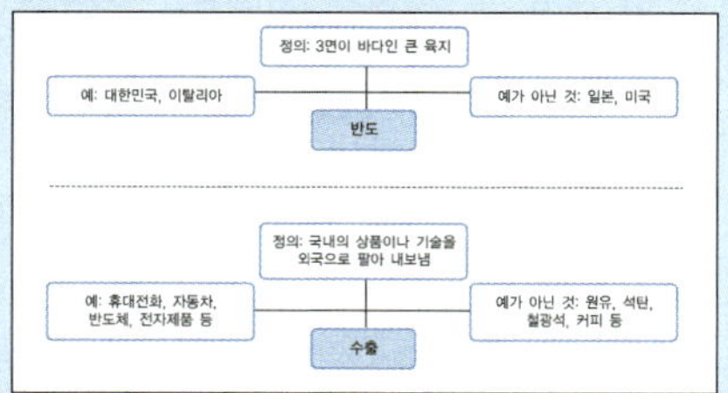

개념 다이어그램(concept diagram)

개념 비교표를 만들어서 학생이 개념의 특성(반드시 갖추어야 하는 특성/가끔 갖추고 있는 특성/절대 갖추고 있지 않는 특성), 예와 예가 아닌 것 등을 비교함으로써 목표 개념을 이해하도록 돕는 그래픽 조직자

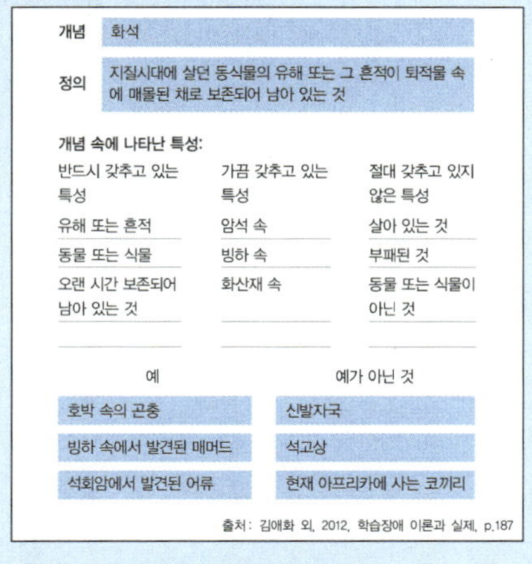

개념	화석
정의	지질시대에 살던 동식물의 유해 또는 그 흔적이 퇴적물 속에 매몰된 채로 보존되어 남아 있는 것

개념 속에 나타난 특성:

반드시 갖추고 있는 특성	가끔 갖추고 있는 특성	절대 갖추고 있지 않은 특성
유해 또는 흔적	암석 속	살아 있는 것
동물 또는 식물	빙하 속	부패된 것
오랜 시간 보존되어 남아 있는 것	화산재 속	동물 또는 식물이 아닌 것

예	예가 아닌 것
호박 속의 곤충	신발자국
빙하 속에서 발견된 매머드	석고상
석회암에서 발견된 어류	현재 아프리카에 사는 코끼리

출처: 김애화 외, 2012, 학습장애 이론과 실제, p.187

모범답안 ①

2013학년도 중등 34

37 **다음은 읽기학습장애 학생 A에 대한 평가 결과이다. A에게 적합한 읽기이해 지도방법으로 옳은 것을 〈보기〉에서 고른 것은?**

- 비교 대조 형식의 글에 대한 이해가 부족함
- 글과 관련된 사전지식 활성화에 어려움이 있음
- 글을 읽고 주제에 대해서 파악하는 데 어려움이 있음

보기

ㄱ. 본문을 읽기 전에 제목을 읽고 글의 내용을 예측하도록 지도한다.

ㄴ. 단서를 활용하여 글에서 중심내용을 찾고 이를 자신의 말로 표현하도록 지도한다.

ㄷ. 일견단어 접근법과 같은 해독중심 프로그램을 활용하여 단어의 의미형성을 유도한다.

ㄹ. 주어진 글과 관련된 개념들을 중심으로 '개념지도(concept map)'를 작성하도록 지도한다.

ㅁ. 비교 대조 형식의 글을 지도할 때 아래와 같은 그래픽 조직자들을 활용하여 지도한다.

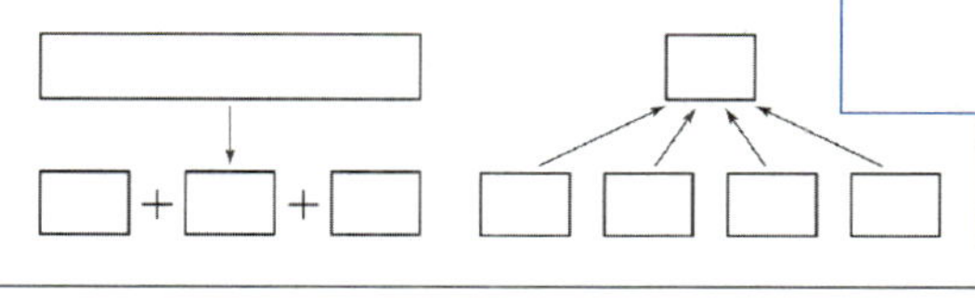

① ㄱ, ㄴ, ㄹ　② ㄱ, ㄷ, ㄹ　③ ㄱ, ㄷ, ㅁ　④ ㄴ, ㄷ, ㅁ　⑤ ㄴ, ㄹ, ㅁ

글 구조에 대한 이해가 부족함 → 읽기 중 전략

글과 관련된 사전지식 활성화에 어려움 → 읽기 전 전략

중심내용 파악에 어려움 → 읽기 중 전략

ㄱ. 예측하기 → 읽기 전 전략

ㄴ. 중심내용 파악하기 → 읽기 중 전략

ㄷ. 일견단어 접근법은 의미중심 프로그램인 통언어적 접근법에서 문자해독 기능을 향상시키는 방법임(단어인지)

ㄹ. 읽기 중 전략에서 그래픽 조직자는 글 구조 교수 및 중심내용 파악하기 교수 등에 통합적으로 활용될 수 있음

ㅁ. 제시된 그림의 그래픽 조직자는 원인-결과형 글을 지도하거나 나열형 글을 지도할 때 적합함

참고자료 기본이론 267-276p

키워드

- 읽기 전 전략
- 읽기 중 전략

구조화 틀 **읽기이해 교수법**

- 읽기 전
  - 브레인스토밍
  - 예측하기
- 읽기 중
  - 글 구조에 대한 교수
  - 중심내용 파악하기
- 읽기 후
  - 읽기이해 질문에 답하기, 질문 만들기
  - 요약하기

핵심개념 **설명글**

- 설명식 글의 구조를 파악하면서 글을 읽는 것은 글에 포함된 중요한 내용들을 인지하는 데 도움을 줌
- **설명글 유형**: 나열형, 비교-대조형, 원인-결과형
- 그래픽 조직자는 글 구조 교수 및 중심내용 파악하기 교수 등에 통합적으로 활용될 수 있음

모범답안 ⑤

2010학년도 중등 17

38 읽기이해에 어려움이 있는 학습장애 학생에게 다음과 같은 글을 지도할 때 적절한 교수전략으로 가장 거리가 먼 것은?

> 음성 언어와 문자 언어
>
> 음성 언어와 문자 언어의 특성을 이해하기 위해서는 일단 음성과 문자의 속성에 주목해야 한다. 음성은 소리이기 때문에 청각에 의존한다. 또한, 소리이기 때문에 말하고 듣는 그 순간 그 장소에만 존재하고 곧바로 사라진다. 반면에 문자는 기록이기 때문에 시각에 의존하고, 오랜 기간 동안 보존이 가능하며, 그 기록을 가지고 다른 곳으로 이동할 수도 있다.
> 음성 언어는 소리의 속성 때문에 말하는 이와 듣는 이가 대면한 상태에서 사용된다.
>
> …(중략)…
>
> 이에 비해 문자 언어는 상대방이 없는 상태에서 충분한 시간을 가지고 사용하게 된다.
>
> …(하략)…
>
> — 국민 공통 기본 교육과정 중학교 국어 1-1

설명글 유형 중 '비교-대조형'
일반적으로 두 개 이상의 사건·현상·사물을 서로 비교하는 형식으로, 차이점과 공통점을 파악하는 것이 중요함

① 읽을 내용과 관련하여 학생들이 이미 알고 있는 배경지식을 활성화시킨다.

② 읽기 전 활동으로 제목 등을 훑어보게 하여 읽을 내용을 짐작하도록 한다.

③ 글의 구조(text structure)에 대한 지도를 하여 글의 중요한 내용을 파악하도록 한다.

④ 중심내용과 이를 뒷받침하는 세부 내용을 확인하여 문단의 중요한 내용을 파악하도록 한다.

⑤ 사실과 의견을 구분할 수 있는 그래픽 조직자(graphic organizer)를 사용하여 글의 내용을 시각적으로 조직할 수 있도록 한다.

① 읽기 전 전략

② 읽기 전 전략 중 예측하기

③ 읽기 중 전략 중 글 구조에 대한 교수

④ 읽기 중 전략 중 중심내용 파악하기

⑤ 제시문의 설명글 유형은 '사실과 의견'에 대한 글이 아닌 '비교-대조형' 유형의 설명글임
※ 그래픽 조직자는 읽기 중 교수에 통합적으로 활용됨

참고자료 기본이론 265p, 267-276p

키워드

- 읽기이해의 기능적 구성
- 읽기 전 전략

구조화 틀 읽기이해 교수법

- 읽기 전
  - 브레인스토밍
  - 예측하기
- 읽기 중
  - 글 구조에 대한 교수
  - 중심내용 파악하기
- 읽기 후
  - 읽기이해 질문에 답하기, 질문 만들기
  - 요약하기

핵심개념 예측하기

- 글을 읽기 전에 글의 제목·소제목·그림 등을 훑어보고 앞으로 읽을 내용에 대해 예측하는 활동
- 학생은 글을 읽는 동안 예측하기 활동을 통해 자신이 예측한 내용이 실제 글의 내용과 비슷한지 여부를 점검하고, 필요에 따라 자신이 예측한 내용을 변경하는 등 보다 능동적인 독자의 특성을 보일 수 있음

모범답안

1) 예측하기

3) ① "타악기는 무엇인가요?" 또는 "타악기에는 어떤 것들이 있나요?"
② 나열형

2022학년도 초등 A4

39 (가)는 학습장애 학생 은수의 특성이고, (나)는 2015 개정 국어과 교육과정 3~4학년군의 '중요한 내용을 적어요' 단원을 지도하기 위한 교수 학습 과정안의 일부이다. 물음에 답하시오. [5점]

(나) 교수 학습 과정안

성취 기준	[4국어02-02] 글의 유형을 고려하여 대강의 내용을 간추린다.	
학습 목표	글을 읽고 내용을 간추릴 수 있다.	
단계	교수·학습 활동	유의점
도입	• 동기 유발 및 전시 학습 상기 • 학습 목표 확인하기	
전개	• 글을 읽기 전에 미리 보기 – ㉠ 글의 제목을 보고 읽을 글에 대한 내용을 생각해보기 …(중략)… • 글을 읽고 중심내용 파악하기 [A] 악기는 타악기, 현악기, 관악기로 나눌 수 있어요. 타악기는 두드리거나 때려서 소리를 내는 악기로 타악기에는 장구나 큰북 등이 있으며, 현악기는 줄을 사용하는 악기로 현악기에는 가야금이나 바이올린 등이 있어요. 그리고 관악기는 입으로 불어서 소리를 내는 악기로 관악기에는 단소나 트럼펫 등이 있어요. • 글의 구조에 대해 알기 – 그래픽 조직자 제시하기 [B] 주제: 악기 / 타악기, 현악기, 관악기 / 세부사항: 장구, 큰북, 가야금, 바이올린, 단소, 트럼펫	㉡ 은수에게 컴퓨터를 활용한 대체출력 보조공학 지원하기
정리	• 읽기이해 질문 만들기 – ㉢ 문자적(사실적) 이해 질문 만들기 • 요약하기	

읽기 전 전략: 브레인스토밍, 예측하기

읽기 중 전략: 중심내용 파악하기, 글 구조에 대한 교수

설명글의 구조
나열형, 비교-대조형, 원인-결과형

설명글에 적합한 그래픽 조직자 유형
- 나열형 → 계층형 그래픽 조직자
- 비교-대조형 → 비교-대조형 그래픽 조직자(벤다이어그램)
- 원인-결과형 → 연속형 그래픽 조직자

읽기 중 전략에서 그래픽 조직자는 글 구조 교수 및 중심내용 파악하기 교수 등에 통합적으로 활용될 수 있음

읽기 후 전략: 질문에 답하기 및 질문 만들기, 요약하기

질문하기 교수전략은 학생들의 글에 대한 이해력을 증진시키기 위해 주로 사용하는 교수방법임
→ 학생들이 글의 주요 내용에 주의를 기울이고, 글의 전체 내용을 단계적으로 요약하도록 돕고, 학생 스스로가 글을 읽는 동안 글의 내용에 대한 자신의 이해를 점검할 수 있도록 도움

1) (나)의 ㉠ 읽기 전략의 명칭을 쓰시오. [2점]

3) ① [A]에 제시된 타악기에 대한 내용에 근거하여 (나)의 ㉢에 해당하는 질문을 쓰고, ② [B]에 해당하는 설명글의 구조를 쓰시오. [2점]

참고자료 기본이론 267-276p

키워드

- 읽기 전 전략
- 읽기 중 전략

구조화 틀 **읽기이해 교수법**

- 읽기 전
  - 브레인스토밍
  - 예측하기
- 읽기 중
  - 글 구조에 대한 교수
  - 중심내용 파악하기
- 읽기 후
  - 읽기이해 질문에 답하기, 질문 만들기
  - 요약하기

핵심개념 **브레인스토밍의 단계**

① **선행지식 생성하기**: 학생은 앞으로 읽을 글에 대한 제목을 보고, 제목에 대해 이미 알고 있는 것을 자유롭게 말함

② **선행지식 조직하기**: 교사는 학생이 말한 내용을 바탕으로 이를 그래픽 조직자 등의 형식을 사용해 시각적으로 조직함

③ **선행지식 정교화하기**: 학생이 정리된 내용을 보고 더 추가할 내용이 있는지를 확인하고 필요한 경우 새로운 내용을 추가함

모범답안

㉡ 예측하기

㉢ 계층형 그래픽 조직자를 활용해 글 구조에 대한 교수를 실시한다.

2020학년도 중등 A10

40 **다음은 읽기 학습장애 학생 J가 있는 통합학급에서 교사가 활용할 교수·학습 활동의 예시이다. 〈작성방법〉에 따라 서술하시오. [4점]**

내용 요소		글의 주요 내용 파악하기
주제		설명하는 글을 읽고 구조화하여 글의 내용 이해하기
학습 모형		학생집단 성취모형(Student Teams Achievement Division; STAD)
모둠 구성		• 이전 시간에 성취한 점수 확인하기 • (㉠)
모둠 읽기 활동	읽기 전	• <u>브레인스토밍</u>: 읽을 글에 대해 알고 있는 내용을 생성하고, 조직화한 후, 정교화하기 • ㉡ <u>글의 제목, 소제목, 그림 등을 훑어보고 글의 내용 짐작하기</u>
	읽기 중	• 모둠원의 개별 수준에 맞는 글 읽기 • 단서 단어 및 중요한 단어 학습하기 〈수준별 읽기자료 예시〉 **미래 직업** 변화하는 미래에 기대되는 직업은 환경의 중요성이 커짐에 따라 생기는 직업 등으로 나눌 수 있다. 그중 환경의 중요성이 커짐에 따라 생기는 직업에는 기후변화 전문가, 에코제품 디자이너 등이 있다. 그리고 로봇을 이용한 작업이 많아짐에 따라 생기는 직업에는 로봇 디자이너, 로봇 공연 기획자 등이 있다. …(하략)… • 글의 구조를 고려하여 주요 단어를 기록하기 미래직업 → 환경 (기후변화, 에코제품 …), 로봇 (디자이너, 공연기획자 …) ㉢
	읽기 후	• 글 이해에 대한 개별평가 후 채점하기 • ㉣ <u>모둠 성취 평가하기</u>
유의할 점		교사는 모둠원들이 서로 도우며 주어진 읽기 자료를 이해하도록 지도한다.

브레인스토밍의 단계
선행지식 생성 → 선행지식 조직 → 선행지식 정교화

제시된 글의 유형은 설명글의 유형 중 나열형에 해당함

읽기 중 전략에서 그래픽 조직자는 글 구조 교수, 중심 내용 파악하기 교수 등에 통합적으로 활용될 수 있음

작성방법

밑줄 친 ㉡에 해당하는 전략 1가지와 ㉢과 같이 글을 구조화하는 전략 1가지를 순서대로 쓸 것.

참고자료 기본이론 267-276p

키워드 읽기 중 전략

구조화 틀 **읽기이해 교수법**

- 읽기 전
- 읽기 중
- 읽기 후

핵심개념

설명글

- 설명식 글의 구조를 파악하면서 글을 읽는 것은 글에 포함된 중요한 내용들을 인지하는 데 도움을 줌
- **설명글 유형**: 나열형, 비교-대조형, 원인-결과형
- 그래픽 조직자는 글 구조 교수 및 중심내용 파악하기 교수 등에 통합적으로 활용될 수 있음

중심내용 파악하기

- 각 문단이 '무엇' 또는 '누구'에 관한 내용인지를 파악하기
- 각 문단에서 '무엇' 또는 '누구'에 관한 가장 중요한 내용 파악하기
- 1~2단계에서 파악한 내용을 10어절 이내의 문장으로 표현하기

2021학년도 초등 A7

41 **(가)는 강 교사가 5학년 읽기 수업에서 활용할 자료이고, (나)는 (가)를 바탕으로 구성한 교수·학습 과정안의 일부이다. 물음에 답하시오. [4점]**

(가)

> 갯벌의 이로움
>
> 바닷물이 드나드는 넓은 땅을 갯벌이라 부른다. 갯벌은 사람과 자연에 여러 가지 이로움을 준다.
>
> 먼저, 갯벌은 어민들에게 경제적인 이익을 준다. 갯벌에는 바닷물이 드나들면서 조개나 물고기, 낙지 등과 같은 동물들이 살기에 좋은 환경이 만들어진다. 어민들은 갯벌에서 이러한 것을 잡아 돈을 번다.
>
> 다음으로, 갯벌은 오염 물질을 정화하여 깨끗한 환경을 만든다. 갯벌은 겉으로는 진흙탕처럼 보이지만 그곳에는 작은 생물들이 많이 살고 있다. 이 생물들은 육지에서 나오는 오염 물질을 분해한다.
>
> 마지막으로, 갯벌은 물을 흡수해 저장했다가 내보낸다. 그러므로 갯벌은 큰 비가 오면 빗물을 흡수해 홍수를 막아준다.
>
> [A]: 먼저, ~ 막아준다.

(나)

단계	수업 활동
도입	• 학습 목표 확인하기 – 글 구조를 활용하여 글을 요약할 수 있다. • 어휘 학습하기
전개	교사와 학생이 글 구조를 활용하여 '갯벌의 이로움'을 요약하는 방법 연습하기

(어휘 학습하기)

	진흙으로 이루어짐	물이 드나듦	…
갯벌	+	+	
모래사장	-	+	
늪지대	+	-	
⋮			

읽기 중 전략

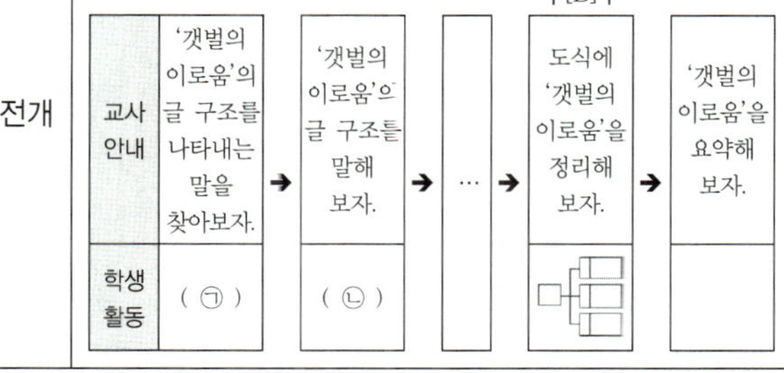

PART 03

모범답안

2) ① 먼저, 다음으로, 마지막으로
② 나열형 글 구조

3) 각 단락별 중심내용 파악하기를 지도해야 한다.

2) (나)의 ① ㉠에 해당하는 말 3가지를 (가)의 [A]에서 찾아 쓰고, ② ㉡에 해당하는 '갯벌의 이로움'의 글 구조를 쓰시오. [2점]

※ '설명글 구조의 유형'과 '설명글 구조에 활용할 수 있는 그래픽 조직자 유형'을 구분하여 작성해야 함

3) 다음은 학생이 (나)의 [B]에서 작성한 활동결과이다. 활동결과에 나타난 문제를 해결하기 위해 강 교사가 학생에게 지도해야 할 학습 내용을 쓰시오. [1점]

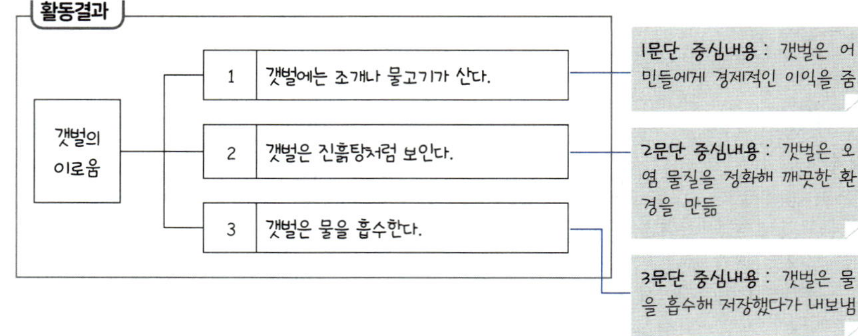

확장하기 +

설명식 글 중 비교-대조 구조 지도

교수 요소	내용
① 단서 단어에 대한 교수	단서 단어에 대한 교수는 '이와 비슷하게, 둘 다, 모두, 그리고, 반면, 하지만, 그러나, ~보다, ~와는 반대로' 등의 비교-대조 구조를 이해하는 데 도움이 되는 단어를 가르치고, 이러한 단어가 문장 내에서 어떻게 사용되는지를 교수한다.
② 어휘 교수	교사는 오늘 읽을 글에 포함된 중요한 단어들에 대한 교수를 실시한다.
③ 문단을 읽으면서 내용 분석하기	학생이 먼저 스스로 해당 문단을 읽고, 교사가 학생과 함께 다시 읽는다. 이때 학생이 두 동물의 비슷한 점과 차이점을 파악하여 표시하면서 글을 읽도록 하고, 글을 다 읽은 다음에는 학생이 분석한 내용에 대해 이야기한다.
④ 비교-대조 구조에 대한 이해를 돕는 그래픽 조직자 사용하기	비교-대조 구조에 대한 이해를 돕는 그래픽 조직자를 사용하여 중요한 내용을 시각적으로 정리한다.
⑤ 비교-대조 질문하기	비교-대조 질문을 제시함으로써 학생이 글의 내용을 정리하도록 돕는다. 예를 들어, 교사는 "이 문단은 무엇을 비교하고 있나요?", "두 동물은 무엇이 비슷한가요?(또는 무엇이 다른가요?)" 등의 질문을 제시한다.
⑥ 요약하기	학생이 지금까지 읽은 내용을 정리하여 각 문단의 중심내용을 요약한다. 교사는 학생에게 문단 요약 틀을 제공해 줌으로써 학생이 내용을 요약하는 것을 도울 수 있다. 이 문단은 ________과 ________에 대해 비교하고 있다. 사자와 악어는 ________라는 공통점을 지니고 있다. 반면, 사자와 악어는 ________라는 차이점을 지니고 있다.

동물	몸이 무엇으로 덮여 있나요?	
	털	비늘
사자	○	
악어		○

참고자료 기본이론 267-276p

키워드 읽기 중 전략

구조화틀 **읽기이해 교수법**

- 읽기 전
- 읽기 중
- 읽기 후

핵심개념 **설명글의 유형**

나열형	여러 가지 중요 사실들을 동등한 수준에서 제시하고 이를 설명하는 형식
비교-대조형	일반적으로 두 개 이상의 사건, 현상 또는 사물을 서로 비교하는 형식
원인-결과형	현상이나 사건이 촉발되게 한 원인과 그로 인해 발생한 결과를 설명하는 형식

모범답안 비교-대조형

2024학년도 중등 A9

42 **(가)는 학습장애 학생 A의 특성이고, (나)는 읽기 자료, (다)는 (나)를 활용한 국어 수업 계획이다. 〈작성방법〉에 따라 서술하시오. [4점]**

(가) 학생 A의 특성

- 글을 읽을 때 음운상의 오류를 보이지 않음
- 글을 빠르게 막힘이 없이 읽을 수 있음
- 읽은 내용을 이해하는 데 어려움이 있음

단어인지와 읽기유창성에는 어려움이 없으나, 읽기이해에 어려움

(나) 읽기 자료

〈고체와 액체〉

우리 주위에는 매우 다양한 물질이 있다. 그중 고체와 액체에 대해 살펴보자. 돌과 나무는 고체이고, 물과 주스는 액체이다. 돌이나 나무 같은 고체는 모양이나 부피가 쉽게 바뀌지 않는다.

이에 반해 물이나 주스 같은 액체는 담는 그릇에 따라 모양이 변하지만 부피는 일정하다. 그래서 물이나 주스를 한가운데가 뚫려 있는 그릇에 통과시키면 모양은 잠깐 바뀌지만 부피는 변하지 않는다.

(다) 국어 수업 계획

〈읽기 이해 지도 계획〉

1) 글의 구조 파악하기

－(㉠)형 구조

2) 글을 읽고 그래픽 조직자로 표현하기

－(㉡) 활용하기

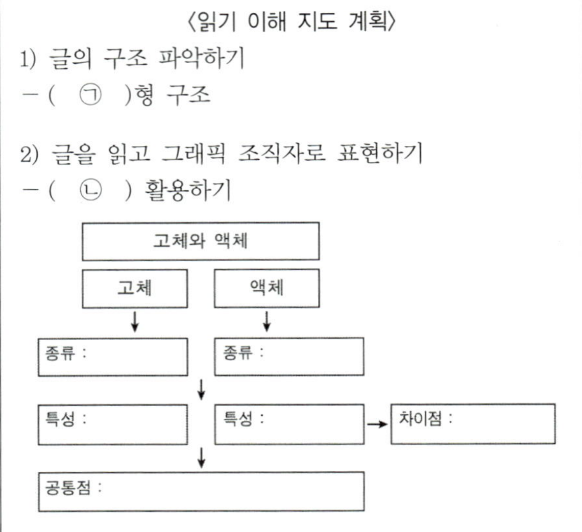

작성방법

(다)의 괄호 안의 ㉠에 해당하는 (나) 글의 구조의 명칭을 글의 주된 내용 전개 방법에 근거하여 쓸 것.

참고자료 기본이론 267-279p

키워드 읽기 중 전략

구조화 틀 읽기이해 교수법

- 읽기 전
- 읽기 중
- 읽기 후

핵심개념 중심내용 파악하기

- 각 문단이 '무엇' 또는 '누구'에 관한 내용인지를 파악하기
- 각 문단에서 '무엇' 또는 '누구'에 관한 가장 중요한 내용 파악하기
- 1~2단계에서 파악한 내용을 10어절 이내의 문장으로 표현하기

모범답안 문단이 무엇에 관한 내용인지를 파악하기

2025학년도 중등 B10

43 **(가)는 과학 교과서 지문이고, (나)는 ○○ 중학교 학습장애 학생 K를 위한 수업 계획서이다. (다)는 (나)의 활동을 지도하기 위한 특수 교사와 교과 교사의 대화이다. 〈작성 방법〉에 따라 서술하시오. [4점]**

(다) 특수 교사와 교과 고사의 대화

특수교사: 교과서 지문을 이해하기 위해서 문단에서 중심 내용 파악하기 전략을 적용할 수 있어요.

단계		작성 내용
1단계	(㉡)	태양계
2단계	문단에서 주요 내용 찾기	(생략)
3단계	1~2단계의 내용을 10어절 이내 문장으로 만들기	(생략)

작성방법

(다)의 괄호 안의 ㉡에 해당하는 내용을 서술할 것.

참고자료 기본이론 276p

키워드 읽기 후 전략

구조화 틀 **읽기이해 교수법**

- 읽기 전
- 읽기 중
- 읽기 후

핵심개념 **읽기이해 질문 만들기**

- 단순히 읽기이해 질문에 학생이 답하는 데 그치는 것이 아닌, 학생이 스스로 읽기이해 질문을 만드는 읽기이해 질문 만들기 전략은 학생이 자신이 읽은 내용을 복습하고, 특히 중심내용을 다시 한번 살피고 기억하는 데 효과적임
- 읽기이해 질문 만들기 전략을 효과적으로 적용하기 위해서는 학생에게 '좋은 질문'에 대한 명시적 교수가 필요함
- 좋은 질문이란 중심내용을 강조하고, 단편적인 지식보다는 글의 내용을 통합적으로 파악하여 답할 수 있는 질문을 의미함

질문의 유형	설명
바로 거기 유형	답이 글에 그대로 드러나는 질문
생각하고 찾기 유형	답이 글 속에 있으나 한 곳에 드러나는 것이 아니라 학생이 읽은 내용을 결합하여 답해야 하는 질문
작가와 나 유형	답이 글 속에 없고 학생이 자신의 선행지식과 읽은 내용을 관련지어 답을 추측해야 하는 질문

모범답안

ⓗ 질문 만들기

학생에게 스스로 읽기이해 질문을 만들게 한다.

2026학년도 중등 B7

44 **(가)는 학생 K에 대한 일반교사와 특수교사의 대화이고, (나)는 학생과 챗봇 간의 대화 화면이며, (다)는 특수교사와 학생의 대화이다. 〈작성 방법〉에 따라 서술하시오. [4점]**

(나) 학생 K와 챗봇 간 대화 화면

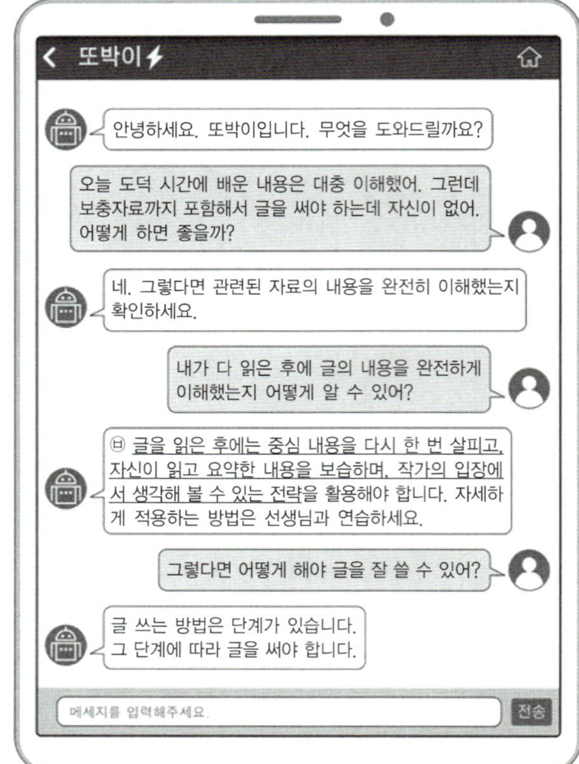

작성방법

(나)의 밑줄 친 ⓗ의 명칭을 쓰고, 교사의 지도 내용을 1가지 서술할 것.

참고자료 기본이론 285-288p

키워드 종합

구조화 틀

핵심개념

모범답안 읽기유창성, 읽기이해

2014학년도 중등 A14

45 다음의 (가)는 학습장애학생 A의 낱말 읽기 평가 결과이고, (나)는 학생 A가 글을 소리 내어 읽을 때 보인 오류를 표시한 것이며, (다)는 학생 A가 참여하고 있는 수업 장면의 일부이다. (가)~(다)를 통해 볼 때, 학생 A가 어려움을 보이는 읽기 하위 영역 2가지를 쓰시오. [2점]

"글을 소리 내어 읽을 때" → 읽기유창성

※ 읽기 하위 영역 → 읽기선수기술, 단어인지, 읽기유창성, 어휘, 읽기이해 중에서 답안을 작성해야 함

(가) 학생 A의 낱말 읽기 평가 결과

문항	학생 반응
1. 묻어 [무더]	무더
2. 환자 [환자]	환자
3. 투숙하다 [투수카다]	투수카다

점수 : 19점(만점 20점)

* [ ] 안은 정발음을 의미함

단어인지에는 어려움이 없음

(나) 학생 A가 보인 오류

감기는 주로 ~~접촉~~(SC접총에)에 의해 감염되는데, 여기에는 크게 두 가지 ~~방식~~(방법이)이 있다. ~~그중~~(그중에) 하나는 환자의 콧물이나 기침에 섞인 바이러스가 환자의 ~~손~~(SC손에)을 통해 ~~문고리같이~~(문고리같은) 여러 사람이 ~~접촉하~~(SC접총하는)는 물건에 묻어 있다가 다른 사람이 이를 손으로 만진 ~~뒤~~(두에) 눈이나 입, 코로 ~~옮기게 되면서~~(옮기면서) 감염되는 방식이다. 이런 방식으로 감염이 이루어질 수 있는 것은 바이러스가 인체 ~~밖에서~~(SC밖으로)도 오랫동안 ~~생존할~~(생활할) 수 있기 때문이다.

(하략)

* SC: 자기 교정(Self-Correction)을 의미함
* 중학교 1학년 국어 교과서에 실린 지문의 일부임

- 단어인지에서 정확하게 읽었던 단어들이 포함된 글을 소리 내어 읽을 때 많은 오류를 보임
- **학생 A가 보인 읽기유창성 오류의 유형:** 자기교정, 대치, 첨가

(다) 수업 장면

교　사: 이 문단의 중심내용은 무엇인가요?
학생 A: …….
교　사: 선생님과 함께 중심내용을 파악해봐요. 우선, 이 문단은 무엇에 대한 내용인가요?
학생 A: 감기요.
교　사: 그래요. 이 문단은 감기에 대한 내용이에요. 그러면, 감기에 대해 무엇을 얘기하고 있나요?
학생 A: …….

…(하략)…

문단의 중요내용을 파악하지 못함

참고자료 기본이론 239-276p

키워드 종합

구조화 틀

핵심개념

모범답안 ④

2010학년도 초등 18

46 **다음은 박 교사가 2008년 개정 특수학교 기본교육과정 국어과 읽기 영역을 세 학생에게 지도하기 위한 교수활동이다. 각 학생과 교수활동을 통해 달성하고자 하는 목표를 바르게 연결하는 것은?**

학생	교수활동
민수	• 날씨에 관한 문장을 읽고, 해당하는 그림을 찾게 한다. • 꽃의 모양 변화를 시간의 흐름에 따라 쓴 세 개의 문장을 읽게 하고, 그림 순서를 찾게 한다.
은지	• 몇 개의 학용품을 제시하고, '지'로 시작하는 것을 찾게 한다. • '자'와 '추'를 만들 수 있는 네 개의 낱자 카드를 제시하고, '자'를 만들어보게 한다.
주혜	• 신발장에서 자신의 이름표를 읽고 신발을 찾게 한다. • 교실 상황에서 지켜야 할 규칙에 들어있는 '조용히'를 지적하고 읽게 한다.

음운인식 과제 유형
• 음절 변별
• 말소리를 조작하는 능력(합성)

음독(낱자와 소리 대응관계를 통해 읽음)과 의미이해 → 단어인지(단어재인)

	민수	은지	주혜
①	음운인식	단어재인	단어재인
②	음운인식	음운인식	읽기이해
③	읽기이해	단어재인	음운인식
④	읽기이해	음운인식	단어재인
⑤	단어재인	음운인식	음운인식

참고자료 기본이론 284p

키워드 독해력 증진

구조화 틀 **독해력 증진을 위한 교수전략**

- 관련 지식 자극하기
- 질문하기
- 심상 만들기
- 효과적인 학습동기

핵심개념

관련 지식 자극하기

읽기 자료의 주요 내용을 논리적이고 의미 있게 연결하며, 글의 내용을 중심으로 적절한 추론을 내릴 수 있도록 도와줌

예 이전 읽기 내용과 현재 읽기 내용을 서로 연관시켜주기, 이야기의 전반적 맥락을 제시해주기, 학생들이 글의 내용과 관련한 경험이나 지식을 서로 이야기하도록 하기 등

질문하기

학생들이 글의 주요 내용에 주의를 기울이도록 유도하고, 글의 전체 내용을 단계적으로 요약할 수 있도록 도우며, 학생 스스로 글을 읽는 동안 글의 내용에 대한 자신의 이해를 점검할 수 있도록 도움

예 핵심어를 찾도록 하는 질문, 문단별 내용의 요약을 요구하는 질문, 다음 일을 예측하는 질문 등

심상 만들기

글을 읽는 동안 글 속에 기술되어 있는 인물·사건·상황 등을 반영하는 영상을 마음속에 형성하는 동시에, 사실적 정보에 대해서는 그 내용을 명제로서 부호화함

예 마음속으로 심상 그리기, 글의 내용 대표할 수 있는 그림 그리기, 삽화와 글 내용 관련 짓기

효과적인 학습동기

학생들이 읽기활동에 적극적으로 참여하도록 유도함으로써 궁극적으로 학생의 읽기능력 향상에 도움을 줌

모범답안

2) 읽기이해(독해력) 지도

3) 심상화 기법

2014학년도 초등 A4

47 **(가)는 읽기장애 학생 민호와 영주의 읽기 특성이고, (나)는 특수학급 김 교사가 민호와 영주에게 실시한 읽기 지도 내용이다. 물음에 답하시오. [5점]**

(가) 민호와 영주의 읽기 특성

민호	• '노래방'이라는 간판을 보고 자신에게 친숙한 단어인 '놀이방'이라고 읽음 • '학교'라는 단어는 읽지만 '학'과 '교'라는 글자를 따로 읽지는 못함
영주	• 적절한 속도로 글을 읽을 수 있음 • 자신의 학년보다 현저하게 낮은 읽기 수준을 보임

단어인지에 어려움

읽기유창성의 구성요소 정확도, 속도, 표현력

(나) 읽기 지도 내용

대상	지도 유형	읽기 지도 과제와 교사 발문의 예
민호	음운인식 지도	• (㉠): '사과', '구름', '바다'에서 '구'로 시작하는 낱말은 무엇인가요? • 음절탈락: '가방'에서 '가'를 빼면 무엇이 남을까요? • 음소합성: (㉡)
영주	(㉢)	• 질문하기: 방금 읽은 글에 등장한 주인공의 이름은 무엇인가요? • 관련지식 자극하기: 오늘은 '동물원에서 생긴 일'을 읽을 거예요. 먼저 동물원에서 경험한 내용을 이야기해볼까요? • (㉣): 방금 읽은 글의 장면을 눈을 감고 머릿속으로 그려보세요.

민호는 '단어인지'에 어려움을 보이므로 이전 단계인 음운인식을 지도함

영주는 '읽기유창성'을 획득했으므로 다음 읽기 구성요소인 '읽기이해' 지도를 실시함

2) (나)의 ㉢에 알맞은 지도 유형을 쓰시오. [1점]

3) (나)의 ㉣에 알맞은 지도 과제를 쓰시오. [1점]

참고자료 기본이론 284p

키워드 독해력 증진

구조화 틀 **독해력 증진을 위한 교수전략**

- 관련 지식 자극하기
- 질문하기
- 심상 만들기
- 효과적인 학습동기

핵심개념 **효과적인 학습동기**

- 효과적인 학습동기 전략은 학생들이 읽기활동에 적극적으로 참여하도록 유도함으로써 궁극적으로 학생들의 읽기능력 향상에 도움을 줌
- 학생들이 읽기활동에 참여하는 동기에는 내재적 동기와 외재적 동기가 있음
  - 내재적 동기요인에는 글의 내용에 대한 관심, 새로운 내용에 대한 학습 호기심, 글 속에 숨어 있는 복잡한 암시나 해결책을 찾아내기, 친구들과의 대화에서 책의 내용에 대해 이야기하기 등이 있음
  - 외재적 동기요인에는 교사의 요구에 순응하기, 교사로부터 인정받기, 친구들과 경쟁하기 등이 있음

모범답안 ㉣, 읽기에 대한 내재적인 관심을 가지게 된다.

2026학년도 초등 A4

48 **(가)는 2022 개정 국어과 교육과정 3~4학년 '글의 내용 짐작하기' 단원 지도를 위해 통합학급 김 교사와 특수학급 박 교사가 나눈 대화의 일부이고, (나)는 김 교사의 협력적 읽기 지도를 위한 계획 초안의 일부이다. 물음에 답하시오. [6점]**

(가)

…(상략)…

김 교사: 그런 방법으로 하면, 민호의 읽기 점수가 향상될 수도 있겠네요.

박 교사: 네, 그러한 긍정적인 경험들이 중요해요. 그 결과, 읽기에 대한 자신감이 생기게 됩니다. 또한 ㉣ 읽기에 대한 외재적인 관심을 가지게 되고, ㉤ 읽기 자료를 선택하여 읽을 수 있는 마음의 자세를 가지게 돼요. 그래서 학생은 ㉥ 자발적으로 읽으려고 노력하고, 많은 글을 읽게 됩니다. 특히, ㉦ 교사의 관심과 배려가 더해진다면, 지속적으로 읽기에 참여할 수 있는 태도를 기를 수 있어요.

2) (가)의 밑줄 친 ㉣~㉦ 중 읽기 효능감에 대한 내용으로 틀린 것을 1가지 찾아 기호를 쓰고, 바르게 고쳐 쓰시오. [1점]

참고자료 기본이론 277-280p

키워드 상보적 교수

구조화틀 **다전략 교수**

- 상보적 교수
- 협력 전략적 읽기
- K-W-L 전략
- SQ3R
- RIDER 전략

핵심개념 **상보적 교수법**

구문과 관련된 토론에 적극적으로 참여함으로써 구문이해와 이해 모니터링 모두를 촉진할 수 있는 상호작용적인 교수전략

- 비계설정 교수법 강조
- 교사와 학생의 대화를 통해 초인지적 이해를 촉진하고, 학생이 그 절차를 역할놀이하면서 익힐 수 있도록 하는 상호교수
- 교사와 학생의 글에 대한 구조화된 대화를 통한 학생의 읽기이해력 향상이 목적

모범답안 ②

2009학년도 중등 40

49 **다음에 사용된 교수방법으로 옳은 것은?**

> 김 교사는 학생들에게 자기 주도적으로 학습하는 능력을 길러주기 위하여 '충성스런 진돗개' 단원을 다음과 같이 지도하였다. 먼저 학생들에게 교재에 있는 그림과 목차를 보면서 자신이 생각하는 것을 말해보도록 하고, 학습 과제에 대한 질의·응답 과정을 거쳤다. 그 다음 학생들에게 한 단락을 읽고, 요약 및 토론하여 잘못된 내용을 어떻게 수정하고, 평가하는지 명시적으로 보여주었다. 이후 학생들을 세 모둠으로 나누고, 각 모둠에 학습장애학생을 한 명씩 포함시켰다. 그리고 학생들 스스로 질문, 요약, 명료화, 수정·평가하는 과정을 거쳐 토론을 주도하도록 안내하고, 점진적으로 모든 책임을 학생들이 맡아서 진행할 수 있도록 지도하였다.

예측하기

질문 만들기

요약하기

명료화하기

① 정착 교수법
② 호혜적 교수법
③ 과정중심 교수법
④ 전략중재 교수법
⑤ 통합전략 교수법

참고자료 기본이론 277-280p

키워드 상보적 교수

구조화틀 다전략 교수

- 상보적 교수
- 협력 전략적 읽기
- K-W-L 전략
- SQ3R
- RIDER 전략

핵심개념 상보적 교수 전략

예측하기

- 글을 읽는 목적을 설정하는 데 도움을 줌. 즉, 학생은 자신이 예측한 내용이 맞는지 여부를 점검하면서 글을 읽게 됨
- 글을 읽기 전에는 글을 전반적으로 훑어봄으로써 앞으로 읽을 내용에 대해 예측하게 하고, 글을 읽는 중간에는 지금까지 읽은 내용을 바탕으로 앞으로 이어질 내용을 예측하게 함

질문 만들기

- 학생이 자신이 읽은 글에서 중요한 내용에 집중하도록 도움
- 학생이 해당 문단을 읽으면서, 그 문단의 중요한 내용을 반영한 질문을 만들도록 함. 이때 질문을 만드는 데 필요한 키워드 등을 사용할 수 있는데, 이러한 키워드는 글의 장르에 따라 달라질 수 있음

명료화하기

학생이 자신의 글에 대한 이해 여부를 점검하도록 돕는 전략. 즉, 학생이 자신이 모르는 단어나 이해하지 못한 내용이 있는지를 점검하고, 이해하지 못한 부분에 대해 명료화한 후에 다음 문단으로의 읽기를 진행함

요약하기

학생이 자신이 읽은 글의 내용을 정리하고, 중요한 내용을 기억하는 것을 도움. 즉, 학생은 이야기 글의 경우에는 이야기 문법 요소를 중심으로 내용을 요약하고, 설명글의 경우에는 문단별 중심내용을 중심으로 전체 글을 요약함

모범답안

- 상보적 교수
- 명료화하기

2015학년도 중등 A5

50 김 교사는 경도장애 학생 A가 통합된 학급의 사회 교과 시간에 〈보기〉와 같은 수업을 하였다. 〈보기〉에서 김 교사가 사용한 교수방법과 (　) 안에 들어갈 용어를 쓰시오. [2점]

김 교사는 학생들과 함께 질문하고 토론하면서 교사 주도로 수업을 하다가, 점진적으로 학생들이 학습에 대한 주도권을 갖도록 하였다. 김 교사는 수업시간에 학생들과 함께 다음과 같은 방법으로 교수·학습 활동을 하였다.

- 예측하기
  - 학생들은 글의 제목을 보고 글의 내용을 예측한다.
- 질문 만들기
  - 학생들은 자신이 읽은 글에서 중요한 내용을 파악하기 위해 질문을 만든다.
  - 학생들은 교사의 입장에서 학생들에게 물어보고 싶은 내용을 질문으로 만든다.
- (　　　)
  - 학생들은 본문에 있는 어려운 단어의 뜻을 알아보기 위해 글을 다시 읽는다.
  - 학생들은 이해하지 못한 문맥의 뜻을 파악하기 위해 본문의 내용을 점검한다.
- 요약하기
  - 학생들은 주요 내용을 서로 질문하고 대답한다.
  - 학생들은 자신들이 답한 내용을 모아서 요약한다.

상보적 교수는 구조화된 대화를 통해 진행됨. 주도권이 점차 학생에게 이양되며, 교수는 필요시에만 비계를 제공함

명료화하기 전략
학생이 글에 대한 자신의 이해 여부를 점검하도록 돕는 전략. 즉, 학생이 자신이 모르는 단어나 이해하지 못한 내용이 있는지 점검하고, 이해하지 못한 부분에 대해 명료화한 후에 다음 문단으로의 읽기를 진행함

어려운 단어 명료화하기 전략
- 다시 읽기
- 어려운 단어가 포함된 문장, 앞문장과 뒷문장 읽기
- 단어 형태 분석해보기
- 사전 찾기

이해가 되지 않는 내용 명료화하기 전략
- 다시 읽기
- 문맥의 뜻을 파악하기 위해 앞문장과 뒷문장 읽기
- 친구 또는 교사와 이야기하기

참고자료 기본이론 277-280p

키워드 상보적 교수

구조화 틀 다전략 교수

- 상보적 교수
- 협력 전략적 읽기
- K-W-L 전략
- SQ3R
- RIDER 전략

핵심개념

다전략 교수

- 읽기 전 / 중 / 후에 사용되는 여러 읽기이해 전략들을 결합해 사용하는 방법
- 너무 많은 전략을 결합해 사용하는 것은 혼란을 가져올 수 있으므로 4개의 전략을 결합한 교수법이 가장 적절함

상보적 교수

- 교사와 학생이 글에 대해 구조화된 대화를 함으로써 학생의 읽기이해력을 향상시키는 것을 목적으로 함
- 교사는 학생과의 대화를 통해 요약하기 · 질문 만들기 · 명료화하기 · 예측하기 전략의 사용을 가르치고, 점차 학생들이 대화를 이끌어갈 수 있도록 도움. 이때 4가지 전략은 순서대로 한 번씩 사용하고 끝나는 것이 아니라, 단락별로 순환적으로 사용함

모범답안 안전띠의 의미를 사전에서 찾아 명확한 뜻을 알도록 한다.

2017학년도 초등 B2

51 **(가)~(다)는 지체장애 특수학교에서 제작한 '학생 유형별 교육지원 사례 자료집'에 수록된 Q&A의 일부이다. 물음에 답하시오. [5점]**

(가)

> **Q** 불수의 운동형 뇌성마비 학생 A는 노트필기가 어려워 쓰기 대체방법으로 컴퓨터를 이용하고 있는데, 불수의적 움직임으로 인해 어려움이 많습니다. 이러한 어려움을 해결해 줄 수 있는 보조공학 기기나 프로그램을 알고 싶습니다.
>
> **A** 학생 A처럼 직접 선택 방식으로 글자를 입력하는 경우에는, 키가드와 버튼형 마우스 같은 컴퓨터 보조기기나 ㉠ 단어예측 프로그램이 도움이 됩니다.
>
> **Q** 학생 A가 읽기이해에 어려움이 있어 상보적 교수를 적용하여 읽기지도를 하려고 하는데, 상보적 교수 중 명료화하기 전략이 무엇인지 궁금합니다.
>
> **A** ㉡ 상보적 교수의 명료화하기 전략은 사전 찾기를 포함하여 학생이 글을 읽다가 어려운 단어가 있을 때 단어의 의미를 파악할 수 있도록 도와주거나, 글의 내용을 이해하도록 도와줍니다.

명료화하기 전략

2) 다음의 〈읽기자료〉에 밑줄 친 단어 중에서 1개를 선택하여 (가)의 ㉡을 적용한 예 1가지를 쓰시오. [1점]

읽기자료

> 안전띠는 우리의 안전을 위해 몸을 좌석에 붙들어 매는 띠입니다. 학교 버스를 타고 소풍을 갈 때 버스에서 안전띠를 착용해야 합니다. 내릴 때까지 안전띠를 풀지 말아야 합니다.
>
> ※ 학생이 어려워하는 단어: 안전띠, 착용

PART 03

참고자료 기본이론 277-280p

키워드 상보적 교수

구조화틀 다전략 교수

- 상보적 교수
- 협력 전략적 읽기
- K-W-L 전략
- SQ3R
- RIDER 전략

핵심개념 상보적 교수 전략

예측하기

- 글을 읽는 목적을 설정하는 데 도움을 줌. 즉, 학생은 자신이 예측한 내용이 맞는지 여부를 점검하면서 글을 읽게 됨
- 글을 읽기 전에는 글을 전반적으로 훑어봄으로써 앞으로 읽을 내용에 대해 예측하게 하고, 글을 읽는 중간에는 지금까지 읽은 내용을 바탕으로 앞으로 이어질 내용을 예측하게 함

질문 만들기

- 학생이 자신이 읽은 글에서 중요한 내용에 집중하도록 도움
- 학생이 해당 문단을 읽으면서, 그 문단의 중요한 내용을 반영한 질문을 만들도록 함. 이때 질문을 만드는 데 필요한 키워드 등을 사용할 수 있는데, 이러한 키워드는 글의 장르에 따라 달라질 수 있음

명료화하기

학생이 자신의 글에 대한 이해 여부를 점검하도록 돕는 전략. 즉, 학생이 자신이 모르는 단어나 이해하지 못한 내용이 있는지를 점검하고, 이해하지 못한 부분에 대해 명료화한 후에 다음 문단으로의 읽기를 진행함

요약하기

학생이 자신이 읽은 글의 내용을 정리하고, 중요한 내용을 기억하는 것을 도움. 즉, 학생은 이야기 글의 경우에는 이야기 문법 요소를 중심으로 내용을 요약하고, 설명글의 경우에는 문단별 중심내용을 중심으로 전체 글을 요약함

모범답안

- ㉠ 명료화하기
- ⓐ, 교사와 학생은 구조화된 대화를 통해 읽기 이해능력을 향상시키도록 한다.

2023학년도 중등 B3

52 **(가)는 상보적 교수를 활용한 지도 계획의 일부이고, (나)는 그래픽 조직자 전략 습득을 위한 전략중재모형(Strategy Intervention Model) 적용 계획의 일부이다. 〈작성방법〉에 따라 서술하시오. [4점]**

(가) 상보적 교수를 활용한 지도 계획

○ 단원 : (1) 갈등하는 삶　　○ 제재 : 자전거 도둑

전략	내용
예측하기	1. 나는 자전거를 훔친 도둑이 벌을 받게 되는 이야기를 읽게 될 것이라 생각한다. …(중략)…
질문 만들기	1. 주인공은 누구인가? 수남이 2. 주인공은 무슨 일을 하는가? 전기용품을 판매함 …(중략)…
(㉠)	• 어려운 단어 확인 및 점검 – 도매상, 조건 반사, 황공하다. • 이해가 되지 않는 내용(문장) – 고개를 움츠려 알밤을 피하는 시늉부터 한다. ※ 해결 방안 : 다시 읽기, 어려운 단어가 포함된 문장의 앞·뒤 문장 읽기, 사전 찾기, 선생님과 이야기하여 내용을 이해하고 다음 문단으로 넘어가기 …(중략)…
요약하기	전기용품점에서 일하는 열여섯 살 수남이는 목소리가 굵어 전화 받을 때 주인으로 오해받는 일이 많다. …(중략)…

※ 상보적 교수 활용 시 유의사항

ⓐ 교사와 학생은 비구조화된 대화를 통해 읽기 이해능력을 향상시키도록 한다.
ⓑ 사용되는 4가지 전략은 문단이나 단락별로 순환적으로 사용될 수 있다.
ⓒ 예측하기 전략의 경우, 글을 읽는 중간에 지금까지 읽은 내용을 바탕으로 앞으로 이어질 내용을 예측하게 한다.
ⓓ 질문 만들기 전략에 사용되는 질문은 핵심어(키워드)를 활용하여 만들 수 있으며, 글의 갈래에 따라 핵심어(키워드)는 달라질 수 있다.

작성방법

- (가)의 괄호 안의 ㉠에 해당하는 전략의 명칭을 쓸 것.
- (가)의 ⓐ~ⓓ 중 틀린 것 1가지를 찾아 기호를 쓰고, 바르게 고쳐 쓸 것.

참고자료 기본이론 282-283p

키워드 K-W-L 전략

구조화틀 다전략 교수

- 상보적 교수
- 협력 전략적 읽기
- K-W-L 전략
- SQ3R
- RIDER 전략

핵심개념 K-W-L 전략

앞으로 읽을 글에 대한 선행지식을 활성화하고 내용 요약을 돕는 전략

K	읽을 글의 제목과 관련해 자신이 이미 알고 있는 것에 대해 기록함
W	앞으로 글을 읽음으로써 배우고 싶은 내용을 기록함
L	글을 다 읽은 후 자신이 글을 통해 배운 것을 요약함. 이때는 특히 글의 중심내용에 초점을 맞춤

K 이미 알고 있는 것	W 배우고 싶은 것	L 글을 읽고 배운 것

- K-W-L-H 전략에서 H는 방법(How) → "어떤 방법으로 답을 얻을 것인가?"
- K-W-L-A 전략에서 A는 감정(Affect)

모범답안

- K: 융해와 용해에 관해 이미 알고 있는 내용을 적는다.
- W: 융해와 용해에 관해 배우고 싶은 내용을 적는다.
- L: 융해와 용해에 관해 이 글을 통해 배운 내용을 적는다.

2015학년도 중등 B3

53 다음은 학습장애 학생 A의 학습 특성과 통합학급에서 공통 교육과정 중학교 1학년 과학 교과, '물질의 세 가지 상태' 단원을 지도하기 위한 계획안의 일부이다. (나)의 활동 1을 지도하기 위해 학생 A에게는 K-W-L 기법을 적용하려고 한다. 밑줄 친 ㉣의 단계별 지도 내용을 교사가 제시한 읽기자료에 근거하여 순서대로 쓰시오. [5점]

> 학습장애 학생 A의 학습 특성: 글을 읽을 수는 있으나, 그 내용을 요약·정리하는 데 어려움이 있다.

(나)

제재	2. 모습을 바꾸는 물질	
지도 목표	융해, 용해, 액화의 뜻을 설명할 수 있다.	
지도 내용 및 교수 전략	활동 1: 물질의 상태 변화(융해, 용해)에 관한 글을 읽고 이해하기	㉣ <u>K-W-L 기법</u>을 사용하여 융해와 용해에 대해 이해함
	〈읽기자료〉 융해는 고체 물질이 액체로 변하는 상태 변화이다. 용해는 고체나 액체 또는 기체가 액체에 녹아 들어가는 현상이다. 용해는 용매(녹이는 물질)와 용질(녹는 물질) 사이의 인력으로 인해 일어난다. …(하략)…	

참고자료 기본이론 282-283p

키워드 K-W-L 전략

구조화틀 **다전략 교수**

- 상보적 교수
- 협력 전략적 읽기
- K-W-L 전략
- SQ3R
- RIDER 전략

핵심개념 **K-W-L 전략**

앞으로 읽을 글에 대한 선행지식을 활성화하고 내용 요약을 돕는 전략

K	읽을 글의 제목과 관련해 자신이 이미 알고 있는 것에 대해 기록함
W	앞으로 글을 읽음으로써 배우고 싶은 내용을 기록함
L	글을 다 읽은 후 자신이 글을 통해 배운 것을 요약함. 이때는 특히 글의 중심내용에 초점을 맞춤

K 이미 알고 있는 것	W 배우고 싶은 것	L 글을 읽고 배운 것

- K-W-L-H 전략에서 H는 방법(How) → "어떤 방법으로 답을 얻을 것인가?"
- K-W-L-A 전략에서 A는 감정(Affect)

모범답안 K-W-L 전략

2024학년도 중등 A9

54 **(가)는 학습장애 학생 A의 특성이고, (나)는 읽기 자료, (다)는 (나)를 활용한 국어 수업 계획이다. 〈작성방법〉에 따라 서술하시오. [4점]**

(가) 학생 A의 특성

- 글을 읽을 때 음운상의 오류를 보이지 않음
- 글을 빠르게 막힘이 없이 읽을 수 있음
- 읽은 내용을 이해하는 데 어려움이 있음

(나) 읽기 자료

〈고체와 액체〉

우리 주위에는 매우 다양한 물질이 있다. 그중 고체와 액체에 대해 살펴보자. 돌과 나무는 고체이고, 물과 주스는 액체이다. 돌이나 나무 같은 고체는 모양이나 부피가 쉽게 바뀌지 않는다.

이에 반해 물이나 주스 같은 액체는 담는 그릇에 따라 모양이 변하지만 부피는 일정하다. 그래서 물이나 주스를 한가운데가 뚫려 있는 그릇에 통과시키면 모양은 잠깐 바뀌지만 부피는 변하지 않는다.

(다) 국어 수업 계획

〈읽기 이해 지도 계획〉

4) 글의 내용 파악하기

– ㉣ <u>(읽기 전) 이미 알고 있었던 내용, 더 알고 싶은 내용 확인하기, (읽기 후) 오늘 알게 된 내용 기록하기</u>

작성방법

(다)의 밑줄 친 ㉣에 해당하는 전략을 쓸 것.

참고자료 기본이론 281-282p

키워드 협력 전략적 읽기(CRS)

구조화 틀 **다전략 교수**

- 상보적 교수
- 협력 전략적 읽기
- K-W-L 전략
- SQ3R
- RIDER 전략

핵심개념 **협력 전략적 읽기**

- 상보적 교수와 효과적인 교수-학습 이론의 특징(예 직접교수, 협력활동)을 결합하여 개발된 읽기이해 교수법
- 이미 연구를 통해 효과성이 검증된 네 가지의 읽기이해 전략(사전검토, 읽기이해 점검, 중심내용 파악하기, 마무리)을 함께 사용함으로써 학생이 읽기 전, 읽기 중, 읽기 후 활동에 능동적으로 참여하여 읽기이해능력을 향상시키는 데 목적을 둠
  - 읽기 전 전략인 사전검토(previews)는 글의 주제에 대한 학생의 선행지식을 활성화시키고 읽기에 관한 흥미와 관심을 높이기 위한 브레인스토밍 전략과 예측하기 전략으로 구성되어 있음
  - 읽기 중 전략은 읽기이해 점검 전략과 중심내용 파악하기 전략으로 구성되어 있음

읽기이해 점검 전략	글을 읽는 동안 자신의 이해 정도를 지속적으로 점검하고, 자신이 읽은 내용을 이해하지 못한 경우에는 읽기이해 수정 전략을 사용함
읽기이해 수정 전략	문맥 활용하기 전략과 단어를 구성하는 부분(예 접두사/접미사)을 분석하여 단어의 의미 파악하기 전략이 포함됨
중심내용 파악하기	보통 한두 문단의 글을 읽은 후 읽은 문단의 주요 내용을 파악하는 데 사용됨

  - 읽기 후 전략인 마무리는 읽은 내용을 요약하고 공고히 하는 것을 목적으로 하며, 질문 만들기와 읽은 내용 요약하기로 구성되어 있음

모범답안 ◎ 중심내용 파악하기

2026학년도 초등 A4

55 (가)는 2022 개정 국어과 교육과정 3~4학년 '글의 내용 짐작하기' 단원 지도를 위해 통합학급 김 교사와 특수학급 박 교사가 나눈 대화의 일부이고, (나)는 김 교사의 협력적 읽기 지도를 위한 계획 초안의 일부이다. 물음에 답하시오. [6점]

(나)

> 1. 교수·학습 활동
> ㅇ읽기 중 활동
>
> | 협력적 읽기 |
> |---|
> | • 글을 읽는 동안 자신의 이해 정도를 지속적 점검하기
• ◎ <u>한두 문단의 글을 읽은 후 읽은 문단의 주요 내용 이해하기</u> |

3) (나)의 밑줄 친 ◎에 해당하는 읽기 전략을 쓰시오. [1점]

PART 03

참고자료 기본이론 283p

키워드 SQ3R

구조화 틀 **다전략 교수**

- 상보적 교수
- 협력 전략적 읽기
- K-W-L 전략
- SQ3R
- RIDER 전략

핵심개념 **절차적 촉진**

- 이야기 문법(story grammar)은 학생들에게 이야기 또는 에세이의 기초적인 구성요소를 가르친 후, 작문 계획 단계의 한 부분으로 개요를 사용하도록 함
- 이야기 문법은 '절차적 촉진'이라고도 하는데, 그 이유는 이 전략이 쓰기 절차를 촉진하기 때문임

모범답안 ③

2011학년도 중등 30

56 **다음은 학습장애 학생을 위한 읽기 교수·학습 방법에 대한 설명이다. (가)~(다)에 해당하는 교수·학습 방법을 바르게 제시한 것은?**

(가) 음독 문제로 단어를 잘못 읽는 학습장애 학생에게 도움이 된다. 이 방법은 음소와 문자 간의 대응관계를 단순화하여 구성한 교수·학습 활동으로, 학생에게 많은 연습의 기회를 제공하여 숙달하게 한다.

(나) 읽기유창성 문제를 가진 학습장애 학생에게 도움이 된다. 교사와 학생은 함께 읽기자료를 가능한 한 빠르고 정확하게 읽어 나간다. 초기에는 교사가 더 큰 목소리로 더 빠르게 읽어 나가지만 점차 학생이 주도적으로 읽는다.

(다) 독해 문제를 가진 학습장애 학생이 설명문으로 된 글을 읽을 때 도움이 된다. 이 방법은 먼저 본문을 훑어보고 질문을 한 뒤, 질문의 답을 찾기 위해 본문을 읽고, 찾은 답을 되새기고, 다시 검토하는 방법을 사용한다.

파닉스

독해 문제 = 읽기이해 교수법 → SQ3R
- 개관(Survey) : 읽기자료의 개요를 확인하기 위해 자료 전체를 훑어봄
- 질문(Question) : 주의 깊게 책을 읽게 하기 위해 학생으로 하여금 대답할 수 있을 만한 문제를 만들어보게 함
- 읽기(Read) : 질문에 대한 답을 찾을 의도로 책 읽기를 함. 학생은 책을 천천히 읽으면서 필요한 경우에는 메모를 할 수 있음
- 암송(Recite) : 짧고 간단한 질문에 대해 읽은 내용을 다시 말함
- 검토(Review) : 학생이 읽기자료를 복습하고 전 단계에서 찾아낸 질문의 답을 확인하기 위해 자료의 일부나 자신이 작성한 노트를 다시 읽어 내용을 기억하고 있는지를 점검함

	(가)	(나)	(다)
①	Fernald 읽기 교수법	절차적 촉진	SQ3R 기법
②	절차적 촉진	신경학적 각인 교수법	RIDER 기법
③	Hegge-Kirk-Kirk 접근법	신경학적 각인 교수법	SQ3R 기법
④	Fernald 읽기 교수법	정교화 전략	SQ3R 기법
⑤	Hegge-Kirk-Kirk 접근법	절차적 촉진	RIDER 기법

확장하기 +

이야기 표현의 발달(김영태, 『아동언어장애의 진단 및 치료』 제2판)

1. 이야기 문법

이야기를 이야기 문법(story grammar)으로 분석하는 것은 이야기의 조직화 정도를 이해하는 데 도움이 된다. 이야기는 배경 설명과 개별 사건 설명의 구조로 구성되어 있으며, 한 이야기 속에는 몇 개의 에피소드가 포함될 수 있다. Stein과 Glenn은 이러한 이야기의 조직화 구조를 다음과 같은 일곱 가지의 요소, 즉 이야기 문법으로 설명하였다.

요소	설명	예 개구리 이야기
배경 진술	등장인물이나 그의 행동 특성, 혹은 주인공이 등장하는 상황이나 배경을 설명하는 부분	어느 봄날, 민우는 냇가에 놀러갔다가
발단	등장인물이 처음으로 대면하는 사건이 묘사되는 부분	개구리는 병 속에서 몰래 빠져 나와 창문 밖으로 도망쳐 버렸어요.
내적 반응	게시 사건에 대한 등장인물의 감정적 반응이나 생각, 혹은 의지를 묘사하는 부분	민우는 개구리가 없어진 것을 보고 깜짝 놀랐고, 가족들은 민우에게 화가 났어요.
내적 계획	등장인물이 자기목표를 이루기 위해 세우는 계획이나 전략을 묘사하는 부분	그래서 민우는 개구리를 찾기로 했어요.
시도	등장인물이 목표를 이루기 위해 시도하는 행동을 묘사하는 부분	민우는 창문을 열고 "개구리야 어디 있니?"하고 소리쳤지만
직접 결과	성공하거나 실패하는 시도의 결과를 묘사하는 부분	개구리는 아무 데도 없었어요.
결말	결과에 대한 등장인물의 감정적 대응이나 생각, 혹은 행동을 묘사하는 부분	그래서 민우는 강아지를 데리고 집으로 돌아갔어요.

2. 주제 응집도

이야기의 중점이 되는 사건들이 관련 있게 연결될 때, 그 이야기는 응집성이 있다고 한다. 응집성 있는 이야기를 산출하기 위해서는 이야기를 전반적인 수준에서 파악하고 주제가 되는 사건들을 찾아내는 것과, 주제가 되는 사건들을 인과적으로 연결하는 것이 중요하다. 이야기의 응집성을 분석할 때는 흔히 T-unit 단위로 끊어서, 그 안에서 중심내용이면서 주제와 연결되는 T-unit 수의 비율로 나타낸다. 이야기 응집도는 다음과 같은 공식으로 산출할 수 있다.

이야기의 주제 응집도 = {(주제와 연결된 T-unit 수 / 이야기에 나타난 전체 T-unit 수) × 100}

3. 결속표지

결속표지는 이야기의 연결을 얼마나 자연스럽게 하는가를 평가해주는 기준이 될 수 있다. 결속표지에는 지시, 대치, 접속, 그리고 어휘적 결속 등이 있다.

지시	선행 또는 후행 문장에서 언급하는 사물, 사람, 사건 등의 실체를 지시한다. 예 '이거', '그거', '이것들', '그것들', '여기', '저기', '지금', '다음'
대치	청자와 화자가 공유하고 있다고 여겨지는 정보를 지시하되, 공유 정보의 자리에 다른 낱말을 대신 사용한다. 예 '-거', '-같은 거', '-해', '그거', '그렇게', '-말구(not)'
접속	문장 간의 내용을 논리적으로 연결하는 의미체로서 문장 간의 관계를 밝힌다. 예 첨가 관계('-하고', '그리고'), 반전 관계('-지만', '그러나'), 시간 관계('-한 후에', '-한 다음에', '-기 전에', '-하고 나서', '-하면서', '첫째', '둘째', '-시간 후에'), 인과관계('- 때문에', '-결과로', '-경우에', '-하기 위해서', '그래서')
어휘적 결속	사람, 생물, 사물, 무생물, 추상적 의미체, 행동, 장소, 사실을 의미하는 명사를 통해 전·후 문장과의 관계를 분명히 한다.

참고자료 기본이론 289-291p

키워드 읽기장애의 진단・평가

구조화 틀 읽기장애의 진단・평가

- 음운처리 검사
- 글자・단어 인지 검사
- 읽기유창성 검사
- 어휘검사
- 읽기이해 검사

핵심개념

모범답안

1) ① ㉠은 수업활동에 사용될 읽기 자료나 아동의 읽기 수준에 적합한 다른 자료를 근거로 개발할 수 있으므로 수업활동과 그 결과를 직접적으로 반영할 수 있다. (또는 수업에서 배운 교과내용과 관련된 직접평가가 이루어질 수 있다.)
② ㉡ 난이도

2) ㉢ 선택형

2026학년도 초등 A4

57 **(가)는 2022 개정 국어과 교육과정 3~4학년 '글의 내용 짐작하기' 단원 지도를 위해 통합학급 김 교사와 특수학급 박 교사가 나눈 대화의 일부이고, (나)는 김 교사의 협력적 읽기 지도를 위한 계획 초안의 일부이다. 물음에 답하시오. [6점]**

(가)

김 교사: 이번 국어과 수업의 학습 주제를 '내용을 짐작하기 위한 질문을 만드는 방법 알기'로 정했어요. 수업을 하면서 학생들의 읽기 이해 정도를 확인하기 위해 검사 도구를 만들고 싶은데 가능할까요?

박 교사: 네, 민호는 읽기에 어려움이 있기 때문에 ㉠ <u>교육과정중심측정(CBM) 원리를 적용한 빈칸 메우기 검사 도구</u>를 만들면 좋아요.

김 교사: 네, 그럼 검사 도구를 만들 때 빈칸에 들어갈 단어는 어떻게 선정해야 할까요?

박 교사: 빈칸의 단어는 주변 구절에 의해서 예측할 수 있어야 하고, 문맥적으로 다른 문장과 연관성이 있어야 해요. 또한, 주제와 관련하여 다른 단어보다 중요해야 합니다. 그리고 민호의 읽기 수준을 고려하여, 민호가 계속 흥미를 가지고 끝까지 빈칸을 채우고자 하는 동기를 가질 수 있도록, 내용과 (㉡) 면에서 적절해야 해요.

김 교사: 그렇군요. 그런데 민호가 백지를 내거나 답을 하지 못해서 읽기에 대한 심리적 좌절이나 어려움을 겪을까 봐 걱정이에요.

박 교사: 네, 민호의 경우에는 빈칸에 들어갈 적절한 단어를 괄호 안에 있는 여러 개의 단어들 중에서 고르는 (㉢) 빈칸 메우기 검사가 도움이 돼요.

김 교사: 그런 방법으로 하면, 민호의 읽기 점수가 향상될 수도 있겠네요.

1) ① (가)의 밑줄 친 ㉠의 장점을 학습 내용과 연계하여 학생의 측면에서 1가지 쓰고, ② (가)의 괄호 안의 ㉡에 들어갈 내용을 쓰시오. [2점]

2) (가)의 괄호 안의 ㉢에 들어갈 내용을 쓰시오. [1점]

확장하기 +

교육과정중심측정 읽기검사의 유형

1. **구두 읽기검사(oral reading task)**
   ① 구두 읽기검사는 한 학년 동안 수업시간에 사용될 읽기 자료 또는 수업시간에 직접적으로 사용되지는 않지만 아동의 읽기능력을 고려할 때 적합할 것으로 판단되는 읽기 자료에 포함되어 있는 지문 중 일부를 무선적으로 선택하여 교사가 직접 개발할 수 있다.
   ② 검사를 위해 선택되는 지문은 대략 300~350개 단어를 포함하도록 한다.
   ③ 선택된 지문들을 활용해 교사용과 학생용 검사 자료를 개발하도록 한다. 교사용과 학생용의 차이는 교사용의 경우 각 줄마다 검사 자료에 포함된 단어 수가 누적적으로 기록되어 있는 반면에, 학생용 자료에는 단어 수가 기록되어 있지 않다는 것이다.
   ④ 교사는 교사용 자료를 보면서 1분 동안 학생이 읽은 단어 수와 읽는 동안 틀린 단어 수를 검사 자료에 표시한다. 최종적으로 활용하게 되는 검사 결과는 1분 동안 학생이 읽은 총 단어 수에서 틀리게 읽은 단어 수를 뺀 것이다. 틀리게 읽은 단어를 판정하는 기준은 다음과 같다.
      ㉠ 명백하게 대상 단어를 잘못 읽은 경우 예 '맑다'를 /말따/로 읽음
      ㉡ 3초 동안 대상 단어를 읽지 못하는 경우: 이 경우 제한시간 3초가 지난 후 그 단어가 무엇인지를 학생에게 말해 주도록 한다.
      ㉢ 대상 단어를 읽지 않고 그냥 넘어간 경우: 하지만 대상 단어를 잘못 읽은 후에 바로 학생 자신이 이를 교정한 경우는 틀린 반응으로 표시하지 않는다. 그리고 검사 자료에 있지 않은 단어를 삽입하여 말한 경우도 일반적으로 틀린 반응으로 표시하지 않는다. 이야기 맥락을 고려할 때 삽입된 단어가 적절한 경우, 이는 아동이 자료에 대한 이해를 스스로 더 명확하게 하기 위해 행하는 부가적 활동이라고 볼 수 있기 때문이다.
   ⑤ 장점: 구두 읽기검사는 검사 제작과 실시가 간편하기 때문에 읽기장애 아동의 유창성 평가를 위해 특수교사가 쉽게 사용할 수 있다.
   ⑥ 단점: 읽기 활동의 또 다른 중요한 측면인 읽기 이해력의 측정이 어렵다.
2. **빈칸 채우기 읽기검사(cloze task)**
   ① 빈칸 채우기 읽기검사는 구두읽기검사와 마찬가지로 수업활동에 사용될 읽기 자료나 아동의 읽기 수준에 적합한 다른 자료를 근거로 교사가 직접 개발하여 사용할 수 있다.
   ② 검사를 위해 무선적으로 선택된 하나의 읽기 자료는 약 300~350개 단어가 포함되도록 하며, 첫 문장과 마지막 문장은 그대로 둔다. 두 번째 문장부터 일정한 규칙에 의해 일부 단어를 지우고, 지워진 부분에 괄호를 만들어 학생이 문법과 문맥을 고려해 적합할 것으로 판단되는 단어를 직접 적어 넣도록 지문을 재구성한다.
   ③ 검사 자료 제작을 위해 삭제할 단어를 선정하는 경우 다음 측면들을 고려해야 한다.
      ㉠ 삭제할 단어는 문맥적으로 최소한 다른 하나의 문장과 관련성을 가지고 있어야 한다.
      ㉡ 삭제할 단어는 주변 구절(text)에 의해 예견될 수 있는 것이어야 한다.
      ㉢ 삭제할 단어는 전반적인 주제와 관련하여 구체적인 내용이나 의미를 제공하는, 상대적인 중요성을 가지고 있는 것이어야 한다.
      ㉣ 삭제할 단어는 검사에 참여하는 학생이 계속 흥미를 갖고 끝까지 빈칸을 채우고자 하는 동기를 가질 수 있도록, 내용과 난이도 면에서 적절성을 가지고 있는 것이어야 한다.
   ④ 검사는 2분 동안 실시되며, 아동이 가능한 한 많은 빈칸에 적절한 단어를 써 넣도록 한다. 문법과 문맥을 고려했을 때 학생이 2분 동안 올바르게 적은 단어 수가 최종 검사 결과로서 활용된다.
   ⑤ 장점: 빈칸 채우기 읽기검사는 구두읽기검사와는 달리 집단으로 검사를 실시할 수 있으며, 유창성뿐만 아니라 읽기 이해력을 동시에 측정할 수 있다는 장점이 있다.
   ⑥ 단점: 검사 자료 개발이 구두읽기검사보다 상대적으로 복잡하고, 검사 자료의 난도가 상대적으로 높은 경우 검사 도중 아동이 쉽게 좌절하여 포기하는 경우가 있을 수 있다.
3. **선택형 읽기검사(maze task)**
   ① 선택형 읽기검사 개발 과정은 한 가지 사항만을 제외하고 빈칸 채우기 읽기검사 개발 과정과 동일하다. 선택형 읽기검사에서는 삭제한 단어가 위치하는 자리에 삭제 단어를 포함해 3~5개의 단어들을 제시하고, 아동이 적합한 단어를 선택할 수 있도록 검사를 구성한다. 이때 삭제된 단어는 정답의 역할을, 다른 단어들은 오답의 역할을 하게 된다.
   ② 빈칸 채우기 읽기검사와 달리 선택형 읽기검사에는 단순 추측(guessing)의 영향이 존재하므로, 최종 검사 결과에는 올바른 선택 수에서 틀린 선택 수를 뺀 결과를 활용하는 것이 바람직하다.
   ③ 빈칸 채우기 읽기검사의 경우 읽기장애 아동은 쉽게 심리적 좌절을 경험한다. 그러므로 읽기장애 아동의 검사 참여 동기를 적절히 유지하면서 아동의 읽기유창성과 이해력을 측정하기 위해서는 선택형 읽기검사가 적합하다. 하지만 오답의 역할을 하는 선택지들을 매력적으로 만드는 것이 쉽지 않기 때문에 검사 개발이 상대적으로 어렵다는 제한점이 있다.

Chapter

04 학습장애 학생을 위한 쓰기 교수

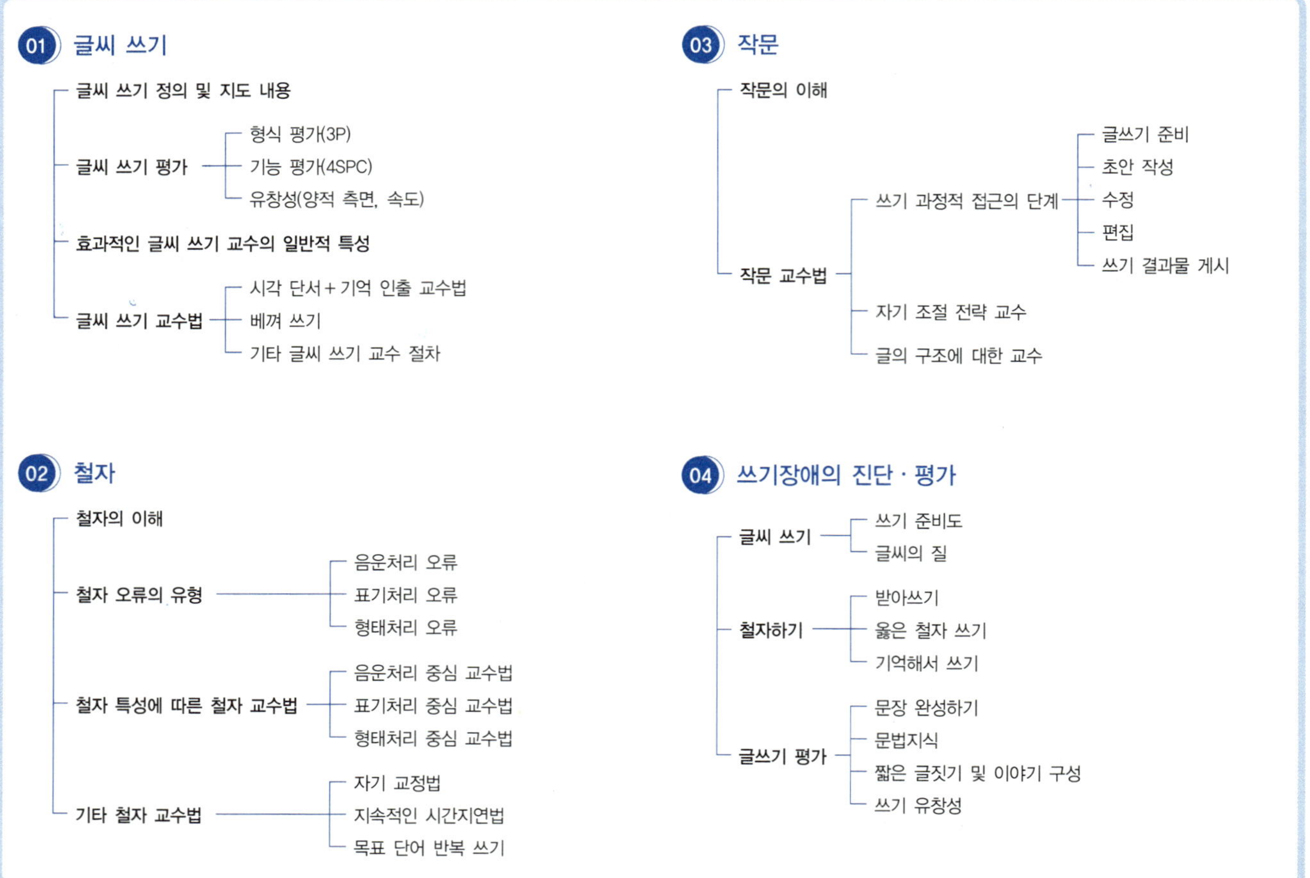

참고자료 기본이론 293p

키워드 글씨 쓰기

구조화 틀 글씨 쓰기

- 글씨 쓰기 교수 시 지도할 내용
- 글씨 쓰기 평가
- 글씨 쓰기 교수법

핵심개념 글씨 쓰기 교수 시 유의사항(목표)

- **글씨를 잘 알아보게 쓰도록 지도**: 글씨를 잘 알아볼 수 있도록 쓰는 것은 글자의 형태, 글자 기울기, 글자 크기, 글자 및 단어 사이의 간격, 줄 맞춰 쓰기 등에 영향을 받음
- **글씨를 유창하게 쓰도록 지도**: 글씨를 유창하게 쓴다는 것은 글씨를 알아볼 수 있도록 쓸 뿐 만 아니라 빠르게 쓰는 것을 의미함 → 교사는 학생이 어느 정도 글씨를 알아볼 수 있도록 쓰게 되면, 글씨 쓰기의 속도를 높이는 데 신경 써야 함

모범답안 ㉠ 쓰기유창성

2020학년도 중등 B2

01 **다음은 학습장애 학생 B의 쓰기에 대하여 특수교사와 일반교사가 나눈 대화의 일부이다. 밑줄 친 ㉠에 해당하는 용어를 쓰시오. [2점]**

> 일반교사: 선생님, 수업시간에 학생 B가 필기하는 모습과 필기한 내용을 살펴보니 글씨 쓰기에 어려움이 있어 보여요. 그래서 글씨 쓰기 지도를 계획하고 있는데, 어디에 중점을 두어야 할까요?
>
> 특수교사: 먼저 글씨를 바르고 정확하게 쓰는 것에 중점을 두고 글자 크기, 글자 및 단어 사이의 간격, 줄 맞춰 쓰기 등이 올바른지 확인하시면 좋겠어요. 그 다음에는 ㉠<u>글씨를 잘 알아볼 수 있게 쓰는 것뿐 아니라 빠르게 쓸 수 있는 것도 목표로 해주세요.</u> 정해진 시간 동안 얼마나 많은 글자를 쓸 수 있는지를 확인하면 좋겠네요.
>
> …(하략)…

정확성

글씨 쓰기의 기능 평가(질적 측면) → 4SPC
- 글씨 모양(shape)
- 띄어쓰기(spacing)
- 크기(size)
- 기울기(slant)
- 위치(position)
- 연결성(connectedness)

유창성(양적 측면, 속도) 평가

글씨 쓰기 유창성 지도방법

PART 03

참고자료 기본이론 296-302p

키워드
- 철자 오류 유형
- 기타 철자교수법

구조화 틀 철자
- 이해
- 오류 유형 / 교수법
  - 음운처리 오류
  - 표기처리 오류
  - 형태처리 오류
- 기타 교수법
  - 자기 교정법
  - 지속적 시간지연법
  - 목표 단어 반복 쓰기

핵심개념
자기 교정법
- 학생이 자신이 쓴 단어와 정답을 비교하여, 잘못 철자한 단어를 확인해 수정한 후 바르게 베껴 쓰는 방법
- **가리고, 기억해 쓰고, 비교하기**: 자기 교정법에 속하는 활동으로, 학생에게 단어를 보여준 다음, 단어를 가리고 약간의 시간을 주어 학생이 단어를 외워 쓰도록 하고, 그다음 다시 단어를 보여주어 해당 단어와 자신의 답을 비교해 답을 확인하도록 함

자기 교정법의 장점
자신이 잘못 쓴 단어를 정확히 쓰인 단어와 비교해 바르게 다시 쓰는 활동이므로 즉각적 피드백을 줄 수 있음 → 피드백은 학생들의 학습활동을 강화해주기 때문에 새로운 기술 획득 시 효과적임

모범답안 자기 교정법

2015학년도 중등 A10

02 다음은 새로 부임한 최 교사가 박 교사에게 학습장애 학생 A와 B에 대하여 자문을 구하는 대화 내용이다. (나)에서 박 교사가 학생 B를 위해 제시한 방법이 무엇인지 쓰시오. [2점]

(나)

최 교사: 선생님, B는 철자를 쓰는 데 어려움이 있어요. '깊이'를 '기피'라던가 '쌓다'를 '싸타'처럼 소리 나는 대로 쓰는 경향이 있어요. 이런 경우에는 어떻게 지도해야 하나요?
박 교사: B의 학습 특성은 어떠한가요?
최 교사: B는 스스로 참여하는 과제에 흥미를 느낍니다.
박 교사: 그렇다면 B의 학습 특성상 학생이 주도적으로 학습할 수 있는 방법이 좋을 것 같아요. 초인지 전략 중 자기점검과 자기교수법을 변형시킨, 철자법을 스스로 확인하는 방법을 쓰면 좋겠어요. B가 '깊이'를 '기피'로 잘못 썼다면 정답을 보여주고 자신이 쓴 답과 정답을 비교하고, 이를 확인하고, 수정한 후, 올바른 단어를 베껴 쓰게 하세요. 이러한 과정을 여러 번 반복하면 정확한 철자 쓰기에 도움을 줄 수 있을 것 같아요.

소리 나는 대로 쓰이지 않는 단어에서의 오류
→ 표기처리 오류

인지주의 접근을 활용한 학생 주도적 교수방법
→ 상보적 교수, 자기점검 전략(자기 교정법)

확장하기 +

철자 오류의 유형(김애화 논문자료)

① 철자는 많은 학습부진 아동들이 어려움을 겪는 영역일 뿐 아니라, 향후 쓰기 표현(작문) 능력을 예측하는 중요한 변인이다.
② 철자 발달 단계는 음운처리 단계(낱자-소리 대응), 표기처리 단계(문자-소리 대응), 형태처리 단계로 이루어진다. 음운처리 단계는 단어의 소리와 낱자 또는 글자를 연결지어 철자한다. 표기처리 단계는 모든 단어가 소리대로 표기되지 않는 것을 인식하고, 해당 단어를 구성하는 낱자의 형태를 인식해 위치에 따라 철자한다. 그리고 형태처리 단계는 의미를 지닌 단어의 부분은 발음이 바뀌어도 철자가 변하지 않음을 인식하는 것을 의미한다.
③ 철자발달에 따른 철자 오류의 유형에는 음운처리 오류, 표기처리 오류, 형태처리 오류가 있다. 철자쓰기 부진아동의 효과적인 철자교수를 위해서는 아동의 수준과 오류 패턴을 정확히 파악하고 음운 인식뿐 아니라 표기 인식, 형태소 인식 능력도 함께 지도해야 한다.

음운처리	• 음운처리는 소리(음소)의 인식뿐 아니라 낱자-소리의 대응관계에도 해당하며, 음운처리에 어려움을 보이는 아동은 소리 나는 대로 표기하는 단어에서 철자 오류를 보인다. 예를 들어, '예쁜'을 '여쁜'이라고 쓰거나 '지혜'를 '지애'라고 쓰는 오류를 보이는 경우이다. 음운처리에 어려움을 보이는 아동은 낱자-소리 대응관계를 활용한 파닉스 교수법을 적용하여 중재를 실시하는 것이 효과적이다. 즉, 아동이 낱자의 소리를 명확하게 변별해 철자할 수 있도록 도와야 한다. • 음운처리 중심 교수법으로 철자를 중재할 때는 고빈도로 노출되는 낱자-소리 대응관계(예 기본 자음, 기본 모음)를 먼저 가르쳐야 한다. 그 다음 이중모음 → 겹자음 순으로 가르친다. 이때 시각적인 형태나 발음이 비슷한 낱자를 동시에 가르치지 않도록 한다. • 음운처리 교수로는 어려운 모음을 변별하기 어렵기 때문에 반드시 표기처리 교수를 해야 한다.
표기처리	• 표기는 말소리를 나타내는 문자체계를 의미한다. 음운처리는 말소리에 대한 민감도를 나타내는 반면, 표기처리는 말소리를 나타내는 문자와의 친밀도를 의미한다. 즉, 표기처리는 아동이 올바른 단어 표기를 인지하는 능력이라고 할 수 있다. • 표기처리 중심 교수를 할 때에는 표기처리 오류가 일반적으로 음운변동 현상에 기인한다는 점에 착안하여 음운변동 규칙별로 단어를 묶어서 소개하고, 같은 음운변동 규칙이 적용되는 단어끼리 분류하는 활동을 적용할 수 있다.

2018학년도 중등 A7

03 **(가)는 학습장애 학생 C가 쓴 글이고, (나)는 학생 C를 위한 쓰기 지도 과정 중 '가리고 베껴쓰기' 단계의 일부이다. (가)에 나타난 쓰기 오류의 명칭을 쓰고, ㉠에서 특수교사가 적용한 기법의 명칭을 쓰시오. [2점]**

(가) 학생 C가 쓴 글

> 우리 집 마당에 감나무가 있습니다. 나무에 가미 주렁주렁 매달려 있습니다. 할머니가 가믈 두 개 따서 나와 친구에게 주었습니다. 친구와 두리서 마싰게 가믈 머겄습니다.

(나) 학생 C를 위한 쓰기 지도 과정

> 오류를 수정하기 위하여 틀린 단어를 하나씩 쓰는 연습을 다음과 같이 실시함
>
> - 단어를 보여주고 가림판으로 단어를 가림
> - 단어를 가린 후 5초 동안 기다리면서 학생 C가 단어를 기억해서 쓰도록 함
> - 학생이 단어를 기억해서 올바르게 쓰면 칭찬을 해주고, 다음 단어를 학습하도록 함
> - 만약 틀린 경우에는 틀린 부분에 대한 교정적 피드백을 제공한 후, 다시 단어를 보여주고 가림판으로 단어를 가림. 5초 동안 기다리면서 학생 C가 단어를 기억해서 쓰도록 함
>
> (위 네 항목: ㉠)

※ 자기교정법에 속하는 활동으로 '가리고, 기억해 쓰고, 비교하기' 과정의 일부가 제시되어 있음
→ 즉, '단계의 일부'가 제시되어 있으므로 적용된 '기법'에 초점을 맞추어 답안을 작성해야 함

"가미", "가믈", "두리서", "마싰게", "머겄습니다."
→ 소리 나는 대로 표기되지 않는 단어에서의 오류이므로 표기처리에 해당함

시간지연법(time delay)
교사가 자극과 촉진 사이에 일정 시간 동안 학생의 반응을 기다리면서 반응을 유도하는 방법. 학생이 독립적으로 수행하기 어렵다고 판단될 경우 자극과 동시에 촉진을 제공하는데, 학생이 1~2회기 만에 바른 반응을 보이면 고정 시간지연과 점진적 시간지연 중에 하나를 제공함
- 고정 시간지연법(constant time delay) : 숙달을 위해 모든 중재에서 고정된 지연 간격을 유지하는 방법
- 점진적 시간지연법(progressive time delay) : 촉진을 제공한 후 기다리는 시간을 조금씩 늘리는 방법 (2초 → 5초 → 8초)

참고자료 기본이론 296-302p

키워드
- 철자 오류 유형
- 기타 철자교수법

구조화 틀 철자

- 이해
- 오류 유형 / 교수법
  - 음운처리 오류
  - 표기처리 오류
  - 형태처리 오류
- 기타 교수법
  - 자기 교정법
  - 지속적 시간지연법
  - 목표 단어 반복 쓰기

핵심개념

지속적(constant) 시간지연법(김애화 외)

학생이 단어를 외워서 베껴 쓰는 활동을 할 때, 처음에는 단어를 가리고 1초 후에 단어를 기억해 쓰도록 하다가, 점차 시간을 늘려서 3초-6초-9초 후에 단어를 기억해 쓰도록 하는 방법

기억 지연(memory delay; Berninger, 1997 & 2006)

- 글자 형태를 쓸 때, 계획과 문자 형태를 마음속에 담아두는 시간(지연시간)을 점차 늘린 후에 글자 형태를 쓰도록 연습하는 방법이 포함됨. 이는 문자를 메모리에서 인출해 쓰는 능력을 향상시킴
- 쓰기 학습과정에서 문자 형태를 기억으로부터 인출하고 계획하는 능력을 강화하기 위한 교수 전략으로 사용됨

모범답안

표기처리 오류

㉠ 고정 시간지연법

참고자료 기본이론 299-300p

키워드
- 철자 오류 유형
- 표기처리 중심 교수법

구조화 틀 철자
- 이해
- 오류 유형 / 교수법
  - 음운처리 오류
  - 표기처리 오류
  - 형태처리 오류
- 기타 교수법
  - 자기 교정법
  - 지속적 시간지연법
  - 목표 단어 반복 쓰기

핵심개념 표기처리 오류

소리 나는 대로 표기되지 않는 단어를 정확하게 쓰지 못하는 오류

모범답안
- 철자
- ㉠, 연음 규칙이 적용되는 단어 '절약'과 '분야'

2025학년도 중등 A9

04 **(가)는 ○○ 중학교 학습장애 학생 D에 대해 특수 교사와 교육 실습생이 나눈 대화이고, (나)는 특수 교사가 학생 D를 위해 작성한 지도 계획이다. 〈작성 방법〉에 따라 서술하시오. [4점]**

(가) 특수 교사와 교육 실습생의 대화

특 수 교 사 : 학생 D의 쓰기 지도를 위해서는 먼저 오류를 분석해 봐야 해요.

교육 실습생 : 네. 학생 D의 비형식적 쓰기 검사에서 틀린 단어를 목록으로 정리해 봤어요.

연번	오류 단어	정답	연번	오류 단어	정답
1	저략	절약	8	부냐	분야
2	조아하다	좋아하다	9	추카	축하
3	구지	굳이	10	저캅	적합
4	나아주셔서	낳아주셔서	11	구치다	굳히다
	…(하략)…			…(하략)…	

소리 나는 대로 적으면 안 되는 단어를 정확하게 쓰지 못하는 표기처리 오류가 나타나는 것 같아요. 구체적으로 보면, ㉠ 경음화 규칙이 적용되는 단어 '절약'과 '분야', ㉡ ㅎ 탈락 규칙이 적용되는 단어 '낳아'와 '좋아', 그리고 ㉢ 축약 규칙이 적용되는 단어 '축하'와 '적합', ㉣ 구개음화 규칙이 적용되는 단어 '굳이', '굳히다'에서 오류가 있는 것 같아요. [A]

특 수 교 사 : 네. 학생 D의 오류 유형을 고려해서 지도 방안을 수립하면 되겠네요.

…(중략)…

표기처리 오류를 보임

- **경음화**: 예사소리가 된소리로 바뀌어 소리 나는 현상
- **격음화(축약)**: 'ㄱ, ㄷ, ㅂ, ㅈ'이 'ㅎ' 앞·뒤에서 'ㅋ, ㅌ, ㅍ, ㅊ'로 변하는 현상
- **구개음화**: 앞 음절의 끝소리가 'ㄷ', 'ㅌ'인 형태소가 뒤 음절의 형태소가 모음 'ㅣ' 나 반모음 'ㅣ'로 시작되는 형태소와 만나면 구개음인 'ㅈ', 'ㅊ'으로 발음되는 현상

작성방법
- [A]에서 학생 D가 어려워하는 쓰기 영역이 무엇인지 명칭을 쓸 것.
- (가)의 밑줄 친 ㉠~㉣ 중 틀린 내용을 1가지 찾아 기호를 쓰고, 바르게 고쳐 서술할 것.

쓰기 영역
글씨 쓰기, 철자, 작문

확장하기 +

표기처리 중심 교수법

음운변동 규칙별 단어 분류활동의 예	
① 단어를 분류하기 전에 모든 단어 읽기	교사는 학생이 분류활동에 사용할 단어들을 정확하게 읽을 수 있는지를 확인하여야 한다. 이때 단어들을 음운변동별로 나누어 읽지 않고, 섞어서 읽는다. 예 • 연음 규칙: 웃음, 움직이다, 걸음, 찾아가다, 만약 • 축약 규칙: 국화, 시작하다, 쌓고, 그렇지만, 내놓다
② 음운변동 규칙이 적용되는 단어 소개하기	교사는 분류해야 하는 음운변동 규칙을 간단히 소개한다. 이때 각 음운변동 규칙을 대표하는 단어와 그림을 선택하여 제시한 후 단어 분류를 진행하는 것이 좋다. 예 연음 규칙의 경우에는 "앞글자에 받침이 있고, 뒷글자가 'ㅇ'으로 시작되면 앞글자의 받침이 뒷글자의 'ㅇ' 자리로 옮겨 온다."로 소개한다. 이때 교사는 대표 단어를 사용하여 앞글자의 받침과 뒷글자의 'ㅇ'에 집중할 수 있도록 안내한다. 〈연음 규칙〉: 웃음 / 울음, 믿음, 걸음, 녹음 〈축약 규칙〉: 국화 / 목화, 벽화, 축하, 입학
③ 교사가 단어 분류 활동에 대해 시범 보이기	교사는 각 음운변동 규칙의 대표 단어와 그림을 맨 위에 놓고, 단어들을 하나씩 읽으면서 어디에 속하는지 결정하는 과정을 명시적으로 시범 보인다.
④ 학생이 단어 분류하기	교사가 시범을 보인 후, 학생이 단어들을 분류하게 한다. 이때 또래교수를 활용하여 학생이 함께 단어를 분류하도록 할 수 있다.
⑤ 학생이 분류한 단어를 점검하도록 하기	학생이 단어의 분류를 모두 마치면, 해당 음운변동 규칙에 속하는 단어들을 이어서 읽으면서 분류를 정확하게 했는지 점검하도록 한다.
⑥ 확인하기	학생에게 '왜 이렇게 분류했는지'를 물으면서, 각 음운변동 규칙의 특성과 음운변동 규칙이 적용되는 단어를 확인한다.
⑦ 가리고, 베껴 쓰고, 비교하기	각 음운변동 규칙별로 한 단어씩 제시한 다음, 가린 상태에서 학생이 기억해 쓰도록 하고, 가린 단어를 다시 보여주어 자신이 쓴 단어와 비교한 뒤 자신이 쓴 단어가 맞았는지 확인하도록 한다. 또한 학생이 단어를 외워서 베껴 쓰도록 할 때, 처음에는 단어를 가린 후 1초 후에 단어를 기억해 쓰도록 하다가, 점차 시간을 늘려서 3초-6초-9초 후에 단어를 기억해 쓰도록 하는 '지속적인 시간지연법'을 사용하도록 한다.

음운변동 규칙

형태	음운변동 규칙
음절의 끝소리 규칙 (7종성 법칙)	• 음절의 끝소리가 되는 자음은 'ㄱ, ㄴ, ㄷ, ㄹ, ㅁ, ㅂ, ㅇ'의 7개 소리이며, 이 소리들 이외의 자음이 음절 끝에 오면 이 중 하나로 발음되는 현상 예 받침 'ㅍ'은 'ㅂ'으로 소리 남 • 겹받침의 경우에도 하나의 받침만 소리가 나는 현상
두음법칙	• 음절의 첫소리에 'ㄹ, ㄴ'이 오는 것을 꺼리는 현상 • 'ㄹ'이 단모음 앞에서 'ㄴ'으로 소리 남
비음화	비음이 아닌 자음이 뒤에 오는 비음 'ㅁ, ㄴ, ㅇ'이나 유음 'ㄹ'의 영향을 받아 비음으로 바뀌는 현상 예 밥물 → 밤물
유음화	'ㄴ'이 'ㄹ'을 만났을 때 'ㄴ'이 'ㄹ'로 바뀌는 현상 예 신라 → 실라
구개음화	앞 음절의 끝소리가 'ㄷ, ㅌ'인 형태소가 뒷음절에서 모음 'ㅣ'나 반모음 'ㅣ'로 시작되는 형태소와 만나면 구개음인 'ㅈ, ㅊ'으로 발음되는 현상 예 특히 → 트키
격음화(축약)	'ㄱ, ㄷ, ㅂ, ㅈ'이 'ㅎ' 앞, 뒤에서 'ㅋ, ㅌ, ㅍ, ㅊ'로 변하는 현상 예 특히 → 트키
경음화	예사소리가 된소리로 바뀌어 소리 나는 현상 • 받침 'ㄱ(ㄲ, ㅋ, ㄳ, ㄺ)', 'ㄷ(ㅅ, ㅆ, ㅈ, ㅊ, ㅌ)', 'ㅂ(ㅍ, ㄼ, ㄿ, ㅄ)' 뒤에 연결되는 'ㄱ, ㄷ, ㅂ, ㅅ, ㅈ'이 된소리로 발음되는 현상 예 학교 → 학꾜 • 'ㄹ' 뒤의 'ㄷ, ㅅ, ㅈ'의 경음화 현상 예 결석 → 결썩 • 비음 뒤의 경음화 현상 예 감고 → 감꼬

참고자료 기본이론 300-301p

키워드 철자 오류 유형 - 형태처리 오류

구조화 틀 **철자**

- 이해
- 오류 유형 / 교수법
  - 음운처리 오류
  - 표기처리 오류
  - 형태처리 오류
- 기타 교수법
  - 자기 교정법
  - 지속적 시간지연법
  - 목표 단어 반복 쓰기

핵심개념

형태처리 오류

단어를 구성하는 형태소에 대한 인식이 부족해서 나타나는 오류

형태처리 오류 유형	예시
어간과 어미의 경계를 구분하지 못하는 오류	앉아서 → 안자서
시제 선어말 어미를 잘 인식하지 못하는 오류	빛난다 → 빛났다
어미를 변환하는 오류	죽음 → 죽은
동음이의어로 혼동하는 오류	반듯이 → 반드시

형태처리 중심 교수법

용언의 기본형과 용언의 변형을 연결하여 교수하는 방법으로, 어미의 종류에 따라 단어를 분류하는 활동

예 교사는 기본형을 소개하고, 기본형에서 어간이 변하지 않음을 명확하게 알려줌. 어간에 색깔로 표시되어 있는 기본형(예 좋다)을 제시하면서, '좋-'은 어간이고, 뒤에 붙는 어미가 바뀌어도 '좋-'의 형태는 변하지 않음을 명확히 설명함. 또한 뒤에 붙는 어미가 무엇이냐에 따라 단어의 발음이 바뀔 수는 있지만, 발음이 바뀌더라도 어간의 형태는 바뀌지 않기 때문에 기본형의 어간 그대로 철자됨을 명확하게 알려줌

모범답안 ㉧ 형태처리 오류

2026학년도 중등 B7

05 **(가)는 학생 K에 대한 일반교사와 특수교사의 대화이고, (나)는 학생과 챗봇 간의 대화 화면이며, (다)는 특수교사와 학생의 대화이다. 〈작성 방법〉에 따라 서술하시오. [4점]**

(다) 특수교사와 학생의 대화

학 생 K: 선생님, 도덕 선생님께서 알려 주신 전략을 적용하니, 도덕 시간에 읽은 내용을 더 잘 이해할 수 있었어요. 어제 챗봇으로 글 쓰는 법을 알아봤는데 잘 모르겠어요.

특수교사: 우리 K가 과정 중심 글쓰기 단계를 알아봤구나. 선생님과 함께 각 단계를 보며 지난 시간에 읽은 내용에 대하여 요약해 볼까?

…(중략)…

특수교사: 이제 쓴 글을 다시 읽으면서 맞춤법과 문장 구성 등을 보고, 글의 의미가 잘 전달되지 않으면 교정해야 해. 특히 ㉧ <u>현재형으로 써야 하는데 과거형으로 쓰지 않았는지, 동음이의어를 헷갈리진 않았는지, 어미를 잘못 변환하였는지 등을</u> 한번 확인해 보렴.

학 생 K: 아! 다시 보니 몇 곳이 틀렸네요.

작성방법

(다)의 밑줄 친 ㉧으로 확인할 수 있는 철자 쓰기 오류 유형을 쓸 것.

참고자료 기본이론 303-304p

키워드 쓰기 과정적 접근

구조화틀 **작문(쓰기 표현)**

- 작문의 이해
- 작문 교수법
  - 쓰기 과정적 접근
  - 자기 조절 전략 교수
  - 글 구조에 대한 교수

핵심개념 **쓰기 과정적 접근의 단계**

① 글쓰기 준비(계획하기)

- 글쓰기 주제를 선택함
- 쓰는 목적(정보 제공, 설명, 오락, 설득 등)을 명확히 함
- 독자를 명확히 함(또래학생, 부모, 교사, 외부 심사자)
- 목적과 독자에 기초해 작문의 적절한 유형 선택(이야기, 보고서, 논설문, 편지 등)
- 쓰기를 위한 아이디어를 생성하고 조직하기 위한 사전활동을 함(마인드맵 작성, 이야기하기, 읽기, 인터뷰하기, 브레인스토밍, 주제와 세부항목 묶기 등)
- 교사는 학생과 협력해 글쓰기 활동에 참여함(내용 재진술 또는 질문, 논리적으로 맞지 않는 생각 지적)

② 초안 작성

- 일단 초고를 작성하고, 글을 쓸 때 수정하기 위해 충분한 공간을 남김
- 문법, 철자보다 내용을 생성하고 구성하는 데 초점을 둠

③ 수정(내용 수정하기)

- 초고를 다시 읽고, 보충하고, 다른 내용으로 바꾸고, 필요 없는 부분을 삭제하고 옮기면서 내용을 고침
- 글의 내용을 향상시키고 다양한 시각을 제안할 수 있도록 또래집단(글쓰기 도우미집단)을 활용해 피드백을 제공함

④ 편집(쓰기의 기계적 측면 교정하기)

- 구두점 찍기, 철자법, 문장구조, 철자 등 어문규정에 맞추어 글쓰기를 함
- 글의 의미가 잘 전달될 수 있도록 문장의 형태를 바꿈
- 필요한 경우 사전을 사용하거나 교사로부터 피드백을 받음

⑤ 쓰기 결과물 게시(발표하기)

- 쓰기 결과물을 게시하거나 제출함
- 적절한 기회를 통해 학급에서 자기가 쓴 글을 다른 학생들에게 읽어주거나 학급 게시판에 올려놓음

모범답안 ②

2013학년도 중등 35

06 **쓰기학습장애 학생에게 쓰기과정적 접근을 통해 작문을 지도할 때 (가)~(마) 중 글쓰기의 단계별 교수 · 학습 활동이 옳은 것을 모두 고른 것은? [1.5점]**

글쓰기 단계	교수 · 학습 활동
(가) 글쓰기 전 단계	글쓰기 주제와 유형(예 보고서, 시, 대본)을 선택하게 한다.
(나) 초고 작성 단계	내용 생성의 효율성과 어문규정에 대한 이해도를 높이기 위해 문법과 철자에 초점을 맞추어 글을 작성하게 한다.
(다) 수정 단계	글의 내용을 향상시킬 수 있도록 또래집단으로부터 내용의 첨삭에 대한 피드백을 받게 한다.
(라) 편집 단계	학생이 주도적으로 내용을 표현할 수 있도록 교사의 피드백을 제한하고 사전을 주로 이용하게 한다.
(마) 쓰기 결과물 게시 단계	완성된 쓰기 결과물을 다양한 방법으로 다른 학생들과 공유하게 한다.

① (가), (나), (마) ② (가), (다), (마)
③ (가), (라), (마) ④ (나), (다), (라)
⑤ (나), (다), (마)

참고자료 기본이론 298p, 304p

키워드

- 쓰기 과정적 접근
- 철자 오류 유형

구조화틀 작문(쓰기 표현)

- 작문의 이해
- 작문 교수법
  - 쓰기 과정적 접근
  - 자기 조절 전략 교수
  - 글 구조에 대한 교수

핵심개념

모범답안

㉠ 글을 쓰는 주제나 목적을 명확히 한다. 아이디어를 생성한다.

㉡ 학생 A는 소리 나는 대로 표기되는 단어를 철자로 쓸 때 소리가 다른 단어로 잘못 쓰는 오류를 보이므로, 낱자-소리 대응관계를 활용한 파닉스 교수법이 필요하다.

2014학년도 중등 서술형 A6

07 **다음의 (가)는 30분 동안 실시한 작문 평가에서 학습장애학생 A가 'TV와 신문의 공통점과 차이점'에 대해 쓴 글의 전체이며, (나)는 학생 A를 위해 계획한 쓰기 과정적 접근법에 대한 내용이다. (나)의 밑줄 친 ㉠에 들어갈 내용 2가지를 (가)에 나타난 특성과 관련지어 쓰고, ㉡을 할 때 필요한 철자 교수법을 (가)에 나타난 철자 오류 특성과 관련지어 쓰시오. [4점]**

글의 주제와 목적이 제시되어 있음
- 글의 주제: TV와 신문의 공통점과 차이점
- 목적: 대상의 공통점·차이점 비교
- 유형

※ 준비단계에서 주제와 목적 설정은 제외하고 답안을 작성해야 함

(가) 학생 A가 쓴 글

> 우리 집에는 TV가 없다. 나는 TV가 좋다. 신문은 종이로 만든다. 나는 신문이 멸로 안 좋고, TV가 더 좋다. 왜야하면 TV에서는 여능이 나온다. 스포즈 신문은 좋다. 왜야하면 귀즈가 있다.
>
> • 학생 A가 표현하고자 한 글: 우리 집에는 TV가 없다. 나는 TV가 좋다. 신문은 종이로 만든다. 나는 신문이 별로 안 좋고, TV가 더 좋다. 왜냐하면 TV에서는 예능이 나온다. 스포츠 신문은 좋다. 왜냐하면 퀴즈가 있다.

"멸로", "왜야하면", "여능", "스포즈", "귀즈"
→ 낱자-소리 대응관계를 제대로 적용하지 못함

(나) 학생 A를 위한 쓰기 과정적 접근법

단계	교수 계획
계획하기	㉠ ______________
초안 작성하기	철자나 문법보다는 내용을 쓰는 데 초점을 맞추어 지도한다.
내용 수정하기	쓴 글의 내용을 읽고, 내용 보충이 필요한 부분, 내용 변경이 필요한 부분, 내용 삭제가 필요한 부분, 내용 이동이 필요한 부분 등을 수정하도록 지도한다.
편집하기	㉡ 철자에 초점을 맞추어 지도한다.
게시하기	쓴 글을 학급 친구들 앞에서 발표하게 한다.

참고자료 기본이론 304p, 308p

키워드 쓰기 과정적 접근

구조화틀 작문(쓰기 표현)

- 작문의 이해
- 작문 교수법
  - 쓰기 과정적 접근
  - 자기 조절 전략 교수
  - 글 구조에 대한 교수

핵심개념 쓰기 과정적 접근의 단계

① 글쓰기 준비(계획하기)

- 글쓰기 주제를 선택함
- 쓰는 목적(정보 제공, 설명, 오락, 설득 등)을 명확히 함
- 독자를 명확히 함(또래학생, 부모, 교사, 외부 심사자)
- 목적과 독자에 기초해 작문의 적절한 유형 선택(이야기, 보고서, 논설문, 편지 등)
- 쓰기를 위한 아이디어를 생성하고 조직하기 위한 사전활동을 함(마인드맵 작성, 이야기하기, 읽기, 인터뷰하기, 브레인스토밍, 주제와 세부 항목 묶기 등)
- 교사는 학생과 협력해 글쓰기 활동에 참여함(내용 재진술 또는 질문, 논리적으로 맞지 않는 생각 지적)

② 초안 작성

- 일단 초고를 작성하고, 글을 쓸 때 수정하기 위해 충분한 공간을 남김
- 문법, 철자보다 내용을 생성하고 구성하는 데 초점을 둠

③ 수정(내용 수정하기)

- 초고를 다시 읽고, 보충하고, 다른 내용으로 바꾸고, 필요 없는 부분을 삭제하고 옮기면서 내용을 고침
- 글의 내용을 향상시키고 다양한 시각을 제안할 수 있도록 또래집단(글쓰기 도우미집단)을 활용해 피드백을 제공함

④ 편집(쓰기의 기계적 측면 교정하기)

- 구두점 찍기, 철자법, 문장구조, 철자 등 어문규정에 맞추어 글쓰기를 함
- 글의 의미가 잘 전달될 수 있도록 문장의 형태를 바꿈
- 필요한 경우 사전을 사용하거나 교사로부터 피드백을 받음

⑤ 쓰기 결과물 게시(발표하기)

- 쓰기 결과물을 게시하거나 제출함
- 적절한 기회를 통해 학급에서 자기가 쓴 글을 다른 학생들에게 읽어주거나 학급 게시판에 올려놓음

모범답안

1) ㉠ 계획하기
   ㉡ 수정 · 편집 단계

3) ㉣ 회귀성

2015학년도 초등 A7

08 **(가)는 쓰기 수업을 위한 교수 · 학습 계획이고, (나)는 (가)에 대한 두 교사의 대화 중 일부이다. 물음에 답하시오. [4점]**

(가) 교수 · 학습 계획

학습 목표	쓰기의 과정에 따라 기행문을 쓸 수 있다.
교수 · 학습 활동	• 동기 유발하기 – 가장 기억에 남는 여행 장소를 이야기한다. – 기행문을 쓰면 좋은 점을 생각해본다. • (㉠) – 예상 독자, 글의 목적, 유형, 분량에 대해 생각해본다. – 글의 제목과 주제에 대해 생각해본다 • 내용 생성 – 수학여행 때 찍은 사진을 보며 경험을 떠올린다. – 친구들과 수학여행 경험에 대해 이야기를 나눈다. • 내용 조직 – 다발 짓기와 개요 짜기를 한다. • 표현하기 – 여정, 견문, 감상이 잘 드러나게 초고를 쓴다. • (㉡) – 여정, 견문, 감상이 잘 드러났는지 점검하여 고쳐 쓴다. – ㉢맞춤법 오류를 점검하여 고쳐 쓴다.

(나) 두 교사의 대화

박 교 사: 최 선생님, 과정 중심의 쓰기 지도방법에 따라 기행문 쓰기 활동을 계획했군요.

최 예비교사: 네. 먼저 글부터 써보라고만 하면 학생들이 부담을 많이 느끼는 것 같았어요. 그래서 이번 수업에서는 학생들에게 쓰기의 과정을 안내하고, 각 과정에서 활용할 수 있는 전략도 연습해보게 하려고요.

박 교 사: 좋은 의견입니다. 다만, 쓰기 과정에는 (㉣)(이)라는 특성이 있어서 표현하기 활동을 하다가도 얼마든지 다시 계획하기 활동으로 돌아갈 수도 있답니다. 그래서 쓰기 과정 전반에 대한 점검하기와 조정하기가 가능하지요. 그 점도 학생들에게 함께 안내해주어야 해요.

글쓰기 과정에서 무조건 순서대로 나아가게 하는 것은 바람직하지 않음 → 글쓰기 과정의 회귀성을 강조해야 함. 내용을 조직하는 과정에서 아이디어를 생성할 수도 있고, 교정하는 과정에서 생성할 수도 있음

1) 글쓰기 과정을 고려할 때 ㉠, ㉡에 들어갈 단계명을 쓰시오. [2점]

3) ㉣에 들어갈 말을 한 단어로 쓰시오. [1점]

참고자료 기본이론 298p, 304p

키워드
- 쓰기 과정적 접근
- 철자 오류 유형

구조화틀 **작문(쓰기 표현)**

작문의 이해
작문 교수법 ─ 쓰기 과정적 접근
　　　　　　─ 자기 조절 전략 교수
　　　　　　─ 글 구조에 대한 교수

핵심개념
- **내용 수정**: 초안 수정 → 내용·어휘·문장구조·아이디어·배치 등을 교정, 초안내용을 보충·삭제하고 수정
- **편집하기**: 맞춤법과 문법을 수정하는 과정으로, 맞춤법·구두점·문장구조 등을 수정, 글의 의미가 명확히 전달되도록 문장형태를 수정

모범답안
- ㉠ (내용) 수정
- ㉡은 글의 내용에 초점을 맞추어 수정한다. 그러나 ㉢은 철자, 구두점, 문장구조 등 글의 기계적인 측면에 초점을 맞추어 교정한다.
- 음운처리 오류, 16(19-3)

2022학년도 중등 A6

09 **(가)는 학습장애 학생 B를 위해 특수교사와 일반교사가 작성한 쓰기 과정 접근법 지도 단계이고, (나)는 학생 B가 작성한 작문 노트의 일부이다. 〈작성방법〉에 따라 서술하시오.** **[4점]**

(가) 지도 단계

단계	내용
계획하기	• 글쓰기 주제, 목적, 독자 선택하기 • 쓰기를 위한 아이디어 생성하고 조직하기
초안쓰기	• 글을 생성하고 구성하는 데 초점 맞추기 • 글의 내용에 집중하여 빠른 속도로 초고 작성하기
(㉠)	• 초고를 읽으면서 ㉡ 글의 내용에 중점을 두어 다듬기 • 서로의 글을 비판적 시각으로 읽고 피드백하기
편집하기	(㉢)
독자와의 공유	쓰기 결과를 친구들과 공유하기

또래집단(글쓰기 도우미집단)을 활용해 피드백 제공

필요한 경우 사전 사용, 교사로부터 피드백 받음

(나) 작문 노트

일주일에 3일을 실 수 있다면 월오일에 시면 좋겠다. ㉣ 왜냐하면 토오일, 일오일을 시고 오면 피곤하다. 그래서 월오일에 시는 것이 좋을 것 같고, 화오일도 피곤하겠지만 화오일은 체육이 있어서 시는 것보다 학교에 오고 싶을 것 같다.

"토오일", "일오일", "월오일", "화오일", "실 수", "시면", "시고", "시는" 등
→ 소리 나는 대로 표기되는 단어에서의 오류를 보이므로 음운처리 오류에 해당함

작성방법

- (가)의 괄호 안 ㉠에 해당하는 단계의 명칭을 쓸 것.
- (가)의 괄호 안 ㉢에 해당하는 중심 활동을 밑줄 친 ㉡과 비교하여 1가지 서술할 것.
- (나)에 나타난 철자 오류 유형을 쓰고, 밑줄 친 ㉣의 쓰기 유창성 값을 음절 단위로 산출하여 쓸 것.

확장하기 +

객관적 쓰기 평가(김동일 외)

주관적 평가가 평정척도와 추론적으로 결정되는 최종점수를 통한 질적 평가에 기반하는 반면, 객관적 평가는 구체적인 특성들의 실제적인 평가에 기반한다. 가장 빈번하게 사용되는 객관적 평가는 유창성, 문장의 질, 어문규정에 의한 것이다.

유창성	쓰기 형태를 평가하는 방법은 문자나 문장부호의 정확성을 측정하는 것이며, 글자 형성과 읽기 용이성을 평가하는 것과 함께 중요한 것은 유창성이다. 유창성은 '학생이 작문을 할 때 문장이 점점 능숙해지고, 점점 그 길이가 증가하는 정도'로 정의할 수 있다. 유창성은 학업성취에 영향을 미치는데, 낱자와 단어를 쓰는 속도가 매우 느린 학생은 특정 교과에 대해 자신이 가진 지식을 교사에게 전달할 수 없다. 단어 속 글자, 문장과 문단 속 글자, 산문 내에서의 단어에 관한 유창성은 제한된 시간 안에 쓴 글에서 맞게 쓴 총 단어 수, 정확한 단어 수, 정확한 음절 수, 정확한 철자 수, 순서에 맞는 단어 수로 보기도 한다.
문장의 질	문장의 질은 흔히 '구문 성숙도'라고도 한다. 문장의 질 혹은 구문 성숙도는 '학생이 보다 폭넓고 복잡한 문장을 사용하는 정도'로 정의할 수 있다. 구문 성숙도를 측정하는 방법으로는 첫째, 명백히 다른 범주(불완전문 · 단문 · 중문 · 복문)에 속하는 문장의 수를 세는 것과, 둘째, 'T단위' 길이의 평균을 계산하는 것이 있다. 일반적으로 초기 작문능력에서 고급 작문능력으로 옮겨갈 때 복잡성과 다양성의 양 측면에서 문장의 구조가 발달한다.
어문규정	어문규정은 기본적으로 문장부호, 맞춤법 등 문장을 문법적으로 올바르게 쓰는 것과 쓰기 표현에 적절한 요소들을 포함한다. 이를 측정하기 위해서는 문법적으로 맞지 않는 문장이나 쓰기의 오류 빈도를 살펴본다. 여기에는 적절한 어휘 사용, 맞춤법, 여백 주기(왼쪽 · 오른쪽 · 이름 · 날짜 · 줄 건너뛰기 · 제목 가운데정렬 · 들여쓰기), 구두점(마침표 · 의문부호 · 쉼표 · 인용부호 등)과 가끔 글씨체(글의 가독성)도 포함된다.

쓰기유창성 평가(김동일 외)

① 총 음절 채점: 아동이 쓴 글에서 음절의 수를 모두 센다.
② 빨간색이나 파란색 등 색깔 있는 펜으로 오류를 표시한다. 이때 오류는 소리 나는 대로 쓰기, 생략, 대치, 삽입의 네 가지 유형으로 제한해 계산한다.
③ 정확한 음절 채점: 총 음절 수에서 오류의 개수를 뺀다.

참고자료 기본이론 304p

키워드 쓰기 과정적 접근법

구조화 틀 **작문(쓰기 표현)**

- 작문의 이해
- 작문 교수법 (쓰기 과정적 접근)
  - 개념
  - 단계
- 자기 조절 전략 교수
- 글의 구조에 대한 교수

핵심개념

- **내용 수정**: 초안 수정 → 내용 · 어휘 · 문장구조 · 아이디어 · 배치 등을 교정, 초안내용을 보충 · 삭제하고 수정
- **편집하기**: 맞춤법과 문법을 수정하는 과정으로, 맞춤법 · 구두점 · 문장구조 등을 수정, 글의 의미가 명확히 전달되도록 문장형태를 수정

모범답안

① 수정
② 구두점 찍기, 철자법, 문장구조, 철자 등 어문 규정에 맞추어 글쓰기를 한다.

2023학년도 초등 A6

10 **(가)는 도덕과 수업 후 특수교사가 작성한 수업 성찰일지이고, (나)는 학습장애 학생 수아의 활동지 분석 결과 및 중재 적용방안이다. 물음에 답하시오. [5점]**

(나) 수아의 활동지 분석 결과 및 중재 적용 방안

활동지 분석: 수아가 쓰기에서 보이는 어려움
• 친구가 7개의 단어를 쓰는 동안 3개를 겨우 생각하여 작성함 • 계획하는 과정을 어려워하며 알고 있는 것을 즉흥적으로 나열함 • 구조에 따라 어떻게 구성해야 하는지 잘 모름 • 공익 실천에 대해 다양하게 알고 있어도 글로 표현하지 못함 • 한 단어 혹은 짧은 문장으로만 쓰고 시간이 오래 걸림 • 주제와 관련된 글의 내용을 또래 학습자보다 현저하게 쓰지 못함 • 글을 논리적으로 통일성 있게 작성하지 못함

—[B]

↓

과정중심 글쓰기 중재 전략

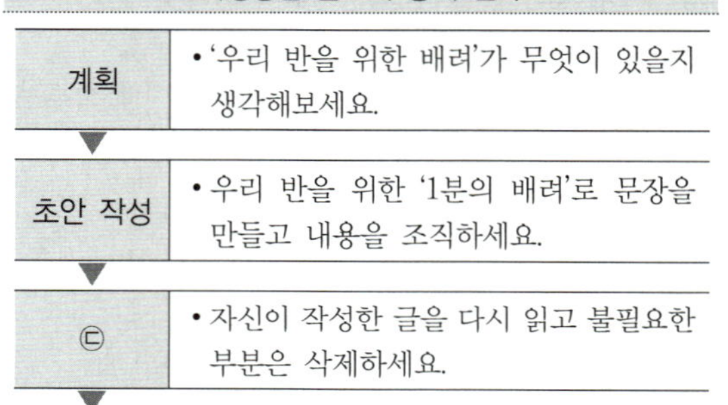

단계	전략
계획	• '우리 반을 위한 배려'가 무엇이 있을지 생각해보세요.
초안 작성	• 우리 반을 위한 '1분의 배려'로 문장을 만들고 내용을 조직하세요.
ⓒ	• 자신이 작성한 글을 다시 읽고 불필요한 부분은 삭제하세요.
교정	ⓔ
발표	• 자신이 작성한 우리 반을 위한 '1분의 배려'를 발표하세요.

3) ① (나)의 ⓒ에 해당하는 단계명을 쓰고, ② ⓔ에 해당하는 전략을 1가지 쓰시오. [2점]

참고자료 기본이론 297-304p

키워드 종합
- 글씨 쓰기
- 철자
- 작문

구조화 틀

핵심개념

모범답안 ①

2010학년도 중등 16

11 다음은 학습장애학생 A의 쓰기 특성을 요약한 내용이다. A의 특성에 적절한 쓰기 지도방법을 〈보기〉에서 모두 고른 것은?

> 글쓰기 시간에 무엇에 대하여 쓸 것인지를 생각하는 데 오랜 시간이 걸리며, 글씨를 쓰는 속도가 느려 주어진 시간 내에 글을 쓰는 데 어려움이 있다. 또한 소리 나는 대로 표기되는 낱말을 쓸 때에는 어려움이 없지만, 음운변동이 일어나는 낱말을 쓸 때에는 철자의 오류가 많다. 특히, 대부분의 문장이 단순하고 글의 내용도 제한적이다.

- 작문에서 쓰기 과정에 대한 지도가 필요함
- 글씨 쓰기유창성 부족
- 음운처리(소리 나는 대로 표기되는 낱말을 쓸 때 어려움)에는 어려움이 없으나, 표기처리(소리 나는 대로 표기되지 않는 낱말을 쓸 때 어려움)에 어려움을 보임

보기

ㄱ. 글쓰기 연습을 할 수 있는 시간과 다양한 기회를 제공한다.
ㄴ. 낱자-음소의 대응 관계에 초점을 두어 철자 교수를 실시한다.
ㄷ. 초안을 쓸 때 철자지도를 강조하여 철자오류를 줄이도록 한다.
ㄹ. 초안 작성 단계에서, 학생의 관심 등을 고려하여 다양한 주제를 제공한다.
ㅁ. 수정·편집 단계에서, 초안의 내용을 보충하고 맞춤법 등의 오류를 교정하도록 지도한다.

ㄴ. 학생 A는 현재 음운처리에는 어려움이 없으므로 낱자-음소의 대응관계(파닉스) 철자 교수는 실시하지 않아도 됨

ㄷ. 초안 작성 단계에서는 문법·철자의 교정보다 내용을 생성하고 구성하는 데 초점을 둠

① ㄱ, ㅁ　② ㄴ, ㄷ
③ ㄱ, ㄴ, ㅁ　④ ㄱ, ㄹ, ㅁ
⑤ ㄴ, ㄷ, ㄹ

PART 03

참고자료 기본이론 293-295p

키워드 종합

- 글씨 쓰기
- 철자
- 작문

구조화 틀

핵심개념 **베껴 쓰기**

- 교사가 먼저 글씨 쓰는 것을 시범 보인 후, 학생이 같은 글자를 베껴 쓰도록 하는 방법
- 글씨 쓰기유창성을 높이기 위해서는 학생이 제한된 시간 동안 베껴 쓰기를 한 다음, 학생이 베껴 쓴 글자의 수를 기록하게 함

모범답안 ⑤

2012학년도 중등 19

12 **다음은 특수교사가 학습장애학생 A의 쓰기 능력을 평가하기 위해 수집한 자료이다. 〈자료 1〉은 주어진 문장을 3분 내에 가능한 빠르고 반듯하게 여러 번 써 보도록 하여 얻은 것이다. 〈자료 2〉는 '가을'이라는 주제에 대해 15분 동안 글을 쓰도록 하여 얻은 것이다. 학생 A의 쓰기 능력을 향상시키기 위해 고려해야 하는 것만을 〈보기〉에서 있는 대로 고른 것은?**

〈자료 1〉	〈자료 2〉
친구야 정말미안해	찬바람이불다날씨가춥다

보기

ㄱ. 학생의 쓰기유창성을 향상시키기 위해 문장을 천천히 정확하게 베껴 쓰도록 지도한다.
ㄴ. 학생이 글씨를 쓸 때, 글씨 쓰는 자세, 연필 잡는 법, 책상 위의 종이 위치를 점검한다.
ㄷ. 학생이 스스로 혹은 또래와 함께 체크리스트를 활용하여 문법적 오류를 점검하도록 한다.
ㄹ. 문장 지도를 할 때, 두 문장을 연결 어미로 결합하여 하나의 문장으로 만들 수 있도록 지도한다.
ㅁ. 작문 지도를 할 때, 도식조직자를 활용하여 주제에 대해 아이디어를 생성하고 조직하도록 지도한다.

① ㄱ, ㄴ, ㄹ　　② ㄱ, ㄷ, ㅁ
③ ㄴ, ㄷ, ㄹ　　④ ㄱ, ㄴ, ㄷ, ㅁ
⑤ ㄴ, ㄷ, ㄹ, ㅁ

제한된 시간 내에 학생이 쓴 글의 양을 평가하는 것 → 쓰기유창성에 대한 평가임

쓰기 과정적 접근

- 띄어쓰기, 글자 모양, 위치, 연결성 등 글자의 질적 측면에 어려움이 있음
- 3분이라는 시간 동안 산출한 글의 양이 매우 적음
- '가을'이라는 주제에 대해 산출한 내용이 매우 빈약함

쓰기유창성 향상을 위해서는 제한된 시간동안 베껴 쓰기를 해야 함

형식 평가(3P)
- 자세(posture) : 몸의 올바른 태도와 발의 위치, 시선의 꼿꼿함 등
- 위치(position) : 글자가 기울어지지 않도록 쓰기 위한 종이의 위치
- 연필(pencil) : 연필을 잡는 방법

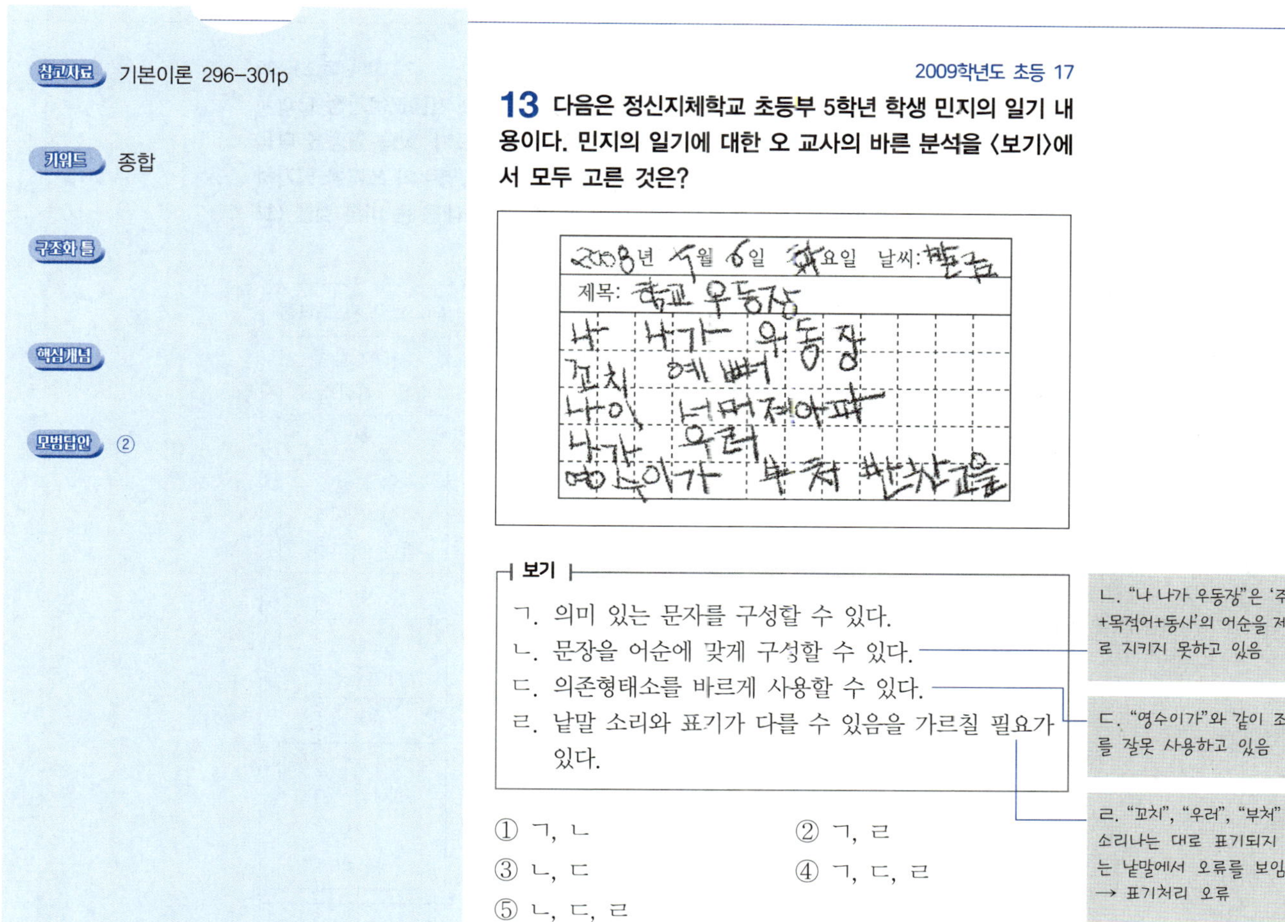

참고자료 기본이론 296-301p

키워드 종합

구조화 틀

핵심개념

모범답안 ②

2009학년도 초등 17

13 다음은 정신지체학교 초등부 5학년 학생 민지의 일기 내용이다. 민지의 일기에 대한 오 교사의 바른 분석을 〈보기〉에서 모두 고른 것은?

보기

ㄱ. 의미 있는 문자를 구성할 수 있다.
ㄴ. 문장을 어순에 맞게 구성할 수 있다.
ㄷ. 의존형태소를 바르게 사용할 수 있다.
ㄹ. 낱말 소리와 표기가 다를 수 있음을 가르칠 필요가 있다.

① ㄱ, ㄴ　② ㄱ, ㄹ
③ ㄴ, ㄷ　④ ㄱ, ㄷ, ㄹ
⑤ ㄴ, ㄷ, ㄹ

ㄴ. "나 나가 우동장"은 '주어+목적어+동사'의 어순을 제대로 지키지 못하고 있음

ㄷ. "영수이가"와 같이 조사를 잘못 사용하고 있음

ㄹ. "꼬치", "우러", "부처" 등 소리나는 대로 표기되지 않는 낱말에서 오류를 보임 → 표기처리 오류

PART 03

참고자료 기본이론 296-301p

키워드 종합

구조화 틀

핵심개념

- **단문**: 문장 내 주어와 동사가 하나씩인 경우
  예 나는 엄마가 좋아. 나는 아빠가 좋아.
- **중문**: 두 개 이상의 문장으로 이루어져 있고 접속사로 연결된 형태
  예 나는 엄마도 좋고, (그리고) 아빠도 좋아.
- **복문**: 하나 이상의 문장이 또 하나의 문장 속에 들어가서 구나 절이 포함된 구조
  예 (내가 엄마랑 아빠를 똑같이 좋아하는 것을) 사람들은 몰라.

모범답안 ②

2011학년도 초등 19

14 **홍 교사는 2008년 개정 특수학교 기본교육과정 교과서 국어 3 '정다운 대화' 단원에서 '일기 쓰기' 학습 활동을 다음의 내용으로 실시한 후, 중복장애 학생 영수의 쓰기를 평가하였다. 영수의 일기에 대한 평가와 지도 내용 중 바른 것을 〈보기〉에서 모두 고르면?**

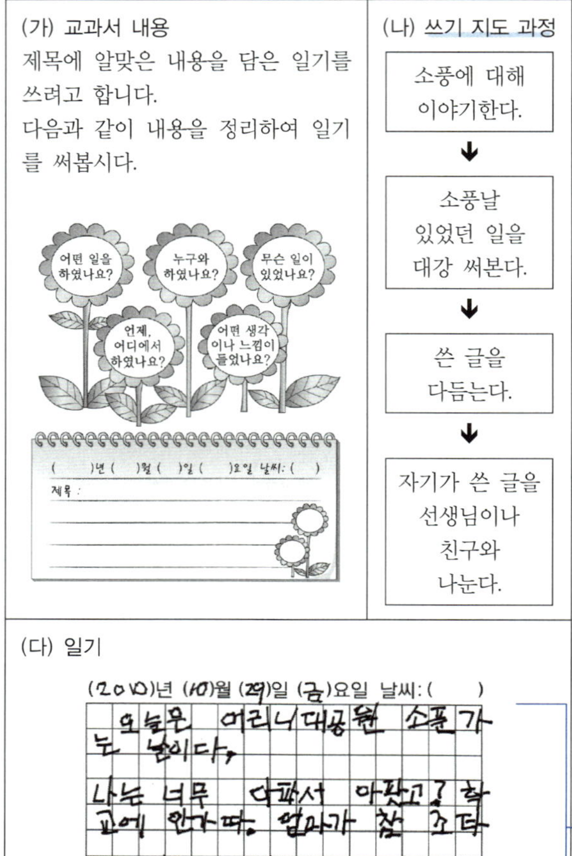

오늘은 어리니대공원 소풍가는 날이다,
나는 너무 다파서 아팠고? 학교에 안갈때. 엄마가 참 조타
아무도 집에 있는 친구는 업겠지. 나는 집에있는데
술술 아파서 눈을 감긴다

> 5개의 문장으로 구성 → 단문 2개, 중문 3개로 이루어짐

보기

ㄱ. 문장부호의 사용에는 오류를 보이지 않고 있다.
ㄴ. 단문 3개와 1개의 중문으로 된 일기로서 쓰기과정에 어려움을 보이지 않는다.
ㄷ. 영수의 일기에서는 '소리 나는 대로' 쓴 정음법적 전략을 사용한 철자오류가 많다.
ㄹ. 날짜, 요일, 장소, 하루 일과 중 있었던 일, 중요한 일을 생각하여 내용을 구성하였다.
ㅁ. 영수가 일기에서 보이는 오류를 중재하기 위해서는 페그워드(pegword) 전략으로 지도한다.

> ㄱ. (다)에서 학생은 문장부호를 잘못 사용하고 있음
>
> ㄴ. 학생의 일기 내용은 주제와 목적이 정확하지 않고 내용이 매우 부실하므로 쓰기 과정에 어려움을 보임
>
> ㄷ. "조타", "어리니" 등 소리나는 대로 쓰이지 않는 단어들을 소리 나는 대로 쓰는 오류를 보임 → 표기처리 오류(정서법, orthography)
>
> ㅁ. 페그워드 전략은 기억전략의 한 유형임

① ㄱ, ㄴ　② ㄷ, ㄹ
③ ㄱ, ㄹ, ㅁ　④ ㄴ, ㄷ, ㄹ
⑤ ㄷ, ㄹ, ㅁ

참고자료 기본이론 310p

키워드 자기 조절 전략 교수

구조화틀 **작문(쓰기 표현)**

- 작문의 이해
- 작문 교수법 (쓰기 과정적 접근)
  - 개념
  - 단계
- 자기 조절 전략 교수
- 글의 구조에 대한 교수

핵심개념 **자기 조절 전략 교수**

학습을 위한 조직화나 암기법 등의 전략과 자기 자신의 행동을 조절하는 방법으로 구성된 전략 교수로, '자기 조절 전략 개발'이라고도 불림

모범답안 ㉢ 쓸 내용에 대한 생각을 꺼내기

2025학년도 중등 A9

15 **(가)는 ○○ 중학교 학습장애 학생 D에 대해 특수 교사와 교육 실습생이 나눈 대화이고, (나)는 특수 교사가 학생 D를 위해 작성한 지도 계획이다. 〈작성 방법〉에 따라 서술하시오. [4점]**

(나) 지도 계획

○ 학습 목표 : POW+WWW What 2 How 2 전략을 사용하여 이야기 글을 작성할 수 있다.

○ 전략 소개

- POW는 쓰기 과정 단계이다.
  - 'P'는 (㉢) 단계
  - 'O'는 생각 조직하기 단계
  - 'W'는 생각 추가하여 쓰기 단계
- WWW What 2 How 2는 이야기의 7요소이다.

Who	When	Where
누가	언제	어디서

What1	인물이 하고자 하는 일이 무엇인가?
What2	인물에게 무슨 일이 일어났는가?
How1	이야기가 어떻게 끝났는가?
How2	인물이 어떻게 느끼는가?

작성방법

(나)의 괄호 안의 ㉢에 들어갈 내용을 쓰시오.

확장하기 +

자기 조절 전략 교수

① 자기 조절 전략 교수는 작문 과정에서 '자기 조절'의 역할을 강조하는 학습전략이다.

자기 조절 전략 교수		내용
이야기 글 쓰기	POW+WWW What 2 How 2	• Pick my idea(쓸 내용에 대한 생각을 꺼내라.) • Organize my notes(생각을 조직하라.) • Write and say more(생각을 추가하면서 써라.) • Who('누가'에 대해 써라.) • When('언제'에 대해 써라.) • Where('어디서'에 대해 써라.) • What 2('무엇을 원했는지', '무슨 일이 일어났는지'에 대해 써라.) • How 2('어떻게 끝났는지', '어떤 느낌이었는지'에 대해 써라.)
주장하는 글 쓰기	POW + TREE	• Pick my idea(쓸 내용에 대한 생각을 꺼내라.) • Organize my motes(생각을 조직하라.) • Write and say more(쓰면서 더 생각을 꺼내라.) • Topic sentence(주장 문장을 제시하라.) • Reasons(주장에 대한 근거를 제시하라.) • Explain(근거를 설명하라.) • Ending(결론을 써라.)

② 자기 조절 전략 교수는 계획하기, 초안 작성하기, 수정하기에 대한 전략을 명시적이고 체계적으로 교수하는 것을 목표로, 5단계로 구성된다.

③ 5단계로 전략 교수가 진행되는 동안 자기 조절 기술을 가르치는데, 여기에는 목표 설정, 자기 점검, 자기 교수, 자기 강화가 포함된다. 이러한 자기 조절 기술은 학생 스스로 쓰기 과정과 전략 사용 등을 조절하고 운영할 수 있도록 돕는다.

논의하라.	교사는 전략을 명시적으로 소개하고, 전략의 목적과 전략의 장점 등을 명시적으로 제시한다.
시범을 보여라.	교사는 전략을 어떻게 사용하는지 정확하게 시범을 보인다.
외우도록 하라.	학생은 기억 전략을 사용해 전략 사용의 단계를 외운다.
지원하라.	교사는 학생이 전략 사용 단계에 따라 전략을 적용하는 데 필요한 지원을 한다.
독립적으로 사용하게 하라.	학생은 궁극적으로 교사의 지원 없이 전략을 독립적으로 사용한다.

Chapter
05 학습장애 학생을 위한 수학 교수

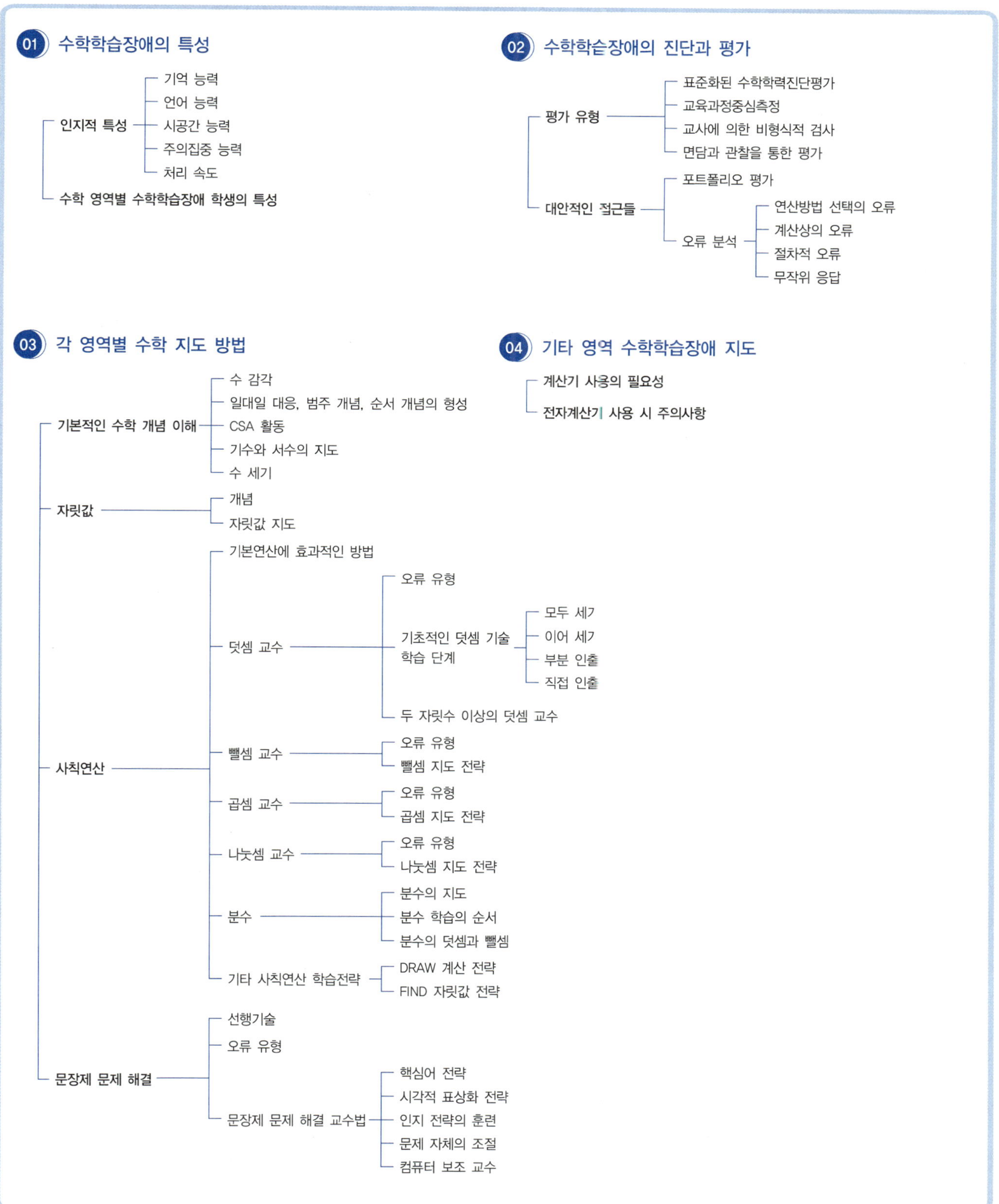

참고자료 기본이론 314p

키워드 수학학습장애의 인지적 특성

구조화 틀 수학학습장애의 인지적 특성

- 기억 능력
- 언어 능력
- 시공간 능력
- 주의집중 능력
- 처리 속도

핵심개념

모범답안 ①

2009학년도 중등 23

01 학습장애 학생 A는 기본 연산을 할 수는 있으나 유창성이 부족하다. 이 학생의 연산 능력을 향상시키기 위하여 지도해야 할 수학적 유창성의 구성요소로 옳은 것을 〈보기〉에서 모두 고른 것은?

보기

ㄱ. 속도　　ㄴ. 추론
ㄷ. 정확성　　ㄹ. 일반화 능력
ㅁ. 문제해결 능력

① ㄱ, ㄷ　　② ㄱ, ㅁ
③ ㄱ, ㄴ, ㄹ　　④ ㄴ, ㄹ, ㅁ
⑤ ㄷ, ㄹ, ㅁ

참고자료 기본이론 314p

키워드 수학학습장애의 인지적 특성

구조화 틀 수학학습장애의 인지적 특성

- 기억 능력
- 언어 능력
- 시공간 능력
- 주의집중 능력
- 처리 속도

핵심개념 수학학습장애의 인지적 특성

- **기억 능력**: 기초 수학기술을 습득하고 문제해결 단계의 순서 등을 상기하는 데 요구되는 능력
- **언어 능력**: 문장제 문제해결 능력뿐만 아니라 수학과제 전반에 영향을 미치는 능력
- **시공간 능력**: 수학 연산을 수행하고, 수의 크기 개념을 형성하며, 정신적으로 표상된 수직선과 같은 공간적인 형태에서 정보를 표상·조작하기 위해 필요한 능력. 그래픽 읽기, 자릿값에 따라 숫자 정렬하기, 도표를 해석하고 이해하기, 기하학적 그림 이해하기 등의 수학활동 시 요구됨
- **주의집중 능력**: 관련 없는 정보를 걸러내고 필요한 정보에만 집중하는 능력
- **처리 속도**: 수학문제 해결에 걸리는 시간과 밀접하게 관련된 능력. 느린 처리 속도는 연산 능력에 유의한 영향을 미침(유창성+정확성)

모범답안

㉠ 시공간 능력
㉡ 처리 속도(유창성)

2019학년도 중등 A7

02 다음은 권 교사가 고등학교 1학년 수학 학습장애 학생 G와 학생 H의 문제풀이 과정과 결과를 보고 분석한 내용이다. 괄호 안의 ㉠, ㉡에 해당하는 용어를 순서대로 쓰시오. [2점]

(가) 학생 G

▲ 102, 51, 48 중 가장 큰 수를 제외한 두 수의 최대 공약수를 구해봅시다.

풀이 과정 :

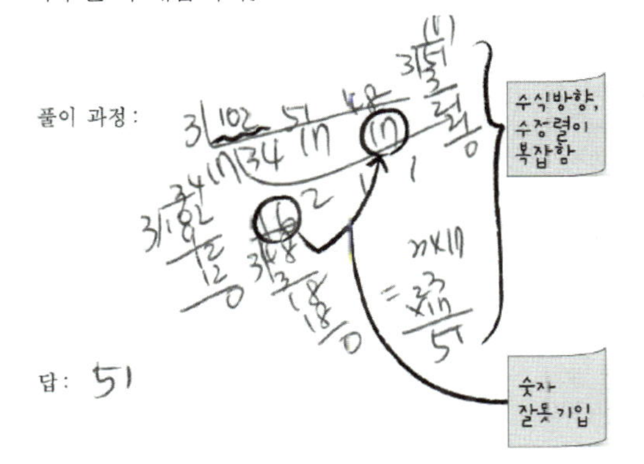

답: 51

- 중요한 정보를 선택하지 못하는 '선택적 주의집중력' 부족을 보임
- 수식 방향과 수 정렬이 복잡하고, 수를 혼돈하여 기입하며, 문제를 푸는 위치를 자주 잃어버리는 등 (㉠)에 어려움을 보임

> 수학학습장애의 인지적 특성 중 '주의집중능력' 부족에 해당함

(나) 학생 H

▲ 다음을 계산해 봅시다.

6×6= 36	6×5= 30
5×20= 100	20×20= 400
20×9= 180	7×9= 63
7×8= 56	30×90= 2700
30×4= 120	8×3= 24

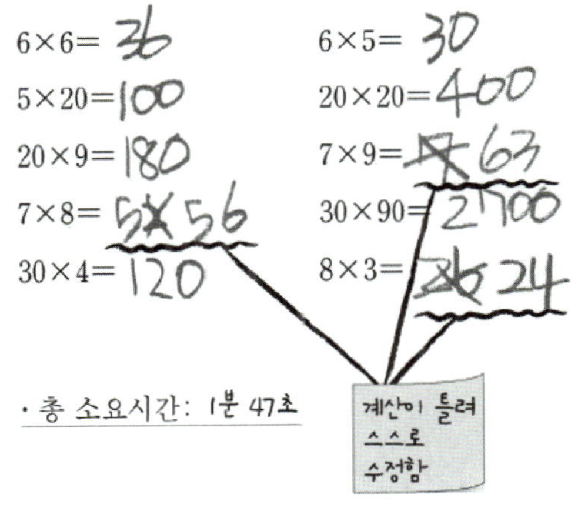

· 총 소요시간: 1분 47초

- 문제를 집중하여 풀었으나, 시간이 오래 걸림
- 곱셈구구를 할 수 있음에도 불구하고 (㉡)이/가 부족하여, 기본 셈의 유창성에 영향을 줄 수 있으므로 반복·누적된 연습기회를 제공할 필요가 있음
- 작업 기억을 효율적으로 사용하지 못하는 이유일 수도 있으므로 추가 검사가 필요해 보임

> 정확성뿐만 아니라 처리 속도(사칙연산 유창성 = 자동화)가 필요함 → 수학연산에서 중요한 목표는 단순연산의 자동화를 통한 숙련임

> 수학학습장애의 인지적 특성 중 '기억 능력' 부족에 해당함

참고자료 기본이론 314p

키워드 수학학습장애의 인지적 특성

구조화 틀 수학학습장애의 인지적 특성

- 기억 능력
- 언어 능력
- 시공간 능력
- 주의집중 능력
- 처리 속도

핵심개념 수학학습장애의 인지적 특성

- **기억 능력**: 기초 수학기술을 습득하고 문제해결 단계의 순서 등을 상기하는 데 요구되는 능력
- **언어 능력**: 문장제 문제해결 능력뿐만 아니라 수학과제 전반에 영향을 미치는 능력
- **시공간 능력**: 수학 연산을 수행하고, 수의 크기 개념을 형성하며, 정신적으로 표상된 수직선과 같은 공간적인 형태에서 정보를 표상·조작하기 위해 필요한 능력. 그래픽 읽기, 자릿값에 따라 숫자 정렬하기, 도표를 해석하고 이해하기, 기하학적 그림 이해하기 등의 수학활동 시 요구됨
- **주의집중 능력**: 관련 없는 정보를 걸러내고 필요한 정보에만 집중하는 능력
- **처리 속도**: 수학문제 해결에 걸리는 시간과 밀접하게 관련된 능력. 느린 처리 속도는 연산 능력에 유의한 영향을 미침(유창성+정확성)

모범답안 유창성(처리 속도)

2022학년도 초등 B3

03 **다음은 특수학교에 근무하는 최 교사의 수학 수업에 대한 성찰일지이다. 물음에 답하시오. [5점]**

성찰 일지

성취기준	[4수학04-03] 반복되는 물체 배열을 보고, 다음에 올 것을 추측하여 배열한다.
단원	㉠ 9. 규칙 찾기
학습 목표	ABAB 규칙에 따라 물건을 놓을 수 있다.

오늘은 모양을 ABAB 규칙에 따라 배열하고 규칙성을 찾는 수업을 하였다.

㉡ 규칙성이라는 추상적 개념 지도를 위해 구조적으로 동형이면서 다양한 구체물을 활용하는 수업이었다.

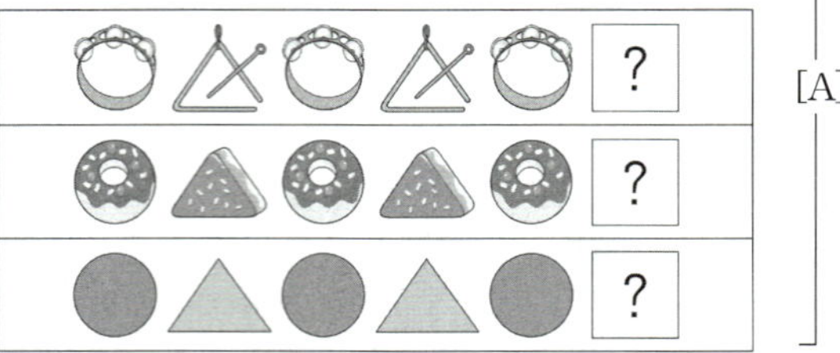

구체물을 이용한 수업이라서 그런지 학생들이 흥미 있게 참여하였다.

오늘 연습 문제에서 대부분의 학생들은 물건을 잘 배열하는 것으로 보아 이제 ABAB 규칙을 익숙하게 다룰 수 있는 것으로 판단된다. 그런데 나영이는 ㉢ ABAB 규칙을 습득하였으나 가끔 순서가 틀리고, 모양을 찾는 데 시간이 오래 걸렸다. 나영이도 ABAB 규칙에 익숙해지려면 많은 연습이 필요할 것 같다.

수학과 내용 체계·성취기준 영역
수와 연산(수의 기초·수·수의 연산·화폐), 도형, 측정, 규칙성, 자료화 가능성

CSA 활동
- **구체물**: 수와 연산을 표상하기 위해 사물을 조작
- **반구체물**: 표기와 그림을 사용해 수학 문제를 해결
- **추상물**: 상징(숫자와 연산기호 등)만을 사용해 수학 문제를 해결

※ ㉢의 상황에서 필요한 학습 단계는 '숙달' 단계임. 숙달 단계는 정확도뿐만 아니라 속도에 대한 능력이 필요함

2) ㉢의 학습 단계에서 나영이를 위해 교수 목표로 삼아야 할 능력(기술)을 쓰시오. [2점]

참고자료 기본이론 314p

키워드 수학학습장애의 인지적 특성

구조화 틀 수학학습장애의 인지적 특성

- 기억 능력
- 언어 능력
- 시공간 능력
- 주의집중 능력
- 처리 속도

핵심개념 수학학습장애의 인지적 특성

- **기억 능력**: 기초 수학기술을 습득하고 문제해결 단계의 순서 등을 상기하는 데 요구되는 능력
- **언어 능력**: 문장제 문제해결 능력뿐만 아니라 수학과제 전반에 영향을 미치는 능력
- **시공간 능력**: 수학 연산을 수행하고, 수의 크기 개념을 형성하며, 정신적으로 표상된 수직선과 같은 공간적인 형태에서 정보를 표상·조작하기 위해 필요한 능력. 그래픽 읽기, 자릿값에 따라 숫자 정렬하기, 도표를 해석하고 이해하기, 기하학적 그림 이해하기 등의 수학활동 시 요구됨
- **주의집중 능력**: 관련 없는 정보를 걸러내고 필요한 정보에만 집중하는 능력
- **처리 속도**: 수학문제 해결에 걸리는 시간과 밀접하게 관련된 능력. 느린 처리 속도는 연산 능력에 유의한 영향을 미침(유창성+정확성)

모범답안 유창성(처리 속도)

2026학년도 초등 B4

04 다음은 5학년 지우를 지도하는 통합학급 교사의 수업 일지 내용이다. 물음에 답하시오. [6점]

> 2025년 4월 7일 월요일
> 지우는 학습장애로 진단되었다. 현재 지우의 학습 수준은 3학년에 해당하는 것으로 나타났다. 그래서 2주 후부터 지우에게 방과 후 추가 지도를 할 예정이다.
>
> 2025년 4월 8일 화요일
> 지우에게 진단평가를 실시했다. 먼저, 수와 연산의 개념과 절차에 대해서 평가했고, 다음으로 ㉠ 1분 동안 사칙연산을 얼마나 정확하게 많이 계산할 수 있는지를 평가했다.

1) 밑줄 친 ㉠을 통해 평가하고자 하는 것을 쓰시오. [1점]

참고자료 기본이론 314p

키워드 수학학습장애의 인지적 특성

구조화틀 수학학습장애의 인지적 특성

- 기억 능력
- 언어 능력
- 시공간 능력
- 주의집중 능력
- 처리 속도

핵심개념 수학학습장애의 인지적 특성

- **기억 능력**: 기초 수학기술을 습득하고 문제해결 단계의 순서 등을 상기하는 데 요구되는 능력
- **언어 능력**: 문장제 문제해결 능력뿐만 아니라 수학과제 전반에 영향을 미치는 능력
- **시공간 능력**: 수학 연산을 수행하고, 수의 크기 개념을 형성하며, 정신적으로 표상된 수직선과 같은 공간적인 형태에서 정보를 표상·조작하기 위해 필요한 능력. 그래픽 읽기, 자릿값에 따라 숫자 정렬하기, 도표를 해석하고 이해하기, 기하학적 그림 이해하기 등의 수학활동 시 요구됨
- **주의집중 능력**: 관련 없는 정보를 걸러내고 필요한 정보에만 집중하는 능력
- **처리 속도**: 수학문제 해결에 걸리는 시간과 밀접하게 관련된 능력. 느린 처리 속도는 연산 능력에 유의한 영향을 미침(유창성+정확성)

모범답안 시공간

2024학년도 중등 B2

05 **다음은 ○○중학교 특수학급의 교육 실습생과 특수 교사의 대화 중 일부이다. 괄호 안의 ㉠에 해당하는 인지 특성을 쓰시오. [2점]**

> 교육 실습생: 선생님, 학생 A는 $\frac{1}{3}$, $\frac{1}{6}$과 같이 분수 쓰는 것을 어려워합니다. 왜 그런가요?
> 특수 교사: 학생 A는 도형의 이동에 대해서 배우면서 도형을 상하좌우로 옮기기를 어려워했고, 시험에서 숫자 3을 반전해서 쓰기도 했어요.
> 교육 실습생: 그런 특성이 있군요. 이유가 무엇인가요?
> 특수 교사: 학생 A는 (㉠) 능력이 낮아요. 그래서 분수를 쓸 때 분모와 분자를 바꿔서 쓰기도 해요.

참고자료 기본이론 321p

키워드 수 개념 형성을 위한 CSA 활동

구조화틀 각 영역별 수학 지도 방법

- 기본적인 수학 개념 이해
- 자릿값
- 사칙연산
- 문장제 문제 해결

핵심개념

수 개념 형성을 위한 CSA 활동

구체물	수와 연산을 표상하기 위해 사물을 조작하는 것 예 3의 개념을 가르치기 위해 블록 3개나 장난감 자동차 3개가 주어짐
반구체물	표기(/, //, ///)와 그림을 사용해 수학 문제를 해결하는 것. 실제 블록이나 장난감 자동차를 사용하는 것이 아니라, 그에 해당하는 개수 표시가 그림과 같은 시각적 표상으로 주어짐 예 3+2를 하기 위해 학생은 3 옆에 개수 표시 3개를, 2 옆에 개수 표시 2개를 한 후 전체적으로 표시한 개수를 셈
추상물	시각적 표상에 의존해 문제를 해결하는 대신, 상징만을 사용해 해결함

CSA 활동을 위한 구체적인 지침

- 추상적 경험 전에 구체물 경험에서 반구체물 경험으로 교수를 진행함
- 조작물을 사용하는 주 목적은 학생이 수학적 과정의 정신적 이미지를 이해하고 개발하도록 돕는 것
- 개념 하나를 가르칠 때는 하나 이상의 조작적 사물을 사용해야 함
- 학생 개개인은 조작물을 각각 사용함
- 활동은 정확하게 실제적 과정을 표상해야 함
- 조작적 경험은 사물의 움직임을 포함해야 함. 학습은 사물 자체보다는 사물에 대한 학생의 신체적 움직임에서 발생함
- 교사는 계속적으로 학생들이 사물을 조작함에 따라 학생에게 움직임에 대한 질문을 해야 하고, 학생이 자신의 생각을 언어로 표현하도록 격려해야 함

모범답안 ⑤

2009학년도 중등 11

06 **정신지체 학생 A가 덧셈한 방법은 명시적 교수법(explicit instruction)의 어느 수준인가?**

> A는 '받아 올림이 없는 한 자리 수 더하기 한 자리 수' 덧셈을 할 때 아래와 같이 숫자 위에 그 수만큼의 동그라미를 그리고 그 수를 세어 계산하였다.
>
> 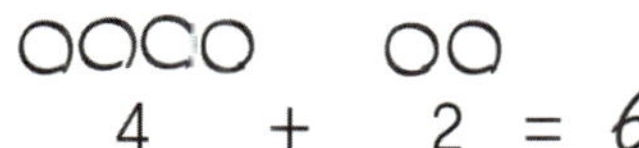
>
> 4 + 2 = 6

① 구체물 수준
② 추상적 수준
③ 활동적 수준
④ 상징적 수준
⑤ 반구체물 수준

PART 03

참고자료 기본이론 318p

키워드 오류 분석

구조화 틀 수학학습장애의 진단과 평가

- 진단과 선별을 위한 평가 유형
- 대안적인 접근
  - 포트폴리오 평가
  - 오류 분석

핵심개념

오류 분석

- 교수과정에서 학생이 갖고 있는 학습문제의 유형과 성격을 정확히 파악하고, 그에 따라 효과적인 중재방안을 내리는 것을 주 목적으로 하는 검사
- 미리 오류를 예상하고 각 오류 유형을 확인할 수 있는 문항을 개발해 학생이 실제로 그 문항을 풀 기회를 제공하고, 필요하다면 그 과정을 밀착 관찰하는 것이 핵심

사칙연산 오류 유형

연산방법 선택의 오류	빼는 대신 더하거나, 곱하는 대신 더하는 등의 잘못된 조작에 의한 실수
계산상의 오류	조작은 맞게 했으나 계산상의 실수를 범하는 경우
절차적 오류	계산규칙을 제대로 이해하지 못해 발생하는 실수
무작위 응답	실수도 오류도 아닌 마구잡이 반응으로, 학습에 대한 동기가 결여되었거나 인지능력이 크게 부족한 경우, 또는 문제풀이 시간이 부족한 경우 주로 나타남

모범답안

① 지필평가 결과는 답의 정답 여부만을 알 수 있지만, 면담평가는 학생의 문제해결에 대한 인지적 과정을 파악해 문제해결과정에서의 문제점을 알 수 있다.

② [C]는 계산상의 오류이다.

2018학년도 초등 B4

07 **(가)는 2015 개정 수학과 교육과정의 3~4학년군 '측정' 영역에 대해 교사가 학습장애 학생 민기를 지도하며 판서한 내용이고, (나)는 민기의 평가 결과 내용의 일부이다. 물음에 답하시오. [6점]**

(나)

형성 평가 문제

학생 3명이 이어달리기를 할 때, 수미는 320m, 영희는 410m를 각각 달렸고, 진수는 영희보다 230m 더 달렸습니다. 수미와 진수가 달린 거리를 모두 합하면 몇 km 몇 m입니까?

㉠ 지필 평가 결과	㉡ 면담 평가 결과
식: 320+410+230 답: 1160m	이 문제는 수미와 진수가 달린 거리를 합하는 거예요. 진수가 달린 거리는 알 수 없으니 먼저 구해야 해요. 진수가 영희보다 230m 더 달렸으니깐 식은 410m+230m예요. 진수는 740m 달렸어요. 이제 진수와 수미가 달린 거리를 모두 합하여야 하니깐 740m+320m이고 답은 1160m예요. 질문에서 몇 km 몇 m냐고 물었으니까 1160m를 나누어 써야 하는데 어려워요.

[C]

특히 면담과정에서 풀이과정을 말로 표현하게 하여 학생의 사고과정을 확인할 수 있음

3) ① (나)의 밑줄 친 ㉠에 비해 밑줄 친 ㉡이 갖는 장점 1가지를 평가 방법 측면에서 쓰고, ② (나)의 [C]와 같은 연산 오류가 지속적으로 나타날 때, 그 오류 유형을 쓰시오. [2점]

참고자료 기본이론 323-324p

키워드
- 자릿값
- 사칙연산

구조화 틀 각 영역별 수학 지도 방법
- 기본적인 수학 개념 이해
- 자릿값
- 사칙연산
- 문장제 문제 해결

사칙연산
- 덧셈 교수
- 뺄셈 교수
- 곱셈 교수
- 나눗셈 교수

핵심개념

자릿값

자릿값에 대해 학습이 이루어진 학생은 다음의 세 가지 기능을 보일 수 있어야 함
- **숫자 읽고 쓰기**: 427을 '사이칠' 대신 '사백이십칠'로 읽을 수 있고, '사백이십칠'을 듣거나 읽고 숫자 427로 쓸 수 있는 능력
- **자릿값에 맞게 세로로 배열하기**: 427+35를 세로로 배열하는 능력
- **풀어서 자릿값으로 표현하기**: 427을 400+20+7로 표현하는 능력

자릿값 지도 방법
- 여러 가지 구체물이나 모델을 활용한 다양한 표상활동을 통해서 100개의 묶음/10개의 묶음, 낱개는 각각 백의 자리/십의 자리/일의 자리의 자릿값으로 연결 짓는 학습이 이루어져야 함
- 자릿값을 익히면 수의 계열을 쉽게 파악하고 수의 크기 관계를 명확하게 파악할 수 있을 뿐 아니라, 더 큰 자릿수를 하나씩 첨가함으로써 더 큰 수를 익힐 수 있음

모범답안 ①

2011학년도 초등 25

08 다음은 학습장애 학생들이 수학시험에서 보인 오류이다. 오류 형태의 분석과 그에 따른 지도방법이 적절한 것을 모두 고른 것은?

	오류	오류 분석	지도방법
ㄱ	77 + 19 = 816 88 + 39 = 1117	자릿수를 고려하지 않고 답을 기입함	• 수 모형(낱개 모형, 십 모형, 백 모형)을 이용하여 낱개가 10개가 되면 십 모형 1개로, 십 모형이 10개가 되면 백 모형 1개로 교환하게 하여 자릿수 개념을 확인시킨다. • 그림과 같은 틀을 주어 일의 자리부터 더하여 첫째 줄의 네모 칸에 기입하고, 십의 자리를 더하여 다음 줄의 네모 칸에 기입한 후 합을 구하게 한다. 이때 네모 칸 속에는 숫자를 하나씩만 쓰도록 한다. 88 + 39 (□□□ 틀)
ㄴ	26 + 3 = 11 56 + 2 = 13	단순한 연산 오류임	• 그림과 같이 구체물을 이용해서 두 집합으로 가르고, 두 집합을 다시 하나의 집합으로 모으는 활동을 하게 한다. • 수직선을 이용하여 주어진 수만큼 앞으로 가거나 뒤로 가는 활동을 하게 한다. • 드 다른 그림을 보고 수식을 만들어 계산하는 연습을 시킨다.
ㄷ	32 − 19 = 27 45 − 17 = 32	받아 내림을 하지 않고 큰 수에서 작은 수를 뺌	• 수 모형(낱개 모형, 십 모형)을 이용해서 윗자리의 숫자인 피감수를 제시하게 하고, 아랫자리의 숫자인 감수만큼 제거하도록 한다. 이때 일의 자리부터 감수를 제거하도록 하고, 피감수의 낱개 모형 수가 부족하면 십 모형 1개를 낱개 모형 10개로 교환하여 제거하도록 한다. • 십의 자리에서 받아 내리는 절차를 수식으로 나타내어 계산하는 연습을 하게 한다.
ㄹ	(그림) $\frac{1}{3}$ (그림) $\frac{2}{4}$	분수를 바르게 이해하지 못함	색칠하지 않은 부분이 색칠한 부분의 몇 배인지 물어본 후에, 크기가 같은 색종이를 $\frac{1}{3}$과 $\frac{2}{4}$만큼 잘라서 서로 포개어보도록 한다.

자릿값 지도

뺄셈 기초 개념 형성을 위한 활동

분수
전체에서 부분이 차지하는 비율

① ㄱ, ㄷ　② ㄴ, ㄷ
③ ㄱ, ㄴ, ㄹ　④ ㄱ, ㄷ, ㄹ
⑤ ㄴ, ㄷ, ㄹ

참고자료 기본이론 323–328p

키워드
- 자릿값
- 사칙연산

구조화 틀 각 영역별 수학 지도 방법
- 기본적인 수학 개념 이해
- 자릿값
- 사칙연산
- 문장제 문제 해결

핵심개념

자릿값

자릿값에 대해 학습이 이루어진 학생은 다음의 세 가지 기능을 보일 수 있어야 함
- **숫자 읽고 쓰기**: 427을 '사이칠' 대신 '사백이십칠'로 읽을 수 있고, '사백이십칠'을 듣거나 읽고 숫자 427로 쓸 수 있는 능력
- **자릿값에 맞게 세로로 배열하기** : 427+35를 세로로 배열하는 능력
- **풀어서 자릿값으로 표현하기**: 427을 400+20+7로 표현하는 능력

자릿값 지도 방법
- 여러 가지 구체물이나 모델을 활용한 다양한 표상활동을 통해서 100개의 묶음/10개의 묶음, 낱개는 각각 백의 자리/십의 자리/일의 자리의 자릿값으로 연결 짓는 학습이 이루어져야 함
- 자릿값을 익히면 수의 계열을 쉽게 파악하고 수의 크기 관계를 명확하게 파악할 수 있을 뿐 아니라, 더 큰 자릿수를 하나씩 첨가함으로써 더 큰 수를 익힐 수 있음

모범답안 일의 자리 수 모형 10개와 십의 자리 수 모형 1개를 교환하게 하고, 십의 자리 수 모형을 받아 올리는 위치에 놓아 받아 올림을 지도한다.

2024학년도 초등 B2

09 (가)는 학습장애 학생 성호의 개별화교육계획 수립을 위한 사전협의 내용의 일부이고, (나)는 성호의 수행 포트폴리오의 일부이다. 물음에 답하시오. [5점]

(가)

〈목표 설정을 위한 내용〉
- 수학
  - 두 자리 수 덧셈의 연산 오류를 줄이도록 함
  - 문장제 문제를 해결할 수 있도록 함

(나)

- 수학과 문장제 문제 및 풀이 결과

〈문제 1〉

ⓒ <u>동물원에 조랑말 17마리, 얼룩말 8마리가 있습니다. 말은 모두 몇 마리 있을까요?</u>

조랑말	얼룩말	→	전체
17	8		?

[B]

…(중략)…

<문제 1> 풀이	<문제 2> 풀이
$\begin{array}{r} 17 \\ +\ 8 \\ \hline 15 \end{array}$	$\begin{array}{r} 28 \\ +\ 25 \\ \hline 43 \end{array}$

[C]

3) (나)의 [C]에 공통으로 나타난 덧셈 오류를 지도할 때, 수 모형을 이용한 지도 방안을 〈문제 1〉 풀이와 관련지어 1가지 쓰시오. [1점]

참고자료 기본이론 325-328p

키워드 사칙연산

구조화틀 사칙연산

- 덧셈 교수
- 뺄셈 교수
- 곱셈 교수
- 나눗셈 교수

핵심개념 두 자릿수 이상의 덧셈 교수

- 받아 올리는 수는 고정적인 위치에 적도록 지도함. 이때 일의 자리의 답을 적는 곳과 받아 올리는 수를 적는 곳에 색깔을 넣어 학생들이 받아 올림을 올바르게 할 수 있도록 도움
- 받아 올림을 해야 하는 계산식에서 답을 적는 곳에 네모로 표시하고, 각 네모에는 하나의 숫자만 들어가야 함을 강조함. 만약 하나 이상의 숫자가 들어가게 될 경우에는 받아 올림을 해야 함을 강조함. 이때 일의 자리와 십의 자리의 칸은 각각 색깔을 달리 표시해, 학생이 자릿값을 보다 명시적으로 이해할 수 있도록 도움

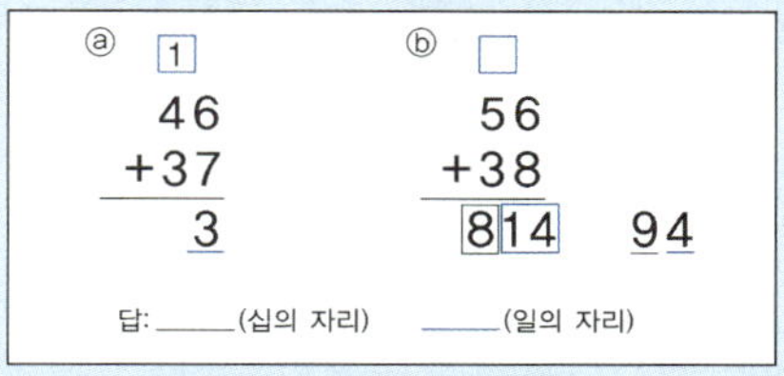

ⓐ [1] 46 +37 = 3　　ⓑ [ ] 56 +38 = [8][14]　94

답: ____(십의 자리)　____(일의 자리)

- 두 개 이상의 수를 더해야 하는 계산식의 경우, 자릿수를 맞춰 계산하는 것을 돕기 위해 아래와 같이 형광펜이나 세로줄을 표시해 도움을 주거나, 격자 표시가 된 종이를 사용함

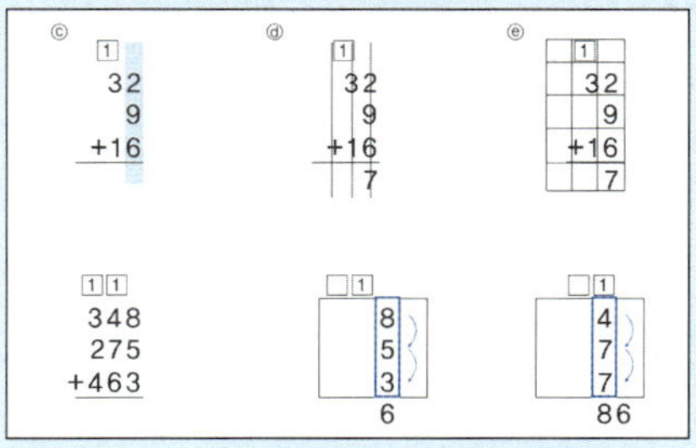

ⓒ [1] 32 9 +16　　ⓓ [1] 32 9 +16 = 7　　ⓔ [1] 32 9 +16 = 7

[1][1] 348 275 +463　　[ ][1] 8 5 3 = 6　　[ ][1] 4 7 7 = 86

모범답안 ②

2013학년도 중등 36

10 **다음은 수학학습장애 학생 A, B, C의 연산 결과에 대해 두 교사가 나눈 대화이다. ㉠~㉤ 중 옳은 것만을 있는 대로 고른 것은?**

학생 A		학생 B		학생 C	
83 +68 = 141	66 +29 = 85	34 × 6 = 184	27 × 5 = 105	62 −47 = 25	35 − 7 = 38

> 김 교사: 우리 학급의 학생 A, B, C는 연산 오류를 보이고 있어요.
> 이 교사: ㉠ A는 전형적인 자릿값 오류를 보입니다.
> 김 교사: 자릿값은 어떤 방법으로 가르치나요?
> 이 교사: ㉡ 자릿값을 지도할 때는 덧셈구구표를 보고 수들의 공통점을 파악하도록 하는 것이 효과적입니다. 그리고 ㉢ B는 곱셈을 실행한 후 받아 올린 수를 더하지 않는 오류를 보입니다. ㉣ 이를 지도하기 위해서는 시각적 표상 교수를 활용하여 '수 계열 인식하기'와 같은 수 감각 증진에 노력해야 합니다.
> 김 교사: C는 받아 내림을 한 후 십의 자리에서 뺄셈을 틀리게 하고 있어요. 따라서 ㉤ 받아 내림을 지도할 때 일의 자리에 있는 값은 '10'이 늘어나고, 십의 자리에 있는 값은 '1'이 줄어드는 것에 대한 시각적 단서를 제공할 필요가 있어요.

① ㉡, ㉢　　② ㉢, ㉤
③ ㉠, ㉡, ㉣　　④ ㉠, ㉢, ㉣
⑤ ㉡, ㉢, ㉤

㉠ 학생 A가 보이는 오류는 자릿값 오류가 아닌 받아 올림 오류임

㉡ 덧셈구구를 교수하는 목적
연산의 자동화를 위함(= 덧셈을 빠르고 정확하게 해 효율적인 기본셈 연산을 할 수 있도록)

㉣ '수 계열 인식하기'와 같은 수 감각 증진은 사칙연산을 배우기 전 기초적인 수 개념 형성과 관련된 지도방법임

㉤ 받아 내림을 지도할 때 시각적 단서를 제공하는 방법

참고자료 기본이론 329-330p

키워드 사칙연산

구조화 틀 사칙연산

- 덧셈 교수
- 뺄셈 교수
- 곱셈 교수
- 나눗셈 교수

핵심개념 두 자릿수 이상의 뺄셈 교수

받아 내림을 할 때, 받아 내린 수 10을 더하고, 그 위의 값은 1이 줄어드는 것에 대한 단서를 제공함. 이때 일의 자리와 십의 자리에 해당하는 칸은 각각 색깔을 다르게 표시해, 학생이 자릿값을 보다 명시적으로 이해할 수 있도록 도움

-1 □ □ +10
  45
-36

모범답안

2) ㉠ '시', '분', '초' 와 관련된 자릿값의 오류
㉡ 받아 내림의 오류

3) 받아 내림을 할 때 받아 내림 수 10을 더해 계산하지만, 그 위의 자릿값이 1 줄어든다는 것에 대한 단서를 제공한다.

2016학년도 초등 A5

11 (가)는 초등학교 3학년 학습장애 학생 준서의 특성이고, (나)와 (다)는 '2009 개정 수학과 교육과정' 3~4학년군 '시간과 길이' 단원 중 시간의 덧셈과 뺄셈을 계산하는 차시에서 사용된 학습지와 형성평가지의 일부이다. 물음에 답하시오. [5점]

(가) 준서의 특성

- 글을 읽고 이해할 수 있음
- 시·공간 지각에 어려움이 없음
- 수업 중 주의집중에 문제가 없음
- 일의 자리와 십의 자리에 대한 자릿값 개념이 있음

준서는 일의 자리와 십의 자리에 대한 자릿값 개념이 있으나 시간과 관련된 자릿값(시, 분, 초) 개념은 부족함

(나) 학습지

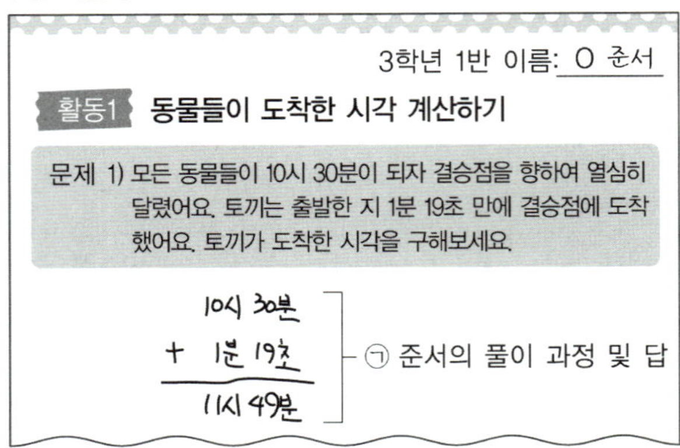
3학년 1반 이름: O 준서

활동1 동물들이 도착한 시각 계산하기

문제 1) 모든 동물들이 10시 30분이 되자 결승점을 향하여 열심히 달렸어요. 토끼는 출발한 지 1분 19초 만에 결승점에 도착했어요. 토끼가 도착한 시각을 구해보세요.

10시 30분
+ 1분 19초
11시 49분

㉠ 준서의 풀이 과정 및 답

(다) 형성평가지

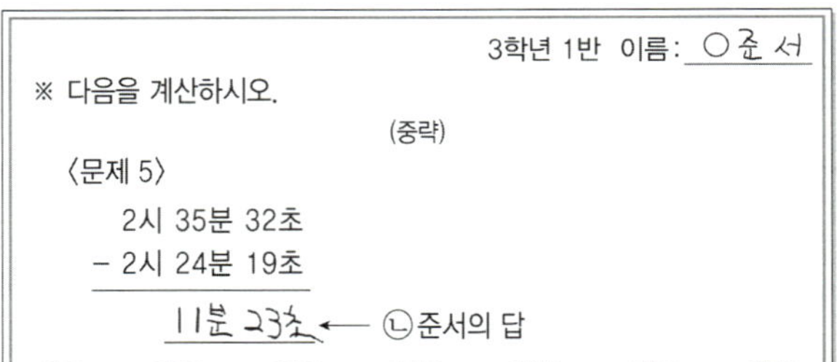
3학년 1반 이름: O준서

※ 다음을 계산하시오.

(중략)

〈문제 5〉

2시 35분 32초
- 2시 24분 19초
11분 23초 ← ㉡준서의 답

2) 준서는 (나)의 ㉠과 (다)의 ㉡과 같은 오류를 지속적으로 보인다. 각각에 나타난 오류가 무엇인지 (가)에 제시된 준서의 특성을 고려하여 쓰시오. [2점]

3) (다)의 ㉡과 같은 오류를 바로잡기 위해 사용할 수 있는 시각적 촉진 방법을 (가)에 제시된 준서의 특성을 고려하여 1가지 쓰시오. [1점]

참고자료 기본이론 329-330p

키워드 사칙연산

구조화 틀 **사칙연산**

- 덧셈 교수
- 뺄셈 교수
- 곱셈 교수
- 나눗셈 교수

핵심개념 **뺄셈 오류의 유형**

- 단순 연산 오류
- 받아 내림의 오류, 받아 내림의 생략
- 무조건 큰 수에서 작은 수 빼기
- 받아 내림을 위한 보조 숫자를 잘못 인식
- 덧셈과의 혼동

모범답안

① 무조건 큰 수에서 작은 수 빼기

② 지우는 수학 문제가 주어졌을 때 받아 내림이 있는 두 자릿수 빼기 문제를 80% 이상 정확히 풀 수 있다.

2025학년도 초등 B2

12 **다음은 일반교사와 특수교사가 초등학교 4학년 학생 지우에 대해 나눈 대화의 일부이다. 물음에 답하시오. [5점]**

> 일반교사 : 아, 그렇군요. 며칠 전 기초학력 지도 시간에 지우랑 수학 문제를 풀어 봤는데 2학년 수준의 뺄셈도 어려워했어요. 이게 지우가 푼 학습지입니다. 함께 봐 주시겠어요?
>
> 〈뺄셈 연산 학습지 중 일부〉
>
> ◦ 계산해 봅시다.
>
> $$\begin{array}{r} 56 \\ -\ 25 \\ \hline 31 \end{array} \qquad \begin{array}{r} 72 \\ -\ 33 \\ \hline 41 \end{array}$$
>
> $$\begin{array}{r} 65 \\ -\ 57 \\ \hline 12 \end{array} \qquad \begin{array}{r} 31 \\ -\ 18 \\ \hline 27 \end{array}$$
>
> 특수교사 : 학습지를 살펴보니까 뺄셈 연산에서 (㉢) 오류가 나타나요. 우선, 이 부분에 중점을 두고 지도하면 좋겠어요.

무조건 큰 수에서 작은 수 빼기와 받아 내림의 오류 구분하기

2) ① ㉢에 들어갈 뺄셈 오류의 유형을 쓰고, ① ㉢을 반영한 학습목표를 메이거(R. Mager)의 행동적 목표로 쓰시오. (단, 숙달 수준 80% 이상의 정확도로 할 것.) [2점]

메이거의 목표 진술의 3요소
- (행동 발생의) 상황이나 조건
- 수락 기준
- 도착점행동

참고자료 기본이론 326-327p

키워드 사칙연산

구조화 틀 사칙연산

- 덧셈 교수
- 뺄셈 교수
- 곱셈 교수
- 나눗셈 교수

핵심개념

기초적인 덧셈 기술 학습 단계(Garnett)

① 모두 세기
• 두 수를 더할 때, 각 수를 1부터 센 다음 이들을 합쳐서 다시 셈(예 4+3을 계산할 때 '1, 2, 3, 4 + 1, 2, 3'과 같이 셈) • 이 단계에서는 일반적으로 손가락이나 사물을 사용해 수 세기를 함
② 이어 세기
• 두 수를 더할 때, 한 숫자에서 시작해서 더해지는 만큼 나머지 수를 셈(예 4+3을 계산할 때 '4 + 5, 6, 7'과 같이 셈) • 이어 세기의 초기 단계에서는 두 수의 크기와 상관없이 앞의 수를 기준으로 뒤의 수를 세는 방법을 사용하다가, 점차 발달하면서 두 수 중 큰 수를 변별하고 큰 수를 기준으로 나머지 수를 세는 방법을 사용함 • 이어 세기 초기에는 손가락이나 사물을 사용하다가, 점차 언어적으로 수 세기(예 사-오, 육, 칠)를 함
③ 부분 인출
직접 인출 단계 전에 나타나는 과도기적 단계로, 학생이 직접 인출할 수 있는 덧셈식에서 추가적으로 필요한 계산을 더해 계산하는 방법(예 6+7을 계산할 때 6+6=12라는 정보를 장기기억에서 인출한 후, 6+7이 6+6보다 1만큼 크므로 1을 더해 13이라는 답을 산출함)
④ 직접 인출
두 수의 합을 계산과정을 거치지 않고 바로 장기기억에서 인출해 답하는 것(예 6+6을 계산할 때 바로 12라는 답을 산출함)

효율적인 기초 덧셈 전략

- **큰 가수를 기준으로 이어 세기의 선행기술**
  - 덧셈식의 순서와 상관없이 효율적 순서로 연산할 수 있음
  - 두 수 중 큰 수를 변별할 수 있음
  - 1이 아닌 곳에서 시작해 셀 수 있음
- **부분 인출 · 직접 인출**: 기본셈을 잘 이해할 뿐 아니라 충분한 연습을 통해 빠르고 정확하게 연산을 수행할 수 있도록 덧셈구구 교수 실시(자동화)

모범답안 큰 수를 기준으로 이어 세기

2014학년도 중등 A7

13 다음의 (가)는 특수교육대상학생 A의 덧셈 특성이고, (나)는 학생 A가 덧셈 풀이 과정에서 사용한 덧셈 전략을 특수교사가 관찰한 내용이다. 학생 A가 보다 효율적으로 덧셈을 할 수 있도록 특수교사가 가르칠 수 있는 덧셈 전략을 〈조건〉에 맞게 쓰시오. [2점]

(가) 학생 A의 덧셈 특성

> • 세 자리 수의 덧셈 문제를 풀 수는 있으나, 문제를 푸는 데 시간이 오래 걸림
> • 주어진 시간 내에 문제를 풀려고 할 때, 오답 비율이 높아짐

속도와 정확도가 부족함

(나) 학생 A의 덧셈 풀이 과정 관찰 내용

$$\begin{array}{r} 532 \\ +\,166 \\ \hline 698 \end{array}$$

> 일의 자리의 수를 더할 때 '2, 3, 4, 5, 6, 7, 8'이라고 말함.
> 십의 자리의 수를 더할 때 '3, 4, 5, 6, 7, 8, 9'라고 말함.
> 백의 자리의 수를 더할 때 '5, 6'이라고 말함.
>
> 〈학생 A가 사용한 덧셈 전략〉

효율적인 기초 덧셈 전략이 필요함

조건

부분 인출이나 자동 인출 전략은 제외하고 답할 것.

참고자료 기본이론 326-327p

키워드 사칙연산

구조화 틀 사칙연산

- 덧셈 교수
- 뺄셈 교수
- 곱셈 교수
- 나눗셈 교수

핵심개념

기초적인 덧셈 기술 학습 단계(Garnett)

① 모두 세기
• 두 수를 더할 때, 각 수를 1부터 센 다음 이들을 합쳐서 다시 셈(예 4+3을 계산할 때 '1, 2, 3, 4 + 1, 2, 3'과 같이 셈) • 이 단계에서는 일반적으로 손가락이나 사물을 사용해 수 세기를 함

② 이어 세기
• 두 수를 더할 때, 한 숫자에서 시작해서 더해지는 만큼 나머지 수를 셈(예 4+3을 계산할 때 '4 + 5, 6, 7'과 같이 셈) • 이어 세기의 초기 단계에서는 두 수의 크기와 상관없이 앞의 수를 기준으로 뒤의 수를 세는 방법을 사용하다가, 점차 발달하면서 두 수 중 큰 수를 변별하고 큰 수를 기준으로 나머지 수를 세는 방법을 사용함 • 이어 세기 초기에는 손가락이나 사물을 사용하다가, 점차 언어적으로 수 세기(예 사-오, 육, 칠)를 함

덧셈 오류의 유형

- 단순 계산 오류
- 받아 올림의 오류
- 뺄셈과 혼동
- 전략상의 오류
  - 예 받아 올림을 해야 할 숫자를 하나의 자릿수로 써버리는 경우

모범답안

- ㉠ 받아 올린 숫자를 더하지 못하는 오류를 보인다.
- ㉡ 큰 가수를 기준으로 이어 세기
- ㉢ 두 수 중 큰 수를 변별하고, 큰 수를 기준으로 나머지 수를 세는 방법을 사용한다.

2026년도 중등 A11

14 **(가)는 자폐성장애 학생 H의 행동에 대한 메모의 일부이고, (나)는 학생 H와 학생 K에 대한 특수교사와 예비교사의 대화이다. 〈작성 방법〉에 따라 서술하시오. [4점]**

(가) 학생 H의 행동에 대한 메모

- 물건의 개수를 세며 하나씩 반듯하게 한 줄로 세움
- 수업 시간에 항상 첫 번째 줄, 첫 번째 자리에 집착함
- 일상생활에서 첫 번째 순서부터 확인하며 처음부터 반복함

(나) 특수교사와 예비교사의 대화

특수교사: 학생 H의 덧셈 연산 지도는 어떤 방식으로 진행 중이신가요?

예비교사: 학생 H의 두 자리 수 간의 덧셈을 평가한 결과 다음과 같이 문제를 풀었습니다.

〈학생 H의 덧셈 연산 평가지〉

※ 다음 덧셈을 하시오.

(1) 36+23=59	2) 37+44=71
(3) 23+15=38	4) 48+25=63
(5) 54+13=67	6) 23+19=32

특수교사: 평가지를 보니 ㉠ <u>덧셈 연산에 오류</u>가 있군요.

예비교사: 네, 어떤 방법으로 지도할 수 있을까요?

특수교사: 덧셈 연산 오류를 직접 확인하도록 수 모형을 이용하는 방법이 있어요. 낱개 모형 10개와 십 모형 1개의 교환을 통해 지도할 수 있어요.

…(중략)…

특수교사: 학생 K의 덧셈 연산은 어땠나요?

예비교사: 학생 K는 한 자리 수의 덧셈은 잘하는데 시간이 많이 걸립니다. 덧셈 연산 과정을 관찰해 보니, 더하는 수가 더해지는 수보다 작은 경우에도 ㉡ <u>더하는 수의 1부터 세기 시작하여 더해지는 수까지 하나씩 세며</u> 문제를 풀었습니다.

특수교사: 이것은 학생 K의 특성이 나타난 덧셈 연산 수행 방식이에요. ㉢ <u>이처럼 1부터 세며 덧셈을 하는 특성이 있는 학생에게는 덧셈의 연산 속도를 향상시키는 지도 방법</u>이 필요해요.

작성방법

- (나)의 덧셈 연산 평가지를 보고 밑줄 친 ㉠의 오류 유형을 쓸 것.
- (나)의 밑줄 친 ㉡에 해당하는 덧셈 연산 방식을 쓰고, 밑줄 친 ㉢의 구체적인 지도 내용을 1가지 서술할 것.

PART 03

참고자료 기본이론 331-335p

키워드 사칙연산

구조화 틀 **사칙연산**

- 덧셈 교수
- 뺄셈 교수
- 곱셈 교수
- 나눗셈 교수

핵심개념

곱셈 오류의 유형

- 단순 연산 오류
- 자릿값의 혼동
- 받아 올림의 생략
- 0을 포함한 숫자에서의 어려움
- 두 자릿수 이상의 수들끼리의 곱셈에서의 어려움 등

나눗셈 교수

곱셈이 같은 수를 계속 더하는 동수누가의 더하기 개념이라면, 나눗셈은 같은 수를 계속 빼는 동수누감의 빼기 개념임

나눗셈의 개념

- **포함제**: 어떤 수 안에 다른 수가 몇이나 포함되어 있는가를 구하는 것으로, '횟수'의 개념
- **등분제**: 어떤 수를 똑같이 몇으로 나누는가를 구하는 것으로, '개수'의 개념. 등분제는 분수의 기초 개념이 되므로 이에 대한 철저한 이해가 필요함

포함제	등분제
사탕 8개를 한번에 2개씩 먹으려고 합니다. 몇 번 먹을 수 있습니까? 1 2 | 3 4 | 5 6 | 7 8	풍선이 6개 있습니다. 두 사람이 똑같이 나누어 가지면 한 사람이 몇 개를 가지게 됩니까? 1 → 2 3 → 4 5 → 6

모범답안

1) 곱셈을 실행한 후 받아올린 수를 더하지 않는 오류를 보인다.

2) 8−2−2−2−2=0

3) 사탕 8개를 한번에 4개씩 먹으려고 합니다. 몇 번 먹을 수 있습니까?

2026년도 초등 B4

15 **다음은 5학년 지우를 지도하는 통합학급 교사의 수업 일지 내용이다. 물음에 답하시오. [6점]**

> 2025년 4월 8일 화요일
>
> …(중략)…
>
> 곱셈에서도 많은 어려움을 보였다.
>
> <지우의 곱셈 연산 평가지>
>
> 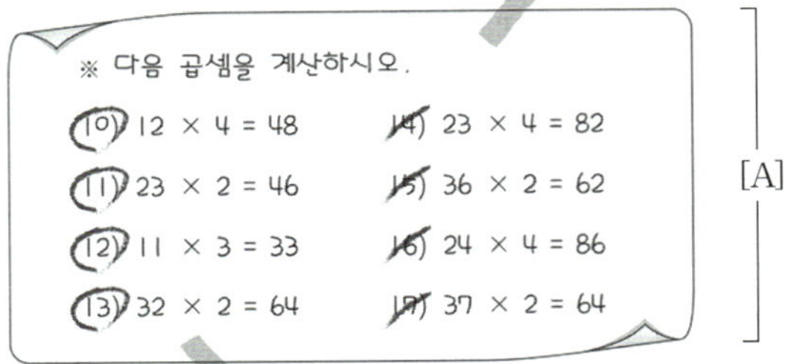
>
> [A]
>
> 사칙연산에 대한 평가에서 지우는 나눗셈을 특히 어려워했다. 다른 연산보다 나눗셈을 먼저 가르쳐야겠다. 2022 개정 수학과 교육과정에서는 나눗셈을 가르칠 때, ㉣ <u>나눗셈과 곱셈의 관계를 이해하도록 해야 한다고 했는데 좋은 활동</u>이 없을까?
>
> 2025년 4월 10일 목요일
>
> 지우에게 나눗셈을 어떻게 가르칠까? ㉤ <u>뺄셈을 활용한 동수누감을 통해 나눗셈하는 방법</u>을 가르치는 것도 지우의 연산에 도움이 될 것 같다. 그리고 단위만큼씩 뛰어 세어 전체 수에 도달하는 전략을 가르치는 것도 좋겠다. 예를 들면 '8÷4=2'를 가르칠 때 4씩 '4, 8' 이렇게 두 번 뛰어 세었으니까 몫이 2가 된다고 가르치는 것이지. [B]
>
> 2025년 5월 23일 금요일
>
> 지우가 나눗셈 구구를 생각보다 잘해서 다음 주부터는 ㉥ <u>나눗셈 문장제 문제</u>를 만들어서 심화 활동을 해야겠다.

1) [A]에서 지우가 틀린 곱셈 연산을 바탕으로 지도해야 할 내용을 쓰시오. [1점]

2) 나눗셈 구구 범위에서 밑줄 친 ㉤에 해당하는 뺄셈식의 예를 1가지 쓰시오. [1점]

3) [B]에 기초하여 나눗셈 구구 범위에서 밑줄 친 ㉥의 예를 1가지 쓰시오. [1점]

2023학년도 중등 A4

16 (가)는 특수교사 A가 사칙연산 지도를 위해 메모한 내용의 일부이고, (나)는 DRAW 전략의 단계와 활동 내용이다. (가)의 괄호 안의 ㉠에 해당하는 용어와 (나)의 괄호 안의 ㉡에 해당하는 단계를 순서대로 쓰시오. [2점]

(가) 사칙연산 지도를 위한 메모

연산	예시
덧셈(+)	○ 합병 – 빨간 구슬 5개와 흰 구슬 2개를 합하면 얼마인가? ○ 첨가 – 꽃병에 꽃이 5송이 있다. 2송이를 더 꽂으면 모두 몇 송이인가?
⋯	⋯
나눗셈(÷)	○ 포함제 – 사과 15개를 한 사람에게 3개씩 나누어 주면 몇 사람에게 줄 수 있는가? – 사탕 8개를 한 번에 2개씩 먹으려고 한다. 몇 번 먹을 수 있는가? ○ (㉠) – 사과 15개를 3명에게 똑같이 나누어줄 때 한 사람이 몇 개를 가지게 되는가? – 풍선 6개를 2명이 똑같이 나누어 가지면 한 사람이 몇 개를 가지게 되는가?

(나) DRAW 전략의 단계와 활동 내용

(예시 문제) 17 × 4 = □

단계	활동 내용
계산 기호 확인	학생은 곱하기(×) 기호를 보고 제시된 문제가 곱셈 계산식임을 확인한다.
(㉡)	…(중략)…
문제 풀기	계산식을 통해 답을 구하거나 그림을 활용해 답을 구한다.
최종 답 쓰기	□ 칸에 자신이 구한 답을 옮겨 적는다.

참고자료 기본이론 334p, 339p

키워드 사칙연산

구조화 틀 사칙연산

- 덧셈 교수
- 뺄셈 교수
- 곱셈 교수
- 나눗셈 교수

핵심개념 나눗셈의 개념

- **포함제**: 어떤 수 안에 다른 수가 몇이나 포함되어 있는가를 구하는 것으로, '횟수'의 개념
- **등분제**: 어떤 수를 똑같이 몇으로 나누는가를 구하는 것으로, '개수'의 개념. 등분제는 분수의 기초 개념이 되므로 이에 대한 철저한 이해가 필요함

포함제	등분제
사탕 8개를 한번에 2개씩 먹으려고 합니다. 몇 번 먹을 수 있습니까? 1 2 | 3 4 | 5 6 | 7 8	풍선이 6개 있습니다. 두 사람이 똑같이 나누어 가지면 한 사람이 몇 개를 가지게 됩니까? 1 → 2 3 → 4 5 → 6

모범답안

㉠ 등분제

㉡ 문제 읽기

확장하기 +

단순 계산을 돕기 위한 DRAW 계산 전략

문제: 4×6		
1단계	어떤 계산활동을 요구하는 문제인지 계산 기호를 확인하라.(Discover the sign)	학생은 요구되는 계산이 곱셈인지 기호(×)를 보고 확인해야 한다.
2단계	문제를 읽어라.(Read the problem)	학생은 자신의 말로 "4 곱하기 6은?"과 같이 표현하며 문제를 이해하는 언어활동을 한다.
3단계	직접 답을 구하거나 다른 대안적 방법을 이용해 답을 구하라.(Answer or draw and check)	학생은 그 답을 아는 경우 바로 4단계로 넘어가고, 답을 모르는 경우 그림(예 4개의 물건이 6묶음 있는 그림)을 통해 답을 구하는 활동을 수행한다.
4단계	최종적인 답을 답란에 기입하라.(Write the answer)	학생은 주어진 공간에 자신의 답을 적도록 한다. 예 4×6=24

자릿값 이해를 돕기 위한 FIND 자릿값 전략

문제: 58에는 열 개씩의 묶음이 몇 개 있을까요?		
1단계	각 자릿수를 나타내는 행들을 확인하라.(Find the columns)	학생들은 연필을 두 숫자의 중간에 위치시킨다.
2단계	T자를 그려 넣어라.(Insert the T)	학생들은 T자를 그려 넣는다.
3단계	각 열의 자릿수를 확인하라.(Name the columns)	학생들은 일의 자리에 '일', 십의 자리에 '십'이라는 글자를 써넣는다.
4단계	요구되는 답을 구하라.(Determine the answer)	십의 자리 밑에 5라는 숫자가 놓여 있으므로, 요구되는 답이 '5묶음'이라는 것을 안다.

사칙연산의 의미

연산	의미 및 예시
덧셈(+)	• 합병: 빨간 구슬 5개와 흰 구슬 2개를 합하면 얼마인가? • 첨가: 꽃병에 꽃이 5송이 있다. 2송이를 더 꽂으면 꽃은 모두 몇 송이인가?
뺄셈(−)	• 구잔(덜어내기, take away): 사과 7개에서 5개를 먹으면 몇 개 남는가? • 구차(비교하기, comparison): 귤 7개와 사과 5개 중 어느 것이 얼마나 많은가?
곱셈(×)	• 두 집합의 순서쌍으로 나타나는 곱 집합의 원소의 수: a×b=n(A×B) – 자연수에만 가능 – 3가지 다른 모양의 티셔츠와 2가지 다른 바지를 입을 수 있는 경우의 수(3×2) • 동수누가(반복된 덧셈): 사과 세 개씩 두 봉지가 있다. 사과는 모두 몇 개인가?
나눗셈(÷)	• 등분제(fair sharing): 사과 15개를 3사람에게 똑같이 나누어 줄 때 1명이 몇 개를 차지하는가? • 포함제(반복된 뺄셈): 사과 15개를 1명에게 3개씩 주면 몇 명에게 줄 수 있는가?

참고자료 기본이론 341-344p

키워드 문장제 문제 해결

구조화 틀 문장제 문제 해결

- 선행기술
- 문장제 문제의 오류 유형
- 문장제 문제 해결 교수법
- 기타 – 단계적 계열화 학습 전략

핵심개념

문장제 문제의 오류 유형

- 읽기 문제
- 문제의 맥락과 연결하지 못함
- 문제의 언어와 어휘를 이해하지 못함
- 중요한 정보와 그렇지 않은 정보를 확인하는 데 어려움이 있음
- 문제를 풀기 위해서 요구되는 단계의 수를 확인하는 데 어려움이 있음
- 수학연산을 하는 데 어려움이 있음

문장제 문제의 유형을 위한 표상 교수

덧셈과 뺄셈	곱셈과 나눗셈
변화형	배수비교형
결합형	변이형
비교형	

모범답안

1) 정답을 구하는 데 필요한 정보와 불필요한 정보를 구별하지 못하는 오류를 보인다.

2) 반구체적 수준은 표기와 그림을 사용해 수학 문제를 해결하는 것이다.

3) 비교형

2013학년도 추가초등 B1

17 다음은 2학년 학생을 가르치는 통합학급 교사와 특수교사 간 수학 교과 협의회 대화 내용의 일부이다. 물음에 답하시오. [5점]

> 통합학급 교사: 진호가 많이 달라졌어요. 얼마 전에는 두 자리 수의 범위에서 덧셈 문제를 많이 틀려서 힘들어 하더니 요즘은 곧잘 하네요. 연습을 많이 시킨 보람이 있는 것 같아요. 그런데 어제는 낱말의 뜻을 모르는 것도 아니고 풀이 시간도 충분했는데, 한 자리 수끼리의 덧셈으로 이루어진 문장제 문제를 풀 때 틀린 답을 말하는 거예요.
> 특 수 교 사: 어떤 문제였는데요?
> 통합학급 교사: ㉠ "연못에 오리 4마리와 거위 3마리가 있습니다. 오리 2마리가 연못으로 들어왔습니다. 오리가 모두 몇 마리인지 알아보세요."였는데, 답을 9마리라고 하더라고요.
> 특 수 교 사: 그래요. 진호가 연산에 비해 문장제를 어려워해요. 수식으로 제시되면 계산을 잘하는데, 사례가 들어간 문장제 문제로 바뀌면 오답이 많아요.
> 통합학급 교사: 그래서 문제를 이해시키기 위해서 ㉡ CSA 순서를 생각해서 오리와 거위 모형을 가지고 함께 풀이를 했더니 수식을 만들어내더라고요.
> 특 수 교 사: 좋은 방법이네요. 그것 외에도 ㉢ 문장제 문제 유형을 알고 도식을 활용하여 풀이하는 방법도 있어요. 앞으로 진호에게는 기초적인 연산도 중요하지만 ㉣ 수학적 문제 해결력에도 초점을 맞추어 가르쳐야 할 것 같아요.

어떤 대상의 수가 변화하는 형태의 문제로, 시작·변화량·결과의 관계를 파악해야 하는 문제의 유형 → 변화형

구체물

시각적 표상화 전략(표상 교수)
문제 상황을 그림이나 도식으로 나타내 문제 해결을 시도하는 방법

1) ㉠에서 진호가 보인 오류를 분석하여 그 내용을 쓰시오. [1점]

2) CSA 순서에 따라 지도할 때, ㉡ 다음에 이루어지는 교수 활동의 특징을 쓰시오. [1점]

3) 다음은 ㉢의 한 유형이다. 그 유형을 쓰시오. [1점]

> 노란 장미가 6송이 있습니다. 빨간 장미는 노란 장미보다 3송이 더 많습니다. 빨간 장미는 몇 송이가 있는지 알아봅시다.

두 대상의 차이를 비교하는 형태의 문제로, 비교 대상 1, 비교 대상 2의 관계를 파악해야 함 → 비교형

참고자료 기본이론 345p

키워드

- 오류 분석
- SOLVE IT 전략

구조화 틀 문장제 문제 해결

- 선행기술
- 문장제 문제의 오류 유형
- 문장제 문제 해결 교수법
- 기타 – 단계적 계열화 학습 전략

핵심개념

모범답안

(가)의 문제 풀이 과정에서 나타난 오류는 첫째, 필요한 정보와 필요하지 않은 정보를 구별하지 못하는 오류이다. 둘째, 수학 연산에서의 오류이다.

㉠ 문제의 해결 계획 세우기

㉡ "필요한 단계와 연산 기호를 결정하자."

2017학년도 중등 B5

18 **(가)는 학생 A가 수학 문장제 문제를 푼 것이고, (나)는 A가 문제를 해결하도록 도와주는 전략교수 'Solve It' 프로그램의 인지 전략 단계와 자기조절 전략 중 자기교시의 예를 나타낸 것이다. (가)에 제시된 A의 문제 풀이 과정에서 나타난 오류 2가지를 쓰시오. (나)의 ㉠에 해당하는 단계의 명칭을 쓰고, ㉡에 해당하는 자기교시의 예를 1가지 제시하시오. [4점]**

(가) A의 수학 문장제 문제 풀이

〈문제〉

진수가 다니는 학교에는 남학생 424명, 여학생 365명, 교사가 42명 있다. 영희가 다니는 학교에는 교사가 66명이고, 학생 수는 진수네 학교 여학생 수의 3배이다. 영희네 학교의 교사 수와 학생 수를 합하면 모두 몇 명인가?

〈학생 A의 문제 풀이〉

66 + 424 × 3
= 490 × 3
= 1,470

답: 1,470명

문장제 문제 해결에 나타난 오류 → 필요한 정보와 불필요한 정보를 구별하지 못함

사칙연산에 나타난 오류 → 덧셈과 곱셈이 연산식에 함께 있을 경우 곱셈식을 먼저 연산해야 하는데, 이러한 연산절차에 오류를 보임

(나) 'Solve It' 프로그램 단계와 자기조절 전략 중 자기교시의 예

인지 전략 단계	자기조절 전략 중 자기교시의 예
1단계. 문제를 이해하기 위한 읽기	"문제를 읽어보자. 이해하지 못하면 다시 읽어야지."
2단계. 문제를 자신의 단어로 고쳐 말하기	"중요한 정보에 밑줄을 그어보자. 문제를 나의 말로 다시 말해보자."
3단계. 문제를 그림이나 표로 시각화하기	"그림이나 표로 만들어보자."
4단계. (㉠)	(㉡)
5단계. 답을 예측해 보기	"어림수를 찾아 머릿속으로 문제를 풀고 그 값을 써보자."
6단계. 계산하기	"정확한 순서에 따라 계산해야지."
7단계. 모든 과정이 정확한지 점검하기	"계산한 것을 점검하자."

* 자기조절 전략 중 자기질문, 자기점검은 생략하였음

확장하기 +

SOLVE IT 전략(인지 전략과 자기조절 초인지 전략을 적용한 전략 교수)

인지 전략 단계	자기조절 초인지 전략		
	말하기(자기교시)	묻기(자기질문)	점검하기(자기점검)
① 문제 읽기	"문제를 읽자. 이해하지 못하면 다시 읽자."	"문제를 읽고 이해했는가?"	문제를 풀 수 있을 만큼 이해했는지 점검하기
② 문제를 자신의 말로 고쳐 말하기	"중요한 정보에 밑줄을 긋자. 문제를 나의 말로 다시 말해보자."	"중요한 정보에 밑줄을 그었는가? 문제가 무엇인가? 내가 찾는 것은 무엇인가?"	문제에 있는 정보 확인하기
③ 그림이나 다이어그램으로 문제를 표상하기	"그림이나 다이어그램을 만들자."	"그림이 문제에 적합한가?"	그림이 문제 속 정보와 어긋나는지 점검하기
④ 문제의 해결계획 세우기	"필요한 단계와 연산 기호를 결정하자."	"만약 내가 ~을 한다면 답을 얻을 수 있는가? 다음에 해야 할 것은 무엇인가? 몇 단계가 필요한가?"	계획이 잘 세워졌는지 점검하기
⑤ 답을 어림해 보기	"어림수를 찾아 머릿속으로 문제를 풀고 어림값을 쓰자."	"올림과 내림을 했는가? 어림수를 썼는가?"	중요한 정보를 사용했는지 점검하기
⑥ 계산하기	"정확한 순서대로 계산하자."	"내가 한 답은 어림값과 비교해 어떠한가? 답이 맞는가? 기호나 단위를 잘 썼는가?"	모든 계산이 올바른 순서대로 이루어졌는지 점검하기
⑦ 모든 과정이 옳은지 점검하기	"계산을 점검하자."	"모든 단계를 점검했는가? 계산을 점검했는가? 답은 맞는가?"	모든 단계가 맞는지 점검하기, 만약 틀렸다면 다시 하기, 필요한 경우 도움을 요청하기

참고자료 기본이론 341-345p

키워드

- 시각적 표상 교수
- SOLVE IT 전략

구조화틀 문장제 문제 해결

- 선행기술
- 문장제 문제의 오류 유형
- 문장제 문제 해결 교수법
- 기타 – 단계적 계열화 학습 전략

핵심개념

모범답안

㉠ 시각적 표상화 전략
㉡ 문제의 해결 계획 세우기

2026학년도 중등 B2

19 **(가)는 학습장애 학생의 문장제 문제 지도를 위한 교사의 메모이고, (나)는 학생이 초인지 전략으로 문제를 풀고 있는 상황이다. 밑줄 친 ㉠의 문장제 문제 해결을 위한 교수 방법과 (나)의 밑줄 친 ㉡에 해당하는 인지 전략 학습 단계를 쓰시오. [2점]**

(가) 교사의 메모

문제를 읽고 문제의 유형을 먼저 파악하도록 지도할 예정임. 문장제 문제 유형을 교수한 뒤, ㉠ 문제를 정확하게 읽고 주어진 정보를 해석하도록 함. 그 다음 어떤 문제 유형인지 파악하고 문제 상황을 그림이나 도식을 활용하여 풀도록 할 예정임

(나) 초인지 전략으로 문제를 풀고 있는 상황

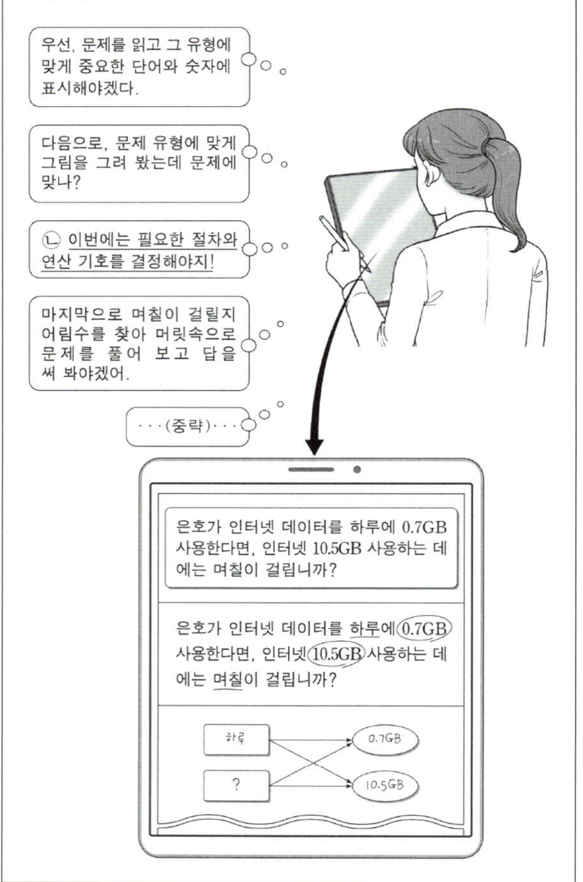

참고자료 기본이론 340-341p

키워드 핵심어 전략

구조화 틀 문장제 문제 해결

- 선행기술
- 문장제 문제의 오류 유형
- 문장제 문제 해결 교수법
- 기타 – 단계적 계열화 학습 전략

핵심개념 핵심어 전략

- 일반적으로 문장제 문제에 많이 등장하는 단어에 적절한 연산을 연계해 문제를 해결하도록 하는 방법
  - 예 '얼마나 더 많이', '적게', '각각', '남은 것' 등은 주로 뺄셈을 활용해, '모두'는 덧셈을 활용해 식을 세움
- 그러나 핵심어 전략은 과잉일반화를 초래해 학생들이 전체 문제의 맥락을 파악하는 대신 특정 단어에만 지나치게 주의를 집중하게 해 오답을 산출할 가능성이 있음 → 연산방법 선택을 돕는 도구로 사용하기보다, 문장제에 제시된 상황에 대한 이해를 촉진시키는 도구로 사용하도록 교수해야 함

모범답안

- 핵심어 전략 – 문제의 전체 맥락을 파악하는 대신 특정 단어에 기계적으로 연산 기호를 연결하는 연산방법 선택의 오류를 보일 수 있다.
- '3×4 =?'과 같이 숫자와 연산 기호를 사용해 수식으로 표현한다.

2021학년도 중등 B5

20 (가)는 ○○중학교 특수학급에 재학 중인 학습장애 학생을 위한 수학과 수업 계획이고, (나)는 교육과정 중심 측정(Curriculum-based Measurement ; CBM) 절차의 일부이다. 〈작성방법〉에 따라 서술하시오. [4점]

(가) 수업 계획

- 학습 주제 : 문장제 문제의 식과 답 구하기

  - 문장제 문제

  현수는 사탕 주머니 4개를 가지고 있습니다.
  주머니에는 사탕이 3개씩 들어 있습니다. ㉠
  현수가 갖고 있는 사탕은 모두 몇 개입니까?

- 활동 1 : 구체물을 이용하여 나눠 담고 계산하기
- 활동 2 : 반구체물을 이용하여 계산하기
- 활동 3 : ㉡ 추상적 표현을 이용하여 계산하기
- 정리 및 평가

핵심어 전략에서는 '모두'라는 핵심어와 연산 기호 '+'를 연계하도록 함. 그러나 해당 문장제 문제는 곱셈식이 필요한 내용이므로 과잉일반화 오류로 인해 잘못된 연산 기호 선택의 오류를 보일 수 있음

CSA 활동
- 구체물 : 수와 연산을 표상하기 위해 사물을 조작
- 반구체물 : 표기와 그림을 사용해 수학 문제를 해결
- 추상물 : 상징(숫자와 연산 기호 등)만을 사용해 수학 문제를 해결

작성방법

- (가)의 ㉠에서 밑줄 친 요소를 활용한 수업 지도 전략을 쓰고, (가)의 ㉠과 같은 전략을 과잉일반화하였을 경우 학생이 범할 수 있는 수학적 오류를 1가지 서술할 것.
- (가)의 밑줄 친 ㉡에 해당하는 활동의 예를 1가지 쓸 것. [단, (가)의 ㉠에 근거할 것.]

참고자료 기본이론 341-344p

키워드 시각적 표상화 전략

구조화 틀 문장제 문제 해결

- 선행기술
- 문장제 문제의 오류 유형
- 문장제 문제 해결 교수법
- 기타 – 단계적 계열화 학습 전략

핵심개념 시각적 표상화 전략

- 제시된 문제상황을 그림이나 도식으로 나타내어 문제해결을 시도하는 방법
- **문제해결 전략 절차**: 문제 유형 찾기 → 문제의 정보를 표상 도식에 조직화하기 → 문제해결 계획하기 → 문제해결하기
- **덧셈 · 뺄셈 적용 문장제 문제의 유형**
  - **변화형**: 어떤 대상의 수가 변화하는 형태의 문제로, 시작 · 변화량 · 결과의 관계를 파악해야 하는 문제
  - **결합형**: 대상 간의 관계가 상위/하위 관계 형태의 문제로, 상위개념 · 하위개념 1 · 하위개념 2의 관계를 파악해야 하는 문제
  - **비교형**: 두 대상 간의 차이를 비교하는 형태의 문제로, 비교대상 1 · 비교대상 2 · 차이의 관계를 파악해야 하는 문제

모범답안

① 시각적 표상 교수

② 동물원에는 조랑말이 17마리가 있었는데, 얼룩말이 들어와 말이 총 25마리가 되었다. 새로 들어온 얼룩말은 모두 몇 마리인가?

2024학년도 초등 B2

21 **(가)는 학습장애 학생 성호의 개별화교육계획 수립을 위한 사전협의 내용의 일부이고, (나)는 성호의 수행 포트폴리오의 일부이다. 물음에 답하시오. [5점]**

(가)

〈목표 설정을 위한 내용〉
- 수학
  - 두 자리 수 덧셈의 연산 오류를 줄이도록 함
  - 문장제 문제를 해결할 수 있도록 함

(나)

- 수학과 문장제 문제 및 풀이 결과

〈문제 1〉

㉢ 동물원에 조랑말 17마리, 얼룩말 8마리가 있습니다. 말은 모두 몇 마리 있을까요?

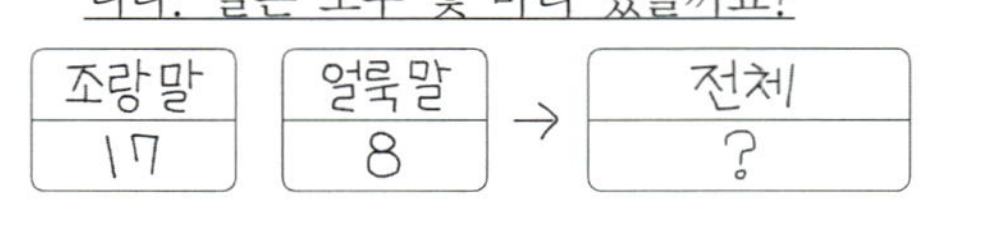

[B] — 결합형

…(중략)…

<문제 1> 풀이	<문제 2> 풀이
17 + 8 = 15	28 + 25 = 43

[C]

2) ① (나)의 [B]에 해당하는 문장제 문제 해결을 위한 전략의 명칭을 쓰고, ② ㉢을 변화형 뺄셈 문장제 문제로 만들어 쓰시오. [2점]

확장하기 +

덧셈과 뺄셈 문장제 문제의 유형별 도식의 예시(방명애 외)

의미 구조	도식 유형	미지수 위치	문제 예시	관련 용어	연산
변화형	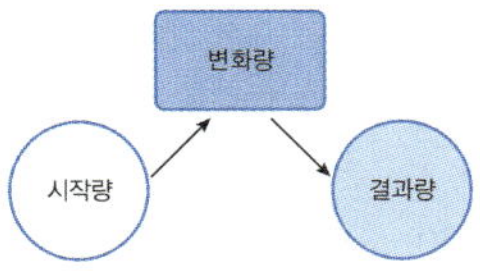 변화량 / 시작량 → 결과량	결과량 미지수	지영이는 어제 저금통에 동전 18개를 넣었습니다. 오늘 저금통에 동전 25개를 넣었다면 저금통에는 모두 몇 개의 동전이 있을까요?	모두, 총, 결과적으로	덧셈
		변화량 미지수	과수원에서 처음에 27개 상자의 감을 따고, 다음에 몇 상자의 감을 더 따서 올해 딴 감은 모두 45상자가 되었습니다. 나중에 딴 감은 몇 상자입니까?	처음, 나중, 더, 모두, 합	뺄셈
		시작량 미지수	양계장에 달걀이 몇 개 있었는데, 오늘 닭들이 35개의 달걀을 더 낳아서 모두 52개가 되었습니다. 양계장에는 몇 개의 달걀이 있었습니까?		
결합형	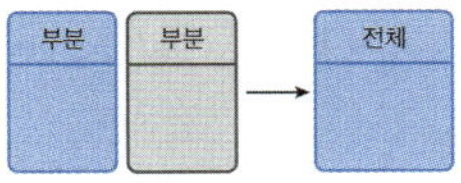 부분, 부분 → 전체	전체량 미지수	지난 일요일에 동물원에 구경 온 사람은 어른은 57명, 어린이는 34명이었습니다. 동물원에 온 사람은 모두 몇 명입니까?	모두, 합, 총	덧셈
		부분량 미지수	영철이네 반은 모두 38명이 있습니다. 그중 남학생이 20명이라면, 여학생은 몇 명입니까?	그중	뺄셈
비교형	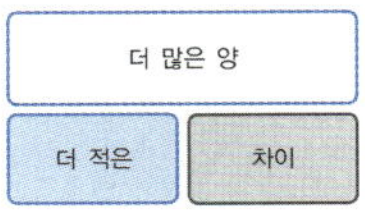 더 많은 양 / 더 적은, 차이	차이량 미지수	지영이네 집에는 동화책이 42권, 만화책이 25권 있습니다. 동화책은 만화책보다 몇 권이 더 많습니까?	보다, 더	뺄셈
		비교 대상량 미지수	영희의 나이는 16세입니다. 병호는 영희보다 세 살이 더 많습니다. 병호는 몇 살입니까?		덧셈
		비교 기준량 미지수	진교는 13세이고 동생보다 네 살이 많습니다. 동생은 몇 살입니까?		뺄셈

뺄셈, 곱셈, 나눗셈 문장제 문제해결을 위한 도식의 예시

문제 유형	중심 단어	도식	도식 모형
뺄셈	보다 더, 남은	비교문제	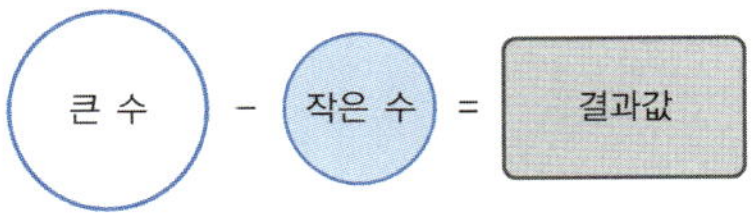 큰 수 - 작은 수 = 결과값
곱셈	~씩 모두	변이문제	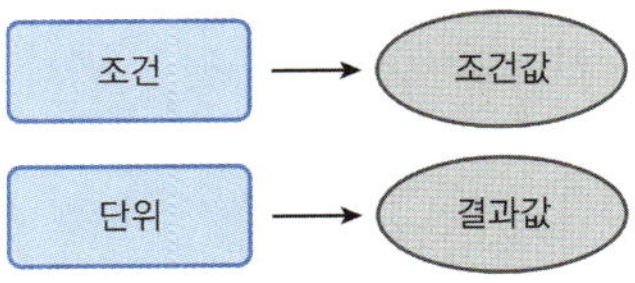 조건 → 조건값 단위 → 결과값
나눗셈	똑같이 나누어	배수비교문제	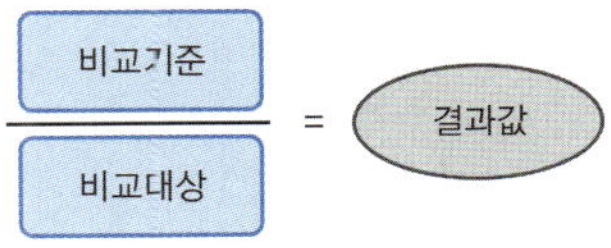 비교기준 / 비교대상 = 결과값

뺄셈, 곱셈, 나눗셈 문장제 문제해결 교수의 예시

단계	교수내용		교수활동
도입	주의집중 유도		지난 회기 학습내용을 기억하는지 점검한다.
중재	1단계	문제 유형 찾기	• 문제를 소리 내어 2회 읽는다. 예 과자가 20개 있습니다. 한 접시에 5개씩 똑같이 나누어 담으려고 합니다. 몇 접시에 담을 수 있습니까? • 문제의 중심단어와 수치를 찾아 표시한다. 단어에는 밑줄, 숫자에는 동그라미로 표시한다. 예 과자가 (20개) 있습니다. 한 접시에 (5개씩) <u>똑같이 나누어</u> 담으려고 합니다. 몇 접시에 담을 수 있습니까?
	2단계	문제의 정보를 도식으로 조직하기	• 문제 유형에 따른 도식을 제공하고 학생이 모방해 그릴 수 있도록 설명한다. 예 비교기준 / 비교대상 = 결과값 • 문제에서 찾아낸 정보를 도식에 적용한다. 예 5 / 20 =
	3단계	문제해결 계획하기	도식에 있는 정보를 수학식으로 바꾼다. 예 20 ÷ 5
	4단계	문제해결하기	• 수학식을 푼다. 예 20 ÷ 5 = 4 • 답을 쓴다. 예 5 / 20 = 4 • 답이 맞았는지 확인한다. 예 20 ÷ 5 = 4
평가	평가 실시		평가지를 제공하고 작성하는 방법을 설명한 후 아동 스스로 풀 수 있도록 격려한다.

참고자료 기본이론 322-323p, 340-341p

키워드

- 핵심어 전략
- 수 세기 전략

구조화 틀

문장제 문제 해결

- 선행기술
- 문장제 문제의 오류 유형
- 문장제 문제 해결 교수법
- 기타 – 단계적 계열화 학습 전략

수 세기 전략

- 일대일 대응
- 단순 수 세기
- 중간에서부터 세기
- 건너뛰며 세기

핵심개념

수 세기

덧셈이나 뺄셈을 빠르고 정확하게 수행하는 데 필수적인 하위능력

수 세기 학습 전략

- **일대일 대응**: 사물과 숫자를 일대일로 대응시켜 전체의 양을 세는 방법
- **단순 수 세기(기계적 수 세기)**: 수에 대한 개념을 형성한 이후 일정한 수의 양을 기계적으로 반복해서 세는 과정
- **중간에서부터 세기**: 학생이 아는 기수에서부터 수를 셀 수 있도록 하는 방법으로, 작은 수부터 세는 방법과 큰 수부터 세는 방법이 있음
- **건너뛰며 세기**: 일정한 양을 건너뛰며 수를 세는 방법으로, 처음부터 건너뛰며 수 세기와 중간에서부터 건너뛰며 수 세기를 하는 방법이 있음. 이 방법은 배수를 활용하는 곱셈이나 나눗셈에 유용하고, 일정한 양을 빠르게 셀 수 있다는 장점이 있음

모범답안

① 핵심어 전략

② 건너뛰며 세기

2018학년도 초등 B4

22 (가)는 2015 개정 수학과 교육과정의 3~4학년군 '측정' 영역에 대해 교사가 학습장애 학생 민기를 지도하며 판서한 내용이고, (나)는 민기의 평가 결과 내용의 일부이다. 물음에 답하시오. [6점]

(가)

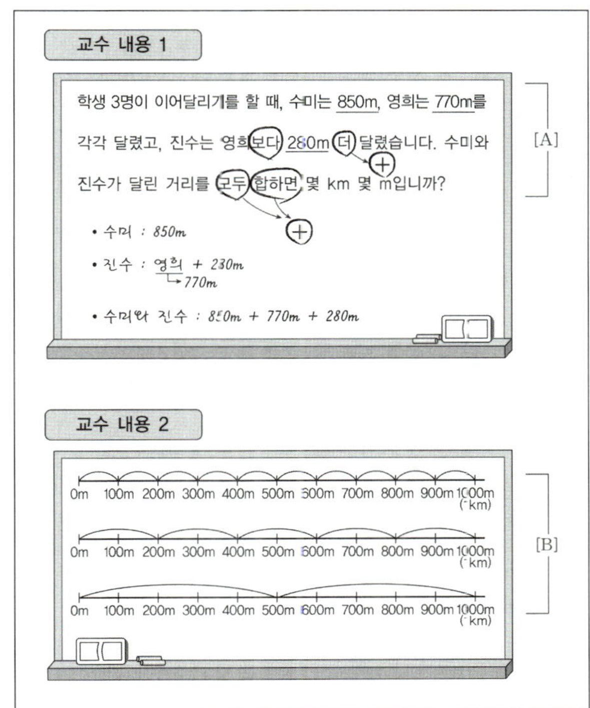

2) (가)의 ① [A]에 적용한 전략을 쓰고, ② 1km 단위 지도를 위해 [B]에서 사용한 덧셈 방법을 쓰시오. [2점]

Chapter 06

학습장애 학생을 위한 내용교과 교수

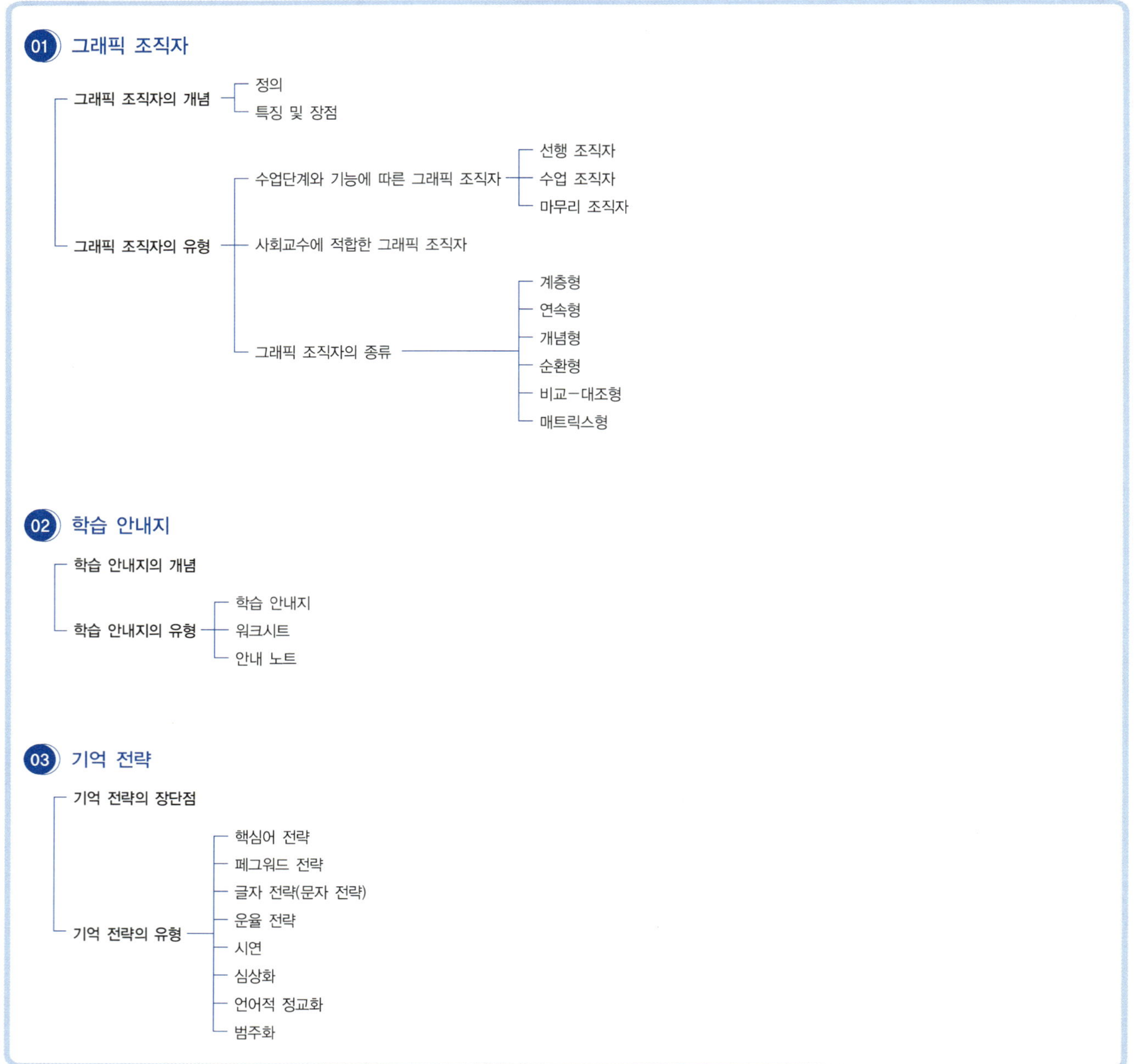

참고자료 기본이론 350p

키워드 그래픽 조직자

구조화 틀 그래픽 조직자

- 정의 및 장점
- 수업단계, 기능
  - 선행 조직자
  - 수업 조직자
  - 마무리 조직자
- 종류
  - 계층형
  - 연속형
  - 개념형
  - 순환형
  - 비교-대조형
  - 매트릭스형

핵심개념 수업단계와 기능에 따른 그래픽 조직자

선행 조직자	교수 계열 중 수업 준비를 위해 활용됨. 이전 차시에 대한 정보 제공, 해당 수업에서 다룰 내용 소개, 수행해야 할 과제나 교수 원리에 대한 설명, 중요한 어휘나 개념에 대한 소개 등을 포함
수업 조직자	수업 중에 제시하는 내용의 구조와 핵심사항을 강조하기 위해 사용됨. 개념도와 같은 표나 그래픽을 활용하거나, 강조할 내용을 제시해 학생들의 학습을 도움
마무리 조직자	교수의 계열 중 마지막에 제공되며, 해당 수업에서 다룬 핵심사항을 정리하거나 학생의 이해 정도를 평가하는 자료로 사용됨

모범답안 ②

2009학년도 초등 18

01 〈보기〉는 김 교사가 정신지체 학생 경수에게 읽기지도를 할 때 적용하려고 하는 전략이다. 각각의 전략에 부합하는 활동을 모두 고른 것은?

보기

ㄱ. 기능적 읽기 : 경수가 위인전을 반복해서 읽도록 한다.

ㄴ. 선행 조직자 : 경수에게 글을 읽기 전에 글의 개요와 그에 관련된 질문을 준다.

ㄷ. 줄 따라가기 : 경수가 읽는 도중에 줄을 놓치지 않도록 문장에 선을 그어준다.

ㄹ. 정밀교수 : 김 교사가 직접 읽으면서 구두점을 따라 쉬어 읽는 방법이나 모르는 단어가 나왔을 때 사전을 찾는 방법을 보여준다.

ㄱ. 위인전을 반복해서 읽도록 하는 것은 '기능적 읽기'가 아님 → '기능적 읽기'는 현재 필요한 읽기 활동을 하는 것으로, 전단지 · 간판 · 메뉴판 읽기 등임

① ㄱ, ㄴ　② ㄴ, ㄷ
③ ㄷ, ㄹ　④ ㄱ, ㄴ, ㄷ
⑤ ㄴ, ㄷ, ㄹ

PART 03

참고자료 기본이론 350p

키워드 그래픽 조직자

구조화틀 그래픽 조직자

- 정의 및 장점
- 수업단계, 기능
  - 선행 조직자
  - 수업 조직자
  - 마무리 조직자
- 종류
  - 계층형
  - 연속형
  - 개념형
  - 순환형
  - 비교-대조형
  - 매트릭스형

핵심개념 그래픽 조직자의 장점

- 중요한 정보가 논리적·일관적인 형태로 제시되어 학생으로 하여금 주요 정보에 집중할 수 있게 해줌
- 학생들이 기존 지식과 새로운 정보를 조직화해 통합할 수 있도록 돕고, 개념 습득의 틀을 확장시켜줌

모범답안 ①

2010학년도 초등 28

02 2008년 개정 특수학교 기본교육과정에 근거하여, 박 교사는 읽기이해에 어려움을 겪고 있는 영수에게 다음과 같이 완성된 그래픽 조직도(graphic organizer)를 사용하여 '여러 가지 동물의 먹이'를 지도하고자 한다. 이 방법에 대한 설명으로 적절한 것을 〈보기〉에서 고른 것은?

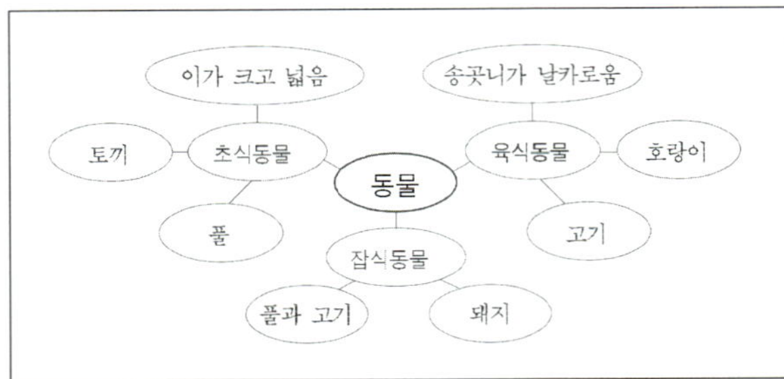

> 개념형 그래픽 조직자(conceptual graphic organizer)
> 하나의 주요 개념과 그 개념을 지원하는 사실, 증거, 또는 특성을 포함함
> (이승희 3판, 2024)

보기

ㄱ. 논리적 구조에 따라 개념과 개념 간의 관련성을 보여준다.

ㄴ. 내용의 복잡한 관계를 시각적으로 표현하여 정보를 쉽게 이해하게 한다.

ㄷ. 행동주의 이론에 근거한 교수전략으로 교수자료와 교수절차를 순서화한다.

ㄹ. 과잉학습을 통하여 학습이 이루어질 수 있도록 빠른 속도로 수업을 진행하게 한다.

ㅁ. 과제분석을 통하여 교수내용을 기능적으로 분석하고 즉각적인 교정적 피드백을 제공한다.

> ㄱ, ㄴ. 그래픽 조직자의 장점

> ㄷ. 그래픽 조직자는 시각 및 공간적 표현방법을 활용해 내용을 조직화해 이해할 수 있도록 돕는 '인지적 방법'임

> ㄹ. 과잉학습을 통한 숙달을 목표로 하는 것은 행동주의 이론에 입각한 '직접교수'에 해당함

> ㅁ. 행동주의 이론에 근거한 교수에 해당함

① ㄱ, ㄴ　② ㄱ, ㄷ
③ ㄴ, ㄹ　④ ㄷ, ㄹ
⑤ ㄹ, ㅁ

확장하기 +

그래픽 조직자의 종류(학습장애 총론)

유형	도식의 형태 예시	활용 가능한 내용의 예시
계층형	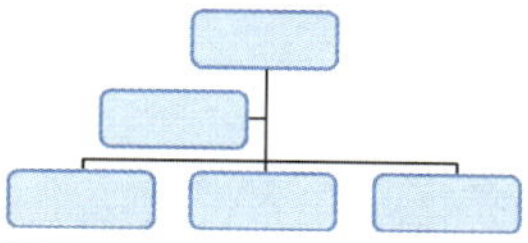	• 동식물의 종 분류 • 정부 조직도
연속형		• 역사적 사건의 발발 및 촉발 요인 • 문제해결과정
개념형	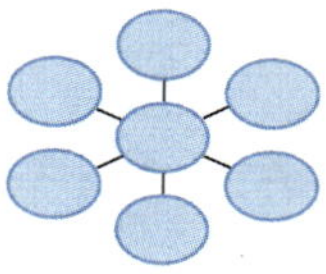	• 이야기 속 인물 간 관계 • 과학의 관련 개념 연결
순환형	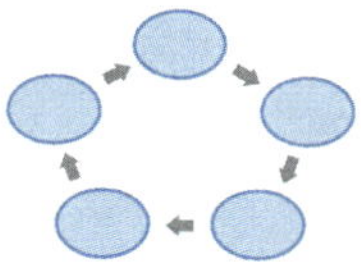	• 물질의 순환 • 먹이사슬
비교-대조형	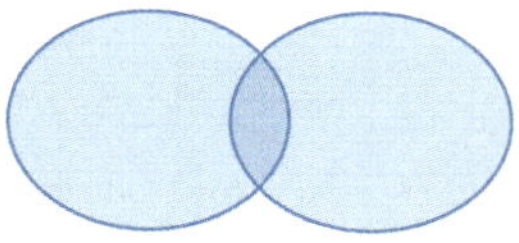	• 책과 영화의 유사성과 차이점 비교 • 원인류와 영장류의 특징 비교
매트릭스형	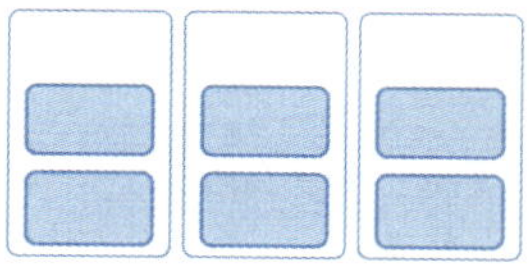	• 과학실험 결과의 기록 • 역사적 사건의 영향력 기술

개념적(conceptual G.O) 및 위계적(hierarchical G.O) 도해조직자

• 개념적 도해조직자는 하나의 주요 개념과 그 개념을 지원하는 사실 · 증거 또는 특성들을 포함한다. 즉, 한 단어나 구절로 표현된 하나의 주요 개념으로 시작하여 이를 지원하는 생각들(즉, 사실 · 증거 또는 특성들)이 주요 개념에서 파생된 것으로 묘사된다.

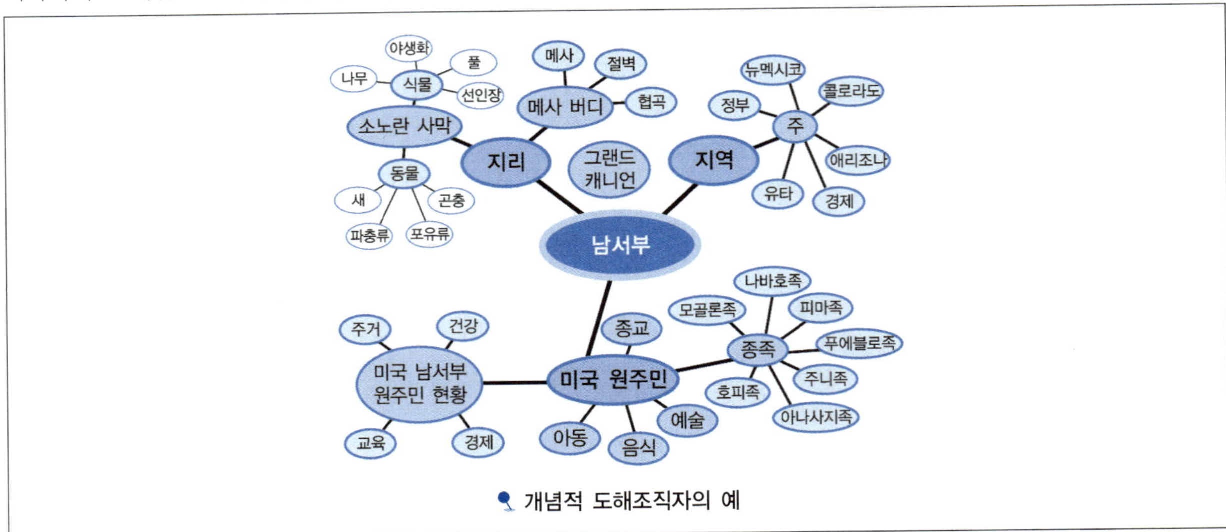

개념적 도해조직자의 예

• 위계적 도해조직자는 하나의 개념으로 시작하여 그 개념 아래 몇 개의 등급 또는 수준을 포함한다. 즉, 하나의 개념 아래 몇 개의 뚜렷한 등급 또는 수준들을 선형적으로 제시한다.

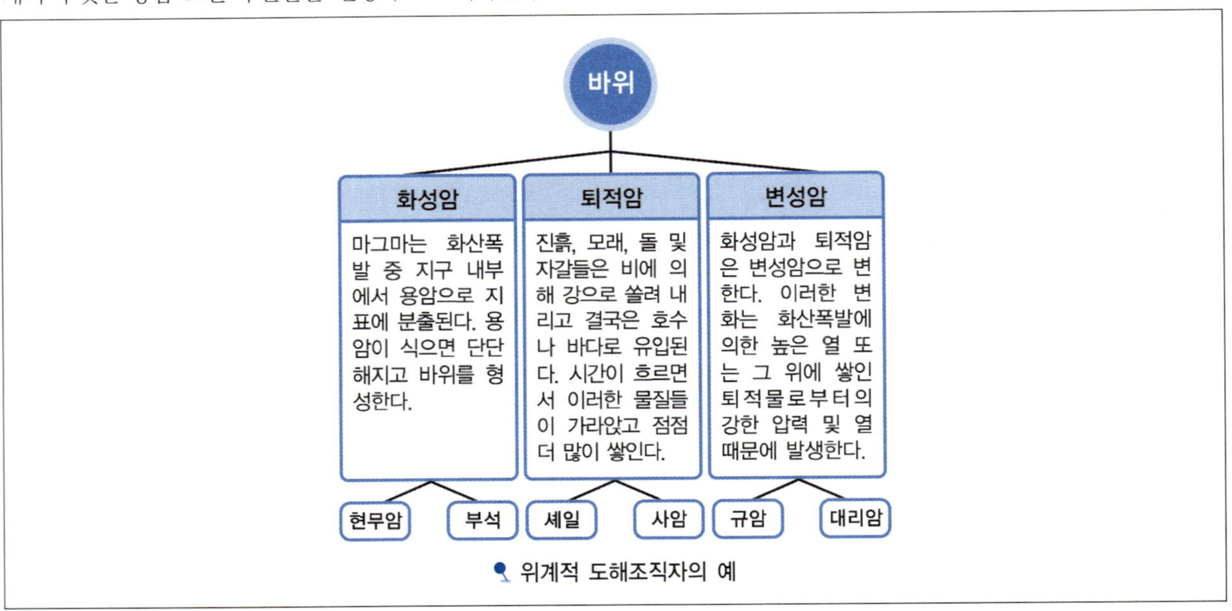

위계적 도해조직자의 예

참고자료 기본이론 350-352p

키워드 그래픽 조직자

구조화 틀 그래픽 조직자

- 정의 및 장점
- 수업단계, 기능
  - 선행 조직자
  - 수업 조직자
  - 마무리 조직자
- 종류
  - 계층형
  - 연속형
  - 개념형
  - 순환형
  - 비교-대조형
  - 매트릭스형

핵심개념 그래픽 조직자의 장점

- 중요한 정보가 논리적·일관적인 형태로 제시되어 학생으로 하여금 주요 정보에 집중할 수 있게 해줌
- 학생들이 기존 지식과 새로운 정보를 조직화해 통합할 수 있도록 돕고, 개념 습득의 틀을 확장시켜줌

모범답안

계층형 그래픽 조직자

설명식 글의 구조를 시각적으로 파악하며 글에 포함된 중요한 내용들을 인지하는 데 도움을 준다.

2025학년도 중등 B10

03 **(가)는 과학 교과서 지문이고, (나)는 ○○ 중학교 학습장애 학생 K를 위한 수업 계획서이다. (다)는 (나)의 활동을 지도하기 위한 특수 교사와 교과 교사의 대화이다. 〈작성 방법〉에 따라 서술하시오. [4점]**

(가) 과학 교과서 지문

설명글의 구조 → 나열형

> 지구계는 크게 기권, 수권, 지권, 생물권, 외권으로 구성되어 있다. 기권은 공기로 이루어져 있고, 수권은 바다와 육지, 대기 중의 물로 이루어져 있다. 지권은 암석과 토양, 지구 내부로 이루어져 있으며, 생물권은 지구상의 모든 생물로 이루어져 있다. 그리고 외권은 지구를 둘러싸고 있는 기권 바깥의 우주 공간이다.

(다) 특수교사와 교과 교사의 대화

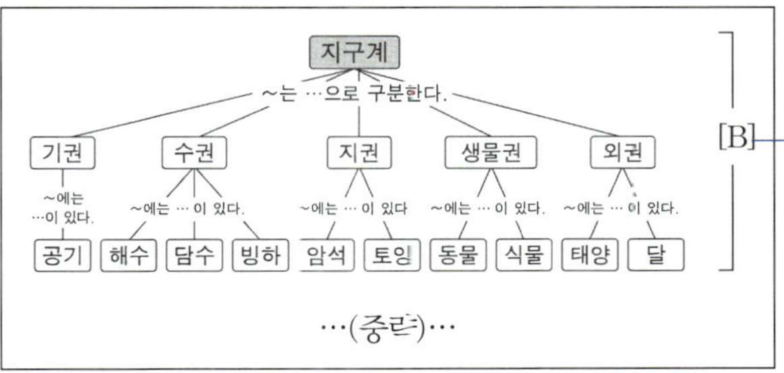

…(중략)…

계층형(위계적) 그래픽 조직자(hierarchical graphic organizer)
하나의 개념 아래 몇 개의 뚜렷한 등급 또는 수준들을 선형적으로 제시할 수 있음 (이승희 3판, 2024)

작성방법

> [B]에 해당되는 그래픽 조직자의 유형을 쓰고, 장점을 1가지 서술할 것.

참고자료 기본이론 350-352p

키워드 그래픽 조직자

구조화틀 그래픽 조직자

- 정의 및 장점
- 수업단계, 기능
  - 선행 조직자
  - 수업 조직자
  - 마무리 조직자
- 종류
  - 계층형
  - 연속형
  - 개념형
  - 순환형
  - 비교-대조형
  - 매트릭스형

핵심개념 **그래픽 조직자의 종류**

- 계층형
- 연속형
- 개념형
- 순환형
- 비교 · 대조형
- 매트릭스형

모범답안

㉠ 비교 · 대조형(벤다이어그램형)

㉡ 연속적 다이어그램

2017학년도 중등 B7

04 **(가)와 (나)는 읽기 학습장애 학생을 위한 사회과 '민주주의를 실현하는 기관' 단원 수업 계획의 일부이다. ㉠, ㉡에 들어갈 그래픽 조직자(graphic organizers)의 유형을 순서대로 쓰시오. [5점]**

(가) 11차시 수업 계획

차시		11차시/단원 정리	
주제		국회, 정부, 법원이 하는 일 정리하기	
교수·학습활동	활동 1	민주주의를 실현하는 기관 분류하기	계층형 그래픽 조직자를 사용하여 민주주의를 실현하는 기관들을 이해함
	활동 2	국회, 정부, 법원이 하는 일 비교하기	(㉠) 그래픽 조직자를 사용하여 국회, 정부, 법원의 공통점과 차이점을 알아봄
	활동 3	국회의원 선출 과정 순서 알기	(㉡) 그래픽 조직자를 사용하여 국회의원 선출 과정을 기술함

※ '계층형 그래픽 조직자' 범주가 제시되어 있으므로 아래의 ㉠, ㉡에 해당하는 그래픽 조직자의 유형도 같은 범주 내에서 작성해야 함

참고자료 기본이론 350-352p

키워드 그래픽 조직자

구조화 틀 그래픽 조직자

- 정의 및 장점
- 수업단계, 기능
  - 선행 조직자
  - 수업 조직자
  - 마무리 조직자
- 종류
  - 계층형
  - 연속형
  - 개념형
  - 순환형
  - 비교-대조형
  - 매트릭스형

핵심개념

모범답안 ⓒ-고체, 액체, 기체의 순환적 변화를 이해하기 위해서는 '의미특성분석표'보다는 '순환형 그래픽 조직자'를 사용하는 것이 효과적이다.

2015학년도 중등 B3

05 다음은 학습장애 학생 A의 학습 특성과 통합학급에서 공통 교육과정 중학교 1학년 과학 교과, '물질의 세 가지 상태' 단원을 지도하기 위한 계획안의 일부이다. (가)의 활동 1, 2, 3을 지도하기 위한 전략 ㉠, ㉡, ㉢ 중 부적절하게 사용한 것을 찾고, 그 이유를 설명하시오. [5점]

학습장애 학생 A의 학습 특성: 글을 읽을 수는 있으나, 그 내용을 요약·정리하는 데 어려움이 있다.

그래픽 조직자는 논리적 구조에 따라 개념과 개념 간의 관련성을 보여줌

(가)

제재	3. 고체, 액체, 기체의 성질	
지도 목표	• 물질을 상태에 따라 분류할 수 있다. • 물질의 세 가지 상태에 대한 특징을 이해할 수 있다.	
지도 내용 및 교수 전략	활동 1: 물질을 고체, 액체, 기체로 구분하기	㉠매트릭스를 이용하여 다양한 물질을 고체, 액체, 기체로 범주화하여 분류함
	활동 2: 고체, 액체, 기체의 공통점과 차이점 찾기	㉡벤다이어그램을 활용하여 고체, 액체, 기체의 공통점과 차이점을 찾음
	활동 3: 고체, 액체, 기체 사이의 상태 변화를 이해하기	㉢의미특성분석표를 사용하여 고체, 액체, 기체 사이의 순환적 변화를 이해함

매트릭스형

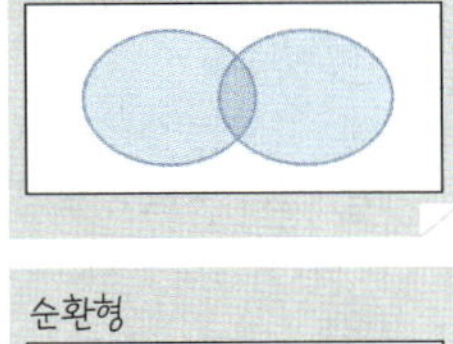

벤다이어그램(비교·대조형)

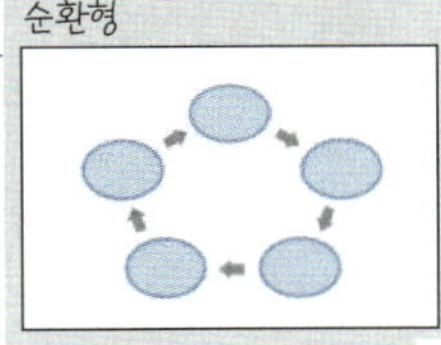

순환형

참고자료 기본이론 353-355p

키워드 안내 노트(guided note)

구조화 틀 학습 안내지

- 학습 안내지(학습 지침)
- 워크시트
- 안내 노트

핵심개념

안내 노트

- 수업시간에 다룰 중심 내용 및 주요 어휘 등에 관한 개요와 학생이 필기할 수 있는 공간을 넣어 작성한 학습지로, 학생이 수업을 들으면서 필기함
- 보편적 학습설계의 원리에 따름

안내 노트의 장점(윤점룡 외)

- 학생이 적극적으로 수업에 참여해 교과 내용과 상호작용함
- 안내 노트는 주요 개념, 사실 및 관계에 단서를 주기 때문에 학생이 더 잘 이해할 수 있도록 해주고, 교사에게 더 분명하게 질문할 수 있도록 해줌
- 학생의 노트 기술이 향상됨
- 교사는 수업을 주의 깊게 준비함
- 교사가 수업의 과제에 더 집중하도록 해줌

모범답안

- 준수는 수업 내용 요약이 어려우므로 수업 내용을 조직하고 이해를 증진시키는 데 도움을 줄 수 있다.
- 준수는 글자를 쓰는 데 많은 노력이 필요하므로 노트 필기의 정확성과 효율성을 향상시킨다.

2017학년도 초등 B3

06 **(가)는 학습장애 학생 준수의 특성이고, (나)는 2009 개정 사회과 교육과정(교육과학기술부 고시 제2012-14호) 3~4학년 '나는 미래에 어떤 일을 하면 좋을지 생각해봅시다.'를 지도하기 위해 특수교사와 일반교사가 협의하여 작성한 교수·학습 과정안이다. 물음에 답하시오. [5점]**

(가)

- 준수
  - 단어와 정의를 연결할 수 있음
  - 어휘의 의미를 깊이 이해하는 데 어려움이 있음
  - 수업 내용을 요약하는 데 어려움이 있음
  - 글자를 쓰는 데 많은 노력이 필요함

(나)

단원	경제생활과 바람직한 선택	차시	11~12/20
제재	나는 미래에 어떤 일을 하면 좋을지 생각해봅시다.		
학습 목표	미래에 자신이 하고 싶은 일을 결정하고 행동계획을 세울 수 있다.		
㉠ 단계	학생 활동	자료(㉶) 및 유의점(㊅)	
A	• 각 직업의 장·단점 분석하기 • 갖고 싶은 직업을 평가하여 점수를 매기고 순서 결정하기	㉶ 평가기준표	
B	• 직업 선택 시 고려할 조건을 찾아서 평가기준 만들기 • 사실적 기준과 가치 기준을 골고루 포함하기	㊅ 중요하다고 생각하는 기준에 가중치를 부여하게 한다. ㊅ ㉡ 과제분담 협동학습(Jigsaw II)을 실시한다.	
C	• 주변에서 볼 수 있는 직업에 대해 자유롭게 이야기하기 • 장래 직업을 고민하는 학생의 영상 시청하기	㉶ ㉢ 안내노트, 그래픽 조직자, 동영상 자료 ㊅ ㉣ 의미지도 전략을 활용하여 미래 직업에 대해 알아본다.	
D	• 갖고 싶은 직업과 이유 발표하기 • 대안에 대한 브레인스토밍 후 후보 결정하기	㉶ 직업분류표	
E	• 갖고 싶은 직업 결정하기 • 행동계획 수립하기	㊅ 의사결정의 목적은 행동을 실천하는 데 있음을 알게 한다.	

3) (나)의 ㉢을 사용할 때 기대할 수 있는 효과 2가지를 (가)에 근거하여 쓰시오. [2점]

※ 준수의 특성과 연결해 ㉢의 장점을 제시해야 함

참고자료 기본이론 353-355p

키워드 안내 노트(guided note)

구조화 틀 **학습 안내지**

- 학습 안내지(학습 지침)
- 워크시트
- 안내 노트

핵심개념 **학습 안내지**

- 교과서의 중심내용이나 주요 어휘 등의 학습을 돕기 위해 제작한 학습지
- 학습 목적에 따라 다양한 형식으로 구성함(학습지침, 워크시트, 안내 노트)

모범답안 ㉠ 학습 안내지

2025학년도 중등 B10

07 **(가)는 과학 교과서 지문이고, (나)는 ○○ 중학교 학습장애 학생 K를 위한 수업 계획서이다. (다)는 (나)의 활동을 지도하기 위한 특수 교사와 교과 교사의 대화이다. 〈작성 방법〉에 따라 서술하시오. [4점]**

(다) 특수 교사와 교과 교사의 대화

교과 교사 : 학생 K가 수업 시간에 교과서 내용을 어려워하는데, 어떤 전략이 학생 K에게 효과적일까요?

특수 교사 : 수업 계획서의 활동 1에서는 ㉠ 수업에서 다룰 교과서의 중심 내용과 주요 어휘 등으로 구성된 활동지를 제공하는 게 도움이 돼요. [A]

교과 교사 : 수업 내용을 조직화한 수업자료를 미리 제작해서 수업 시간에 제공하면 되겠네요.

특수 교사 : 활동 2에서는 그래픽 조직자를 활용할 수 있어요.

작성방법

[A]에 근거하여 밑줄 친 ㉠의 명칭을 쓸 것.

PART 03

참고자료 기본이론 356-357p

키워드 기억 전략

구조화틀 **기억 전략**

- 기억 전략의 장단점
- 유형

핵심개념

핵심어 전략(키워드 전략)

- 이미 학습한 용어 · 개념과 이와 음성학적으로 유사한 정보를 연결시켜, 관련이 없어 보이는 2개 이상의 정보를 연결해 정보의 회상을 돕는 전략
- 핵심단어와 학습할 단어 · 내용을 연결하도록 시각적 이미지를 활용할 수 있음

페그워드 전략(말뚝어법)

- 순서를 가지고 있는 정보를 기억하기 쉽게 소리가 유사한 단어로 연결시키는 전략
- 외워야 할 단어의 운을 사용해 순서 혹은 번호가 매겨진 정보를 암기하는 것이 핵심
- 핵심어법과 유사한 절차를 통해 지도함. 즉, 학생에게 운율화된 페그워드를 가르친 다음, 낯선 정보를 페그워드를 통해 숫자와 연결시킴

핵심어 전략 vs 페그워드 전략

- **공통점**: 목표어휘와 청각적으로 유사한 어휘를 사용해 정보 회상을 도움
- **차이점**
  - 페그워드 전략은 순서가 있는 정보를 기억하고자 할 때 활용함
  - 페그워드 전략은 숫자와 비슷하게 발음되는 어휘와 연결함

모범답안

ⓔ 핵심어 전략은 이미 학습한 용어 · 개념과 이와 음성학적으로 유사한 정보를 연결시켜 관련이 없어 보이는 2개 이상의 정보를 연결해 정보의 회상을 돕는 전략이다.

ⓜ 페그워드 전략은 순서를 가지고 있는 정보를 기억하기 쉽게 숫자와 소리가 유사한 단어로 연결해 정보의 회상을 돕는 전략이다.

차이점 – 페그워드 전략은 순서를 가지고 있는 정보를 기억하기 쉽게 소리가 유사한 단어로 연결시키는 전략이다.

2013학년도 추가중등 B6

08 **(가)는 A 중학교 2학년에 재학 중인 학습장애 학생들의 대화 중 일부이고, (나)는 박 교사가 진주와 상담한 후 A 대학교 이 교수로부터 자문받은 내용의 일부이다. 물음에 답하시오. [6점]**

(나) 박 교사와 이 교수의 대화

> 박 교사: 교수님, 우리 반에 학습장애 학생이 있는데, 이 학생은 특정한 어휘나 정보를 잘 기억하지 못합니다. 이런 학생에게 도움이 될 만한 좋은 방법이 있을까요?
>
> 이 교수: 네, 학습장애 학생 중에는 기억 전략을 잘 활용하지 못하여 특정 어휘나 정보를 기억하기가 어려운 학생이 있습니다. 이런 학생들에게 효과적으로 활용할 수 있는 기억 전략 중 ㉣ 핵심어법(keyword method)과 ㉤ 페그워드법(pegword method)이 있지요.

2) ⓔ과 ⓜ의 기억법을 설명하고, 두 기억법 간의 차이점을 1가지만 쓰시오. [3점]

참고자료 기본이론 356-357p

키워드 기억 전략

구조화 틀 기억 전략

- 기억 전략의 장단점
- 유형

핵심개념

모범답안 ㉠ 핵심어 전략

2026학년도 중등 A5

09 **(가)는 ○○중학교의 특수교사와 수학교사의 대화이고, (나)는 학생 A의 수업 참여를 돕기 위해 특수교사가 수학교사에게 안내한 자료의 일부이다. 〈작성 방법〉에 따라 서술하시오. [4점]**

(가) 특수교사와 수학교사의 대화

> 수학교사: 학생 A는 개념 어휘를 잘 기억하지 못해요. 그래서 수학 문제를 해결할 때 어려움을 겪고 있어요.
> 특수교사: 익숙하지 않은 단어를 기억하기 위한 전략이 있어요. ㉠ <u>학습할 단어를 친숙한 단어와 시각적 이미지로 연결하여 기억하거나, 청각적으로 비슷한 단어와 연결하여 기억하는 전략</u>이에요. 비슷한 기억 전략으로 페그워드 전략도 있어요.

작성방법

(가)의 밑줄 친 ㉠에 해당하는 명칭을 쓸 것.

확장하기 +

기억장치(memory device)

1. 핵심어(keyword)
   ① 핵심어란 학습할 단어와 음향적으로 유사하면서 구체적인 단어를 말한다(Scruggs & Mastropieri). 이러한 핵심어는 새로운 단어를 기억하도록 돕기 위해 사용된다.
   ② 핵심어를 활용할 때는 기본적으로 두 단계를 거친다. 먼저, 학습할 새로운 단어의 일부 또는 전체와 발음이 유사한 단어, 즉 핵심어를 선택한다. 그다음, 학습할 단어의 의미와 선택된 핵심어를 연결하는 상호작용적 심상을 형성하게 한다.
   예 'ranidae(개구리과)'라는 단어의 기억을 돕기 위해 ranidae의 첫 부분과 발음이 유사한 'rain(비)'을 핵심어로 선택한 다음, 비를 맞으며 앉아 있는 개구리를 연상하게 한다.
   예 'carta(편지)'라는 스페인어 단어의 기억을 돕고자 한다면, carta와 전체적으로 발음이 유사한 영어 단어 'cart(손수레)'를 핵심어로 선택한 후 편지로 가득 찬 손수레를 연상하게 할 수 있다.
2. 쐐기어(pegword)
   ① 영어에서 box와 fox, cat과 hat, male과 nail 등과 같이 '끝소리가 동일한 단어'를 '운율이 맞는 단어(rhyming word)'라고 한다.
   ② 쐐기어(걸이단어, pegword)란 숫자와 운율이 맞는 단어를 말한다.
   예 bun, shoe, tree, door, hive, sticks, heaven, gate, vine, hen은 각각 숫자 one, two, three, four, five, six, seven, eight, nine, ten과 운율이 맞는 단어, 즉 쐐기어의 예가 될 수 있다.
   ③ 이러한 쐐기어는 수량이나 순서에 대한 정보를 기억하도록 돕는 데 사용된다.
   예 곤충의 다리는 6개고 거미의 다리는 8개라는 정보를 기억하도록 돕기 위해 sticks(막대기 : six의 쐐기어)에 붙어 있는 곤충과 gate(대문 : eight)에 거미줄을 치고 매달려 있는 거미를 연상하게 한다.

참고자료 기본이론 356-357p

키워드 기억 전략

구조화 틀 **기억 전략**

- 기억 전략의 장단점
- 유형

핵심개념

핵심어 전략(키워드 전략)

- 이미 학습한 용어·개념과 이와 음성학적으로 유사한 정보를 연결시켜, 관련이 없어 보이는 2개 이상의 정보를 연결해 정보의 회상을 돕는 전략
- 핵심단어와 학습할 단어·내용을 연결하도록 시각적 이미지를 활용할 수 있음

페그워드 전략(말뚝어법)

- 순서를 가지고 있는 정보를 기억하기 쉽게 소리가 유사한 단어로 연결시키는 전략
- 외워야 할 단어의 운을 사용해 순서 혹은 번호가 매겨진 정보를 암기하는 것이 핵심
- 핵심어법과 유사한 절차를 통해 지도함. 즉, 학생에게 운율화된 페그워드를 가르친 다음, 낯선 정보를 페그워드를 통해 숫자와 연결시킴

핵심어 전략 vs 페그워드 전략

- **공통점**: 목표어휘와 청각적으로 유사한 어휘를 사용해 정보 회상을 도움
- **차이점**
  - 페그워드 전략은 순서가 있는 정보를 기억하고자 할 때 활용함
  - 페그워드 전략은 숫자와 비슷하게 발음되는 어휘와 연결함

모범답안 핵심어 전략

2026학년도 초등 A5

10 **(가)는 2022 개정 특수교육 기본 교육과정 사회과 3~4학년 '이웃의 일과 직업' 단원 지도를 위해 같은 학년 교사들이 나눈 대화의 일부이고, (나)는 수업 준비를 위해 김 교사가 작성한 메모의 일부이다. 물음에 답하시오. [5점]**

(나)

〈수업 내용〉

○ 학습 주제 : 동네에서 사람들이 하는 일 알기

[1차시] 이웃 사람들이 하는 일 알기
- 이웃 사람들이 하는 일 알아보기
- 이웃 사람들이 하는 일 기억하기

※ 기억술 전략 사용

[A]
- 이웃 사람들이 하는 일을 계이름과 연결해서 기억할 수 있도록 소리가 비슷한 말을 활용함
  - 도 → 도예가
  - 레 → 발레리나
  - 미 → 미용사
  - 파 → 판매원

…(중략)…

- 연결된 단어의 그림에 외워야 할 항목을 연결함

2) (나)의 [A]에 해당하는 기억술 전략을 쓰시오. [1점]

참고자료 기본이론 356-358p

키워드 기억 전략

구조화 틀 **기억 전략**

- 기억 전략의 장단점
- 유형

핵심개념

기억 전략의 한계점

- 효과적으로 학습활동을 수행하기 위해서는 '언제', '어떤 상황에서', '왜' 이 전략을 활용해야 하는지에 대한 분명한 의사결정능력이 필요함. 그러나 기억 전략은 실제 학습장면에서 이러한 사고 전략을 계획·점검·수정하는 활동과 관련된 메타인지 전략을 포함하고 있지 않음
- 기억 전략을 적극적으로 활용해야 하는 필요성에 대한 인식과 학습동기를 증진시키기 위한 교수 전략을 프로그램에 포함하고 있지 않음

글자 전략(문자 전략)

- **두문자어 전략**: 기억하고자 하는 각 단어의 앞 글자를 따서 암기하는 방법
  - **축소형**: 앞 글자를 딴 결과물이 의미 없는 단어
  - **정교형**: 앞 글자를 딴 결과물이 의미 있는 단어
- **어구 만들기 전략**: 기억하고자 하는 각 단어의 앞 글자로 시작하는 단어를 조합하여 어구를 만드는 것

모범답안 ㉢ 두문자어 전략(축소형)

2018학년도 중등 A13

11 **(가)는 지적장애 특수학교 고등학교 과정의 진로와 직업 수업 운영을 위한 김 교사와 최 교사의 대화이고, (나)는 진로와 직업 수업 계획의 일부이다. 〈작성방법〉에 따라 서술하시오. [4점]**

(나) 진로와 직업 수업 계획

영역		진로 준비
단원		지역사회 대인 서비스
제재		카페에서 대인 서비스 하기
주요 학습 활동	1차시	카페에서의 대인 서비스에 필요한 문장 학습하기 〈학습할 문장〉 • 안녕하세요? • 무엇을 주문하시겠습니까? • 여기 주문하신 ○○입니다. • 고맙습니다. 위의 4가지 문장을 연습하기 위해 ㉢<u>'안무여고'라고 알려주고 암기하게 함</u>
	2/3 차시	카페에서 대인 서비스를 위한 ㉣<u>역할극</u>하기 카페에서 주문받고 서빙하는 상황 설정하기 ↓ (㉤) ↓ 작성한 대본 연습하기 ↓ 카페에서 주문받고 서빙하는 장면 실연하기 ↓ 카페에서 대인 서비스 역할극에 대해 평가하기

작성방법

밑줄 친 ㉢에 해당하는 기억 전략의 명칭을 쓸 것.

참고자료 기본이론 324p, 350p, 356-358p

키워드 통합

구조화 틀

핵심개념 수업단계와 기능에 따른 그래픽 조직자

선행 조직자	교수 계열 중 수업 준비를 위해 활용됨. 이전 차시에 대한 정보 제공, 해당 수업에서 다룰 내용 소개, 수행해야 할 과제나 교수 원리에 대한 설명, 중요한 어휘나 개념에 대한 소개 등을 포함
수업 조직자	수업 중에 제시하는 내용의 구조와 핵심사항을 강조하기 위해 사용됨. 개념도와 같은 표나 그래픽을 활용하거나, 강조할 내용을 제시해 학생들의 학습을 도움
마무리 조직자	교수의 계열 중 마지막에 제공되며, 해당 수업에서 다룬 핵심사항을 정리하거나 학생의 이해 정도를 평가하는 자료로 사용됨

모범답안

- ㉠ 선행 조직자
  ㉡ 어구 만들기
- ㉢ 시연
- ㉣ 열대기후의 날씨, 주거, 농업의 특징은 스콜, 고상가옥, 플랜테이션이라는 하나의 범주로 묶어서 기억하고 건조기후의 날씨, 주거, 농업의 특징은 사막, 오아시스, 관개농업을 하나의 범주로 묶어서 기억한다.

2022학년도 중등 B4

12 다음은 학습장애 학생 C를 위해 일반교사와 특수교사가 협의하여 작성한 학습전략의 일부이다. 〈작성방법〉에 따라 서술하시오. [4점]

그래픽 조직자 활용하기	(㉠) 개발 시 중점 사항 – 이전 차시와 본 수업 내용 간의 연결에 초점을 둠 – 본 수업의 핵심 개념, 글의 조직 및 구조를 소개함 – 수업 초반부에 제시하여 이미 학습한 개념과 새로운 개념 간의 관련성을 제시함 – 그래픽(도해) 조직자, 개념 지도 등을 활용하여 학습의 전이를 촉진함
기억 전략 적용하기	기억 전략 활용의 예 [기억술: (㉡) / 예: 열대 우림 기후, 사바나 기후, 열대 계절풍 기후 → **우**(우림)리 **사**(사바나)랑하**게** (계절풍) 해주세요!]
인지 전략 교수하기	• 인지 전략 [구분: (㉢) / 정의와 예: 정보를 단순히 반복하여 되뇌는 인지적 조작 활동으로 과제를 단순 암기하는 데 효과적인 학습전략 예 열대기후의 핵심 개념에 줄을 긋거나 강조하면서 반복하며 읽기] [구분: 조직화 / 정의와 예: (㉣)] • 학습내용: ㉤ <u>스콜, 고상가옥, 플랜테이션, 사막, 오아시스, 관개농업</u>

㉠ 선행 조직자의 기능 및 역할

㉡ 기억 전략 중 '어구 만들기 전략'은 기억하고자 하는 각 단어의 앞 글자로 시작하는 단어를 조합해 어구를 만드는 것임

㉢ 기억 전략 중 '시연 전략'은 주어진 정보를 단순히 반복하여 되뇌이는 인지적 조작 방법임

㉣ 기억 전략 중 '조직화(범주화) 전략'은 주어진 정보를 공통된 속성에 따라 분류해 기억하는 방법임
예 '사과', '버스', '택시', '바나나', '기차', '배'를 기억해야 하는 경우 이들 제시어를 '과일'과 '운송수단'으로 나누어 공통된 것끼리 묶어서 기억함

작성방법

- 괄호 안의 ㉠, ㉡에 해당하는 전략의 명칭을 기호와 함께 각각 쓸 것.
- 괄호 안의 ㉢에 해당하는 전략의 명칭을 쓸 것.
- 밑줄 친 ㉤을 활용하여 괄호 안의 ㉣에 해당하는 예를 1가지 서술할 것.

참고자료 기본이론 350-358p

키워드 통합

구조화 틀

핵심개념

단원 구성도(unit organizer)

단원의 주요 개념·활동 등을 시각적으로 제시해 학생들이 단원에 대한 중요한 정보를 기억하도록 도와줌

개념 다이어그램

- 특정 개념을 좀 더 자세하게 이해하기 위해 사용되는 그래픽 조직자의 한 유형
- 특정 개념의 특성(반드시 갖추어야 할 특성/간혹 나타나는 특성/전혀 나타나지 않는 특성)과 예시·비예시를 확인하고 학생 스스로 해당 개념의 정의를 만들어볼 수 있게 함

모범답안 ②

2010학년도 중등 8

13 학습장애 학생에게 과학과 '지각과 물질' 단원을 지도하기 위한 학습전략과 그 설명으로 옳은 것을 〈보기〉에서 모두 고른 것은?

〈보기〉

ㄱ. 심상화(visualization) : 조암광물(석영, 장석, 흑운모 등)의 생김새를 종이에 그리도록 하여 조암광물의 종류를 기억하도록 도와준다.

ㄴ. 단원 구성도(unit organizer) : 단원의 주요 개념과 활동 등을 시각적으로 제시하여 학생들이 단원에 대한 중요한 정보를 기억하도록 도와준다.

ㄷ. 핵심어 전략(keyword method) : '활로 방어한 장군이다'라는 문장을 만들어 공물(활석, 방해석, 장석)의 상대적인 굳기 순서를 기억하도록 도와준다.

ㄹ. 안내 노트(guided notes) : 교사는 '지각의 구성 물질'에 대한 주요 개념과 사실 등을 여백으로 남긴 유인물을 제작하여 학생들이 복습할 때 사용하도록 한다.

ㅁ. 개념 다이어그램(concept diagram) : 조암광물에서 '항상 나타나는 특징', 가끔 나타나는 특징', '전혀 나타나지 않는 특징', '예와 예가 아닌 것' 등을 시각적으로 조직화하여 조암광물의 주요 특징에 집중하도록 도와준다.

① ㄱ, ㄷ　　② ㄴ, ㅁ
③ ㄱ, ㄷ, ㄹ　　④ ㄴ, ㄷ, ㅁ
⑤ ㄴ, ㄹ, ㅁ

ㄱ. 기억 전략 중 '심상화 전략'은 사물에 대한 기억을 마음속에 영상화하여 기억하는 방법임

예 '나무', '구름', '바람', '하늘'이라는 단어를 기억할 때, '나뭇가지가 바람에 의해 조금씩 흔들리며, 흔들리는 나뭇가지 사이로 파란 하늘과 약간의 구름이 흘러가는 장면'을 마음속에 만들어 주어진 단어를 기억하고 회상하는 방법

ㄷ. 기억 전략 중 '핵심어 전략'은 이미 학습한 용어와 음성학적으로 유사한 정보를 연결시켜 2개 이상의 정보를 연결하여 정보의 회상을 돕는 전략임. 제시된 예시는 '어구 만들기'에 해당함

ㄹ. 안내 노트는 수업시간에 다룰 중심내용 및 주요 어휘 등에 관한 개요와 학생이 필기할 수 있는 공간을 넣어 작성한 학습지로, 수업을 들으면서 활용함

Chapter

07 효과적인 교수방법

01 행동주의 접근을 활용한 교사 주도적 교수방법

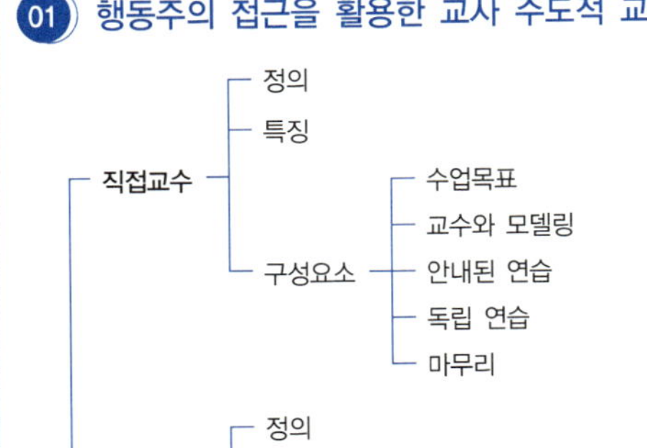

02 인지주의 접근을 활용한 학생 주도적 교수방법

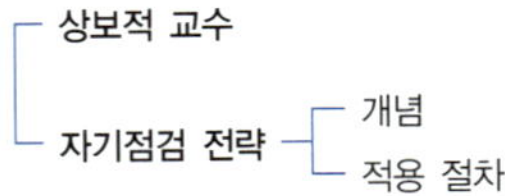

참고자료 기본이론 360-362p

키워드 직접교수

구조화 틀 직접교수

- 정의
- 특징
- 구성요소
  - 수업목표
  - 교수와 모델링
  - 안내된 연습
  - 독립 연습
  - 마무리

핵심개념

직접교수

교수·학습목표에 대한 명확한 진술을 기반으로 적당한 학습 분량을 확실하게 학습할 수 있는 충분한 시범과 연습의 기회를 제공하는 교수

직접교수의 특징

- 철저한 피드백과 신속한 교정이 이루어짐
- 학습자들이 지루하지 않게 학습 진도를 빠르게 진행하면서 숙달 정도를 높임
- 학생들이 교수활동을 숙달할 때까지 시범과 체계적인 보조를 제공함
- 교사는 학생의 인지능력보다 낮은 수준에서 질문함
- 학습 과제는 명확해야 하며, 산만해서는 안 됨

모범답안 ②

2009학년도 초등(유아) 6

01 다음은 학습장애 아동을 위한 교수방법에 관한 두 교사의 대화이다. 교사들의 입장에 부합하는 교수방법에 대한 바른 설명을 〈보기〉에서 모두 고른 것은?

> 이 교사 : 아동에게 개념을 지도할 때에는 내용을 논리적으로 계열화해야 해요. 과제 위계에 따라 설명하면서 구체적인 시범을 보이는 것이 효과적이지요. 그리고 학습 초기에 아동의 사전지식을 꼭 확인할 필요가 있지요.
>
> 김 교사 : 네, 그렇지요. 교사는 아동의 반응을 지속적으로 점검하고, 즉각적인 피드백을 주어야 해요. 교사가 주도하는 수업에서 아동들은 다양한 연습을 통해 습득한 개념을 자동화시킬 수 있는 것이지요.

행동주의 접근을 활용한 교사 주도적 교수방법 : 직접교수, 정밀교수 등

보기

ㄱ. 학습의 통제가 교사에서 아동으로 점차 전이된다.
ㄴ. 교사는 언어적 상호작용을 통해 학습 내용을 지도한다.
ㄷ. 교사는 아동의 인지적 능력보다 상위 수준의 질문을 한다.
ㄹ. 아동들은 교사 행동을 관찰함으로써 사고나 기능을 배울 수 있다.
ㅁ. 질문에 대한 아동의 정반응이 증가하면 교사는 언어적 암시를 증가시킨다.

ㄷ. 교사는 학생의 인지능력보다 낮은 수준으로 질문함 → 교사의 시범이나 지시는 모호하지 않고 명백해 학생이 즉시 알아들을 수 있어야 함

ㅁ. 학생의 정반응이 증가하면 교사는 언어적 암시(단서)를 점차 용암시켜야 함

① ㄱ, ㄴ ② ㄱ, ㄴ, ㄹ
③ ㄱ, ㄹ, ㅁ ④ ㄴ, ㄷ, ㄹ
⑤ ㄴ, ㄷ, ㄹ, ㅁ

참고자료 기본이론 360-362p

키워드 직접교수

구조화 틀 직접교수

- 정의
- 특징
- 구성요소
  - 수업목표
  - 교수와 모델링
  - 안내된 연습
  - 독립 연습
  - 마무리

핵심개념 직접교수의 단계

교수와 모델링(시범)	교수목표에서 요구하는 행동을 구체적으로 제시함
안내된 연습	학생이 해당 기술을 교사와 함께 연습하는 것으로, 교사는 질문하고, 연습이 부족해 발생하는 실수를 확인하며, 오류를 정정하고, 필요한 경우 재교수를 하여 학생을 지원함
독립 연습	학생이 독립적으로 과제를 수행하도록 기대되며, 교사의 피드백이 안내된 연습에서처럼 빠르게 제공되지 않음
마무리	학습내용을 요약·검토하고, 이를 이전에 학습한 내용 또는 경험과 통합함으로써 수업을 마무리함

모범답안 ③

2012학년도 중등 11

02 **다음은 특수학교 김 교사가 중학교 1학년 1반 학생들에게 '잎모양 본뜨기'를 지도하기 위해 '직접교수'를 적용한 수업의 일부이다. '직접교수'의 단계별 교수·학습 활동의 예로 적절한 것만을 있는 대로 고른 것은?**

단계	교수·학습 활동의 예
학습 목표 제시	(가) 교사가 객관적 용어로 진술된 학습 목표를 제시하고, 학생들이 학습 목표를 따라 읽는다. • 학습 목표: 잎 모양 본뜨는 방법을 안다.
교사 시범	(나) 교사가 학생들에게 '잎 모양 본뜨기'에 대해 시범을 보이며, "잎 모양을 본뜰 때는 다음과 같이 합니다. 먼저, 본을 뜰 나뭇잎 위에 화선지를 올려놓습니다."라고 말한다. 그런 다음 교사가 잎 모양 본뜨기의 나머지 순서를 차례대로 시범을 보인다.
안내된 연습	(다) 교사가 학생들에게 잎 모양 본뜨는 연습을 하도록 지시한다. 다른 학생들이 연습하는 동안 교사가 과제에 어려움을 보이는 학생 A에게 가서 "처음에는 무엇을 해야 하지요?"라고 질문한다. 학생 A가 답을 하지 못하자, 교사가 "잘 생각해서 해보아요."라고 말하고 안내된 연습을 종료한다.
독립적 연습	(라) 교사가 학생들에게 "자, 그럼 이제부터 여러분들이 각자 잎 모양 본뜨기 연습을 해보도록 해요."라고 말한다. 학생들이 연습하는 동안 교사가 교실을 돌아다니며 학생들이 잎 모양 본뜨기를 제대로 수행하는지를 점검한다.

(가) 학습 목표에서 "안다."라는 서술어는 구체적으로 관찰 가능한 행동적 용어가 아니므로 "발표할 수 있다.", "설명할 수 있다." 등으로 수정해야 함

(다) 오류에 대해 정정하고, 필요한 경우 재교수해 학생을 지원해야 함

① (가), (나)　　② (가), (다)
③ (나), (라)　　④ (가), (다), (라)
⑤ (나), (다), (라)

참고자료 기본이론 360-362p

키워드 직접교수

구조화 틀 직접교수

- 정의
- 특징
- 구성요소
  - 수업목표
  - 교수와 모델링
  - 안내된 연습
  - 독립 연습
  - 마무리

핵심개념 직접교수의 단계

교수와 모델링 (시범)	교수목표에서 요구하는 행동을 구체적으로 제시함
안내된 연습	학생이 해당 기술을 교사와 함께 연습하는 것으로, 교사는 질문하고, 연습이 부족해 발생하는 실수를 확인하며, 오류를 정정하고, 필요한 경우 재교수를 하여 학생을 지원함
독립 연습	학생이 독립적으로 과제를 수행하도록 기대되며, 교사의 피드백이 안내된 연습에서처럼 빠르게 제공되지 않음
마무리	학습내용을 요약·검토하고, 이를 이전에 학습한 내용 또는 경험과 통합함으로써 수업을 마무리함

모범답안

① 직접교수

② 교사와 함께 연습하는 단계로, 교사는 질문하고, 연습이 부족해 발생하는 실수를 확인하고, 오류를 정정하며, 필요한 경우 재교수를 실시해 지원한다.

2016학년도 초등 A1

03 **(가)는 정신지체 학생 민기의 특성이고, (나)는 통합학급 교사와 특수학급 교사가 함께 작성한 '2009 개정 국어과 교육과정' 1~2학년군 '즐겁게 대화해요.' 단원에 따른 교수·학습 계획서의 일부이다. 물음에 답하시오. [6점]**

(가) 민기의 특성

- 수용 및 표현 언어, 사회적 의사소통에 어려움이 있음
- 학습된 무기력이 심하고, 저조한 성취 경험 및 타인의 낮은 기대로 심리가 위축되어 있음

(나) 교수·학습 계획서

단원	즐겁게 대화해요.	차시	3~4차시
단원 성취 기준	상대에 적절하게 반응하며 대화를 나눈다.		
차시 목표	상대의 말에 맞장구치거나 질문하며 대화하는 방법을 안다.		

㉠ 교수·학습 활동	민기를 위한 고려사항
• 설명하기: 상대의 말에 적절히 반응하며 대화하는 방법의 중요성을 설명하고, 적절한 대화 방법 안내하기 • 시범 보이기 – 교사가 직접 적절한 대화와 부적절한 대화 시범 보이기 – 다양한 대화 사례가 담긴 동영상 시청을 통해 간접 시범 보이기 • 확인 및 연습하기: 적절하게 대화하는 방법을 이해하고 있는지 질문하고, '역할놀이 대본'을 이용하여 다양한 활동으로 적절한 대화를 연습하기 – ㉡ 안내된 연습하기 – 독립된 연습하기	• 민기가 좋아하는 캐릭터가 나오는 동영상이나 그림을 활용한다. • ㉢ 맞장구치거나 질문하며 대화하기를 지도할 때, 반언어적(준언어적) 표현과 비언어적 표현을 함께 가르친다. • 교수·학습 활동에서 민기를 도와줄 또래도우미를 선정해준다. • ㉣ 활동 참여에 대한 태도와 노력을 점검표에 기록(점수화)하고 칭찬한다.

- 모델링은 행동주의적 모델링과 인지주의적 모델링을 포함하는데, 행동주의적 모델링은 기술의 실제 시연을 의미하고, 인지주의적 모델링은 시범을 보이는 사람의 사고과정을 이해할 수 있도록 자기대화를 제공함
- 자기대화를 시범 보일 때, 교사는 학생이 과제를 수행하는 동안에 그들이 생각하는 것을 명확히 이야기함. 교사는 필요한 경우 촉진과 피드백을 사용해 학생들의 대답을 요구함

2) (나)의 ㉠에서 적용하고 있는 교수·학습 모형의 ① 명칭을 쓰고, ② ㉡에서 이루어질 수 있는 활동의 예를 1가지 쓰시오. [2점]

참고자료 기본이론 360-362p

키워드 직접교수

구조화 틀 **직접교수**

- 정의
- 특징
- 구성요소
  - 수업목표
  - 교수와 모델링
  - 안내된 연습
  - 독립 연습
  - 마무리

핵심개념 **직접교수의 단계 중 모델링**

- 모델링은 행동주의적 모델링과 인지주의적 모델링을 포함하는데, 행동주의적 모델링은 기술의 실제 시연을 의미하고, 인지주의적 모델링은 시범 보이는 사람의 사고과정을 이해할 수 있도록 자기대화를 제공함
- 자기대화를 시범 보일 때, 교사는 학생이 과제를 수행하는 동안에 그들이 생각하는 것을 명확히 이야기함. 교사는 필요한 경우 촉진과 피드백을 사용해 학생들의 대답을 요구함

모범답안 인지주의적 모델링

2024학년도 중등 B2

04 **다음은 ○○중학고 특수학급의 교육 실습생과 특수 교사의 대화 중 일부이다. 밑줄 친 ㉢의 내용을 참고하여 학생 B에게 적용한 밑줄 친 ㉡에 해당하는 전략을 쓰시오. [2점]**

교육 실습생: 선생님, 학생 B는 분수의 덧셈을 어려워 합니다. 어떻게 지도하면 될까요?

특수 교사: 분수 덧셈 문제를 해결하기 위해 여러 단계를 거치는 동안 학생 B가 스스로 문제 해결 과정을 점검해 보도록 하고 있어요. 제가 적용했던 전략 노트를 보여 드릴게요. 처음에는 ㉡ <u>문제를 해결하는 사고 과정을 큰 소리로 학생 B에게 보여 주고 학생 B가 이를 관찰</u>하도록 했어요.

㉢ <u>〈교사 전략 노트〉의 일부</u>

교사 활동	학생 활동
(큰 소리로) $\frac{1}{7}$ 더하기 $\frac{4}{7}$, 분수 문제구나.	(교사의 행동을 관찰한다.)
(큰 소리로) 분모와 분자를 확인하자! $\frac{1}{7}$은 7이 분모이고, 1은 분자구나. $\frac{4}{7}$는 7이 분모이고, 4는 분자구나.	(교사의 행동을 관찰한다.)
(큰 소리로) 두 분수의 분모가 같구나.	(교사의 행동을 관찰한다.)
(큰 소리로) 분모가 같으면 분자끼리 더하기가 가능해. 분자인 1과 4를 더하면 되겠구나. 그러면 $\frac{5}{7}$가 되겠구나.	(교사의 행동을 관찰한다.)

참고자료 기본이론 360-362p

키워드 직접교수

구조화 틀 직접교수

- 정의
- 특징
- 구성요소
  - 수업목표
  - 교수와 모델링
  - 안내된 연습
  - 독립 연습
  - 마무리

핵심개념 직접교수의 단계

교수와 모델링 (시범)	교수목표에서 요구하는 행동을 구체적으로 제시함
안내된 연습	학생이 해당 기술을 교사와 함께 연습하는 것으로, 교사는 질문하고, 연습이 부족해 발생하는 실수를 확인하며, 오류를 정정하고, 필요한 경우 재교수를 해 학생을 지원함
독립 연습	학생이 독립적으로 과제를 수행하도록 기대되며, 교사의 피드백이 안내된 연습에서처럼 빠르게 제공되지 않음
마무리	학습내용을 요약·검토하고, 이를 이전에 학습한 내용 또는 경험과 통합함으로써 수업을 마무리함

모범답안 ㉡ 직접교수법

2020학년도 중등 B2

05 다음은 학습장애 학생 B의 쓰기에 대하여 특수교사와 일반교사가 나눈 대화의 일부이다. ㉡에 해당하는 교수법을 쓰시오. [2점]

> 일반교사 : 선생님, 수업시간에 학생 B가 필기하는 모습과 필기한 내용을 살펴보니 글씨 쓰기에 어려움이 있어 보여요. 그래서 글씨 쓰기 지도를 계획하고 있는데, 어디에 중점을 두어야 할까요?
>
> 특수교사 : 먼저 글씨를 바르고 정확하게 쓰는 것에 중점을 두고 글자 크기, 글자 및 단어 사이의 간격, 줄 맞춰 쓰기 등이 올바른지 확인하시면 좋겠어요. 그 다음에는 ㉠ 글씨를 잘 알아볼 수 있게 쓰는 것뿐 아니라 빠르게 쓸 수 있는 것도 목표로 해주세요. 정해진 시간 동안 얼마나 많은 글자를 쓸 수 있는지를 확인하면 좋겠네요.
>
> 일반교사 : 네, 그럼 어떤 교수방법으로 지도하는 게 좋을까요?
>
> 특수교사 : 글씨 쓰기 과정에 대한 과제분석을 실시하고, 그 절차에 따라 먼저 시범을 보여주세요. 그리고 학생 B가 글씨 쓰기를 연습할 때 나타나는 실수를 확인해 주세요. 이후 잘못된 부분을 수정해 주시면서 안내된 연습을 하도록 해주세요. 그 다음으로 선생님의 지도를 점진적으로 줄이시고, 나중에는 독립적으로 글씨를 쓸 수 있도록 해주세요. ㉡

- '과제분석'을 통한 체계적인 교수
- '시범'
- '안내된 연습' 단계에서 체계적인 교정적 피드백
- '독립적 연습' 단계에서 숙달을 위한 교수 제공

참고자료 기본이론 360-362p

키워드 직접교수

구조화 틀 직접교수

- 정의
- 특징
- 구성요소
  - 수업목표
  - 교수와 모델링
  - 안내된 연습
  - 독립 연습
  - 마무리

핵심개념 직접교수의 단계

교수와 모델링 (시범)	교수목표에서 요구하는 행동을 구체적으로 제시함
안내된 연습	학생이 해당 기술을 교사와 함께 연습하는 것으로, 교사는 질문하고, 연습이 부족해 발생하는 실수를 확인하며, 오류를 정정하고, 필요한 경우 재교수를 해 학생을 지원함
독립 연습	학생이 독립적으로 과제를 수행하도록 기대되며, 교사의 피드백이 안내된 연습에서처럼 빠르게 제공되지 않음
마무리	학습내용을 요약·검토하고, 이를 이전에 학습한 내용 또는 경험과 통합함으로써 수업을 마무리함

모범답안

㉢ 시범(모델링)

㉣ 교사는 학생과 함께 연습하며, 질문하고, 연습이 부족해 발생하는 실수를 확인하고, 오류를 정정하며, 필요한 경우 재교수를 실시해 지원한다.

2021학년도 중등 A9

06 **(가)는 ○○중학교 통합학급에 재학 중인 학습장애 학생 E의 특성이고, (나)는 학생 E를 위한 읽기 지도 계획이다. 〈작성방법〉에 따라 서술하시오. [4점]**

(가) 학생 E의 특성

- ㉠ 문자를 보고 말소리와 연결하여 의미를 이해하는 능력이 부족함
- 일견단어(sight words)의 수가 부족함
- 문장을 읽을 때 모르는 단어를 종종 빼먹음

(나) 읽기 지도 계획

- (㉡) 전략 사용 : 오디오북 지원 읽기, 학생-성인 짝지어 읽기, 파트너 읽기, 역할극 하기
- 직접교수 모형을 활용한 오디오북 지원 읽기

순서	활동
㉢	교사는 오디오북에서 나오는 소리를 듣게 한다.
안내된 연습	(㉣)
독립적 연습	학생 스스로 오디오북에서 나온 단어나 문장을 자연스럽게 읽게 한다.
마무리	학습 내용을 요약, 검토하고 이를 이전에 학습한 내용과 통합하여 수업을 마무리한다.

작성방법

(나)의 ㉢에 해당하는 명칭을 쓰고, 괄호 안의 ㉣에 해당하는 교사의 활동을 1가지 서술할 것.

참고자료 기본이론 360-362p

키워드 직접교수

구조화 틀 직접교수

- 정의
- 특징
- 구성요소
  - 수업목표
  - 교수와 모델링
  - 안내된 연습
  - 독립 연습
  - 마무리

핵심개념 직접교수의 단계

교수와 모델링 (시범)	교수목표에서 요구하는 행동을 구체적으로 제시함
안내된 연습	학생이 해당 기술을 교사와 함께 연습하는 것으로, 교사는 질문하고, 연습이 부족해 발생하는 실수를 확인하며, 오류를 정정하고, 필요한 경우 재교수를 해 학생을 지원함
독립 연습	학생이 독립적으로 과제를 수행하도록 기대되며, 교사의 피드백이 안내된 연습에서처럼 빠르게 제공되지 않음
마무리	학습내용을 요약·검토하고, 이를 이전에 학습한 내용 또는 경험과 통합함으로써 수업을 마무리함

모범답안 교사는 학생과 함께 연습하며, 질문하고, 연습이 부족해 발생하는 실수를 확인하고, 오류를 정정하며, 필요한 경우 재교수를 실시해 지원한다.

2025학년도 중등 A9

07 **(가)는 ○○ 중학교 학습장애 학생 D에 대해 특수 교사와 교육 실습생이 나눈 대화이고, (나)는 특수 교사가 학생 D를 위해 작성한 지도 계획이다. 〈작성 방법〉에 따라 서술하시오. [4점]**

(나) 지도 계획

◦ 교수 단계

단계	활동 내용
시범	• 전략을 소개하고 전략의 목적과 이점을 제시한다. • 교사는 전략을 어떻게 사용하는지 시범을 봅니다.
안내된 연습	㉥ <u>교사는 학생이 전략 사용 단계에 따라 전략을 적용하는 데 필요한 지원을 한다.</u>
독립 연습	학생은 교사의 지원 없이 전략을 독립적으로 사용한다.
정리	학습 내용을 요약하고 다음 차시 학습 내용을 안내한다.

작성방법

밑줄 친 ㉥에 해당하는 교사의 활동 내용을 1가지 서술할 것.

참고자료 기본이론 364p

키워드 정밀교수

구조화틀 정밀교수

- 정의
- 장점
- 정밀교수와 교육과정중심측정 비교

핵심개념

정밀교수

- 특정한 교수방법이 아닌 학생의 학업수행을 면밀히 모니터링하기 위한 방법
- 교사는 매일의 평가를 통해 이루어지는 정밀교수를 적용해 교수기법의 성공과 실패를 기록하고 문서화할 수 있고, 학생의 진보를 촉진해 일정 수준의 교육적 향상을 가능하게 할 수 있음
  → 하나의 단독적인 교수전략이기보다는 '교수적 모니터링 기법'으로 여겨져야 함

정밀교수의 장점

- 교육적 결정이 일일 단위로 이루어질 수 있어, 2주 또는 3주 단위로 시험을 실시할 경우 나타나는 시간 낭비를 최소화함
- 자료 차트를 사용해 학생의 진전도를 보여줌으로써 다른 교사들과의 의견 교환이 용이함
- 학생의 진전이 차트로 표시되어, 학생이 교육 프로그램의 목표들을 달성하는 데 더 많은 책임감을 가지게 함

모범답안 정밀교수

2015학년도 중등 A10

08 **다음은 새로 부임한 최 교사가 박 교사에게 학습장애 학생 A와 B에 대하여 자문을 구하는 대화 내용이다. (가)에서 박 교사가 학생 A를 위해 제시한 방법이 무엇인지 쓰시오. [2점]**

(가)

최 교사: 선생님, A가 문장의 주어와 서술어를 찾는 것에 많은 오류를 보입니다. 이러한 오류를 줄여주기 위해 A의 수행을 어떻게 점검하면 좋을까요?

박 교사: 교육과정 중심사정(CBA) 중 한 가지 방법을 소개해드릴게요. 이 방법은 현재 A에게 필요한 구체적인 학습 목표에 근거하여 교수결정을 하게 되니 선생님께서도 쉽게 사용하실 것 같아요. 일단 선생님이 20개 문장을 학습지로 만들어서 A에게 제공하고, 주어와 서술어에 정확하게 밑줄 치게 해보세요. 3분 후 학습지를 채점해서 정답과 오답의 수를 표로 작성하여 A에게 보여주세요. 이러한 방식으로 매일 측정된 결과의 변화를 A에게 보여주세요. 그러면 A도 그래프와 표로 자신의 진전을 확인할 수 있어서 학습 목표를 달성하는 데 도움이 될 것 같아요.

행동주의 접근을 활용한 교사 주도적 교수방법: 직접 교수, 정밀교수 등

정밀교수의 장점
학생의 진전이 차트로 표시되어, 학생은 교육 프로그램에 있는 목표들을 달성하는 데 더 많은 책임감을 가질 수 있음

PART 03

참고자료 기본이론 364p

키워드 정밀교수

구조화 틀 정밀교수
- 정의
- 장점
- 정밀교수와 교육과정중심측정 비교

핵심개념

모범답안 ②

2009학년도 초등 18

09 **〈보기〉는 김 교사가 정신지체 학생 경수에게 읽기지도를 할 때 적용하려고 하는 전략이다. 각각의 전략에 부합하는 활동을 모두 고른 것은?**

보기

ㄱ. 기능적 읽기 : 경수가 위인전을 반복해서 읽도록 한다.
ㄴ. 선행 조직자 : 경수에게 글을 읽기 전에 글의 개요와 그에 관련된 질문을 준다.
ㄷ. 줄 따라가기 : 경수가 읽는 도중에 줄을 놓치지 않도록 문장에 선을 그어준다.
ㄹ. 정밀교수 : 김 교사가 직접 읽으면서 구두점을 따라 쉬어 읽는 방법이나 모르는 단어가 나왔을 때 사전을 찾는 방법을 보여준다.

ㄱ. 위인전을 반복해서 읽도록 하는 것은 '기능적 읽기'가 아님 → '기능적 읽기'는 현재 필요한 읽기 활동을 하는 것으로, 예를 들어 전단지·간판·메뉴판 읽기 등임

ㄹ. 정밀교수는 학생의 진전을 매일 직접 측정하는 '교수적 모니터링 기법'에 해당함

① ㄱ, ㄴ　② ㄴ, ㄷ
③ ㄷ, ㄹ　④ ㄱ, ㄴ, ㄷ
⑤ ㄴ, ㄷ, ㄹ

Chapter

08 효과적인 학습전략 프로그램

참고자료 기본이론 368-370p

키워드 전략중재모형

구조화 틀

핵심개념 **전략중재모형의 단계**

① 사전 검사 및 약속
② 설명
③ 시범
④ 구두 연습
⑤ 통제된 연습과 피드백
⑥ 진보된 연습과 피드백
⑦ 사후 검사 및 일반화를 위한 약속
⑧ 일반화

모범답안

㉡ 일반화
㉢ 그래픽 조직자를 다른 상황에서도 사용

2023학년도 중등 B3

01 **(가)는 상보적 교수를 활용한 지도 계획의 일부이고, (나)는 그래픽 조직자 전략 습득을 위한 전략중재모형(Strategy Intervention Model) 적용 계획의 일부이다. 〈작성방법〉에 따라 서술하시오. [4점]**

(나) 그래픽 조직자 전략 습득을 위한 전략중재모형

단계		지도 내용
단계 1	사전 검사 및 이행에 대한 약속	• 그래픽 조직자 전략 이해 정도 확인 • 그래픽 조직자 전략 학습 약속
단계 2	설명하기	그래픽 조직자 전략의 종류와 목적 설명
단계 3	시범, 모델링	그래픽 조직자 전략 적용 과정 시범 및 언어적 시연
⋯		
단계 7	사후 검사 및 전략 사용 약속	• 그래픽 조직자 전략 내용 이해와 적용과정 평가 • 지속적인 전략 사용에 대한 약속
단계 8	(㉡)	(㉢)

작성방법

(나)의 괄호 안의 ㉡에 해당하는 단계의 명칭을 쓰고, 괄호 안의 ㉢에 해당하는 내용을 서술할 것.

확장하기 +

인지전략 교수의 절차 및 방법(송준만 외, 『지적장애 학생 교육』 제3판, 2022)

단계	방법
① 사전검사와 약속	• 장애학생에게 특정 과제 수행을 위한 전략이 필요한지 검사한다. • 학생은 검사결과에 대한 설명을 듣고 새로운 전략이 가능하게 되는 수행단계를 안다. • 학생은 새로운 전략을 학습할 것인지에 대해서 결정한다. • 1차시(45분)가 소요된다. • 결정에 참여하는 학생의 요구와 새로운 전략을 배우기로 결정하는 학생의 약속에 강조점을 둔다.
② 새로운 전략의 설명	• 학생에게 전략의 주요 요소와 사용방법을 설명하는 것에 초점을 둔다. • 학생은 어디에서, 어떤 조건에서 전략이 적용될 수 있는지 알게 된다. • 1차시가 소요된다.
③ 전략의 모델화	• 전략의 사용을 크게 말하면서 각 단계의 모델을 보여준다. • 교사는 모델화된 내적 언어를 사용한다. • 전략의 각 부분이 모델화되고 학생이 질문하도록 조장한다. • 여러 가지 다른 과제를 포함하고, 교사는 전략의 특정 부분을 모델화하기 위해 학생을 촉진시킨다.
④ 전략의 언어적 시연	• 학생들은 적용을 시도하기 전에 전략단계들을 빠르게 진술하도록 학습한다. • 각 단계를 수행하기 위한 행동을 확인하고 각 단계가 전략 전체에 왜 중요한지를 말한다. • 이 단계는 전략 적용에서의 독립성을 촉진하도록 의도되었다. • 약 30분 내에 수행될 수 있다.
⑤ 통제된 자료의 연습	• 자료의 어려움이 학생의 전략 학습 능력을 손상시켜서는 안 됨을 가정한다. • 통제된 자료로 전략을 연습한다. • 학생은 교정적 피드백을 주는 교사에게 감독받는다. • 교육과정중심측정 개념 사용 시 수행에 대한 일화기록이 이루어진다. • 20시간 이상의 다수의 교수 회기가 반복된다.
⑥ 학년에 적합한 자료의 연습	• 연습의 난이도는 학생이 속해 있는 학년 수준의 자료에 접근할 때까지 점차 증가한다. • 초기 단계에서 사용된 다양한 촉진, 단서의 소거가 포함된다. • 대개 5~20시간 정도 소요된다. • 학생 진보에 대한 매일의 상황을 도표로 만든다.
⑦ 전략의 일반화를 위한 약속	• 학생은 새로운 전략이 다른 유사한 학습 과제에서도 일반화되도록 격려받아야 하고, 전략을 적용하기 위해서는 학생과의 약속이 이루어져야 한다. • 학생과의 논의는 교수기간 중 몇 분 정도로 적게 걸린다.
⑧ 일반화와 유지	가장 중요한 단계(분리된 3단계로 구성됨)로, 학교생활 중에 어떻게 적용하는지 배우지 못했다면 이전의 교수들은 의미가 없다. – 일반화의 적용: 새 기술이 시도될 수 있는 상황을 인식하기 위해 고안된 단계로, 학생은 본래 전략을 수정하도록 격려받는다. – 실행화: 통합교실에서 학년에 적합한 자료에 대해 전략을 적용하는 특정한 과제가 주어지고, 교사는 전략 산출을 점검한다. 특수교사는 전략 사용을 격려하기 위해 통합교사와 함께 일할 것이 권장된다. – 유지: 특정 전략을 훈련받은 학생은 주기적으로 그 전략 사용을 상기하도록 하고, 교사는 과제 산출을 점검한다.

참고자료 기본이론 368-373p

키워드 전략중재모형

구조화 틀

핵심개념

전략중재모형

주로 중등학교에 재학 중인 학습장애 학생을 위해 개발된 것으로 읽기, 수학, 내용교과(사회·과학), 시험 준비, 노트 필기, 시간 관리와 같은 전반적인 학습활동의 성공적 수행을 위해 요구되는 구체적 학습전략을 포함함

전략중재모형의 단계

① 사전 검사 및 약속
② 설명
③ 시범
④ 구두 연습
⑤ 통제된 연습과 피드백
⑥ 진보된 연습과 피드백
⑦ 사후 검사 및 일반화를 위한 약속
⑧ 일반화

SCORER 전략

① Schedule time: 시간 계획하기
② Clue words, look for: 단서를 주는 단어 찾기
③ Omit difficult questions: 어려운 질문은 넘어가기
④ Read carefully: 주의 깊게 읽기
⑤ Estimate answers: 정답을 추정하기
⑥ Review your work: 자신의 답안을 검토하기

모범답안

(가)에서 사용된 학습전략은 시험보기 전략이고, 이 전략을 A에게 가르칠 때 적용할 수 있는 기술은 어려운 문제를 일단 넘어가도록 하는 것이다.

㉠ 교사는 설명과 시범이 끝난 후에는 학생들의 질문을 유도하고, 전략을 외현적·내현적 과정에 따라 점진적으로 사용할 수 있도록 해야 한다.
㉢ 전략을 잘못 사용했을 때는 같은 문제를 다시 제공하기보다는 전략에 대한 피드백을 제공해야 한다.

2016학년도 중등 A11

02 (가)는 중간고사 직후 학습장애 중학생 A에 대해 통합학급 교사와 특수교사가 나눈 대화이고, (나)는 특수교사가 통합학급 교사의 요구에 따라 직접교수법을 적용하여 작성한 교수활동 계획의 일부이다. (가)에서 학생 A의 문제를 해결하기 위한 학습 전략의 명칭을 쓰고, 이 학습 전략을 학생 A에게 가르칠 때 적용할 수 있는 기술 1가지를 제시하시오. 그리고 (나)의 밑줄 친 ㉠~㉤ 중에서 잘못된 내용의 기호 2가지를 쓰고, 그 이유를 각각 설명하시오. [4점]

(가) 통합학급 교사와 특수교사의 대화

통합학급 교사: 어제 시험 감독을 하는데 A를 보고 답답해서 혼났어요. A가 수업시간에 혼자서도 답을 척척 맞힌 것들이 시험 문제로 많이 나왔는데, 막상 시험 시간에는 손도 못 대고 있더라고요. 한 시간 내내 끙끙거리며 잘 모르는 문제만 풀고 있는 것 같았어요.
특 수 교 사: 맞아요. 사실 A가 모르는 것도 아닌데 시험 점수가 너무 낮아서 부모님도 걱정이 많으세요.
통합학급 교사: 앞으로 시험 볼 일이 많은데 매번 이럴까 걱정이에요. 도와줄 방법이 없을까요?

(나) 교수 활동 계획

교수 활동	지도상의 유의점
• 이전 시간에 배운 내용을 점검한다. • 수업 목표를 진술한다.	수업의 개요를 함께 제공한다.
• 선다형 문항을 풀이하는 전략을 설명한다. – 문제에서 단서 단어(예 틀린)를 확인한다. – 확실한 오답을 먼저 찾는다. …(하략)… • 전략을 촉진하면서 전략을 사용하여 문제 푸는 방법을 시범 보인다.	• 소리 내어 생각 말하기(think-aloud) 기법을 활용하여 어떻게 전략을 사용하는지 시범 보인다. • ㉠ 전략 사용의 이유와 핵심 요소를 제시하고 전략 사용 방법을 직접 보임으로써 설명을 끝낸다.
학생이 배운 대로 전략을 연습해볼 수 있도록 과제를 제시하고, 교사는 전략 사용을 촉진한다.	• ㉡ 학생 모두가 전략을 수행해 볼 수 있는 기회를 충분히 제공한다. • ㉢ 연습 과제에서 학생이 전략을 잘못 사용했을 때 즉시 같은 문제를 다시 제공한다. • ㉣ 실제보다 쉬운 연습 과제부터 전략을 연습하도록 하여 자신감을 심어 준다.
전략을 다시 확인하고 주어진 시간 동안 독립적으로 전략 사용을 연습하게 한다.	㉤ 교실을 돌아다니며 어려움을 보이는 학생에게 도움을 제공한다.

교수 활동은 '시범-안내된 연습-독립적 연습'의 단계를 적용하고 있으므로 직접교수에 해당함

전략중재모형의 단계 중 시범 단계에서 교사는 큰 소리로 학생에게 인지전략에 대해 설명함. 교사는 전략의 인지적 측면을 설명하기 위해 '큰 소리로 말하기(think aloud)'를 사용함. 교사는 이 단계에서 학생들이 전략을 사용할 때 무엇을 해야 하는지를 큰 소리로 말해주고, 내현적 사고와 외현적 행동을 동시에 시범 보임. 교사의 시범이 끝난 후, 학생들은 전략을 내현적 및 외현적 과정에 따라 점진적으로 사용하도록 함

전략중재모형의 단계 중 통제된 연습과 피드백 단계에서 교사는 학생의 수행에 대해 피드백을 제공해야 함

Chapter

09 학습장애 학생을 위한 효과적인 사회성 및 행동 지원

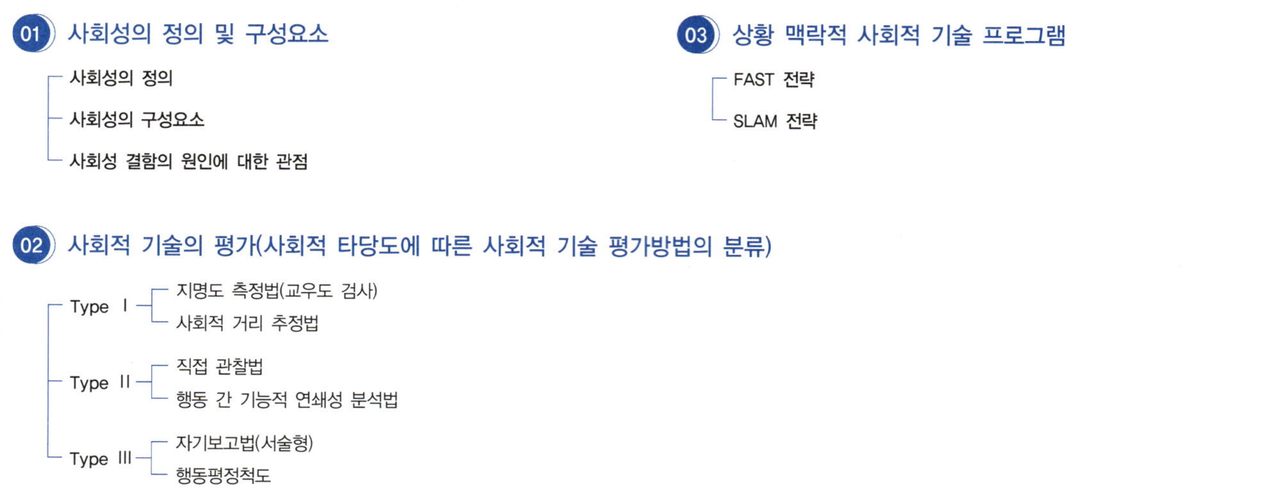

참고자료 기본이론 376-380p

키워드 사회적 타당도에 따른 사회적 기술 평가방법의 분류

구조화 틀 **사회적 기술의 평가(사회적 타당도에 따른 분류)**

- Type Ⅰ
- Type Ⅱ
- Type Ⅲ

핵심개념 **지명도 측정법의 단점**

- 사회적으로 무관심한 아동과 적극적으로 배척당하는 아동을 구별하지 못함
- 신뢰도 높게 문제행동을 보이는 아동을 추출해 낼 수 있지만, 교사로 하여금 훈련을 시킬 구체적인 문제행동이나 사회적 기술에 대한 정보는 제공하지 못함
- 사회성 훈련 프로그램의 효과를 측정하는 도구로서는 한계가 있음 → 훈련의 결과로 사회성이 향상되거나 사회적 기술을 갖게 되었다고 해도 실제로 또래들에게 그러한 변화가 감지되기까지는 일정한 시간이 걸리기 때문

모범답안 ③

2009학년도 중등 34

01 **통합학급에서 학습장애학생의 사회적 기술 및 능력을 평가하는 방법의 특징에 대한 적절한 설명을 〈보기〉에서 모두 고른 것은?**

보기

ㄱ. 자유 반응형 질문지를 사용한 자기 보고법은 시행이 쉽고 통계적 분석이 가능하며 신뢰도와 사회적 타당도가 높다.

ㄴ. 평정 척도형 질문지는 장애학생이 보이는 사회적 기술 특성의 정도와 수준을 평가할 수 있으며 다른 학생의 기술 수준과도 비교 평가할 수 있다.

ㄷ. 관찰기법은 사회적 장면에서 장애학생의 사회적 행동을 유추하여 판단할 수 있으며 사회적 기술 문제의 진단과 해결책을 안내할 수 있다.

ㄹ. 사회적 거리 추정법은 학급 학생들의 장애학생에 대한 수용과 배척의 정도를 분석할 수 있어서 학급에서의 사회적 역동성을 효과적으로 파악할 수 있다.

ㅁ. 지명도 측정법은 학급 내에서 장애학생의 교우관계를 신뢰롭게 파악할 수 있고, 사회적 기술훈련 적용 후 사회성 변화의 효과를 빠른 시간 내에 검증할 수 있다.

ㄱ. 자유 반응형 질문지를 사용한 자기 보고법은 Type Ⅲ에 해당되며, 시행이 쉽고 통계적 분석이 가능하나 신뢰도와 사회적 타당도는 낮음

ㅁ. 지명도 측정법의 단점으로, 사회성 변화의 효과를 단기간 내에 검증할 수 없음

① ㄱ, ㄴ　② ㄱ, ㅁ
③ ㄴ, ㄷ, ㄹ　④ ㄴ, ㄷ, ㅁ
⑤ ㄱ, ㄷ, ㄹ, ㅁ

참고자료 기본이론 376-380p

키워드 사회적 타당도에 따른 사회적 기술 평가 방법의 분류

구조화틀 **사회적 기술의 평가(사회적 타당도에 따른 분류)**

- Type Ⅰ
- Type Ⅱ
- Type Ⅲ

핵심개념 **사회적 타당도에 따른 사회적 기술 평가 방법의 분류**

Type I	사회기관이나 중요한 타인들이 중요하게 생각하는 사회적 행위를 중심으로 측정함 - **부모나 교사**: 구조화된 면접이나 비형식적 면접 - **또래**: 또래지명법, 사회적 거리 추정법
Type II	교실, 운동장, 가정 등 자연적인 상황에서 사회적 행위를 관찰하여 사회적 기술을 측정함 - 직접 관찰
Type III	사회적 타당도가 가장 낮지만 현실적으로 가장 많이 활용됨 - 자기보고법 - 행동평정척도

모범답안 ⑤

2011학년도 초등 24

02 **다음은 2008년 개정 특수학교 기본교육과정에 근거한 사회과 지도 계획이다. 지도 계획에 따라 평가하고자 할 때, Gresham(1998)의 제안을 근거로 사회적 타당도가 가장 높은 방법은?**

단원	생활 속의 예절		
단원 목표	생활 속에서 주위 사람에 대한 바른 예절을 알고 지킨다.		
학습 과제 및 활동	〈예의 바른 행동하기〉 • 여러 사람이 어울려 살면서 생활 속에서 지켜야 할 예절에 대해 알아본다. • 대화를 할 때와 전화를 걸거나 받을 때의 예절에 대해 알아본다.		
	인사할 때	물건을 주고받을 때	대화할 때
평가	• 생활 속에서 지켜야 할 예절을 알고 지키는가? • 대화와 전화 예절을 알고 지키는가?		

① 사회적 상호작용 및 대인관계 기술을 측정하는 표준화된 사회성 기술 검사를 실시하여 평가한다.

② 수업시간에 배운 대로 어른들을 대하는 태도나 대화 예절을 지키고 있는지 자기보고서를 작성하게 하여 평가한다.

③ '인사하기', '물건 주고받기', '대화하기' 등의 역할 놀이를 하게 하여 예의 바른 행동을 할 수 있는지 관찰하여 평가한다.

④ 수업시간이나 쉬는 시간, 놀이 활동 시간에 어른을 대하는 태도나 친구들과의 대화예절이 적절한지 관찰하여 평가한다.

⑤ 학교 및 가정생활에서 어른들을 대하는 태도나 대화 예절이 적절한지 교장 선생님, 부모님, 또래 친구에게 의견을 물어 평가한다.

①, ② Type Ⅲ

③, ④ Type Ⅱ

⑤ Type Ⅰ

참고자료 기본이론 376-380p, 382p

키워드

- 또래지명법
- FAST 전략

구조화 틀

사회적 기술의 평가(사회적 타당도에 따른 분류)

- Type Ⅰ
- Type Ⅱ
- Type Ⅲ

상황 맥락적 사회적 기술 프로그램

- FAST 전략
- SLAM 전략

핵심개념 **FAST 전략**

① Freeze & think: 멈추고 생각하기

예 "문제가 무엇인가? 행동적 용어로 문제를 진술할 수 있는가?"

② Alternatives: 대안 생각하기

예 "문제해결을 위해 내가 무엇을 할 수 있는가? 가능한 해결방안은 무엇인가?"

③ Solutions: 해결방안 탐색하기

예 "어떤 해결방안이 문제를 해결할 수 있는가? 어떤 것이 안전하고 적절한가?" → 가장 지속적이고 효과적인 해결책 선택

④ Try it: 시도하기

예 "해결방안을 어떻게 실행에 옮길 것인가?" → 이 방안이 실패하면 다른 방안을 시도함

모범답안

(가) 또래 지명법
(나) FAST 전략

2015학년도 중등 A8

03 **학습장애 학생 A의 교실 내 사회적 관계망을 알아보기 위해 김 교사는 (가)와 같은 방법을 실시하고, 특수교사의 자문을 받아 사회성 기술을 (나)와 같이 가르쳤다. (가)에서 사용한 방법의 명칭을 쓰고, (나)에서 사용한 전략을 쓰시오. [2점]**

(가) 김 교사는 학습장애 학생 A가 친구들로부터 어떻게 인식되고 있는지를 알아보기 위하여 반 학생들에게 같은 반에서 옆에 앉고 싶은 친구와 좋아하는 친구 세 명을 각각 적게 하고, 옆에 앉기 싫은 친구와 싫어하는 친구 세 명도 각각 적게 하였다.

(나) (가)의 결과와 학생들과의 면담을 통해 학생 A의 충동적 행동을 중재할 필요성을 확인하였다. 김 교사는 사회성 기술을 가르치는 인지 전략 중 상황맥락 중재를 활용하기로 하였다. 문제가 생기면 충동적으로 반응하지 말고 일단 행동을 멈추고 생각하고, 문제 해결을 위해 무엇을 할 수 있는지 다양한 대안을 모색하며, 어떤 것이 최적의 해결 방안일지 선택을 한 후, 수행해보도록 하는 4단계 방법으로 지도하였다.

상황맥락 중재는 학교·가정·또래관계 등의 상황맥락 안에서 필요한 사회적 기술을 선택하고, 선택된 상황맥락에서 사회적 기술을 가르칠 것을 강조함

참고자료 기본이론 376-380p

키워드 또래지명법

구조화 틀 **사회적 기술의 평가(사회적 타당도에 따른 분류)**

- Type Ⅰ
- Type Ⅱ
- Type Ⅲ

핵심개념 **지명도 측정법**

- 대상 아동이 또래에게 어떻게 인지되고 있는지를 알아보는 데 유용함
- 예를 들어, 피험자들은 특정 집단에서 가장 좋아하는 친구 몇 명과 가장 싫어하는 친구 몇 명을 우선순위에 따라 지목하고, 그 결과에 따라 교우도를 작성함. 측정 결과에 따라 아동들은 인기 아동, 거부되는 아동, 논란의 여지가 있는 아동, 무관심한 아동으로 구별됨
- 이는 신뢰롭고 타당한 평가방법이나, 학령기 아동의 경우 발달단계의 특징상 변화가 많고 역동적인 교우관계를 보이므로 일시적인 사회적 수용 정도로 이해해야 함

모범답안

① 대상 아동이 또래들에게 어떻게 인지되고 있는지 알아보는 데 목적이 있다.
② 누구랑 짝을 하고 싶은지, 혹은 누구랑 짝을 하고 싶지 않은지 3명을 적어보세요.

2021학년도 유아 A5

04 **(가)는 통합학급 박 교사와 최 교사, 유아특수교사 김 교사가 지적장애 유아 은미와 민수의 행동에 대해 협의한 내용의 일부이고, (나)는 민수의 관찰 기록지이다. 물음에 답하시오. [5점]**

(가)

> [3월 23일]
>
> …(상략)…
>
> 최 교사: 민수가 활동 중에 갑자기 자리를 이탈해서 아이들이 놀라는 경우가 많아요. 그래서 친구들이 민수 옆에 앉지 않으려고 해요. 민수의 이런 행동은 이야기 나누기 활동에서 많이 나타나는 것 같아요.
>
> 김 교사: 선생님들의 말씀을 듣고 보니, 은미와 민수가 속해 있는 통합학급 유아들을 대상으로 ㉡ 또래 지명법부터 해봐야겠다는 생각이 들어요.
>
> 박 교사: 좋은 생각이네요.
>
> 최 교사: 그런데 김 선생님, 요즘 민수가 자리이탈 행동을 더 많이 하는 것 같아서 걱정이 되네요.
>
> 김 교사: 그러면 제가 민수의 행동을 관찰해보고 다음 주에 다시 협의하는 건 어떨까요?
>
> 최 교사: 네, 그렇게 하는 것이 좋겠어요.
>
> …(하략)…

2) (가)에 나타난 통합학급 유아들의 행동에 근거하여 ① ㉡의 목적 1가지와 ② ㉡에서 사용할 질문을 1가지 쓰시오. [2점]

참고자료 기본이론 376-380p

키워드 또래지명법

구조화 틀 **사회적 기술의 평가(사회적 타당도에 따른 분류)**

- Type Ⅰ
- Type Ⅱ
- Type Ⅲ

핵심개념 **지명도 측정법**

- 대상 아동이 또래에게 어떻게 인지되고 있는지를 알아보는 데 유용함
- 예를 들어, 피험자들은 특정 집단에서 가장 좋아하는 친구 몇 명과 가장 싫어하는 친구 몇 명을 우선순위에 따라 지목하고, 그 결과에 따라 교우도를 작성함. 측정 결과에 따라 아동들은 인기 아동, 거부되는 아동, 논란의 여지가 있는 아동, 무관심한 아동으로 구별됨
- 이는 신뢰롭고 타당한 평가방법이나, 학령기 아동의 경우 발달단계의 특징상 변화가 많고 역동적인 교우관계를 보이므로 일시적인 사회적 수용 정도로 이해해야 함

모범답안 또래지명법에서는 각 아동이 가장 많이 좋아하는 또래와 가장 적게 좋아하는 또래를 정해진 수만큼 지명하도록 하지만, 또래평정에서는 각 아동이 모든 또래를 평정한다.

2026학년도 유아 A4

05 **(가)는 5세 발달지체 유아 민규의 어머니와 유아특수교사 장 교사의 상담 내용 일부이고, (나)는 민규의 사회적 기술 훈련 단계이다. 물음에 답하시오. [5점]**

(가)

어 머 니 :	민규가 집에 오면 늘 이야기해요. 유치원에서 친구들이 자기를 좋아해 주면 좋겠고, 다른 반 친구들이 아닌 동그라미반 친구들과 재미있게 놀이하고 싶다고요.
장 교사 :	제가 보기에는 친구들이 민규를 싫어하는 건 아닌데, 민규가 자주 화를 내다 보니 친구들이 선뜻 다가가지 못하는 것 같아요.
어 머 니 :	선생님, 어떻게 하면 우리 민규가 친구들이랑 잘 지낼 수 있을까요?
장 교사 :	그러면 ㉢ <u>또래지명법</u>과 ㉣ <u>또래평정법</u>으로 동그라미반 친구들의 사회관계성을 알아보고, 민규에게는 사회적 기술을 지도해 볼게요.

2) (가)의 밑줄 친 ㉢과 비교하여 밑줄 친 ㉣의 특징 1가지를 쓰시오. [1점]

확장하기 +

교우관계 측정(sociometric measures)

- 교우관계측정이란 아동의 또래집단에게 질문하여 그 아동의 사회성 기술을 평가하는 방법이다. 일반적으로 또래지명과 또래평정의 두 가지 방법이 사용되며, 그 결과는 또래집단에 의한 수용 정도인 또래지위(peer status)를 나타낸다.
- 또래지위는 다섯 가지 유형으로 분류된다.
  - 평범아: 그 아동을 좋아하는 또래와 싫어하는 또래의 수가 평균 수준이다.
  - 인기아: 그 아동을 좋아하는 또래들은 많지만 싫어하는 또래들은 거의 없다.
  - 무시아: 그 아동을 좋아하는 또래들은 별로 없지만 싫어하는 또래들도 별로 없다.
  - 거부아: 그 아동을 좋아하는 또래들은 별로 없지만 싫어하는 또래들은 많다.
  - 양면아: 그 아동을 좋아하는 또래들은 많지만 싫어하는 또래들도 많다.

PART 03

1. 또래지명(peer nomination)

① 또래지명은 아동들에게 가장 많이 좋아하는 또래와 가장 적게 좋아하는 또래를 정해진 수(일반적으로 3명)만큼 지명하도록 하는 방법으로서, 각 아동의 점수는 또래들로부터 지명을 받는 수다.

② 또래지명에서는 긍정지명(positive nomination)과 부정지명(negative nomination)으로 이루어지는 양자문항을 사용하는데, 이를 '이차원적 접근'이라고 한다. 이에 비해 일차원적 접근은 긍정지명만 사용하는 것으로서, 부정지명이 비교육적이라는 윤리적 문제 때문에 이전에 많이 사용되었다. 그러다 최근에는 제시된 다섯 가지 유형의 또래지위를 파악할 수 있는 이차원적 접근이 주로 사용되고 있는데, 그 이유는 부정지명이 이루어지더라도 또래지위를 정확하게 파악하는 것이 오히려 아동들을 더 잘 도와주는 방안이 될 수 있으므로 부정지명이 비교육적인 것만은 아니라는 주장이 설득력을 얻었기 때문이다.

2. 또래평정(peer rating)

① 또래평정은 모든 아동의 이름과 함께 제시된 평정척도(일반적으로 5점 척도)에 따라 아동들이 자신을 제외한 각 또래에 대해 자신이 좋아하는 정도를 평정하도록 하는 방법이다. 이때 각 아동의 점수는 또래 전체로부터 받은 평정점수의 평균이다.

② 또래평정에서는 각 아동이 모든 또래를 평정해야 하기 때문에 또래지명보다 시간이 더 많이 소요되며, 응답의 자발성이 결여될 가능성이 높다.

③ 그러나 또래평정은 또래지명에서의 부정지명과 관련된 윤리적 문제를 최소화할 수 있으며, 또래들의 이름이 모두 나와 있기 때문에 또래지명에서처럼 이름을 잊어버렸거나 쓸 수가 없어서 지명하지 못할 염려가 없다.

④ 이러한 장단점을 고려하여 현재 또래지명과 또래평정을 함께 사용하기도 한다. 구체적으로 긍정지명은 또래지명을 사용하고 부정지명은 5점 척도(예 1점: 전혀 함께 놀고 싶지 않다, 2점: 함께 놀고 싶지 않다, 3점: 잘 모르겠다, 4점: 함께 놀고 싶다, 5점: 매우 함께 놀고 싶다)의 또래평정을 사용하는데, 이때 1점에 평정된 것을 부정지명으로 간주한다.

참고자료 기본이론 376-380p

키워드 종합

구조화 틀

핵심개념 **사회성(사회적 능력)**

주어진 상황에서 특정인이 사회적 과제를 얼마나 성공적으로 해결할 수 있는지에 대한 종합적·전반적인 평가이며, 적절한 대인관계를 형성하는 능력 전반

모범답안

- ㉠ 사회적 능력
- ㉡ 최적의 대안 찾기
- ㉢ ① 부모를 대상으로 면접을 통해 아동의 사회성에 관한 정보를 다양하게 입수할 수 있다. ② 교사는 자연스러운 상황에서 아동의 사회적 행위를 관찰하여 평가한다.

2019학년도 중등 A12

06 다음은 손 교사가 경도장애 학생 N의 사회성 기술을 지도하기 위해 작성한 계획의 일부이다. 〈작성방법〉에 따라 서술하시오. [4점]

〈학생 N의 사회성 기술 지도 계획〉

○ 목적: 사회성 기술(social skills)을 바탕으로, (㉠)을/를 기르고, 사회성(sociality)을 형성하고자 함
※ (㉠)은/는 사회성 기술을 사용하여 사회적 과제를 성공적으로 해결하고 유지할 수 있는 종합적인 역량임

○ 목표행동: 공공장소에서 질서 지키기
- 이해: 수업시간에 관련 상황 제시 및 지도
- 적용: 실제 상황에 적용
- 평가: 학생 N의 (㉠)이/가 타인(들)에 의해 적절하다고 판단되는지에 초점을 둠

사회적 타당도

○ 중재 및 평가

- 상황 맥락 중재 적용: 'FAST 전략'을 적용하여 단계별로 지도함

상황 맥락 중재는 학교·가정·또래관계 등의 상황 맥락 안에서 필요한 사회적 기술을 선택하고, 선택된 상황 맥락에서 사회적 기술을 가르칠 것을 강조함

〈상황 맥락 1〉
체육 시간에 강당에 모여 매트 위에서 구르기 활동을 하기 위해 줄을 서야 하는데, 상황 속 등장인물이 순서대로 줄을 서지 않고 화를 내고 있음

단계	지도할 활동 내용
1	무엇이 문제인지 생각해 보기
2	화내는 것 외에 할 수 있는 여러 가지 대안들 말하기
3	(㉡)
4	직접 수행해 보기

…(중략)…

- 상황 맥락 중재의 효과 평가
  - 표준화 검사: 한국판 적응행동검사(K-SIB-R) 실시
  - (㉢)

지명도 측정법의 단점
사회성 훈련 프로그램의 효과를 측정하는 도구로서는 한계가 있음. 왜냐하면 훈련의 결과로 사회성이 향상되거나 사회적 기술을 갖게 되었다고 해도 실제로 또래들에게 그러한 변화가 감지되기까지 일정한 시간이 걸리기 때문임

보기

- 괄호 안의 ㉠에 해당하는 내용을 쓸 것.
- 괄호 안의 ㉡에 해당하는 단계의 구체적인 활동 내용을 서술할 것.
- 괄호 안의 ㉢에 들어갈 사회적 타당도를 높일 수 있는 평가 방법 2가지를 서술할 것. (단, 2가지의 평가 방법을 각각 다른 정보 제공자와 평가 형태를 포함하여 제공할 것.)

2022학년도 중등 B1

07 **(가)는 학교 적응 문제를 가진 학습장애 학생 A를 위한 평가 계획의 일부이고, (나)는 학생 A를 위한 사회적 기술 훈련 프로그램 중 하나인 SLAM 전략의 단계별 활동이다. 〈작성방법〉에 따라 쓰시오. [2점]**

(가) 평가 계획

- 학생 A의 반 친구 모두에게 함께 공부하고 싶은 친구, 짝을 하고 싶은 친구, 학교 밖에서 만나서 놀고 싶은 친구, 함께 하고 싶지 않은 친구 목록을 제출하도록 함 [A] — 해당 방법의 단점
- 평가 결과에 따라 면담 학생 목록을 작성하여, 학생 A와 목록에 있는 학생을 대상으로 면담을 실시하도록 함

(나) SLAM 전략의 단계별 활동

㉠ 상대방의 말이 무엇을 의미하는지, 왜 부정적인 말을 하는지 질문하기
㉡ 지금 하고 있는 일을 멈추고, 심호흡하기
㉢ 상대방의 눈을 쳐다보고 외면하지 않기
㉣ 상대방에게 적절하게 반응하기

작성방법

- (가)의 [A]에 해당하는 사회성 측정 기법의 명칭을 쓸 것.
- (나)의 ㉠~㉣을 SLAM 전략 단계에 맞게 기호를 순서대로 쓸 것.

참고자료 기본이론 376-380p, 382p

키워드

- 또래지명법
- SLAM 전략

구조화 틀

사회적 기술의 평가(사회적 타당도에 따른 분류)

- Type Ⅰ
- Type Ⅱ
- Type Ⅲ

상황 맥락적 사회적 기술 프로그램

- FAST 전략
- SLAM 전략

핵심개념 **SLAM 전략**

① Stop : 멈추기
→ 무슨 활동을 하고 있든지 부정적이거나 기분 나쁜 말을 들었을 때는 멈추고, 호흡을 길게 한 다음, 그저 담담하게 들음

② Look : 보기
→ 상대방 또는 문제를 똑바로 직면하도록 가르침. 가끔 일부 학생은 부정적인 말을 들으면 외면하는 경우가 많음

③ Ask : 질문하기
→ 상대방이 의미하는 바가 무엇인지 분명히 하도록 질문함. 학생으로 하여금 자신이 왜 부정적인 말을 듣는지 분명히 알고 넘어가도록 함

④ Make : 적절히 반응하기
→ 적절히 행동하도록 가르침. 이를 위해 역할극 등을 통해 공감을 표현하거나 반대의사를 표명하거나 혹은 자신을 변명하도록 함

모범답안

- [A] 또래 지명법
- ㉡ – ㉢ – ㉠ – ㉣

김은진
스페듀
기출문제집
Vol. 2

PART

04

전환교육

Chapter 01

전환교육의 이해

Chapter

02 전환교육 모형

참고자료 기본이론 400–401p, 406–407p

키워드

- Will의 가교 모형
- Clark의 종합적 전환서비스 모형

구조화 틀

핵심개념

전환교육 모형의 분류

- **협의의 모형**: 고용이나 취업에 초점을 둔 모형으로, Will의 가교 모형, 장애학생을 위한 세 단계의 직업전환 모형 등이 있음
- **포괄적 의미의 모형**: 전환의 범위를 직업 중심에서 주거·사회성·여가·지역사회 참여 등으로 확대시킨 모형으로, Clark·Brolin·Halpern의 모형 등이 있음

Will의 가교 모형

- 전환을 '학교에서 직업생활로의 다리 모델'로 표현하며, 중등학교에서 직업 준비 과정으로의 가교 역할을 하는 세 가지 다른 수준의 교육과정을 강조함
- **전환의 목적**: 장애학생의 고용에 초점
- **세 가지 다른 수준의 교육과정**
  - 일반적 서비스
  - 시간 제한적 서비스
  - 지속적 서비스

Clark의 종합적인 전환서비스 모형

- 전환서비스의 기본이 되는 주요 지식과 기술 영역을 강조함 → 고용 기술, 통합지역사회 참여 기술, 독립적·상호의존적 일상생활 기술, 여가와 레크레이션 기술, 자기결정 기술, 의사소통 및 학업수행 능력, 대인관계 기술, 고등학교 이후 교육과 훈련 기술, 건강과 체력 관련 기술
- 생애 전반에 걸친 전환에 대한 개념과 다양한 전환 진출 시점에 대한 개별적인 기대를 강조함
- 다양한 전환교육과 서비스 제공 체계에 대한 공유된 책임과 잠재력을 강조함

 모범답안 ③

2012학년도 중등 9

01 다음은 두 가지 전환모형의 특성을 설명한 것이다. 각 모형의 특성에 대한 설명으로 옳은 것만을 있는 대로 고른 것은?

전환모형	특성
Will의 모형	(가) 전환의 초점을 과정보다는 결과인 '고용'에 둔다. (나) 고등학교와 고용 사이의 다리 역할로서의 전환교육을 강조한다. (다) 전환교육의 범위에는 고용뿐만 아니라 주거환경, 사회·대인관계 기술이 포함된다.
Clark의 모형	(라) 전환 프로그램의 지식과 기능 영역에는 의사소통, 자기결정, 여가와 레크레이션이 포함된다. (마) 전환 과정을 투입과 기초, 과정, 취업 결과의 3단계로 구분하고, 중등학교 특수교육의 직업교육 프로그램을 강조한다. (바) 생애의 각 단계마다 수료점과 결과(exit point and outcomes)가 있어, 전환은 생애에 걸쳐서 한 번이 아니라 여러 번 나타난다.

(다) Halpern 모형
Will 등이 제시한 전환교육 모형이 전환의 최종 목적인 고용만을 강조하는 데 이의를 제기하고, 전환의 비직업적 측면(주거환경, 사회, 대인관계)을 강조해 전환의 목적과 범위를 확대함

(마) 3단계의 직업전환모형
전환 과정을 투입과 기초, 과정, 취업 결과의 3단계로 제시함

① (가), (다), (마)　② (나), (라), (바)
③ (가), (나), (라), (바)　④ (가), (다), (마), (바)
⑤ (나), (다), (라), (마)

참고자료 기본이론 402-403p

키워드 장애학생을 위한 3단계의 직업전환 모형

구조화 틀

핵심개념 **장애학생을 위한 3단계의 직업전환 모형**

Will의 모형을 좀 더 확장함

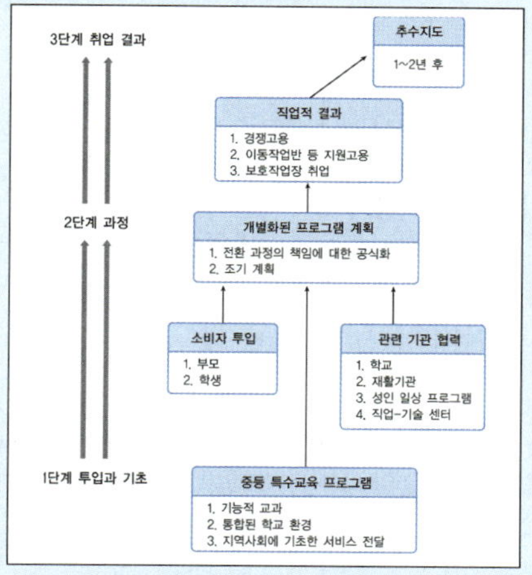

모범답안 장애학생을 위한 3단계의 직업전환 모형(Wehman, Kregel, Barcus의 전환지향 모델)

2013학년도 추가중등 A7

02 **(가)는 김 교사가 A 특수학교 중학생 경아에 대해 진로 상담을 한 내용이고, (나)는 경아를 지도하기 위해 작성한 차시별 지도 계획안의 일부이다. 물음에 답하시오. [7점]**

(가) 경아의 진로 상담 내용

- 김 교사는 경아 부모님과의 진로 상담을 통해, 경아가 ㉠ 고등학교를 졸업하고 취업하기를 원하는 것을 알게 됨
- 김 교사는 경아 부모님께 고등학교 졸업 후 성공적으로 취업한 영수의 사례를 소개함

〈영수의 사례〉

㉡ 영수의 직업담당 교사는 인근 복지관의 직원과 협력하여 영수가 개별적으로 지역사회 사업체에 배치되도록 지도하였음. 배치 후에도 계속적인 훈련과 지원을 하여 현재까지 고용 상태를 유지하고 있음

- 김 교사는 향후 경아의 진로 지도 계획을 수립하기 위하여, 올해의 진로와 직업교과의 성과를 ㉢ 2011 특수교육 교육과정 중 기본 교육과정에 근거하여 평가할 계획임

고용에 초점을 둔 전환교육 모형 → Will, 장애학생을 위한 3단계 직업전환 모형

1) **㉠을 위해 전환 과정을 '투입과 기초', '과정', '취업의 결과' 3단계로 구분하여 중등학교 직업교육 프로그램을 강조한 전환모형 1가지를 쓰시오. [1점]**

참고자료 기본이론 406-407p

키워드 Clark의 종합적 전환서비스 모형

구조화 틀

핵심개념 **Clark의 종합적 전환서비스 모형**

- 전환서비스의 기본이 되는 주요 지식과 기술 영역을 강조함 → 고용 기술, 통합지역사회 참여 기술, 독립적·상호의존적 일상생활 기술, 여가와 레크레이션 기술, 자기결정 기술, 의사소통 및 학업수행 능력, 대인관계 기술, 고등학교 이후 교육과 훈련 기술, 건강과 체력 관련 기술
- 생애 전반에 걸친 전환에 대한 개념과 다양한 전환 진출 시점에 대한 개별적인 기대를 강조함
- 다양한 전환교육과 서비스 제공 체계에 대한 공유된 책임과 잠재력을 강조함

모범답안 ㉡ Clark 종합적 전환서비스 모델

2015학년도 초등 B5

03 **(가)는 초등학교 6학년 정신지체 학생 연우가 소속된 통합학급 최 교사와 특수학급 김 교사가 나눈 대화이고, (나)는 최 교사가 작성한 '2009 개정 교육과정' 실과 교수·학습 과정안의 일부이다. 물음에 답하시오. [5점]**

(가) 대화 내용

최 교사: 다음 주 실과 수업 시간에는 '다양한 직업의 세계'에 대해 공부할 거예요. 연우의 수업 참여를 위해 제가 특별히 더 계획해야 할 것이 있을까요?

김 교사: 선생님께서 늘 하시는 대로 보편적 학습설계(UDL) 원리의 지침을 잘 적용하여 수업을 계획하시면 될 것 같아요. 다만 연우와 같은 정신지체 학생에게 실과 교과는 조기 전환교육의 필요성에 부응하기 위한 과목이고, 특수교육 기본 교육과정에서는 중학교의 (㉠) 교과와도 연계되어 있는 과목이라는 점을 염두에 두시면 좋겠네요.

최 교사: 그렇군요. 저는 전환교육이 학교 졸업 후 성인기 생활에 잘 적응할 수 있도록 고등학교에서 실시하는 교육인 줄 알았어요.

김 교사: 꼭 그렇지만은 않아요. 예를 들어, ㉡클라크(G. M. Clack)는 개인은 발달 단계에 따라 전환을 여러 번 경험한다는 점을 강조해요. 또, 성공적인 전환을 위해 의사소통 및 학업성취, 자기결정, 대인관계, 고용 등을 포함한 9개의 지식과 기술 영역을 각 발달 단계에 맞게 성취해야 할 전환교육의 영역으로 보지요.

최 교사: 그렇다면 제가 이번 수업에 적용하려고 하는 협동학습도 연우의 성공적인 전환을 위한 지식과 기술 습득에 도움이 될 것 같네요.

기본교육과정 '실과'
- 초등학교 5-6학년군에 편제
- 중학교 '진로와 직업' 교과와 연계성을 가짐

전환교육은 직업교육과 진로교육의 개념을 포괄하는 것으로, 학교에서의 교육과정뿐 아니라 학교 이후 활동으로의 이동을 원활하게 하고자 하는 성과 중심의 일련의 지원활동을 의미함

2) (가)의 ㉡에서 설명하는 모델 명칭을 쓰시오. [1점]

참고자료 기본이론 406-407p

키워드 Clark의 종합적 전환서비스 모형

구조화 틀

핵심개념 **Clark의 종합적 전환서비스 모형**

- 전환서비스의 기본이 되는 주요 지식과 기술 영역을 강조함 → 고용 기술, 통합지역사회 참여 기술, 독립적·상호의존적 일상생활 기술, 여가와 레크레이션 기술, 자기결정 기술, 의사소통 및 학업수행 능력, 대인관계 기술, 고등학교 이후 교육과 훈련 기술, 건강과 체력 관련 기술
- 생애 전반에 걸친 전환에 대한 개념과 다양한 전환 진출 시점에 대한 개별적인 기대를 강조함
- 다양한 전환교육과 서비스 제공 체계에 대한 공유된 책임과 잠재력을 강조함

모범답안 건강과 체력관리 기술

2021학년도 중등 A6

04 **(가)는 ○○특수학교 고등학교과정 학생을 위한 진로와 직업 교과 교수·학습 과정안의 일부이고, (나)는 지적장애 학생의 전환평가를 위한 대화 내용이다. 〈작성방법〉에 따라 서술하시오. [4점]**

(가) 교수·학습 과정안

단원명	5. 효율적인 작업	제재	지속적인 작업
학습 목표	지속적인 작업을 위한 신체를 준비할 수 있다.		
단계	교수·학습 활동		지도 중점사항
…(중략)…			
전개	〈활동 1〉 튼튼한 몸 만들기 • 올바른 식습관 알아보기 • 나의 몸두게 알고 관리하기 〈활동 2〉 간단한 운동 따라하기 • 작업을 오래 지속하기 위해 필요한 내용 알기 • 교사의 시범을 보면서 운동 동작 따라하기	㉠	• 음식과 비만, 신체적 영향의 관계성 알기 • 운동을 통해 건강한 신체 단련하기

작성방법

(가)의 ㉠에 해당하는 '지식과 기술 영역'의 명칭을 쓸 것. [단, 클라크(G. Clark)의 종합적 전환교육 모델에 근거할 것.]

PART 04

확장하기 +

Clark의 개정된 종합적 전환 모델(2014)

① Sitlington 등은 이후 기존의 주요 구성요소 9가지에 테크놀로지 및 보조공학, 이동성(교통수단)을 추가해 12가지 요소로 기존의 지식과 기술 영역을 확장해 개정함

② 장애학생들은 생애주기에 따른 발달단계를 거쳐 다음 단계로 전환하게 되며, 아래에 제시된 것과 같은 12가지 지식과 기술 영역의 요소는 이 과정에서 장애학생이 학습을 통해 익히거나 성취해야 하는 중요한 영역을 의미함

지식과 기술 영역	생애발달 단계	진출 시점	서비스 전달체계와 지원
• 의사소통 • 학업적 수행 • 자기결정 • 대인관계 • 통합된 지역사회 참여 • 건강과 체력관리 • 테크놀로지 및 보조공학 • 여가 및 레크리에이션 • 이동성(교통수단) • 독립적/상호의존적 생활 • 직업 준비성 • 대학 준비성	영·유아기 (0~3세)	학령전 프로그램, 통합된 지역사회 참여	• 가정과 이웃 • 가족과 친구 • 공립·사립 영유아 프로그램 • 관련·지원 서비스를 동반한 특수교육 • 관련·지원 서비스를 동반한 일반교육 • 일반적인 지역사회 조직과 기관(위기관리 서비스, 시간 제한적 서비스, 지속적 서비스) • 도제 프로그램 • 학교와 지역사회 직업 중심 프로그램 • 중등 이후 직업 프로그램 • 전문대학 • 4년제 대학 • 대학원 또는 전문학교 • 성인·평생교육
	학령전기 (3~5세)	초등학교 프로그램, 통합된 지역사회 참여	
	초등학교 (5~10세)	중학교 프로그램, 연령에 적합한 자기결정, 통합된 지역사회 참여	
	중학교 (11~14세)	고등학교 프로그램, 초보(단순직) 고용, 연령에 적합한 자기결정, 통합된 지역사회 참여	
	고등학교 (15~21세)	중등교육 이후의 교육, 초보(단순직) 고용, 평생교육, 전업주부, 자기결정을 통합, 삶의 질 증진과 통합된 지역사회 참여	
	성인 초기 및 성인기 (18~25세)	특수분야, 기술직, 전문직, 관리직 고용, 대학원이나 전문학교 프로그램, 성인·평생교육, 전업주부, 자기결정을 통합, 삶의 질 증진과 통합된 지역사회 참여	

2026학년도 중등 A4

05 다음은 전환교육과 관련하여 특수 교사와 학부모가 나눈 대화 내용이다. 밑줄 친 ㉠에 해당하는 전환의 영역 1가지를 쓰고, [A]가 의미하는 용어를 쓰시오. [2점]

학 부 모: 그동안 저는 전환이라고 하면 고용에만 관심을 가졌던 것 같아요. 전환교육과 관련하여 어떠한 접근이 필요할까요?

특수 교사: 실제로 전환의 범위가 확대되고 있습니다. 할펀(S. Halpern)은 학교에서 성인기로 전환을 할 때 지역사회 적응을 강조하였습니다. 또한 성공적인 지역사회 적응을 위해서 의미 있는 고용 이외에도 두 개의 영역이 중요하다고 했습니다. 그중 하나는 사회·대인관계입니다. 지역사회 내에서 사회적 대인관계를 형성하고 네트워크를 갖추는 것은 고용과 마찬가지로 중요하기 때문에 적절한 사회·대인관계 기술을 형성하는 것이 필요합니다. ㉠ <u>다른 하나</u>는 다음과 같습니다.

…(중략)…

학 부 모: 그렇군요. 그 외에 고려해야 할 것이 있을까요?

특수 교사: 전환은 생애주기별 발달 단계에 따라 다양한 영역에서 이루어질 수 있습니다. 교육과 관련해서는 학교 교육 기간을 포함하여 생애주기에 걸친 배움에 관심이 증대되고 있습니다. 예를 들어, 어떤 학생은 졸업 후 지역사회의 다양한 시설과 기관을 이용하여 자신이 관심을 갖는 분야에 대해 배우고자 할 수도 있고, 상급학교로 진학하는 것을 고려해 볼 수도 있습니다. [A]

참고자료 기본이론 388-389p, 401-402p

키워드

- 계속교육
- Halpern의 지역사회 적응 모형

구조화 틀 전환성과

- 자립
- 직업
- 계속교육

핵심개념 Halpern 지역사회 적응 모형

- Halpern(1985)은 성공적인 지역사회 적응을 위해 의미 있게 작용하는 비직업적 차원으로, 주거환경의 질과 적절한 사회·대인관계를 제안하였음
- Halpern은 성공적인 전환의 목적을 독립생활과 지역사회 적응에 두고, 고용뿐만 아니라 주거환경, 사회·대인관계를 중요하게 다루었음. 그는 고용에 성공했다고 해서 나머지 인생도 성공한 것으로 보지 않기 때문에, 서비스를 결정할 때 개인의 모든 삶의 질 차원에서 프로그램을 개발해야 한다고 주장함

고용 및 직업적응 영역	직업훈련뿐만 아니라 직업조사기술, 직무분석, 최저임금 수준, 고용주에 대한 지원책 등 다양한 요소를 포함함
주거환경 영역	장애인들이 최대한 자립하여 생활할 수 있도록 여러 주거 유형 중 적합한 환경을 제공하는 것으로 여가활동, 이웃과의 관계 및 안전 등을 포함함
사회 및 대인관계 영역	지역사회 내 의미 있는 구성원으로 다른 이들과 상호작용하며 살아가는 데 필요한 사회행동 훈련 프로그램, 의사소통기술, 자아존중, 가족지원, 인간관계기술 등과 같은 관련 서비스를 제공하는 것을 포함함

모범답안

㉠ 주거환경의 질

[A] 계속교육

확장하기 +

전환성과

1. 자립

① 가정·학교·직장 등 지역사회 구성원으로서 독립적이고 주도적으로 살아가는 데 필요한 역량으로서, 실제로 가정·학교·지역사회 등에서 자립생활을 할 수 있도록 하는 것이다.

② 자립 역량은 자기관리, 가정생활, 건강, 돈 관리, 지역사회생활, 여가생활의 6개 하위 영역으로 구성되며, 각 하위 영역에 대한 개념은 다음과 같다(국립특수교육원, 2021).

자기관리	자립생활을 영위하기 위해 일상생활에 필요한 기본적인 능력으로 개인 위생 관리, 외모 관리, 외출 준비 등을 들 수 있다.
가정생활	가정에서 발생하는 여러 집안일을 처리하는 데 필요한 기본적인 능력으로 식사, 청소, 빨래, 기기 사용 등을 들 수 있다.
건강	건강하고 안전한 삶을 유지할 수 있는 능력으로 운동, 체중 관리, 병원 진료, 약 복용, 신체변화 대응, 응급 상황 대처, 보조공학기기 사용 등을 들 수 있다.
돈 관리	개인이 안정적인 자립생활을 영위하기 위해 필수적으로 요구되는 능력으로 현금과 카드의 사용, 용돈 관리, 은행 거래 등을 들 수 있다.
지역사회생활	지역사회 구성원으로 살아가기 위해 습득해야 할 기술과 능력으로 이동, 교통수단 이용, 교통 안전규칙 준수, 공공기관 및 편의시설 이용 등을 들 수 있다.
여가생활	자신이 자유롭게 사용할 수 있는 시간에 삶의 활력을 가질 수 있도록 수행하는 자발적인 활동으로 여가활동 계획, 여가 프로그램 정보 활용, 여가시설 이용, 혼자 혹은 함께하는 여가활동 등을 들 수 있다.

2. 직업

① 자신에 대한 이해와 직업세계에 대한 탐색을 바탕으로 자신에게 적합한 직업을 선택하고 직업인으로서의 생활을 유지하는 데 필요한 역량으로서, 실제로 직업생활을 할 수 있게 하는 것이다.

② 직업생활 영역은 3개의 하위 영역으로 구성된다(국립특수교육원, 2021).

직업탐색	자신의 특성에 대한 이해를 기반으로 하여 직업의 역할과 다양한 직업의 유형을 탐색하는 활동으로 자기 이해, 직종의 탐색, 직업훈련 및 취업기관의 탐색, 직업정보 수집 등을 들 수 있다.
직업기능	직무에서 요구되는 작업활동에 필요한 기본적인 능력과 태도로 기초학습능력, 신체능력, 도구사용능력, 컴퓨터활용능력, 과제의 신속성 및 정확성 등을 들 수 있다.
직업생활	직업을 갖고 난 이후 직업인으로 생활하는 데 필요한 능력을 기르기 위하여 학교생활에서 기를 수 있는 태도로 시간 및 규칙 준수, 맡은 일 완수, 동료와의 협력 등을 들 수 있다.

3. 계속교육

① 계속교육은 인간이 사회의 변화에 적응하기 위해 끊임없이 교육을 받아야 한다는 것을 일컫기도 하고, 고등학교를 졸업한 후에 받게 되는 교육 프로그램을 뜻하기도 한다. 또한 교과, 직업, 전문 또는 준전문 기술의 교육이나 훈련에 초점을 둔 프로그램으로 정의되기도 한다. 종합하면, 계속교육은 정규 교육과정 이후에도 사회에서 자립할 수 있도록 생애주기에 따른 교육을 제공하여 교육 기회 제공 및 형평성 보장 차원에서 보장되어야 하는 보편적인 교육이다.

② 자립과 직업의 전환성과는 고등학교 졸업 후 곧바로 도달할 수도 있고, 계속교육을 받은 후에 이루어질 수도 있다.

③ 계속교육은 고등학교 졸업 이후 생애 전반에 걸쳐 원하는 교육을 받아 개인이 자신의 삶의 질을 향상시킬 수 있는 역량으로, 평생교육이나 대학교육을 통하여 자립과 직업의 성과를 높일 수 있게 하는 것이다.

참고자료 기본이론 408-409p

키워드 Kohler의 혼합형 진로교육 모형

구조화 틀

핵심개념 **Kohler의 혼합형 진로교육 모형**

- 학교에서의 교육내용에 중점을 둔 모형으로, 전환교육에서 제공해야 할 교육내용을 강조함
- 특징
  - 전환도 교육의 한 측면으로 강조됨
  - 포괄적인 맥락에서의 전환계획을 고려한 교육 그리고 결과 지향 계획 및 개별화를 강조함
- 영역

학생 중심 계획	전환교육을 위해서는 개별화교육계획을 통해 장단기 목표를 개발하고, 여기에 학생의 참여를 이끌어내야 함
학생 개발	학생 개발은 학교중심의 직업교육 경험과 현장중심의 직업교육 경험 모두를 통한 생활 및 직업 관련 기술 향상을 도모해야 함
기관 간 협력	이 모형에서는 학생, 부모, 고용인 및 기관 관계자 등이 포함된 기관 간의 전환교육 협의체를 만들어서 운영하도록 제안함
가족 참여	개별화교육계획에 가족을 참여시키고 옹호 역할을 수행할 수 있도록 하는 것뿐만 아니라 그들의 역량 강화를 위한 훈련에의 참여도 강조함
프로그램의 구조와 속성	학교에서 다양한 프로그램 및 교육과정을 마련해야 함

모범답안

㉠ 혼합형 진로교육

㉢ 기관 간 협력

2023학년도 중등 B2

06 **다음은 장애인 취업과 관련하여 두 교사가 나눈 대화의 일부이다. 괄호 안의 ㉠에 공통으로 해당하는 명칭을 쓰고, ㉡을 참고하여 괄호 안의 ㉢에 해당하는 내용을 쓰시오. [2점]**

교사 A: 장애학생의 취업은 매우 중요합니다. 학교에서 실제적 지원을 위한 교육을 실시하기 위해 추천할 만한 모형이 있나요?

교사 B: 저는 쾰러(P.Köhler)의 (㉠) 모형을 추천합니다.

교사 A: 그 이유는 무엇인가요?

교사 B: 쾰러의 (㉠) 모형은 실제적 지원을 중심으로 유목화가 되어 있기 때문입니다.

교사 A: 네, 그렇군요. 저도 장애인 취업에 관심이 있어서 어제 ○○ 신문 기사 내용을 스크랩했습니다.

교사 B: 어떤 내용인가요?

교사 A: ○○시의 시장은 장애인 취업 확대를 위한 공약을 지키기 위해 ▲▲식품 회사의 회장과 '장애인 고용 비전 선포식'을 가졌다는 내용입니다.

교사 B: 그 행사에 어떤 분들이 참석하셨나요?

교사 A: ○○지역 장애인협의회 단체장과 장애인 부모회대표 및 교육지원청 특수교육 담당 장학사가 참석하였습니다. [㉡]

교사 B: ○○지역 장애인 고용 비전 선포식에 관련된 인사들이 참석하였군요.

…(중략)…

[쾰러의 (㉠)모형]

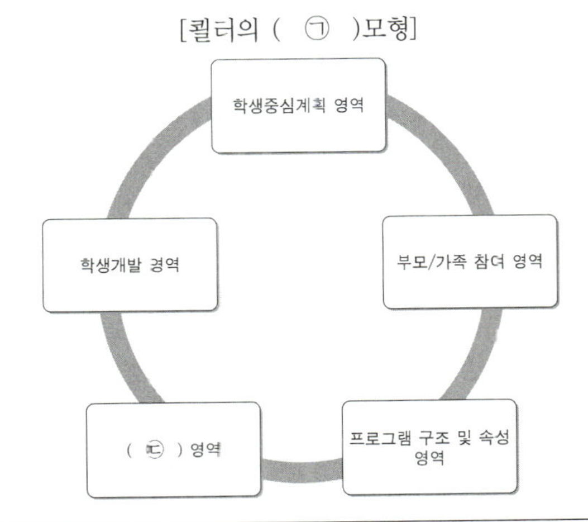

PART 04

Chapter

03 전환평가(transition assessment)

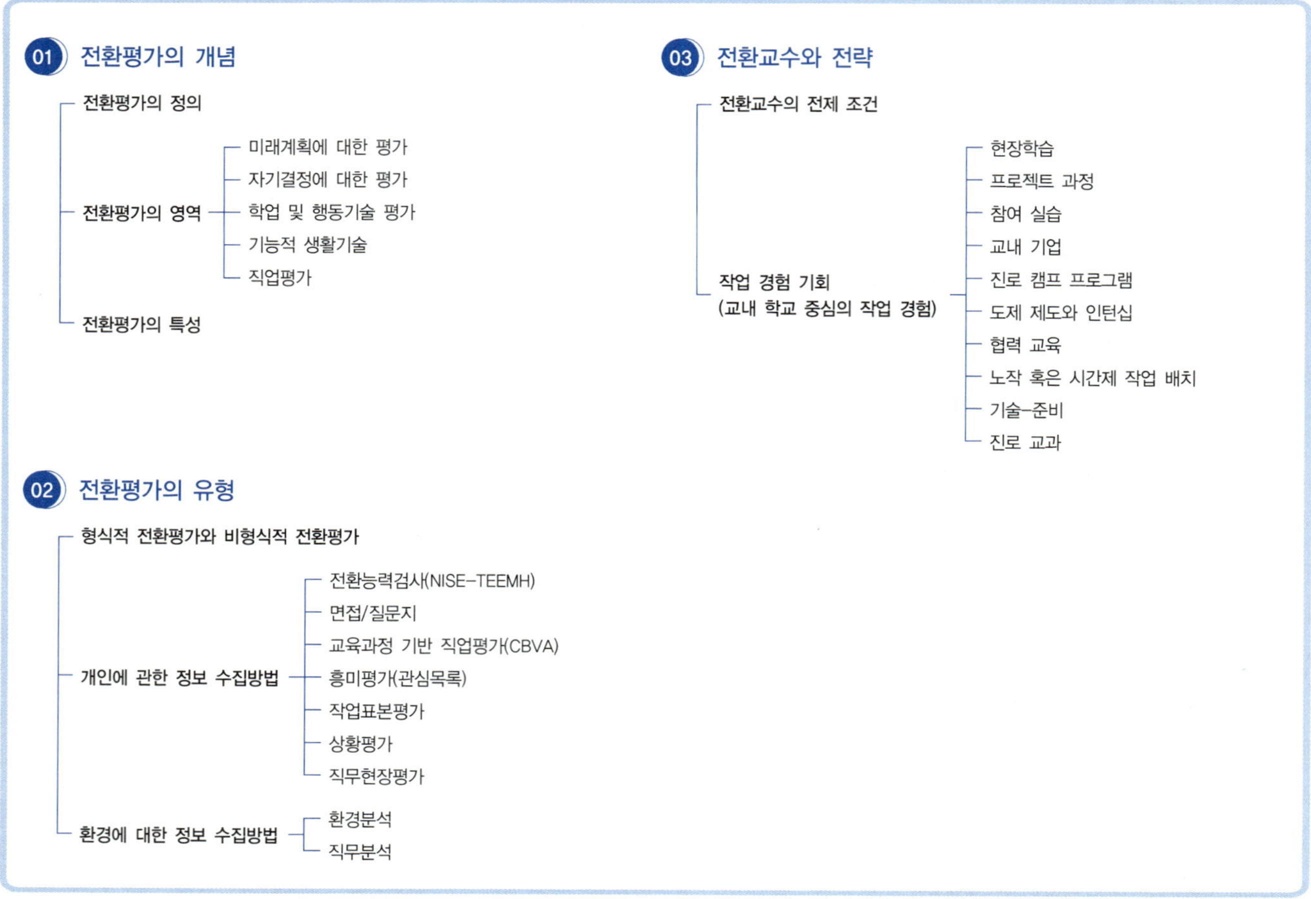

참고자료 기본이론 397-399p, 412-414p

키워드

- 전환평가
- 개별화 전환교육계획(ITP)

구조화 틀 **전환평가의 개념**

- 정의
- 영역
- 특성

핵심개념

개별화 전환교육계획의 정의 및 역할

- 장애학생의 학교에서 지역사회의 주거생활, 직업생활, 사회생활, 여가생활로의 전환을 지원할 수 있도록 학교 안에서 이루어지는 일련의 교육과 서비스의 내용 및 방법을 계획하는 것
- 학생의 교육 프로그램과 학교 이후의 목표가 일치되도록 만드는 도구의 역할을 함

개인중심계획(PCP)

- 전환계획 과정을 촉진하는 방법으로, 개인이 희망하는 삶에 대해 팀 중심으로 탐색하고 그 삶을 살기 위해 필요한 지원을 찾아가는 일련의 과정
- 개인이 자신에게 중요하다고 생각하는 것이 무엇인가를 찾아내는 것으로, 장애학생의 적극적인 참여를 유도하고 학생·가족·전문가가 협력해 장애학생의 교육적 요구를 파악함
- 장애학생이 희망하는 삶을 살기 위해 필요한 지원을 탐색·판별하고자 학생에 대해 같이 생각해보고, 학생과 함께 의사소통하며, 학생의 가치를 검토하고, 학생을 위한 계획을 수립해 지원하는 가치중심적 접근임

모범답안 ②

2011학년도 중등 38

01 장애학생의 전환교육 및 전환계획과 관련된 내용 중 옳은 것만을 〈보기〉에서 모두 고른 것은?

보기

ㄱ. 전환계획 수립 시 장애학생이 원하는 진로와 성인기 전환영역을 고려하여 학생과 학생의 현재 및 미래 환경에 대한 포괄적인 전환평가가 선행되어야 한다.

ㄴ. 장애학생의 전환교육과 관련하여 「장애인 등에 대한 특수교육법」에서는 관련 기관과의 협력을 통해 직업재활훈련 및 자립생활훈련을 실시하는 지원고용을 강조하고 있다.

ㄷ. 개별화전환계획은 개별화교육계획의 한 과정으로, 성공적인 성인기 전환을 준비하기 위하여 학령 초기에는 학업기술에 집중하고 청소년기부터 체계적으로 전환교육을 실시하는 것이 중요하다.

ㄹ. 장애학생의 전환교육과 관련하여 '2008 개정 특수학교 기본 교육과정' 직업고과의 직업기능 영역에서는 사회생활과 작업을 통하여 일과 직업에 대한 이해, 감각 및 신체적 기능 향상, 기초 학습 기능 향상 등에 중점을 두고 있다.

ㅁ. 중등교육 이후의 전환을 효과적으로 준비하기 위하여 개인중심계획(person-centered planning)을 통해 장애학생의 적극적인 참여를 유도하고 학생과 가족, 전문가가 서로 협력하여 장애학생의 교육적 요구를 파악하는 것이 중요하다.

① ㄱ, ㄹ　　② ㄱ, ㅁ
③ ㄴ, ㄷ　　④ ㄱ, ㄹ, ㅁ
⑤ ㄴ, ㄷ, ㄹ

ㄴ. 제23조(진로 및 직업교육의 지원) 제1항
중학교 과정 이상의 각급학교의 장은 특수교육대상자의 특성 및 요구에 따른 진로 및 직업교육을 지원하기 위하여 직업평가·직업교육·고용지원·사후관리 등의 직업재활훈련 및 일상생활적응훈련·사회적응훈련 등의 자립생활훈련을 실시하고, 대통령령으로 정하는 자격이 있는 진로 및 직업교육을 담당하는 전문인력을 두어야 함

ㄷ. 장애학생은 성인으로의 삶을 준비하는 데 오랜 시간이 걸릴 수 있으므로 어려서부터 교육하고 훈련해야 함

ㄹ.
- 기본 교육과정 '실과'
  - 초 5~6학년군에 편제
  - 중·고등학교 '진로와 직업', 선택 교과 중 '정보통신활용'과 종적 연계성을, 기본 교육과정 5~6학년의 각 교과, 공통 교육과정 '실과', '일상생활 활동'과 횡적 연계성을 갖는 교과
  - 내용체계: 기본생활, 기술·정보, 생명·안전, 진로 인식
- 기본 교육과정 '진로와 직업'
  - 초등학교 '실과'와 종적 연계성을, 선택 중심 교육과정의 전문 교과인 '직업·생활'과 횡적 연계성을 갖는 교과
  - 내용체계: 자기인식, 직업의 세계, 작업 기초능력, 직업 태도, 진로 설계, 진로 준비

확장하기 +

기관중심계획 vs 개인중심계획

기관중심계획	개인중심계획
전문가 주도	1~2명의 회의 촉진자가 주도
참가자는 일반적으로 모두 성인	• 참가자 다양 • 개인과 가족
목표 지향적이며 서류 요구사항을 충족하도록 설계된 과정	정보를 얻기 위해 설계된 창의적·성찰적 과정
주어진 정보, 보고서, 공식적으로 평가된 데이터에 가치를 둠	• 정보가 공유됨 • 보고서를 읽지 않음 • 비공식적인 평가에 가치를 둠
• 학교에서 열린 회의 • 전형적인 교실 배치 • 스태프의 편의	• 협의하에 장소 결정 • 편안함이 핵심이며, 좌석 배치는 반원으로 함
결과와 관련된 전문가들 사이에서 로비 활동이 있음	회의에서 모든 참여자들이 브레인스토밍하는 것을 중요한 가치로 여김
• 약점 기반의 관점 • 요구와 이용 가능성을 우선시함	• 강점 기반의 접근 • 개인과 요구가 먼저이고, 이용 가능성은 후순위
유급 전문가는 일반적으로 개별화교육계획 목표를 개발하기 위해 정보를 수집	개인의 지원동아리 구성원들이 함께 개별화교육계획 목표 개발
자기 옹호, 가족·동료 옹호 기술에 중점을 두지 않음	개인, 가족, 친구들은 미팅에서 옹호를 배움

개인중심계획의 모델

MAPS	• 전환을 위한 직업 관련 활동을 전개하는 데 있어 학생들이 추구하고자 하는 진로 방향을 파악하는 것이 중요하며, 이를 위해서는 '학생중심계획' 전략을 사용하는 것이 좋음. MAPS는 학생들의 미래를 계획할 때 학생들을 돕기 위해 사용되는 개인중심계획의 방법으로 널리 사용됨. 이 체계는 본래 중도장애 학생들을 일반학급에 완전 통합하기 위해 개발된 도구이며, 학생의 현재와 미래의 꿈, 강점, 흥미, 요구를 평가하는 과정으로 사용되고 있음. • MAPS에서는 학생과 관련된 이해 당사자들(예 부모, 형제, 서비스 제공자, 또래, 교사 등)이 모여 협력적 브레인스토밍을 통해 학생의 흥미, 선호, 기술 수준에 대한 내용을 파악하고자 함. 이 과정은 상당한 개입을 필요로 하며 운영과정에서 광범위한 인사들을 포함해야 하기 때문에, 경도장애 학생보다는 중도장애 학생을 위한 학생중심 미래계획 수립 시에 보다 적절한 방법으로 추천되고 있음
PATH	• PATH는 직업과 관련된 학생의 꿈과 목표를 확인하는 데 사용되는 또 다른 방법으로, MAPS로부터 발달해 대상 학생을 위한 직업계획을 실행하기 위해 고안된 것임. 이 과정은 문자 그대로 학생이 추구하고자 하는 직업 진로(path)를 확인할 수 있게 함 • PATH에서는 집단의 촉진자가 이끌어가는 회의에서 다음 여덟 가지 일련의 질문들에 대해 각자 의견을 나누며 결론을 이끌어야 함. 구체적으로 ① 장래희망에 대해 말하기 ② 장래희망을 긍정적이고 실현 가능한 것으로 이해하기 ③ 현재에 기초 두기 ④ 대상 학생에 대해 알기 ⑤ 강점을 증진할 방법 파악하기 ⑥ 향후 3개월간 수행할 활동 정하기 ⑦ 다음 달에 수행할 작업 계획하기 ⑧ 다음 단계의 활동 결정하기임 • 이들 PATH 단계에 대한 토론은 다음 해에 시도될 학생들의 전환활동을 이끌 수 있으며, 팀은 이 계획을 따르도록 해야 함. 그렇지 않을 경우 PATH의 전개과정을 통한 결실을 기대하기가 어려움. MAPS와 PATH는 전환계획이나 IEP를 대신하는 것이 아니라, 전환계획을 강화하기 위해 함께 사용할 수 있는 도구들임. 개별 지적장애 학생들을 위한 전환계획에서 이러한 학생중심 계획 도구 및 방법을 적용하는 것은 그들에 대한 긍정적 견해와 청사진을 제공할 수 있도록 함

참고자료 기본이론 412-422p

키워드

- 전환평가
- 전환평가의 유형

구조화 틀

전환평가의 개념
- 정의
- 영역
- 특성

전환평가의 유형
- 형식적 평가
- 비형식적 평가

핵심개념

전환평가

- 현재와 미래의 일과 교육, 생활, 개인적이고 사회적 환경과 관련 있는 개인의 요구, 선호도, 관심 등에 대한 자료 수집 과정
- **영역**: 미래 계획 요구와 목적의 평가, 자기결정과 자기옹호 기술의 평가, 전체 관련 영역에서의 교과와 행동 평가, 삶의 기술 평가, 직업 평가

전환평가의 특성

- 학생 중심적
- 지속적 평가
- 다양한 상황에서 평가
- 다른 사람들의 참여
- 개별적 평가
- 학생의 전환 강점, 흥미, 요구 반영
- 종합적인 전환평가

전환평가의 유형

- 형식적 전환평가
- 비형식적 전환평가

개인평가	
아동 관련 일반적 정보	– 배경정보 – 면접, 질문지 – 심리측정도구
직업적성 정보	– 교육과정 중심평가 – 교육과정 기반평가 – 흥미평가(관심목록) – 작업표본평가 – 상황평가 – 직무현장평가
환경평가	
잠재적 환경평가	– 중등과 중등 이후 환경분석 – 지역사회 환경분석 – 직무분석

모범답안 ③

2013학년도 중등 9

02 다음은 장애학생의 전환계획을 수립하기 위해 실시한 전환평가(transition assessment)에 대한 설명이다. 옳은 것만을 〈보기〉에서 있는 대로 고른 것은?

보기

ㄱ. 학생의 자기결정 및 자기옹호 기술, 학습 스타일, 생활기술 관련 교육적 요구, 직업의 흥미, 적성 및 능력 등에 대한 평가가 포함된다.
ㄴ. 상황평가는 학습 및 직업상황과 유사한 과제와 자료 등을 활용하여 실제 생활환경의 통제된 조건하에 실시된다.
ㄷ. 직무분석은 장애학생의 능력과 수준에 맞추어 직무 과제를 여러 요소로 나누고, 그 요소들을 추가, 면제, 재결합하여 직무배치 후 실시한다.
ㄹ. 장애학생 개인에 대한 평가와 더불어, 미래의 생활·학습·직업 환경에서 어떤 지원이 제공되는지 확인한다.
ㅁ. 관심목록(interest inventory)은 직무기술의 잠재적 유창성을 측정하기보다는 직업의 여러 가지 유형에 대한 학생의 느낌 및 선호도를 평가하는 데 활용될 수 있다.
ㅂ. 장애학생의 능력과 흥미에 부합하는 직업을 찾아주는 역할이 중요하므로, 모든 성인 생활 영역에 대한 포괄적 평가보다는 교육 및 고용 영역에 국한하는 집중성과 특수성에 초점을 맞추어 평가한다.

① ㄱ, ㅂ ② ㄷ, ㅁ
③ ㄱ, ㄹ, ㅁ ④ ㄴ, ㄹ, ㅂ
⑤ ㄱ, ㄴ, ㄷ, ㅂ

ㄱ. 전환평가 영역
- 미래 계획 요구와 목적의 평가
- 자기결정과 자기옹호 기술의 평가
- 전체 관련 영역에서의 교과와 행동 평가
- 삶의 기술 평가
- 직업 평가

ㄴ. 상황평가는 실제 작업환경과 유사한 모의작업장에서 학생의 직무수행과 행동을 체계화된 관찰기법을 통해 평가하는 것 → 작업표본에 비해 평가환경이 실제 산업현장과 유사함

ㄷ. 직무분석은 학생을 직무에 배치하기 전, 직무의 특징을 과학적·체계적으로 분석하는 활동임

ㄹ. 전환평가에는 개인평가(아동 관련 일반적 정보, 직업적성 정보)와 환경평가가 있음

ㅁ. 관심목록은 특정 직업에 대해 호의적·수용적인 관심과 태도를 갖는 것을 의미

ㅂ. 전환평가는 교육 및 고용 영역에만 국한된 평가를 하는 것이 아닌 포괄적·종합적인 평가가 요구됨

확장하기 +

직무분석(job analysis)

① 직무분석은 어떤 직무의 특성을 과학적이고 체계적으로 분석하는 활동으로, 학생이 참여하게 될 각 작업현장에서 어떤 고용 준비활동을 해야 하는지를 알 수 있게 한다.
② 직무분석은 직무를 구성하고 있는 일의 전체와 그 직무를 수행하기 위해 요구되는 경험, 기능, 지식, 능력, 책임 및 그 직무와 구별되는 요인을 각각 명확하게 밝혀 기술하는 수단이다.
③ 직무분석 시 적합성 분석(compatibility analysis)을 통해 개인 작업자와 특정 직무 관계(좋아하고 싫어하는 일/일정/장점)에서 잘 어울리는 부분과 잘 어울리지 않는 부분들에 대해 분석하고, 개인에게 잘 어울리는 직무를 맡게 되면 적응 가능성이 높아진다.
④ 직무 과제분석(job task analysis)은 교수계획을 보다 적절하게 하기 위해 큰 과제를 일련의 작은 단계로 나누는 것으로, 특정한 과제나 직무를 성공적으로 완성하기 위한 개별 내용, 행동 혹은 필요한 단계를 문서로 작성하는 것이다.
⑤ 직무분석의 단계는 다음과 같다.

단계	내용
1. 개인의 반응 확인	• 주어진 각 작업을 완수하기 위해 개인이 어떻게 반응해야 할지 확인한다. • 이 반응들은 관찰과 측정이 가능해야 한다.
↓	
2. 환경적 단서 확인	• 과제의 완성에 영향을 미치는 환경적 단서들을 확인한다. • 이 단서들은 개인이 특정 과제를 수행하도록 하거나 수행할 과제의 특정 부분을 수행하도록 알려준다.
↓	
3. 작업의 속도 확인	• 작업의 속도에 관한 사항으로, 어떤 과제를 완성하는 데 요구되는 평균 시간이나 주어진 시간 동안 수행하는 과제의 수를 확인한다. • 작업 속도가 얼마나 중요한 요구사항인지 사업주에게 확인한다.
↓	
4. 작업의 질적 요구조건 확인	• 각 작업에 대한 질적인 요구조건을 확인한다. • 같은 일을 하는 동료 작업자들과 이야기하며 감독자가 기대하는 정확도를 비교 · 검토한다.
↓	
5. 예외사항 확인	• 일상적인 일과가 아닌 예외사항을 확인한다. • 예외사항에는 일상적인 작업 공정에서 변화가 있거나 일과 도중에 발생하는 예기치 않은 상황들이 포함된다.

참고자료 기본이론 412-413p

키워드 전환평가

구조화 틀 전환평가의 개념

- 정의
- 영역
- 특성

핵심개념 전환평가

- 현재와 미래의 일과 교육, 생활, 개인적이고 사회적 환경과 관련 있는 개인의 요구, 선호도, 관심 등에 대한 자료 수집 과정
- **영역**: 미래 계획 요구와 목적의 평가, 자기결정과 자기옹호 기술의 평가, 전체 관련 영역에서의 교과와 행동 평가, 삶의 기술 평가, 직업평가

미래 계획	학생, 가족, 교사가 고등학교 이후 삶의 방식에 관한 목표를 포함해 진로목표에 도달하기 위한 장기적인 계획을 개발하는 데 도움
자기결정	자기결정에 대한 평가는 학생 중심적이고 소비자 주도적이어야 함
학업 및 행동기술	학업기술 문제는 향후 전환계획을 위해 꼭 언급되어야 하고, 행동상의 문제도 결정적으로 중요하므로 사회적·행동적 측면에 관한 정보를 수집해야 함
기능적 생활기술	중등 특수교육과정은 일반적으로 학업기술, 직업기술, 사회적 기술, 자립생활 기술의 네 가지 영역으로 구성됨
직업평가	직업평가의 기본적 기능은 장래 직업훈련 및 고용을 준비하기 위해 직업 프로그램에 장애학생을 배치하는 데 있음

모범답안

㉣ 학생의 자기결정과 자기옹호 기술에 대한 평가는 학생 중심으로 해야 한다.

㉤ 학업 기술과 행동 기술 수준을 모두 평가해야 한다.

2024학년도 중등 A11

03 **(가)는 지적장애 학생 A의 특성이고, (나)는 초임 교사와 수석 교사의 대화 중 일부이다. 〈작성방법〉에 따라 서술하시오. [4점]**

(다) 초임 교사의 메모

> 전환 계획을 위한 전환평가 요소 : 밀러 외(R. J. Miller et al., 2007)
>
> ㉢ 학생의 미래 계획을 위한 요구와 목표를 평가하는 데 가정생활, 지역사회 참여, 레크리에이션 및 여가를 포함함.
>
> ㉣ 학생의 자기결정과 자기옹호 기술에 대한 평가는 프로그램을 중심으로 함.
>
> ㉤ 모든 관련 영역에서 학업 기술이 아닌 행동 기술 수준을 평가해야 함.
>
> ㉥ 생활 기술 평가에서 일상생활 기술과 사회성 기술을 평가해야 함.

작성방법

(다)의 ㉢~㉥ 중 틀린 내용을 2가지 찾아 기호를 쓰고, 틀린 부분을 바르게 고쳐 서술할 것.

참고자료 기본이론 415-422p

키워드 전환평가

구조화 틀 **전환평가의 개념**

- 정의
- 영역
- 특성

핵심개념

종합적인 전환평가도구

- 전환계획척도-3(TPI-3)
- 지역사회적응검사-2(CISA-2)
- 장애학생 진로·직업교육 성과지표검사
- 전환능력검사

진로탐색 관련 전환평가도구

- 국립특수교육원 발달장애인용 직업흥미검사(NISE-VISIT)
- 장애청소년 진로성숙도검사
- PVIT 그림직업흥미검사

직업준비에 관한 전환평가도구

- 직업기능스크리닝검사
- 직업기능탐색검사
- 취업준비체크리스트
- 직업준비검사 개정판

작업기능에 관한 전환평가도구

- KEAD 손기능 작업표본검사
- KEAD 다차원 양손협응 작업표본검사

모범답안 ㉢ 학생의 특성·흥미·적성을 파악할 수 있는 표준화된 검사도구로, 국립특수교육원 발달장애인용 직업흥미검사가 있기 때문이다.

2026학년도 중등 B8

04 **(가)는 지적장애 특수학교 고등학교 과정의 진로와 직업 교과 교수·학습 지도안의 일부이고, (나)는 현장 중심 수업 운영을 위한 특수교사 간 대화 내용의 일부이다. 〈작성 방법〉에 따라 서술하시오. [4점]**

(나) 현장 중심 수업 운영을 위한 특수교사 간 대화

특수교사 A: 현장 연계 학생 맞춤형 직업 활동을 계획 중인데, 어떤 점을 고려하면 좋을까요?

특수교사 B: 학생의 특성, 흥미, 적성을 파악해야 합니다. ㉢ <u>장애 학생에게 활용할 수 있는 표준화된 직업흥미검사나 적성검사 도구가 없으므로, 비형식적 검사를 활용</u>하도록 합니다.

특수교사 A: 그렇군요. 효과적인 현장 연계 학생 맞춤형 직업 활동이 되기 위해서는 어떤 점을 고려하면 좋을까요?

특수교사 B: ㉣ <u>효과적인 현장 연계 활동이 이루어지기 위해서는 직무 훈련 계획을 교사와 현장 전문가가 함께 수립</u>하는 것이 좋습니다. 또한 학생이 수행해야 할 직무와 관련된 정보를 수집하는 것도 필요할 것 같습니다.

특수교사 A: 네. ㉤ <u>완수하고자 하는 작업 활동의 단계를 세분화하고, 작업 환경을 분석하여 직무 수행을 위한 조정 전략을 파악</u>하고자 합니다.

특수교사 B: 그 외에도 평가와 관련한 계획을 세워야 할 것 같습니다.

특수교사 A: 네. ㉥ <u>실제 작업 현장에서의 수행평가 등을 통해 학생의 작업 능력을 현장 중심에 기반하여 평가</u>하려고 합니다.

…(중략)…

작성방법

(나)의 밑줄 친 ㉢~㉥ 중 틀린 것을 1가지 찾아 기호를 쓰고, 그 이유를 서술할 것.

확장하기 +

국립특수교육원 발달장애인용 직업흥미검사(NISE-VISIT, 2016)

① NISE-VISIT은 발달장애인의 직업흥미를 탐색할 수 있도록 그림으로 구성한 표준화된 검사임
② 검사 대상은 중학교 연령 이상의 발달장애인이며, 발달장애인의 진로탐색뿐만 아니라 전환계획의 수립 및 운영에도 유용한 정보를 제공함
③ 이 검사는 4가지 유형으로 구성되어 있음

도구 유형	문항 수	문항 내용
학생용 종합형	118개	7개 직군, 21개 직종, 포장·운반·정리에 대한 흥미 정도와 직군과 직종에 대한 정보 제시
학생용 간편형	27개	7개 직군에 대한 흥미 정도와 관련된 직군의 정보 제시
교사부모용 A형	105개	7개 직군, 21개 직종, 포장·운반·정리에 대한 흥미 정도와 직군과 직종에 대한 정보 제시
교사부모용 B형	21개	7개 직군에 대한 흥미 정도와 관련된 직군의 정보 제시

* 7개 직군: 제조, 청소, 음식, 농수산업, 사무 지원, 대인 서비스, 예술·스포츠
* 21개 직종: 조립, 생산, 운송 판매, 실내·외 청소, 세차, 세탁, 파스트푸드, 조리, 음료, 재배, 사육, 수산업, 사무 보조, 사서 보조, 우체국 보조, 유아 보조, 노인·장애인 보조, 미용, 음악, 미술, 스포츠

㉠ 학생용 종합형: 직업흥미에 대한 전반적인 정보를 파악하기 위해 실시함
㉡ 학생용 간편형: 직업흥미에 대한 기본적인 정보를 파악하거나 종합형을 실시하기 어려운 경우에 실시함
㉢ 교사·부모용 A형: 교사나 부모가 발달장애인의 직업흥미에 대한 전반적인 정보를 간접적으로 파악하고자 실시함
㉣ 교사·부모용 B형: 교사나 부모가 발달장애인의 직업흥미에 대한 기본적인 정보를 간접적으로 파악하고자 실시함

참고자료 기본이론 420-421p

키워드 상황평가

구조화 틀 전환평가의 유형

- 형식적 평가
- 비형식적 평가

핵심개념

상황평가
- 작업활동, 감독, 임금, 근로시간 등이 전체 작업환경과 유사한 모의환경에서 이루어지는 평가방법
- 장애학생의 직업 잠재력과 직업 스트레스 등의 문제상황에 대한 해결능력을 관찰함

직무현장평가
- 실제 직무현장에서 평가 대상 장애인이 직무를 수행하는 동안 고용자나 직무감독자가 평가하는 방법
- 이전의 평가결과를 토대로 평가의 마지막 단계에서 실행되는 것이 적합함

상황평가 vs 직무현장평가
- **공통점**: 평가자가 현장에서 직접 평가함
- **차이점**
  - 상황평가는 평가자가 작업영역에서 개인의 시간, 의무, 책임뿐만 아니라 물리적 요구 및 환경 특성까지도 조절할 수 있는 융통성을 가짐
  - 이에 비해 직무현장평가는 개인을 경쟁적인 작업환경에 배치하고 작업환경이나 유형을 거의 바꾸지 않은 상태에서 개인의 성공적인 작업 수행과 유지를 평가하며, 그 업체의 생산요구를 충족할 수 있기를 원함

모범답안 (제시문만 분석)

2014학년도 중등 B1

05 **다음은 (가)는 고등학교 3학년 정신지체 학생 A의 현재 실습지에서 실습활동 평가 결과를 요약한 것이고, (나)는 학생 A가 실습하게 될 다음 실습지에 대한 사전 조사 내용을 요약한 것이다. (가)의 상황평가 결과에 나타난 학생 A의 행동 특성을 '2010년 11차 미국 지적장애 및 발달장애협회(AAIDD)의 지적장애 정의'에 있는 적응행동 유형과 관련지어 설명하시오. 그리고 학생 A가 ○○카페에서 실습을 하기 전에 갖추어야 할 기술 1가지와 그 기술을 선정한 이유를 쓰시오. [10점]**

전환평가 유형
- 작업표본평가
- 상황평가
- 현장평가

(가) 학생 A의 현재 실습지에서의 실습활동 평가 결과 요약

- 실습 장소: 집 근처 분식집(도보로 이동 가능한 거리)

〈상황평가 결과〉
- 출근 시간을 잘 지킨다.
- 맡은 일은 끝까지 마무리한다.
- 메뉴판의 음식명을 읽을 수 있다.
- 손님과 다른 직원들에게 인사를 잘하고 친절하다.
- 다른 사람의 도움 없이는 화장실 청소를 하지 못한다.
- 음식 주문 번호와 일치하는 번호의 테이블에 음식을 가져간다.
- 화폐의 종류는 구분하나, 음식 값을 계산하는 데는 어려움이 있다.

〈학생과의 면담 내용〉
- 카페나 레스토랑에서 유니폼을 입고 일하는 친구들이 부럽다.
- 친하게 지낼 만한 또래가 있었으면 좋겠는데, 같이 일하는 분들이 모두 나이가 많다.

〈어머니와의 면담 내용〉
- 학생 A의 출퇴근을 지원할 여건이 안 된다.
- 학생 A가 대중교통을 혼자 이용하는 것이 걱정되어 아직까지 기회를 주지 않고 있다.
- 학생 A가 방과 후에 바리스타 수업을 받기는 했지만, 다른 사람의 도움 없이는 커피를 내리지 못한다.

(나) 학생 A의 다음 실습지에 대한 사전 조사 내용 요약

- 실습 장소: 인근 지역에 있는 ○○카페(학생 A의 집에서 지하철로 20분 거리)
- 실습 시간: 오전 9시~오후 3시
- 직무별 직원 구성 및 직원 특성
  - 사장, 바리스타(2명), 카운터(1명), 서빙(4명: 고등학생과 대학생 아르바이트)
  - 장애인과 함께 근무한 경험이 있어 장애인에 대한 이해가 전반적으로 높음
- 복무 규정
  - 정시 출근
  - 단정한 유니폼 착용

참고자료 기본이론 419p

키워드 작업표본평가

구조화 틀 전환평가의 유형

┌ 형식적 평가
└ 비형식적 평가

핵심개념

개인평가

아동 관련 일반적 정보	직업적성 정보
• 배경정보 • 면접, 질문지 • 심리측정도구	• 교육과정 중심평가 • 교육과정 기반평가 • 흥미평가(관심목록) • 작업표본평가 • 상황평가 • 직무현장평가

작업표본평가

- 검사를 실시하기 위한 목적으로 실제 작업활동을 생산활동으로부터 분리해서 실시하는 것으로, 실제 직무나 모의 직무를 평가실에서 실시함
- 실제 작업에 쓰이는 재료 · 도구 · 기계 · 공정을 사용한 작업과제를 표본으로 추출하고, 그 과제 수행을 평가의 도구로 삼아 작업결과를 양적 및 질적으로 파악함
- 직업의 일부분을 학교나 교실로 옮겨 올 수 있게 함

모범답안 작업표본평가

2018학년도 중등 A13

06 **(가)는 지적장애 특수학교 고등학교 과정의 진로와 직업 수업 운영을 위한 김 교사와 최 교사의 대화이고, (나)는 진로와 직업 수업 계획의 일부이다. 〈작성방법〉에 따라 서술하시오. [4점]**

(가) 진로와 직업 수업 운영을 위한 두 교사의 대화

> 김 교사: 맞춤형 직업체험 활동을 진행하기 위해서는 먼저 학생 개개인을 대상으로 직업 흥미와 적성 등을 분석해야 하고, 분석을 위한 평가 방법으로는 심리검사 및 (㉠), 상황평가, 현장평가 등이 있습니다.
>
> 최 교사: 그렇군요. 저도 우리 학생들에게 ㉡ 실제 작업에 쓰이고 있는 재료, 도구, 기계, 공정을 작업 과제로 추출하고, 그 과제에 대한 작업 공정 중 핵심적인 목록을 평가도구로 하여 작업 결과를 질적, 양적으로 평가하고 있습니다. 이때 평가실에서 실제 직무나 모의 직무를 평가한답니다.

개인평가

작성방법

「2015 개정 특수교육 교육과정(교육부 고시 제2015-81호)」 중 기본 교육과정 진로와 직업 '교수 · 학습 및 평가'와 밑줄 친 ㉡의 내용에 근거하여 ㉠에 들어갈 평가의 명칭을 쓸 것.

참고자료 기본이론 419-421p

키워드
- 작업표본평가
- 직무현장평가

구조화틀 전환평가의 유형

- 형식적 평가
- 비형식적 평가

핵심개념

작업표본의 구분
- **실제 직무표본**: 산업체에 있는 직무를 그대로 사용함
- **모의 작업표본**: 지역사회에 있는 하나 또는 그 이상의 직무를 모의하는 핵심이 되는 작업 요인 및 과제·자료·장비·비품 등을 사용함
- **단일 특성 표본**: '고립 특성 작업표본'이라고도 하며, 단일 근로자 특성을 평가함
- **군특성 표본**: 하나의 직무나 다양한 직무에 고유한 수많은 특성을 지니고 있으며, 다양한 직무를 수행할 수 있는 잠재력을 평가함

직무현장평가
- 실제 직무현장에서 평가 대상 장애인이 직무를 수행하는 동안 고용자나 직무감독자가 평가하는 방법
- 이전의 평가결과를 토대로 평가의 마지막 단계에서 실행되는 것이 적합함

모범답안
- ㉡ 작업표본평가
  ㉢ 군특성 표본
- 직무현장평가는 작업표본평가와 다르게 실제 직무현장에서 직무를 수행하는 동안 평가가 이루어진다.

2021학년도 중등 A6

07 **(가)는 ○○특수학교 고등학교과정 학생을 위한 진로와 직업 교과 교수·학습 과정안의 일부이고, (나)는 지적장애 학생의 전환평가를 위한 대화 내용이다. 〈작성방법〉에 따라 서술하시오. [4점]**

(가) 교수·학습 과정안

단원명	5. 효율적인 작업	제재	지속적인 작업
학습 목표	지속적인 작업을 위한 신체를 준비할 수 있다.		
단계	교수·학습 활동		지도 중점사항
	…(중략)…		
전개	〈활동 1〉 튼튼한 몸 만들기 • 올바른 식습관 알아보기 • 나의 몸무게 알고 관리하기 〈활동 2〉 간단한 운동 따라하기 • 작업을 오래 지속하기 위해 필요한 내용 알기 • 교사의 시범을 보면서 운동 동작 따라하기	㉠	• 음식과 비만, 신체적 영향의 관계성 알기 • 운동을 통해 건강한 신체 단련하기

(나) 대화

김 교사: 학생들의 세탁 보조에 대한 직무평가를 어떤 방법으로 해야 할지 고민입니다.

박 교사: ㉡[우리 학교의 직업교육실을 실제 세탁 직무를 수행하는 장소와 유사하게 꾸며서 평가하면 좋을 것 같습니다. 작업 과제나 재료, 도구도 실제 세탁 직무에서 사용하는 것과 유사한 것을 활용한다면, 학생들이 더욱 실제적인 작업을 경험하게 되니 작업 동기도 향상될 수 있습니다.]

김 교사: 학교에서 활용할 수 있는 전환평가 방법일 것 같군요. 그렇다면 전환평가 방법 중 ㉢ 학생이 근무할 곳의 근로자 특성을 파악하도록 설계되어 다양한 직무 수행 잠재력을 평가하는 방법도 있겠군요.

박 교사: 이 외에 ㉣ 직무현장평가(On the Job Evaluation) 방법을 학생들에게 적용하는 방안도 고려해 봅시다.

학교 직업교육실에서 직무평가하는 것은 '작업표본평가'에 해당함

직무현장평가는 평가의 마지막 단계에서 실행되어야 함. 내담자의 적성, 흥미 영역을 심리검사나 상황평가를 통해 파악하여 고용 가능성이 높은 특정 직업 분야에 배치해 현장평가하는 것이 효율적임

작성방법

- (나)의 ㉡이 의미하는 전환평가의 명칭을 쓰고, ㉡의 한 형태인 ㉢의 명칭을 쓸 것.
- (나)의 ㉡과 밑줄 친 ㉣과의 차이점 1가지를 장소 측면에서 비교하여 서술할 것.

참고자료 기본이론 420-421p

키워드 직무현장평가

구조화 틀 **전환평가의 유형**

- 형식적 평가
- 비형식적 평가

핵심개념 **직무현장평가**

- 실제 직무현장에서 평가 대상 장애인이 직무를 수행하는 동안 고용자나 직무감독자가 평가하는 방법
- **장점**
  - 정규 근로자와 비교할 수 있는 실제 작업환경에서 평가함
  - 해당 직종이 요구하는 능력의 정확한 평가와 관찰이 가능
- **단점**: 실제 현장을 현장평가의 장소로 이용하기 때문에 장소 선정이 어려움

모범답안 직무현장평가

2025학년도 중등 A3

08 **다음은 ○○ 고등학교 학생 K의 취업을 위해 특수교사 A와 특수교사 B가 나눈 대화이다. [A]가 의미하는 직업 평가의 유형을 쓰시오. [2점]**

특수교사 A :	다음 주에 학생 K를 위해 직업 평가를 실시한다고 들었는데, 구체적으로 어떻게 하나요?
특수교사 B :	실제 작업장에서 학생 K가 직무를 수행하는 동안 고용자 혹은 감독자가 평가를 진행한다고 해요. 이렇게 하면, 학생 K는 작업장을 직접 경험할 수 있고, 작업장에서 발생할 수 있는 문제점도 찾아서 미리 개선할 수 있을 거예요. [A]

직무현장 평가의 장점

Chapter

04 전환의 결과 : 고용

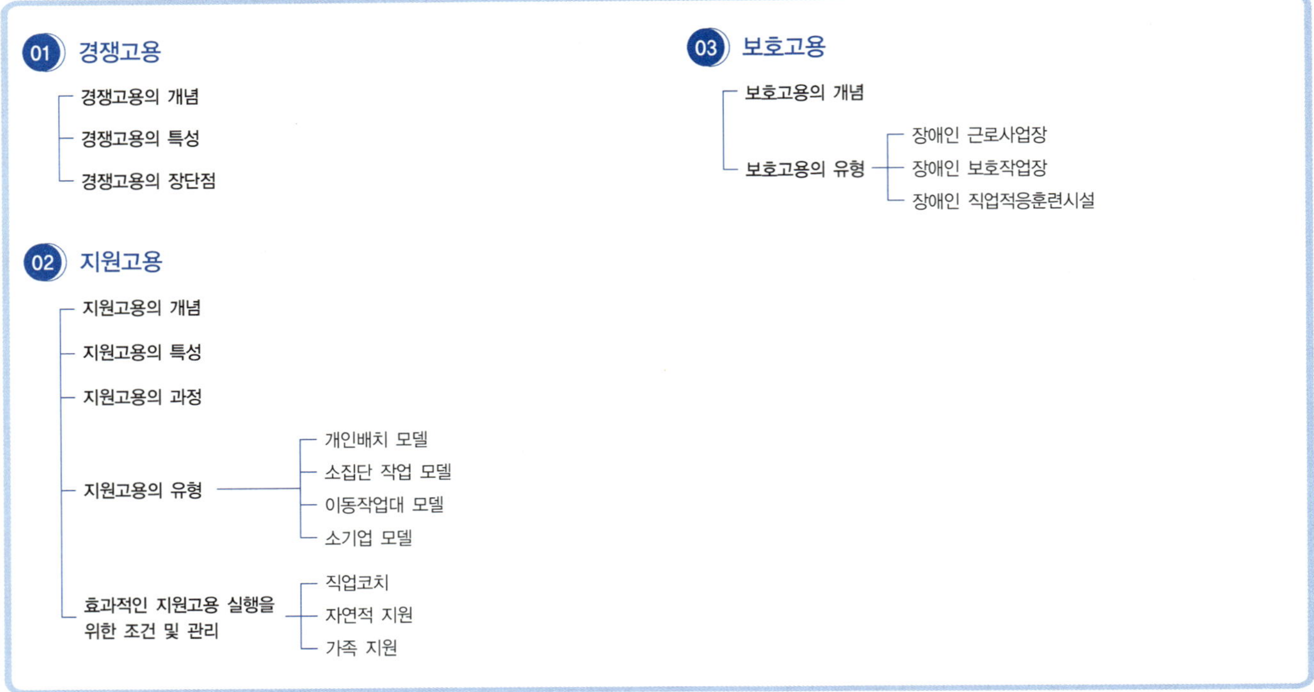

2010학년도 중등 22

01 **장애학생의 졸업 후 취업 방안으로 '지원고용'을 고려할 때, 이를 실시하는 방법에 대한 설명으로 옳은 것을 〈보기〉에서 모두 고른 것은?**

보기

ㄱ. 직업평가와 직무분석 결과를 비교하여 지원고용의 적합성 정도를 분석한다.
ㄴ. 직업 현장에 배치되기 전에 그 직업에 대한 기술 훈련을 집중적으로 실시한다.
ㄷ. 직업적응을 위해 직업 현장에서의 조정(accommodation)은 최소로 이루어지게 한다.
ㄹ. 직무수행 능력을 높이기 위하여 인위적 지원의 제공과 함께 자연적 지원을 활용한다.

① ㄱ ② ㄱ, ㄴ
③ ㄱ, ㄹ ④ ㄷ, ㄹ
⑤ ㄴ, ㄷ, ㄹ

ㄱ. 학생의 직업기술에 대해 평가하는 직업평가와 특정 직무의 특성을 분석하는 직무분석 비교를 통해 적합성 분석을 실시함. 적합성 분석을 통해 개인 작업자와 특정 직무 관계에서 잘 어울리는 부분과 잘 어울리지 않는 부분들에 대해 분석하여 개인에게 잘 어울리는 직무를 하게 되면 적응 가능성이 높아짐

ㄴ. 지원고용은 직무배치 후 직업훈련을 실시함

ㄷ. 지원고용에서는 직업적응을 위해 적극적인 지원과 조정을 실시함

참고자료 기본이론 422p, 427-434p

키워드
- 직무분석
- 지원고용

구조화 틀 **지원고용**
- 개념
- 특성
- 과정
- 유형
- 효과적인 지원고용 실행을 위한 조건 및 관리

핵심개념

지원고용
- 대부분의 직업동료가 비장애인으로 구성된 통합된 작업장에서 일함
- 지원고용 대상자가 고용을 성공적으로 지속할 수 있도록 하는 데 필요한 작업장 내 혹은 작업장 바깥에서의 지속적인 지원 서비스가 제공됨
- 최저임금을 기준으로 급여나 기타 보상을 받을 수 있는 경쟁적 작업에 참여함

직업코치
- 실제 작업현장에서 지원고용 장애인에게 직업훈련을 직접 제공할 뿐만 아니라, 가장 먼저 지원고용 장애인에게 지원과 도움을 제공하는 역할
- **직업코치의 문제점**
  - 자연적 작업환경에 방해될 수 있음
  - 비싸고 효율성이 낮을 수 있음
  - 직업코치에게 지나치게 의존할 수 있음

자연적 지원
- 작업장에서 어떤 사람에게나 제공될 수 있는 작업장 내의 지원
- 인위적 지원은 기술적인 접근일 뿐만 아니라 탈맥락적이므로 작업장에서 발생하는 상황에 대한 실제적인 문제해결력을 길러주지 못함
- **목적**: 지역사회의 통합과 개인의 삶의 질 향상
- **자연적 지원의 활용**: 고용주나 감독자로부터의 도움, 직장동료의 활용 등

모범답안 ③

확장하기 +

지원고용의 과정

① 작업 배치	• 직업에서 요구되는 조건과 작업자의 능력 간의 대응 • 교통수단 이용능력, 사회적 보호능력 및 대인관계 기술 등 • 지역사회 내의 직업 조사 • 작업환경과 사회적 환경 모두에 대한 직업적 분석 • 직업 영역에서 요구되는 작업자의 적응행동 및 직업적 기술 수행능력 평가 • 작업자가 표현하는 직업적 흥미 고려 • 작업자의 교통수단의 필요성 및 생활환경 조성 등에 대한 고려
② 직업현장 훈련 및 옹호	작업자에게 그 작업을 수행하는 데 필요한 기술을 작업현장에서 가르치고 그들의 이익을 위해 교수
③ 지속적 평가	• 직업코치와 배치기관은 직업상 혹은 지역사회 내에서의 작업자의 수행 정도를 계속 관찰할 필요가 있음 • 지속적인 평가는 고용주 · 직업동료 · 부모나 보호자로부터의 정보 수집 및 분석, 작업과 행동의 직접적인 측정을 통해 이루어짐
④ 사후지도	지속적인 사후지도 서비스를 제공하는 목적은 잠재적 문제들을 초기에 예견 · 진단하고 그것이 심각해지기 전에 중재하는 데 있음

전통적 접근 vs 지원고용 접근

기준	전통적 접근	지원고용 접근
기본 접근	선훈련 후배치	선배치 후훈련
과정	직무를 수행해야 할 작업환경 내에서 학습할 때 가장 효과적이나, 전이나 일반화가 적음	특정 상황에서 학습된 행동은 다른 상황으로 전이됨
중재 유형	치료활동, 일상활동, 작업활동	과제분석, 실제 작업환경 내에서 개인별 · 작업별 특수훈련을 함
지원 · 지도 · 감독	개인의 필요와 욕구보다는 프로그램의 규모나 규정의 정도에 따라 결정됨	훈련 초기에는 집중적인 훈련을 하고, 시간이 경과함에 따라 지원의 양을 줄여 나감(훈련의 양은 개인의 필요에 따라 정해짐)
진단 및 평가	학습이나 훈련이 이루어지기 전에 개인에 대한 평가가 일반적으로 실시됨	훈련 시작 전과 훈련 과정에서 구체적인 직무 수행 가능성이 개인과 환경 차원에서 진단 및 평가됨
프로그램 유형	일상활동, 작업활동, 보호고용	개별배치, 이동작업대, 전환작업, 소기업
비장애인 통합 기회	통합이 제한적이거나 주류사회와 분리	통합이 강조되며 지역사회에 중심을 둔 프로그램에 많이 참가함
직업과 관련된 기능	전제조건으로, 작업 과정에서 크게 강조되지 않음	작업환경에서 작업기능이 지도되고 강조됨
임금	임금 수준이 낮고 임금 인상의 기회가 제한됨	경쟁적 임금체제 또는 작업 결과에 따라 비교적 높은 수준의 임금을 받음

2016학년도 중등 B7

02 **다음은 일반 고등학교에 다니는 정신지체 학생인 준하의 개별화교육계획(IEP) 관련 상담 내용이다. 밑줄 친 ㉠의 특징 2가지를 쓰고, 밑줄 친 ㉡과 ㉢이 갖는 공통점 2가지와 차이점 1가지를 설명하시오. [5점]**

특수교사: 오늘은 준하의 IEP에 대해 의견을 듣고자 합니다.
어 머 니: 저는 우리 아이가 졸업 후에 비장애인들과 함께 일할 수 있도록 교육을 받았으면 해요.
특수교사: 네, 그렇군요. 장애 학생의 진로를 결정하는 데 효과적인 방법의 하나로 ㉠ 개인중심계획(PCP, Person-Cetered Planning)을 적용하여 전환계획을 수립하는 것이 강조되고 있어요. 이제 준하의 진로를 위해서 우리도 전환계획을 구체화할 필요가 있겠네요.
담임교사: 네, 준하는 친구들과 지내는 데 별 문제가 없으니까 친구들과 함께 일할 수 있겠네요.
특수교사: 준하야, 너는 졸업하면 어떤 곳에서 일하고 싶니?
준　　하: 저는 우리 반 친구들이랑 같이 일하고 싶어요.
특수교사: 그렇구나. 여러분의 의견을 들어 보니 준하는 졸업 후 ㉡ 지원고용이나 ㉢ 경쟁고용을 고려해보는 것이 더 좋겠네요. 이제 준하의 진로 준비를 위해서 직무능력평가와 ㉣ 생태학적 목록(ecological inventory)을 조사해봐야 할 것 같아요.

통합된 환경 → 경쟁고용, 지원고용

직업평가
- 개인평가 중 직업평가 : 흥미평가, 작업표본평가, 상황평가, 직무현장평가
- 환경평가 : 환경분석(생태학적 목록법), 직무분석

참고자료 기본이론 367-369p, 397-398p, 426-434p

키워드
- 개인중심계획
- 경쟁고용
- 지원고용

구조화틀 고용
- 경쟁고용
- 지원고용
- 보호고용

핵심개념 경쟁고용의 특성
- 비장애 동료들과 함께 통합된 환경에서 일함
- 비장애인들이 받는 임금과 같은 혜택을 받으며, 최저임금 이상의 보수를 받고 일함
- 배치 전이나 초기에만 집중적인 지원 서비스를 받고 개인은 작업과 관련해 생산성을 높이기 위한 기술, 대인관계, 작업 관련 기술을 독립적으로 익히고 수행할 수 있어야 함
- 경쟁고용과 지원고용의 중요한 차이점은 경쟁고용은 지원기간이 일시적으로 제한되고, 개인이 취업을 하고 나면 서비스가 중지된다는 것임

모범답안
- 장애 당사자뿐만 아니라 주요 주변인들도 함께 참여한다.
- 현재뿐만 아니라 미래의 삶에 대해서도 다룬다.

- ㉡과 ㉢이 갖는 공통점: 첫째, 비장애인들과 함께 통합된 작업환경에 배치된다. 둘째, 경쟁고용과 지원고용은 비장애인과 동등한 임금과 혜택이 보장된다.
- ㉡과 ㉢의 차이점
  - 경쟁고용은 선훈련-후배치, 지원고용은 선배치-후훈련의 과정으로 이루어진다.
  - 경쟁고용은 개인이 취업하고 나면 지원이 중단되지만, 지원고용은 고용 후 지속적이고 생애에 걸친 지원이 강조된다.

PART 04

참고자료 기본이론 430p

키워드 개인배치 모델

구조화 틀 지원고용

- 개념
- 특성
- 과정
- 유형
- 효과적인 지원고용 실행을 위한 조건 및 관리

핵심개념 **개인배치 모델**

취업자의 안정적이고 만족스러운 작업 수행을 위해 사업장 내부 혹은 외부에서 1:1의 집중적인 훈련과 지도 감독, 고용 관리, 지원 서비스를 제공하는 모델

장점	• 낮은 생산성 때문에 고용되지 않았던 많은 중증장애인에게 고용 기회를 제공함 • 한 명의 직업코치가 한 명의 작업자에게 집중적인 개별 서비스를 제공할 수 있음(지원고용 전문가가 작업장에 배치되어 1:1의 지원이 이루어지므로 지원의 효과가 큼) • 더 통합적인 환경을 제공함 • 고용 선택의 범위가 증가함 • 월평균 임금이 다른 모델에 비해 높음
단점	• 전적으로 직업코치에게만 의존하기 때문에 프로그램의 효율성이 한 사람의 역량에 의해 좌우될 수 있음(프로그램의 효과가 지원고용 전문가에게 달려 있음) • 시간과 경비의 비효율성 문제가 존재함(훈련비용이 다른 모델에 비해 많이 듦)

모범답안 ㉡ 개인배치 모델 – 한 명의 직업코치가 한 명의 작업자에게 집중적인 개별 서비스를 제공할 수 있다.

2013학년도 추가중등 A7

03 **(가)는 김 교사가 A 특수학교 중학생 경아에 대해 진로 상담을 한 내용이고, (나)는 경아를 지도하기 위해 작성한 차시별 지도 계획안의 일부이다. 물음에 답하시오. [7점]**

(가) 경아의 진로 상담 내용

- 김 교사는 경아 부모님과의 진로 상담을 통해, 경아가 ㉠ 고등학교를 졸업하고 취업하기를 원하는 것을 알게 됨
- 김 교사는 경아 부모님께 고등학교 졸업 후 성공적으로 취업한 영수의 사례를 소개함

〈영수의 사례〉

㉡ 영수의 직업담당 교사는 인근 복지관의 직원과 협력하여 영수가 개별적으로 지역사회 사업체에 배치되도록 지도하였음. 배치 후에도 계속적인 훈련과 지원을 하여 현재까지 고용 상태를 유지하고 있음

- 김 교사는 향후 경아의 진로 지도 계획을 수립하기 위하여, 올해의 진로와 직업교과의 성과를 ㉢ 2011 특수교육 교육과정 중 기본 교육과정에 근거하여 평가할 계획임

2) ㉡에 해당하는 지원고용의 유형을 쓰고, 그 유형의 장점을 1가지만 쓰시오. [2점]

참고자료 기본이론 430p

키워드 개인배치 모델

구조화 틀 **지원고용**

- 개념
- 특성
- 과정
- 유형
- 효과적인 지원고용 실행을 위한 조건 및 관리

핵심개념 **개인배치 모델**

취업자의 안정적이고 만족스러운 작업 수행을 위해 사업장 내부 혹은 외부에서 1:1의 집중적인 훈련과 지도 감독, 고용 관리, 지원 서비스를 제공하는 모델

장점	• 낮은 생산성 때문에 고용되지 않았던 많은 중증장애인에게 고용 기회를 제공함 • 한 명의 직업코치가 한 명의 작업자에게 집중적인 개별 서비스를 제공할 수 있음(지원고용 전문가가 작업장에 배치되어 1:1의 지원이 이루어지므로 지원의 효과가 큼) • 더 통합적인 환경을 제공함 • 고용 선택의 범위가 증가함 • 월평균 임금이 다른 모델에 비해 높음
단점	• 전적으로 직업코치에게만 의존하기 때문에 프로그램의 효율성이 한 사람의 역량에 의해 좌우될 수 있음(프로그램의 효과가 지원고용 전문가에게 달려 있음) • 시간과 경비의 비효율성 문제가 존재함(훈련비용이 다른 모델에 비해 많이 듦)

모범답안 ㉤ 개별배치 모델 – 프로그램의 효율성이 작업 초기 한 사람의 역량에 의해 좌우될 수 있다.

2022학년도 중등 A8

04 **(가)는 지적장애학교 특수교사가 학부모와 상담한 내용의 일부이고, (나)는 교육과정을 편성하기 위한 교사 협의회 회의록의 일부이다. 〈작성방법〉에 따라 서술하시오. [4점]**

(나) 교사 협의회 회의록

> 일시: 2021년 ○○월 ○○일 15:00~17:00
>
> …(중략)…
>
> 홍 교사: 학생들의 진로・직업 교육을 위한 의견을 묻고자 합니다. 진로・직업 교육을 위한 전문 교과Ⅲ 과목을 추천해주시기 바랍니다.
>
> 최 교사: 현재 운영 중인 '농생명' 과목 대신 지역의 특성과 학생들의 요구를 고려하여 2022학년도 신입생부터 다른 과목으로 변경할 것을 제안합니다.
>
> 이 교사: ㉢ 사무 장비 사용, 우편물 관리, 문서 관리, 도서 관리, 사무실 관리, 고객 응대 업무를 배울 수 있는 (㉣) 과목 선호도가 높으니 검토해 볼 필요가 있다고 생각합니다.
>
> 홍 교사: 학부모의 호응도 큰 것 같아요.
>
> 최 교사: 맞아요. 마침 인근 도서관에서 내년에 졸업할 우리 학교 학생 중 1명을 고용하고, ㉤ 직무지도원 1명이 그 학생을 전담하여 전반적인 훈련과 직업 적응을 지원하기로 했습니다.

작성방법

> (나)의 밑줄 친 ㉤의 지원고용 유형을 쓰고, 이 유형의 단점을 1가지 서술할 것.

참고자료 기본이론 431p

키워드 개인배치 모델

구조화 틀 **지원고용**

- 개념
- 특성
- 과정
- 유형
- 효과적인 지원고용 실행을 위한 조건 및 관리

핵심개념 **소집단 작업 모델**

지역에 있는 기업 내에서 일하는 특별한 작업 집단으로, 보통 3~8명의 장애인을 집단으로 배치함

장점	• 개별배치 모델보다 더 장기적인 지원을 제공할 수 있고, 지역사회 내의 특정 직업에 적응하지 못하는 사람에게도 고용 기회를 줄 수 있음 • 감독자 한 사람이 여러 장애인을 동시에 취업시킬 수 있음
단점	소집단의 형태로 구성되므로 개별배치의 경우보다 통합의 질이 떨어짐

모범답안 소집단 작업 모델

2025학년도 중등 A3

05 **다음은 ○○ 고등학교 학생 K의 취업을 위해 특수교사 A와 특수교사 B가 나눈 대화이다. [B]를 통해 알 수 있는 학생 K에게 적용된 지원 고용 모델의 유형을 쓰시오. [2점]**

… 2주 후 …

특수교사 A: 선생님, 지난 주에 실시한 학생 K의 직업 평가 결과가 어떻게 나왔나요?

특수교사 B: 반가운 소식이 있어요. 학생 K가 지원 고용대상자로 적합하다는 판정을 받았어요. 그래서 지역사회 내에 있는 ○○ 회사에서 일을 시작하게 되었어요. 그런데 학생 K가 ○○ 회사의 생산 라인에서 일하고 있는 비장애 직장동료와 함께 바로 작업을 시작하는 것은 다소 어려움이 있다고 해요. 그래서 학생 K와 장애 정도가 비슷한 수준의 취업 준비생 3~8명과 함께 조금 쉬운 작업 라인에서 일을 시작하는 것이 좋을 것 같다는 이야기를 들었어요. 그리고 학생 K가 필요한 경우에는 특별한 훈련이나 지원 서비스를 받으면서 일할 수 있다고 해요. [B]

참고자료 기본이론 424-425p

키워드 교내 학교 중심의 작업 경험

구조화 틀 **전환교수와 전략**

- 전환교수의 전제 조건
- 작업 경험 기회

핵심개념

모범답안 학교 기업(교내 기업)

2024학년도 중등 B1

06 다음은 직업 현장 실습에 대해 ○○고등학교 특수학급 3학년 학생 A와 B의 보호자와 특수 교사의 전화 대화이다. 괄호 안의 ㉠에 해당하는 명칭을 쓰시오. [2점]

안녕하세요? 학생 A에게 적절한 현장실습 장소가 있어서 연락드렸습니다. 운동화 세탁을 주로 하는 특수학교 (㉠) '☆☆클리닝'입니다. (㉠)은/는 교육과정과 연계하여 학생들의 현장 실습에 활용되고, 일반 사업장과 유사한 형태의 매장을 운영하기도 합니다.

네, 알겠습니다.

PART 04

확장하기 +

작업 경험 기회(교내 학교 중심의 작업 경험)

현장학습	• 가장 단기간에 이루어지며 작업 경험 정도가 약한 것으로, 현장 견학이나 산업체를 관찰 방문하는 작업 경험 유형이다. • 교사가 주로 학급 학생을 인솔해 수행하며, 학급 단위 혹은 학년 단위나 전교생이 교육과정과 연계하여 수행하기도 한다.
프로젝트 과정	• 작업장에서 학생으로 하여금 작업 경험을 하게 하는 유형이다. 특정 과목과 관련해 직업현장과 연계하여 직접 참여하게 한다. • 프로젝트 과정은 지역사회의 필요, 봉사와 훌륭한 시민정신을 가르친다는 의미에서 '서비스 학습'이라는 용어로도 사용된다. 예 관심 영역의 현장에서 면접을 실시하거나 졸업이 가까운 학생이라면 실제로 업체에 출근해 감독이나 멘토의 도움으로 작업 경험을 하고 이를 학점과 연계할 수 있다.
참여 실습	• 참여 실습은 작업 과제, 작업 과정, 특정 직장인의 작업장 등을 학습하기 위해 업체를 방문하는 과정으로, 보통 1~2일 과정으로 5일을 넘지 않게 구성한다. • 주된 목적은 고용인 가까이에서 작업 과제를 수행하고 도와주면서 작업 과정을 관찰하는 것이다.
교내 기업	• 교내 기업은 학교 내 제품 생산이나 판매를 위한 서비스 시설을 갖추고 학생 및 교직원들이 이용하는 활동이다. • 교내 기업을 통해 일, 소비자와의 상호작용 경험을 갖게 한다. 또한, 교내 기업을 통해 교과 수업과 별도로 혹은 연계해 직업 교육과 직업 준비를 강조할 수 있다. • 운영 유형은 지역 업체 연계 사업, 서비스 분야, 공장 제품 등에 따라 다양하게 운영되지만 주로 교내 식당, 교내 매점, 우체국, 은행, 방송국, 출판 편집사, 건강 센터 등이 운영된다.
진로 캠프 프로그램	• 진로 캠프 프로그램은 단기간의 집단 프로젝트로 구성된다. • 방학을 활용해 진로 캠프, 문제해결경험 캠프 등 장애 특성과 연령에 맞게 수정된 프로그램이 적용된다.

도제 제도와 인턴십	• 특정 직업에 관심을 가진 학생을 한 학기 방과 후에 지정된 지역 업체에 등록해 일할 기회를 제공한다. • 도제 제도는 기본적으로 학교에서 배우는 수업과 직업 간 연계를 중시하고 자격증을 받을 수 있도록 하는 반면, 인턴십 과정은 특정 고용주와의 연계를 강조한다. 또한 도제 제도는 5년 이상 장기간의 배치와 급여를 받는 반면, 인턴십 제도는 제한된 기간인 한두 학기에 이루어지고 무보수로 근무하게 된다. • 도제 제도와 인턴십은 재학 중 작업 경험을 할 수 있는 대안적 제도이다. 가장 일반적으로 오전 수업을 하고 오후에 이들 프로그램을 적용하는 교과와 통합한 운영방법을 선호한다.
협력 교육	• 협력 교육은 교육과정 범위 내에서 교과 수업 중에 그리고 작업 경험을 대안적으로 제공한다는 점에서 인턴십 제도와 비슷하다. • 그러나 협력 교수는 일정한 연구 기간을 거쳐 전 학기 동안, 전일제로 완전고용 형태로 운영된다는 점에서 구별된다. • 또한 협력 교육의 성공은 학생을 가르치고 자문하는 멘토, 기술자, 교사, 안내자와 학생의 개인적인 협력에 달려 있다.
노작 혹은 시간제 직업 배치	• 이 단계에서는 방과 후, 주말, 하계 취업, 졸업 후 완전 취업 등의 계획이 이루어진다. • 학교에서는 전문 직무 개발을 위한 직무 배치 직원이 이 역할을 담당하고, 상담 관련 인사가 학교와 직업현장 간의 교육 일정을 조정한다.
기술 – 준비	• 기술-준비 학습은 교과와 직업 기술을 개발하고, 학교와 졸업 이후 훈련 간 연계를 원활하게 하기 위해 마련되었다. • 중등학교 졸업을 2년 정도 남겨두고 구체적인 직업 분야에 자격증 과정을 이수할 수 있도록 수학, 과학, 의사소통, 기술 교과를 도제 프로그램 중심으로 구성해 운영한다. • 기술-준비 학습은 학생들로 하여금 재학 중에 직업훈련 기회를 갖게 하고, 교과와 직업에 대한 일련의 과정을 자연스럽게 연계할 수 있다.
진로 교과 (career academy)	• 진로 교과는 특정 직업현장과 연계되고 졸업자격이나 졸업 후 진학교육과 연계된 직업과 교과 수업에 대한 포괄적인 교육과정을 의미한다. • 전체 프로그램이 특정한 진로를 강조하는 내용으로 구성되기 때문에 교과 내용이 학생의 작업 경험과 매우 밀접하다.

참고자료 기본이론 434-435p

키워드 보호고용

구조화 틀 **보호고용**

- 개념
- 유형

핵심개념 **보호고용**

- 장애인을 지원고용 사업장에 배치하기 위한 적응 훈련과 직업기능 훈련의 전환 수단으로 계획됨
- **목적**: 장애인에게 직업과 관련된 구체적인 기술을 훈련시켜서 지역사회 안의 지원고용으로 나아가게 하는 것

모범답안

㉠ 보호고용
㉡ 자연적 지원

2019학년도 중등 A5

07 다음은 ○○고등학교 현장실습위원회가 협의한 내용의 일부이다. 밑줄 친 ㉠에 해당하는 고용 모형의 명칭을 쓰고, 밑줄 친 ㉡이 의미하는 지원 방법의 명칭을 쓰시오. [2점]

장 교사: 학생들의 현장실습을 위해 교내·외 실습 장소에서 도움을 줄 수 있는 방법에 대해 논의해봅시다.

홍 교사: 통합된 환경에서 실습이 어려운 중도 장애학생들을 위해 교내에서는 특수학급에서 워크액티비티를 실시하고, 외부 실습은 ㉠ <u>장애인 직업재활시설 작업장에서 인근 사업체 하청 작업(볼펜 조립)을 반복적으로 수행</u>하여 작업 기능을 높일 수 있도록 합시다.

민 교사: 분리된 환경에서의 실습은 사회 통합의 기회를 제한할 수 있습니다. 교내실습은 보조 인력을 제공하고, 외부에서 실시하는 바리스타 실습은 직무 지도원을 배치하여 도울 수 있습니다.

최 교사: 유급 인력의 공식적인 지원에만 의존하는 것도 사회 통합을 방해할 수 있을 것입니다. ㉡ <u>교내에서는 비장애 또래를 통해 도움을 제공하고, 외부에서는 직장 동료의 도움을 활용하는 방법</u>으로 지역사회 통합과 개인의 삶의 질 향상을 도모할 수 있도록 합시다.

자연적 지원이 목적 → 지역사회 통합과 개인의 삶의 질 향상

PART 04

참고자료 기본이론 433p

키워드 자연적 지원

구조화 틀 지원고용

- 개념
- 유형

핵심개념 **동료 근로자가 제공할 수 있는 자연적 지원의 내용(박희찬, 2016.)**

조직적 지원	• 필요한 재료들을 찾기 쉬운 장소에서 제공하기(직무 순서 조정하기) • 이동을 고려해 직무 배치하기(필요할 때 적절한 업무 찾 아주기) • 필요한 장비 제공하기(위험요인에 대해 미리 설명하기) • 훈련 일정에 대해 안내하기
물리적 지원	• 사용하는 도구 수정하기(일이 없을 때 쉴 수 있는 공간 제 공하기) • 보조공학도구 사용하기
사회적 지원	• 쉬는 시간에 이야기 나누기(간식 함께 먹기) • 실수를 했을 때 위로해주기(작업장에서 지켜야 할 규칙 설명하기) • 같이 일하는 직원 소개해주기(의사소통 시작행동 먼저하기)
훈련적 지원	수행방법에 대한 모델 제공하기(이해하지 못하는 것에 대해 설명하기)

모범답안 ㉡ 물리적 지원

2025학년도 중등 A10

08 **(가)는 고등학교에 재학 중인 지적장애 학생 K의 교육 및 지원 요구이고, (나)는 학생 K의 교육 지원을 위한 특수 교사의 교육 계획 노트이다. 〈작성 방법〉에 따라 서술하시오. [4점]**

(가) 학생 K의 교육 및 지원 요구

- 성인기 자립 생활을 위한 적응행동 기술을 배울 필요가 있음.
- 직장 생활 적응을 위해 다양한 자연적 지원이 필요함.
- 직장 생활을 위해 지시 따르기 기술을 배울 필요가 있음.

(나) 학생 K의 교육 지원을 위한 특수 교사의 교육 계획 노트

2. 학생 K의 직장 생활 적응을 위한 다양한 자연적 지원 탐색하기

지원 유형	지원 내용
조직적 지원	직무 순서 조정하기, 작업 일정 안내하기 등
(㉡)	사용하는 도구 수정하기, 쉴 수 있는 공간 제공하기, 보조기기 지원, 보고 동학 도구 지원 등
사회적 지원	같이 일하는 직원 소개하기 등
훈련적 지원	수행 방법에 대한 모델 제공하기

작성방법

(나)의 괄호 안의 ㉡에 해당하는 자연적 지원의 하위 유형을 쓸 것.

참고자료 기본이론 434-435p

키워드 보호작업장

구조화 틀 보호고용

┌ 개념
└ 유형

핵심개념 보호고용

- 장애인을 지원고용 사업장에 배치하기 위한 적응 훈련과 직업기능 훈련의 전환 수단으로 계획됨
- **목적**: 장애인에게 직업과 관련된 구체적인 기술을 훈련시켜서 지역사회 내의 지원고용으로 나아가게 하는 것

모범답안 보호작업장

2024학년도 중등 B1

09 **다음은 직업 현장 실습에 대해 ○○고등학교 특수학급 3학년 학생 A와 B의 보호자와 특수 교사의 전화 대화이다. 괄호 안의 ㉡에 해당하는 명칭을 쓰시오. [2점]**

안녕하세요? 이번에 '△△'에서 현장 실습생을 모집합니다. 현장 실습 후 고용으로 이어질 수도 있다고 합니다.

'△△'에서는 무슨 일을 하나요? 우리 아이는 또래 학생들에 비해 직업 능력이 높지 않고 주로 활동 보조인을 통해 이동을 하는데, 현장 실습이 가능할까요?

네, '△△'는 주로 화장지를 생산하고, 제품을 하청받아 생산하는 (㉡)입니다. 그리고 (㉡)은/는 중증 장애인에게 고용 기회를 제공하는 직업재활시설의 일종이며, 다양한 프로그램을 통해 사회적응 능력도 기를 수 있습니다. 다만 분리된 작업 환경이고 보수가 일반적으로 적습니다

확장하기 +

보호고용의 유형

유형	내용(특징 및 기능)
장애인 근로사업장	• 최저임금의 지급과 종합적인 재활 서비스의 제공을 강화해 장애인들의 경제적 기반을 다지고 지역사회로의 통합을 촉진하며, 장애의 유형·연령별 특성과 사업장에서 수행 중인 일의 특성에 따라 재활계획을 수립한다. • 근로사업장에서는 보호고용과 함께 적응훈련, 직업평가, 취업 및 사후지도, 전환고용 및 지원고용 등 재활 서비스도 제공한다. • 직업능력은 있으나 이동 및 접근성이나 사회적 제약 등으로 취업이 어려운 장애인에게 근로의 기회를 제공하고, 최저임금 이상의 임금을 지급하며 경쟁적인 고용시장으로 옮겨갈 수 있도록 돕는 역할을 하는 시설이다.
장애인 보호작업장	• 보호작업장은 근로사업장에 비해 장애의 정도가 더 심한 장애인을 대상으로 고용이 이루어진다. • 직업능력이 낮은 장애인에게 직업적응능력과 직무기능 향상훈련 등 직업재활훈련 프로그램을 제공하고, 보호가 가능한 조건에서 근로의 기회를 제공하며, 이에 상응하는 노동의 대가로 임금을 지급한다. • 보호작업장의 일반적인 작업은 포장, 조립과 같은 하청업, 생산업, 재활용 사업 등이다. • 장애인 근로사업장이나 그 밖의 경쟁적인 고용시장으로 옮겨갈 수 있도록 돕는 역할을 한다.
장애인 직업적응 훈련시설	작업능력이 극히 낮은 장애인에게 작업활동, 일상생활훈련 등을 제공해 기초작업능력을 습득시키고, 작업평가 및 사회적응훈련 등을 실시해 장애인 보호작업장 또는 장애인 근로사업장이나 그 밖의 경쟁적인 고용시장으로 옮겨갈 수 있도록 돕는 역할을 한다. **I 작업활동 센터(work activity center)** – 작업활동 센터는 장애 정도가 심해서 생산적인 작업을 할 수 없는 장애인들에게 여러 가지 활동 프로그램을 제공한다. 이 프로그램은 보통 작업에 대한 집중력과 지구력을 높이는 재활훈련으로 구성되어 있다. – 작업활동 센터에서 훈련을 받는 장애인들은 무보수로 일하며, 다양한 프로그램에 참여한다.

MEMO

2027 특수교사임용시험 대비

김은진 스페듀 기출분석집

Vol. 2 지적장애 통합교육 학습장애 전환교육

초판인쇄 | 2026. 4. 15. **초판발행** | 2026. 4. 20. **편저자** | 김은진
발행인 | 박 용 **발행처** | (주)박문각출판 **표지디자인** | 박문각 디자인팀
등록 | 2015년 4월 29일 제2019-000137호 **주소** | 06654 서울시 서초구 효령로 283 서경빌딩
팩스 | (02)584-2927 **전화** | 교재문의 (02)6466-7202

저자와의 협의하에 인지생략

정가 38,000원
ISBN 979-11-7519-913-2 ISBN 979-11-7519-911-8(세트)